Michaela Windisch-Graetz

Arbeitsrecht II

12. neu bearbeitete Auflage
des von Theodor Tomandl
begründeten Lehrbuchs

AF904063

Michaela Windisch-Graetz

Arbeitsrecht II

Sachprobleme

12. neu bearbeitete Auflage des von
Theodor Tomandl begründeten Lehrbuchs

Zitiervorschlag:

Windisch-Graetz, Arbeitsrecht II (2023) [Seite]

Bibliografische Information der Deutschen Nationalbibliothek
Die Deutsche Nationalbibliothek verzeichnet diese Publikation in der Deutschen Nationalbibliografie; detaillierte bibliografische Daten sind im Internet über http://dnb.de abrufbar.

Alle Rechte, insbesondere das Recht der Vervielfältigung und Verbreitung sowie der Übersetzung, vorbehalten. Kein Teil des Werkes darf in irgendeiner Form (durch Fotokopie, Mikrofilm oder ein anderes Verfahren) ohne schriftliche Genehmigung des Verlages oder der Autoren/Autorinnen reproduziert oder unter Verwendung elektronischer Systeme gespeichert, verarbeitet, vervielfältigt oder verbreitet werden.

© 2023 new academic press, Wien
www.newacademicpress.at

ISBN: 978-3-7003-2306-8

Umschlaggestaltung: www.b3k-design.de
Satz: Peter Sachartschenko
Druck: Primerate, Budapest

Inhalt

Vorwort zur 12. Auflage

Das vorliegende Werk ist die 12. Auflage des von emer. o. Univ.-Prof. Dr. *Theodor Tomandl* begründeten und von emer. o. Univ.-Prof. Dr. *Walter Schrammel* fortgeführten Lehrbuchs. Die neue Auflage bringt das Lehrbuch auf den Stand Juni 2023, maßgebliche neue Judikatur und Literatur sowie Gesetzesänderungen wurden eingearbeitet.

Studierende fragen immer wieder, welche Bedeutung die eingerückten, kleingedruckten Texte haben. Dabei erwecken diese Fragen bei mir den Eindruck, dass dahinter die Hoffnung steht, das Kleingedruckte sei nicht prüfungsrelevant. Dazu ist Folgendes festzuhalten: Kleingedruckt sind Texte, die den Haupttext näher erklären, Beispiele zur Theorie bereit- oder Ergänzungen darstellen. In der Regel wird es hilfreich sein, das Kleingedruckte beim Lernen mitzulesen und mitzudenken. Oft wird es ausschlaggebend für ein umfassendes Verständnis der Materie sein. Es ist jedenfalls nicht geschrieben worden, um weggelassen zu werden.

Das Lehrbuch wendet sich in erster Linie an Studierende der Rechtswissenschaften, darüber hinaus aber auch an in der Praxis stehende Personen, die beruflich mit dem Arbeitsrecht konfrontiert sind, wie Rechtsanwältinnen und Rechtsanwälte, Richterinnen und Richter, Verantwortliche im Personalwesen etc.

Im gesamten Text wurde aufgrund der leichteren Lesbarkeit ausschließlich die männliche grammatikalische Form verwendet. Die weibliche Form ist dabei durchgehend mitgemeint.

Besonderer Dank gilt meinem akademischen Lehrer *Walter Schrammel* für das in mich gesetzte Vertrauen, sein Werk fortzuführen, meinen AssistentInnen *Mag. Philipp Bertsch, Roxana Rast, B.A.* sowie *Thomas Reindl*, für Recherche und Korrekturarbeiten sowie Herrn *Sachartschenko* vom NAP Verlag für die hervorragende Zusammenarbeit.

Wien, im Juli 2023 *Michaela Windisch-Graetz*

Die Vertragsanbahnung

1. Zur Problematik

Das private Arbeitsverhältnis ist in die verfassungsgesetzlich garantierte Vertragsfreiheit (**Privatautonomie**) eingebettet; die Arbeitsbeziehungen beruhen auf dieser Vertragsfreiheit. Zur Vertragsfreiheit gehört ua die Freiheit, sich frei zu entscheiden, ob und mit wem man Rechtsgeschäfte tätigt.[1] Arbeitgeber und Arbeitnehmer haben daher grundsätzlich die Freiheit zu entscheiden, ob sie miteinander ein Arbeitsverhältnis eingehen wollen.

Die **Vertragsfreiheit** ist im Arbeitsrecht jedoch auf vielfältige Weise, insb aus **sozial- und arbeitsmarktpolitischen Gründen eingeschränkt**. Aus gesundheitsschutz- und bildungspolitischen Gründen besteht ein Verbot von **Kinderarbeit** (Kinder- und Jugendlichen-Beschäftigungsgesetz, KJBG). Aus arbeitsmarktpolitischen Gründen ist der Zugang von **ausländischen Arbeitskräften** zum österreichischen Arbeitsmarkt beschränkt (Ausländerbeschäftigungsgesetz, AuslBG). Wie die meisten Staaten beschränkt auch Österreich den Zugang zum Arbeitsmarkt zunächst auf die eigenen Staatsangehörigen sowie auf bestimmte andere Personengruppen, denen entweder aufgrund internationaler Verpflichtungen ein Zugang gewährt werden muss (zB Unionsbürger) oder denen der Gesetzgeber den Zugang bewusst geben will – etwa, weil Menschen, die ein Aufenthaltsrecht haben, auch arbeiten können sollen, oder weil man den Zuzug von Fachkräften aus dem Ausland fördern will (Rot-Weiß-Rot-Karte).

Die Abschlussfreiheit kann aber auch insofern eingeschränkt sein, als es **Einstellungsgebote** gibt. Dies ist bei begünstigten Behinderten der Fall, um auch diesen Personen Chancen am Arbeitsmarkt zu geben (BehinderteneinstG). Ebenso ist die Behaltepflicht von Lehrlingen nach Abschluss ihrer Lehre zu nennen (Berufsausbildungsgesetz, BAG). Die Verpflichtung, Arbeitnehmer weiter beschäftigen zu müssen, hat auch der Erwerber eines Betriebs(-teils) aufgrund eines Betriebsübergangs (Eintrittsautomatik gem § 3 AVRAG, vgl 362 ff).

Es darf außerdem nicht übersehen werden, dass auch das Gleichbehandlungsgesetz (GlBG) die Privatautonomie des Arbeitgebers beschränkt, da bei der Einstellung aufgrund des Geschlechts, der ethnischen Zugehörigkeit, der Religion oder Weltanschauung, des Alters und der sexuellen Orientierung nicht diskriminiert werden darf. Das GlBG normiert zwar keinen Kontrahierungszwang, der Arbeitgeber wird aber bei einer diskriminierenden Einstellungsentscheidung schadenersatzpflichtig (vgl Bd I 375 ff; unten 30 f).

---

1 Vgl *Wiebe* in *Kletečka/Schauer*, ABGB-ON[1.04] § 859 Rz 5; VfGH G 226/92.

2. Zugang von Ausländern zum österreichischen Arbeitsmarkt

Maßgebliche Rechtsquelle für die Regelung des Zugangs von Ausländern zum österreichischen Arbeitsmarkt ist das Ausländerbeschäftigungsgesetz (AuslBG). § 2 Abs 1 AuslBG definiert als Ausländer alle Personen, die **nicht die österreichische Staatsbürgerschaft** besitzen.

Als höherrangige Rechtsquellen sind jedoch die Regelungen der Europäischen Union zu beachten. Die **Arbeitnehmerfreizügigkeit** und die **Dienstleistungsfreiheit** ermöglichen ausländischen Arbeitskräften den Zugang zu den Arbeitsmärkten sämtlicher EWR-Mitgliedstaaten, ohne dass die einzelnen Staaten weitergehende Beschränkungen als sie das Unionsrecht selbst vorsieht verfügen dürften.

2.1. Unionsrechtliche Regelungen

Literatur: *C. Barnard,* EU Employment Law[4] (2012); *Fuchs/Marhold/Friedrich,* Europäisches Arbeitsrecht[6] (2020); *Schrammel/Windisch-Graetz,* Europäisches Arbeits- und Sozialrecht[2] (2018); *Windisch-Graetz* in *Jaeger/Stöger* (Hg), EUV/AEUV Art 45-47 AEUV.

Rechtsquellen: Art 45 AEUV; Art 28 EWR-V; VO 492/2011/EU; RL 2004/38/EG.

2.1.1. Freizügigkeit der Arbeitnehmer

2.1.1.1. Einreise- und Aufenthaltsrecht

Art 45 des Vertrags über die Arbeitsweise der Europäischen Union (AEUV) räumt den Arbeitnehmern **Freizügigkeit** auf dem Gebiet der Europäischen Union ein.[2] Die Freizügigkeit der Arbeitnehmer stellt nach Meinung des EuGH eine der Grundlagen der Gemeinschaft dar.[3] Sie verwirklicht gemeinsam mit der Niederlassungsfreiheit für Selbstständige die Freiheit des Personenverkehrs in der Gemeinschaft, die zu den Grundfreiheiten des AEUV gehört.

Die Freizügigkeit gibt zunächst jedem Staatsangehörigen eines Mitgliedstaats unabhängig von einer ihm erteilten Aufenthaltserlaubnis das Recht, in das Hoheitsgebiet eines anderen Staates **einzureisen** und sich dort **aufzuhalten**, um **Arbeit zu suchen** oder sie **auszuüben** (Art 45 Abs 3 AEUV). Die nähere Ausgestaltung dieser Grundsätze erfolgt in der vom Parlament und Rat der EG erlassenen VO 492/2011 über die Freizügigkeit der Arbeitnehmer (**FreizügigkeitsVO**).

Mit dem Vollzug des Austritts des Vereinigten Königreichs aus der Europäischen Union Ende Jänner 2020 endete die Geltung der Grundfreiheiten im Verhältnis zwischen dem Vereinigten Königreich und den Mitgliedsstaaten. Zunächst wurde ein wechselseitiger uneingeschränkter Zugang zu den Arbeitsmärkten bis zum 31.12.2020 vereinbart.[4] Mit Ablauf

2 Zum Arbeitnehmerbegriff vgl Bd 1 17 f.

3 Vgl EuGH 139/85, *Kempf.*

4 *Topal-Gökceli,* Union Aktuell, ZfRV 2020, 10.

der Übergangsfrist trat das Handels- und Kooperationsabkommen zwischen dem Vereinigten Königreich und der EU[5] in Kraft. Das Austrittsabkommen[6] bildet für jene britischen Staatsbürger, die sich vor 2021 in Österreich aufgehalten haben, die Rechtsgrundlage für den weiteren Aufenthalt. Diese Personen mussten bis 31.12.2021 einen Antrag auf Erteilung eines Aufenthaltstitels „Art 50 EUV" einbringen. Sie und ihre Familienangehörigen haben weiterhin uneingeschränkten Zugang zum Arbeitsmarkt. Auf britische Staatsbürger, die nach 1.1.2021 nach Österreich kommen, sind die selben Regeln wie auf Drittstaatsangehörige anzuwenden.[7]

Die Freizügigkeits-VO unterscheidet zwischen Personen, die noch auf Arbeitssuche sind und solchen, die bereits Arbeit gefunden haben. Personen, die **auf Arbeitssuche** sind, dürfen nach der Judikatur des EuGH ca 6 Monate im Land bleiben, ohne dass von ihnen der Nachweis von Existenzmitteln für das Aufenthaltsrecht verlangt werden dürfte.[8] Für Arbeitssuchende gilt insb ein Gleichbehandlungsgebot im Rahmen der Arbeitsvermittlung und Stellenwerbung. So darf etwa das AMS bei der Arbeitsvermittlung nicht diskriminieren.

Haben die Wanderarbeitnehmer **bereits Arbeit gefunden**, haben sie einen Anspruch auf volle Integration in die Aufnahmegesellschaft. Gem Art 7 Abs 2 der FreizügigkeitsVO genießen sie am Beschäftigungsort die **gleichen sozialen und steuerlichen Vergünstigungen** wie inländische Arbeitnehmer. Unter Art 7 Abs 2 leg cit fallen alle Vergünstigungen, die dem inländischen Arbeitnehmer wegen seiner Arbeitnehmereigenschaft oder einfach wegen seines Wohnsitzes im Inland gewährt werden und deren Ausdehnung auf ausländische Arbeitnehmer zur Förderung der Mobilität geboten erscheinen,[9] wie etwa Geburtsdarlehen, verbilligte Eisenbahntarife, Stipendien oder Studiengeldförderung.[10] Auch Sozialhilfeleistungen gehören zu den sozialen Vergünstigungen iSd Freizügigkeits-VO.[11] Die **Kinder** des Wanderarbeitnehmers dürfen unter den gleichen Bedingungen wie die Kinder der eigenen Staatsangehörigen am allgemeinen Unterricht sowie an der Lehrlings- und Berufsausbildung teilnehmen.

Um EU/EWR-Bürger nicht von der Inanspruchnahme der Freizügigkeit abzuhalten, kommt nicht nur dem Wanderarbeitnehmer selbst, sondern auch seinen Familienangehörigen das Recht zu, im Aufnahmestaat zu arbeiten. Dies gilt auch für **drittstaatsangehörige Familienangehörige**, von denen die Aufnahmestaaten daher keine Beschäftigungsbewilligungen verlangen dürfen.[12]

---

5 ABl L 2020/444, 14.

6 ABl L 2020/29, 7.

7 *Ghulam*, Aufenthalt und Beschäftigung von britischen Staatsangehörigen in Österreich nach Brexit, ZAS 2021, 268.

8 Kann jemand keine Rechte aus der Arbeitnehmerfreizügigkeit gem Art 45 AEUV geltend machen, dürfen die Mitgliedstaaten aufgrund der Unionsbürger-RL 2004/38/EG für ein über drei Monate hinausgehendes Aufenthaltsrecht den Nachweis ausreichender Existenzmittel und eines Krankenversicherungsschutzes verlangen.

9 EuGH 32/75, *Cristini*.

10 EuGH 65/81, *Reina*; C-3/90, *Bernini*.

11 EuGH 261/83, *Castelli*; 249/83, *Hoeckx*; 122/84, *Scrivner*.

12 Art 23 Unionsbürger-RL 2004/38/EG.

2.1.1.2. Diskriminierungsverbot

Art 45 Abs 2 AEUV verbietet jede auf der Staatsangehörigkeit beruhende unterschiedliche Behandlung von Wanderarbeitnehmern in Bezug auf Beschäftigung, Entlohnung und sonstige Arbeitsbedingungen.

Der Gleichbehandlungsgrundsatz gilt für alle Arbeitsbedingungen unabhängig davon, ob sie in einem Gesetz, Einzelvertrag oder in kollektiven Rechtsquellen verankert sind. Auch freiwillige Leistungen fallen darunter. Normadressaten des Freizügigkeitsrechts und Diskriminierungsverbots des AEUV sind somit nicht nur die Mitgliedstaaten, sondern auch die Kollektivvertrags- und Betriebsparteien sowie die Arbeitgeber selbst.

Art 45 AEUV verbietet nicht nur **unmittelbare Diskriminierungen** auf Grund der Staatsangehörigkeit, sondern auch alle **Formen mittelbarer Diskriminierung**, die durch Anwendung zunächst neutral erscheinender Unterscheidungsmerkmale tatsächlich zu einer Ungleichbehandlung auf Grund der Staatsangehörigkeit führen.[13]

Insb sind unterschiedslos anwendbare Voraussetzungen verboten, die von inländischen Arbeitnehmern leichter erfüllt werden können als von Wanderarbeitnehmern. Dies betrifft vor allem „Wohnortvoraussetzungen".[14] Aber auch durch das Erfordernis eines im Inland erbrachten Fremdsprachennachweises oder Schulabschlusses können ausländische Staatsangehörige mittelbar diskriminiert werden,[15] ebenso durch die Nichtanrechnung ausländischer Vordienstzeiten.[16]
Eine verschleierte Diskriminierung bei der Einstellung kann etwa darin liegen, dass Arbeitsverträge mit Personen, die überwiegend Staatsangehörige anderer Mitgliedstaaten sind (Fremdsprachenlektoren), nur befristet abgeschlossen werden, während Verträge mit den übrigen Bediensteten unbefristet vereinbart werden.[17]

Der EuGH hat das in Art 45 AEUV enthaltene **Diskriminierungsverbot** stufenweise in ein „allgemeines" Verbot, die Freizügigkeit zu beschränken, umgeformt (**Beschränkungsverbot**). Die Vertragsbestimmungen über die Freizügigkeit sollen nach Meinung des EuGH die Ausübung jeder Art von Berufstätigkeit auf dem Gebiet der EU erleichtern und stehen daher Regelungen entgegen, die Unionsbürger benachteiligen könnten, wenn sie im Gebiet eines anderen Staates eine wirtschaftliche Tätigkeit ausüben wollen. Die Mitgliedstaaten dürfen auch ihren eigenen Bürgern keine Hindernisse in den Weg legen, wenn diese von ihren unionsrechtlich garantierten Rechten Gebrauch machen wollen oder schon Gebrauch gemacht haben.[18]

Zu beachten ist aber immer, dass die Vorschriften über die Freizügigkeit nicht auf Tätigkeiten anwendbar sind, die keinerlei Berührungspunkt mit irgendeinem Sachverhalt auf-

13 EuGH C-175/88, *Biehl*.
14 EuGH C-350/96, *Clean Car*.
15 EuGH C-278/94, *Komm v Belgien*; C-281/98, *Angonese*.
16 EuGH C-514/12, *SALK*.
17 EuGH 33/88, *Pilar Alluè*.
18 Vgl insb EuGH 81/87, *Daily Mail*; C-106/91, *Ramrath*; C-19/92, *Kraus*.

weisen, auf den das Unionsrecht abstellt und die mit keinem Element über die Grenzen eines Mitgliedstaats hinausweisen (reine Inlandssachverhalte).[19]

2.1.1.3. Zulässige Beschränkungen der Freizügigkeit

Die Grundsätze über die Freizügigkeit der Arbeitnehmer gelten **nicht** für Beschäftigte in der **öffentlichen Verwaltung** (Art 45 Abs 4 AEUV). Die Mitgliedstaaten dürfen daher Arbeitsplätze in diesem Bereich ihren Staatsbürgern vorbehalten. Der EuGH legt den Begriff der öffentlichen Verwaltung sehr eng aus. Ein Rückgriff auf die nationalen Rechtsordnungen erfolgt nicht. Der EuGH verlangt, dass eine unmittelbare oder mittelbare Teilnahme an der Ausübung hoheitlicher Befugnisse vorliegt und dass Aufgaben wahrgenommen werden, die auf die Wahrung der allgemeinen Belange des Staats oder anderer öffentlicher Körperschaften gerichtet sind. Die Tätigkeiten müssen ein Verhältnis besonderer Verbundenheit des jeweiligen Stelleninhabers zum Staat sowie die Gegenseitigkeit der Rechte und Pflichten voraussetzen, die dem Staatsangehörigkeitsband zu Grunde liegen.

Die Bereiche Forschung, Bildungswesen, Gesundheitswesen, Straßen- und Schienenverkehr, Post und Fernmeldewesen sowie Versorgungsdienste für Wasser, Gas und Elektrizität gehören nicht zur öffentlichen Verwaltung, sofern nicht Aufgaben der Hoheitsverwaltung besorgt werden.[20]

Nach Art 45 AEUV steht die Freizügigkeit auch unter dem **Vorbehalt** von Gründen der **öffentlichen Ordnung, Sicherheit und Gesundheit**. Nach Meinung des EuGH sind Ausnahmen vom Grundsatz der Freizügigkeit eng auszulegen. Ihm zufolge sind nur solche Bereiche der öffentlichen Ordnung und Sicherheit zuzurechnen, die ein Grundinteresse der Gesellschaft berühren. Unmittelbar an der Staatsbürgerschaft anknüpfende Einschränkungen der Freizügigkeit sind nur zulässig, wenn eine tatsächliche und schwerwiegende Gefährdung der öffentlichen Ordnung vorliegt. Strafrechtliche Verurteilungen allein rechtfertigen noch nicht die Beschränkung der Freizügigkeit, es muss der verwirklichte Tatbestand Rückschlüsse auf die Gesamtpersönlichkeit des Täters zulassen (Wiederholungsgefahr). Einschränkungen der Freizügigkeit aus wirtschaftlichen Gründen sind unzulässig.

Nach der Rsp des EuGH sind darüber hinaus Beschränkungen der Freizügigkeit, die nicht unmittelbar an der Staatsangehörigkeit anknüpfen, mit dem Unionsrecht vereinbar, wenn sie durch **„zwingende Gründe des Allgemeininteresses" gerechtfertigt** werden und dem Grundsatz der Verhältnismäßigkeit entsprechen.[21]

Beschränkungen der Freizügigkeit werden regelmäßig auch in **Beitrittsverträgen mit neuen Mitgliedstaaten** vereinbart, wenn die Befürchtung besteht, der EU-Binnenmarkt könnte zu plötzlich von einem Überangebot ausländischer Arbeitskräfte überschwemmt

19 EuGH C-64/96, *Uecker/Jacquet*.
20 EuGH C-473/93, *Komm v Luxemburg*.
21 So EuGH C-106/91, *Ramrath*; C-19/92, *Kraus*.

werden. Die Übergangsfrist für Kroatien ist mit 1. 7. 2020 abgelaufen; dh die Arbeitsmärkte der EU-Mitgliedstaaten sind nun auch für kroatische Staatsbürger voll zugänglich.[22] Zuvor waren Arbeitsverhältnisse mit kroatischen Staatsangehörigen nach den Bestimmungen des AuslBG bewilligungspflichtig (vgl 8 ff).

2.1.2. Dienstleistungsfreiheit

Auch die in Art 56 AEUV verankerte **Dienstleistungsfreiheit** ist von arbeitsrechtlicher Relevanz. Dienstleistungen iSd AEUV sind Leistungen, die in der Regel gegen Entgelt erbracht werden, soweit sie nicht den Vorschriften über den freien Waren- und Kapitalverkehr und über die Freizügigkeit der Personen unterliegen (Art 57 AEUV).

Grundsätzlich soll mit Art 56 AEUV gewährleistet werden, dass sich ein in einem Mitgliedstaat zugelassener Unternehmer auch in den anderen Mitgliedstaaten betätigen darf. Der Unternehmer darf sich also in einen anderen Mitgliedstaat begeben, um Leistungen an Personen zu erbringen, die in diesem Mitgliedstaat ansässig sind.[23] Nach der Rsp des EuGH darf sich der Dienstleister im Gebiet eines anderen Mitgliedstaats „mit seinem gesamten Personal" frei bewegen. Er darf seine **eigenen Arbeitskräfte** in den anderen Staat mitnehmen, um dort Aufträge zu erfüllen. Dies gilt auch für **drittstaatsangehörige** Arbeitnehmer des EU-Dienstleisters.

> **Beispiel:** Ein polnisches Bauunternehmen darf zur Erfüllung eines Bauauftrages in Österreich sowohl seine polnischen als auch russischen oder serbischen Arbeitskräfte einsetzen.

Ein Mitgliedstaat darf ein in einem anderen Mitgliedstaat ansässiges Unternehmen, das zur Erbringung von Dienstleistungen auf seinem Gebiet tätig wird und das drittstaatsangehörige Arbeitnehmer ordnungsgemäß und dauerhaft beschäftigt, **nicht verpflichten**, eine **Arbeitserlaubnis** für die entsandten Arbeitnehmer einzuholen. Arbeitnehmer, die von einem in einem Mitgliedstaat ansässigen Unternehmen beschäftigt und **vorübergehend** zur Erbringung einer Dienstleistung in einen anderen Mitgliedstaat entsandt werden, verlangen nach Meinung des EuGH keinen Zutritt zum Arbeitsmarkt dieses zweiten Staats, da sie nach Erfüllung ihrer Aufgabe in ihr Wohnsitzland zurückkehren.[24] Das österreichische Arbeitsrecht hat vorzusorgen, dass diese Drittstaatsangehörigen im Inland legal beschäftigt werden können.

Dienstleistungen müssen auf dem Markt eines EU-Mitgliedstaats zu den gleichen Bedingungen wie inländische Dienstleistungen angeboten werden können. Die Mitgliedstaaten sind verpflichtet, nicht nur sämtliche **Diskriminierungen** des in einem anderen Mitgliedstaat ansässigen Dienstleisters zu beseitigen, sondern auch alle **Beschränkungen**

---

22 Ministerratsbeschluss vom 20. Juni 2018 zur Weiteranwendung des Übergangsarrangements zur Freizügigkeit und Dienstleistungsfreiheit für die Republik Kroatien in der dritten Phase (1. 7. 2018 – 30. 6. 2020).

23 Der freie Dienstleistungsverkehr schließt umgekehrt die Freiheit des Leistungsempfängers ein, sich zur Inanspruchnahme einer Dienstleistung in einen anderen Mitgliedstaat zu begeben (EuGH 286/82, *Luisi/ Carbone*).

24 EuGH C-113/89, *Rush Portuguesa*; C-43/93, *Vander Elst*.

aufzuheben, die – obwohl sie unterschiedslos für einheimische Dienstleistende wie für ausländische Dienstleistende gelten – geeignet sind, die Tätigkeit eines ausländischen Dienstleistenden zu unterbinden oder zu behindern. Der freie Dienstleistungsverkehr darf nur durch Regelungen, die durch zwingende Gründe des Allgemeininteresses gerechtfertigt sind und für alle im Hoheitsgebiet des Bestimmungsstaates tätigen Personen gelten, und nur insoweit beschränkt werden, als dem Allgemeininteresse nicht bereits durch die Rechtsvorschriften Rechnung getragen ist, denen der Dienstleistende in seinem Heimatstaat unterliegt.

So sind etwa bei der Einbeziehung von entsandten Bauarbeitnehmern in ein Urlaubskassensystem des Empfangsstaats allfällige Beitragspflichten nach einem vergleichbaren nationalen System des Heimatstaats zu berücksichtigen, und auch eine Anrechnung muss ermöglicht werden.[25]

Österreich hat entsprechende Regelungen im **AuslBG** getroffen. Für drittstaatsangehörige Ausländer, die im Rahmen der Dienstleistungsfreiheit aus dem EU-Bereich nach Österreich entsandt werden, ist gem § 18 Abs 12 AuslBG keine Bewilligung erforderlich, wenn der Ausländer ordnungsgemäß zu einer Beschäftigung im Staat des Betriebssitzes über die Dauer der Entsendung nach Österreich hinaus zugelassen und beim entsendenden Unternehmen rechtmäßig beschäftigt ist und die österreichischen Lohn- und Arbeitsbedingungen sowie die sozialversicherungsrechtlichen Bestimmungen eingehalten werden. Die beabsichtigte Entsendung von Ausländern ist der Zentralen Koordinationsstelle des Bundesministeriums für Finanzen (§ 19 Abs 2 Lohn- und Sozialdumping-Bekämpfungsgesetz, LSD-BG) zu melden. Diese übermittelt die Anzeige unverzüglich der zuständigen regionalen Geschäftsstelle des Arbeitsmarktservice. Die regionale Geschäftsstelle des Arbeitsmarktservice hat binnen zwei Wochen ab Einlangen der Meldung den Unternehmen und dem Auftraggeber, der die Arbeitsleistung in Anspruch nimmt, das Vorliegen der Voraussetzung zu bestätigen (**EU-Entsendebestätigung**) oder bei Nichtvorliegen die Entsendung zu untersagen. Bei Vorliegen der Voraussetzungen darf die Beschäftigung auch ohne EU-Entsendebestätigung begonnen werden, diese wirkt lediglich deklarativ.

Der österreichische Gesetzgeber hat mit dieser seit 1. 1. 2008 in Kraft stehenden Regelung der Judikatur des EuGH Rechnung getragen, dass Regelungen eines Mitgliedstaats die Dienstleistungsfreiheit behindern, wenn sie zusätzliche administrative und wirtschaftliche Kosten und Belastungen verursachen.[26] Die zuvor in Geltung gestandene Regelung hat vom EU-Dienstleister die Einholung einer konstitutiv wirkenden Entsendebestätigung verlangt, die nur erteilt wurde, wenn der Arbeitnehmer im Herkunftsstaat ordnungsgemäß und dauerhaft seit mindestens einem Jahr in einem direkten Arbeitsverhältnis stand oder einen unbefristeten Arbeitsvertag abgeschlossen hatte. Für die Einreise bestand überdies eine Sichtvermerks- und Aufenthaltstitelpflicht. In einem Vertragsverletzungsverfahren qualifizierte der EuGH die österreichische Regelung als Verletzung der Dienstleistungsfreiheit.[27]

25 EuGH C-49/98, *Finalarte*; § 33i BUAG.
26 EuGH C-60/03, *Wolff & Müller*.
27 EuGH C-168/04, *Komm v Österreich*.

Eine eigene Frage ist, ob der Aufnahmestaat den ausländischen Dienstleister verpflichten kann, für die Zeit der Entsendung die im Aufnahmestaat geltenden **Arbeitsbedingungen** (Arbeitszeit, Mindestentgelte etc) einzuhalten. Zu diesen Problemen grenzüberschreitender Arbeitsverhältnisse vgl 396 ff.

2.2. Beschäftigung von Ausländern aus Drittstaaten

Literatur: *Gerhartl,* Die Öffnung des Arbeitsmarktes, ASoK spezial (2011); *Schrammel,* Rechtsfragen der Ausländerbeschäftigung (1995); *Ghulam,* Die Reform der Rot-Weiß-Rot-Karte, ASoK 2022, 295; *E. Oberhammer,* Die Rot-Weiß-Rot - Karte im Wandel, ZAS 2023, 96.

Rechtsquelle: Ausländerbeschäftigungsgesetz (AuslBG).

2.2.1. Problemaufriss

Will man grundsätzlich den Zuzug ausländischer Arbeitskräfte nach Österreich beschränken, ist man jedoch aus demografischen und arbeitsmarktpolitischen Gründen auf eine gewisse Arbeitskräftezuwanderung angewiesen, ist zu entscheiden, nach welchen Kriterien ausländische Arbeitskräfte für den heimischen Arbeitsmarkt zugelassen werden sollen. Lange Zeit hat man in Österreich in erster Linie auf die Einhaltung rein zahlenmäßig berechneter **Quoten** abgestellt. Da aufgrund der Arbeitnehmerfreizügigkeit der Unionsbürger die Arbeitsmigration zahlenmäßig nicht mehr effektiv gesteuert werden kann, wurden mit der Novelle BGBl I 2013/72 endgültig jegliche Quoten[28] abgeschafft. Mit der Novelle BGBl I 2011/25 wurde stattdessen ein sog **„kriteriengeleitetes Zulassungssystem" von Schlüsselkräften** eingeführt, um gezielt hochqualifizierte Arbeitskräfte und Fachkräfte in Mangelberufen für den österreichischen Arbeitsmarkt anzuwerben.

Die Beschäftigung von Ausländern aus Drittstaaten (dh die keine EWR- oder Schweizer Staatsbürgerschaft haben) ist durch das **AuslBG** einer strengen Reglementierung unterworfen. Arbeitgeber dürfen Ausländer nur beschäftigen, wenn entweder der Arbeitgeber oder der Arbeitnehmer eine entsprechende Bewilligung besitzen.[29] Bei allfälligen Verstößen sind sowohl der Arbeitgeber als auch der Arbeitnehmer verwaltungsstrafrechtlich verantwortlich. § 3 AuslBG legt somit für die Beschäftigung von Ausländern im Bundesgebiet ein verwaltungsrechtliches **Verbot mit Erlaubnisvorbehalt** fest. Die Beschäftigung von Ausländern ist nicht absolut untersagt, sie bleibt aber bis zur Erteilung der im Gesetz genannten Bewilligungen verboten und damit rechtswidrig.

Die Kompetenz des österreichischen Gesetzgebers, die Steuerung der Arbeitsmigration nach Österreich autonom zu regeln, ist durch das **EU-Recht** inzwischen stark beschränkt. Ein Großteil der in Österreich Erwerbstätigen mit ausländischer Staatsbürgerschaft kommt aus den EWR-Staaten und fällt daher unter die Arbeitnehmer-Freizügigkeit (vgl

28 Die Bundeshöchstzahl wurde 2013 abgeschafft; Landeshöchstzahlen wurden bereits 2011 abgeschafft.
29 § 3 AuslBG.

oben 2 ff). Ein weiterer Großteil kommt aus den Balkanstaaten und der Türkei und genießt aufgrund eines häufig bereits gegebenen Daueraufenthaltsrechts einen unbeschränkten Zugang zum Arbeitsmarkt. Aufgrund der **DaueraufenthaltsRL** 2003/109/EG sind die Mitgliedstaaten verpflichtet, Drittstaatsangehörige, die sich länger als fünf Jahre rechtmäßig in ihrem Hoheitsgebiet aufhalten, beim Zugang zum Arbeitsmarkt wie Inländer zu behandeln. Für türkische Arbeitnehmer gelten aufgrund des **Assoziationsabkommens EWG-Türkei** schon vor Erreichen eines fünfjährigen Aufenthalts besondere Regelungen. Mit der RL 2011/98/EU wurden die Mitgliedstaaten außerdem verpflichtet, ein einheitliches Verfahren zur Beantragung einer **kombinierten Erlaubnis** für Drittstaatsangehörige, sich im Hoheitsgebiet eines Mitgliedstaats aufzuhalten und zu arbeiten, vorzusehen (One-Stop-Shop Prinzip). Die Ausländer müssen daher nur mehr einen einzigen Antrag auf Verleihung einer Aufenthalts- und Arbeitserlaubnis stellen, die Fremdenbehörden und das Arbeitsmarktservice haben darüber in einem aufeinander abgestimmten Verfahren zu entscheiden.

Das AuslBG sieht verschiedene **Arten der Bewilligung** vor, wobei grundsätzlich nach einem **Stufensystem** vorgegangen wird:

Der **Ersteinstieg** in den österreichischen Arbeitsmarkt erfolgt grds[30] entweder über Antrag des Arbeitgebers auf Beschäftigungsbewilligung für einen bestimmten Arbeitnehmer an einem bestimmten Arbeitsplatz oder über Antrag einer besonders qualifizierten Person als Schlüssel- oder Fachkraft für einen bestimmten Arbeitgeber.

Eine **Beschäftigungsbewilligung** darf gem § 4b Abs 1 AuslBG grds nur erteilt werden, wenn sich für die durch den Ausländer zu besetzende Stelle kein Inländer, EWR-Bürger oder Ausländer mit unbeschränktem Arbeitsmarktzugang findet. Zu beachten ist, dass der Arbeitswillige über einen gültigen Aufenthaltstitel nach dem Niederlassungs- und AufenthaltsG (NAG) oder zumindest über ein Arbeitsvisum[31] nach dem FremdenpolizeiG (FPG) verfügen muss.

Schlüsselkräfte stellen nach dem kriteriengeleiteten Zulassungsverfahren einen Antrag auf Niederlassung in Österreich und damit verbunden auf eine Beschäftigung bei einem bestimmten Arbeitgeber. Sie müssen gehobene Kriterien betreffend Qualifikation, (junges) Alter, Sprachkenntnisse etc erfüllen. Liegen die erforderlichen Voraussetzungen vor, wird der Aufenthaltstitel **Rot-Weiß-Rot-Karte** oder die **Blaue Karte EU** erteilt.

Nach dem Ersteinstieg in den Arbeitsmarkt bzw nach einer bestimmten Aufenthaltsdauer in Österreich haben Ausländer gem § 17 AuslBG einen **unbeschränkten Zugang** zum Arbeitsmarkt.

Inhabern der Rot-Weiß-Rot-Karte oder der Blauen Karte EU kann der Aufenthaltstitel **Rot-Weiß-Rot-Karte plus** gewährt werden. Die Rot-Weiß-Rot-Karte plus und damit ei-

30 Ausnahmen gibt es ua für Praktikanten, Volontäre und Künstler.

31 Arbeitsvisa werden gem § 21 FPG befristet verliehen und führen zu keinem dauerhaften Aufenthaltsrecht in Österreich.

nen unbeschränkten Zugang zum Arbeitsmarkt können auch all jene Personen erhalten, die bereits längere Zeit in Österreich niedergelassen und fortgeschritten integriert sind. Das sind insb Personen, die bereits längere Zeit erlaubt[32] im Bundesgebiet beschäftigt waren.

Unbeschränkten Zugang zum Arbeitsmarkt haben auch alle, die den nach fünfjährigem rechtmäßigem Aufenthalt zustehenden Aufenthaltstitel „**Daueraufenthalt EU**“ gem § 45 NAG oder den Aufenthaltstitel „**Familienangehöriger**“ gem § 47 NAG haben.

Einen unbeschränkten Zugang zum Arbeitsmarkt haben weiters Personen, die über den Aufenthaltstitel „**Aufenthaltsberechtigung plus**“ gem § 54 Abs 1 Z 1 AsylG 2005 verfügen.

2.2.2. Persönlicher Geltungsbereich

Als **Ausländer** gilt gem § 2 Abs 1 AuslBG jeder, der nicht die österreichische Staatsbürgerschaft besitzt.

§ 1 Abs 2 AuslBG nimmt allerdings eine Reihe von Arbeitskräften vom Beschäftigungsverbot aus. Für bestimmte Gruppen von Arbeitskräften gelten Sonderbestimmungen.

Vom Geltungsbereich des AuslBG **ausgenommen** sind insbesondere Bürger aus dem EWR-Raum und deren Familienangehörige sowie Familienangehörige österreichischer Staatsbürger, aber auch Asylberechtigte sowie subsidiär Schutzberechtigte[33], Diplomaten, akkreditierte Journalisten, Wissenschaftler in Forschung und Lehre etc.[34]

Eine **Sonderbehandlung** ist für Drittstaatsangehörige, die im Rahmen der Dienstleistungsfreiheit[35] in Österreich tätig werden (vgl oben 6 f), sowie für türkische Arbeitnehmer aufgrund des Assoziationsabkommens EWG-Türkei vorgesehen (§ 4c AuslBG).

2.2.3. Der Beschäftigungsbegriff

Das AuslBG beschränkt die Beschäftigung von Ausländern am Arbeitsmarkt. Es behindert dagegen nicht die Tätigkeit selbstständiger Unternehmer in Österreich. Um eine Umgehung des AuslBG durch Scheinselbstständigkeit auszuschließen, verwendet das AuslBG einen sehr weit gefassten **Begriff der Beschäftigung.** Er umfasst nicht nur Ar-

32 Dh Personen, die aufgrund einer Beschäftigungsbewilligung beschäftigt sind.

33 Gem § 8 AsylG handelt es sich dabei um Personen, die in Österreich einen Antrag auf internationalen Schutz gestellt haben und denen im Zuge dessen zwar nicht der Status des Asylberechtigten gewährt wurde, denen im Falle einer Rückführung aber eine reale Gefahr der Verletzung bestimmter Rechte aus der EMRK drohen würde oder, sofern es sich um Zivilpersonen handelt, deren Leben oder Unversehrtheit infolge willkürlicher Gewalt im Rahmen eines internationalen oder innerstaatlichen Konfliktes bedroht wären. Grundlage dieses Schutzstatus und im Kontext seiner Auslegung mit Blick auf die einhergehenden Rechtspositionen beachtlich ist die sog StatusRL 2011/95/EU.

34 Mit der Novelle BGBl I 2023/43 wurden Vertriebene gem § 62 AsylG mit Vertriebenenausweis vom Geltungsbereich ausgenommen, wodurch es aus der Ukraine vertriebenen Personen möglich ist, bewilligungsfrei jede Beschäftigung aufzunehmen (vgl § 1 Abs 2 lit k AuslBG).

35 § 18 Abs 12 AuslBG.

beitsverhältnisse, sondern auch arbeitnehmerähnliche Beschäftigungsverhältnisse, Ausbildungsverhältnisse und Tätigkeiten im Rahmen von Arbeitskräfteüberlassung (§ 2 Abs 2 AuslBG). Entscheidend ist dabei nicht der äußere Anschein, sondern der **wahre wirtschaftliche Gehalt** des zu beurteilenden Sachverhalts.[36]

Schwierig ist insb bei Gesellschaftern einer Personengesellschaft oder GmbH zu beurteilen, ob diese eine Tätigkeit als (gleichrangiger) Gesellschafter oder als Arbeitnehmer der Gesellschaft in persönlicher Abhängigkeit ausüben (vgl Bd I 28 ff). § 2 Abs 4 AuslBG stellt die **Vermutung** auf, dass im Betrieb mitarbeitende Gesellschafter einer Personengesellschaft (Z 1) und Gesellschafter einer GmbH mit einem Geschäftsanteil von weniger als 25 % (Z 2) Arbeitnehmer sind, wenn sie typische Arbeitnehmerdienste verrichten. Diese Vermutung kann durch Bescheid der zuständigen regionalen Geschäftsstelle des Arbeitsmarktservice widerlegt werden, wenn der Gesellschafter tatsächlich einen wesentlichen Einfluss auf die Geschäftsführung ausübt.[37]

Problematisch sind in der Praxis außerdem Tätigkeiten, die aufgrund eines Gewerbescheins geleistet werden, der nur für Teiltätigkeiten eines umfassenderen Gewerbes erteilt wird (zB „Aufstellen von Rigipswänden"; „Verspachteln von Mauern"). Oft ergibt hier eine genauere Prüfung, dass die betreffenden Personen in den Betrieb eines anderen eingegliedert sind und von diesem in persönlicher Abhängigkeit beschäftigt werden.

2.2.4. Allgemeine Regelung

Nicht begünstigte Ausländer dürfen grundsätzlich nur bei Vorliegen einer **Bewilligung durch das Arbeitsmarktservice** einer Beschäftigung nachgehen.

2.2.4.1. Initiative des Arbeitgebers

Will ein Arbeitgeber einen ausländischen Arbeitnehmer beschäftigen, hat er beim Arbeitsmarktservice eine **Beschäftigungsbewilligung** zu beantragen. Sie wird für eine **bestimmte Person** und für einen **konkreten Arbeitsplatz gem § 7 AuslBG** jeweils auf maximal **ein Jahr befristet** erteilt.

Eine Beschäftigungsbewilligung darf nur erteilt werden, wenn Lage und Entwicklung des Arbeitsmarkts die Beschäftigung zulassen und wichtige öffentliche oder gesamtwirtschaftliche Interessen nicht entgegenstehen. Die gesetzlichen Voraussetzungen gliederten sich einerseits in **allgemeine Interessen** arbeitsmarktpolitischer, gesamtwirtschaftlicher und öffentlicher Art (§ 4 Abs 1, 2 AuslBG) und in **individuelle Voraussetzungen**, die durch den Arbeitgeber und den ausländischen Arbeitnehmer zu erfüllen waren (§ 4 Abs 3 AuslBG idF BGBl I 2021/217). § 4 Abs 3 enthielt eine taxative Aufzählung von Voraussetzungen für die Erteilung einer Beschäftigungsbewilligung, wobei zumindest eine Voraussetzung zusätzlich zu der Erfüllung des Abs 1 bzw 2 gegeben sein musste. Es bedurfte jedenfalls einer einhelligen Befürwortung des Regionalbeirates (§ 4 Abs 3 Z 1 AuslBG), wenn eine Alternative der Z 5 bis 14 leg cit nicht erfüllt war. Der VfGH[38] sah in

36 VwGH 96/09/0378.

37 Vgl dazu *Schrammel,* Rechtsfragen der Ausländerbeschäftigung 77.

38 VfGH G 232/2021.

der Bindung der Behörde an die Befürwortung des Regionalbeirates einen Verstoß gegen das Rechtsstaatsprinzip. Da die abschließend aufgezählten Alternativen in untrennbarem Zusammenhang standen, hob der VfGH § 4 Abs 3 AuslBG zur Gänze wegen Verfassungswidrigkeit auf.[39]

Zu den **Voraussetzungen** des **Ausländers** gehört gem § 4 Abs 1 AuslBG vor allem das Vorliegen eines rechtmäßigen Aufenthaltstitels, der die Ausübung einer Beschäftigung nicht ausschließt.[40] Außerdem dürfen keine wichtigen Gründe in der Person des Arbeitnehmers vorliegen, die eine Beschäftigungsbewilligung ausschließen würden, wie zB wiederholte Verstöße gegen das AuslBG.

Voraussetzungen auf Seiten des Arbeitgebers sind gem § 4 Abs 1 AuslBG ua: die Beschäftigung muss auf legale Weise zustande gekommen sein; der Ausländer darf nicht gewerbsmäßig an andere Unternehmer überlassen werden; im letzten Jahr dürfen nicht wiederholt Ausländer unzulässigerweise beschäftigt worden sein; der Arbeitgeber darf hinsichtlich des zu besetzenden Arbeitsplatzes keinen Arbeitnehmer, der das 50. Lebensjahr vollendet hat, gekündigt haben.

Zum Kernbereich des Bewilligungsverfahrens gehört die **Prüfung von „Lage und Entwicklung des Arbeitsmarkts“**. Die Erteilung einer Beschäftigungsbewilligung für Ausländer ist nur zulässig, wenn für den zu besetzenden Arbeitsplatz keine der in § 4b AuslBG taxativ aufgezählten und vorrangig zu behandelnden Arbeitskräfte vermittelt werden können. **Vorrangig** zu behandeln sind in erster Linie **Inländer sowie Ausländer mit** entsprechendem „**Inlandsbezug**“ (EWR-Bürger, Schweizer, türkische Assoziationsarbeitnehmer, Ausländer mit Anspruch auf Leistungen aus der Arbeitslosenversicherung und Ausländer mit unbeschränktem Zugang zum Arbeitsmarkt).

Mit der Novelle BGBl I 2022/106 wurde die Möglichkeit geschaffen, besonders qualifizierten **Projektmitarbeitern**, die nicht länger als sechs Monate beschäftigt sind, eine Beschäftigungsbewilligung für die Dauer des Projekts zu erteilen (§ 4a AuslBG).

Für **Saisonarbeitskräfte und Erntehelfer** regelt § 5 AuslBG befristete Beschäftigungsmöglichkeiten. Im Falle eines vorübergehenden zusätzlichen Arbeitskräftebedarfs kann der zuständige Bundesminister Kontingente für eine zeitlich befristete Zulassung ausländischer Arbeitskräfte festlegen.

Ein Arbeitgeber kann ausländische Arbeitnehmer aus eigener Initiative auch schon im Ausland anwerben. Um das Risiko auszuschalten, dass der Arbeitgeber in der Folge keine Beschäftigungsbewilligung erhält, kann der Arbeitgeber vom Arbeitsmarktservice eine befristete **Sicherungsbescheinigung** (§ 11 leg cit) erhalten, sofern die für die Bewilligung erforderlichen allgemeinen und die von ihm selbst zu erfüllenden Einzelvoraussetzungen vorliegen.

39 Die Aufhebung ist mit 1.7.2023 in Kraft getreten (BGBl I 2022/1).
40 Vgl im Detail § 3 Abs 1 AuslBG.

2.2.4.2. Initiative des Ausländers

Durch die Novelle BGBl I 2011/25 wurden Regelungen über die sog **kriteriengeleitete Zulassung von Schlüsselarbeitskräften** in das AuslBG eingefügt. Ziel des Gesetzgebers war es, gezielt hochqualifizierte Arbeitskräfte bzw Arbeitskräfte in Mangelberufen oder andere Schlüsselkräfte für den österreichischen Arbeitsmarkt zu gewinnen.

Das in § 20d AuslBG geregelte Zulassungsverfahren führt gleichzeitig zur Aufenthaltsberechtigung nach dem NAG und zur Berechtigung zu arbeiten: Der Ausländer erhält die sog **Rot-Weiß-Rot-Karte** gem § 41 NAG. Die Zulassung als Schlüsselkraft ist vom Ausländer bei der zuständigen Fremdenbehörde zu stellen. Er muss dies grds vom Ausland aus tun. Der Antrag kann auch vom beabsichtigten Arbeitgeber für den Ausländer im Inland eingebracht werden.[41] Das Arbeitsmarktservice ist in das Verfahren zur Prüfung der materiellen Voraussetzungen eingebunden. Die Rot-Weiß-Rot-Karte wird für maximal 24 Monate ausgestellt und gilt nur für den im Antrag angegebenen Arbeitgeber.

Besonders Hochqualifizierte[42] können gem § 20c AuslBG zunächst ein auf sechs Monate befristetes Aufenthaltsvisum zur Arbeitssuche gem § 24a FPG erhalten. Sie erhalten die Rot-Weiß-Rot-Karte, sofern sie eine Beschäftigung ihrer Qualifikation entsprechend gefunden haben und wenn sie eine bestimmte Mindestpunkteanzahl für Kriterien erreicht haben, die in Anlage A zum AuslBG angeführt sind. Relevante Kriterien sind etwa: Studienabschluss, insb naturwissenschaftliche Fächer, Habilitation, Jahreseinkommen über € 50.000, jüngeres Lebensalter (bis 45 Jahre), Sprachkenntnisse. Erfüllt der Antragsteller die Voraussetzungen, entfällt die Arbeitsmarktprüfung im Einzelfall.

Gem § 12a AuslBG können Ausländer in einem durch Verordnung festgestellten **Mangelberuf als Fachkraft** zugelassen werden, wenn sie eine einschlägige Berufsausbildung haben und wiederum eine Mindestpunkteanzahl für Kriterien erreichen, die für sie in Anlage B zum AuslBG festgelegt sind. Relevante Kriterien sind neben der abgeschlossenen Ausbildung im Mangelberuf[43] Sprachkenntnisse[44] und ebenfalls ein jüngeres Lebensalter (bis 50 Jahre). Die FachkräfteVO nennt als Mangelberufe va technische Berufe und Krankenpflegeberufe. Auch hier entfällt die Arbeitsmarktprüfung im Einzelfall.

§ 12b AuslBG sieht die Möglichkeit vor, auch sonstige Schlüsselkräfte zum österreichischen Arbeitsmarkt mit einer Rot-Weiß-Rot-Karte zuzulassen. Dasselbe gilt für **Studienabsolventen**, die zumindest den zweiten Abschnitt eines Diplomstudiums, ein Bachelorstudium oder ein Masterstudium an einer österreichischen Universität oder Fachhochschule absolviert haben. Die **sonstigen Schlüsselkräfte** müssen wiederum eine

41 Seit der Novelle BGBl I 2022/106 kann der Arbeitgeber gleichzeitig auch Anträge für Familienangehörige einbringen (§ 20d Abs 1 Satz 2 AuslBG).

42 Vgl § 12 AuslBG.

43 Seit 1.10.2022 sind alle Ausbildungswege punktemäßig gleichgestellt. Zuvor erhielt man für eine Universitätsreife oder ein Studium mehr Punkte.

44 Englischkenntnisse sind seit 1.10.2022 Deutschkenntnissen gleichgestellt, sofern die vorherrschende Unternehmenssprache Englisch ist. Seit 21.4.2023 werden für die Sprachen Französisch, Spanisch und Bosnisch-Kroatisch-Serbisch ebenso Punkte vergeben; dies gilt ebenso für sonstige Schlüsselkräfte.

Mindestpunkteanzahl für die in Anlage C genannten Kriterien erreichen – Bildung, Berufserfahrung,[45] Sprache, jüngeres Alter, auch Profisportler oder Profisporttrainer –, außerdem müssen sie mit der angestrebten Tätigkeit ein Bruttoeinkommen von 50% der monatlichen Höchstbeitragsgrundlage nach § 108 ASVG verdienen (diese liegt im Jahr 2023 bei € 5.850). In diesen Fällen muss allerdings eine Arbeitsmarktprüfung durchgeführt werden. Für die genannten **Studienabsolventen** ist dagegen lediglich zu prüfen, ob sie eine Beschäftigung, die ihrem Ausbildungsniveau entspricht, annehmen und ein Entgelt erhalten, das mindestens dem ortsüblichen Entgelt inländischer Studienabsolventen mit einer vergleichbaren Tätigkeit und Berufserfahrung entspricht. Bei Studienabsolventen gibt es weder eine kriteriengeleitete Prüfung noch eine Arbeitsmarktprüfung.

Durch die Novelle BGBl I 2022/106 wurde die Möglichkeit einer Rot-Weiß-Rot-Karte für **Stammmitarbeiter** geschaffen, wenn diese über zwei Kalenderjahre jeweils mindestens sieben Monate im selben Wirtschaftszweig als registrierte Stammsaisoniers beschäftigt waren, Deutschkenntnisse auf A1-Niveau und ein unbefristetes Arbeitsverhältnis nachweisen können. Eine Arbeitsmarktprüfung im Einzelfall entfällt (vgl § 12d AuslBG).

Zuletzt besteht für höher gebildete Ausländer gem § 12c AuslBG die Möglichkeit, die sog **„Blaue Karte EU“** zu erhalten. Sie wird gem § 42 Abs 4 NAG für maximal zwei Jahre ausgestellt und gilt für einen konkreten Arbeitgeber. Damit werden Ausländer, die ein Studium von mindestens 3 Jahren abgeschlossen haben, für eine dieser Ausbildung entsprechende Beschäftigung zugelassen, wenn sie damit zumindest das durchschnittliche österreichische Bruttojahresgehalt eines Vollzeitbeschäftigten verdienen (im Jahr 2023 waren das € 45.595).

Mit der Novelle BGBl I 2022/106 wurde die Möglichkeit der „Blauen Karte EU“ für IT-Fachkräfte ohne Studienabschluss geschaffen. Diese müssen eine mindestens dreijährige Berufserfahrung vorweisen, die mit dem Niveau eines Hochschulabschlusses vergleichbar ist und innerhalb der letzten sieben Jahre vor Antragstellung erworben wurde (§ 12c Abs 2 AuslBG).

> Sonderregelungen gelten für **Künstler**: Ausländer, deren unselbständige Tätigkeit überwiegend durch Aufgaben der künstlerischen Gestaltung bestimmt ist, werden zu einer Beschäftigung als Künstler zugelassen, wenn die Voraussetzungen des § 4 Abs 1 AuslBG mit Ausnahme des Abs 1 Z 1 vorliegen. Bei Fehlen einer dieser Voraussetzungen darf die Zulassung nur versagt werden, wenn die Beeinträchtigung der öffentlichen Interessen unverhältnismäßig schwerer wiegt als die Beeinträchtigung der Freiheit der Kunst des Ausländers (§ 14 AuslBG).

Bei entsprechender Länge der Beschäftigung können Inhaber einer Rot-Weiß-Rot-Karte und Inhaber einer Blauen Karte EU (21 Monate Beschäftigung innerhalb der letzten 24 Monate) den Aufenthaltstitel **Rot-Weiß-Rot-Karte plus** gem § 41a NAG erhalten. Die Rot-Weiß-Rot-Karte plus kann für maximal 3 Jahre ausgestellt werden und berechtigt gem § 17 AuslBG zum unbeschränkten Arbeitsmarktzugang in Österreich.

---

45 Mit 1.10.2022 wurde die Einschränkung auf eine ausbildungsadäquate Berufserfahrung aufgehoben.

Einen unbeschränkten Zugang zum Arbeitsmarkt auf der Grundlage einer Rot-Weiß-Rot-Karte plus erhalten gem § 15 AuslBG aber auch Personen, die eine **Niederlassungsbewilligung** in Österreich haben und seit zwei Jahren in Österreich rechtmäßig im Bundesgebiet niedergelassen und fortgeschritten integriert sind, bzw Arbeitnehmer, die im Besitz einer gültigen **Arbeitserlaubnis** oder eines **Befreiungsscheins** (nach altem Recht) sind. In diesen Fällen wird ein sog **Zweckänderungsverfahren** durchgeführt.[46]

2.2.5. Sondertatbestände

2.2.5.1. Entsendebewilligung für Entsendungen aus Drittstaaten

Ausländer, die von einem Arbeitgeber aus einem Nicht-EWR-Staat („Drittstaat") ohne Betriebssitz im Inland im Bundesgebiet für Arbeiten eingesetzt werden, die nicht länger als sechs Monate dauern, benötigen eine **Entsendebewilligung**, die höchstens für die Dauer von vier Monaten erteilt werden darf. Dauern die Arbeiten länger als sechs Monate, oder soll der betreffende Arbeitnehmer länger als vier Monate im Bundesgebiet arbeiten, ist eine Beschäftigungsbewilligung erforderlich.

Bei Erteilung einer Entsendebewilligung ist die Prüfung der Lage und Entwicklung des Arbeitsmarktes nicht erforderlich, wenn die Arbeitsleistung von Inländern nicht erbracht werden kann. Im Bau- und Baunebengewerbe darf eine Entsendebewilligung nicht erteilt werden.

Werden Ausländer dagegen zu kurzfristigen Arbeiten nach Österreich entsandt, für die ihrer Art nach inländische Arbeitskräfte nicht herangezogen werden, wie zB für geschäftliche Besprechungen, Besuche von Messeveranstaltungen und Kongressen, Ausbildungen im Rahmen von Joint Ventures etc, bedarf es keiner Entsendebewilligung (vgl im Detail § 18 AuslBG).

Mit der Novelle BGBl I 2017/66 wurde die Richtlinie 2014/66/EU über die Bedingungen für die Einreise und den Aufenthalt von Drittstaatsangehörigen im Rahmen eines unternehmensinternen Transfers (ICT-Richtlinie) umgesetzt: Die ICT-Richtlinie regelt den unternehmensinternen Transfer von drittstaatsangehörigen Schlüsselarbeitskräften (**ManagerInnen**, **SpezialistInnen**, Trainees mit Hochschulabschluss) von in Drittstaaten ansässigen internationalen Unternehmen in deren EU-Niederlassungen. Sie enthält auch Erleichterungen für Aufenthalt und Beschäftigung des Familiennachzugs von unternehmensintern transferierten Ausländern („ICT").

2.2.5.2. Selbständige Schlüsselkräfte und Start-up-Gründer

Mit der Novelle BGBl I 2017/66 wurde die Zulassung von selbständigen Schlüsselkräften und Start-up-Gründern aus Drittstaaten in Österreich erleichtert, um Wachstum und Beschäftigung am Wirtschaftsstandort Österreich zu steigern. Ausländer werden gem § 24 Abs 1 AuslBG als **selbständige Schlüsselkräfte** zugelassen, wenn ihre beabsichtigte Erwerbstätigkeit insb hinsichtlich des damit verbundenen Transfers von Investitionskapital

46 Dies gilt auch für Ehegatten, eingetragene Partner und minderjährige, ledige Kinder.

in der Höhe von mindestens € 100.000 oder der Schaffung von neuen oder Sicherung von bestehenden Arbeitsplätzen von gesamtwirtschaftlichem Nutzen ist oder zumindest eine Bedeutung für eine Region hat.

Ausländer werden als **Start-up-Gründer** zugelassen, wenn sie ua im Rahmen eines neu zu gründenden Unternehmens innovative Produkte, Dienstleistungen, Verfahren oder Technologien entwickeln und in den Markt einführen und Kapital für das zu gründende Unternehmen in der Höhe von mindestens € 30.000,[47] davon zumindest die Hälfte Eigenkapital, nachweisen (vgl im Einzelnen § 24 Abs 2 AuslBG).

2.2.5.3. Türkische Arbeitskräfte

Das zwischen der EWG und der Türkei am 12. 9. 1963 abgeschlossene **Assoziationsabkommen** hat ua das Ziel, die Freizügigkeit der Arbeitnehmer schrittweise herzustellen. Dieses **Freizügigkeitsversprechen** ist durch den Beschluss des Assoziationsrates (ARB) Nr 1/80 nur für einen Teil der in der Gemeinschaft lebenden türkischen Arbeitnehmer erfüllt worden.

Art 6 des Beschlusses 1/80 sieht vor, dass türkische Arbeitnehmer nach einem Jahr ordnungsgemäßer Beschäftigung **Anspruch auf Erneuerung** ihrer Arbeitserlaubnis beim gleichen Arbeitgeber haben, sofern dieser über einen Arbeitsplatz verfügt. Türkische Staatsangehörige haben somit **kein erstmaliges Zutrittsrecht zu den Arbeitsmärkten der EWR-Mitgliedstaaten**, sondern lediglich ein Recht auf Verlängerung ihrer Arbeitsbewilligungen, sofern sie von einem Staat bereits ein Zutrittsrecht erhalten haben. Das Recht, in einem bestimmten EU-Staat zu arbeiten, beschränkt sich auf diesen konkreten Staat und gewährt kein Freizügigkeitsrecht innerhalb der gesamten EU.

Nach drei Jahren ordnungsgemäßer Beschäftigung haben türkische Arbeitnehmer das Recht, sich für den gleichen Beruf bei einem Arbeitgeber ihrer Wahl auf ein unter normalen Bedingungen unterbreitetes Stellenangebot zu bewerben. **Nach vier Jahren** ordnungsgemäßer Beschäftigung genießen türkische Arbeitnehmer **freien Zugang** zu jeder von ihnen gewählten Beschäftigung im Lohn- oder Gehaltsverhältnis.

Auch Familienangehörige eines dem regulären Arbeitsmarkt eines Mitgliedstaats angehörenden türkischen Arbeitnehmers, die die Genehmigung erhalten haben, zu ihm zu ziehen, haben gem Art 7 des Beschlusses 1/80 grds das Recht, sich auf jedes Stellenangebot zu bewerben, wenn sie im Mitgliedstaat seit mindestens drei Jahren ihren Wohnsitz haben. Nach fünfjährigem Wohnsitz steht den Familienangehörigen der Zugang zu jeder von ihnen gewählten Beschäftigung im Lohn- oder Gehaltsverhältnis offen.

Art 6 Abs 1 und Art 7 des Beschlusses 1/80 haben nach der Rechtsprechung des EuGH in den Mitgliedstaaten der Gemeinschaft **unmittelbare Wirkung.**[48] Die darin vorgesehenen

47 Bis zur Novelle BGBl I 2022/106 waren als Startkapital mindestens € 50.000 erforderlich. In der Praxis hat sich erwiesen, dass diese Voraussetzung von meist jungen Unternehmern, die ein Start-up gründen wollen, kaum erfüllt werden kann (ErläutRV 1528 BlgNR 27. GP 6).

48 Vgl zB EuGH C-237/91, *Kus*.

Rechte der türkischen Arbeitnehmer und ihrer Familienangehörigen dürfen von den Mitgliedstaaten an keine Bedingungen gebunden oder eingeschränkt werden. Dies hat der VwGH bestätigt.[49]

§ 4c AuslBG trägt den unionsrechtlichen Vorgaben dadurch Rechnung, dass türkischen Staatsbürgern ein Rechtsanspruch auf Ausstellung bzw Verlängerung einer Beschäftigungsbewilligung eingeräumt wird, wenn sie die im Beschluss 1/80 angeführten Voraussetzungen für eine Verlängerung der Bewilligung beim selben Arbeitgeber oder bei einem Arbeitgeber in der gleichen Berufsgruppe erfüllen. Kann sich der türkische Arbeitnehmer nach den Bestimmungen des Beschlusses 1/80 im gesamten Bundesgebiet um eine freie Stelle bewerben, ist ihm von Amts wegen ein Befreiungsschein auszustellen oder zu verlängern.

2.2.5.4. Langfristig Aufenthaltsberechtigte aus Drittstaaten

Die rechtliche Stellung von Personen aus Nicht-EU-Staaten hat sich durch die DaueraufenthaltsRL 2003/109/EG über die Rechtsstellung langfristig aufenthaltsberechtigter Drittstaatsangehöriger[50] erheblich verändert. Die Richtlinie soll eine verbesserte Integration Drittstaatsangehöriger bewirken, die sich bereits längere Zeit im Unionsgebiet aufhalten.

Die Rechtsstellung eines langfristig Aufenthaltsberechtigten setzt voraus, dass sich der Drittstaatsangehörige unmittelbar vor Stellung des Antrages mindestens **fünf Jahre** ununterbrochen rechtmäßig im Aufnahmestaat aufgehalten hat. Der Drittstaatsangehörige muss nachweisen, dass er über feste und regelmäßige Einkünfte verfügt, die ohne Inanspruchnahme der Sozialhilfeleistungen des Aufnahmestaats für seinen eigenen Lebensunterhalt und den seiner Familienangehörigen ausreichen. Überdies muss eine Krankenversicherung bestehen, die im Aufnahmestaat sämtliche Risiken abdeckt, die dort idR auch für dessen eigene Staatsangehörigen abgedeckt sind. Wird dem Antrag stattgegeben, erlangt der Drittstaatsangehörige ein dauerhaftes Aufenthaltsrecht in dem betreffenden Mitgliedstaat. Der Mitgliedstaat stellt eine „**langfristige Aufenthaltsberechtigung – EU**“ mit einer mindestens fünfjährigen Gültigkeit aus, die – allenfalls auf Antrag – ohne weiteres verlängert wird.

Langfristig Aufenthaltsberechtigte sind nach der Richtlinie in dem betreffenden Mitgliedstaat hinsichtlich des Zugangs zu einer unselbstständigen oder selbstständigen **Erwerbstätigkeit wie eigene Staatsangehörige** zu behandeln. Ausgenommen sind Tätigkeiten, die mit der Ausübung öffentlicher Gewalt verbunden sind, da hier die Staaten eine besondere Verbundenheit der Arbeitnehmer mit dem Staat über das Band der Staatsangehörigkeit verlangen dürfen.

49 VwGH 96/09/0088.

50 Richtlinie 2003/109/EG des Rates vom 25. November 2003 betreffend die Rechtsstellung der langfristig aufenthaltsberechtigten Drittstaatsangehörigen, ABl L 2004/16, 44.

Allerdings **erlaubt** die Richtlinie den Mitgliedstaaten, **Zugangsbeschränkungen** zu unselbstständigen oder selbstständigen Erwerbstätigkeiten, die nach nationalem Recht oder nach Unionsrecht eigenen Staatsangehörigen oder EU-Bürgern vorbehalten sind, beizubehalten. Dies kann aber wohl nicht bedeuten, dass die Staaten für jedwede Beschäftigung von langfristig Aufenthaltsberechtigten Beschäftigungsbewilligungen vorsehen dürfen. Damit wäre die Gleichstellung Drittstaatsangehöriger mit den eigenen Staatsangehörigen ad absurdum geführt. Man muss die Einschränkung daher dahingehend verstehen, dass langfristig Aufenthaltsberechtigte nur von Beschäftigungen in der **Hoheitsverwaltung** – die schon nach EU-Recht den eigenen Staatsangehörigen vorbehalten werden dürfen – und von Tätigkeiten im **Beamtenverhältnis**, die nach nationalem Recht für eigene Staatsangehörige und EU-Bürger reserviert sind, ausgeschlossen werden dürfen.

Die Richtlinie über das Aufenthaltsrecht Drittstaatsangehöriger war bis 23. 1. 2006 umzusetzen. Österreich hat diesem Auftrag durch § 45 NAG und § 17 AuslBG entsprochen. Drittstaatsangehörigen, die in den letzten fünf Jahren ununterbrochen zur Niederlassung in Österreich berechtigt waren, kann danach ein Aufenthaltstitel „**Daueraufenthalt – EU**" erteilt werden. Dieser eröffnet einen unbeschränkten Zugang zum Arbeitsmarkt.

2.2.6. Rechtsfolgen

Werden Arbeitsverträge ohne die nach AuslBG notwendigen Bewilligungen abgeschlossen oder haben die Bewilligungen ihre Gültigkeit verloren, sind bzw werden die Arbeitsverträge **nichtig**. Um dennoch den Arbeitnehmern die bereits geleistete Arbeit zu vergüten und den Schutz der Arbeitnehmer gegen Ausbeutung sicherzustellen, normiert § 29 AuslBG, dass die unerlaubt beschäftigten Ausländer dennoch die **gleichen Ansprüche** haben, als wären sie ordnungsgemäß beschäftigt gewesen (im Einzelnen unten 43 f).[51]

Der Arbeitgeber macht sich zudem einer **Verwaltungsübertretung** schuldig.[52] Ist der Arbeitgeber bereits mehrfach wegen illegaler Beschäftigung bestraft worden, kann ihm die Beschäftigung von Ausländern für ein Jahr untersagt werden (§ 30 AuslBG). Außerdem fällt die gem § 4 Abs 1 Z 5 AuslBG für die Erteilung von Beschäftigungsbewilligungen notwendige individuelle Voraussetzung für den Arbeitgeber weg, nicht wiederholt illegal Arbeitnehmer beschäftigt zu haben.

Um besonders qualifizierten Verstößen gegen die Rechtsordnung (Schwarzarbeit und Sozialbetrug in erheblichem Umfang, Menschenhandel etc) vorzubeugen, sind **gerichtliche Strafen** vorgesehen: ZB wenn ein Arbeitgeber gleichzeitig eine größere Zahl von Ausländern ohne Aufenthaltsrecht im Bundesgebiet beschäftigt, diese unter besonders ausbeuterischen Arbeitsbedingungen beschäftigt oder Opfer von Menschenhandel zwangsweise arbeiten lässt (vgl im Detail § 28c AuslBG).

---

51 OGH 8 ObA 58/09a.

52 Vgl zu den Rechtsfolgen einer verbotenen Beschäftigung *Schrammel,* Rechtsfragen der Ausländerbeschäftigung 145.

Überdies kann einem Arbeitgeber, der wiederholt Ausländer unerlaubt beschäftigt hat, die **Gewerbeberechtigung entzogen** werden.

3. Verbot von Kinderarbeit

Literatur: *Trost* in *Loderbauer* (Hg), Kinder- und Jugendrecht[5] (2016); *Dirschmied/Nöstlinger,* Kinder- und Jugendlichenbeschäftigungsgesetz[4] (2002).

Rechtsquelle: Kinder- und Jugendlichenbeschäftigungsgesetz (KJBG).

Das KJBG gilt für die Beschäftigung von Kindern mit **Arbeiten jeder Art** (Kinderarbeit – § 1 KJBG). Kinder sind gem § 2 KJBG Personen bis zu ihrem vollendeten 15. Lebensjahr oder einem später eintretenden Abschluss der Schulpflicht. Als Kinderarbeit gilt nicht die Beschäftigung von Kindern, die ausschließlich zu Zwecken des Unterrichts oder der **Erziehung** erfolgt, und die Beschäftigung eigener Kinder mit **leichten Leistungen von geringer Dauer im Haushalt.** Davon abgesehen ist Kinderarbeit **absolut verboten.**

§ 5a KJBG sieht für die Beschäftigung von Kindern, die das **13. Lebensjahr** vollendet haben, gewisse Lockerungen vor. Sie dürfen außerhalb der für den Schulbesuch vorgesehenen Stunden unter anderem beschäftigt werden:

- im **Familienbetrieb**, soweit es sich um eigene Kinder handelt und diese mit dem Betriebsinhaber im eigenen Haushalt leben,
- mit Arbeiten im **Privathaushalt**, und
- mit **Botengängen**,
- mit **Handreichungen** auf Sport- und Spielplätzen (Ballkinder beim Tennis),
- mit dem Sammeln von Blumen, Kräutern, Pilzen und Früchten sowie mit den diesen Arbeiten im Einzelnen jeweils gleichwertigen Tätigkeiten.

Für all diese Beschäftigungen gilt jedoch die wesentliche Bedingung, dass es sich um **leichte und vereinzelte** Arbeiten handelt. Gem § 5a Abs 3 KJBG dürfen Kinder mit vereinzelten leichten Arbeiten iSd Abs 1 leg cit nur insoweit beschäftigt werden, als sie dadurch insb weder in ihrer **körperlichen und geistigen Gesundheit und Entwicklung** noch in ihrer Sittlichkeit gefährdet, keinen Unfallgefahren ausgesetzt sind, und im Besuch der **Schule** und in der Möglichkeit, dem Schulunterricht mit Nutzen zu folgen, nicht behindert und in der Erfüllung ihrer religiösen Pflichten nicht beeinträchtigt werden.

Der Landeshauptmann darf aber die Verwendung von Kindern bei Musik-, Film- etc -aufführungen und Theatervorstellungen bewilligen, sofern dies im insb künstlerischen Interesse ist oder es sich um Werbeaufnahmen handelt (§ 6 KJBG).

Verstöße gegen das KJBG bewirken die Nichtigkeit des Vertrags (weitere zivilrechtliche Folgen siehe unten, 43 f) und machen den Arbeitgeber verwaltungsrechtlich strafbar.

4. Einstellungsgebote

Literatur: *Ernst/Haller,* Behinderteneinstellungsgesetz[6] (März 2005, ergänzt durch Nachtrag Jänner 2006: Bundes-Behindertengleichstellungsgesetz mit Erläuterungen); *Berger/Fida/Gruber,* Berufsausbildungsgesetz.

Rechtsquellen: Behinderteneinstellungsgesetz (BEinstG); § 18 Berufsausbildungsgesetz (BAG).

Dem geltenden Arbeitsrecht ist die zwangsweise Begründung eines Arbeitsverhältnisses gegen den Willen einer der Parteien grundsätzlich fremd. Auch Kollektivverträge können normativ keine Abschlusspflichten begründen. Um die Beschäftigung bestimmter Personenkreise zu fördern, sieht der Gesetzgeber für **begünstigte Behinderte** und **Lehrlinge** Ausnahmen von diesem Grundsatz vor.

4.1. Begünstigte Behinderte

Das BEinstG verpflichtet Arbeitgeber, die mindestens 25 Dienstnehmer - unabhängig von deren Arbeitszeit - beschäftigen, zur Einstellung von sog **begünstigten Behinderten** ihrer eigenen Wahl (§ 1 Abs 1 BEinstG): **Begünstigte Behinderte** sind Personen, deren **Erwerbsfähigkeit** aus gesundheitlichen Gründen um **mindestens 50% gemindert** ist (§ 2 Abs 1 BEinstG).

In den persönlichen Geltungsbereich fallen insb österreichische Staatsbürger, EWR-Bürger, sowie Drittstaatsangehörige, die berechtigt sind, sich in Österreich aufzuhalten und einer Beschäftigung nachzugehen, soweit diese Drittstaatsangehörigen hinsichtlich der Bedingungen einer Entlassung nach dem Recht der Europäischen Union österreichischen Staatsbürgern gleichzustellen sind (vgl § 2 Abs 1 BEinstG).

Die Zahl an begünstigten Behinderten, die von einem Arbeitgeber zu beschäftigen sind, wird **Pflichtzahl** genannt.[53]

Bestimmte Behinderte werden doppelt gerechnet: Blinde, Personen unter 19 Jahren, ältere Personen ab 55 Jahren, Personen ab 50, die eine 70%ige Behinderung aufweisen und Rollstuhlfahrer (vgl § 5 Abs 2 BEinstG).

Die **Einschätzung** des Grads der Minderung der Erwerbsfähigkeit erfolgt auf Grund einer Verordnung über die Feststellung des Grads der Behinderung (§ 14 Abs 3 BEinstG). Als Nachweis für die Behinderung gilt insb ein rechtskräftiger Bescheid des Bundesamts für Soziales und Behindertenwesen oder eines Trägers der Unfallversicherung (vgl § 14 Abs 1 und 2 BEinstG).[54]

Die Zugehörigkeit zum Kreis der begünstigten Behinderten erlischt jedoch mit Ablauf des dritten Monats, der dem Eintritt der Rechtskraft des jeweiligen Bescheides folgt, sofern nicht der begünstigte Behinderte innerhalb dieser Frist beim Bundessozialamt erklärt, weiterhin dem Kreis der begünstigten Behinderten angehören zu wollen (vgl § 14

53 Zur Pflichtzahlberechnung vgl VwGH 91/09/0025; 90/09/0096 sowie VwGH 97/08/0123.

54 Ein Behindertenpass gilt auch als Nachweis, OGH 8 ObA 76/22t, DRdA-infas 2023, 157 (*Tinhof*).

Abs 1 BEinstG). Behinderte werden daher **im Ergebnis nur auf Antrag**[55] in den begünstigten Personenkreis aufgenommen. Eine Ex-lege-Begünstigung auf Grund der Gewährung einer bestimmten Sozialleistung (zB Unfallrente) wird dadurch ausgeschlossen.

Die Erfüllung der Einstellungspflicht wird nicht durch Strafen erzwungen, sondern erfolgt über ökonomische Anreize. Dem Arbeitgeber wird vom Bundessozialamt **für jede unterlassene Einstellung** monatlich eine **Ausgleichstaxe** vorgeschrieben. Andererseits erhält er für die Überschreitung der Pflichtzahl eine finanzielle **Prämie**.

Die Höhe der Ausgleichstaxe beträgt im Jahr 2023 € 292 monatlich. Für Arbeitgeber die mehr als 99 bzw 399 Arbeitnehmer beschäftigen, gelten höhere Sätze von € 411 bzw € 435 (§ 9 BEinstG). Die Beträge werden jährlich angepasst. Die Ausgleichstaxen fließen dem Ausgleichstaxfonds zu. Die Mittel des Ausgleichstaxfonds werden ua für Zwecke der beruflichen Eingliederung von begünstigten Behinderten, für die Gewährung von Zuschüssen und Darlehen für Integrative Betriebe oder für die Prämien an Dienstgeber verwendet (§ 10a BEinstG).

Nach Ansicht des VfGH soll die Ausgleichstaxe nur die Ersparnis ausgleichen, die einem Arbeitgeber entsteht, der keinen begünstigten Behinderten beschäftigt.[56] Die Ausgleichstaxe ist demgemäß auch bei unverschuldeter Unmöglichkeit der Beschäftigung von Behinderten – etwa weil der Arbeitgeber keinen behinderten Arbeitnehmer findet – zu entrichten.

Durch die Antidiskriminierungsgesetzgebung der EU (GleichbehandlungsrahmenRL 2000/78/EG) war Österreich verpflichtet, zusätzlich zu dem eben dargestellten System ein **Diskriminierungsverbot bei der Einstellung** von behinderten Personen einzuführen und **Schadenersatz** bei Verstoß gegen das Diskriminierungsverbot vorzusehen.

Die GleichbehandlungsrahmenRL 2000/78/EG ist in den §§ 7a ff BEinstG umgesetzt. Gem § 7b Abs 1 Z 1 BEinstG darf niemand aufgrund einer Behinderung bei der Begründung des Dienstverhältnisses unmittelbar oder mittelbar diskriminiert werden. Bei Verstoß gegen dieses Gebot ist der Dienstgeber gegenüber dem Stellenbewerber zum Ersatz des Vermögensschadens und zu einer Entschädigung für die erlittene persönliche Beeinträchtigung verpflichtet.

Der Ersatzanspruch beträgt – in Übereinstimmung mit den anderen Diskriminierungsgründen, die im GlBG geregelt sind (vgl Bd I 375 ff) – mindestens zwei Monatsentgelte, wenn der Stellenbewerber bei diskriminierungsfreier Auswahl die Stelle erhalten hätte, oder bis € 500, wenn der Dienstgeber nachweisen kann, dass der dem Stellenwerber durch die Diskriminierung entstandene Schaden allein darin besteht, dass die Berücksichtigung seiner Bewerbung verweigert wurde (§ 7e Abs 1 BEinstG).

Zu beachten ist, dass der Schutzbereich des ursprünglichen Systems der Einstellungsverpflichtung für begünstigte Behinderte und jener des durch das EU-Recht importierten Diskriminierungsverbots unterschiedlich weit gezogen sind. Das Diskriminierungsverbot beschränkt sich nämlich nicht auf begünstigte Behinderte (mit einem Behinderungsgrad von mindestens 50%), sondern erfasst alle Personen mit einer Behinderung, die

55 AB 1543 BlgNR 20. GP 1.

56 Vgl VfGH B 549/79; B 310-312/81; B 515/82, ZAS 1986, 22 mit kritischer Anm von *Funk*, der überzeugend ihren Abgabencharakter betont.

gem § 3 BEinstG die Auswirkung einer nicht nur vorübergehenden körperlichen, geistigen oder psychischen Funktionsbeeinträchtigung oder Beeinträchtigung der Sinnesfunktionen ist, die geeignet ist, die Teilhabe am Arbeitsleben zu erschweren (**zwei verschiedene Behinderungsbegriffe!**).

Der EuGH hat festgestellt, dass die GleichbehandlungsrahmenRL nicht nur Behinderungen erfasst, die angeboren sind oder von Unfällen herrühren, sondern dass auch heilbare oder unheilbare Krankheiten (zB Bandscheibenleiden, Schleudertrauma) unter den Begriff Behinderung fallen, wenn sie Einschränkungen mit sich bringen, die auf physische, geistige oder psychische Beeinträchtigungen zurückzuführen sind, die in Wechselwirkung mit verschiedenen Barrieren den Betreffenden an der vollen und wirksamen Teilhabe am Berufsleben, gleichberechtigt mit den anderen Arbeitnehmern, hindern können, und wenn diese Einschränkungen von langer Dauer sind.[57] Dagegen fällt eine Krankheit, die keine solche Einschränkung von langer Dauer mit sich bringt, nicht unter den Begriff „Behinderung". Ebenso sind Personen nicht geschützt, die aufgrund ihrer Beeinträchtigung für die Erfüllung der wesentlichen Funktionen des Arbeitsplatzes nicht kompetent, fähig oder verfügbar sind.[58]

Arbeitgeber haben gem § 6 Abs 1a BEinstG **geeignete und erforderliche Maßnahmen** zu ergreifen, um Menschen mit Behinderungen den Zugang zur Beschäftigung zu ermöglichen, es sei denn, diese Maßnahmen würden den Arbeitgeber unverhältnismäßig belasten. Als eine solche Maßnahme kommt zB die Errichtung von behindertengerechten Zugängen im Betrieb in Betracht oder auch die Verkürzung der Arbeitszeit.[59]

4.2. Lehrlinge

Literatur: *Berger/Fida/Gruber,* Berufsausbildungsgesetz: Kurzkommentar (2000); *Kinscher,* Berufsausbildungsgesetz² (1979).

Rechtsquelle: §§ 2, 18 Berufsausbildungsgesetz (BAG).

Die **Einstellung von Lehrlingen** unterliegt verschiedenen **Voraussetzungen**, die im BAG geregelt sind. Sie sollen sicherstellen, dass der Lehrling ordnungsgemäß ausgebildet werden kann.

Der Lehrberechtigte muss zur Ausübung der Ausbildungstätigkeit befugt sein. Er selbst oder der von ihm eingesetzte Ausbilder bedarf einer Ausbilderprüfung. Der Betrieb oder die Werkstätte muss so eingerichtet sein und so geführt werden, dass den Lehrlingen die für die praktische Erlernung ihres Lehrberufs erforderlichen Fähigkeiten und Kenntnisse auch tatsächlich vermittelt werden können. Ausgeschlossen von der Lehrlingshaltung sind vor allem solche Arbeitgeber, die wegen bestimmter Straftaten rechtskräftig verurteilt wurden oder denen wegen anderer Verstöße das Recht zur Lehrlingsausbildung bescheidmäßig entzogen wurde.

Gem § 18 BAG ist der Lehrberechtigte verpflichtet, den ausgelernten Lehrling, der bei ihm mehr als die Hälfte der Lehrzeit zurückgelegt hat, im Betrieb mindestens 3 Monate

57 EuGH C-335/11, *Jette Ring.*
58 EuGH C-13/05, *Chacón Navas.*
59 EuGH C-335/11, *Jette Ring.*

im erlernten Beruf weiter zu beschäftigen (**Behaltepflicht**), um diesem eine Berufspraxis zu ermöglichen. Es handelt sich hier um einen Fall von **Kontrahierungszwang.**[60]

5. Arbeitsvermittlung und Stellenausschreibung

Literatur: *Danimann/Potmesil/Steinbach,* Arbeitsmarktförderungsgesetz (1993); *Mazal,* Vermittlungsmonopol und Erwerbsfreiheit, ZAS 1992, 109, 146; *Rotter,* Arbeitsvermittlung und Europarecht, FS Strasser (1993) 297; *Runggaldier,* Arbeitsvermittlungsmonopol EG-widrig? RdW 1991, 237; *Schmidt,* Geschichte der Arbeitsmarktverwaltung Österreichs von ihren Anfängen an (1990).

Rechtsquellen: Arbeitsmarktförderungsgesetz (AMFG); Arbeitsmarktservicegesetz (AMSG); §§ 9, 10, 23, 24 GlBG.

Jede Person, die Arbeit sucht oder vergibt, kann sich einen passenden Vertragspartner auf die ihm geeignet erscheinende Weise selbst suchen. Er kann aber auch die Arbeitsvermittlung des **Arbeitsmarktservices** (AMS) **oder** einer **privaten Einrichtung** in Anspruch nehmen. Private Arbeitsvermittler müssen im Besitz einer entsprechenden Gewerbeberechtigung sein, sofern sie nicht gesetzliche Interessenvertretungen, kollektivvertragsfähige Berufsvereinigungen oder gemeinnützige Einrichtungen sind.[61]

Das früher in Österreich bestandene Monopol für Arbeitsvermittlung der staatlichen Arbeitsmarktverwaltung verstieß gegen das Wettbewerbsrecht der EU. Mit dem AMSG wurde nunmehr das Arbeitsmarktservice mit der Durchführung der Arbeitsmarktpolitik des Bundes betraut. Das AMS ist ein Dienstleistungsunternehmen des öffentlichen Rechts mit eigener Rechtspersönlichkeit (§ 1 AMSG).

Unter Arbeitsvermittlung versteht das AMFG jede Tätigkeit, die darauf gerichtet ist, Arbeitsuchende mit potenziellen Arbeitgebern zum Zweck der Begründung eines Dienstverhältnisses zusammenzuführen (§ 2 AMFG). Der Arbeitsvermittler selbst begründet kein Dienstverhältnis zu den vermittelten Personen.

Das **unterscheidet** die Arbeitsvermittlung von der **Arbeitskräfteüberlassung**. § 3 Abs 1 AÜG definiert Arbeitskräfteüberlassung als Zurverfügungstellung von Arbeitskräften zur Arbeitsleistung an Dritte. Der Überlasser verpflichtet seine eigenen Arbeitskräfte zur Arbeitsleistung an einen Beschäftiger. Der Beschäftiger setzt die Arbeitskräfte des Überlassers zur Arbeitsleistung für betriebseigene Aufgaben ein. Arbeitgeber der überlassenen Arbeitskräfte ist also der Überlasser. Zwischen dem Beschäftiger und der überlassenen Arbeitskraft entsteht kein weiteres Vertragsverhältnis (siehe dazu ausf 57 ff).

Potenzielle Arbeitgeber und Arbeitnehmer können auf verschiedene Weise zueinander finden. Der Arbeitgeber selbst oder auch ein beauftragter Arbeitsvermittler kann eine **Stellenausschreibung** veröffentlichen. Eine Verpflichtung zur Stellenausschreibung gibt es für die Privatwirtschaft grds nicht.[62] Wird allerdings eine Stelle ausgeschrieben, ist das Gebot der geschlechtsneutralen bzw diskriminierungsfreien Stellenausschreibung gem

60 OGH 4 Ob 67/69; 9 ObS 13/91, DRdA 1992, 312 (*Gruber*).
61 Vgl § 4 Abs 1 AMFG.
62 Gesetzliche Ausnahmen gibt es zB für die Universitäten, siehe § 107 UG 2002.

§§ 9 und 23 GlBG zu beachten. Weder der Arbeitgeber selbst noch ein privater Arbeitsvermittler darf einen Arbeitsplatz öffentlich (zB Tageszeitung) oder innerhalb des Betriebes (am „schwarzen Brett" oder via Intranet) diskriminierend ausschreiben, indem auf ein bestimmtes, nach dem GlBG bzw BEinstG unzulässiges Merkmal abgestellt wird (Geschlecht, ethnische Zugehörigkeit, Religion und Weltanschauung, Alter, sexuelle Orientierung, Behinderung), es sei denn, das Merkmal ist eine unverzichtbare Voraussetzung für die Ausübung der vorgesehenen Tätigkeit.

Unzulässig ist jede Formulierung, die grammatikalisch auf ein bestimmtes Geschlecht hindeutet (zB „Verkäuferin", „Abteilungsleiter"). Nach der Rsp des VwGH gilt dies auch bei Verwendung englischer Berufsbezeichnungen („Manager", „shop assistant"). Der Arbeitgeber muss in diesem Fall ausdrücklich darauf hinweisen, dass mit der männlichen Formulierung sämtliche Geschlechter gemeint sind.[63]

Wird die Stelle nicht diskriminierungsfrei ausgeschrieben, kann der Arbeitgeber bzw der Arbeitsvermittler von der Bezirksverwaltungsbehörde mit einer **Verwaltungsstrafe** bis zu € 360 bestraft werden. Für einen privaten Arbeitgeber gilt dies allerdings erst beim zweiten Verstoß. Beim ersten Verstoß ist er lediglich abzumahnen.

Fraglich ist, ob auch eine öffentliche Bekanntmachung eines Unternehmers, in der er klarstellt, Personen mit einer bestimmten ethnischen Zugehörigkeit grundsätzlich nicht einzustellen,[64] in Österreich mit Verwaltungsstrafe gem §§ 9 und 23 GlBG zu ahnden wäre. Da das strafrechtliche Analogieverbot auch im Verwaltungsstrafrecht gilt, wäre eine solche Auslegung mE zu weit.

6. Mitwirkungsrechte der Belegschaft

Rechtsquelle: §§ 98, 99 Arbeitsverfassungsgesetz (ArbVG).

Mitwirkungsrechte der Belegschaft bestehen schon im Stadium der Personalplanung. Der Arbeitgeber hat den Betriebsrat über seinen künftigen Arbeitskräftebedarf und darüber zu **informieren**, welche personellen Maßnahmen er in Aussicht nimmt. Seine Mitteilungspflicht erstreckt sich darauf, wie viele Arbeitnehmer er aufzunehmen bzw wie und an welchen Arbeitsplätzen er diese einzusetzen gedenkt (Einstellungsgrundsatzinformation). Der Betriebsrat kann über einzelne Einstellungen eine besondere **Beratung** verlangen. Im Zuge dieser Beratung kann der Betriebsrat zB Vorschläge über eine externe oder interne Besetzung oder über die Eignungsvoraussetzungen erstatten. Die Identität des Einzustellenden muss nicht enthüllt werden. Der Betriebsrat hat auch keinen Anspruch auf Einsicht in allfällige Bewerbungsunterlagen.[65]

Die Entstehungsgeschichte – Verzicht auf die im Entwurf vorgesehene Verpflichtung zur Information über Inhalt des Arbeitsvertrags und Umstände in der Person des Bewerbers[66] – belegt, dass der Betriebsrat zwar das Recht haben soll, den Arbeitgeber auf für die Beleg-

63 VwGH 96/08/0375.
64 So der zugrundliegende Sachverhalt in EuGH C-54/07, *Feryn*.
65 *Schrank* in *Tomandl*, ArbVG § 99 Rz 8; *Resch* in *Jabornegg/Resch/Födermayr*, ArbVG § 99 Rz 7.
66 ErläutRV 840 BlgNR 13. GP 84.

schaft bedeutsame rechtliche Konsequenzen beabsichtigter Einstellungen aufmerksam zu machen, nicht aber, Einfluss auf die Personalauswahl zu nehmen.

7. Die Verpflichtungen im Verhandlungsstadium

Literatur: *Brodil,* Das arbeitsvertragliche Anbahnungsverhältnis, Diss Wien 1993; *Bürger* in AR Blattei, Einstellung I, Einstellung des Arbeitnehmers (deutsch); *Rebhahn* in *Neumayr/Reissner* (Hg), Zeller Kommentar zum Arbeitsrecht³, ABGB §§ 861 – 864a; *Zöllner,* Die vorvertragliche und die nachwirkende Treue- und Fürsorgepflicht, in *Tomandl* (Hg), Treue- und Fürsorgepflicht im Arbeitsrecht (1975) 91.

7.1. Problemaufriss

Wie bei der Anbahnung sonstiger Vertragsverhältnisse begründet auch die Aufnahme von Verhandlungen über den Abschluss eines Arbeitsvertrags ein **gesetzliches Schuldverhältnis,** mag der Vertrag zustande kommen oder nicht. Beiden Beteiligten erwachsen daraus ex ante zu beurteilende Aufklärungs-, Schutz- und Sorgfaltspflichten,[67] die je nach dem in Aussicht genommenen Arbeitsvertragsinhalt und unter Berücksichtigung der Interessenlage der Verhandlungspartner von unterschiedlicher Intensität bzw Qualität sind.[68] Da beim Arbeitsvertrag ein Verhältnis mit starkem persönlichem Einschlag begründet werden soll, sind diese Pflichten intensiver als bei rein schuldrechtlichen Verträgen. Zu beachten ist, dass **beide Seiten schützenswerte Interessen** in die Verhandlungen einbringen. Beide müssen darauf vertrauen können, dass der gegenseitig gewährte Einblick in die eigene Sphäre nicht missbraucht wird und die Verhandlungen fair geführt werden. Ohne detaillierte Interessenabwägung lässt sich daher kein einziger Konfliktfall lösen.

Das vorvertragliche Schuldverhältnis ist gesetzlich kaum geregelt, weder für das allgemeine Zivilrecht noch für das Arbeitsrecht. Es wird vielmehr aus verschiedenen Regelungen des ABGB abgeleitet. Bei Verletzung der vorvertraglichen Pflichten spricht man von **culpa in contrahendo**; Sanktion ist Schadenersatz, wobei idR nur der Ersatz des Vertrauensschadens erlangt werden kann; uU besteht auch ein Recht auf vorzeitige Auflösung.[69]

7.2. Aufklärungspflichten

Ganz allgemein wird die Pflicht der Verhandlungspartner bejaht, den anderen ungefragt über Umstände aufzuklären, die für den Vertragsschluss von wesentlicher Bedeutung sind.[70] So hat der Bewerber den Arbeitgeber über Umstände zu **informieren**, die seiner

67 Vgl allgemein *Welser/Zöchling-Jud,* Bürgerliches Recht II¹⁴ Rz 68 ff; *Pletzer* in *Kletečka/Schauer,* ABGB-ON¹·⁰³ § 874 Rz 7.

68 *Brodil,* Das arbeitsvertragliche Anbahnungsverhältnis 49.

69 *Rebhahn* in ZellKomm³, ABGB §§ 861-864a Rz 1.

70 OGH 4 Ob 265/99w.

Verwendung auf dem in Aussicht genommenen **Arbeitsplatz entgegenstehen** (zB Bandscheibenvorfall bei Bauarbeitern, Epilepsie bei Piloten, Mangel an erforderlichen behördlichen Bewilligungen – zB Führerschein, bevorstehender Strafantritt). Vice versa hat der Arbeitgeber den Bewerber von besonderen Umständen zu informieren, die für den Bewerber wichtig sind (zB Gesundheitsschädlichkeit der Arbeit, beabsichtigte baldige Betriebsschließung, drohende Insolvenz).

Missverständlich ist es, wenn mitunter von einem **„Fragerecht"** des Arbeitgebers und von dessen Grenzen gesprochen wird. Denn zur Stellung von Fragen bei Vertragsverhandlungen bedarf es für keine Seite einer speziellen Rechtsmacht. Die Frage ist vielmehr, ob der Einstellungswerber verpflichtet ist, die an ihn gestellten **Fragen zu beantworten**, ob ihn also eine **Auskunftspflicht** trifft. Hier ist danach zu unterscheiden, ob der Arbeitgeber mit seinen Fragen in die durch Persönlichkeitsrechte geschützte Privatsphäre des Arbeitnehmers auf unzulässige Weise eindringt. Auf Fragen, die seine **Persönlichkeitsrechte verletzen**, ist der Bewerber nicht zu antworten verpflichtet.

Die Problematik liegt freilich darin, dass dem Einstellungswerber durch ein Recht auf Verweigerung von Antworten nicht wirklich geholfen wird: antwortet er nämlich auf eine unzulässige Frage nicht oder macht er wahrheitsgemäß Angaben, die seiner Verwendung abträglich sein könnten, so besteht die Reaktion des Arbeitgebers normalerweise darin, ihn nicht aufzunehmen. Da es keine Einstellungsverpflichtung gibt, könnte der Bewerber bestenfalls Schadenersatz verlangen. Man muss daher dem Bewerber das Recht zugestehen, auf Persönlichkeitsrechte verletzende Fragen wahrheitswidrig zu antworten („**Recht auf Lüge**").

Die hier auftretenden Schwierigkeiten werden besonders bei der Frage nach einer bestehenden **Schwangerschaft** sichtbar. Wird sie bejaht, dann wird die Bewerberin wohl idR nicht aufgenommen werden. Leugnet die Bewerberin wahrheitswidrig eine Schwangerschaft und wird sie eingestellt, so darf sie der Arbeitgeber möglicherweise gar nicht auf jenem Arbeitsplatz einsetzen, für den er sie aufgenommen hat (Verwendungsschutz). Da das Mutterschutzgesetz (MSchG) schwangeren Frauen den Arbeitsplatz erhalten möchte und auch die vorgesehenen Meldepflichten (§ 3 MSchG) der Realisierung des Schutzes der Schwangeren dienen und dieser nicht zum Nachteil geraten sollen, stellt die **wahrheitswidrige Verneinung** der Schwangerschaft im Anbahnungsstadium grds **keine Pflichtwidrigkeit** dar.[71]
Diese seit langem bestehende Rsp des OGH ist heute auch durch die Rsp des EuGH geboten: Der EuGH[72] verneint die Zulässigkeit der Schwangerschaftsfrage mit dem Argument, die Stellenwerberin würde dadurch in unzulässiger Weise auf Grund ihres Geschlechts diskriminiert. Diese Auffassung ist überzeugend, sofern das angestrebte Arbeitsverhältnis ein unbefristetes ist.[73] Der Arbeitnehmerin soll nicht wegen eines auf gewisse Zeit beschränkten Beschäftigungsverbotes wegen der Schwangerschaft eine Erwerbschance genommen werden. Überzogen ist diese Ansicht mE jedoch, wenn der EuGH sogar bei einem auf 6

71 OGH 4 Ob 57/68, DRdA 1970, 37 (zust *Kuderna*) = ZAS 1970, 140 (krit *Migsch*) = JBl 1969, 285 (*Spielbüchler*).

72 EuGH C-177/88, *Dekker*.

73 EuGH C-207/98, *Mahlburg*; C-421/92, *Habermann-Beltermann*.

Monate befristeten Arbeitsverhältnis, bei dem die Arbeitnehmerin bloß einen Monat tatsächlich gearbeitet hat, davon ausgeht, dass die Arbeitnehmerin nicht über ihre bereits bestehende Schwangerschaft aufzuklären hat und eine damit in Zusammenhang stehende Kündigung diskriminierend ist.[74]

Aus den Rechtsnormen, mit denen die Richtlinien der EU zur **Gleichbehandlung und Antidiskriminierung** (2000/78/EG,[75] 2000/43/EG[76] und 2006/54/EG[77]) umgesetzt worden sind, ergeben sich, ähnlich wie für die Frage nach einer Schwangerschaft, weitere Merkmale, über die der Arbeitnehmer **nicht verpflichtet ist, wahrheitsgemäß aufzuklären.** Die Richtlinien schließen Geschlecht, ethnische Zugehörigkeit, Religion und Weltanschauung, Alter, Behinderung und sexuelle Ausrichtung aus der Reihe der erlaubten Gründe aus, auf die sich ein Arbeitgeber rechtmäßig stützen darf, um Arbeitnehmer unterschiedlich zu behandeln. Die genannten Richtlinien sind in Österreich durch das GlBG und das BEinstG umgesetzt worden.

Wird der Bewerber zB nach seiner **Religion** oder seiner **sexuellen Orientierung** gefragt, muss er darauf nicht wahrheitsgemäß antworten. Fraglich ist, ob dies auch für seine politischen Auffassungen oder sogar Zugehörigkeit zu politischen Parteien, Gewerkschaften etc gilt. Da der österreichische Gesetzgeber unter dem Begriff **Weltanschauung** auch politische Auffassungen verstanden haben will,[78] muss auch auf diese Fragen nicht wahrheitsgemäß geantwortet werden. Ausnahmen ergeben sich aus den Ausnahmebestimmungen des GlBG, wenn zB die konkrete Religion oder Weltanschauung eine wesentliche und entscheidende berufliche Voraussetzung für die in Aussicht genommene Tätigkeit darstellt.[79] Dasselbe gilt grds auch für das Alter oder eine etwaige Behinderung des Bewerbers. Hier ist vielmehr nach der konkreten Leistungsfähigkeit des Arbeitnehmers und seine Einsatzfähigkeit auf dem in Aussicht genommenen Arbeitsplatz zu fragen.[80]

Auch **andere Fragen**, die in die Privat- oder Intimsphäre hineinreichen, muss der Bewerber nur dann wahrheitsgemäß beantworten, wenn die Beantwortung im Hinblick auf den beabsichtigten Vertragsinhalt von Bedeutung ist.

Fragen nach ungetilgten **Vorstrafen** sind soweit zulässig, als ein innerer, sachlicher Zusammenhang zwischen der angestrebten Tätigkeit und der früheren Verfehlung besteht und diese den Bewerber für die angestrebte Tätigkeit objektiv ungeeignet erscheinen lassen (zB Vermögensdelikte bei Bankangestellten).[81] Dagegen muss die Frage nach einer getilgten Vorstrafe nicht wahrheitsgemäß beantwortet werden.[82]

---

74 EuGH C-109/00, *Tele Danmark*.

75 Richtlinie 2000/78/EG des Rates vom 27. November 2000 zur Festlegung eines allgemeinen Rahmens für die Verwirklichung der Gleichbehandlung in Beschäftigung und Beruf, ABl L 2000/303, 16.

76 Richtlinie 2000/43/EG des Rates vom 29. Juni 2000 zur Anwendung des Gleichbehandlungsgrundsatzes ohne Unterschied der Rasse oder der ethnischen Herkunft, ABl L 2000/180, 22.

77 Richtlinie 2006/54/EG des Europäischen Parlaments und des Rates vom 5. Juli 2006 zur Verwirklichung des Grundsatzes der Chancengleichheit und Gleichbehandlung von Männern und Frauen in Arbeits- und Beschäftigungsfragen, ABl L 2006/204, 23.

78 ErläutRV 307 BlgNR 22. GP 15.

79 Vgl § 20 Abs 1 und 2 GlBG.

80 *Rebhahn* in ZellKomm³, ABGB §§ 861-864a Rz 9.

81 OGH 4 Ob 76/82; 8 ObA 123/01y.

82 OGH 10 ObS 218/94, DRdA 1995, 397 (*Mazal*).

Fragen nach **Krankheiten** sind nur dann zulässig bzw müssen nur dann wahrheitsgemäß beantwortet werden, wenn sie die Eignung für die konkrete Tätigkeit ausschließen (zB HIV-Infektion eines Chirurgen; nicht dagegen für Tätigkeiten, bei denen es zu keinem Austausch von Körperflüssigkeiten kommen kann).
Fragen nach einem abgeleisteten **Präsenzdienst** müssen wohl analog zur Frage nach Schwangerschaft als Diskriminierung aufgrund des Geschlechts qualifiziert werden.[83]

Die intensive Begutachtung der Bewerber durch zB **grafologische, psychologische oder medizinische Begutachtungen** ist nur mit Zustimmung des Bewerbers zulässig. Auch in diesem Fall riskiert der Bewerber aber, bei einer Weigerung nicht aufgenommen zu werden. Das Gesetz gewährt hier nur vereinzelt Schutz. So verbietet etwa § 67 GentechnikG, Ergebnisse von genetischen Analysen von Arbeitnehmern oder Arbeitsuchenden zu erheben, zu verlangen, anzunehmen oder sonst zu verwerten. Von diesem Verbot ist auch das Verlangen von Körpersubstanz für genanalytische Zwecke umfasst.

7.3. Weitere Verpflichtungen

Jeder Bewerber muss die **Kosten einer persönlichen Vorstellung** selbst tragen, es sei denn, der Kostenersatz wurde ausdrücklich oder stillschweigend vereinbart. Letzteres wird angenommen, wenn der Arbeitgeber den Bewerber ausdrücklich zur Vorstellung auffordert, ohne einen Kostenersatz abzulehnen.[84]

Beide Teile trifft die Pflicht zur **Verschwiegenheit** über ihnen bekanntgemachte Umstände, an denen die Gegenseite ein erkennbares Geheimhaltungsinteresse besitzt (zB Gesundheitsinformationen, Geschäfts- oder Betriebsgeheimnisse).

Daher darf der potenzielle neue Arbeitgeber keine Rückfragen bei einem noch aktuellen Arbeitgeber des Bewerbers stellen, wenn er weiß, dass dieser noch in einem ungekündigten Dienstverhältnis steht.

Jeder Teil ist verpflichtet, alle ihm zumutbaren Anstrengungen zu unternehmen, um Hindernisse zu beseitigen, die dem gültigen Vertragsabschluss entgegenstehen.[85] Ein Rechtsanspruch auf **Vertragsabschluss** besteht aber nicht.

Es bedeutet aber eine Pflichtverletzung und löst Schadenersatzansprüche aus, wenn eine Partei vom Vertrag grundlos absteht, nachdem sie im Partner die Überzeugung geweckt hatte, der Vertrag werde mit Sicherheit zustande kommen.[86]

83 So zB *Preis* in Erfurter Kommentar zum Arbeitsrecht[23] (2023), BGB § 611a Rz 297.
84 Näheres bei *Brodil,* Das arbeitsvertragliche Anbahnungsverhältnis 108; *ders,* Der Ersatz von Vorstellungskosten, ecolex 1993, 691; *Schima,* Der OGH und der Ersatz von Vorstellungskosten, RdW 1990, 345; *Schoibl,* Zum Anspruch des Stellenbewerbers auf Ersatz von Vorstellungskosten, RdW 1985, 247; *Trost,* Ein frustrierter Bewerber, DRdA 1993, 252; OGH 9 ObA 111/89, ZAS 1990, 134 (*Reidinger*) = DRdA 1991, 145 (*Egger*).
85 Vgl OGH 4 Ob 103/78 (Arbeitgeber muss um Beschäftigungsbewilligung für Ausländer ansuchen).
86 Vgl schon OGH 1 Ob 165/25, SZ 7/66.

7.4. Die Rechtsfolgen von Pflichtverletzungen im Anbahnungsverhältnis

7.4.1. Bei Nichtzustandekommen des Vertrags

Werden absolute Rechte (Leben, Gesundheit, Eigentum) verletzt, so steht auch im vorvertraglichen Stadium, wie bei deliktischer Haftung, das positive Interesse zu. Dem bloß in seinem Vermögen Verletzten steht nach der Lehre von der culpa in contrahendo dagegen grundsätzlich nur der Ersatz des **Vertrauensschadens**[87] (begrenzt mit dem hypothetischen Erfüllungsinteresse) zu. Er wird so gestellt wie er stünde, hätte er sich auf die Verhandlungen nicht eingelassen oder wäre ihm keine Zusage erteilt worden.[88]

Der Bewerber kann daher Ersatz für seine nutzlos gemachten Aufwendungen, aber auch für jene Nachteile verlangen, die ihm wegen Versäumung eines anderen Arbeitsvertragsabschlusses entstanden sind. Dabei ist zu beachten, dass die Vorbereitung der Teilnahme am rechtsgeschäftlichen Verkehr (dazu gehören etwa Portospesen, Anfertigung von Kopien etc) grundsätzlich eigenfinanziert erfolgt. Jede Bewerbung ist mit Kosten verbunden, ohne dass ein Anspruch auf Abschluss des Vertrags besteht. Ein Ersatz von Aufwendungen im Zusammenhang mit einer erfolglos gebliebenen Bewerbung ist aber zu bejahen, wenn zB intensive Bewerbungsprozeduren durchgeführt werden müssen und der Arbeitgeber letztlich den Vertragsabschluss grundlos verweigert.[89]

Für den durch **Schutzpflichtverletzungen** (zB Geheimnisverrat, Weitergabe von Gesundheitsinformationen) entstandenen materiellen wie immateriellen Schaden passen diese Grundsätze jedoch häufig nicht. Sollen diese Pflichten nicht sanktionslos bleiben, wird an den Ersatz des Erfüllungsinteresses zu denken sein.

Für den Fall, dass der Vertrag ohne die Pflichtverletzung zustande gekommen wäre (zB hätte der Arbeitgeber rechtzeitig einen Antrag gestellt, wäre die Beschäftigungsbewilligung für den Ausländer erteilt worden), wird dies in Lehre und Rechtsprechung vertreten.[90]

Der Schädiger hat im Prozess zu beweisen, dass ihn kein Verschulden trifft (§ 1298 ABGB). Bei **Mitverschulden des anderen Vertragsteils** wendet die Rechtsprechung nicht § 1304 ABGB an, sondern lässt Kulpakompensation im Sinne von § 878 Satz 3 ABGB eintreten.

Der ausländische Arbeitnehmer verliert demnach seinen Schadenersatzanspruch gegenüber dem Arbeitgeber, der schuldhafterweise keine Beschäftigungsbewilligung eingeholt hat, wenn er das Ausländerbeschäftigungsverbot nicht kannte (gilt als Fahrlässigkeit), es sei denn, er kann nachweisen, dass der Arbeitgeber um die Unerlaubtheit und Ungültigkeit des Arbeitsvertrags wusste.[91]

87 *Brodil,* Das arbeitsvertragliche Anbahnungsverhältnis 20.

88 Vgl *Pletzer* in *Kletečka/Schauer,* ABGB-ON[1.03] § 874 Rz 16, 18.

89 *Brodil,* Das arbeitsvertragliche Anbahnungsverhältnis 115; OGH 9 ObA 111/89, ZAS 1990, 137 (*Reidinger*).

90 OGH 9 ObA 95/89, DRdA 1991, 129 (*Schnorr*). Für Ausländer sieht § 29 Abs 2 AuslBG diesen Anspruch ausdrücklich vor.

91 Vgl OGH 4 Ob 95/77, ZAS 1979, 54 mit ausführlicher Kritik von *Schuhmacher* = DRdA 1978, 346 (*Holzer/Posch*); teilweise kritisch auch *Rummel* in Rummel[3], ABGB § 878 Rz 6. Vgl auch *Schrammel,* Rechtsfragen der Ausländerbeschäftigung 168.

Besonderheiten gelten, wenn der Bewerber bei der **Einstellung diskriminiert** worden ist (§§ 3, 17 GlBG). Oft gehen Einstellungsdiskriminierungen diskriminierende Stellenausschreibungen voraus (vgl oben 23 f). Diese wenden sich aber an einen unbestimmten Adressatenkreis, wodurch Verstöße sinnvollerweise nur mit Verwaltungsstrafe sanktioniert werden können. Erst wenn ein **individualisierbarer** Bewerber im Bewerbungsvorgang diskriminiert wird, kann von einer Einstellungsdiskriminierung gesprochen werden, die **Schadenersatzansprüche** auslöst.

Es ist nicht notwendig, dass die Bewerberin ein schriftliches Bewerbungsschreiben verfasst hat. Auch ein Telefongespräch, bei dem der Arbeitgeber der Bewerberin mitteilt, er stelle keine Frauen ein, ist bereits eine Einstellungsdiskriminierung, sofern es keine Rechtfertigung gibt.

Gem § 12 Abs 1 und § 26 Abs 1 GlBG ist der Arbeitgeber dem Diskriminierten gegenüber zum Ersatz des **Vermögensschadens** und zu einer Entschädigung für die **erlittene persönliche Beeinträchtigung** verpflichtet (ideeller Schaden). Stellt sich im Beweisverfahren heraus, dass der Bewerber die Stelle bei diskriminierungsfreier Auswahl erhalten hätte, hat er einen Ersatzanspruch von mindestens zwei Monatsentgelten. Liegt der Schaden bloß darin, dass er bei der Bewerbung von vornherein aufgrund seines Geschlechts, seiner ethnischen Zugehörigkeit etc nicht berücksichtigt worden ist, gebührt Schadenersatz bis € 500. Ein Anspruch auf Begründung eines Arbeitsverhältnisses besteht allerdings nicht (**kein Kontrahierungszwang**).

Zu berücksichtigen ist jedoch, dass der Arbeitgeber aufgrund seiner Privatautonomie nicht verpflichtet ist, den bestqualifizierten Bewerber einzustellen. Es zählt der gestaltende Wille der Partner, der sich nicht als vernünftig oder gar als moralisch rechtfertigen muss.[92] Weder der Arbeitgeber noch der Arbeitnehmer muss über die Motive seines Handelns Dritten Auskunft geben. Die Einstellungsentscheidung des Arbeitgebers muss daher grundsätzlich nicht gerechtfertigt werden, auch wenn sie einem externen Betrachter als wenig plausibel erscheint. Der Arbeitgeber ist nicht zu einem ökonomisch sinnvollen Handeln verpflichtet, er hat das Recht, auch einen ungeeigneten Kandidaten einem „bestgeeigneten" Bewerber vorzuziehen.[93] Allerdings führen die Bestimmungen des GlBG zur Einstellungsdiskriminierung dazu, dass der Arbeitgeber de facto in einen Begründungsnotstand kommt, wenn ein Bewerber im Verfahren glaubhaft macht, dass er aufgrund eines verpönten Motivs diskriminiert worden sei. Der Arbeitgeber hat dann zu beweisen, dass er nicht diskriminiert hat (**Beweislastumkehr**). Dieser Beweis wird ihm am ehesten gelingen, wenn er einen qualifizierteren Kandidaten eingestellt hat.

92 Vgl *Säcker,* „Vernunft statt Freiheit!" – Die Tugendrepublik der neuen Jakobiner – Referentenentwurf eines privatrechtlichen Diskriminierungsgesetzes, ZRP 2002, 286; *Adomeit/Mohr,* Kommentar zum (d) AGG² (2011) Rz 214.

93 *Schrammel,* Arbeitsrecht II⁷ (2011) 19.

7.4.2. Bei Zustandekommen des Vertrags

Ist ein Arbeitsvertrag abgeschlossen worden, den die Parteien bei ordnungsgemäßer Aufklärung und Information so nicht geschlossen hätten, stellt sich die Frage nach den Konsequenzen für den Vertrag. Nach allgemeinem Vertragsrecht können Verträge zB wegen Täuschung, List oder wesentlichen Irrtums gem §§ 870 ff ABGB angefochten werden, wobei die Anfechtung ex tunc wirksam würde.

Für den **Arbeitsvertrag** wird jedoch die **ex tunc wirkende Anfechtung** grds **abgelehnt,**[94] da dies bei der nach bereicherungsrechtlichen Grundätzen durchzuführenden Rückabwicklung Probleme schaffen würde: Wären die vom Arbeitnehmer geleisteten Dienste mit dem vereinbarten Entgelt zu bewerten oder nach dem tatsächlich verschafften Nutzen?[95] Die Rückabwicklung wäre aber unproblematisch, solange das Arbeitsverhältnis noch nicht in Vollzug gesetzt worden ist, dh der Arbeitnehmer noch nicht begonnen hat zu arbeiten.[96]

§ 30 AngG normiert ein **Rücktrittsrecht** der Vertragsparteien **vor Antritt des Dienstes,** wenn ein Grund vorliegt, der zum vorzeitigen Austritt oder zur Entlassung berechtigt. Damit erübrigt sich in der Praxis die aufwändigere Irrtumsanfechtung.
Hat ein Koch im Vorstellungsgespräch zugesagt, ausreichende Kochkenntnisse für den Erhalt der „Haube" eines Haubenlokals zu haben, und ist er dann innerhalb von fünf Wochen nicht in der Lage, schriftliche Vorschläge für die festlichen Abendmenüs von Weihnachten und Silvester zu erstatten, zeigt er sich als unfähig, die versprochenen Dienste zu leisten, was den Arbeitgeber zum Rücktritt berechtigt.[97]

Sobald das Arbeitsverhältnis in Vollzug gesetzt worden ist, bleibt den Arbeitsvertragsparteien jedenfalls die Möglichkeit der ex nunc wirkenden **vorzeitigen Auflösung** des Arbeitsvertrags. Dauert das Fehlverhalten aus dem vorvertraglichen Schuldverhältnis an oder belastet es das Vertragsverhältnis, ist es nunmehr als Vertragsverletzung anzusehen. Für eine wirksame Entlassung/Austritt ist es allerdings notwendig, dass sich das Fehlverhalten nach wie vor so stark auswirkt, dass es als **wichtiger Grund** iSd §§ 26, 27 AngG bzw §§ 82, 82a GewO 1859 qualifiziert werden kann.

Hier kommt vor allem die Vertrauensunwürdigkeit gem § 27 Z 1 AngG in Betracht, wenn der Arbeitnehmer auf Fragen, auf die er wahrheitsgemäß antworten hätte müssen, gelogen oder wichtige Informationen verschwiegen hat. Wesentlich ist jedenfalls, dass die Verfehlungen noch im Zeitpunkt der Auflösungserklärung ein solches Gewicht haben, dass sie zur vorzeitigen Auflösung berechtigen. Je länger das Dienstverhältnis zur Zufriedenheit beider Vertragsparteien dauert, desto unbedeutender können Verfehlungen aus dem vorvertraglichen Schuldverhältnis werden.

94 Vgl OGH 9 ObA 232/93; 4 Ob 92/70; 4 Ob 57/68; 4 Ob 138/62.

95 Ausf *Rebhahn* in ZellKomm³, ABGB §§ 861-864a Rz 34 ff; ein Teil der Lehre will hier aber durchaus differenzieren: neben *Rebhahn* insb *Bydlinski*, Arbeitsrechtskodifikation und allgemeines Zivilrecht (1969) 103.

96 *Rebhahn* in ZellKomm³, ABGB §§ 861-864a Rz 35, 39.

97 OGH 9 ObA 69/95.

Vertragsabschluss und Vertragsanpassung

Literatur: *Rebhahn* in *Neumayr/Reissner* (Hg), Zeller Kommentar zum Arbeitsrecht³, ABGB §§ 861-864a; *Schrammel* in *Fenyves/Kerschner/Vonkilch* (Hg), Klang³, ABGB §§ 1151-1164a; *Welser/Kletečka*, Bürgerliches Recht I¹⁵ (2018).

1. Abschluss des Arbeitsvertrags

Für den Abschluss des Arbeitsvertrags gelten grds die allgemeinen Regeln des Zivilrechts. Der Arbeitsvertrag kommt somit wie jeder andere Konsensualvertrag gem § 861 ABGB durch **übereinstimmende Willenserklärungen** der Vertragspartner zustande, also durch das Anbot, einen bestimmten Vertrag abzuschließen, und die Annahme des Anbots. Dieses muss, um zur Annahme geeignet zu sein, inhaltlich ausreichend bestimmt sein und einen endgültigen Bindungswillen des Antragstellers zum Ausdruck bringen. Eine ausreichende **inhaltliche Bestimmtheit** ist bei einem synallagmatischen Vertrag, wie es der Arbeitsvertrag ist, dann anzunehmen, wenn die wesentlichen Leistungen beider Vertragspartner derart bezeichnet werden, dass sie sich aus dem Anbot selbst feststellen lassen. Inhaltlich muss somit zumindest eine Vereinbarung der essentialia negotii erfolgen. Werden die Hauptpunkte nicht geregelt, kommt der Vertrag nicht zustande.[1] Aus § 1152 ABGB folgt jedoch, dass nicht einmal das Entgelt bestimmt sein muss: „Ist im Vertrage kein Entgelt bestimmt und auch nicht Unentgeltlichkeit vereinbart, so gilt ein angemessenes Entgelt als bedungen." Das Entgelt wird sich idR aus dem anzuwendenden KollV ergeben.[2] Notwendig zu vereinbaren sind daher lediglich die Vertragsparteien und die Abrede, dass unselbstständig gearbeitet werden soll.[3] Sind Art und der Umfang der Tätigkeit nicht ausdrücklich vereinbart, sind gem § 1153 ABGB den Umständen nach angemessene Dienste zu leisten.

Weiter gehende Abreden können getroffen werden, sind aber nicht erforderlich, weil es meist eine Fülle genereller Regelungen (Gesetze, KollV, BV), Verkehrssitten und uU auch Betriebsübungen gibt, die im Fall der Nichtregelung weiterer Vertragspunkte zur Anwendung kommen.[4]

Kein Arbeitsvertrag kommt zustande, sofern die Parteien zunächst nur einen **Vorvertrag** abschließen.[5] In einem **Vorvertrag** verpflichten sich die Parteien, in Zukunft einen Vertrag abzuschließen, dessen Inhalt zumindest in seinen wesentlichen Bestandteilen festge-

1 OGH 9 ObA 365/89.
2 OGH 8 ObA 203/94.
3 *Rebhahn* in ZellKomm³, ABGB §§ 861-864a Rz 20.
4 *Rebhahn* in ZellKomm³, ABGB §§ 861-864a Rz 20.
5 Dazu ausf *Zöllner*, Der arbeitsrechtliche Vorvertrag, FS Floretta (1983) 457.

legt wurde. Solange allerdings noch irgendein Punkt als aktuell regelungsbedürftig angesehen wird, fehlt dem Vorvertrag die Verbindlichkeit. Verbindlichkeit tritt erst ein, wenn sich die Parteien über **sämtliche** Punkte einig sind, die Gegenstand des von ihnen abzuschließenden Arbeitsvertrags sein sollen. Ist es zweifelhaft, ob schon der Arbeitsvertrag selbst vereinbart wurde oder nur die Verpflichtung zu dessen Abschluss, ist für den Arbeitsvertrag zu entscheiden.

Eine **Punktation** liegt hingegen vor, wenn die Parteien einen schon schriftlich fixierten, aber noch unvollkommenen Arbeitsvertrag (der jedoch alle wesentlichen Bestandteile eines solchen enthalten muss) sogleich verbindlich machen wollen.

Häufig finden sich in der Praxis (Wieder-)**Einstellungszusagen** seitens des Arbeitgebers. Ob dadurch ein Vorvertrag, ein Arbeitsvertrag oder lediglich eine einseitige Bindung des Arbeitgebers zustande kommt, kann nur im Einzelfall durch **Auslegung** ermittelt werden. Die Judikatur unterscheidet zwischen Wiedereinstellungszusagen und Wiedereinstellungsvereinbarungen. Eine **Wiedereinstellungszusage** ist die einseitige Verpflichtung des Arbeitgebers, den Arbeitnehmer, so dieser es wünscht, zum angegebenen Zeitpunkt wieder zu beschäftigen. Die Wiedereinstellungszusage ist somit als Angebot des Arbeitgebers auf Neubegründung eines Arbeitsverhältnisses zu qualifizieren.[6] Solange der Arbeitnehmer dieses nicht angenommen hat, ist der Arbeitnehmer nicht verpflichtet, die Arbeit wieder aufzunehmen. Durch den Nichtantritt der Arbeit verletzt der Arbeitnehmer keine Vertragspflicht, weshalb keine für den Arbeitnehmer nachteiligen Rechtsfolgen eintreten.[7] Im Gegensatz dazu ist die **Wiedereinstellungsvereinbarung** ein zweiseitiger Vertrag, aufgrund dessen der Arbeitnehmer zur Wiederaufnahme der Arbeit verpflichtet ist.[8]

> **Beispiel:** Der Arbeitgeber und der Arbeitnehmer vereinbaren eine Unterbrechung des Arbeitsverhältnisses (häufig in Saisonbetrieben). Das Arbeitsverhältnis wird beendet und der Arbeitgeber macht dem Arbeitnehmer gegenüber eine Wiedereinstellungszusage. Der Arbeitnehmer macht von seinem Optionsrecht Gebrauch und erscheint zum vereinbarten Termin an seinem Arbeitsplatz. Lässt der Arbeitgeber den Arbeitnehmer zum vereinbarten Zeitpunkt nicht zur Arbeit zu, ist darin eine ungerechtfertigte Entlassung zu sehen, die schadenersatzpflichtig macht.[9]

In der Regel wird der Arbeitsvertrag mit seinem Abschluss sofort wirksam. Zuweilen wird vereinbart, dass der Arbeitnehmer die Arbeit erst zu einem **späteren Zeitpunkt antreten** soll. Im Zweifel wird auch in diesem Fall der Arbeitsvertrag sofort wirksam abgeschlossen, lediglich der Beginn der Hauptleistungspflichten ist bis zu dem vereinbarten Zeitpunkt aufgeschoben.[10]

Denkbar ist aber auch, dass der **Arbeitsvertrag aufschiebend bedingt** abgeschlossen wird (die Arbeit soll aufgenommen werden, wenn ein ungewisses Ereignis tatsächlich

6 OGH 8 ObA 27/12x, DRdA 2013, 251 (*Weiß*).
7 ZB OGH 8 ObA 27/12x, DRdA 2013, 251 (*Weiß*).
8 OGH 8 ObA 2241/96h.
9 OGH 8 ObA 27/12x, DRdA 2013, 251 (*Weiß*).
10 *Rebhahn* in ZellKomm^3, ABGB §§ 861-864a Rz 32.

eintritt: zB das Einlangen eines Großauftrags; Ende der Regenfälle). Ist der Arbeitsvertrag zulässig bedingt, entstehen die Pflichten aus dem Vertrag erst nach Eintritt der Bedingung.[11] Bis zum Bedingungseintritt (oder dem Unmöglichwerden desselben) tritt ein Schwebezustand ein. In diesem haben die Parteien alles zu unterlassen, was der vorgesehenen Realisierung des Vertrags im Wege steht. Kommt es wegen des Nichteintritts der Bedingung nicht zum Wirksamwerden des Arbeitsvertrags, so entfallen diese Verpflichtungen rückwirkend; wer sie nicht eingehalten hatte, kann dann nicht zum Schadenersatz herangezogen werden.

Die **Problematik** des aufschiebend bedingten Arbeitsvertrags besteht darin, dass der Arbeitnehmer zumindest dann, wenn auch der Zeitpunkt ungewiss ist, zu dem die Bedingung eintreten kann, zwischenzeitlich über seine Arbeitskraft nicht verfügen kann, ohne möglicherweise eine Vertragsverletzung zu begehen. In der Verpflichtung, im Falle des Eintritts der Bedingung die Arbeit sofort antreten zu müssen, könnte zumindest dann eine **sittenwidrige Abrede** liegen, wenn dem Arbeitnehmer für dieses dauernde Bereitstehen-Müssen kein Entgelt zusteht. Unproblematisch ist ein aufschiebend bedingtes Wirksamwerden des Arbeitsvertrags jedoch dann, wenn der Eintritt der Bedingung vom Willen des Arbeitnehmers abhängt oder von Umständen, die in seinem Interesse liegen (zB der Erwerb einer Gewerbeberechtigung oder des Führerscheins).[12]

2. Formfreiheit

Grundsätzlich besteht für den Arbeitsvertrag **Formfreiheit**.[13] Dennoch kennt der arbeitsrechtliche Gesetzgeber verschiedene Formvorschriften für den Arbeitsvertrag oder zumindest für einzelne Vertragsklauseln.

Meist handelt es sich bei gesetzlichen Schriftformgeboten für den **Vertragsabschluss** lediglich um bloße **Ordnungsvorschriften** – sie dienen der Beweissicherung –, deren Verletzung die Wirksamkeit des Vertrags nicht beeinflusst.[14]

> Es bestehen aber auch **Ausnahmen**: So dürfen Sonderverträge gem § 36 VBG nur in Schriftform und mit Genehmigung des Bundesministers für Kunst, Kultur, öffentlichen Dienst und Sport abgeschlossen werden, andernfalls sind sie nichtig. Durch diese Norm soll der Bund als Dienstgeber vor Zusagen seitens seiner personalverantwortlichen Bediensteten geschützt werden.

Die Wirksamkeit **einzelner Vertragsbestimmungen** ist häufig zwingend an die Schriftform gebunden.[15] So ist zB nach § 2d Abs 2 AVRAG eine Rückerstattung von Ausbildungskosten nur aufgrund einer schriftlichen Vereinbarung zulässig. Bloß mündliche

11 OGH 4 Ob 62/72; ausf *Rebhahn* in ZellKomm³, ABGB §§ 861-864a Rz 33.
12 OGH 9 ObA 139/99b.
13 Grds *Risak*, Schriftformgebote im Arbeitsrecht, ZAS 2013, 52.
14 Vgl § 4 VBG (dazu OGH 4 Ob 156/61) und § 12 BAG (ohne Schriftform ist jedoch keine Eintragung des Lehrvertrags zulässig); ebenso § 2h Abs 2 AVRAG.
15 So zB § 1 Abs 2 KautSchG, § 7 Abs 1 PatG, § 19 GAngG.

Vereinbarungen sind in diesen Fällen nichtig. Regelungszweck sind Transparenz und Schutz vor Übereilung des Arbeitnehmers.

Einzelvertraglich vereinbarte Formgebote sind im Einzelfall auszulegen. Es besteht aber die Vermutung, dass die Parteien vor Erfüllung des Formgebots nicht gebunden sein wollen (§ 884 ABGB). Haben die Parteien einen Vertrag bereits mündlich bindend abgeschlossen und eine schriftliche Ausarbeitung des Vertrags vereinbart, soll der über den Vertrag zu errichtenden Urkunde idR nur deklarative Bedeutung zukommen.[16] Haben die Parteien dagegen einen bindenden Formvorbehalt vereinbart, können die Parteien nicht einseitig, wohl aber einvernehmlich davon abgehen. Dies kann nach der Rsp auch ohne Einhaltung der Schriftform erfolgen, und zwar nicht nur ausdrücklich, sondern auch konkludent.[17]

Kollektivverträge dürfen aufgrund von § 2 Abs 2 ArbVG keine Abschlussnormen enthalten. Sie können nach der hL den Abschluss von Arbeitsverträgen nicht normativ regeln und daher auch keine Formgebote für die Gültigkeit des Arbeitsvertrags treffen.[18]

3. Geschäftsfähigkeit und Stellvertretung

Literatur: *Dirschmied/Nöstlinger,* Kinder- und Jugendlichenbeschäftigungsgesetz[4] (2002); *Loderbauer* (Hg), Kinder- und Jugendrecht[5] (2016); *Rebhahn* in *Neumayr/Reissner* (Hg), Zeller Kommentar zum Arbeitsrecht[3], ABGB §§ 151-154, 861-864a; *Welser/Kletečka*, Bürgerliches Recht I[15] (2018).

3.1. Jugendliche

Auch zum Abschluss eines Arbeitsvertrags bedarf es der Geschäftsfähigkeit der Vertragspartner. Gem § 171 ABGB kann sich ein mündiges minderjähriges Kind – dh ab Vollendung des 14. Lebensjahres – selbständig durch Vertrag zu **Dienstleistungen** verpflichten.[19] Der gesetzliche Vertreter des Jugendlichen kann den Arbeitsvertrag aus wichtigen (familiären, schulischen) Gründen – auch gegen den Willen des Minderjährigen – vorzeitig lösen. Gem § 167 Abs 2 ABGB bedarf es dazu auch der Zustimmung des anderen obsorgeberechtigten Elternteils.[20]

§ 171 ABGB ist allerdings zum Schutz des Minderjährigen eng auszulegen. Er ist nur auf gewöhnliche Dienstverträge anwendbar, nicht dagegen auf Verträge, die besondere Be-

16 OGH 9 ObA 337/97t.

17 OGH 9 ObA 156/12z, ZAS 2013, 225 (*Aichberger-Beig*); 7 Ob 509/56.

18 Für viele *Rebhahn* in ZellKomm[3], ABGB §§ 861-864a Rz 22; nach wenig überzeugender Auffassung der Judikatur soll der Kollektivvertrag aber die Gültigkeit einzelner Vertragsbestimmungen an ihre schriftliche Fixierung knüpfen dürfen, vgl OGH 4 Ob 29/84, DRdA 1985 (Verpflichtung zum Auslandseinsatz), DRdA 1985, 123 (krit *Holzer*).

19 Zu berücksichtigen sind jedoch die Regelungen des KJBG, wonach Kinder bis zur Vollendung des 15. Lebensjahres nur in engen Grenzen arbeiten dürfen (vgl oben 19 f).

20 Obwohl diese Regelung auch auf Lehr- und Ausbildungsverträge verweist, gilt das Auflösungsrecht des gesetzlichen Vertreters aus wichtigen Gründen nach der Rsp nicht für Lehrverträge nach BAG: OGH 8 ObA 63/09m, ZAS 2011, 235 (*S. Mayer*).

lastungen für den Arbeitnehmer mit sich brächten, wie zB die Tätigkeit als Versicherungsvertreter mit Provisionsrückzahlungsverpflichtung.[21] Ebenso wenig ist § 171 ABGB auf Sportausbildungsverträge anwendbar.[22] Solche Verträge bedürfen der Zustimmung des gesetzlichen Vertreters, wobei für Vertragsgestaltungen, die als Maßnahmen des außerordentlichen Wirtschaftsbetriebs qualifiziert werden müssen, zusätzlich die Zustimmung des Pflegschaftsgerichts notwendig ist.
Zu beachten ist außerdem, dass der Gesetzgeber für die Vereinbarung bestimmter belastender Nebenabreden Sonderregelungen zum Schutz der Minderjährigen trifft: So ist zB eine Konkurrenzklausel gem § 36 AngG bzw § 2c AVRAG unwirksam, wenn der Arbeitnehmer im Zeitpunkt des Abschlusses der Vereinbarung minderjährig ist. Dasselbe gilt gem § 2d AVRAG für Ausbildungskostenrückersatzklauseln, sofern der gesetzliche Vertreter nicht zustimmt.

Besonders geregelt ist der **Abschluss eines Lehrvertrags** durch das BAG. Dazu ist die Zustimmung des gesetzlichen Vertreters notwendig. Sind beide Eltern mit der Obsorge betraut, genügt dazu die Zustimmung eines der beiden Elternteile. Rechtsgeschäfte und Rechtshandlungen, die mit der weiteren Gestaltung des wirksam geschlossenen Arbeitsvertrags zusammenhängen, darf der mündige Minderjährige ohne Mitwirkung seines gesetzlichen Vertreters vornehmen.[23]

Löst der Minderjährige den Lehrvertrag **vorzeitig auf**, sieht § 15 BAG Schriftform vor, in bestimmten Fällen bedarf es außerdem der Zustimmung des gesetzlichen Vertreters.[24]

Die **Auflösung** des Lehrvertrags **seitens des Lehrherrn** (Entlassung) ist unmittelbar dem mündigen minderjährigen Lehrling gegenüber zu erklären, weil die Zustimmung des gesetzlichen Vertreters nur für den Vertragsabschluss gefordert ist. Im Umfang der eigenen Handlungsfähigkeit des Minderjährigen ist eine Vertretungsmacht des gesetzlichen Vertreters – von gewillkürter Vertretung abgesehen – ausgeschlossen. Die Zustellung der Auflösungserklärung an den gesetzlichen Vertreter allein bewirkt daher noch keine rechtswirksame Auflösung des Lehrvertrags.[25] Eine weitere Form der außerordentlichen Auflösung ist der Ausbildungsübertritt unter Einbeziehung eines Mediators (§ 15a BAG).

3.2. Stellvertretung

Für die Vertretung der Vertragsparteien gelten die allgemeinen zivilrechtlichen Regelungen. Der Abschluss des Arbeitsvertrags durch gewillkürte Stellvertreter ist sowohl auf Arbeitgeber- als auch auf Arbeitnehmerseite möglich. Auf Arbeitgeberseite treten hierbei mitunter Probleme der **Anscheins- und Duldungsvollmacht (auch Rechtsschein-**

21 OGH 8 ObA 68/04i.
22 OGH 9 Ob 124/06k.
23 Vgl OGH 9 ObA 330/97p.
24 Vgl OGH 8 ObA 64/14s.
25 OGH 9 ObA 53/03i, JBl 2005, 395 (*Dullinger*).

vollmacht)[26] auf, wobei auch unklar sein kann, wer eigentlich der Vertragspartner des Arbeitnehmers ist.

Beispiel: Erbringt eine Teilgewerkschaft des ÖGB jahrelang Leistungen, werden die Einzelverträge der Arbeitnehmer entsprechend ergänzt. Selbst wenn dem Präsidium der Teilorganisation Vertretungsmacht fehlen sollte, könnte dies den Arbeitnehmern nur dann entgegengehalten werden, wenn für sie erkennbar gewesen wäre, dass die ihnen von Vertretern ihres Arbeitgebers ausgezahlten Leistungen nicht vom Willen der für den Arbeitgeber handlungsberechtigten Personen getragen sind.[27]

Besondere Regeln gelten häufig für **öffentlich-rechtliche Dienstgeber**. Zustimmungsvorschriften erschweren die Annahme einer Anscheins- oder Duldungsvollmacht.[28] Nach stRsp sind die in den Organisationsvorschriften von juristischen Personen öffentlichen Rechts enthaltenen Handlungsbeschränkungen der zur Vertretung berufenen Organe grundsätzlich auch im Außenverhältnis wirksam, zumal solche Beschränkungen nicht zuletzt auch die Interessen der juristischen Person selbst schützen sollen. Allerdings ist im Einzelfall zu prüfen, ob eine Norm nur bestimmte Ermächtigungsrichtlinien für die Willensbildung der Verwaltung oder zugleich Regeln für das Verhältnis zwischen den Vertragspartnern enthält. Lediglich eine nicht kundgemachte und praktisch nicht überprüfbare Beschränkung des Zuständigkeitsbereiches eines an sich vertretungsbefugten Organs kann einem Vertragspartner, der sie weder kannte noch kennen musste, nicht entgegengehalten werden.[29]

4. Aufzeichnungen über den Inhalt des Arbeitsvertrags

Rechtsquellen: § 2 AVRAG, § 6 Abs 3 AngG, § 7 GAngG, § 3 Abs 3 TAG, § 1164a ABGB.

Der Arbeitgeber hat dem Arbeitnehmer unverzüglich nach Beginn des Arbeitsverhältnisses eine schriftliche Aufzeichnung über die wesentlichen Rechte und Pflichten aus dem Arbeitsvertrag auszuhändigen (§ 2 AVRAG). Dieser **Dienstzettel** dient der Beweissicherung.[30] Als **Beweisurkunde** hat der Dienstzettel nur begrenzten Wert, weil er bloß eine Wissenserklärung darstellt, die den Inhalt der Vertragsverhandlungen einseitig aus der Sicht des Arbeitgebers festhält. Bei jeder Änderung der im Dienstzettel enthaltenen Angaben ist unverzüglich eine schriftliche Ergänzung vorzunehmen. Die Verpflichtung zur Ausstellung eines Dienstzettels entfällt, wenn ein schriftlicher Arbeitsvertrag abgeschlossen wurde, in dem die in § 2 AVRAG genannten wesentlichen Rechte und Pflichten geregelt sind.

---

26 Vgl hierzu *Welser/Kletečka*, Bürgerliches Recht I[15] Rz 647.
27 OGH 9 ObA 40/00y.
28 Ausf *Rebhahn* in ZellKomm[3], ABGB §§ 861-864a Rz 24.
29 OGH 9 ObA 133/87; 9 ObA 211/01x.
30 OGH 8 ObA 203/94.

Zu den wesentlichen Rechten und Pflichten aus dem Arbeitsverhältnis gehören vor allem Angaben über Beginn und Dauer des Arbeitsverhältnisses, Dauer der Kündigungsfristen, Kündigungstermine, Arbeitsort, allfällige Einstufung in ein generelles Schema, Anfangsbezug, Fälligkeit des Entgelts, Ausmaß des Erholungsurlaubs, Arbeitszeit. Im Dienstzettel sind ferner der auf das Arbeitsverhältnis anwendbare Kollektivvertrag und die für den Arbeitnehmer gültige Betriebsvereinbarung zu bezeichnen (vgl § 2 Abs 2 AVRAG).

Mit § **1164a ABGB** hat der Gesetzgeber die Dienstzettelpflicht auf **freie Dienstverträge**, die eine Sozialversicherungspflicht gem § 4 Abs 4 ASVG auslösen (sog „arbeitnehmerähnliche freie Dienstnehmer") ausgedehnt. Die Verortung dieser Bestimmung im 26. Hauptstück des ABGB irritiert, da dieses nach ganz hM nur den Arbeitsvertrag und den Werkvertrag regelt. Es wurde daher überlegt, ob der Gesetzgeber mit der Neuregelung zu erkennen geben will, dass auch der freie Dienstvertrag vom 26. Hauptstück erfasst sein soll. Dies ist mE jedoch nicht anzunehmen, da bei einer derartig grundlegenden Gesetzänderung zumindest eindeutige Hinweise in den Gesetzesmaterialien, wenn nicht überhaupt in § 1151 ABGB selbst, zu erwarten gewesen wären.

5. Anpassung des Arbeitsvertrags

Literatur: *Burz*, Flexible Entgeltgestaltung (2013); *Felten*, Arbeitsvertragliche Flexibilisierungsklauseln im Entgeltbereich, RdW 2008, 278; *Kietaibl*, Flexibilisierungsmöglichkeiten im Arbeitsverhältnis, ASoK 2008, 370; *Kuras*, Möglichkeiten und Grenzen einzelvertraglicher Gestaltungen im aufrechten Arbeitsverhältnis, ZAS 2003, 100; *Rebhahn* in *Neumayr/Reissner* (Hg), Zeller Kommentar zum Arbeitsrecht³, ABGB §§ 861-864a; *Risak*, Einseitige Entgeltgestaltung im Arbeitsrecht (2008).

5.1. Problemaufriss

Bei Dauerschuldverhältnissen wie dem Arbeitsvertrag können nicht alle künftigen Entwicklungen bereits bei Vertragsabschluss bedacht werden. Das **Weisungsrecht** des Arbeitgebers (vgl dazu Bd I 349 ff) ermöglicht eine Anpassung der Arbeitsleistung an betriebliche Veränderungen **innerhalb der Grenzen des Arbeitsvertrags**. Um Inhalt und Grenzen des Arbeitsvertrags zu ermitteln, kommt der Vertragsauslegung eine wesentliche Rolle zu (zB Verkehrssitte, an Fortbildungen auf Kosten des Arbeitgebers teilzunehmen).

Es können sich aber für die Vertragsparteien wesentliche Umstände derart ändern, dass es einer Anpassung des Vertrags iSe **Vertragsänderung** bedarf. Es besteht kein Zweifel daran, dass Anpassungen des Arbeitsvertrags jederzeit ohne rechtliche Probleme durch **einvernehmliche Vertragsänderung** zulässig sind, und zwar (vgl unten 111 ff) auch zu Ungunsten des Arbeitnehmers, soweit dadurch nicht in zwingende Ansprüche eingegriffen wird. Die wesentliche Frage ist vielmehr, ob eine Vertragspartei – idR der Arbeitgeber – **einseitige Änderungen** des Arbeitsvertrags herbeiführen darf.

Eine **einseitige Vertragsänderung** ist grds nur dann möglich, wenn sich ein Vertragspartner diese Möglichkeit **vertraglich ausbedungen** hat. Unter einseitigen Anpassungsrechten können folgende Formen unterschieden werden: Unverbindlichkeitsvorbehalt; Widerrufsvorbehalt; Teil- und Änderungskündigung; Wegfall der Geschäftsgrundlage.[31]

5.2. Gestaltungsvorbehalte (Änderungs-, Widerrufsvorbehalt)

Änderungsvorbehalte sind darauf gerichtet, im Rahmen der Grenzen des zwingenden Rechts einseitig bestimmte **Bestandteile des Vertrags variabel** gestalten zu können. Meist soll der Einsatz der Arbeitskraft zeitnah an die Bedürfnisse des Betriebs angepasst werden, indem durch Erhöhung oder Reduzierung arbeitsvertraglicher Ansprüche auf Phasen wirtschaftlicher Konjunktur oder Rezession reagiert wird. Besteht die Veränderung in der vollständigen Beseitigung eines Rechtsanspruchs, spricht man vom Widerrufsvorbehalt, der dem Dienstgeber das Recht einräumt, einmal gewährte Ansprüche des Dienstnehmers zukünftig zur Gänze wiedereinzustellen.

Sowohl die **Einräumung** besonderer vertraglicher Gestaltungsvorbehalte als auch die konkrete **Ausübung** der Gestaltungsbefugnisse kann wegen Verstoßes gegen zwingende gesetzliche, kollektivvertragliche oder Betriebsvereinbarungsbestimmungen, einen Gleichbehandlungsgrundsatz oder wegen Verstoßes gegen das allgemeine Sittenwidrigkeitskalkül des § 879 ABGB **unwirksam** sein.[32] Die zulässige Vereinbarung einseitiger Vertragsänderungen durch den Dienstgeber bedarf außerdem – sofern keine ausdrückliche gesetzliche Anordnung gegeben ist – eines ausdrücklichen Vorbehalts, dem der Dienstnehmer frei von Willensmängeln zugestimmt hat und der dessen berechtigte Interessen angemessen wahrt.[33]

In welchem **Umfang** nach dem Willen der Vertragsparteien das Gestaltungsrecht zustehen soll, ist durch **Auslegung** im Einzelfall zu ermitteln. Hier kommen die allgemeinen Auslegungsregeln der §§ 914, 915 ABGB zur Anwendung. Unklare vertragliche Regelungen gehen zu Lasten dessen, der sie aufgestellt hat; das wird regelmäßig der Arbeitgeber sein.[34] Steht die Wirksamkeit eines Gestaltungsvorbehalts fest, ist die konkrete **Ausübung** zu beurteilen. Jede unbillige Leistungsbestimmung wird regelmäßig als unverbindlich qualifiziert. Die Ausübung des Gestaltungsrechts unterliegt somit einer **gerichtlichen Billigkeitskontrolle.**[35] Die Ausübung des Gestaltungsrechts darf nicht schwerwiegender ausfallen, als es die Belange des Betriebes unter Berücksichtigung der Interessen der betroffenen Arbeitnehmer erfordern (Interessenabwagung). Die Zulässigkeit von Widerrufsvorbehalten im Entgeltbereich unter Berufung auf wirtschaftliche Gründe wird idR bejaht.

31 Vgl zB *Kietaibl*, Flexibilisierungsmöglichkeiten im Arbeitsverhältnis, ASoK 2008, 370; *Kuras*, Möglichkeiten und Grenzen einzelvertraglicher Gestaltungen im aufrechten Arbeitsverhältnis, ZAS 2003, 100.

32 *Kuras*, Möglichkeiten und Grenzen einzelvertraglicher Gestaltungen im aufrechten Arbeitsverhältnis, ZAS 2003, 100.

33 OGH 8 ObA 38/17x.

34 *Kuras*, Möglichkeiten und Grenzen einzelvertraglicher Gestaltungen im aufrechten Arbeitsverhältnis, ZAS 2003, 100.

35 OGH 9 ObA 113/08w; 9 ObA 512/88.

Die Judikatur ist sehr kasuistisch. In diesem Sinne geht der OGH davon aus, dass Entgeltreduktionen umso eher zulässig sind, je mehr sie im deutlich überkollektivvertraglichen Entgeltbereich angesiedelt sind.[36] Alle bisher vom OGH zugelassenen Entgeltkürzungen lagen aber unter 10 Prozent. Der OGH scheint diesen Wert als eine Art absolute Grenze für Entgeltschmälerungen anzusehen.[37] Beabsichtigt der Arbeitgeber mit der Vorbehaltsausübung eine Neuregelung der Arbeitsbedingungen, so verbietet das Kontrollkriterium der Billigkeit jedenfalls grundlegende Wesens- und Systemveränderungen (zB die Einführung einer Ausbildungskostenrückersatzklausel in eine Dienstordnung).[38]
Zur Begründung dieser These der Billigkeitskontrolle stellt der OGH allgemeine Überlegungen zur Leistungsbestimmung durch Dritte an. Mit *Bydlinski*[39] betont er, die einseitige Bestimmung eines Hauptpunkts eines Vertrags dürfe nicht nach freiem Belieben erfolgen, sondern nur nach billigem Ermessen; sie müsse sich im Rahmen des in vergleichbaren Fällen Üblichen (Beachtung von Verkehrssitte und Geschäftszweck) halten. Offenbare Unbilligkeiten können von den Gerichten korrigiert werden. Erfolge die Leistungsbestimmung durch einen der Vertragspartner, dann könne das Gericht jedoch bereits bei jeder Unbilligkeit korrigieren.[40] An diese Grenze sei der leistungsgestaltende Arbeitgeber schon durch die ihn treffende Fürsorgepflicht gebunden.[41]

5.3. Unverbindlichkeitsvorbehalt

Ein Unverbindlichkeitsvorbehalt[42] soll die **Entstehung des Anspruchs** auf eine bestimmte Leistung **verhindern**. In diesem Fall bedarf es keines Widerrufs, da der Vorbehalt der Unverbindlichkeit bereits im Zeitpunkt seiner Vereinbarung zur jederzeitigen und grundlosen Einstellung der Leistung ermächtigt.

Die Problematik von Unverbindlichkeitsklauseln liegt darin, dass der Arbeitgeber damit auch längere Zeit hindurch erbrachte Entgeltleistungen, auf die die Arbeitnehmer bereits vertraut haben, jederzeit einstellen könnte. Die Judikatur hat Unverbindlichkeitsvorbehalte zunächst nur bei **entgeltfernen Leistungen**, zuletzt aber auch bei Sonderzahlungen als zulässig erachtet. Gegen die Zulässigkeit von Unverbindlichkeitsvorbehalten bestehen jedoch im Kernbereich der Entgeltleistungen massive Bedenken. Der Arbeitnehmer muss auf eine gewisse Beständigkeit seines monatlichen Entgelts vertrauen können, insb wenn es sich um wesentliche Teile des laufenden monatlichen Entgelts handelt.[43] Die

36 OGH 8 ObA 2207/96h.

37 OGH 8 ObA 16/03s.

38 *Kietaibl*, Flexibilisierungsmöglichkeiten im Arbeitsverhältnis, ASoK 2008, 370 unter Bezug auf OGH 9 ObA 77/00i.

39 *Bydlinski*, Die Baukostenabrechnung als Bestimmung der Leistung des einen Vertragsteiles durch den anderen, JBl 1975, 248.

40 Im Anschluss an *Mayer-Maly*, Das Ermessen im Privatrecht, FS Melichar (1983) 448. Über den Gestaltungsspielraum des Arbeitgebers siehe auch OGH 9 ObA 266/88 (Personalstrom).

41 Hier folgt das Gericht *Spielbüchler* in *Floretta/Spielbüchler/Strasser*, Arbeitsrecht I^4 (1998) § 11 und *Krejci*, Grenzen einseitiger Leistungsbestimmung durch den Arbeitgeber, ZAS 1983, 206.

42 Dazu *Risak*, Der Unverbindlichkeitsvorbehalt, ZAS 2006, 162.

43 Hier schließt sich der OGH der überwiegenden Lehre an: 9 ObA 113/08w, ZAS 2010, 321 (*Risak*) = DRdA 2011, 57 (*Schindler*) – Sonderzahlungen wie ein 13. und 14. Monatsgehalt sind für den OGH allerdings keine solchen wesentlichen Teile des laufenden Entgelts.

Vereinbarung von Unverbindlichkeitsvorbehalten für wesentliche Entgeltbestandteile muss daher als sittenwidrig und damit gem § 879 ABGB als nichtig qualifiziert werden.

Der **Unterschied** zwischen Widerrufsvorbehalten und Unverbindlichkeitsvorbehalten soll darin liegen, dass die Ausübung eines Unverbindlichkeitsvorbehalts keiner Billigkeitskontrolle durch das Gericht unterliegt.[44] Das ist allerdings zweifelhaft. Es spricht nichts dagegen, auch die Einstellung von Leistungen aufgrund eines (zulässigen) Unverbindlichkeitsvorbehalts einer Billigkeitskontrolle zu unterwerfen. Leitet man nämlich die Ausübungsschranke des billigen Ermessens aus der Fürsorgepflicht des Arbeitgebers nach § 1157 ABGB ab, so muss diese Ausübungsschranke auch für die faktische Einstellung von Leistungen ohne Rechtsanspruch gelten. Die Fürsorgepflicht ist eine umfassende Interessenwahrungspflicht, die den Arbeitgeber nicht nur bei der Setzung von Rechtshandlungen beschränkt, sondern (genauso wie die Gleichbehandlungsgebote) auch für rein faktische Gestaltungen gilt.[45]

5.4. Teilkündigung

Nach hA ist eine Teilkündigung, also eine Kündigung einzelner Bestimmungen oder zusammengehöriger Gruppen von Bestimmungen eines Arbeitsvertrags, ohne dass dies im Vertrag vorgesehen ist, **unzulässig.**[46]

> Wird jedoch eine bestimmte Arbeitsleistung im Rahmen eines bestehenden Arbeitsverhältnisses zusätzlich vereinbart, die gegenüber den anderen Vertragsverpflichtungen des Arbeitnehmers eine gewisse Eigenständigkeit aufweist und demgemäß auch gesondert entlohnt wird, kann diese für sich allein gekündigt werden (zB die Funktion des Flottenchefs eines Piloten oder eine Entsendevereinbarung für einen Auslandseinsatz).[47] In diesem Fall schlagen die grundsätzlichen Bedenken gegen die Teilkündigung, sie würde einen rechtlichen Vertragstorso entstehen lassen, der in dieser Form von den Parteien nicht gewollt sei, nicht durch.

Ob ein Widerruf oder eine Teilkündigung vorbehalten wurde, macht **funktionell** kaum einen Unterschied: beides sind einseitige Willenserklärungen, die zur Vernichtung von Ansprüchen führen. Zu beachten ist aber, dass von einer Kündigung nur dann gesprochen werden kann, wenn sich diese einseitige Erklärung auf einen Inbegriff wechselseitiger Rechte und Pflichten bezieht.[48] Dann greifen die spezifischen Rechtsvorschriften für Kündigungen ein.

---

44 Insb *Risak,* Der Unverbindlichkeitsvorbehalt, ZAS 2006, 162.

45 *Kietaibl,* Flexibilisierungsmöglichkeiten im Arbeitsverhältnis, ASoK 2008, 370. Damit erübrigen sich dann auch bemühte Versuche, Unverbindlichkeitsvorbehalte in Widerrufsvorbehalte umzudeuten.

46 OGH 9 ObA 71/87; 4 Ob 129/77; zur Teilkündigung ausf *Welser,* Widerrufsvorbehalt und Teilkündigungsvereinbarung bei entgeltwerten Leistungen des Arbeitgebers, DRdA 1991, 1; OGH 4 Ob 168/80, DRdA 1983, 269 (*Jabornegg*).

47 OGH 9 ObA 119/05y.

48 *Welser,* Widerrufsvorbehalt und Teilkündigungsvereinbarung bei entgeltwerten Leistungen des Arbeitgebers, DRdA 1991, 1.

5.5. Änderungskündigung

Kommt eine Vertragsänderung nicht zustande, und besteht auch kein Vorbehalt der Teilkündigung oder des Widerrufs, kann der die Änderung betreibende Vertragspartner (idR der Arbeitgeber) den Arbeitsvertrag kündigen und seinem Partner gleichzeitig einen neuen Arbeitsvertrag mit geändertem Inhalt vorschlagen. Es handelt sich dabei um eine **bedingte Kündigung**, die von der Entscheidung des Arbeitnehmers abhängt. Nimmt der Arbeitnehmer das Angebot zur Vertragsänderung an, kommt es zur gewünschten Vertragsänderung. Lehnt der Arbeitnehmer die vorgeschlagene Änderung ab, führt die Änderungskündigung wie jede Kündigung zur Beendigung des Arbeitsvertrags mit all ihren Rechtsfolgen.[49]

Die vom erklärenden Arbeitgeber vorzunehmende Verknüpfung der Kündigung mit dem gleichzeitig abgegebenen Anbot auf Vertragsänderung kann im Wesentlichen auf zweifache Weise erfolgen: Einmal derart, dass die Kündigung des Arbeitsverhältnisses ausgesprochen wird und dazu vom Arbeitgeber erklärt wird, dass sie rechtsunwirksam wird, wenn der Arbeitnehmer das Vertragsänderungsoffert annimmt (**auflösend bedingte** Änderungskündigung); zum zweiten aber auch in der Art, dass die Kündigung unter der Bedingung ausgesprochen wird, dass diese bei Nichtannahme des gleichzeitig übermittelten Vertragsänderungsangebotes wirksam wird (**aufschiebend bedingte** Änderungskündigung). Im Fall einer auflösend bedingten Änderungskündigung beginnt die Kündigungsfrist bereits mit Abgabe der Auflösungserklärung zu laufen, während bei einer aufschiebend bedingten Kündigung die Frist erst dann zu laufen beginnt, sobald feststeht, dass der Arbeitnehmer das Änderungsangebot nicht annehmen wird. Die Anfechtungsfrist beginnt allerdings, in beiden Konstellationen, erst dann zu laufen, wenn feststeht, dass das Änderungsangebot nicht angenommen wird, da die Gerichte nicht über hypothetische Sachverhalte zu urteilen haben.[50] An der Pflicht zur Verständigung des Betriebsrats vor Ausspruch der Kündigung ändert sich nichts, da diese vom Gesetz her primär auf die Kündigungsabsicht und nicht auf die wirksame Kündigung gerichtet ist.
Ficht der Arbeitnehmer die Änderungskündigung wegen Sozialwidrigkeit gem § 105 Abs 3 Z 2 ArbVG an, ist für die Frage der wesentlichen Interessenbeeinträchtigung maßgeblich, ob dem Arbeitnehmer das Änderungsangebot zumutbar war.[51]

5.6. Wegfall der Geschäftsgrundlage[52]

Umstritten ist die Frage, ob ein Vertragsteil auch ohne vereinbarten Vorbehalt eine Vertragsanpassung mit der Begründung verlangen kann, dass sich seit Vertragsabschluss die tatsächlichen oder rechtlichen Verhältnisse so wesentlich verändert haben, dass man ihm die volle Erfüllung des Vertrags nicht mehr zumuten könne. Die Anwendung des Instituts des Wegfalls der Geschäftsgrundlage – von *Pisko* auf der Grundlage von § 901 ABGB entwickelt – ist für Arbeitsverhältnisse umstritten.[53] Die hL lehnt seine Anwendung für das

49 Vgl *Strasser,* Zur Problematik der sogenannten Änderungskündigung, DRdA 1988, 1.
50 OGH 8 ObA 57/10f.
51 OGH 8 ObA 23/10f; 9 ObA 289/99m.
52 Vgl dazu grundlegend *Welser/Kletečka*, Bürgerliches Recht I[15] Rz 510.
53 Vgl den Überblick bei *Rebhahn* in ZellKomm[3], ABGB §§ 861-864a Rz 79.

Arbeitsrecht ab, auch die Judikatur nimmt darauf nicht eindeutig Bezug. Im Regelfall kann mit der ergänzenden Auslegung des Vertrags das Auslangen gefunden werden, was ein Zurückgreifen auf den Wegfall der Geschäftsgrundlage verbietet. Außerdem kann mit Wegfall der Geschäftsgrundlage nicht argumentiert werden, wenn das Risiko einer der beiden Vertragsparteien allein zugewiesen ist.[54] Der arbeitsrechtliche Gesetzgeber setzt voraus, dass grds der Arbeitgeber das wirtschaftliche Risiko zu tragen hat: er ist dafür verantwortlich, dass der Betrieb funktioniert und die erforderlichen Rohstoffe, Betriebs- und Finanzmittel bereitstehen.[55]

Vor allem der Versuch des Arbeitgebers, eine Herabsetzung vertraglicher Verpflichtungen (überkollektivvertragliche Löhne, sonstige zusätzliche Entgelte) wegen wirtschaftlicher Schwierigkeiten des Unternehmens zu erreichen, wird daher daran scheitern, dass es sich dabei um Tatsachen aus der eigenen Sphäre handelt, die zudem vorhersehbar waren. Überdies kann der **Arbeitgeber Vorsorge** durch Gestaltungsvorbehalte treffen, weiters steht ihm die **Beendigung** des Arbeitsvertrags durch Kündigung (insb auch die Änderungskündigung) zur Verfügung.

Beim (langfristig) befristeten und beim für den Arbeitgeber **unkündbaren** Arbeitsvertrag scheidet die Kündigungsmöglichkeit vor dem Eintritt von Insolvenz allerdings (dazu siehe unten 380 ff) aus. Solchen unkündbaren Verträgen liegt nach *Tomandl*[56] eine abweichende Risikoverteilung zugrunde: Als Ausgleich dafür, dass dem Arbeitnehmer das Risiko des Verlusts des Arbeitsplatzes abgenommen wurde, solle der Arbeitgeber bei der Tragung des wirtschaftlichen Risikos entlastet werden. Ändern sich die wirtschaftlichen Verhältnisse so nachhaltig, dass die vereinbarte Arbeitsleistung für den Arbeitgeber wertlos wird oder das vereinbarte Entgelt nunmehr in einem auffallenden Missverhältnis zu den wirtschaftlichen Möglichkeiten des Unternehmens steht, soll der Arbeitgeber nach der Rsp eine Vertragsanpassung vornehmen können, sofern dadurch ein wirksamer Beitrag zur Bewältigung dieser wirtschaftlichen Schwierigkeiten geleistet werden könne. Diese Anpassung soll jedoch nur solange gelten, bis sich das Unternehmen wieder wirtschaftlich erholt hat, und allenfalls nur in einer Stundung bestehen.[57] Diese Vertragsanpassung müsste zudem unter der auflösenden Bedingung des Eintrittes von Insolvenz stehen: misslungene Sanierungsversuche dürfen nicht zu Lasten der Vertragsansprüche der Arbeitnehmer gehen.

5.7. Nichtigkeit von Verträgen und Vertragsklauseln

Literatur: *Binder*, Zur Konversion von Rechtsgeschäften (1982); *Rebhahn/Kietaibl* in *Neumayr/Reissner* (Hg), Zeller Kommentar zum Arbeitsrecht[3], ABGB § 879.

Bei mangelnder Geschäftsfähigkeit[58], fehlerhafter Vertretung ohne nachfolgende Genehmigung und Dissens kommt ein Arbeitsvertrag ebenso wenig zustande wie bei Zuwiderhandeln gegen ein gesetzliches Verbot (AuslBG, KJBG).

54 *Rummel* in *Rummel/Lukas*[4], ABGB § 901 Rz 5 f.

55 Das ist die dem § 1155 ABGB zu Grunde liegende Risikosphäre des Arbeitgebers: Näheres siehe bei *Schnorr*, Entgeltansprüche bei Nichtleistung der Arbeit, in *Tomandl* (Hg), Entgeltprobleme aus arbeitsrechtlicher Sicht (1979) 21.

56 *Tomandl*, Geänderte Verhältnisse – dargestellt am Beispiel der Betriebspension, ZAS 1988, 1.

57 Vgl OGH 8 ObA 17/99d.

58 OGH 14 ObA 76/87, DRdA 1990, 210 (*Apathy*, Entgelt für außergeschäftliche Arbeitsleistung).

Wird auf Grund eines ungültigen Arbeitsvertrags tatsächlich Arbeit geleistet, hat jede der beiden Parteien das Recht, die Leistungen fristlos einzustellen. Eine bereicherungsrechtliche **Rückabwicklung scheidet** aus rechtlichen wie praktischen Gründen **idR aus.** Da der Arbeitgeber eine fremde Arbeitsleistung bewusst in Anspruch genommen hat und kein Grund für die Annahme spricht, dass dies unentgeltlich geschehen sollte, gebührt für die tatsächlich geleistete Arbeit ein Entgeltanspruch, dessen Ausmaß sich im Regelfall nach den getroffenen Abmachungen richten wird.

Für **zu Unrecht beschäftigte Ausländer** sieht § 29 AuslBG ausdrücklich vor, dass sie für die Dauer ihrer Beschäftigung die **gleichen Ansprüche** wie auf Grund eines gültigen Arbeitsvertrags besitzen.

Steht dagegen das vereinbarte Entgelt in einem inneren Zusammenhang mit dem Ungültigkeitsgrund, dann steht nur angemessenes Entgelt iSd § 1152 ABGB zu. Ein solcher Anspruch auf angemessenes Entgelt besteht auch bei zweckverfehlenden Arbeitsleistungen, dh wenn die Arbeit zwar ohne Abschluss eines Arbeitsvertrags, wohl aber in der für den Empfänger der Leistung erkennbaren Erwartung einer Gegenleistung (Erbseinsetzung, Heirat, Hofübergabe) erfolgte, die dann später unterblieb.[59]

Verstoßen lediglich **einzelne Vertragsbestimmungen** gegen ein gesetzliches Verbot oder die guten Sitten, ist lediglich die einzelne Vertragsklausel als nichtig zu qualifizieren. Es kommt nicht zur Nichtigkeit des gesamten Arbeitsvertrags, da der Normzweck der Verbotsbestimmungen nicht das Entstehen des Arbeitsvertrags als solchen verhindern will, sondern lediglich bestimmte Abreden (idR solche zulasten des Arbeitnehmers). Dies gilt auch, wenn der Arbeitsvertrag eine größere Anzahl ungültiger Klauseln enthält.[60] Nach dem **Normzweck** ist zu entscheiden, ob die gesamte Klausel als nichtig wegfallen soll,[61] oder ob bloß Teilnichtigkeit anzunehmen ist. In letzterem Fall ist die Klausel anhand des hypothetischen Parteiwillens in jene zulässige Gestaltung **umzudeuten**, die die Parteien gewählt hätten, wären sie sich der Unzulässigkeit der Klausel bewusst gewesen. Wird eine das gesetzlich Zulässige übersteigende Klausel auf das gesetzlich zulässige Maß reduziert,[62] spricht die Judikatur von **geltungserhaltender Reduktion.**[63]

Spielbüchler/Grillberger[64] weisen darauf hin, dass hierbei auch an sich zulässige Bestimmungen entfallen können, wenn sie in einem inneren Zusammenhang mit der unwirksamen Klausel stehen (zB Vereinbarungen höheren Lohns für unzulässige Arbeitsbedingungen).

59 Vgl *Bydlinski,* Lohn- und Kondiktionsansprüche aus zweckverfehlenden Arbeitsleistungen, FS Willburg (1965) 45; OGH 4 Ob 55/73, ZAS 1974, 98 (*Aicher*); 1 Ob 562/78.

60 *Rebhahn* in ZellKomm³, ABGB §§ 861-864a Rz 36.

61 So etwa bei Ausbildungskostenrückersatzklauseln, die keine Aliquotierungsvereinbarung enthalten, OGH 9 ObA 126/08g, DRdA 2011, 144 (*Schindler*); ebenso bei nur geringfügig fehlerhafter Aliquotierungsvereinbarung (1/50 statt – wie gesetzlich aliquot pro Monat verlangt – 1/48), OGH 8 ObA 33/20s, DRdA 2021, 62 (*Eypeltauer*).

62 ZB Konkurrenzklausel für einen Zeitraum von zwei Jahren, OGH 8 ObA 12/19a; aA *Felten,* Zur Aufrechterhaltung überschießend formulierter Konkurrenzklauseln, DRdA 2020, 161.

63 Vgl näher *Binder,* Zur Konversion von Rechtsgeschäften insb 175.

64 *Spielbüchler* in *Floretta/Spielbüchler/Strasser,* Arbeitsrecht I⁴ 143.

6. Die Dauer des Arbeitsvertrags

6.1. Problemaufriss

Den Parteien des Arbeitsvertrags steht es frei, die Dauer ihres Vertragsverhältnisses **einvernehmlich** festzulegen. Mangels abweichender Vereinbarung gilt der Arbeitsvertrag als auf unbestimmte Zeit abgeschlossen. Der Gesetzgeber hat damit aber keine Präferenz für unbefristete Arbeitsverträge ausgesprochen. In der sozialpolitischen Diskussion werden hingegen immer wieder Bedenken gegen befristete Arbeitsverträge vorgebracht, vor allem, weil sie mangels Kündigung den allgemeinen Kündigungsschutz gem § 105 Abs 3 ArbVG nicht auslösen können.

Befristete Arbeitsverträge werden überwiegend für zeitlich limitierte Arbeiten und zur Erprobung abgeschlossen. Sie bieten aber auch die Möglichkeit, den Vertragspartner für längere Zeit zu binden, da sie (ausgenommen bei der unten zu besprechenden Höchstbefristung) unkündbar sind. Den Regelfall bilden allerdings unbefristete Arbeitsverträge.

Mit der Dauer des Arbeitsvertrags hat die Festlegung des Ausmaßes der Arbeitszeitverpflichtung pro Zeiteinheit (Tag, Woche, Monat) nichts zu tun. Wird etwa vereinbart, dass ein Arbeitnehmer nur einige Tage pro Monat (zB Ultimoaushilfe bei Banken) zur Arbeitsleistung verpflichtet ist, liegt dennoch ein (Teilzeit-)Arbeitsvertrag auf unbestimmte Zeit vor, wenn keine Abrede darüber getroffen wurde, wann diese Verpflichtung enden soll.

Da die Festlegung der Dauer des Arbeitsvertrags zum typischen Inhalt von Arbeitsverträgen gehört und somit eine Inhaltsnorm ist, darf auch der **Kollektivvertrag** die Dauer von Arbeitsverträgen normativ regeln (Ausschluss oder Begrenzung der Befristung, automatische Befristung).[65]

6.2. Der befristete Arbeitsvertrag

Literatur: *Egger,* Die Beendigung von befristeten Arbeitsverhältnissen im Lichte der Rechtsprechung, wbl 1993, 33; *Kramer,* Hauptprobleme des befristeten und resolutiv bedingten Arbeitsverhältnisses, DRdA 1973, 159; *Reissner* in *Neumayr/Reissner* (Hg), Zeller Kommentar zum Arbeitsrecht³, AngG § 19; *Waas,* Über das Dienstverhältnis auf bestimmte Dauer im Vertragsbedienstetengesetz 1948, ÖJZ 1957, 537, ÖJZ 1958, 410.

Rechtsquellen: § 1158 Abs 1 ABGB, § 19 Abs 1 AngG ua.[66]

Eine wirksame Befristung setzt voraus, dass der Endtermin des Arbeitsvertrags entweder schon von vornherein eindeutig kalendermäßig bestimmt ist (**echte Befristung**: zB am 31. Dezember, nach Ablauf von drei Jahren) oder mit einem Ereignis zusammenfallen soll, dessen Eintritt zwar – nach menschlicher Erfahrung – objektiv bestimmbar[67] und

65 Vgl OGH 4 Ob 14/77.

66 Siehe an weiteren Rechtsquellen auch § 14 Abs 1 BAG, § 16 Abs 1 GAngG, § 13 Abs 1 HausgG, § 20 HVertrG, § 24 Abs 1 LuFArbDG, § 24 TAG, §§ 4 Abs 3, 30 Abs 1 VBG.

67 OGH 4 Ob 14/77.

gewiss, dessen zeitliche Lage aber im Vorhinein noch unbekannt ist (**unechte Befristung**: zB beim nächsten Schneefall).[68] Keine Befristung läge vor, wenn eine Partei es in der Hand hätte, das Ereignis willkürlich herbeizuführen.[69]

Wird ein Arbeitsvertrag bis zum Ende eines näher definierten vorübergehenden Bedarfs[70] oder bis zur Erreichung eines bestimmten Zweckes vereinbart (zB bis zum Ende der krankheitsbedingten Abwesenheit eines bestimmten Arbeitnehmers) und lassen sich die Zeitpunkte objektiv determinieren, liegt ein befristetes Dienstverhältnis vor.[71] Lässt sich der Endzeitpunkt allerdings nicht objektiv ermitteln (zB auf die Dauer des Bedarfs[72]), dann liegt mangels Bestimmbarkeit ein unbefristeter Vertrag vor.[73]

Die **Länge der Befristung** steht völlig im Belieben der Vertragsparteien. Wird ein Arbeitsvertrag allerdings für einen Zeitraum von **mehr als fünf Jahren oder gar auf Lebenszeit** vereinbart, dann bindet diese Befristung nur den Arbeitgeber zur Gänze; der Arbeitnehmer dagegen kann nach Ablauf von fünf Jahren eine Kündigung unter Einhaltung einer Frist von sechs Monaten aussprechen.[74] Ein Arbeitnehmer kann daher mit rechtlichen Mitteln höchstens für einen Zeitraum von fünfeinhalb Jahren an einen Arbeitgeber gebunden werden. Damit soll verhindert werden, dass sich der Arbeitnehmer durch eine zu lange Befristung künftiger Veränderungsmöglichkeiten beraubt.

Die vorgesehene Beendigung eines Arbeitsverhältnisses mit Erreichung einer bestimmten Altersgrenze – häufig an das gesetzliche Pensionsalter angeknüpft – ist eine Befristung. Fraglich ist, ob solche Befristungen aus gleichbehandlungsrechtlicher Sicht zulässig sind. Das Anknüpfen an ein bestimmtes Alter ist eine Altersdiskriminierung, sofern dies nicht aus arbeitsmarktpolitischen Gründen gerechtfertigt ist (zB um die jüngere Generation zum Zug kommen zu lassen).[75] Werden für Frauen und Männer durch das Anknüpfen an das Regelpensionsalter von 60 und 65 Jahren unterschiedliche Befristungen vorgesehen, liegt ein Verstoß gegen das Diskriminierungsverbot aufgrund des Geschlechts bei der Beendigung von Arbeitsverhältnissen gem § 3 Z 7 GlBG vor.[76]

Die Parteien können eine **Höchstbefristung** vereinbaren.[77] In diesem Fall soll das Arbeitsvertragsverhältnis spätestens zum vereinbarten Termin automatisch enden, eine frühere Kündigung soll aber aufgrund einer ausdrücklichen **Kündigungsvereinbarung** beiderseits möglich sein. Ist eine solche Kündigung erst nach einer bestimmten Mindestlaufzeit des Vertrags zulässig, dann liegt für diesen Zeitraum überdies eine Mindestbefristung vor. Eine Kündigungsvereinbarung in einem befristeten Arbeitsverhältnis ist nach

68 OGH 4 Ob 87/57; 4 Ob 14/77; 8 ObA 79/07m; *Schrammel* weißt in *Fenyves/Kerschner/Vonkilch, Klang*[3], § 1158 ABGB Rz 5 darauf hin, dass in alpinen Ländern mit Schneefällen gerechnet werden kann, nicht jedoch in mediterranen, weshalb diesfalls der Arbeitsvertrag auf unbestimmte Zeit abgeschlossen wäre.

69 OGH 4 Ob 14/77.

70 OGH 4 Ob 85/57; 4 Ob 6/71; *Kramer*, Hauptprobleme des befristeten und resolutiv bedingten Arbeitsverhältnisses, DRdA 1973, 161.

71 *Kramer*, Hauptprobleme des befristeten und resolutiv bedingten Arbeitsverhältnisses, DRdA 1973, 161.

72 OGH 4 Ob 120/61.

73 OGH 8 ObA 79/07m.

74 § 1158 Abs 3 ABGB, § 21 AngG, § 18 GAngG.

75 ZB EuGH C-447/09, *Prigge*, verb Rs C-250/09 und C-268/09, *Georgiev*.

76 Vgl dazu auch EuGH C-356/09, *Kleist*.

77 Vgl OGH 4 Ob 11/79, ZAS 1980, 58 mit eingehender Besprechung von *Buchsbaum;* OGH 4 Ob 105/85, DRdA 1986, 323 (*Petrovic*).

Meinung der Judikatur allerdings **nur bei längeren Befristungen** zulässig.[78] Die relative Bestandfestigkeit befristeter Arbeitsverhältnisse soll durch Kündigungsvereinbarungen nicht umgangen werden. Die Dauer der Befristung und die Möglichkeit einer Kündigung müssen in einem angemessenen Verhältnis stehen.[79] „Unverhältnismäßige" Kündigungsvereinbarungen sind nichtig.

6.3. Kettenarbeitsverträge

Literatur: *Krejci* in *Rummel/Lukas* (Hg), ABGB [4] § 879 Rz 229; *ders* in Rummel (Hg), ABGB[3] §§ 1158-1159c Rz 13; *Mayer-Maly,* Neue Probleme bei der Befristung von Dienstverhältnissen, FS Strasser (1983) 87; *Reissner* in *Neumayr/Reissner* (Hg), Zeller Kommentar zum Arbeitsrecht[3], AngG § 19 Rz 22; *Schrank,* Der Fortbestand des Arbeitsverhältnisses als Schutzobjekt der Rechtsordnung (1982) 243.

Werden zwischen denselben Parteien zwei oder mehrere befristete Arbeitsverträge zeitlich aneinandergereiht, so ist dies an sich vertragsrechtlich zulässig. Dennoch bestehen Bedenken gegen solche Kettenverträge. Sie beruhen darauf, dass manche zwingenden Rechtsvorschriften dem Arbeitnehmer **Ansprüche** nur dann zuerkennen, wenn das Dienstverhältnis ununterbrochen eine bestimmte **Mindestzeit** gedauert hat (zB Kündigungsschutz, Abfertigung). In anderen Fällen richtet sich das Ausmaß von Ansprüchen nach der Dauer eines ununterbrochenen Arbeitsvertrags (zB Kündigungsfristen). Daher besteht die Gefahr, dass ein Arbeitgeber einem Arbeitnehmer, den er an sich längerfristig benötigt, Kettenarbeitsverträge aufdrängt, um das Entstehen eines längeren ununterbrochenen Arbeitsverhältnisses auszuschließen und sich dadurch diesen Ansprüchen zu entziehen.

Zwar sehen viele arbeitsrechtliche Rechtsvorschriften die Zusammenrechnung von aneinandergereihten Dienstverhältnissen vor (zB § 23 AngG für die Abfertigung), bei kurzfristigen Unterbrechungen der Arbeitsleistungen zwischen den einzelnen befristeten Arbeitsverträgen können allerdings Nachteile für die Arbeitnehmer eintreten. Durch den wiederholten Abschluss befristeter Arbeitsverträge verliert der Arbeitnehmer aber vor allem den allgemeinen **Kündigungsschutz** gem §§ 105 ff ArbVG. Dieser setzt voraus, dass der Arbeitsvertrag durch Kündigung beendet wird. Befristete Arbeitsverhältnisse enden aber gerade nicht durch Kündigung, sondern durch Zeitablauf. Durch Abschluss von Kettenverträgen könnte der Arbeitgeber den Arbeitnehmer im Ergebnis für einen unbestimmten Zeitraum binden, ohne befürchten zu müssen, dass der Arbeitnehmer eine Kündigung erfolgreich anficht.

Auch der **Unionsgesetzgeber** sieht die Missbrauchsanfälligkeit von Kettenverträgen. Er verpflichtet daher mit der Befristungs-RL 1999/70/EG die Mitgliedstaaten zur Ergreifung von Maßnahmen, um solchen Missbrauch zu vermeiden. Die Mitgliedstaaten können a) die Zulässigkeit mehrfach befristeter Arbeitsverhältnisse vom Vorliegen eines sachlichen Grundes abhängig machen, b) eine insgesamt maximal zulässige Dauer befris-

78 OGH 8 ObA 2206/96m.
79 Dazu näher *Gerhartl,* Kündigung trotz Befristung, ecolex 2015, 142.

teter Arbeitsverhältnisse festlegen oder c) die zulässige Zahl aufeinanderfolgender befristeter Arbeitsverhältnisse begrenzen.

Der österreichische Gesetzgeber hat das Problem nur für Sonderbereiche einer ausdrücklichen Lösung zugeführt.

Mit Vertragsbediensteten des Bundes kann grundsätzlich nur eine einmalige, höchstens dreimonatige befristete Verlängerung vereinbart werden.[80] § 32 ORF-Gesetz gestattet demgegenüber den unbegrenzten Abschluss von Kettendienstverträgen mit teilzeitbeschäftigten programmgestaltenden und journalistischen Mitarbeitern des ORF. Damit soll der besonderen Aufgabe des ORF zur Sicherung von Programmvielfalt Rechnung getragen werden. Gem § 109 UniversitätsG 2002 war vor der Novelle BGBl I 2021/93 eine mehrmalige unmittelbar aufeinanderfolgende Befristung nur bei Arbeitnehmern, die im Rahmen von Drittmittelprojekten oder Forschungsprojekten beschäftigt werden, bei ausschließlich in der Lehre verwendetem Personal sowie bei Ersatzkräften zulässig; zusätzlich war eine Höchstdauer von 6 bzw 10 Jahren (8 bzw 12 Jahre bei Teilzeitbeschäftigung) vorgesehen. In der Rs *Schuch-Ghannadan*[81] hatte der EuGH die unionsrechtliche Zulässigkeit dieser Regelung (besonders hinsichtlich der längeren Zulassung von Teilzeit-Kettenverträgen) zu überprüfen und hat dabei festgehalten, dass solche Konstruktionen insb einer objektiven Rechtfertigung bedürften und potentiell mit dem Gleichbehandlungsrecht in Konflikt gerieten, wenn im entsprechenden Anwendungsbereich solcher Regelungen signifikant mehr Frauen beschäftigt wären und kein sachliches Ziel sie rechtfertigen könnte. Im Anschluss an das EuGH-Urteil wurde diese Bestimmung neu geregelt. Gem § 109 Abs 1 UniversitätsG 2002 können Arbeitsverhältnisse auf bestimmte Zeit bei sonstiger Rechtsunwirksamkeit des Arbeitsvertrags einmalig bis zu einer Dauer von höchstens sechs Jahren befristet werden, sofern im Gesetz nicht anderes bestimmt ist. Die Abs 2–9 sehen Sonderregelungen vor.

Eine **allgemeine Lösung** wurde **richterrechtlich** entwickelt. Die Rechtsprechung unterscheidet zwischen zulässigen und unzulässigen Kettenarbeitsverträgen. Kettenarbeitsverträge sind nur dann rechtmäßig, wenn die Aneinanderreihung einzelner auf bestimmte Zeit abgeschlossener Arbeitsverträge im Einzelfall durch besondere soziale oder wirtschaftliche Gründe gerechtfertigt ist.[82] Die Unzulässigkeit von sachlich nicht gerechtfertigten Kettenverträgen wird darin gesehen, dass die wirtschaftliche Unterlegenheit des Arbeitnehmers in rechtsmissbräuchlicher Weise dazu ausgenützt wird,[83] Arbeitnehmerschutzbestimmungen zu unterlaufen. Bei unzulässigen Kettenarbeitsverträgen werden die **zweite und die folgenden Befristungsvereinbarungen als nichtig** erachtet. Demgemäß gilt der Arbeitsvertrag ab dem Beginn des zweiten befristeten Arbeitsverhältnisses als auf unbestimmte Zeit eingegangen.[84] Diese Nichtigkeit ist eine relative, die lediglich vom Arbeitnehmer geltend gemacht werden kann.[85]

80 § 4 Abs 4 VBG; siehe aber die Ausnahmen nach § 4a VBG.
81 EuGH C-274/18, *Schuch Ghannadan (gegen Medizinische Universität Wien).*
82 OGH 9 ObA 118/88; 9 ObA 153/13k.
83 OGH 9 ObA 67/94.
84 OGH 14 Ob 86/86; anders ist es nur, wenn ein befristetes Dienstverhältnis an ein Probedienstverhältnis anschließt (OGH 4 Ob 13/82).
85 *Schrank,* Der Fortbestand des Arbeitsverhältnisses als Schutzobjekt der Rechtsordnung 251.

Ursprünglich verlangte die Judikatur, dass der Arbeitnehmer, der die Unzulässigkeit des Kettenarbeitsvertrags behauptet, den Beweis für die Umgehungsabsicht des Arbeitgebers erbringt. Später wurde die **Beweislast** umgekehrt: Nunmehr muss der Arbeitnehmer lediglich die Tatsache des Abschlusses eines Kettenarbeitsvertrags beweisen, das Gericht vermutet daraufhin widerleglich dessen Unzulässigkeit.[86] Es liegt dann beim Arbeitgeber, **sachliche Gründe** anzuführen, die die Umgehungsvermutung entkräften und den Abschluss mehrerer aufeinanderfolgender befristeter Arbeitsverträge rechtfertigen.

Der Arbeitgeber kann mehrmalige Befristungen damit **sachlich rechtfertigen**, dass sich der Arbeitnehmer nicht auf unbestimmte Zeit verpflichten wollte, oder dass die neuerliche Befristung im **Interesse des Arbeitnehmers** lag.[87] Er kann aber auch dartun, dass er nur vorübergehend Arbeitskräfte benötigt und daher nicht versucht, einen Dauerarbeitsplatz wiederholt nur auf Zeit zu besetzen.[88] Der wiederholte Abschluss befristeter Arbeitsverträge ist insbesondere dann sachlich gerechtfertigt, wenn dem Arbeitgeber eine **Ausbildungsverpflichtung** (für Ärzte) obliegt und der Arbeitgeber daher Ausbildungsstellen immer wieder verfügbar machen muss.[89] Auch **Branchenüblichkeit** kann eine Rolle spielen (§ 24 TAG sieht beispielsweise nur befristete Bühnendienstverträge[90] vor; ähnliches wird für Berufssportler,[91] Musikausübende udgl gelten), ebenso die erforderliche Einschränkung oder Stilllegung des Betriebs während der „**toten Saison**".[92] Eine sachliche Rechtfertigung durch wirtschaftliche Gründe ist jedoch dann ausgeschlossen, wenn dadurch die bloße Überwälzung des typischen Unternehmerrisikos bezweckt wird.[93]

Der Umstand allein, dass zwischen zwei befristeten Arbeitsverträgen jeweils ein **zeitlicher Abstand** liegt,[94] rechtfertigt den Kettenvertrag zumindest dann nicht, wenn sich der Sache nach der zweite als die Fortsetzung des ersten darstellt. Liegen zwischen den einzelnen befristeten Arbeitsverträgen Zeiten der Nichtbeschäftigung, so ist das Ausmaß der Unterbrechungszeiten den Beschäftigungszeiten gegenüberzustellen. Übersteigt die Dauer der Unterbrechungszeiten bei weitem die der Beschäftigung, ist das Vorliegen eines unzulässigen Kettenarbeitsvertrags zu verneinen.[95]

Der **EuGH** hat in der Rs *Kücük*[96] entschieden, dass ein vorübergehender **Bedarf an Vertretungskräften** einen sachlichen Grund für Kettenbefristungen darstellen kann. Der Arbeitgeber darf in diesem Fall wiederholt und sogar dauerhaft auf befristete Vertretungen zurückgreifen. Dies gilt selbst dann, wenn diese Vertretungen auch durch die Einstellung von Arbeitnehmern mit unbefristeten Arbeitsverträgen gedeckt werden könnten.

86 Vgl OGH 4 Ob 26/73.
87 ZB OGH 4 Ob 75/82, DRdA 1985, 128 (*Pfeil*): ein Arbeitnehmer hat trotz mangelnder Arbeitsleistung vom Arbeitgeber noch eine zweite und dritte Chance erhalten, sich zu bewähren.
88 OGH 8 ObA 50/13f, DRdA 2014, 346 (*Risak*).
89 OGH 9 ObA 80/02h.
90 Vgl zur Zulässigkeit mehrfacher Befristung von Bühnendienstverträgen OGH 8 ObA 58/22w, DRdA-infas 2023, 105 (*Kaltschmid*).
91 OGH 9 ObA 330/98i: ausreichende sachliche Rechtfertigung von Kettenverträgen bei Profifußballern wegen Branchenüblichkeit.
92 OGH 8 ObA 58/98g.
93 So etwa bei der Überwälzung des Risikos, genügend Aufträge zu lukrieren, vgl OGH 9 ObA 4/18f, DRdA 2019, 253 (*Kovács*).
94 OGH 4 Ob 19/69.
95 OGH 8 ObA 15/98h.
96 EuGH C-586/10.

Bestreitet der Arbeitnehmer die Zulässigkeit des Kettenvertrags, sollte allerdings geprüft werden, ob überhaupt die objektive Möglichkeit der Umgehung von Arbeitnehmerschutzbestimmungen besteht.

Diesen Aspekt hat die Rechtsprechung nicht zureichend beachtet. Sehen etwa die anspruchsbegründenden Bestimmungen die volle Anrechnung von Vordienstzeiten beim selben Arbeitgeber vor, so kann die Unterbrechung zu keiner Verkürzung der Arbeitnehmeransprüche führen. Droht kein derartiger Anspruchsverlust und kann auch der Kündigungsschutz nicht unterlaufen werden, weil der Arbeitnehmer diesem nicht unterliegt (zB in einem Kleinstbetrieb, oder der Arbeitnehmer ist leitender Angestellter iSd § 36 ArbVG), dann bedarf der Arbeitgeber keiner weiteren rechtfertigenden Gründe, weil die objektiven Voraussetzungen der Unzulässigkeitsvermutung fehlen.[97]

Die Rsp wendet die Grundsätze zu Kettenarbeitsverträgen auch auf einzelne **mehrfach befristete Vertragsklauseln** an. Vertragsgestaltungen wie zB jeweils auf ein Jahr befristete Provisionsvereinbarungen bedürfen ab der zweiten Befristung einer sachlichen Rechtfertigung. Der OGH hat seine Auffassung vor allem damit begründet, dass die wiederholte Befristung einzelner Arbeitsbedingungen zur Umgehung des Änderungskündigungsschutzes geeignet ist und ähnliche Umgehungstendenzen aufweist wie der Abschluss von Kettenarbeitsverträgen.[98]

6.4. Der auflösend bedingte Arbeitsvertrag

Literatur: *Friedrich,* Flexibilisierung durch Befristungen und Bedingungen in Vertragsklauseln und Betriebsvereinbarungen, ZAS 2011, 109; *Kramer,* Hauptprobleme des befristeten und resolutiv bedingten Arbeitsverhältnisses, DRdA 1973, 159; *Schrammel,* Resolutivbedingungen im Arbeitsverhältnis, ZAS 1984, 221.

Auch durch die Vereinbarung, das Dienstverhältnis solle durch ein bestimmtes Ereignis enden, dessen Eintritt ungewiss ist (**auflösende oder Resolutivbedingung**), wird ein möglicher Endtermin gesetzt (zB Ausbleiben einer bestimmten Rohstofflieferung). Da der Eintritt dieses Ereignisses ungewiss ist – bei Gewissheit läge eine Befristung vor –, kann sich keiner der beiden Vertragsparteien rechtzeitig auf das Vertragsende einstellen. Die sich daraus ergebende Unsicherheit über die Dauer des Arbeitsverhältnisses wird für den Arbeitnehmer, der von seinem Arbeitseinkommen lebt, grds für unzumutbar gehalten, da er sich nicht rechtzeitig um eine neue Erwerbsgelegenheit umsehen kann. Die auflösende Bedingung ist unwirksam und der Arbeitsvertrag gilt als auf unbestimmte Zeit abgeschlossen.[99]

Jedenfalls zulässig sind dagegen Bedingungen, deren Eintritt vom Willen des Arbeitnehmers selbst abhängig ist, zB der erfolgreiche Abschluss des Studiums eines Studienassistenten (**Potestativbedingung**).

97 Vgl zu dieser Problematik *Miklau,* Probleme des Kettendienstvertrags, ZAS 1974, 45; *Schrank,* Der Fortbestand des Arbeitsverhältnisses als Schutzobjekt der Rechtsordnung 246.

98 OGH 9 ObA 234/93; 9 ObA 61/11b, ZAS 2012, 261 (*Burz*).

99 OGH 9 ObA 158/91 – eine Klausel, wonach bei einjährigem Krankenstand das Arbeitsverhältnis automatisch endet, ist zu unbestimmt und daher unwirksam.

Aber auch darüber hinaus ist zu **differenzieren**:

Betrachtet man jene Bedingung, bei der feststeht, wann sie eintreten müsste (dies incertus an, certus quando: zB sollte der Fußballklub am Ende der Spielsaison den Aufstieg in die höhere Spielklasse nicht geschafft haben,[100] oder sollte zu Jahresende 2021 die Errichtung des Staudammes X abgeschlossen sein), dann ist die Situation des Arbeitnehmers keineswegs ungünstiger als bei der zulässigen unechten Befristung (zB bis zum Ende der krankheitsbedingten Abwesenheit eines Arbeitnehmers).[101] Der Arbeitnehmer hat hier wie dort die Sicherheit, bis zu dem im Vorhinein bekannten Tag einen Arbeitsplatz zu haben, und überdies die Chance (wenn die Bedingung nicht eintritt), das Arbeitsverhältnis unbefristet weiterführen zu können. Im Hinblick auf die Sicherheit des Arbeitsplatzes ist er daher bessergestellt als bei der echten Befristung, da dort das Ende des Dienstverhältnisses gewiss ist. Er erkauft diese Chance mit der Ungewissheit, ob die Bedingung an diesem Tag eintreten wird und kann daher keine wirksame Vorsorge für diesen Fall treffen. Damit trägt er genau dasselbe Risiko wie bei der zulässigen unechten Befristung.

Wie die unechte Befristung muss daher eine **auflösende Bedingung zulässig** sein, bei der von vornherein **feststeht, wann** die Bedingung eintreten müsste.[102] Resolutivbedingungen sind nach der Judikatur nur dann unzulässig, wenn ein für die Beurteilung des Eintritts oder Nichteintritts der Beendigung maßgeblicher Stichtag nicht feststeht. Steht ein solcher Stichtag fest, ist die Resolutivbedingung auch dann zulässig, wenn der Eintritt oder Nichteintritt nicht ausschließlich vom Willen des Arbeitnehmers abhängig ist.

Diese Judikatur bezieht sich auf Sachverhalte, wo bei der Begründung des Arbeitsverhältnisses Resolutivbedingungen vereinbart werden. Diese könnten auch durch zulässige Befristungsvereinbarungen substituiert werden. Anders ist es jedoch, wenn eine Resolutivbedingung bei aufrechtem Arbeitsverhältnis vereinbart wird – zB Beendigung des Arbeitsverhältnisses bei Nichterreichen eines bestimmten Geschäftserfolges –, da hier das Risiko unzulässigerweise auf den Arbeitnehmer verlagert und der Kündigungsschutz umgangen wird.[103]

Gesetz- oder sittenwidrige Bedingungen sind rechtsunwirksam. Wird etwa der Eintritt der Schwangerschaft, die Einberufung zum Präsenzdienst, der Eintritt von Behinderung oder der Gewerkschaftsbeitritt zur auflösenden Bedingung gemacht, wäre diese Bedingung ebenso nichtig wie eine solche, die – nach der gebotenen Interessenabwägung – unzulässigerweise in Persönlichkeitsrechte eingreift (zB Verehelichung, Wechsel der Religions- oder Parteizugehörigkeit).

100 So OGH 4 Ob 85/82 und dazu *Schrammel,* Resolutivbedingungen im Arbeitsverhältnis ZAS, 1984, 226.

101 So OGH 4 Ob 6/71 (zulässige Befristung) und OGH 9 ObA 158/91, ZAS 1992, 160 (zust *Grassl-Palten*) = DRdA 1992, 286 (*Mazal*).

102 So auch OGH 9 ObA 156/98a unter Berufung auf *Schrammel,* Resolutivbedingungen im Arbeitsverhältnis, ZAS 1984, 223.

103 OGH 9 ObA 116/06h.

7. Probearbeitsvertrag und Arbeitsverträge für einen vorübergehenden Bedarf

Literatur: *Mosler,* Rechtsfolgen unwirksamer Probezeitvereinbarungen, wbl 1988, 391; *Reissner* in *Neumayr/Reissner* (Hg), Zeller Kommentar zum Arbeitsrecht³, AngG § 19; *Schrank,* Der Fortbestand des Arbeitsverhältnisses als Schutzobjekt der Rechtsordnung (1982) 251.

Rechtsquellen: § 1158 Abs 2 ABGB, §§ 19 Abs 2, 20 Abs 5 AngG.

7.1. Der Probemonat

Beiden Vertragsparteien soll es möglich sein, schon frühzeitig ein als unbefriedigend empfundenes Arbeitsverhältnis **mit sofortiger Wirkung** und **ohne Angabe von Gründen zu** lösen. Sie können zu diesem Zweck einen Arbeitsvertrag „auf Probe" (Probemonat gem § 19 Abs 2 AngG und § 1158 Abs 2 ABGB) vereinbaren. Die Vereinbarung eines Probemonats kann sowohl einem befristeten als auch einem unbefristeten Arbeitsvertrag beigefügt werden. Die Beendigung des Probedienstverhältnisses ist ein eigenständiger Auflösungsgrund.[104] Das Gesetz gestattet eine solche Vereinbarung generell[105] allerdings höchstens für den **ersten Monat** des Arbeitsvertrags.[106]

Zwischen denselben Parteien ist bei Abschluss eines neuen Dienstverhältnisses eine wiederholte Vereinbarung nur zulässig, wenn insb der Gegenstand der Dienstleistung ein anderer ist und eine Umgehung arbeitsrechtlicher Schutzvorschriften nicht zu befürchten ist.[107] Abweichende Fristen finden sich in Sondergesetzen.[108] Für Lehrverhältnisse gelten die ersten drei Monate ex lege als Probezeit (§ 15 Abs 1 BAG). Bei Bühnendienstverträgen ist die Vereinbarung einer Probezeit unwirksam (§ 5 TAG).

Lange Zeit war es hA, dass der besondere Kündigungs- und Entlassungsschutz im Probemonat nicht zur Anwendung kommt und dass die Auflösung keiner Sittenwidrigkeitsprüfung standhalten muss. Im Lichte **gleichbehandlungsrechtlicher** Überlegungen hat der OGH seine Rsp allerdings abgeändert und per Analogieschluss die Anfechtbarkeit einer Beendigung während des Probemonats bejaht.[109] Mit BGBl I 2008/98[110] wurde diese Möglichkeit ausdrücklich in den Gesetzestext aufgenommen.

Nach stRsp des EuGH zur Gleichbehandlungs-RL 2006/54/EG liegt eine unmittelbare Diskriminierung auf Grund des Geschlechts vor, wenn eine Frau wegen ihrer **Schwangerschaft** entweder nicht eingestellt oder das Arbeitsverhältnis beendet wird. Es wäre ein Wertungswiderspruch, im innerstaatlichen Recht nur die diskriminierende Nichtbegründung von Arbeitsverhältnissen sowie ebensolche Kündigungen und Entlassungen zu sanktionieren, nicht aber die Auflösung von Probearbeitsverhältnissen aus Gründen der

104 *Schrank*, Der Fortbestand des Arbeitsverhältnisses als Schutzobjekt der Rechtsordnung 252.

105 Auch für den Bereich der Arbeitskräfteüberlassung, so OGH 9 ObA 161/91, DRdA 1992, 215 (zust *Mosler*) und 9 ObA 602/91.

106 § 1158 Abs 2 ABGB, § 19 Abs 2 AngG, § 16 Abs 2 GAngG, § 8 Abs 1 BEinstG, § 7 Abs 1 LuFArbDG, § 4 Abs 3 VBG.

107 OGH 8 ObA 31/18v.

108 ZB eine Woche nach § 13 Abs 4 HausgG.

109 OGH 9 ObA 4/05m, DRdA 2006, 384 (*Eichinger*); 9 ObA 81/05k.

110 ErläutRV 415 BlgNR 23. GP 6.

geschlechtsbezogenen Diskriminierung. Die richtlinienkonforme Auslegung des GlBG gebot nach Ansicht des OGH schon 2005, die Sanktionen, die dieses Gesetz wegen Verletzungen des Gleichbehandlungsgebots bei der Beendigung des Arbeitsverhältnisses (§ 12 Abs 7 GlBG) vorsieht, auch dann anzuwenden, wenn die Schwangerschaft einer Arbeitnehmerin der Grund für die Auflösung eines Probearbeitsverhältnisses durch den Arbeitgeber ist.[111] Ebenso hat der OGH im Fall einer sexuellen Belästigung im Probemonat entschieden.[112] Mit BGBl I 2008/98 hat der Gesetzgeber diese Judikaturänderung schließlich durch eine Änderung des § 12 Abs 7 GlBG übernommen.

Für den Arbeitgeber bedeutet dies im Ergebnis, dass die Auflösung des Arbeitsverhältnisses im Probemonat de facto begründungspflichtig werden kann. Macht der Arbeitnehmer glaubhaft, dass das Probedienstverhältnis wegen eines nach GlBG verpönten Merkmals – § 26 Abs 7 GlBG sieht für die sonstigen verpönten Merkmale ebenso die Möglichkeit der Anfechtung vor – aufgelöst worden ist, muss der Arbeitgeber beweisen, dass ein anderes Motiv ausschlaggebend war.

7.2. Befristetes Arbeitsverhältnis „zur Probe“

Kein Probearbeitsverhältnis liegt vor, wenn die Parteien ein **befristetes Arbeitsverhältnis „zur Probe“** vereinbaren: Dieses Arbeitsverhältnis ist ein normales befristetes Arbeitsverhältnis, dessen – rechtlich unbeachtliches – Motiv in der gegenseitigen Erprobung liegen mag.[113]

Zur Unterscheidung kommt es nicht auf die Wortwahl an, sondern darauf, ob während der Dauer der Erprobung vereinbarungsgemäß beide Vertragspartner das Recht zur sofortigen grundlosen Auflösung haben sollen,[114] oder ob lediglich eine Befristung angestrebt wurde.

Wird ein Probearbeitsvertrag für eine längere als die gesetzlich zulässige Frist für den Probemonat vereinbart (zB für drei Monate), ist durch **Auslegung** zu ermitteln, welches rechtliche Schicksal die Klausel nehmen soll.

Wird aus der Formulierung der Klausel ersichtlich, dass jeder Vertragspartner in diesem Zeitraum das Arbeitsverhältnis jederzeit ohne Angabe von Gründen auflösen können soll, ist der erste Monat als Probemonat iSd § 19 AngG (§ 1158 ABGB) anzuerkennen.[115] Für die übersteigenden zwei Monate ist die Vereinbarung der jederzeitigen Lösbarkeit ohne Angabe von Gründen gem § 879 ABGB nichtig (Teilnichtigkeit der Klausel). Nun ist zu prüfen, ob und wie die Klausel umgedeutet werden kann, dass sie dem hypothetischen Parteiwillen entspricht. Was hätten die Parteien vereinbart, wäre ihnen die (Teil-)Nichtigkeit der Klausel bewusst gewesen? Wollten die Parteien mit ihrer Vereinbarung keine längere Bindung als insgesamt 3 Monate eingehen, ist von einem befristeten Arbeitsverhältnis auszugehen, das im ersten Monat von beiden Parteien jederzeit aufgelöst werden kann. Wollten die Parteien dagegen einen unbefristeten Arbeitsvertrag abschließen und

111 OGH 9 ObA 4/05m, DRdA 2006, 384 (*Eichinger*).

112 OGH 9 ObA 81/05k: Das Arbeitsverhältnis wurde vom Juniorchef aufgelöst, nachdem sich die Arbeitnehmerin über sexuelle Belästigung seitens des Seniorchefs beschwert hatte.

113 Vgl OGH 4 Ob 125/78, ZAS 1981, 19 (*Heinrich*) = DRdA 1980, 309 (*Floretta*); OGH 14 Ob 207/86.

114 So OGH 4 Ob 150/84.

115 OGH 4 Ob 125/78.

dazu eine möglichst lange Frist zur Erprobung vereinbaren, ist von einem unbefristeten Arbeitsverhältnis auszugehen, das nach Ablauf des Probemonats nur mehr durch ordentliche Kündigung beendet werden kann.

7.3. Bedarfsarbeitsverhältnis

Der Gesetzgeber gewährt eine vereinfachte Lösungsmöglichkeit für Arbeitsverträge, die ausdrücklich für die Zeit eines **vorübergehenden Bedarfs** abgeschlossen wurden. Es muss sich hierbei um einen Bedarf handeln, der im Vorhinein objektiv nicht bestimmbar ist (wäre er bestimmbar, dann läge eine Befristung oder allenfalls eine auflösende Bedingung vor). Der Arbeitsvertrag für die Dauer eines vorübergehenden Bedarfs ist somit ein unbefristeter Arbeitsvertrag.[116] Er kann seit dem 1. 1. 2021[117] von beiden Seiten während des ersten Monats jederzeit unbegründet unter Einhaltung einer einwöchigen Kündigungsfrist gelöst werden (§ 20 Abs 5 AngG, § 1159 Abs 5 ABGB).

Diese nunmehr für Arbeiter und Angestellte gleiche Rechtslage wurde im Zuge der Arbeiter-Gleichstellungsnovelle (BGBl I 2017/153) geschaffen. Offenbar hat es der Gesetzgeber bislang übersehen, § 1158 Abs 2 ABGB einer Neufassung zuzuführen. Da diesbezüglich nur ein Redaktionsversehen anzunehmen ist, ist eine teleologische Reduktion des § 1158 Abs 2 ABGB geboten und dieser auf Bedarfsarbeitsverhältnisse nicht mehr anzuwenden.

116 Vgl OGH 4 Ob 6/71.
117 Vgl § 1503 Abs 19 ABGB.

Die Arbeitspflicht

1. Höchstpersönlichkeit der Leistungserbringung

Rechtsquellen: § 1153 ABGB.

Wer nicht zur persönlichen Arbeitsleistung verpflichtet ist und sich daher regelmäßig durch andere Personen vertreten lassen kann, ist mangels persönlicher Abhängigkeit nicht Arbeitnehmer (vgl Bd I 25 ff). Scheinbar in Widerspruch dazu sieht § 1153 ABGB[1] vor, dass der Arbeitnehmer seine Dienste **in eigener Person** zu leisten hat, wenn sich aus dem Dienstvertrag oder aus den Umständen nichts anderes ergibt. Der Gesetzgeber geht also offenbar davon aus, dass auch eine Vertretung des Arbeitnehmers oder die Heranziehung von Hilfskräften mit dem Arbeitsvertrag vereinbar ist.

Überblickt man die Judikatur zum Arbeitnehmerbegriff, kann man festhalten, dass die Vertretbarkeit eines Arbeitnehmers die absolute Ausnahme ist. Der Arbeitnehmer ist im Zweifel verpflichtet, seiner Arbeitspflicht zur Gänze persönlich nachzukommen.[2] Er ist im Falle persönlicher Verhinderung weder berechtigt noch verpflichtet, jemanden anderen an seiner Stelle zur Arbeit zu schicken. Mit dem Arbeitsvertrag ist es aber verträglich, dass sich der Arbeitnehmer **vereinbarungsgemäß fallweise vertreten** lassen darf.[3] Es kann ihm auch gestattet sein, zu seiner Unterstützung Hilfskräfte heranzuziehen,[4] die gemeinsam mit ihm arbeiten. Wer sich allerdings kraft Vereinbarung generell vertreten lassen darf, ist mangels persönlicher Abhängigkeit kein Arbeitnehmer.[5]

1 Gem § 2 Abs 3 HausgG sind die Dienste ausschließlich persönlich zu erbringen.
2 OGH 1 Ob 559/47.
3 Vgl *Tomandl,* Wesensmerkmale des Arbeitsvertrages in rechtsvergleichender und rechtspolitischer Sicht (1971) 72.
4 Vgl OGH 4 Ob 149/55 (Obermelker); 4 Ob 20, 21/64 (Holzarbeiter).
5 OGH 8 ObA 45/03f; *Peschek/Unterrieder,* Gibt es noch freie Dienstnehmer? ecolex 2008, 988 mwN.

2. Unübertragbarkeit

Literatur: *Rebhahn/Kietaibl* in *Neumayr/Reissner* (Hg), Zeller Kommentar zum Arbeitsrecht[3], ABGB § 1153.

Rechtsquellen: § 1153 ABGB, § 3 AVRAG.

2.1. Grundsätzliches

Nach § 1153 ABGB[6] ist der Anspruch des Arbeitgebers auf die Dienste des Arbeitnehmers nicht übertragbar. Der Arbeitgeber darf seinen Anspruch auf die Arbeitsleistung nur dann auf einen Dritten übertragen, wenn dies mit dem Arbeitnehmer ausdrücklich oder stillschweigend vereinbart worden ist. Der historische Gesetzgeber wollte dadurch sicherstellen, dass „über das Recht auf persönliche Arbeit nicht so wie über Sachgüter" verfügt wird.[7] Bei Leiharbeitsverhältnissen, die dem Arbeitskräfteüberlassungsgesetz (AÜG) unterliegen, ist in jedem Fall die ausdrückliche Zustimmung der Leiharbeitskraft erforderlich (vgl § 2 Abs 2 AÜG).

Daraus folgt: Mangels abweichender Vereinbarung ist der Arbeitnehmer lediglich verpflichtet, seine Arbeit seinem Arbeitgeber zuzuwenden bzw für dessen unternehmerische Tätigkeit einzusetzen (zB Reparatur- oder Montagearbeiten bei Kunden).[8] Er muss sich ohne seine Zustimmung weder die Abtretung des Anspruchs auf seine Arbeitsleistung an einen Dritten gefallen lassen, noch seine Abstellung an einen Dritten zur Verwendung in dessen Betrieb (als Leiharbeitnehmer). Dadurch wird allerdings das Recht des Arbeitgebers nicht eingeengt, sein Unternehmen hierarchisch aufzubauen und die Ausübung der Leitungsgewalt an Mitarbeiter zu delegieren.

Seit dem Inkrafttreten des AVRAG kommt es jedoch bei Unternehmens-, Betriebs- und **Betriebsteilübergängen** (ausgenommen im Rahmen eines Konkurses) zum **Ex-lege-Eintritt des Erwerbers** in die im Zeitpunkt des Überganges zum Veräußerer bestehenden Arbeitsverhältnisse, und zwar gleichgültig, ob es sich um eine Einzel- oder Gesamtrechtsnachfolge handelt (näheres siehe unten 362 ff).

6 Vgl auch §§ 8 ff JournG, § 16 TAG.
7 IIH 78 Blg 21. Session 213.
8 Vgl *Felten* in *Rummel/Lukas/Geroldinger*[4], ABGB § 1153 Rz 14.

2.2. Arbeitskräfteüberlassung

Literatur: *Burz,* Die Tücken des (neuen) AÜG – „Fairness" oder „verbrannte Erde" im Bereich der Arbeitskräfteüberlassung? ecolex 2012, 1093; *Rebhahn/Schörghofer,* Werkvertrag und Arbeitskräfteüberlassung im Lichte des Urteils Vicoplus, wbl 2012, 372; *Leutner/Schwarz/Ziniel,* Arbeitskräfteüberlassungsgesetz (1989); *Mazal,* Arbeitskräfteüberlassung (1988); *ders,* Arbeitskräfteüberlassung und Werkvertragserfüllung, FS Krejci (2001) 1589; *Ritzberger-Moser,* Der Entgeltanspruch der überlassenen Arbeitskraft, DRdA 1992, 330; *dies,* Schutzpflichten beim Leiharbeitsverhältnis, DRdA 1993, 314; *Schrank,* Grundfragen des Entgeltanspruches überlassener Arbeitnehmer nach § 10 Abs 1 AÜG, ZAS 1991, 49; *Ritzberger-Moser/Strasser,* Abgrenzung der Arbeitnehmerüberlassung vom drittbezogenen Personaleinsatz aufgrund eines Werkvertrags (1992); *Schörghofer,* Zur Umsetzung der Leiharbeits-RL im AÜG – Einige zentrale Änderungen und Lücken, ZAS 2012, 336; *Schindler* in *Neumayr/Reissner* (Hg), Zeller Kommentar zum Arbeitsrecht³, AÜG.

Für **Leiharbeitsverhältnisse („Personal-Leasing", „Personalbereitstellung", „Zeitarbeit")** hat das AÜG zahlreiche Sonderbestimmungen eingeführt, die dem arbeitsvertraglichen, Arbeitnehmer- und sozialversicherungsrechtlichen Schutz der verliehenen Arbeitskräfte sowie arbeitsmarktpolitischen Zielen dienen. Die **Leiharbeits-RL 2008/104/EG** verpflichtet die Mitgliedstaaten, die weitgehende Gleichstellung von überlassenen Arbeitnehmern und Stammarbeitnehmern herzustellen.

§ 3 Abs 1 AÜG definiert Arbeitskräfteüberlassung als **Zurverfügungstellung von Arbeitskräften zur Arbeitsleistung an Dritte**. Wir haben es also mit einer Dreieckskonstellation zu tun. Ein Überlasser verpflichtet seine eigenen Arbeitskräfte zur Arbeitsleistung für einen Beschäftiger. Zwischen dem Überlasser und dem Beschäftiger besteht ein Überlassungsvertrag (= Dienstverschaffungsvertrag). Der Beschäftiger setzt die Arbeitskräfte des Überlassers zur Arbeitsleistung für betriebseigene Aufgaben ein. Arbeitgeber der überlassenen Arbeitskräfte bleibt der Überlasser. Zwischen dem Beschäftiger und der überlassenen Arbeitskraft entsteht – sofern nicht ausdrücklich anderes vereinbart wird[9] – kein weiteres Vertragsverhältnis.[10] Typisch für solche Sachverhalte ist die faktische **Eingliederung** der überlassenen Arbeitskraft **in den Betrieb des Beschäftigers**. Die überlassene Arbeitskraft erbringt ihre Arbeitsleistungen in Unterordnung unter die Weisungsbefugnis eines Dritten im Betrieb des Beschäftigers.[11]

Das Auseinanderfallen zwischen Arbeitgeber und Beschäftiger könnte eine Reihe von Schutzlücken bewirken, zB im Hinblick auf den Arbeitnehmerschutz oder die Anwendung des DHG. Aber auch die Wirksamkeit der betriebsverfassungsrechtlichen Mechanismen könnte in Bezug auf überlassene Arbeitskräfte geschwächt sein (Integrieren sich Leiharbeitnehmer in die Belegschaft des Beschäftigerbetriebs? Nehmen sie dort an Betriebsratswahlen teil? Werden sie vom dortigen Betriebsrat gleichermaßen effektiv vertreten, oder werden sie eher als Konkurrenten der Stammbelegschaft wahrgenommen?). Neben den überlassenen Arbeitnehmern bedarf aber auch die Stammbelegschaft eines rechtlichen Schutzes. Deren Lohn- und Arbeitsbedingungen sollen durch den Einsatz billigerer, flexibel abbaubarer Leiharbeitskräfte nicht beeinträchtigt werden. Das AÜG versucht, die verschiedenen Interessen zu berücksichtigen und einen ausgewogenen Schutz im Fall von Arbeitskräfteüberlassung herzustellen. Zusätzlich werden auch arbeitsmarktpolitische

9 So ausnahmsweise zB OGH 9 ObA 125/07h; 9 ObA 2/08x.

10 ZB OGH 9 ObA 2/08x.

11 OGH 9 ObA 602/90, DRdA 1991, 224 (*Mazal*).

Ziele verfolgt, insb sollen Stammbelegschaften in „normalen" Arbeitsverhältnissen nicht ausgehöhlt werden, Leiharbeit soll lediglich ein ergänzendes Instrument auf einem normalen Arbeitsmarkt sein, um insb in Zeiten von Auftragsspitzen kurzfristig flexibel zusätzliche Arbeitskräfte einsetzen zu können (diesbezüglich darf allerdings nicht übersehen werden, dass in der Praxis viele Leiharbeitnehmer dauerhaft, dh durchaus für Jahre überlassen werden – was der ursprünglichen Intention des AÜG widerspricht).[12]

Das **AÜG** gilt **grds für alle Fälle** der Beschäftigung von Arbeitskräften, die zur Arbeitsleistung **an Dritte überlassen** werden, egal, ob die Arbeitskräfteüberlassung gewerbsmäßig erfolgt oder nicht, und selbst für gelegentliche Überlassungen.[13]

Bestimmte Überlassungskonstellationen sind vom Geltungsbereich des AÜG weitgehend **ausgenommen**, insb Überlassungen durch eine Gebietskörperschaft (zB Universitätsprofessoren, die noch Beamte des Bundes sind, an die Universitäten).

Ausgenommen von den §§ **10 bis 16a AÜG** (dh insb von den besonderen Entgeltregelungen) sind Überlassungen zwischen inländischen Unternehmen, die **kein reglementiertes Gewerbe** darstellen (§ 135 Abs 2 GewO 1994),[14] dh wenn[15]

- Arbeitnehmer bloß vorübergehend – bis 6 Monate – überlassen werden, wenn der Beschäftiger die gleiche Erwerbstätigkeit wie der Überlasser ausübt,
- Arbeitskräfte zur Inbetriebnahme von Maschinen uä oder Einschulung von Arbeitnehmern überlassen werden,
- Arbeitskräfte innerhalb einer Arbeitsgemeinschaft oder betrieblichen Zusammenarbeit überlassen werden, oder
- Arbeitskräfte zwischen Konzernunternehmen, die ihren Sitz in Österreich haben, vorübergehend überlassen werden, sofern die Überlassung nicht zum Betriebszweck des überlassenden Unternehmens gehört.

Überlassene Arbeitskräfte können **Arbeitnehmer und arbeitnehmerähnliche** Personen sein (§ 3 AÜG). Gem § 4 Abs 2 AÜG liegt eine Arbeitskräfteüberlassung auch dann vor, wenn die Arbeitskräfte ihre Arbeitsleistung im Betrieb eines Werkbestellers in Erfüllung von **Werkverträgen** erbringen, sie aber etwa

- kein von den Produkten oder Dienstleistungen des Werkbestellers unterscheidbares Werk herstellen,
- die Arbeit nicht mit Material und Werkzeug des Werkunternehmers leisten,
- organisatorisch in den Betrieb des Werkbestellers eingegliedert sind und
- der Werkunternehmer nicht für den Erfolg der Werkleistung haftet.

---

12 Jüngst hielt der EuGH fest, dass Mitgliedsstaaten dafür Sorge zu tragen haben, dass Leiharbeit bei demselben entleihenden Unternehmen nicht zu einer Dauersituation für AN werde und der vorübergehende Charakter von Leiharbeit gewahrt bleibt, EuGH C-681/18, *KG*, DRdA 2021, 283 (*Gagawczuk*) und C-232/20, *Daimler*, DRdA 2022, 565 (*Schindler*); vgl ausführl *Greiner*, Die Dauerüberlassung in der Rechtsprechung des EuGH und das österreichische AÜG, ZAS 2023, 126.

13 OGH 8 ObA 2186/96w.

14 Betreibt ein Unternehmer gewerbsmäßig die Überlassung von Arbeitskräften, benötigt er eine Gewerbeberechtigung gem § 94 Z 72 GewO 1994.

15 Vgl im Detail § 1 Abs 3 AÜG.

Diese Kriterien müssen nicht alle vorliegen, es ist vielmehr eine Gesamtbeurteilung des Sachverhalts vorzunehmen, wobei das wesentlichste Kriterium ist, wer das Weisungsrecht über die eingesetzten Arbeitnehmer hat.[16] Ob ein Fall der Arbeitskräfteüberlassung vorliegt, ist nach dem **wahren wirtschaftlichen Gehalt** und nicht nach der äußeren Erscheinungsform des Sachverhalts zu beurteilen.[17]

Beispiel: Wird ein in Serbien niedergelassenes Unternehmen von einem österreichischen Unternehmen beauftragt, Montage- und Isolierarbeiten im Betrieb durchzuführen und werden diese Arbeiten durch die serbischen Arbeitnehmer mit Werkzeug und Material des österreichischen Unternehmers durchgeführt, liegt gem § 4 AÜG ein Fall von Arbeitskräfteüberlassung vor, der gem § 16 AÜG als grenzüberschreitende Arbeitskräfteüberlassung bewilligungspflichtig ist.[18]

§ 2 AÜG regelt für alle Fälle der Arbeitskräfteüberlassung, dass kein Arbeitnehmer ohne seine **ausdrückliche Zustimmung** überlassen werden darf. Außerdem darf durch den Einsatz überlassener Arbeitskräfte für die Arbeitnehmer im Beschäftigerbetrieb keine Beeinträchtigung der Lohn- und Arbeitsbedingungen und keine Gefährdung der Arbeitsplätze bewirkt werden.[19]

Der Überlasser muss einen **schriftlichen** Arbeitsvertrag mit einem vom Gesetz vorgegebenen Mindestinhalt abschließen, wobei bestimmte **Klauseln verboten** sind, die eine Risikoüberwälzung bewirken können.[20]

Befristungen sind schriftlich zu begründen und nur bei sachlicher Rechtfertigung zulässig. Vereinbarungen, die **Verjährungs- oder Verfallsvorschriften** verkürzen, und **Konkurrenzklauseln** sind unzulässig. **Konventionalstrafen** dürfen zu keiner unbilligen finanziellen Belastung der Leiharbeitskräfte führen.
Leiharbeitnehmer sind vor jeder Überlassung ausreichend über diese zu **informieren**. Der Überlasser hat **Aufzeichnungen** über alle Überlassungen zu führen und jährlich der zuständigen Gewerbebehörde über diese zu berichten.

Die **Pflichten des Arbeitgebers** werden durch die Überlassung **nicht berührt**, insb nicht seine sozialversicherungsrechtlichen Pflichten (Melde- und Beitragspflicht). Für die Dauer der Überlassung treffen aber auch den Beschäftiger bestimmte Arbeitgeberpflichten, um gegenüber der überlassenen Arbeitskraft keine Schutzlücken aufkommen zu lassen: Der Beschäftiger gilt als Arbeitgeber iSd Arbeitnehmerschutzbestimmungen (ASchG, AZG), ihn treffen also zB Aufzeichnungspflichten und er ist bei Verstoß verwaltungsrechtlich strafbar. Außerdem obliegen für die Dauer der Überlassung die **Fürsorgepflichten** des Arbeitgebers auch dem Beschäftiger.

16 Dazu ausf *Rebhahn/Schörghofer*, Werkvertrag und Arbeitskräfteüberlassung im Lichte des Urteils Vicoplus, wbl 2012, 377.
17 Vgl dazu OGH 8 ObA 7/14h.
18 Vgl dazu VwGH 94/08/0178.
19 Vgl dazu OGH 8 ObA 31/13m.
20 OGH 9 ObA 602/91; ein Probearbeitsverhältnis ist nach Lehre und Judikatur zulässig: OGH 9 ObA 161/91 (mit Hinweis auf *Mazal,* Arbeitskräfteüberlassung 51), DRdA 1992, 215 (*Mosler*).

Zwischen Überlasser und Beschäftiger gibt es teils im ASchG, teils im AÜG geregelte **Kommunikationspflichten.**[21] Der Überlasser hat den Beschäftiger auf alle für die Einhaltung des persönlichen Arbeitsschutzes, insbesondere des Arbeitszeitschutzes und des besonderen Personenschutzes maßgeblichen Umstände hinzuweisen. Der Überlasser ist verpflichtet, die Überlassung unverzüglich zu beenden, sobald er weiß oder wissen muss, dass der Beschäftiger trotz Aufforderung die Arbeitnehmerschutz- oder die Fürsorgepflichten nicht einhält (§ 6 AÜG).

Beispiel: Weist der Beschäftiger einen überlassenen LKW-Fahrer an, Transportfahrten über die gesetzlich zulässige Arbeitszeit hinaus durchzuführen, stellt sich die Frage, ob der Arbeitnehmer wegen Verletzung der Fürsorgepflicht austreten darf. Jedenfalls ist für den Arbeitnehmer die Tätigkeit beim Beschäftiger unzumutbar. Dies bedeutet aber nicht zwangsläufig, dass damit auch eine weitere Tätigkeit für den Arbeitgeber (bei einem anderen Beschäftiger) unzumutbar ist. Dies ist erst dann der Fall, wenn der Arbeitgeber trotz entsprechender Aufforderung durch den Arbeitnehmer nicht für geeignete Abhilfe sorgt.[22]

Auf die Beziehungen zwischen Leiharbeitnehmer auf der einen sowie Überlasser und Beschäftiger auf der anderen Seite finden die Bestimmungen des DHG (bzw OrgHG) Anwendung. Die Erstreckung der **Haftungserleichterungen** auf Schädigungen des Beschäftigers ergibt sich logisch aus der Eingliederung des Arbeitnehmers in den Betrieb des Beschäftigers. Außerdem ist die Haftungsentlastung des § 332 Abs 5 ASVG auf Schädigungen eines Arbeitskollegen im Beschäftigerbetrieb durch die überlassene Arbeitskraft anwendbar.

Das bedeutet, dass der Sozialversicherungsträger die auf ihn übergegangenen Schadenersatzansprüche des Geschädigten gegenüber dem Schädiger bei leichter Fahrlässigkeit nicht geltend machen kann.

Der Beschäftiger haftet als Bürge für die Entrichtung des Entgelts und der Sozialversicherungsbeiträge für die bei ihm beschäftigten Leiharbeitnehmer.

Von zentraler Bedeutung ist **§ 10 AÜG**, der **Entgeltbestimmungen** für überlassene Arbeitskräfte enthält. Der überlassene Arbeitnehmer hat jedenfalls Anspruch auf ein angemessenes, ortsübliches Entgelt. Bei der Beurteilung der Angemessenheit ist für die Dauer der Überlassung auf das im **Beschäftigerbetrieb** vergleichbaren Arbeitnehmern für vergleichbare Tätigkeiten zu zahlende kollektivvertragliche oder gesetzlich festgelegte Entgelt Bedacht zu nehmen.[23] Dieser Anspruch bezieht sich nur auf die **Mindestentgelte** des Beschäftigerkollektivvertrags, nicht dagegen auf die Ist-Löhne.[24] Die Entgeltansprüche der überlassenen Arbeitskräfte werden also nicht gänzlich jenen der Stamm-Arbeitnehmer angenähert.[25] Mit dieser Regelung wird der Anreiz vermindert, überlassene Arbeitskräfte zu Billigstlöhnen einzusetzen und damit reguläre Arbeitskräfte zu verdrängen.

21 Eine Krankmeldung an den Beschäftiger ist für den Anspruch auf Entgeltfortzahlung ausreichend, wenn der überlassene AN davon ausgehen darf, dass der Beschäftiger den Überlasser informieren wird, OGH 9 ObA 100/22d, ecolex 2023, 430 (*Bruckmüller*).

22 OGH 8 ObA 46/04d, DRdA 2005, 349 (krit *Schindler*).

23 Vgl zum Lohnanspruch OGH 9 ObA 195/01v; 9 ObA 113/03p; 9 ObA 33/13p; vgl ferner *Schrammel,* Zum „Grundlohn"anspruch überlassener Arbeitskräfte, ecolex 2001, 252; *Mazal,* Arbeitskräfteüberlassung – Ende des Streits um die Ortsüblichkeit, ecolex 2001, 927.

24 OGH 9 ObA 188/00p; 9 ObA 602/91; auch nicht auf die Abfertigung alt: 9 ObA 158/07m; 8 ObA 50/14g.

25 Das Ziel des Gesetzgebers war eine weitgehende Annäherung: ErläutRV 450 BlgNR 17. GP 19.

Darüber hinaus ist auf die im Beschäftigerbetrieb für vergleichbare Arbeitnehmer mit vergleichbaren Tätigkeiten geltenden sonstigen verbindlichen Bestimmungen allgemeiner Art Bedacht zu nehmen (zB Betriebsvereinbarungen, Betriebsübungen), es sei denn, es gelten ein Kollektivvertrag, dem der Überlasser unterworfen ist, sowie eine kollektivvertragliche, durch Verordnung festgelegte oder gesetzliche Regelung des Entgelts im Beschäftigerbetrieb.

Für Zeiten der Unterauslastung oder Nichtbeschäftigung (sog **Stehzeiten**) regelt § 10 Abs 2 AÜG einen – im Gegensatz zu § 1155 ABGB – **unabdingbaren Anspruch auf Entgelt**. Überdies findet keine Vorteilsanrechnung statt. Der Arbeitnehmer behält das Entgelt auf Basis der vereinbarten Arbeitszeit. Voraussetzung ist selbstverständlich, dass sich der Arbeitnehmer arbeitsbereit hält. Dadurch ist es dem Überlasser nicht möglich, mit dem Arbeitnehmer für Zeiten, in denen er an keinen Beschäftiger überlassen ist, Unentgeltlichkeit zu vereinbaren und damit das wirtschaftliche Risiko, eine weitere Einsatzmöglichkeit für den Arbeitnehmer zu finden, auf diesen zu überwälzen.

Der KollV für das Arbeitskräfteüberlassungsgewerbe (dazu gleich unten) bestimmt, dass während der Stehzeiten der Durchschnittslohn der letzten 13 Wochen zu bezahlen ist. Neben dem Entgeltschutz bewirkt diese Regelung auch einen Druck auf den Überlasser, möglichst bald wieder einen adäquaten Einsatzort für den Arbeitnehmer zu finden.

Seit dem Jahr 2002 gibt es einen **Kollektivvertrag** für das Gewerbe der Arbeitskräfteüberlassung für Arbeiter.[26] Dieser regelt einen **Mindestlohn/Grundlohn** für Zeiten, in denen die Arbeitskraft nicht an einen Beschäftiger überlassen ist sowie für die Beschäftigungszeiten. Während der Dauer einer Überlassung ist weiterhin jedenfalls der für den Beschäftiger geltende KollV zu berücksichtigen, sofern dieser höhere Mindestentgelte vorsieht als der Arbeitskräfteüberlassungs-KollV. Es gelten dann die für die überlassene Arbeitskraft günstigeren Entgeltregelungen.

Der KollV regelt den Grundlohn in Lohngruppen, die nach Ausbildung und Fachkenntnissen gebildet werden (Techniker, qualifizierte Facharbeiter, Facharbeiter, qualifizierte Arbeiter, angelernte Arbeiter, ungelernte Arbeiter). Für die Überlassungslöhne werden für bestimmte Branchen (sog Referenzverbände) Zuschläge zu den dortigen Mindestlöhnen vorgesehen, um eine pauschale Annäherung an das branchenübliche Ist-Lohnniveau zu erzielen.

Für überlassene Arbeitskräfte gelten gem § 10 Abs 3 AÜG die **Arbeitszeitbestimmungen des Beschäftigerbetriebes**. Dasselbe gilt für urlaubsrechtliche Regelungen.

Die **Kündigungsfrist** beträgt mindestens 14 Tage, es sei denn, es ist durch Gesetz, Arbeitsvertrag oder Kollektivvertrag Günstigeres geregelt.

Der Kollektivvertrag für das Arbeitskräfteüberlassungsgewerbe normiert ein **Kündigungsverbot**: Eine Kündigung wegen des Endes einer Überlassung darf frühestens am fünften Tag nach deren Ende rechtswirksam ausgesprochen werden, es sei denn, die Kündigung erfolgt aus personenbezogenen Gründen. Entgegenstehende Kündigungen sind rechtsunwirksam. Ziel dieser Regelung ist es, dem Überlasser die Verpflichtung aufzuerlegen, für überlassene Arbeitnehmer neue Einsatzmöglichkeiten zu finden.[27]

26 Für überlassene Angestellte gilt der KollV für Angestellte im Gewerbe und Handwerk und in der Dienstleistung.

27 *Obereder* in *Gruber-Risak/Mazal*, Arbeitsrecht, Kap XV Rz 36.

Arbeitskräfte dürfen in keine Betriebe überlassen werden, die von **Streik** oder Aussperrung betroffen sind (§ 9 AÜG).

Das Arbeitsministerium, die Zentrale Koordinationsstelle für die Kontrolle der illegalen Beschäftigung, das Amt für Betrugsbekämpfung und die Gewerbebehörden sowie hinsichtlich der dem Arbeitnehmerschutz dienenden Bestimmungen die Arbeitsinspektorate und die sonst zur Wahrnehmung des Arbeitnehmerschutzes berufenen Behörden und hinsichtlich der sozialversicherungsrechtlichen Bestimmungen die Träger der Sozialversicherung sind zuständig, die Einhaltung des AÜG zu überwachen (vgl § 20 Abs 1 AÜG). Verstöße gegen wesentliche Bestimmungen sind als **Verwaltungsübertretungen** strafbar (vgl § 22 AÜG).

Grenzüberschreitende Überlassungen von und nach Österreich sind gem § 16 AÜG bewilligungspflichtig. Dies gilt nicht für Überlassungen innerhalb des EWR. Für Überlassungen innerhalb des EWR ist im AÜG ein Teil der Entsende-Richtlinie 96/71/EG umgesetzt (vgl 396 ff). Es war insb sicherzustellen, dass nach Österreich überlassene Arbeitskräfte Anspruch auf ein Entgelt in der Höhe der österreichischen Kollektivvertragslöhne sowie auf Urlaub nach den in Österreich geltenden Regelungen haben.[28]

Die **Leiharbeitsrichtlinie 2008/104/EG**[29] verlangte wesentliche Änderungen des AÜG. Sie sieht eine **Gleichbehandlung** überlassener Arbeitskräfte mit den Arbeitskräften des Beschäftigerbetriebes vor. Die Gleichbehandlung umfasst die wesentlichen Arbeits- und Beschäftigungsbedingungen des Beschäftigerbetriebes und schließt auch einen Zugang zu den Wohlfahrtseinrichtungen und Wohlfahrtsmaßnahmen (wie Gemeinschaftsverpflegung, Kinderbetreuungseinrichtungen und Beförderungsmittel) mit ein. Dieses Gleichbehandlungsgebot wurde ua in **§ 6a AÜG** verankert.

§ 6a AÜG normiert, dass der Beschäftiger als Arbeitgeber iSd Gleichbehandlungsvorschriften und Diskriminierungsverbote, die für vergleichbare Arbeitnehmer im Betrieb gelten, anzusehen ist. Der Diskriminierungsschutz soll weit und nicht nur auf das GlBG bezogen verstanden werden. So soll den überlassenen Arbeitskräften etwa auch der Motivkündigungsschutz des § 105 Abs 3 Z 1 ArbVG zugutekommen.[30] Dieser konnte davor gegenüber einem Beschäftiger, der die Beschäftigung aus verpönten Motiven beendet hat, nicht aber gegenüber dem Überlasser, eingewendet werden.

Das Diskriminierungsverbot trifft den Beschäftiger nach § 6a Abs 2 AÜG schon bei der Auswahl der überlassenen Arbeitskräfte. Die diskriminierende **Beendigung einer Überlassung** ist als Unterfall der Diskriminierung bei den sonstigen Arbeitsbedingungen zu werten (§ 6a Abs 2 AÜG) – der Arbeitnehmer hat dann einen Anspruch auf Gleichstellung und/oder Schadenersatz gegenüber dem Beschäftiger gem § 3 Z 6 GlBG.

Gem § 6a Abs 3 AÜG ist der **Überlasser** verpflichtet, für **angemessene Abhilfe** zu sorgen, sobald er weiß oder wissen muss, dass der Beschäftiger während der Dauer der Beschäftigung die Gleichbehandlungsvorschriften oder Diskriminierungsverbote nicht einhält.

---

28 Dazu *Franzen*, Die europarechtlichen Grundlagen der grenzüberschreitenden Arbeitnehmerüberlassung, ZAS 2011, 255.

29 ABl L 2008/327, 9. Dazu ausf *Kolbe* in *Franzen/Gallner/Oetker* (Hg), Kommentar zum Europäischen Arbeitsrecht[4] (2022) Leiharbeitsrichtlinie.

30 ErläutRV 1903 BlgNR 24. GP 3.

Führt eine Diskriminierung zu einer Beendigung der Überlassung, so kann eine in diesem Zusammenhang erfolgte **Beendigung** oder Nichtverlängerung des **Arbeitsverhältnisses** im Sinne der §§ 12 Abs 7 und 26 Abs 7 des GlBG, und gleichartiger gesetzlicher Bestimmungen angefochten und Schadenersatz gefordert werden, als wäre die Beendigung oder Nichtverlängerung des Arbeitsverhältnisses auf Grund der Diskriminierung erfolgt.

Gewerbsmäßige Arbeitskräfteüberlasser sind verpflichtet, Beiträge an den **Sozial- und Weiterbildungsfonds** zum Zweck der Unterstützung überlassener Arbeitnehmer in überlassungsfreien Zeiten zu bezahlen (§§ 22a ff AÜG).

Sowohl mit der Errichtung dieses Fonds als auch mit den verschärften Kündigungsregelungen im KollV versucht man dem im Vergleich zu regulären Arbeitsverhältnissen stark erhöhten Arbeitslosigkeitsrisiko von Leiharbeitnehmern zu begegnen. Da Leiharbeitnehmer oft nur gering qualifiziert sind, soll der Fonds insb auch Qualifizierungsmaßnahmen finanzieren.

Zu **betriebsverfassungsrechtlichen Fragen**, die insb dadurch entstehen, dass überlassene Arbeitskräfte zwei Belegschaften angehören, vgl Bd I 90.

3. Der Inhalt der Arbeitspflicht

3.1. Allgemeines

Literatur: *Brameshuber*, Die Sorgfalt des Arbeitnehmers (2019); *Kietaibl/Rebhahn* in Zeller Kommentar[3], ABGB § 1153; *Schrammel* in *Marhold/Burgstaller/Preyer* (Hg), AngG § 6; jeweils mit weiterführender Literatur.

Rechtsquellen: § 1153 ABGB, § 6 AngG.

Der Arbeitnehmer ist verpflichtet, dem Arbeitgeber seine Arbeitskraft für die vorgesehene Zeit zur Verfügung zu stellen und sie vertragsgemäß, entsprechend den erteilten Weisungen, einzusetzen.[31] Die Realisierung der Arbeitspflicht erfolgt demnach stufenweise. Der Arbeitnehmer muss dem Arbeitgeber seine Arbeitskraft zunächst nur anbieten. Macht dieser von ihr keinen Gebrauch, dann hat der Arbeitnehmer bereits mit dem Anbot seine Pflicht erfüllt. Nimmt der Arbeitgeber die ihm angebotene Arbeitskraft jedoch an, kann er über sie in den Grenzen der vom Arbeitnehmer übernommenen Verpflichtungen verfügen und ihren Einsatz durch Weisungen lenken. In diesem Fall erfüllt der Arbeitnehmer erst durch die weisungskonforme Tätigkeit seine Verpflichtungen aus dem Arbeitsvertrag.

Schwierigkeiten wirft die Beantwortung der Frage auf, welche Art von Diensten der Arbeitnehmer zu erbringen und wo er seiner Arbeitspflicht nachzukommen hat, sowie welche Arbeitsqualität und -quantität er schuldet. § 1153 ABGB normiert, dass **den Umständen nach angemessene Dienste** zu leisten sind, soweit über Art und Um-

31 Vgl auch § 5 GAngG, § 5 VBG, § 5 LuFArbDG, § 3 TAG.

fang der Dienste nichts vereinbart ist. § **1153 ABGB** ist seinem Wortlaut nach **dispositiv**. Die ausdrücklich oder konkludent getroffenen Regelungen des Arbeitsvertrags gehen dem vor. Welche Dienste der Arbeitnehmer schuldet, ergibt sich also idR aus dem **Arbeitsvertrag.**[32] Da der Arbeitnehmer durch den Arbeitsvertrag für Arbeiten aufgenommen wird, die sich über längere Zeit hinziehen und in ihren Details über solche Zeiträume nicht überblickbar sind, können diese Fragen im Vertrag selbst nur sehr allgemein geregelt werden.

Es ist praktisch unmöglich, im Vorhinein auch nur für einige Wochen festzulegen, welche Einzeltätigkeiten ein Arbeitnehmer jeweils an welchen Orten und in welcher Reihenfolge zu erbringen hat. Der Arbeitsvertrag kann allerdings versuchen, die Art der Arbeitsleistungen (zB jene eines Facharbeiters, Buchhalters, Leiters des Rechtsbüros), den Ort der Arbeit (zB in der Filiale X, im gesamten Unternehmen Y, im Gemeindegebiet Z), die Arbeitsqualität (zB niedriger Materialverbrauch, geringe Ausschussquote) oder die Arbeitsquantität (zB Zahl der geschuldeten Arbeitsstunden) näher zu präzisieren. Die dadurch erzielbare Konkretisierung legt die Pflichten des Arbeitnehmers detaillierter fest und vermeidet dadurch Rechtsunsicherheiten, engt aber andererseits die Einsatzfähigkeit des Arbeitnehmers im Betrieb ein. Es verbleibt daher stets ein mehr oder minder großer Spielraum, den der Arbeitgeber durch Weisungen (siehe Bd I 349 ff) zu gestalten vermag.

Die Arbeitspflicht stellt sich damit als eine Art teilbare Gattungsschuld dar, die der Arbeitgeber zu konkretisieren berechtigt ist. Die Arbeitgeber neigen begreiflicherweise dazu, die Arbeitspflicht vertraglich nur abstrakt zu umschreiben, um sie später den jeweiligen Bedürfnissen des Betriebs anpassen zu können. Dadurch werden die Grenzen der Arbeitspflicht unscharf.

Hier können **Kollektivverträge** (Satzungen) eingreifen und für bestimmte Tätigkeiten Verwendungsbilder festlegen. Betriebsvereinbarungen können hingegen nur Einzelfragen (zB Ordnungsfragen) regeln. Oft wird im Arbeitsvertrag auch auf bestimmte **Vertragsschablonen** verwiesen, die das Arbeitsverhältnis inhaltlich näher gestalten. Die Vertragsschablone ist dann Teil der vertraglichen Einigung über die zu erbringenden Dienste.[33]

Wird auf Vertragsschablonen in ihrer jeweils geltenden Fassung verwiesen, so räumt eine solche „**Jeweils-Klausel**" dem Arbeitgeber eine nach dem Grundsatz von Treu und Glauben und nach billigem Ermessen auszuübende Regelungsbefugnis ein, wobei nicht nur verbessernde, sondern auch verschlechternde Bestimmungen von einem solchen Gestaltungsrecht erfasst sind. Dem Wesen eines Gestaltungsrechtes widerspräche es, würde man seine Ausübung so eng determinieren, dass dem Gestaltungsberechtigten kein Raum zu eigenständigen Dispositionen bliebe.[34]

Da die vertraglichen Pflichten im Arbeitsvertrag nur allgemein umrissen werden können, ist es idR eine Frage der **Auslegung** (§§ 914, 915 ABGB), welche Dienste der Arbeitnehmer nach dem Vertrag zu leisten hat. Eine entscheidende Rolle spielt dabei die **Verkehrs-**

32 Zur Frage, ob eine Verpflichtung zur Aus-, Fort- oder Weiterbildung besteht siehe *Haider*, Aus-, Fort- und Weiterbildung im Arbeitsverhältnis, DRdA 2023, 108.

33 *Schrammel* in *Marhold/Burgstaller/Preyer*, AngG § 6 Rz 2.

34 OGH 8 Ob A 16/03s.

sitte.[35] Da es den Vertragspartnern praktisch unmöglich ist, alle künftig auftretenden Abgrenzungsfragen vorauszusehen und vorweg zu beantworten, wird sich auch bei genauer Festlegung des Rahmens die Grenze im Einzelfall nur durch den Rückgriff auf die in **vergleichbaren Lagen herrschenden Gepflogenheiten** ermitteln lassen. Ist jemand zB als kaufmännischer Angestellter, Elektromechaniker, Kraftfahrer usw aufgenommen, kann die Verkehrssitte Auskunft darüber geben, welche Tätigkeiten nach allgemeiner Auffassung zu seinen Aufgaben gehören und welche nicht. Festzuhalten ist, dass die Verkehrssitte als Form der ergänzenden Vertragsauslegung ausschließlich dazu herangezogen werden darf, den Vertrag auszulegen. Weicht der Vertragsinhalt erkennbar von der Verkehrssitte ab, kommt ihr keine Bedeutung zu.[36]

Wenn aus den Umständen bei Abschluss des Arbeitsvertrags nicht eindeutig hervorgeht, dass sich ein Arbeitnehmer nur zu den später tatsächlich verrichteten (oder im Dienstvertrag erwähnten) Arbeiten verpflichtet hat, ist allein die Verkehrssitte dafür maßgebend, welche anderen Arbeiten er allenfalls zu übernehmen hat. Im Zweifel darf der Arbeitgeber davon ausgehen, dass die Verpflichtung alles umfasst, was ein mit den übernommenen Aufgaben Betrauter **gewöhnlich** auch sonst noch **zu leisten bereit ist**. Der Zuweisung neuer Aufgaben kann sich der Arbeitnehmer kaum jemals mit dem bloßen Hinweis entziehen, er habe solche bisher nicht verrichten müssen. Es ist zwischen den für die Auslegung des Vertrags allein maßgeblichen Umständen bei Abschluss des Vertrags einerseits und den für die Ausfüllung des vereinbarten Rahmens bedeutsamen Umständen im Verlauf des Arbeitsverhältnisses andererseits zu unterscheiden. Hierbei ist nicht am Buchstaben zu haften, sondern der **Sinn der Vereinbarung** zu beachten, der nach **redlicher Verkehrsübung** in wechselndem Maß auch den Inhalt der Arbeitspflicht von den **jeweils gegebenen Umständen** abhängig machen kann.[37]

Tomandl hat sich mit der Frage auseinandergesetzt, ob § 1153 ABGB vom Arbeitnehmer auch über den Arbeitsvertrag hinaus die Leistung angemessener Dienste verlangt. Er entwickelte die sog Lehre von der dynamischen Auffassung der Arbeitspflicht.[38] Danach sollen angemessene Dienste unter Umständen auch gegen die vertragliche Vereinbarung geleistet werden müssen. *Tomandl* stützt sich auf die Materialien,[39] die betonen, „dass dem Dienstnehmer bei besonderen ‚Umständen' und je nach der Art des Dienstverhältnisses selbst andere oder Mehrleistungen gegenüber den im Vertrage ‚bedungenen' zugemutet werden dürfen." Es könne kein Zweifel bestehen, dass die Materialien damit eine von Gesetzes wegen eintretende Veränderung des von den Parteien vereinbarten Vertragsinhaltes meinen. Problematisch an dieser Auffassung ist, dass sich der möglicherweise tatsächlich vorhandene Wille des Gesetzgebers im Wortlaut des § 1153 ABGB nicht widerspiegelt, womit eine dementsprechende Auslegung nicht möglich ist. Tatsächlich können die von *Tomandl* insb ins Auge gefassten Fälle auch mit der ergänzenden Vertragsauslegung gelöst werden. Gerade bei unkündbaren Arbeitsverhältnissen wird man mit der ergänzenden Vertragsauslegung zu dem Ergebnis kommen, dass der Arbeitnehmer, dessen Tätigkeitsbereich weggefallen ist, andere ihm zumutbare, dh angemessene Dienste iSd § 1153 ABGB zu leisten hat.

35 OGH 14 Ob 198/86, ZAS 1987, 130 (*Tomandl*) = DRdA 1989, 395 (*Apathy*).
36 Vgl *Kietaibl/Rebhahn* in ZellKomm³, ABGB § 1153 Rz 17.
37 OGH 14 Ob 198/86; 8 ObA 2108/96z; 4 Ob 122/78, DRdA 1980, 136 (*Spielbüchler*).
38 Dazu OGH 14 Ob 198/86, ZAS 1987, 133 (*Tomandl*); 9 ObA 171-173/94, ZAS 1995, 90 (*Tomandl*).
39 HH 78 Blg 21. Session 212.

Soweit nichts anderes vereinbart ist, sind von Gesetzes wegen die „nach dem Ortsgebrauch für die betreffende Art der Unternehmung" in Betracht kommenden (§ 6 AngG)[40] bzw die **„den Umständen nach angemessenen" Dienste** zu verrichten (§ 1153 ABGB, § 6 AngG).[41] Im Wesentlichen normiert § 1153 ABGB nichts anderes als jene Arbeitspflicht, die durch das Abstellen auf die Verkehrssitte ohnehin als Vertragsinhalt ermittelbar ist. Diese Regelung bringt somit nichts wesentlich Neues.

Ist der konkrete tägliche Arbeitseinsatz durch Weisungen nicht näher determiniert, hat der Arbeitgeber den Arbeitnehmer aber zur Arbeitsleistung zugelassen, so hat dieser auf Grund seiner **Treuepflicht** Art, Weise und Umfang seiner Tätigkeiten im Rahmen der von ihm übernommenen Arbeitspflicht, der ihm anvertrauten Stellung und in Beachtung der für ihn **erkennbaren Interessen des Unternehmens** selbst zu bestimmen. Das trifft besonders für das betriebliche Führungspersonal zu. Andererseits ist der Arbeitnehmer verpflichtet, einer (weder gesetz- noch sittenwidrigen) Weisung auch dann nachzukommen, wenn er der Überzeugung ist, dass eine abweichende Art der Leistungserbringung für das Unternehmen günstiger wäre.

Über die Art und Weise der Führung des Unternehmens entscheidet eben der Unternehmer (die Unternehmensorgane). Der Arbeitnehmer – auch wenn er leitende Funktionen ausübt – hat sich diesen Entscheidungen zu fügen. Selbst ohne ausdrückliche Erteilung einer Weisung darf der Arbeitnehmer nicht entgegen den ihm bekannten Intentionen seines Arbeitgebers handeln.[42] Hier wirkt sich die Struktur des Arbeitsvertrags als eines Vertrags, in dem sich der Arbeitnehmer zur Arbeitsleistung in persönlicher Abhängigkeit verpflichtet, deutlich aus.

3.2. Einzelfragen

3.2.1. Arbeitsort

Der Arbeitsort kann frei vereinbart werden, im In- wie im Ausland liegen, sehr eng begrenzt (in einem bestimmten Betrieb) oder weit ausgedehnt werden (in sämtlichen Betrieben des Unternehmens im In- und Ausland). Häufig ergibt sich der Arbeitsort schon gem § 905 ABGB als Erfüllungsort aus der Natur und dem Zweck des Arbeitsvertrags[43] sowie aus der Verkehrssitte.

So muss ein Vertreter seinen gesamten Rayon betreuen, das Mitglied der Betriebsfeuerwehr im gesamten seiner Aufsicht und Kontrolle unterliegenden Gebiet tätig werden[44]

40 Ortsüblich sind jene Dienste, die von vergleichbaren Unternehmungen am Standort des Arbeitgebers gefordert werden. Vgl *Schrammel* in *Marhold/Burgstaller/Preyer*, AngG § 6 Rz 20.

41 Vgl dazu aus der Rechtsprechung des OGH: 4 Ob 107/58 (Spinnmeister); 4 Ob 59/57 (Schulwart); 4 Ob 49/57 (Vertreter); 4 Ob 143/57 (Reisevertreter); 4 Ob 40/65 (Zuhaltevertrag); 4 Ob 71/70 (Buchhalterin); 4 Ob 27/84 (Hausbesorger); 9 ObA 92/87 (Reifenheizer).

42 OGH 4 Ob 102/77.

43 OGH 9 ObA 92/87 (Reifenheizer), wobei aber eine örtliche Versetzung im Rahmen des Zumutbaren möglich ist.

44 OGH 4 Ob 1/61; 4 Ob 93/55.

oder ein Bauarbeiter auf allen Baustellen seines Arbeitgebers arbeiten,[45] ein Fernfahrer auch ins Ausland fahren.[46] Grds hat ein Arbeitnehmer auch ihm aufgetragene Dienstreisen durchzuführen.

Will der Arbeitgeber den Arbeitnehmer an **anderen Standorten** als bisher einsetzen (durch Weisung) oder **verlegt er seinen Betrieb**, ist zunächst entscheidend, was zwischen den Parteien des Arbeitsvertrags als Arbeitsort **vereinbart** worden ist. Die Bezeichnung einer bestimmten Filiale im Dienstzettel ist nach der Rsp idR nur als Wissenserklärung zu werten und beschränkt den vertraglich vereinbarten Dienstort nicht auf diese Filiale – sofern nicht ausdrücklich anderes vereinbart worden ist. Der Dienstort wird aufgrund konkludenter Vereinbarung oder nach der Verkehrssitte regelmäßig das ganze Gemeindegebiet (zB ganz Wien) sein.

Wurde eine spezifische, über die demonstrative Anführung des Dienstorts hinausgehende Verwendung ausschließlich an einem bestimmten Ort vereinbart, hat dies zur Folge, dass der Arbeitnehmer nicht verpflichtet ist, die Arbeit an einem anderen Ort zu leisten.[47]

Liegt keine qualifizierte Vereinbarung über einen ganz bestimmten Arbeitsort vor, hat der Arbeitnehmer eine Betriebsverlegung zu befolgen, soweit ihm dies nicht unzumutbar ist. Bei der Beurteilung der **Zumutbarkeit der Folgepflicht** sind folgende **Kriterien** zu berücksichtigen: Entfernung Wohnort – Dienstort vor und nach der Betriebsverlegung, Fahrzeit und Fahrtkosten vor und nach der Betriebsverlegung, besondere sonstige Umstände, etwa Verkehrsstaus auf einer bestimmten Fahrtstrecke, Verhältnis der Fahrzeit zur durchschnittlichen täglichen Arbeitszeit, etwaige Abgeltung der Mehraufwendungen und sonstige Vergünstigungen durch den Arbeitgeber wegen der Betriebsverlegung. Dazu können noch Umstände kommen, die den persönlichen Lebensbereich des Arbeitnehmers betreffen.[48]

Unzumutbarkeit liegt jedenfalls vor, wenn der Arbeitnehmer den bei Vertragsschluss vorausgesetzten Lebensbereich verlassen müsste und er zB nach Dienstschluss nicht mehr in seine Wohnung zurückkehren könnte.[49]

Aus der **Verkehrssitte** wird sich **mangels entgegenstehender Vereinbarung** ergeben, dass sich der Arbeitnehmer auf einen Arbeitsort innerhalb der Standortgemeinde seines Arbeitgebers versetzen lassen muss.[50] Andere dauernde örtliche Versetzungen (über die Gemeindegrenzen hinaus) muss er nur dann hinnehmen, wenn das Erreichen des Arbeitsplatzes nicht unzumutbar erschwert wird.[51] Bei einer dauernden Stilllegung der als

45 OGH 4 Ob 50/68; 4 Ob 31/67.

46 OGH 4 Ob 155/82 (Auslieferer); 14 Ob 31-40/86 (Kraftfahrer); 4 Ob 50/70 (Kabelverleger), ZAS 1972, 59 (*Schrammel*).

47 OGH 9 ObA 133/94.

48 OGH 9 ObA 48/00z; 8 ObA 2018/96, DRdA 1997, 47 (*K. Mayr*); Sonderregelungen enthalten § 16 TAG, § 12 HausgG und § 6 VBG.

49 OGH 9 ObA 133/94, ZAS 1995, 131 (*Vogt*).

50 ArbG Wien, SozM I A d 587/1964; differenzierend *Krejci* in *Rummel*³, ABGB § 1153 Rz 19; zur Frage der Zumutbarkeit: OGH Arb 4210/1932; 4 Ob 92, 93/82.

51 OGH 9 ObA 133/94, ZAS 1995, 131 (*Vogt*).

Arbeitsort vereinbarten Filiale muss der Arbeitnehmer seine Dienste in der nächstgelegenen Filiale anbieten , sofern der Arbeitsort nicht ausdrücklich auf eine bestimmte Filiale beschränkt war.[52]

Während der COVID-19-Pandemie ist die Frage nach der Verpflichtung von Arbeitnehmern, ihre Tätigkeit für den Arbeitgeber in ihrem Wohnbereich zu erbringen (**Home Office**), virulent geworden.[53] Der Gesetzgeber hat darauf schließlich mit dem arbeitsrechtlichen Homeoffice-Paket reagiert,[54] welches allerdings als Dauerrecht ausgestaltet ist. Der neu geschaffene § 2h AVRAG definiert Arbeit im Homeoffice als regelmäßiges Erbringen von Arbeitsleistungen in der Wohnung. Vereinzelt oder ad hoc erfolgende Verlagerungen der Tätigkeit in die Wohnung sind daher von § 2h AVRAG ebenso wenig erfasst wie zB öffentliche Co-Working Spaces.[55] Nicht vorausgesetzt ist eine Arbeitsleistung unter Verwendung von Informations- und Kommunikationstechnik, sodass etwa auch die Bearbeitung von Papierunterlagen erfasst ist.[56] Für Arbeit im Homeoffice nach § 2h AVRAG braucht es eine Vereinbarung zwischen Arbeitnehmer und Arbeitgeber, welche zu Beweiszwecken schriftlich abzuschließen ist („Freiwilligkeit" von Homeoffice). Insb ist die Vereinbarung eines einseitigen Weisungvorbehaltes des Arbeitgebers, ob Homeoffice ausgeübt wird, nicht zulässig.[57] Die Vereinbarung kann von jeder Seite unter Einhaltung einer Frist von einem Monat zum Letzten eines Kalendermonates aus wichtigem Grund aufgelöst werden. Offen ist, ob außerhalb des Anwendungsbereiches von § 2h AVRAG, also insb bei nicht regelmäßiger Arbeit im Homeoffice, ein einseitiger Antritt durch den Arbeitnehmer oder eine einseitige Anordnung durch den Arbeitgeber in Betracht kommen. Im Regelfall wird man davon ausgehen können, dass dies nicht der Fall ist, sondern weiterhin die Zustimmung beider Parteien notwendig ist.[58] Eine denkbare Rechtsgrundlage wäre aber die Treuepflicht des Arbeitnehmers, aufgrund derer dieser verpflichtet sein könnte, aufgrund besonderer Umstände für einen bestimmten Zeitraum in seinem privaten Wohnbereich zu arbeiten, sofern ihm dies unter Beachtung aller Umstände (zB Wohnsituation, Anwesenheit kleiner Kinder) zumutbar ist.[59]

Da grds der Arbeitgeber die für die Arbeitsleistung erforderlichen Arbeitsmittel beizustellen hat, bedarf es in jedem Fall einer Vereinbarung, welche privaten Mittel (Wohnraum, Mobiliar, Internet, PC, Telefon etc) der Arbeitnehmer einbringen soll und inwieweit der Arbeitgeber dafür die Kosten trägt.[60] Sollte § 1014 ABGB nicht abbedungen worden sein, kann der Arbeitnehmer seinen Anspruch auf notwendigen und nützlichen Aufwand auch

52 OGH 9 ObA 51/99m, ZAS 2001, 78 (*Korn*).
53 Vgl dazu *Bartmann/Ondrejka*, Home-Office in Zeiten von COVID-19, ZAS 2020, 163.
54 BGBl I 2021/61.
55 Ausführlich *Dullinger* in *Köck*, Homeoffice-Kommentar AVRAG § 2h Rz 20 und Rz 24 ff.
56 IA 1301/A 27. GP 4.
57 *Gruber-Risak* in *Gruber-Risak/Mazal*, Hintergründe und Genese des Homeoffice-Pakets 2021 2.2.
58 *Dullinger* in *Köck*, Homeoffice-Kommentar AVRAG § 2h Rz 98 ff.
59 Vgl *Dullinger*, COVID-19-bedingte Dienstverhinderung in der Arbeitnehmersphäre, ZAS 2021, 12 (16); *Lindner* in *Körber-Risak*, Praxishandbuch Home-Office (2021) 167.
60 Ausf dazu *Risak*, Home Office I – Arbeitsrecht. Vertragsgestaltung, Arbeitszeit und ArbeitnehmerInnenschutz, ZAS 2016, 204.

darauf stützen (vgl unten 86). Eine Besonderheit gilt im Anwendungsbereich von § 2h AVRAG: Dessen Abs 3 sieht vor, dass der Arbeitgeber die für das regelmäßige Arbeiten im Homeoffice erforderlichen digitalen Arbeitsmittel bereitzustellen hat, worunter etwa Diensthandy, PC und Softwarelizenzen zu verstehen sind. Von der Bereitstellungspflicht des Arbeitgebers kann durch Vereinbarung abgegangen werden, wenn der Arbeitgeber die angemessenen und erforderlichen Kosten für die vom Arbeitnehmer zur Verfügung gestellten digitalen Arbeitsmittel trägt. Dieser Anspruch ist anders als der Anspruch nach § 1014 ABGB unabdingbar (vgl § 16 AVRAG).[61]

3.2.2. Art der Arbeit

Es gibt eine reichhaltige Judikatur zur Frage, welche Tätigkeiten Arbeitnehmer nach der **Verkehrssitte** zu verrichten verpflichtet sind:

Angestellte müssen normalerweise keine Arbeitertätigkeiten und Arbeiter keine Angestelltentätigkeiten verrichten.[62] Aus der Vereinbarung eines Ausbildungsverhältnisses folgt im Zweifel, dass der Auszubildende zu keinen ausbildungsfremden Tätigkeiten verpflichtet ist.[63] Ist eine Verwendung vereinbart, die wiederkehrende Fortbildung und Instruktionen erfordert, ist der Arbeitnehmer verpflichtet, auf Verlangen und auf Kosten des Arbeitgebers an Weiterbildungsveranstaltungen teilzunehmen.[64]

Häufig stellt sich das Problem, ob aus der **langjährigen Übertragung einer bestimmten Arbeitsaufgabe** an einen Arbeitnehmer eine Vertragsänderung resultiert, die den Umfang der ursprünglich vereinbarten Arbeitspflicht verengt und es dem Arbeitgeber für die Zukunft verbietet, diesen Arbeitnehmer mit anderen Arbeiten zu betrauen. Nach hM kann allein in der langen Dauer der Verwendung noch keine Vertragsänderung liegen.[65] Es müssen vielmehr weitere Umstände hinzutreten, die einen Schluss auf den Willen des Arbeitgebers zulassen, er habe konkludent auf sein Recht, dem Arbeitnehmer andere Arbeiten innerhalb des ursprünglich vereinbarten Rahmens der Arbeitspflicht zuzuweisen, verzichtet.[66]

Auch aus einer Beförderung allein kann ein solcher Wille nicht geschlossen werden,[67] weil sie durchaus als eine bloß vorübergehende gedacht sein kann. Wird ein Arbeitnehmer jedoch ohne jeden Hinweis auf einen bloß provisorischen Charakter dieser Maßnahme befördert und ihm der neue Arbeitsplatz lange Zeit belassen, so wird nach der Verkehrsauffassung wohl anzunehmen sein, dass er definitiv befördert werden sollte.

Besonders berücksichtigt wird bei der Frage nach dem Inhalt der Arbeitspflicht, ob das Arbeitsverhältnis kündbar ist oder nicht. Bei **unkündbaren und bei befristeten Arbeitsverhältnissen**, die idR ebenfalls nicht kündbar sind (vgl 46 f), ist anzunehmen, dass red-

61 Darin liegt auch der wesentliche Unterschied zwischen diesen Bestimmungen; *Gruber-Risak* in *Gruber-Risak/Mazal*, Hintergründe und Genese des Homeoffice-Pakets 2021 2.4.2.

62 Vgl OGH 4 Ob 107/58; 4 Ob 71/70.

63 Vgl etwa § 9 Abs 2 BAG.

64 Vgl OGH 4 Ob 24/78, ZAS 1979, 142 (*Schön*).

65 OGH 8 ObA 81/04a; 9 ObA 120/04v; *Kietaibl/Rebhahn* in ZellKomm³, ABGB § 1153 Rz 18; OGH 9 ObA 92/87; 14 Ob 198/86, ZAS 1987, 133 (*Tomandl*); 4 Ob 122/78, DRdA 1980, 136 (*Spielbüchler*).

66 OGH 9 ObA 227/97s; 9 ObA 91/92, ZAS 1993, 65 (*B. Gruber*); 4 Ob 6/59.

67 Vgl OGH 4 Ob 122/78.

liche Parteien von einer **größeren Flexibilität** beim Einsatz der Arbeitskraft ausgegangen wären. Das Weisungsrecht des Arbeitgebers bezüglich der Verwendung des Arbeitnehmers darf bei unkündbaren Verträgen nicht zu eng begrenzt werden, da der Arbeitnehmer im Zeitpunkt des Vertragsabschlusses nicht damit rechnen durfte, dass er bei Änderung der Umstände ein arbeitsloses Einkommen beziehen werde.[68] Solche Arbeitnehmer schulden ihrem Arbeitgeber eine erhöhte Flexibilität, um im Fall geänderter Verhältnisse eine organisatorische Anpassung zu ermöglichen.[69]

Vorübergehende Ausweitungen der Dienstpflicht über das vertraglich Vereinbarte hinaus können sich im Notfall aus der **Treuepflicht** ergeben (vgl 125 ff). Umgekehrt können sich auch vorübergehende Einschränkungen der Arbeitspflicht aus der **Fürsorgepflicht** ergeben, etwa wenn der Arbeitnehmer wegen der Verschlechterung seines Gesundheitszustands vorübergehend nicht voll belastbar ist.[70]

3.2.3. Arbeitsmenge und Arbeitsqualität

Literatur: *Brameshuber,* Die Sorgfalt des Arbeitnehmers (2019); *Schrammel,* „Gewährleistung" für schlechte Dienste? FS Welser (2004) 985; *Söllner,* Der Umfang der Arbeitspflicht beim Zeitlohn, in *Tomandl* (Hg), Entgeltprobleme aus arbeitsrechtlicher Sicht 93.

Rechtsquelle: § 1153 ABGB.

Eine Verpflichtung zur Erbringung einer bestimmten Mengenleistung oder Arbeitsqualität steht im Widerspruch zur Struktur des Arbeitsvertrags und würde auf einen Werkvertrag hindeuten. Daher hält die Rechtsprechung die Festsetzung einer Mindestarbeitsmenge grds für unzulässig.[71,72] Vereinbarungen über eine Mindestarbeitsmenge scheinen aber solange weder gesetz- noch sittenwidrig zu sein, als die geforderte Mindestarbeitsmenge den individuellen Fähigkeiten des Arbeitnehmers entspricht, die er auf Grund des Vertrags bereitzustellen hat.

Wird über die zu erbringende Arbeitsmenge, wie dies normalerweise der Fall ist, nichts vereinbart, ist der Arbeitnehmer verpflichtet, jene Arbeitsintensität an den Tag zu legen, die er ohne Schädigung seiner Gesundheit auf die Dauer erbringen kann. Dabei ist von seiner subjektiven Arbeitsfähigkeit unter Berücksichtigung des betrieblichen Umfelds (Arbeitsbedingungen, Abhängigkeit vom Arbeitsergebnis anderer Arbeitnehmer usw) auszugehen.[73] Daraus ergibt sich als rechtliche Folge: Der Arbeitnehmer ist weder verpflichtet, besonders hohe Arbeitsleistungen zu erbringen (Stachanow-System), noch darf er „laschieren".

68 OGH 9 ObA 213/94; 9 ObA 255/99m.

69 OGH 9 ObA 156/00g.

70 Im Detail *Kietaibl,* Die Versetzung aus arbeitsvertraglicher Sicht, ZAS 2005, 52 (55); *Wachter,* Grenzen des Weisungsrechts in Bezug auf Art und Ort der Tätigkeit, DRdA 2001, 495 (502).

71 Vgl OGH 9 ObA 77/91 (Zahntechniker).

72 Siehe aber OGH 4 Ob 164/83, DRdA 1985, 389 (*Csebrenyak*); 14 Ob 117, 118/86, ZAS 1988, 124 (*Schnorr*); *Firlei,* Der praktische Fall: Ein langsamer Arbeitnehmer, DRdA 1979, 226.

73 OGH 4 Ob 164/83.

Ähnliches gilt für die **Arbeitsqualität**. Wenn nichts anderes vereinbart ist, schuldet der Arbeitnehmer lediglich eine sorgfältige Arbeitsleistung. Er hat daher seine Arbeitspflicht auch dann ordentlich erfüllt, wenn das Arbeitsergebnis zwar Mängel aufweist, ihm aber nicht vorgeworfen werden kann, er habe sorglos gearbeitet. Den Arbeitnehmer trifft also lediglich eine Sorgfalts- und keine Leistungsverbindlichkeit.[74] Der Sorgfaltsmaßstab richtet sich nach der Verkehrsübung.

Eine Verpflichtung zu erhöhter, aber zumutbarer Arbeitsintensität oder -qualität müsste vereinbart werden. Sie kann sich unter Umständen aus der Übertragung besonderer Aufgaben (Führungspositionen) oder der Zusage besonders hoher Entlohnung konkludent ergeben. Auch durch die Vereinbarung von Leistungslöhnen können Arbeitnehmer motiviert werden, hohe Leistungen zu erbringen (vgl 92 ff).

Minderleistungen des Arbeitnehmers berechtigen den Arbeitgeber grds nicht dazu, das Entgelt zu kürzen.[75] Sie stellen aber im Rahmen des allgemeinen Kündigungsschutzes einen Kündigungsrechtfertigungsgrund dar (subjektiv betriebsbedingte Kündigung gem § 105 Abs 3 Z 2 lit a ArbVG). Bei dauernder Unfähigkeit, die vereinbarten Dienste zu erbringen, ist auch eine Entlassung möglich.

4. Versetzungen und Beförderungen

Literatur: *Dungl,* Zur Änderungskündigung, FS Floretta (1983) 357; *Födermayr* in *Strasser/Jabornegg/Resch,* ArbVG § 101; *Kietaibl,* Die Versetzung aus arbeitsvertraglicher Sicht, ZAS 2005, 52; *Runggaldier,* Kollektivvertragliche Mitbestimmung bei Arbeitsorganisation und Rationalisierung (1983); *Schrammel,* Die Mitbestimmung des Betriebsrates bei Versetzung und Änderungskündigung, ZAS 1975, 203; *ders,* Die Verschlechterung der Entgelt- und sonstigen Arbeitsbedingungen beim Versetzungsschutz, ZAS 1978, 203; *Schrank* in *Tomandl* (Hg), Arbeitsverfassungsgesetz § 101; *Tinhofer,* Die kollektivrechtlichen Aspekte der Versetzung, ZAS 2005, 59.

Rechtsquellen: §§ 101, 104 ArbVG.

4.1. Problemaufriss

Im Zuge des Arbeitsverhältnisses kann sich die Situation ergeben, dass der Arbeitgeber den Arbeitnehmer an einem anderen Arbeitsplatz einsetzen oder die Arbeitsbedingungen in einem solchen Ausmaß ändern will, dass von einer Versetzung gesprochen werden muss. Unter welchen Bedingungen eine Versetzung rechtlich zulässig ist, muss auf zwei Ebenen beurteilt werden **(Zwei-Ebenen-Theorie)**:

- Die Versetzung muss **arbeitsvertragsrechtlich** zulässig sein. Ist eine angestrebte Versetzung vertragsrechtlich gedeckt, kann sie der Arbeitgeber durch Weisung verfügen (sog direktoriale Versetzung). Zum Inhalt der Arbeitspflicht und zur Reichweite des Weisungsrechts vgl oben Punkt 3. Ist sie nicht gedeckt, bedarf es einer Vertragsänderung.

74 Vgl *Reischauer* in *Rummel/Lukas*[4], ABGB Vor §§ 918 ff Rz 13.
75 Vgl dazu *Söllner,* Arbeitspflicht 103; OGH, SozM III E 15/1952; LG Klagenfurt, Arb 9528/1977.

- Zusätzlich muss die Versetzung **betriebsverfassungsrechtlich** zulässig sein (gem § 101 ArbVG). Gibt es einen Betriebsrat, muss dieser einer dauernden, verschlechternden Versetzung zustimmen.

Um eine **rechtswirksame Versetzung** durchführen zu können, sind die Erfordernisse **beider Ebenen** zu erfüllen. Hat zwar der Arbeitnehmer einer dauernden, verschlechternden Versetzung auf vertragsrechtlicher Ebene zugestimmt, versagt aber der Betriebsrat seinerseits die Zustimmung, ist die Versetzung nicht zulässig. Der Betriebsrat schützt insofern die Interessen des Arbeitnehmers angesichts einer möglicherweise unter Druck erteilten Zustimmung.

Die Zustimmung des Betriebsrats vermag die fehlende vertragliche Verpflichtung ebenso wenig zu ersetzen wie die vertragliche Einigung zwischen Arbeitgeber und betroffenem Arbeitnehmer die Zustimmung des Betriebsrats. Daher ist zu einer verschlechternden dauernden Versetzung die Zustimmung des Betriebsrats auch dann erforderlich, wenn sie durch einvernehmliche Änderung des Arbeitsvertrags[76] und somit auch im Wege einer Änderungskündigung[77] erfolgen soll.

Hat sich die Belegschaft **nicht organisiert** und keinen Betriebsrat gewählt, gibt es auch keinen betriebsverfassungsrechtlichen Versetzungsschutz. In diesem Fall muss die Zulässigkeit der Versetzung rein vertragsrechtlich beurteilt werden.

4.2. Der betriebsverfassungsrechtliche Versetzungsschutz

4.2.1. Die Mitwirkungsrechte

Der betriebsverfassungsrechtliche Versetzungsschutz ist in den §§ 101 (Versetzungen) und 104 ArbVG (Beförderungen) geregelt.[78]

Der Betriebsrat ist von jeder beabsichtigten **Beförderung** ehestens zu informieren und kann darüber eine Beratung verlangen. Während dieser Zeit ist er zu angemessener Vertraulichkeit verpflichtet (§ 104 ArbVG). Ein Mitentscheidungs- oder Einspruchsrecht besitzt er jedoch nicht.

Unter Beförderung versteht das Gesetz jede **Anhebung der Verwendung** im Betrieb, die **mit einer Entgelterhöhung verbunden** ist. Bloße Entgelterhöhungen bei gleichbleibender Verwendungsart fallen daher ebenso wenig darunter wie die Übertragung höherwertiger Aufgaben bei gleichbleibendem Entgelt.

Differenziert ist die Mitwirkung der Belegschaft bei **Versetzungen**. Sie soll zuerst im Überblick dargestellt werden, bevor auf Einzelheiten eingegangen wird. Versetzungen **auf Dauer** (dh für mindestens 13 Wochen) sind dem Betriebsrat unverzüglich mitzuteilen

76 Vgl OGH 4 Ob 19/79.
77 Vgl *Schrammel,* Die Mitbestimmung des Betriebsrates bei Versetzung und Änderungskündigung, ZAS 1975, 211.
78 Für Vertragsbedienstete des Bundes siehe jedoch § 6 VBG und das Personalvertretungsgesetz.

und auf sein Verlangen mit ihm zu beraten (§ 101 ArbVG). Beinhalten sie für den Arbeitnehmer eine Verschlechterung, sind sie nur dann rechtswirksam, wenn der Betriebsrat vorher zugestimmt hatte. Bloßes Schweigen genügt nicht.[79]

Der Arbeitgeber kann die fehlende Zustimmung des Betriebsrats durch Zustimmung des Gerichts ersetzen, die Klage ist gegen den die Zustimmung verweigernden Betriebsrat zu richten.[80] Dem betroffenen Arbeitnehmer kommt dieses Klagerecht dagegen nicht zu. Er kann auch eine erteilte Zustimmung des Betriebsrats nicht bekämpfen.

Keine Mitwirkungsrechte besitzt die Belegschaft bei **vorübergehenden Versetzungen** (voraussichtliche Dauer unter 13 Wochen). Bei dauernden Versetzungen, die keine Nachteile für den betroffenen Arbeitnehmer mit sich bringen, bestehen nur die erwähnten Informations- und Beratungsrechte.

> Bei vorübergehenden **verbessernden** Versetzungen ist zu beachten, dass die befristete Betrauung mit einer höherwertigen Funktion den Keim einer künftigen Verschlechterung in sich trägt. Die befristete Versetzung auf einen höherwertigen Arbeitsplatz und die anschließende **Rückversetzung** auf die ursprüngliche Verwendung sind als Einheit zu betrachten. Dies gilt auch dann, wenn die Rückversetzung erst nach Ablauf von 13 Wochen nach der provisorischen Höherreihung erfolgt. In diesem Fall muss der Betriebsrat der Rückversetzung nicht zustimmen. Die Frist zwischen Höherreihung und Rückversetzung muss allerdings sachlich gerechtfertigt sein (Karenzierung, Urlaub, kollektivvertragliche Regelung).[81]

Nach unrichtiger Ansicht der Rsp und der hM unterliegt die Versetzung eines Arbeitnehmers **in einen anderen Betrieb** desselben Unternehmens **ebenfalls** der **Mitbestimmung**, obwohl dadurch die Belange zweier verschiedener Belegschaften betroffen werden.[82]

> Der Sache nach geht es um das Ausscheiden des Arbeitnehmers aus einem und um den Eintritt in einen anderen Betrieb. Für diese Fälle kennt das ArbVG keine Mitbestimmung. Eine analoge Anwendung der Regeln über die Mitbestimmung bei der Versetzung innerhalb eines Betriebs scheidet aus, weil es im ArbVG keinen Anhaltspunkt für eine Zuständigkeit beider Betriebsräte (die der Sache nach notwendig wäre) oder gar für die Lösung der Frage gibt, was zu geschehen hätte, wenn beide Betriebsräte unterschiedliche Stellungnahmen abgäben.[83]
> Besonderen Schutz vor einer Versetzung in einen anderen Betrieb besitzt nur ein Betriebsratsmitglied, da mit dem Ausscheiden aus dem Betrieb sein Betriebsratsmandat enden würde (§ 64 Abs 1 Z 3 ArbVG). Der Versuch des Arbeitgebers, sich auf diese Weise von missliebigen Betriebsratsmitgliedern zu befreien, ist eine unzulässige Beschränkung der

79 OGH 4 Ob 51/72; 9 ObA 101/12m.

80 OGH 8 ObA 2053/96m.

81 OGH 8 ObA 21/01y.

82 *Schrank* in *Tomandl*, ArbVG § 101 Rz 44; *Reissner* in ZellKomm³, ArbVG § 101 Rz 19; *Tinhofer,* Die kollektivrechtlichen Aspekte der Versetzung – Der Versetzungsschutz gem § 101 ArbVG, ZAS 2005, 60; OGH 14 ObA 85/87; vgl dazu auch *Windisch-Graetz,* Soziale Gestaltungspflicht über die Betriebsgrenzen hinaus? ZAS 1996, 109.

83 Vgl *Schrammel,* Die Mitbestimmung des Betriebsrates bei Versetzung und Änderungskündigung, ZAS 1975, 208.

Betriebsratstätigkeit iSd § 115 Abs 3 ArbVG.[84] Daher ist die Zustimmung des betroffenen Betriebsratsmitgliedes zu seiner eigenen Überstellung in einen anderen Betrieb in jedem Fall erforderlich, auch wenn mit ihr keine weiteren Nachteile verbunden sind oder wenn sie sich als Beförderung darstellt.

4.2.2. Zum Versetzungsbegriff

Die Frage, was unter einer Versetzung im Sinne des § 101 ArbVG zu verstehen ist, bereitet Schwierigkeiten. Nach unbestrittener Auffassung ist die vertragsrechtliche Grundlage für die Versetzung dafür unerheblich. Der Versetzungsbegriff des ArbVG umfasst nicht nur die einseitig durch Weisungen angeordneten (direktorialen), sondern auch die durch Parteieinigung zustande kommenden vertragsändernden Versetzungen.

§ 101 ArbVG definiert die Versetzung als eine **dauernde Einreihung** des Arbeitnehmers auf einen **anderen Arbeitsplatz.** Judikatur[85] und Lehre[86] stellen meist auf folgende Merkmale ab: wesentliche Veränderung der dem Arbeitnehmer übertragenen Arbeitsaufgaben, wesentliche Veränderung des Arbeitsorts oder der Arbeitszeit.

In seiner regelmäßigen Anwendung wird somit dem Begriff „Arbeitsplatz" eine doppelte Bedeutung (funktionell und räumlich) beigemessen. Eine Einreihung auf einen anderen Arbeitsplatz kann aber auch dann vorliegen, wenn sich die Rahmenbedingungen der Arbeitsleistung erheblich ändern. Gemeint sind für den Arbeitnehmer **tiefgreifende Veränderungen seines Arbeitsvollzugs**, die ihn zu einer Änderung seiner Arbeitsweise und/oder seiner Lebensführung zwingen. Geringere Erweiterungen, Einschränkungen oder Auswechslungen der Arbeitsaufgaben, die in ihrem Ergebnis weder zu einer spürbaren Änderung der Arbeitsbelastung, des Arbeitseinkommens noch des Ansehens des Arbeitnehmers führen, sind darunter ebenso wenig zu verstehen, wie geringfügige örtliche Veränderungen.

Es liegt daher keine Versetzung iSd § 101 ArbVG vor, wenn dem Arbeitnehmer weniger oder mehr Arbeit derselben Art als bisher zugewiesen wird. Bei gravierenden Änderungen der Arbeitszeit (Schichtarbeit) nimmt die Judikatur eine Versetzung an, auch wenn Arbeitsaufgaben und Arbeitsort gleich bleiben.[87] Werden einem höheren Angestellten wichtige Aufgaben entzogen und dadurch sein innerbetrieblicher Einfluss (Kaltstellung) oder sein Ansehen geschmälert, handelt es sich um eine Versetzung.[88] Das gilt aber nicht mehr, wenn ihm sämtliche Aufgaben entzogen werden und er zur Arbeit nicht mehr zugelassen wird (Suspendierung), weil hier mangels Zuweisung einer andersgearteten Tätigkeit keine Versetzung vorliegen kann. Die Suspendierung kann daher nur unter dem Blickwinkel eines Rechts auf tatsächliche Beschäftigung diskutiert werden.

Als mit einer Versetzung verbundene **Nachteile** werden Entgelteinbußen oder Verschlechterungen sonstiger Arbeitsbedingungen angesehen.

---

84 So schon vor der Novellierung dieser Bestimmung: VwGH 692/57, Arb 6803/1958.
85 Vgl OGH 4 Ob 19/79.
86 Vgl *Reissner* in ZellKomm[3], ArbVG § 101 Rz 3 f; *Löschnigg*, Arbeitsrecht[13] 6/039.
87 OGH 8 ObA 2057/96, ZAS 1997, 114 (*Spitzl*).
88 OGH 4 Ob 19/79 (Tierzuchtreferent); 14 Ob 7/86 (Sekretärin).

Dazu gehören beispielsweise: Verringerung des Arbeitseinkommens,[89] Änderung der das Entgelt betreffenden Rechtsvorschriften,[90] Erschwerung der Arbeit, Verlängerung des Anmarschweges,[91] ungünstigere Umweltbedingungen[92] oder Arbeitszeiten,[93] aber auch Minderung des Ansehens, das einer Degradierung gleichkommt.[94] Ob tatsächlich eine Verschlechterung vorliegt, ist nicht nach den subjektiven Vorstellungen des Betroffenen, sondern nach objektiven Gesichtspunkten zu beurteilen.[95]

Problematisch sind Versetzungen, die zwar **ungünstigere Arbeitsbedingungen, aber ein höheres Entgelt** (zB Arbeitsplatz mit Gefahrenzulage) oder günstigere Arbeitsbedingungen begleitet von Einkommensreduktionen (zB kollektivvertraglich niedriger eingestufter Arbeitsplatz) zur Folge haben.

Der Wortlaut des § 101 ArbVG nimmt alternativ auf Verschlechterungen des Entgelts *oder* der Arbeitsbedingungen Bezug. Die Judikatur beurteilt dementsprechend die Einkommenssphäre isoliert von der Sphäre der sonstigen Arbeitsbedingungen und hält die Verschlechterung einer der beiden Sphären für ausreichend, um den Mitbestimmungstatbestand auszulösen. Verschlechterungen der Arbeitsbedingungen können daher nicht durch erhöhtes Entgelt abgekauft werden.[96]

Der Versetzungsschutz ist auch im Zusammenhang mit **Änderungskündigungen** (vgl 42 f) zu berücksichtigen. Hat der Arbeitnehmer das Angebot des Arbeitgebers auf Vertragsänderung, das in der Änderungskündigung enthalten war, angenommen, ist die Zustimmung des Betriebsrats notwendig, sofern die angestrebte Vertragsänderung dauerhaft und verschlechternd ist.

4.2.3. Diskussion

Das **Mitwirkungsrecht** der Belegschaft bei verschlechternden Versetzungen ist – ebenso wie der allgemeine Kündigungsschutz – **zwiespältig angelegt:** Es steht nur dann zu, wenn ein individueller Arbeitnehmer nachteilig betroffen wird und gibt sich damit den Anschein, **Individualschutz** zu bezwecken. Andererseits hat der Betriebsrat als Interessenvertreter der Belegschaft seiner Stellungnahme zur Versetzungsabsicht nicht die Interessen des individuell betroffenen Arbeitnehmers, sondern jene der Belegschaft zu Grunde zu legen.[97] Aus einem individuellen Anknüpfungstatbestand resultiert das **Recht**

---

89 ZB Wegfall einer Zulage (OGH 4 Ob 19/79), sollte diese auch eine nach der Versetzung nicht mehr gegebene Erschwernis (OGH 4 Ob 23/63) oder Gefährdung (OGH 4 Ob 120/65) ausgleichen; Absinken in der kollektivvertraglichen Verwendungsgruppe (OGH 4 Ob 51/72).

90 OGH 8 ObA 208/94.

91 OGH 4 Ob 119/77.

92 OGH 4 Ob 119/77.

93 Vgl OGH 4 Ob 6/59, aber auch 4 Ob 23/63.

94 Vgl OGH 4 Ob 49/75, DRdA 1977, 98 (*Prankl*) = ZAS 1978, 219 (*Migsch*); 4 Ob 119/77, DRdA 1979, 136 (*Mörkelsberger*).

95 OGH 4 Ob 119/77.

96 Grundsätzlich zustimmend mit kleinen Modifikationen *Schrammel*, Die Verschlechterung der Entgelt- und sonstigen Arbeitsbedingungen beim Versetzungsschutz, ZAS 1978, 208. Dadurch wird allerdings die Abgrenzung zum Mitwirkungsrecht bei Beförderungen (§ 104 ArbVG) schwierig, weil eine mit Gehaltserhöhung verbundene Position durchaus belastendere Arbeitsbedingungen zur Folge haben kann.

97 OGH 4 Ob 79/85; 9 ObA 35/05w.

eines Kollektivs. Daraus ergeben sich eigenartige Konsequenzen: Der Betriebsrat besitzt kein Mitwirkungsrecht, wenn zwar die Belegschaft massive Bedenken gegen die Versetzung hat, diese für den betroffenen Arbeitnehmer aber keine Nachteile mit sich bringt. Andererseits hat er ein Mitwirkungsrecht, wenn der betroffene Arbeitnehmer mit der verschlechternden Versetzung einverstanden ist,[98] ja diese möglicherweise sogar selbst betreibt.

Wie hat der Betriebsrat dieses Mitwirkungsrecht auszuüben? Unter dem Aspekt des Individualschutzes hätte er nur zu prüfen, ob ausreichende sachliche Gründe für eine Versetzung sprechen. Unter dem kollektivrechtlichen Aspekt hätte er dem mehrheitlichen Interesse der Belegschaft am Unterbleiben der Versetzung (zB um Konflikte mit den künftigen Arbeitskollegen zu vermeiden) zu entsprechen. Selbst wenn man mit der hM davon ausgeht, dass der Betriebsrat den kollektiven Aspekt in den Vordergrund zu rücken hat,[99] wird dies für das Gericht nicht mehr zutreffen. Es hat der Versetzungsabsicht daher zuzustimmen, wenn für sie sachliche Gründe sprechen.[100]

5. Ruhen der Arbeitspflicht

Literatur: *Brodil,* Aussetzungsvereinbarungen aus arbeits- und sozialrechtlicher Sicht – Betrachtungen zur Unterbrechung des Arbeitsverhältnisses und § 9 AlVG, ZAS 1996, 37; *Praxmarer,* Der Aussetzungsvertrag aus arbeitsrechtlicher Sicht, DRdA 1986, 21; *Runggaldier/Schima,* Aussetzungsvereinbarungen in Saisonbetrieben (1994); *Steinbauer,* Zur einvernehmlichen Unterbrechung des Arbeitsverhältnisses, ZAS 1984, 3, 43.

Es gibt verschiedene Gründe dafür, dass die Arbeitspflicht des Arbeitnehmers trotz aufrechten Arbeitsvertrags ruht. Dies trifft zunächst für jene Fälle zu, in denen der **Gesetzgeber** sogar **Entgeltfortzahlungsansprüche** trotz Unterbleibens der Arbeitsleistung vorsieht (Krankheit, wichtige persönliche Gründe, oder wenn der Arbeitgeber die Arbeitsleistung des Arbeitnehmers nicht annehmen kann; vgl dazu 202 ff). Ebenso ruht die Arbeitspflicht bei Inanspruchnahme von Erholungsurlaub nach dem UrlG.

In einigen berücksichtigungswürdigen Fällen sieht der **Gesetzgeber** einen **Anspruch** des Arbeitnehmers **auf Karenzierung ohne Entgeltfortzahlungspflicht des Arbeitgebers** vor. Anspruch auf Elternkarenz haben Mütter gem §§ 15 ff MSchG und Väter gem § 2 VKG. Für Präsenz- und Zivildiener sowie Frauen, die den Ausbildungsdienst absolvieren bestimmt § 4 APSG das Ruhen der Arbeitspflicht. Die Karenzierung wird mit dem vom Arbeitnehmer bekanntgegebenen Zeitpunkt wirksam.

Eine finanzielle Absicherung der Arbeitnehmer erfolgt in diesen Fällen über den sozialrechtlichen Anspruch auf Kinderbetreuungsgeld nach dem KBGG bzw für Präsenz-, Zivildiener und Ausbildungsdienst Leistende durch öffentlich-rechtliche Ansprüche gegenüber

98 Vgl VfGH 18, 22/66, ZAS 1968, 121 (*Spielbüchler*); OGH 4 Ob 79/85.
99 Krit *Schrammel,* Die Mitbestimmung des Betriebsrates bei Versetzung und Änderungskündigung, ZAS 1975, 206.
100 Vgl OGH 9 ObA 171-173/94.

dem Bund. § 15b AVRAG sieht ein Ruhen der Arbeitspflicht für den Fall der vorübergehenden Invalidität vor, wenn der AN Rehabilitationsgeld oder Umschulungsgeld bezieht, sofern er nicht vom KVTr für arbeitsfähig erklärt wird.

In anderen Fällen macht der Gesetzgeber die Karenzierung des Arbeitnehmers von einer **Vereinbarung** zwischen Arbeitnehmer und Arbeitgeber abhängig. So können Arbeitnehmer und Arbeitgeber gem § 11 AVRAG eine **Bildungskarenz** gegen Entfall des Arbeitsentgelts für die Dauer von mindestens zwei Monaten bis zu einem Jahr vereinbaren, sofern das Arbeitsverhältnis ununterbrochen sechs Monate gedauert hat. Gem § 14c AVRAG können Arbeitnehmer und Arbeitgeber, sofern das Arbeitsverhältnis ununterbrochen drei Monate gedauert hat, auch eine **Pflegekarenz** gegen Entfall des Arbeitsentgelts zum Zwecke der Pflege oder Betreuung eines nahen Angehörigen, der zumindest ein Pflegegeld der Stufe 3 gem § 5 des Bundespflegegeldgesetzes bezieht, für die Dauer von mindestens einem Monat bis zu drei Monaten vereinbaren.[101] Im Fall einer wesentlichen Erhöhung des Pflegebedarfs zumindest um eine Pflegegeldstufe ist einmalig eine neuerliche Vereinbarung der Pflegekarenz zulässig.

Stimmt der Arbeitgeber einer Bildungskarenz nicht zu, besteht keine Möglichkeit des Arbeitnehmers, seine Karenzierungswünsche einseitig durchzusetzen. Anders ist dies bei einer Pflegekarenz. Der Arbeitnehmer hat gem § 14c Abs 4a AVRAG Anspruch auf eine solche von bis zu zwei Wochen, wenn er in einem Betrieb mit mehr als fünf Arbeitnehmern beschäftigt ist. Kommt während dieser Pflegekarenz keine Vereinbarung zustande, hat der Arbeitnehmer Anspruch für bis zu zwei weitere Wochen. Ein Anspruch besteht auch im Fall der **Familienhospizkarenz** gem § 14a AVRAG und einer Karenzierung zur Begleitung schwersterkrankter Kinder gem § 14b AVRAG. Hier kann der Arbeitnehmer eine Freistellung gegen Entfall des Arbeitsentgelts zum Zwecke der Sterbebegleitung eines nahen Angehörigen für einen Zeitraum von maximal sechs Monaten bzw zur Begleitung eines im gemeinsamen Haushalt lebenden schwersterkrankten Kindes für maximal neun Monate verlangen. Die vom Arbeitnehmer verlangte Karenzierung wird wirksam, sofern nicht der Arbeitgeber binnen fünf Arbeitstagen ab Zugang der schriftlichen Bekanntgabe Klage beim Arbeits- und Sozialgericht gegen die Wirksamkeit der Karenzierung erhebt. Der Gesetzgeber eröffnet also dem Arbeitnehmer die **Durchsetzbarkeit der Karenzierung** und weist die **Prozessinitiative dem Arbeitgeber** zu.

Da der Arbeitgeber in den Zeiten der Karenzierung kein Entgelt zu leisten hat, ist aus sozialpolitischen Gründen ein **Entgeltersatz** im Rahmen des **Sozialversicherungsrechts** vorgesehen: Personen in Bildungskarenz haben gem § 26 AlVG Anspruch auf **Weiterbildungsgeld** in der Höhe des Arbeitslosengeldes, mindestens jedoch in der Höhe des Kinderbetreuungsgeldes. Personen in Pflegekarenz sowie Personen, die Familienhospizkarenz in Anspruch nehmen oder ein schwersterkranktes Kind pflegen, haben gem § 21c BPGG Anspruch auf **Pflegekarenzgeld** in der Höhe des Arbeitslosengeldes. Im Juli 2023 wurde der sog Angehörigenbonus für Personen eingeführt, die den größten Teil der Pflege zu-

101 Neben einer Vereinbarung besteht seit der Novelle BGBl I 2019/93 ein Rechtsanspruch auf Pflegekarenz (vgl § 14c Abs 4a AVRAG).

hause leisten und in der Pensionsversicherung selbst- oder weiterversichert sind (vgl § 21g BPGG). Auch anderen Angehörigen mit geringem Einkommen (monatliches Netto-Jahresdurchschnittseinkommen bis zu € 1.500) gebührt der Angehörigenbonus unter bestimmten Voraussetzungen (vgl § 21h BPGG).[102]

Darüber hinaus steht es Arbeitgeber und Arbeitnehmer frei, jederzeit ein **Ruhen** der Arbeitspflicht zu **vereinbaren (Privatautonomie)**. Dabei kann vereinbart werden, dass das Entgelt weiterbezahlt wird oder nicht. Das Vertragsband bleibt in allen Fällen von Karenzierung erhalten. Jedenfalls ruht die Arbeitspflicht des Arbeitnehmers, die Nebenpflichten (soweit sie nicht an die Arbeits- und Entgeltpflicht anknüpfen) bleiben hingegen weiterhin aufrecht. Da während der Karenz der Arbeitsvertrag weiter aufrecht besteht, sind die Zeiten der Karenz bei der Berechnung aller Ansprüche zu berücksichtigen, die lediglich an die Dauer des Arbeitsverhältnisses anknüpfen (zB für die Abfertigung alt gem § 23 AngG[103] oder das Ausmaß des Erholungsurlaubs), nicht dagegen bei solchen Ansprüchen, die nur für Zeiten tatsächlicher Dienstleistung gebühren.

Unterschiedlich geregelt ist die Frage, ob Karenzzeiten für **dienstzeitabhängige Ansprüche** anrechenbar sind. Grds gilt, dass auch Zeiten einer Karenzierung, in denen die Hauptpflichten ruhen, Zeiten in einem aufrechten Dienstverhältnis sind. Daher sind auch Zeiten einer Karenzierung grds bei der Berechnung dienstzeitabhängiger Ansprüche zu berücksichtigen. Für das MSchG und das VKG hat der Gesetzgeber dies nun ausdrücklich festgehalten (§ 15f MSchG, § 7c VKG). Für den Präsenzdienst gilt aufgrund einer ausdrücklichen Regelung (§ 8 APSG) und für die Familienhospizkarenz wegen des allgemeinen Grundsatzes dasselbe. Für die Bildungskarenz und die Pflegekarenz hat der Gesetzgeber dagegen die Anrechnung ausgeschlossen.[104] Der Gesetzgeber nutzt bei diesen Regelungen seinen sozialpolitischen Gestaltungsspielraum. Er nimmt eine differenzierte Bewertung der Gründe für die Karenzierung vor und hat das Bestreben, einen Interessenausgleich zwischen Arbeitnehmer und Arbeitgeber zu schaffen. Außerdem versucht er durch den Ausschluss der Anrechnung der Karenz auf dienstzeitabhängige Ansprüche die Motivation des Arbeitgebers zu erhöhen, bestimmten Karenzierungsvereinbarungen zuzustimmen.

6. Recht auf Beschäftigung

Literatur: *Brodil,* Recht auf Beschäftigung – Möglichkeiten und Grenzen in *Grundei/Karollus* (Hg), Aktuelle Rechtsfragen des Fußballsports IV (2006) 47; *Resch,* Anmerkungen zur arbeitsrechtlichen Beschäftigungspflicht, DRdA 1991, 424; *W. Schwarz,* Die Beschäftigungspflicht im Arbeitsverhältnis, FS Floretta (1983) 415; *Strasser,* Das Recht des Dienstnehmers auf Beschäftigung, ÖJZ 1954, 60.

Nach allgemeinem Vertragsrecht ist der Gläubiger nicht zur Annahme der ihm vom Schuldner angebotenen Leistung verpflichtet, er gerät jedoch im Fall der Weigerung in Annahmeverzug, begeht also eine Obliegenheitsverletzung.[105] Diesen Grundsatz wendet die Judikatur auch im Arbeitsrecht an, verneint einen Anspruch des Arbeitnehmers auf

102 Vgl genauer *Streibel,* Der Angehörigenbonus - neue Geldleistung im Pflegebereich, ZAS 2023, 44.
103 OGH 4 Ob 6/56.
104 Vgl §§ 11 Abs 2 und 14c Abs 5 AVRAG.
105 *Welser/Zöchling-Jud,* Bürgerliches Recht II[14] Rz 282 f.

tatsächliche Beschäftigung und gesteht ihm im Fall seiner Nichtbeschäftigung lediglich den Anspruch auf das Entgelt zu.[106] Der Arbeitgeber kann dem Arbeitnehmer damit grds auch den Zugang zum Betrieb verwehren.[107]

Besonderheiten gelten aufgrund ihres gesetzlichen Auftrags bei Betriebsratsmitgliedern. Eine begründete Suspendierung darf auch bei Betriebsratsmitgliedern vorgenommen werden, soweit dadurch keine Behinderung der Betriebsratstätigkeit eintritt. Allerdings darf den Mitgliedern des Betriebsrats das Betreten des Betriebs nicht verboten werden, soweit dies zur Erfüllung ihrer gesetzlichen Aufgaben notwendig ist. Neben dem Recht auf Teilnahme an Sitzungen des Betriebsrats oder Betriebsversammlungen kommen einem Mitglied des Betriebsrats auch noch andere Individualkompetenzen zu, die gemäß § 115 Abs 3 ArbVG nicht beschränkt werden dürfen.[108]

Der arbeitsrechtliche **Gesetzgeber** hat nur in Ausnahmefällen ein Recht auf tatsächliche Beschäftigung ausdrücklich anerkannt: für Lehrlinge (§ 9 BAG), für ausgelernte Lehrlinge während der Behaltepflicht (§ 18 BAG) und für Schauspieler (§ 18 TAG).[109] Ein solches Recht kann aber auch **vertraglich** vereinbart werden.

Gar nicht so selten wird sich ein **konkludenter Anspruch** auf tatsächliche Beschäftigung aus der Natur des abgeschlossenen Vertrags (zB Ausbildungsvertrag; Entgeltvereinbarung, nach der die Höhe des zustehenden Entgelts vom Ausmaß der zugewiesenen Arbeit abhängt)[110] oder aus den besonderen Umständen des Vertragsabschlusses (zB ein Forscher wird mit dem Hinweis auf besonders reichhaltig ausgestattete Forschungseinrichtungen und interessante Forschungsaufgaben zum Vertragsabschluss bewogen) ergeben. Die Judikatur bejaht eine Beschäftigungspflicht, wenn mit der Nichtbeschäftigung zwangsläufig ein Qualitätsverlust verbunden ist.

So besteht etwa bei Chirurgen, bei denen das Brachliegen ihrer Fähigkeiten zwangsläufig zu einem Qualitätsverlust und zur Minderung des chirurgisch-handwerklichen Niveaus führt, schon der Natur des Dienstvertrags nach ein Anspruch auf tatsächliche Beschäftigung. Allerdings kann die Gefährdung des beruflichen Fortkommens eines Arztes nicht den Schutz höherwertiger Rechtsgüter wie Gesundheit und Leben von Patienten verdrängen.[111] Ein Recht auf Beschäftigung gibt es auch für Piloten, die mangels ausreichender Flugpraxis ihre Lizenz verlieren würden.

Mit wechselnden Begründungen (Beeinträchtigung der Persönlichkeit des Arbeitnehmers,[112] Recht auf Selbstverwirklichung,[113] Verletzung der Fürsorgepflicht,[114] aus interna-

106 Vgl OGH 4 Ob 21/54; implizit auch 4 Ob 26/82, da sonst die Auseinandersetzung mit einer besonderen kollektivvertraglichen Beschäftigungspflicht entbehrlich wäre.

107 Vgl OGH 4 Ob 219/53.

108 OGH 9 ObA 244/93.

109 Jüngst hat der OGH klargestellt, dass das Recht auf Beschäftigung eines Künstlers nicht unmittelbar eingeklagt werden kann, OGH 8 ObA 94/22i, ecolex 2023, 434 (*Mazal*).

110 Vgl OGH Arb 4220/1932.

111 OGH 8 ObA 202/02t.

112 Grundlegend *Strasser,* ÖJZ 1954, 60; *Mayer-Maly,* Arbeitsrecht 47.

113 *Spielbüchler/Grillberger,* Lehrbuch § 17 A.

114 *Mayer-Maly,* Arbeitsrecht 147; *Spielbüchler/Grillberger,* Lehrbuch § 17 A.; *Schmitzer,* Gibt es dennoch ein „Recht" auf Beschäftigung? wbl 1989, 360.

tionalen Abkommen abzuleitende Auslegungsmaxime[115]) hat die jüngere Lehre ein allgemeines Recht auf Beschäftigung behauptet. Ihre Argumente sind zwar rechtspolitisch eindrucksvoll, aber nicht ausreichend, um für den Arbeitsvertrag eine generelle Abkehr von den Grundsätzen des Vertragsrechts (die durch den Umstand bestärkt werden, dass der Gesetzgeber eine Beschäftigungspflicht eben nur in ganz besonderen Fällen anerkannt hat) de lege lata zu begründen. Ein solches generelles Bedürfnis dürfte auch gar nicht bestehen. Jene Arbeitnehmer, denen es tatsächlich um mehr geht, als durch den Arbeitsvertrag ihre Existenz zu sichern, und die sich in ihrer Arbeit selbst verwirklichen wollen, brauchen diese Absicht bei den Vertragsverhandlungen nur deutlich erkennen lassen. Dann wird für sie jene Ausnahmesituation vorliegen, die schon nach allgemeinem Vertragsrecht eine Pflicht des Gläubigers begründet, die Leistung des Schuldners auch tatsächlich anzunehmen: das Vorliegen eines besonderen Interesses an der eigenen Erfüllungshandlung.[116]

Zudem scheinen auch die gesetzlichen Sonderregelungen durchaus analogiefähig,[117] wodurch viele Zweifelsfälle lösbar wären. Nicht nur der Bühnenschauspieler muss sich wegen der üblicherweise kurzen Dauer seines Engagements häufig um einen neuen Vertrag bemühen und verliert an „Marktwert“, wenn er nicht auftreten kann: Ähnliches gilt auch für andere ausübende Künstler und Berufssportler.[118]

Grundsätzlich ist hoch qualifizierten Berufsfußballern ein Recht auf Beschäftigung zumindest in Form der Teilnahme am Training der Kampfmannschaft und an Lehrgängen zuzubilligen.[119]

Der Gleichbehandlungsgrundsatz[120] wird nur in seltenen Fällen einen Anspruch auf Beschäftigung begründen können, da sich der Arbeitgeber ohne sachlichen Grund kaum entschließen wird, den Arbeitnehmer von der Arbeitsleistung freizustellen, wenn er weiß, dass er ihm das Entgelt weiter bezahlen muss.

Interessante Wendungen könnten sich in der Zukunft aus dem Europarecht ergeben. Die GRC gewährt in Art 15 Abs 1 ein Recht auf Arbeit. Dieses wird vom EuGH im Sinn eines Rechts auf tatsächliche Beschäftigung verstanden. Auf die Teilnahme am Berufsleben und damit am wirtschaftlichen, kulturellen und sozialen Leben sei besonderes Augenmerk zu richten. Das Recht auf Beschäftigung diene der persönlichen Entfaltung und Lebensqualität der Arbeitnehmer.[121] Voraussetzung für die Anwendung der GRC ist allerdings, dass die Rechtsverletzung in den Anwendungsbereich der Unionsrechts fällt, also zB die Grundfreiheiten berührt wären.

---

115 *Schwarz,* Die Beschäftigungspflicht im Arbeitsverhältnis, FS Floretta 415; *Löschnigg,* Arbeitsrecht[13] 6/022.

116 Vgl *Welser/Zöchling-Jud,* Bürgerliches Recht II[14] Rz 284; *Bydlinski* in *Klang* V/2, 357.

117 *Krejci* in *Rummel*[3], ABGB § 1153 Rz 24; zwiespältig *Schwarz,* Die Beschäftigungspflicht im Arbeitsverhältnis, FS Floretta 421.

118 *Brodil,* Recht auf Beschäftigung – Möglichkeiten und Grenzen, in *Grundei/Karollus,* Aktuelle Rechtsfragen des Fußballsports IV (2006) 47; *Brodil,* Ausgewählte Arbeitsvertragsprobleme im Berufsfußballsport in *Brodil/Mazal/Windisch-Graetz,* Der ruhende Ball (2012) 1.

119 OGH 9 ObA 121/06v, DRdA 2007, 477 (*Brodil*).

120 Auf ihn verweist *Krejci* in *Rummel*[3], ABGB § 1153 Rz 24.

121 EuGH C-141/11, *Hörnfeldt* Rn 37; C-159/10, *Fuchs* Rn 62.

7. Sanktionen bei Verletzung der Arbeitspflicht

Kommt der Arbeitnehmer seiner Arbeitspflicht schuldhafterweise nicht nach, so besteht die schärfste Sanktion des Arbeitgebers in der Auflösung des Arbeitsvertrags. Diese Pflichtverletzung kann einen **Entlassungsgrund** oder einen **Kündigungsrechtfertigungsgrund** (insb gem § 105 Abs 3 Z 2 lit a ArbVG) darstellen (siehe unten 300 ff). Disziplinarmaßnahmen können nur ergriffen werden, wenn eine Disziplinarordnung in Geltung steht (siehe Bd I 165 f).

Gem § 1162a ABGB kann der Dienstgeber entweder den Wiedereintritt des Arbeitnehmers zur Dienstleistung nebst Schadenersatz oder Schadenersatz wegen Nichterfüllung des Vertrags verlangen, wenn der Dienstnehmer ohne wichtigen Grund vorzeitig austritt. Diese Regelung zeigt, dass der Gesetzgeber des ABGB davon ausgegangen ist, dass die Arbeitspflicht im Klagsweg durchgesetzt werden kann. Das AngG und andere Sondergesetze haben eine vergleichbare Regelung aber nicht mehr aufgenommen. Daraus wird abgeleitet, dass § 1162a ABGB teleologisch zu reduzieren ist und die unmittelbare Durchsetzung der Arbeitspflicht im Klagsweg nicht zulässig ist.[122]

Ein Recht des Dienstgebers auf Durchsetzung der Arbeitsleistung bereitet jedenfalls Schwierigkeiten. Einmal verliert ein solches Recht an Effektivität, bedenkt man die Möglichkeiten zur direkten Durchsetzung des Anspruchs auf die Dienste. Ein exekutiver Zwang gegen die Person des Dienstnehmers müsste so umfassend sein, dass dies mit der Freiheit der Persönlichkeit in schweren Konflikt geriete. Auch ist es wenig erfolgversprechend, den Dienstnehmer etwa mit Haftandrohung zur Rückkehr zur Arbeit verhalten zu wollen.[123] Außerdem könnte der Arbeitnehmer den Vertrag beim unbefristeten Arbeitsverhältnis jederzeit unter Einhaltung oft nur kurzer Kündigungsfristen lösen. Das Erfüllungsbegehren des Arbeitgebers würde dadurch zeitlich begrenzt. Eine Klage auf Erfüllung des Vertrags hätte in solchen Fällen nur theoretischen Charakter. Entscheidungen, die lediglich der Klärung abstrakter Rechtsfragen dienen, fehlt nach Meinung der Judikatur aber das Rechtsschutzinteresse.

8. Zurückbehaltung der Arbeitsleistung

Literatur: *Bydlinski,* Die Einrede des nicht erfüllten Vertrages in Dauerschuldverhältnissen, FS Steinwenter (1958) 140; *Fischer,* Das Zurückbehaltungsrecht im Arbeitsrecht? ZAS 1987, 109; *Jabornegg,* Zurückbehaltungsrecht und Einrede des nicht erfüllten Vertrages (1982).

Nach hM[124] kann der Arbeitnehmer seine Arbeitsleistung zurückhalten, sofern und solange der Arbeitgeber seinen Verpflichtungen aus dem Arbeitsvertrag nicht nachkommt. Den Ausgangspunkt der hA für die Bejahung eines Zurückbehaltungsrechts des Arbeitnehmers wegen rückständigen Arbeitsentgelts bilden die Bestimmungen der §§ 1052

122 *Felten* in *Rummel/Lukas/Geroldinger*[4], ABGB § 1162a Rz 2.
123 *Krejci* in *Rummel*[3], ABGB § 1162b Rz 19; GlUNF 4262.
124 OGH 9 ObA 6/94; *Rebhahn/Ettmayer* in *Kletečka/Schauer*, ABGB-ON[1.05] § 1153 Rz 12.

und 1062 ABGB über die „Einrede des nicht erfüllten Vertrags“, die analog auf alle zweiseitig verbindlichen entgeltlichen Verträge angewendet werden. Bedenken gegen deren grundsätzliche Anwendbarkeit bei Dauerschuldverhältnissen und insbesondere beim Arbeitsvertrag sind längst ausgeräumt.[125]

Allerdings stellen sich beim Arbeitsvertrag Sonderprobleme. Sie wurzeln einmal darin, dass Arbeit und Lohn nicht Zug um Zug erbracht werden, sondern der Arbeitnehmer seine Arbeit normalerweise vorleistet. Eine Ablehnung der Einrede würde dazu führen, dass der Arbeitnehmer, der seine Arbeitspflicht voll erfüllt hat, dem Arbeitgeber ohne jeden Rechtsgrund den voll erworbenen Entgeltanspruch über die vereinbarte Fälligkeit hinaus kreditieren müsste. Das widerspräche eindeutig der solchen Austauschverhältnissen immanenten hypothetischen Vertragsabsicht. Die zweite Schwierigkeit wirft der Umstand auf, dass die durch die Zurückhaltung ausgefallene Arbeit nicht mit einer allenfalls später nachgeholten identisch ist (sie ist ein Aliud). Dennoch verfängt das Argument, infolge Unmöglichkeit der Leistungserbringung komme die Einrede nicht mehr in Betracht, nicht, wie eine funktionelle Betrachtung unschwer ergibt. Die Funktion der Einrede besteht darin, indirekten Druck auf den Vertragspartner auszuüben, seine Vertragspflichten zu erfüllen. Ist eine Nachholung der eigenen Leistung unmöglich geworden, dann kann beim Zielschuldverhältnis dieser Zweck nicht mehr erreicht werden. Beim Dauerschuldverhältnis liegen die Dinge aber ganz anders. Hier beeinflusst die Unmöglichkeit einer Teilleistung die weitere Abwicklung des Schuldverhältnisses als solches nicht. Auch die Judikatur vertritt die Auffassung, dass die Einrede des nicht erfüllten Vertrags nicht nur im Verhältnis der jeweils unmittelbar gegenüber stehenden Teilleistungen, sondern auch im Verhältnis von später fällig werdenden Teilleistungen erhoben werden kann.[126]

Der Arbeitnehmer darf seine Arbeitsleistung so lange zurückhalten, bis der Arbeitgeber einen bereits fällig gewordenen Lohnrückstand gezahlt hat. Die Arbeitsleistung darf aber **nicht in rechtsmissbräuchlicher** Weise zurückgehalten werden.

Ein Verstoß gegen die guten Sitten (Verletzung der Mittel-Zweck-Relation) läge vor, würde der Arbeitnehmer seine Arbeitsleistung wegen lediglich geringfügiger Ansprüche zurückhalten. Auch zur Durchsetzung strittiger Ansprüche steht die Einrede nicht zur Verfügung. Weigert sich der Arbeitgeber aus vertretbaren Gründen, einen vom Arbeitnehmer behaupteten Anspruch zu erfüllen, kann der Arbeitnehmer deshalb ebenso wenig seine Arbeit zurückhalten, wie vorzeitig austreten. Strittige Ansprüche müssen vor Gericht durchgesetzt werden.

Unklar ist, ob der Arbeitnehmer seine Arbeit auch **wegen der Verletzung von Nebenpflichten** zurückhalten darf.

Ganz allgemein wird die Einrede nur bei der Verletzung selbstständiger Nebenpflichten (also solcher, an deren Erfüllung der Gläubiger ein besonderes Interesse besitzt, das von jenem an der Hauptleistung unabhängig ist) zugelassen. In Betracht könnten allenfalls schwerwiegende Verletzungen der Fürsorgepflicht kommen oder die Verletzung von Nebenpflichten, deren Schutzzweck nur bei Zurückhaltung der Arbeitsleistung erreicht werden kann, wie etwa der Schutz von Schwangeren vor Tabakrauch.

Der Arbeitnehmer, der seine Arbeitsleistung zurückbehält, hat den Arbeitgeber auf

125 *F. Bydlinski*, Die Einrede des nicht erfüllten Vertrages in Dauerschuldverhältnissen, FS Steinwenter 147; *Jabornegg*, Zurückbehaltungsrecht und Einrede des nicht erfüllten Vertrages (1982) insb 191.
126 OGH 9 ObA 6/94, DRdA 1995, 315 (*Jabornegg*) = ZAS 1995, 162 (*Micheler*).

Grund seiner Treuepflicht unverzüglich **über den Grund** der Arbeitszurückhaltung **aufzuklären**, damit dieser seine Säumnis beheben kann.

Sind mehrere Arbeitnehmer berechtigt, ihre Arbeit zurückzuhalten, können sie dies auch gemeinsam tun. Jeder einzelne muss aber dem Arbeitgeber mitteilen, aus welchem Beweggrund er dies tut. Während Streik und kollektive Ausübung des Zurückbehaltungsrechts ökonomisch gleichartig sind, liegt ihr rechtlicher Unterschied darin, dass im Streik ein gemeinsames Ziel angestrebt wird, während bei der kollektiven Ausübung des Zurückbehaltungsrechts jeder Arbeitnehmer **sein eigenes Ziel** verfolgt.

Hält der Arbeitnehmer seine Arbeitsleistung zu Recht zurück, weil ihm fälliges Entgelt vorenthalten wird, steht ihm für die Zeit der Zurückbehaltung der Arbeitsleistung Entgelt gem § **1155 ABGB** zu, weil die Arbeit aus Umständen unterbleibt, die auf Seite des Arbeitgebers liegen (vgl 215 ff).[127]

127 OGH 9 ObA 39/11t; *Jabornegg*, Kein Zurückbehaltungsrecht des Arbeitnehmers? FS Schwarz 89; *Preiss* in ZellKomm³, ABGB § 1154 Rz 67; *Rebhahn/Ettmayer* in *Kletečka/Schauer*, ABGB-ON$^{1.05}$ § 1153 Rz 12.

Die Entgeltpflicht

Literatur: Vgl die Literaturangaben bei *Rebhahn* in *Neumayr/Reissner* (Hg), Zeller Kommentar zum Arbeitsrecht^{3}, ABGB § 1152.

1. Problemaufriss

Die Entgeltpflicht ist die Hauptpflicht des Arbeitgebers beim entgeltlichen Arbeitsvertrag. Das Arbeitsrecht kennt **keine allgemeingültige Legaldefinition** des Entgelts. Es ist vielmehr je nach **Regelungszweck** der Normen, die Entgelt betreffen, zu fragen, welcher Entgeltbegriff davon erfasst sein soll. Zunächst geht es um die Frage, welche Leistungen der **Arbeitgeber** als Entgelt aus dem Arbeitsverhältnis **schuldet** (möglicherweise nicht zB Trinkgeld, das von Dritten gegeben wird). Weiters ist von Bedeutung, welcher Entgeltbegriff für die **Entgeltfortzahlung** in Zeiten, in denen die Arbeitsleistung ausbleibt, zugrundezulegen ist (nicht zB Aufwandentschädigungen, wenn der Aufwand wegfällt). Wichtig ist der Begriff auch für die verschiedenen Regelungen über den **Entgeltschutz** (Pfändungsschutz, Verjährung, Insovenzentgeltsicherung etc).

Wichtigen Unterscheidungsbedarf gibt es auch für die Frage, auf **welcher Regelungsebene** welche Entgeltbestandteile geregelt werden dürfen. Grundsätzlich ist die Festsetzung des normalen Zeitlohns Kollektivverträgen vorbehalten. Leistungslöhne und bestimmte andere Entgeltarten können dagegen auch durch Betriebsvereinbarung geregelt werden. Arbeitsvertragliche Entgeltvereinbarungen unterliegen den gesetzlichen Grenzen, insb ist die relativ zwingende Wirkung der kollektivvertraglichen Mindestlöhne zu beachten, weiters die Grenze des § 879 ABGB sowie das Gebot gleichen Entgelts für Männer und Frauen für gleiche oder gleichwertige Arbeit gem Art 157 AEUV und dem GlBG.

Aus § 1152 ABGB geht hervor, dass im Arbeitsvertrag auch **Unentgeltlichkeit** vereinbart sein kann. Angesichts der Tatsache, dass mehr als 90 % aller Arbeitnehmer lohngestaltenden zwingenden Vorschriften (insb Kollektivverträgen) unterliegen, spielt diese Regelung in der Praxis keine Rolle.[1] Sieht ein Kollektivvertrag Mindestlöhne vor, darf aufgrund des Günstigkeitsprinzips im Arbeitsvertrag kein geringeres Entgelt, daher auch nicht dessen gänzlicher Entfall vereinbart werden. Unentgeltliche Tätigkeit kann in den betreffenden Branchen daher grds nur vereinbart werden, wenn die Tätigkeit nicht im Rahmen eines Arbeitsverhältnisses erbracht wird, sondern zB im Rahmen eines Praktikums, Ausbildungsverhältnisses, zur Rehabilitation im Interesse des Tätigen oÄ.

1 So auch *Wilhelm*, Entgeltliche und unentgeltliche Arbeitsverhältnisse, in *Tomandl* (Hg), Entgeltprobleme aus arbeitsrechtlicher Sicht (1979) 1.

2. Der Begriff des Entgelts

Das Arbeitsrecht verwendet in seinen Normen verschieden weite Entgeltbegriffe. Häufig wird übersehen, dass auch im Arbeitsrecht drei Formen der Entgeltlichkeit zu unterscheiden sind. Wenn es darum geht, die Rechtsnatur einer Leistung des Arbeitgebers festzustellen, ist beispielsweise vom weitesten Entgeltbegriff auszugehen.[2] Es ist daher nicht nur zu fragen, ob sich der **Arbeitgeber** im Hinblick auf eine entsprechende gegenteilige Verpflichtung des Arbeitnehmers **verpflichtet hat (synallagmatische Entgeltlichkeit)**, die Frage ist vielmehr dahin zu erweitern, ob eine einseitige Verpflichtung des Arbeitgebers zur Entlohnung des Arbeitnehmers für den Fall vorlag, dass dieser ein Verhalten setzt, zu dem er nicht verpflichtet war (konditionale Entgeltlichkeit),[3] oder ob der Arbeitgeber seine Leistung lediglich in der Erwartung einer Gegenleistung des Arbeitnehmers (zB Aufrechterhaltung des Arbeitsvertragsverhältnisses) erbracht hat (kausale Entgeltlichkeit). Solange besondere Umstände nicht klar auf eine gegenteilige Absicht hindeuten, ist **im Zweifel** anzunehmen, dass der Arbeitgeber **keine Schenkung** beabsichtigt, wenn er einem Arbeitnehmer einen Vorteil zuwendet, ohne dazu verpflichtet zu sein,[4] sondern dass er damit seine Anerkennung für die bisher geleistete Arbeit und gleichzeitig die Erwartung ausdrücken will, dass der Arbeitnehmer ähnliche Arbeiten auch in Zukunft erbringen wird. In diesem Sinne bezeichnet Entgelt **sämtliche Leistungen, die der Arbeitnehmer vom Arbeitgeber dafür erhält, dass er ihm seine Arbeitskraft zur Verfügung stellt.**[5] Unbeachtlich ist, ob diese Leistungen laufend oder einmalig, im Hinblick auf die Verrichtung der normalen Dienste oder von Sonderleistungen (zB Überstunden) oder zur Abgeltung besonderer Belastungen (zB Erschwernis- oder Gefahrenzulage) gewährt werden.[6]

Gesetze, kollektive Rechtsgestaltungsmittel und Einzelverträge verwenden den Begriff jedoch häufig nur in einer **engeren Bedeutung**.

> Das geschieht vor allem dann, wenn sie dem Arbeitnehmer einen Anspruch auf ein Sonderentgelt einräumen und dabei dessen Berechnungsgrundlagen regeln. Meist wird nur jenes Entgelt einbezogen, auf das der Arbeitnehmer einen Rechtsanspruch besitzt, nicht aber auch zusätzliche Leistungen, die der Arbeitgeber ohne rechtliche Verpflichtung erbracht hat. Wenn hingegen nach bestimmten Regeln (zB für die Berechnung der Abfertigung) in die Berechnungsgrundlage auch freiwillig erbrachte Zusatzleistungen einzubeziehen sind, werden auf diese Weise ursprünglich kausale Entgeltteile zu synallagmatischem Entgelt.

2 Vgl zum folgenden *Wilhelm,* Entgeltliche und unentgeltliche Arbeitsverhältnisse, in *Tomandl,* Entgeltprobleme aus arbeitsrechtlicher Sicht 1.

3 ZB Aussetzung einer Prämie für Mehrleistungen.

4 OGH 4 Ob 10/74, ZAS 1976, 216 (*Rummel*).

5 Ständige Judikatur (RIS-Justiz RS0031505; vgl etwa OGH 14 Ob 114/86; 4 Ob 175/82; 4 Ob 13/81; zuletzt OGH 8 ObA 52/22p: auch alle Arten von Naturalleistungen, wie etwa die Zurverfügungstellung eines Dienstwagens zu privaten Zwecken) und einhellige Lehre.

6 OGH 10 ObS 94/87 (Folgeprovision), ZAS 1988, 201 (*Jabornegg*).

Für die praktische Rechtsanwendung spielt der **synallagmatische Entgeltbegriff** die entscheidende Rolle. Dieser ergibt sich aus der Beantwortung der Frage: „Was kann der Arbeitnehmer in einer bestimmten Situation vom Arbeitgeber fordern?“[7]

Kein Entgelt ist die **Aufwandsentschädigung**: Darunter versteht man eine Leistung, die lediglich erbracht wird, um wirtschaftliche Belastungen zu mildern, die dem Arbeitnehmer durch die Erbringung seiner Arbeitsleistung erwachsen.[8]

Aufwandersatz kann detailliert für konkrete Aufwendungen oder als Pauschale[9] geleistet werden. Entscheidend ist nicht die Bezeichnung der Leistung, sondern ihre Zweckbestimmung. Ist die sog Aufwandentschädigung höher als die tatsächliche Belastung des Arbeitnehmers, ist der übersteigende Teil Entgelt. Die ist zB der Fall, wenn der Arbeitgeber bei Dienstreisen die Bahnfahrt 1. Klasse ersetzt, der Arbeitnehmer aber nur die 2. Klasse benützt.[10]

Grundsätzlich trifft den Arbeitgeber die Obliegenheit, die für die Erbringung der Arbeitsleistung erforderlichen **Arbeitsmittel beizustellen.**[11] Hierin liegt ein Unterschied des Arbeitsvertrages zum freien Dienstvertrag und Werkvertrag. Von diesen Grundsätzen kann durch vertragliche Vereinbarung abgegangen werden, nach der der Arbeitnehmer bestimmte Betriebsmittel beizustellen hat.[12] Die ständige Rsp[13] und hL wendet **§ 1014 ABGB**, wonach der Gewaltgeber verpflichtet ist, dem Gewalthaber allen zur Besorgung des Geschäftes notwendig oder nützlich gemachten Aufwand zu ersetzen, auf Arbeitsverhältnisse analog an. Sofern dem Arbeitnehmer aus seiner beruflichen Tätigkeit Aufwendungen erwachsen, hat er also einen gesetzlichen Anspruch gegenüber dem Arbeitgeber auf deren Ersatz.[14] Nicht maßgeblich ist, ob der Aufwand vom Arbeitgeber ausdrücklich angeordnet oder genehmigt wurde oder von wem die Initiative ausgeht. Nach der Rsp war etwa der mit der Erlangung der Fahrerkarte für LKW-Fahrer verbundene finanzielle Aufwand vom Arbeitgeber zu ersetzen;[15] abgelehnt wurde jedoch der Ersatz von an ausländische Beamte gezahlten Bestechungsgeldern.[16] § 1014 ABGB ist dispositiv und kann innerhalb der Grenzen des § 879 ABGB abbedungen werden, wobei es zu keiner sittenwidrigen Überwälzung des Unternehmerrisikos kom-

7 Der Arbeitgeber kann sich auch zur Leistung einer Wahlschuld iSd § 906 ABGB verpflichten, zB Unterkunft oder Übernachtungsgeld: OGH 14 Ob 211, 212/86, ZAS 1990, 201 (*Schima*) = DRdA 1990, 60 (*Löffler*).

8 ZB Fahrtkostenersatz, Ausgleich der Mehrkosten der Lebensführung auf Dienstreisen.

9 Sofern im Durchschnitt die konkreten Aufwendungen der pauschalierten Summe entsprechen: OGH 9 ObA 57/00y; zu einer Dienstkleidungspauschale OGH 9 ObA 220/02, DRdA 2004, 134 (*Binder*).

10 OGH 8 ObA 2312/96z.

11 *Rebhahn* in Zellkomm³, ABGB § 1151 Rz 114 sowie ausführlich *Schrank*, Betriebsrisiko und arbeitsrechtliche Wertordnung, ZAS 1985, 8.

12 *Risak*, Home Office I - Arbeitsrecht, ZAS 2016, 204; *Dullinger* in *Köck*, Homeoffice-Kommentar AVRAG § 2h Rz 57.

13 Grundlegend OGH 4 Ob 35/82 sowie für Aufwandersatz 9 ObA 19/87; 9 ObA 111/89. Siehe auch zur Risikohaftung 243 ff.

14 *Karner* in *Gruber-Risak/Mazal*, Kap VI Rz 29.

15 OGH 9 ObA 92/06d.

16 OGH 8 ObA 320/94.

men darf.[17] Eine Sonderregelung besteht inzwischen für die Arbeit im Homeoffice (siehe dazu 69).

Die Unterscheidung zwischen **Bar- und Naturalentgelt** zielt darauf ab, ob der Arbeitnehmer Geld oder eine andere vermögenswerte Sache oder Dienstleistung erhält.

Zum Barentgelt zählt auch die bargeldlose Überweisung oder die Zahlung mit anderen geldgleichen Zahlungsmitteln.[18] Zum Naturalentgelt gehören etwa Lebensmittel-, Holz- und Bierdeputate,[19] Freiflüge,[20] Dienstwohnungen,[21] die private Nutzungsmöglichkeit von Dienstfahrzeugen[22] udgl. Entgelt ist auch die vom Arbeitgeber übernommene Verpflichtung, einem Arbeitnehmer Betriebseinrichtungen zur privaten Nutzung ohne oder nur mit teilweisem Kostenersatz zu überlassen.[23]

Trinkgelder, die der Arbeitnehmer von Dritten erhält, sind grds kein Entgelt,[24] da sie dem Arbeitnehmer nur anlässlich seiner Arbeitsleistung zugewendet werden. Daraus ergibt sich, dass solche Trinkgelder nicht auf den kollektivvertraglichen Entgeltanspruch angerechnet werden dürfen, andererseits aber auch, dass sie im Entgeltfortzahlungsfall nicht für die Entgeltfortzahlung einzurechnen sind.[25] Allerdings kann vertraglich vereinbart werden, dass Trinkgelder auf das Entgelt angerechnet werden.

Wenn der Arbeitgeber ein bestimmtes Minimum an Trinkgeldeinnahmen ausdrücklich oder stillschweigend garantiert, dann gehört der Garantiebetrag zum Entgelt.[26] Leistungen Dritter (zB von Ärzten geleistete Assistenzgebühren an Krankenschwestern im Belegspital) sind ferner dann Entgelt, wenn der Arbeitgeber auf die Zahlung Einfluss nimmt und einen Vertrauenstatbestand schafft.[27] Aus der bloßen Übertragung einer Tätigkeit, bei der Trinkgelder anfallen, kann auf eine vom Arbeitgeber geschaffene Vertrauensposition aber noch nicht geschlossen werden.[28]

Mitunter werden in den die Entgeltansprüche begründenden Normen oder Vertragsbestimmungen anstelle des Worts Entgelt **andere Ausdrücke** verwendet. Erst deren Auslegung kann ergeben, ob damit der umfassende Entgeltbegriff angesprochen ist oder nur ein bestimmter Entgeltteil. Der OGH neigt etwa dazu, den Begriff „Bezug" mit Entgelt gleichzusetzen.[29] Als **„laufendes Entgelt"**[30] bezeichnet man jene Leistungen, die dem

17 *Dullinger* in *Köck*, Homeoffice-Kommentar AVRAG § 2h Rz 61; OGH 9 ObA 173/89.

18 Eingehend *Fischer,* Das Gehaltskonto in arbeitsrechtlicher Sicht, ZAS 1971, 123; *ders,* Rechtsfragen zur unbaren Geldlohnzahlung, in *Tomandl* (Hg), Entgeltprobleme aus arbeitsrechtlicher Sicht 51; OGH 14 ObA 501/87, ZAS 1989, 25 (*Eccher-Oberhofer*).

19 Siehe auch § 14 LuFArbDG, § 12 Abs 2 GAngG, § 4 Abs 3 HausgG.

20 OGH 4 Ob 11/77.

21 OGH 4 Ob 11/77.

22 OGH 9 ObA 25/16s; 8 ObA 52/22p.

23 Vgl OGH 4 Ob 39/67 (Arztpraxis in Spital), JBl 1968, 379 (*Strasser*).

24 OGH 9 ObA 249/94, ZAS 1996, 29 (*Spitzl*).

25 OGH 4 Ob 13/76; *Löschnigg,* Arbeitsrecht[13] 6/142.

26 Vgl OGH 1 Ob 267/37 (Trinkgeldablöse); *Mayer-Maly,* Arbeitsrecht 115; *ders,* Das Troncsystem, ÖJZ 1967, 314; *Migsch,* Abfertigung für Arbeiter und Angestellte 131; *Vajna,* Die Umsatzprozententlohnung im Gastgewerbe, ZAS 1968, 38.

27 OGH 8 ObS 52/97y.

28 Vgl näher hierzu OGH 4 Ob 13/84, ZAS 1985, 105 (*Tomandl*).

29 Vgl OGH 4 Ob 63/75, ZAS 1977, 140 (krit *Klein*) und 4 Ob 136/84.

30 VwGH 82/11/0242.

Arbeitnehmer zu jedem Entgeltzahlungszeitpunkt zustehen, also kurzfristig regelmäßig wiederkehrende Entgeltleistungen (zB Wochenlohn, Monatsgehalt, Überstundenpauschale). Davon ist das später zu besprechende **regelmäßige Entgelt** zu unterscheiden (zB 13., 14. Monatsgehalt). Zum **einmaligen Entgelt** werden nicht nur solche Ansprüche gezählt, die wirklich nur ein einziges Mal in einem Arbeitsverhältnis anfallen (zB Abfertigung), sondern auch solche, die nur in zeitlich großen Abständen (zB alle drei Jahre) gewährt werden.

3. Die Rechtsgrundlagen des Entgeltanspruchs

Der österreichische Gesetzgeber hat grundsätzlich darauf verzichtet, die Höhe des laufenden Entgelts für den privaten Sektor selbst festzusetzen. In Österreich gibt es daher – anders als in vielen anderen Staaten – **keinen gesetzlichen Mindestlohn**. Nur wenn in einem entgeltlichen Arbeitsvertrag eine Vereinbarung über die Höhe des Entgelts fehlt und auch keine diesbezügliche kollektive Rechtsgestaltung eingreift, steht gem **§ 1152 ABGB** von Gesetzes wegen **„angemessenes Entgelt"** zu. Ansonsten gründet sich die Höhe des laufenden Entgeltanspruchs nur bei den Dienstnehmern des Staates[31] auf das Gesetz. Darin kommt die Grundsatzentscheidung des Staats zum Ausdruck, die eigentliche Lohngestaltung den unmittelbar betroffenen Arbeitnehmern und Arbeitgebern sowie deren Verbänden zu überlassen (**staatliche Lohnneutralität**). Für die Arbeitnehmer des privaten Sektors hat sich der Gesetzgeber darauf beschränkt, lediglich bestimmte Sonderentgelte, zB die Abfertigung oder den Überstundenzuschlag, festzulegen. Er begnügt sich hierbei allerdings mit der Einführung einer Berechnungsformel. Bezüglich der Berechnungsgrundlage verweist er hingegen zumeist auf das (kollektiv-)vertraglich vereinbarte Entgelt.

Die Unabdingbarkeit solcher Bestimmungen umfasst demgemäß auch nur die Berechnungsformel. Wird daher das laufende Entgelt vereinbarungsgemäß rechtswirksam gekürzt, so verringert sich damit auch die Höhe der unabdingbaren Sonderentgelte.

Mindestentgelte werden üblicherweise durch **Kollektivverträge und ihre Substitutionsformen** (Satzung, Mindestlohntarife, Lehrlingseinkommen, siehe Bd I 255 ff) festgelegt.

Betriebsvereinbarungen dürfen Zeitlöhne nur dann festsetzen, wenn sie dazu von Kollektivverträgen autorisiert werden (siehe Bd I 275). Autonom können sie lediglich verschiedene Sonderentgelte (zB Zuwendungen aus besonderen betrieblichen Anlässen und Betriebspensionen gem § 97 Abs 1 Z 15 und § 18 ArbVG) sowie generelle Leistungsentgelte und Erfolgsbeteiligungen regeln (Akkordlöhne gem § 96 ArbVG, Gewinnbeteiligungssysteme und Leistungsentgelte gem § 97 Abs 1 Z 16 ArbVG).

31 Vgl §§ 11 ff VBG; dazu gibt es vereinzelt Regelungen für Arbeitnehmersondergruppen.

Tatsächlich schließen die Betriebsräte jedoch regelmäßig auch ohne kollektivvertragliche Ermächtigung mit den Arbeitgebern betriebliche Lohnvereinbarungen ab. Sie sind unzulässige Betriebsvereinbarungen und können rechtlich nur als „**freie Betriebsvereinbarungen**" über den Einzelarbeitsvertrag verbindlich werden (siehe Bd I 338 ff).

Zur Ergänzung und bei Fehlen kollektiver Rechtsgestaltungsmittel wird das Entgelt durch Einzelarbeitsvertrag festgelegt. Der Lohnanspruch des Arbeitnehmers richtet sich grundsätzlich auf einen Bruttobetrag, der Arbeitgeber schuldet daher eine **Bruttovergütung**.[32] Es steht den Parteien aber frei, zu vereinbaren, dass die vom Arbeitgeber zu leistende Vergütung netto geschuldet werden soll („Nettolohnvereinbarung"). Durch eine solche Vereinbarung übernimmt der Arbeitgeber die sonst vom Arbeitnehmer zu tragenden Abgaben (insb die Lohnsteuer und die Sozialversicherungsbeiträge).

Bei einer **abgeleiteten (unechten) Nettolohnvereinbarung** wird nur eine Einigung erzielt, wie viel dem Arbeitnehmer im Zeitpunkt des Vertragsabschlusses nach Abzug aller Abgaben verbleiben soll. Die maßgebliche Größe ist stets der Bruttobetrag, von dem ausgehend bei einer Veränderung der Abgaben auch das Nettoentgelt neu zu berechnen ist. Bei einer **originären (echten) Nettolohnvereinbarung** richtet sich der Anspruch des Arbeitnehmers nur auf den Nettolohn. Den Arbeitnehmer trifft die Behauptungs- und Beweislast für das Vorliegen einer originären Nettolohnvereinbarung. Im Zweifel ist nur eine abgeleitete Nettolohnvereinbarung anzunehmen, sofern nicht ausdrücklich eine originäre getroffen wurde.[33]

Im Bereich des Steuerrechts hat der Gesetzgeber für den Fall, dass der Arbeitgeber seinen Abgabenverpflichtungen nicht nachkommt, in **§ 62a EStG** eine Sonderregelung getroffen, wonach ausnahmsweise ein **Nettoarbeitslohn** als vereinbart gilt. Diese Regelung gilt nicht für arbeitsrechtliche Ansprüche (vgl Bd I 23).

Ist eine **Überzahlung** des kollektivvertraglichen Mindestgehalts vereinbart, so ist durch **Auslegung** zu ermitteln, ob damit nur die konkret vereinbarte Entgelthöhe (dh ein bestimmter Eurobetrag) oder eine bestimmte Überzahlungsrate gegenüber dem Kollektivvertragslohn (ausgedrückt in Prozenten) geschuldet wird. Im ersten Fall führt eine Erhöhung der kollektivvertraglichen Mindestentgelte zu keiner Lohnsteigerung, wenn der Lohn schon bisher mindestens so hoch wie der neue Mindestlohn war.[34] Im zweiten Fall wäre eine entsprechende prozentuelle Lohnerhöhung vorzunehmen. Oft sehen Kollektivverträge vor, dass nicht nur die kollektivvertraglichen Mindestentgelte sondern auch Überzahlungen erhöht werden („**Ist-Lohnklausel**"; vgl Bd I 221).

Strittig ist, inwieweit die Parteien die Wirksamkeit von kollektivvertraglichen Ist-Lohnklauseln im Vornhinein **abdingen** können, insb indem vereinbart wird, dass eine Überzahlung auf künftige Erhöhungen des Ist-Lohns zur Anrechnung gebracht wird

32 OGH 9 ObA 72/03h; 9 ObA 185/97i, DRdA 1998, 198 (*Gerlach*).
33 OGH 9 ObA 72/03h; 9 ObA 48-53/90, ZAS 1991, 19 (*Zeiler*); 8 ObA 214/96, DRdA 1997, 217 (*K. Mayr*).
34 Vgl OGH 4 Ob 70/83.

(**Aufsaugungsklausel**).[35] Dies bedeutet, dass der vereinbarte Lohn solange gleichbleiben soll, als er noch über dem jeweiligen Kollektivvertragsmindestlohn liegt. Nach § 3 Abs 1 ArbVG dürfen Bestimmungen in Kollektivverträgen durch einen Arbeitsvertrag weder aufgehoben noch beschränkt werden. Sondervereinbarungen sind, sofern sie der Kollektivvertrag nicht ausschließt, nur gültig, soweit sie für den Arbeitnehmer **günstiger** sind. Nach Meinung des OGH stellt eine Vereinbarung, wonach eine überkollektivvertragliche Entlohnung auf allfällige kollektivvertragliche Erhöhungen angerechnet werden soll, keinen Verzicht auf die zwingend zu gewährende Ist-Lohnerhöhung dar. Sie ist vielmehr eine vom Arbeitgeber bei Vertragsabschluss freiwillig **vorweg gewährte Lohnerhöhung**, die sich stufenweise in den gesetzlichen Mindestlohn einschleifen soll. Einer derartigen **Anrechnungsklausel** sind aber zeitliche Grenzen gesetzt. Je länger die Fixierung des vereinbarten höheren Lohns dauert, desto stärker wird der Arbeitnehmer von der automatischen Anpassung seines Lohns an den realen Wert ausgeschlossen. Als zulässig hat der OGH (bei einer 40%-igen Überzahlung) eine „Aufsaugung“ für einen Zeitraum von **drei Jahren** erachtet.[36]

Unrichtig ist die häufig anzutreffende Meinung, Erhöhungen der kollektivvertraglichen Mindestlöhne seien praktisch bedeutungslos, wenn das Lohnniveau der Branche ohnedies über dem Kollektivvertrag liegt. Denn manche kollektivvertraglichen Sonderentgelte knüpfen am kollektivvertraglichen Mindestlohn an. Überdies ist das Fundament vieler kollektivvertraglicher Leistungslohnsysteme der Mindestlohn. Wird dieser erhöht, steigen damit auch die tatsächlich erzielten Verdienste.

Häufig gewähren Arbeitgeber ihren Arbeitnehmern Zuwendungen ohne Verpflichtung (sogenannte **freiwillige Sozialleistungen**).

Dieser Ausdruck ist allerdings irreführend. Darunter können nämlich einerseits Leistungen verstanden werden, die der Arbeitgeber ohne jeden Rechtsanspruch tatsächlich erbringt, andererseits aber auch solche, die der Arbeitgeber verbindlich zugesagt hat, ohne dazu durch Gesetz oder Kollektivvertrag verpflichtet zu sein (also ursprünglich freiwillig eingeführte Leistungen) und die somit Vertragsinhalt sind.

An ihrem Entgeltcharakter besteht kein Zweifel. Ob bzw unter welchen Voraussetzungen eine Verpflichtung des Arbeitgebers anzunehmen ist, diese Leistungen auch in Zukunft zu erbringen, wurde bereits erörtert (**Betriebsübung**, Bd I 324 ff).

Da der Arbeitnehmer keinen bestimmten Arbeitserfolg, sondern nur sorgfältige Arbeitsleistung schuldet, bleibt sein Entgeltanspruch unberührt, wenn das Ergebnis seiner Tätigkeit die vom Arbeitgeber angestrebten Zwecke verfehlt. Der Arbeitgeber wird aber von seiner Entgeltpflicht befreit, wenn der Arbeitnehmer seiner Arbeitspflicht gar nicht nachkommt. Dieser Grundsatz aller synallagmatischen Verträge (do ut des) ist im Arbeitsrecht aus sozialen Erwägungen vielfach durchbrochen (siehe unten **Entgeltfortzahlung** 202 ff).

35 Vgl *Grillberger*, Kollektivvertragliche Ist-Lohnerhöhungen und einzelvertragliche Anrechnungsklauseln, DRdA 1992, 431.

36 OGH 8 ObA 73/98v.

Entgeltschuldner ist normalerweise der Arbeitgeber. In einzelnen Fällen wurde die Entgeltverpflichtung aber vom Arbeitgeber abgelöst und einem Dritten auferlegt. So richtet sich der Anspruch des angestellten Pharmazeuten auf das laufende Entgelt nicht gegen den Apotheker, sondern gegen die Pharmazeutische Gehaltskasse[37] und der Anspruch der Bauarbeiter auf Urlaubsentgelt und Abfertigung gegen die Bauarbeiter-Urlaubs- und Abfertigungskasse.[38] Dahinter steht das Bestreben nach einem Risikenausgleich.

In besonderen Fällen sehen gesetzliche Bestimmungen **Haftungserweiterungen** vor. So haftet für Entgeltansprüche im Rahmen der **Arbeitskräfteüberlassung** nicht nur der Überlasser als Arbeitgeber, sondern gem § 14 AÜG auch der Beschäftiger als Bürge.

4. Entgeltformen

4.1. Allgemeines

Den Parteien des Arbeitsvertrags bieten sich mehrere Möglichkeiten, die Art des Entgelts zu vereinbaren. Der Struktur des Arbeitsvertrags als Dauerschuldverhältnis entspricht die Entlohnung nach der aufgewendeten Arbeitszeit (= **Zeitlohn**). Diese Art der Entlohnung setzt den Arbeitnehmer keinem Zeitdruck aus und ermöglicht es ihm, seine Arbeit in Ruhe und mit Bedacht auszuführen. Wegen des Fehlens mengenmäßiger Leistungsanreize übt sie einen positiven Einfluss auf die Qualität der Arbeitsleistung aus, weshalb sie auch als negativer Qualitätslohn[39] bezeichnet wird.

Häufig ist der Arbeitgeber daran interessiert, den Arbeitnehmer zu höherem Arbeitstempo oder zu größerer Arbeitsintensität zu bewegen. Zu diesem Zwecke wurden Lohnformen entwickelt, die die Höhe des Entgelts unmittelbar an die festgestellte Arbeitsleistung (= **Leistungslöhne**) oder an den wirtschaftlichen Erfolg des Unternehmens (= **Erfolgslöhne**) binden. Damit wurden in das Arbeitsverhältnis Elemente anderer Vertragstypen hineingetragen. So ist der **Leistungslohn** das charakteristische Entgelt aus dem Werkvertrag, der **Erfolgslohn** jenes aus dem Gesellschaftsvertrag. Die Verwendung dieser Entgeltformen im Arbeitsvertrag führt zu Spannungen mit dessen innerer Anlage und ist Quelle mancher rechtlicher Probleme.

Im Folgenden können nur die Grundlohnformen näher dargestellt werden. Aus ihnen lassen sich die vielfältigsten Kombinationen entwickeln. Die **Grundlohnformen** bestimmen jenes Entgelt, das dem Arbeitnehmer **laufend** für die Erbringung seiner arbeitsvertraglich geschuldeten Tätigkeit zusteht. Zur Abgeltung von Sonderleistungen oder von belastenden Umständen sowie zur Erzielung bestimmter sozialpolitischer Effekte wer-

37 Vgl §§ 13 ff GehaltskassenG 2002.
38 Vgl §§ 8, 13f Bauarbeiter-Urlaubs- und Abfertigungsgesetz (BUAG). Siehe dazu unten 240 f und 338 f.
39 *Kosiol,* Theorie der Lohnstruktur (1928) 19.

den überdies **Sonderentgelte** gewährt. Diese knüpfen in ihrer Berechnung zumeist an der Grundentlohnung an (etwa als Prozentsatz oder als Vielfaches des Stunden- oder Monatslohnes), in seltenen Fällen wird eine eigenständige Berechnung vorgesehen (etwa in Form eines konkreten Geldbetrags).

4.2. Die Grundlohnformen

4.2.1. Zeitlohn

Beim Zeitlohn wird der Arbeitnehmer **pro Zeiteinheit** (Stunde, Woche, Monat) entlohnt. Der Zeitlohn sichert dem Arbeitnehmer ein stetiges Einkommen, führt für den Arbeitgeber jedoch bei schwankenden Arbeitsleistungen des Arbeitnehmers zu variablen Stückkosten. Lässt sich im Zeitlohn auch nicht die jeweilige tatsächliche Arbeitsleistung des Arbeitnehmers erfassen, so kann er doch in Beziehung zu den Anforderungen des jeweiligen Arbeitsplatzes gesetzt werden. Analytische **Arbeitsplatzbewertungsverfahren** versuchen, diese Anforderungen für jeden Arbeitsplatz genau zu ermitteln, miteinander in Beziehung zu setzen und schließlich die Arbeitsplätze nach ihrer Wertigkeit zu reihen. Sie werden daher nicht selten zur Grundlage betrieblicher oder kollektivvertraglicher Lohnordnungen gemacht.

Sieht der **Kollektivvertrag** verschiedene **Lohn- oder Verwendungsgruppen** vor, so ist die Einstufung der Arbeitnehmer in diese Gruppen schwierig, wenn die Einstufungskriterien vage sind.[40] Ordnet der Kollektivvertrag nichts Gegenteiliges an, ist für die Einstufung die **Art** der vom Arbeitnehmer vereinbarungsgemäß zu erbringenden **Tätigkeit** (objektives Kriterium)[41] sowie der Nachweis allenfalls vorgeschriebener Qualifikationen (subjektives Kriterium, zB abgeschlossene Lehre, Studium) entscheidend.

4.2.2. Der Leistungslohn

Kennzeichnend für jede Form leistungsbezogener Entlohnung ist die Abhängigkeit der Lohnhöhe von einem bestimmten Leistungserfolg.[42] Leistungslöhne beruhen auf Entgeltfindungsmethoden, bei denen eine wie immer definierte Leistung des Arbeitnehmers gemessen wird und die Höhe seines Entgeltanspruchs unmittelbar in Beziehung zu diesem Messergebnis gesetzt wird. Leistungslöhne liegen mit anderen Worten dann vor, wenn vereinbarungsgemäß **Arbeitsleistung und Entgelthöhe so miteinander verknüpft sind, dass wechselnde Arbeitsleistungen zu kurzfristigen Schwankungen der Entgelthöhe führen.**[43]

40 Vgl OGH 4 Ob 145, 146/82, ZAS 1986, 9 (*Irresberger*).
41 OGH 9 ObA 128/12g; 9 ObA 18/10b.
42 *Löschnigg*, Arbeitsrecht[13] 6/148.
43 Vgl dazu vor allem *Schrank*, Betriebsvereinbarungen über die Leistungsentgelte, in *Tomandl*, Probleme des Einsatzes von Betriebsvereinbarungen (1983) 83.

Werden daher bspw auf der Basis von Arbeits- oder Persönlichkeitsbewertungsverfahren Löhne festgesetzt, die für längere Zeit (zB ein Jahr) unverändert bleiben, so handelt es sich hierbei nicht um Leistungslöhne.[44]

In der Arbeitsrechtsordnung finden sich verschiedene Regelungen, die sich mit Leistungslöhnen befassen. Dabei geht es im Wesentlich um zwei **Regelungsziele**:

- Einerseits geht es darum, **physische und psychische Gefahren** für den Arbeitnehmer zu vermeiden, die dadurch entstehen, dass der Arbeitnehmer wegen der Schwankungsmöglichkeit des Entgelts seine Arbeitsleistung ständig hochhalten muss, um Einkommensabfälle zu vermeiden.[45]
- Andererseits ist die Höhe des **regelmäßigen (durchschnittlichen) Entgelts** bei Leistungslöhnen, die kurzfristig zu Schwankungen des Entgeltanspruchs führen, zu ermitteln (insb als Berechnungsgrundlage für die Entgeltfortzahlung, die Abfertigung, Überstundenzuschläge).

Für die Leistungslohnsysteme ist jedenfalls zweierlei erforderlich: a) die Ermittlung der erbrachten Leistung und b) die Festsetzung des Entgelts pro Leistungseinheit. Die durch den Leistungslohn entgoltene Leistung kann eine Mengenleistung (Anzahl der Werkstücke), eine messbare Arbeitsqualität (Höhe des Ausschusses) oder eine Mischung aus beiden sein. Leistungslöhne können als **Grundlohn** oder als **Zusatz zum Zeitlohn** in Erscheinung treten.

Ausschließlich Grundlohn ist nur der **Akkordlohn**, der in manchen Branchen traditionellerweise noch Stück- oder Gedinglohn genannt wird. Er ist ein positiver Quantitätslohn, der unmittelbar zur Erhöhung der Mengenleistung anreizt. Da dem Arbeitnehmer für jede Leistungseinheit derselbe Geldbetrag zusteht, steigt oder fällt sein Lohn (bezogen auf die aufgewendete Arbeitszeit) im gleichen Ausmaß wie sein Mengenausstoß. Weil die Qualität der Arbeitsleistung sinken könnte, ist er nur beschränkt einsatzfähig.

Der Akkordlohn wird aus einer Kombination dreier Elemente berechnet: Arbeitsmenge, Arbeitszeit und Geldfaktor.[46]

Die produzierte Arbeitsmenge je Zeiteinheit ergibt die Arbeitsleistung. Sie wird in Beziehung gesetzt zu der sogenannten **Normalleistung**. Darunter versteht man üblicherweise jene Leistung, die ein Arbeitnehmer bei zureichender Eignung und voller Geübtheit nach Einarbeitung und Gewöhnung sowie bei befriedigendem, auf die Dauer ohne Gesundheitsschädigung durchhaltbarem Kräfteeinsatz erbringen kann. Sie ist also ein Durchschnittswert. Für die Erreichung der Normalleistung wird dem Arbeitnehmer ein bestimmter Geldbetrag (der Akkordrichtsatz) zugesagt, der in der Praxis durch Kollektivvertrag, Betriebsvereinbarung oder Einzelvertrag festgelegt wird. Jene Zeit, die ein durchschnittli-

44 So auch *Schrank,* Betriebsvereinbarungen über die Leistungsentgelte 86.

45 Vgl OGH 8 ObA 48/22z, ZAS 2023, 137 (*Tomandl*): Der OGH spricht von der mit dem Akkord einhergehenden Gefahr eines die eigene Gesundheit hintansetzenden („selbstausbeuterischen") Verhaltens der Arbeitnehmer.

46 Vgl dazu *Egger/Egger/Schauer,* Einführung in die Allgemeine Betriebswirtschaftslehre[27] (2016) 145; *Tomandl,* Rechtsprobleme des Akkord- und Prämienlohnes, ÖJZ 1960, 537.

cher Arbeitnehmer bei Normalleistung benötigt, um eine bestimmte Arbeitsleistung zu erbringen, wird **Vorgabezeit** genannt. An ihr kann sich der Arbeitnehmer orientieren. Die praktischen Schwierigkeiten liegen bei der **Ermittlung der Normalleistung**, da die Leistungsfähigkeit der einzelnen Arbeitnehmer ungleich ist und es auch schwer fällt festzustellen, wann ein Arbeitnehmer mit normalem Tempo und normaler Intensität arbeitet. Die Normalleistung wird in der Praxis entweder durch Vereinbarung festgelegt (ausgehandelter Akkord), durch einen betrieblichen Vorgesetzten geschätzt (Meisterakkord), durch Anwendungen **arbeitswissenschaftlicher Verfahren** oder in einem gemischten Verfahren ermittelt.

Akkordsysteme werden praktisch in zwei verschiedenen – im Ergebnis aber vollkommen gleichwertigen – Formen durchgeführt: Dadurch kann der Arbeitnehmer selbst seinen Verdienst leicht berechnen. Beim **Geldakkord** wird die Vorgabezeit mit dem Geldfaktor multipliziert und dem Arbeitnehmer nur dieses Ergebnis mitgeteilt: er weiß damit, wieviel Euro er pro Arbeitseinheit erhält. Beim dem in der Praxis primär angewendeten **Zeitakkord** wird dem Arbeitnehmer dagegen zweierlei mitgeteilt: nämlich wie viele Minuten ihm für die Erbringung einer bestimmten Leistung gutgeschrieben werden – **Zeitfaktor** (unabhängig davon, wie lange er tatsächlich gebraucht hat) – und wieviel er pro gutgeschriebener Minute verdient – **Geldfaktor.** In diesem Fall tritt also die Vorgabezeit besonders in den Vordergrund. Die Leistungsdauer der Normalleistung wird transparent gemacht und die zugemutete Intensität der Arbeit ist leicht überschaubar.[47]

Beispiel: Man stellt fest, dass ein Arbeiter bei Normalleistung ein Werkstück in 10 Minuten (Vorgabezeit) fertigstellen kann. Nach dem Kollektivvertrag beträgt der Akkordrichtsatz € 12,– pro Stunde (= 0,2 € pro Minute). Dann wird dem Arbeiter bei Zeitakkord mitgeteilt, dass ihm pro fertiggestelltem, qualitativ einwandfreiem Werkstück 10 Arbeitsminuten à € 0,2 gutgeschrieben werden. Beim Geldakkord erfährt er, dass er pro Werkstück € 2,– verdient. Gelingt es ihm, in der Stunde tatsächlich sieben Werkstücke zu produzieren, dann beträgt sein tatsächlicher Stundenverdienst € 14,–. Schafft er hingegen nur fünf Werkstücke, verdient er tatsächlich € 10,– pro Stunde.

Für den Fall der Minderleistungen garantiert die Akkordlohnvereinbarung per se dem Arbeitnehmer kein **Mindesteinkommen**. Eine solche Garantie kann jedoch der **Kollektivvertrag** enthalten, was idR bei Mindestlöhnen der Fall ist. Fehlt eine solche Mindestgarantie, ist der Arbeitnehmer nur gegen ein Absinken seines Entgelts auf ein gegen die guten Sitten verstoßendes Niveau gem § 879 ABGB geschützt.[48]

Seit einiger Zeit wird der Akkordlohn zunehmend vom **Prämienlohn** verdrängt. Er ist ein Mischlohn. Zum Grundlohn tritt bei Erbringung einer bestimmten Sonderleistung ein Zuschlag in Form einer Prämie. Praktische Bedeutung besitzt die Prämie nur als Zuschlag zum Zeitlohn (Prämienzeitlohn). Der Prämienzeitlohn ist – anders als der starre Akkordlohn – geeignet, eine Leistungssteigerung unter Wahrung bestimmter Qualitätserfordernisse zu bewirken. Die mit der Prämie abgegoltene Sonderleistung kann beliebig definiert werden, sie kann ein bestimmtes **Arbeitsquantum** oder eine besondere **Ar-**

47 *Löschnigg*, Arbeitsrecht[13] 6/148.

48 Vgl zu dieser generellen Untergrenze OGH 4 Ob 139/77, DRdA 1979, 208 (*Migsch*) = ZAS 1979, 96 (*Heinrich*).

beitsqualität sein. Der Prämienlohn kann daher vielfältig ausgestaltet werden und verschiedene Ziele verfolgen, er muss aber an irgendeinen messbaren Wert anknüpfen. Die Prämienzeitlohnvereinbarung garantiert dem Arbeitnehmer ein Mindesteinkommen in der Höhe des Zeitlohns.

Bei Prämien handelt es sich regelmäßig um **bedingtes Entgelt** (zB Aufstiegsprämie eines Fußballtrainers).[49]

Hat der Arbeitgeber den Eintritt der Bedingung treuwidrig vereitelt, hat der Arbeitnehmer dennoch Anspruch auf die Prämie.[50]
Vereinbarungen, dass Prämien nur dann ausgezahlt werden sollen, wenn der Arbeitnehmer keine Krankenstandszeiten aufweist, sind gem § 879 ABGB unwirksam, da sie den Schutzzweck der Entgeltfortzahlung im Krankheitsfall vereiteln.[51] Dies gilt auch für Regelungen in Kollektivverträgen und Betriebsvereinbarungen sowie für „freiwillige" Zulagen des Arbeitgebers.[52]

Für **bestimmte Arbeitnehmergruppen** bestehen, um Überforderungen vorzubeugen, besondere **Verbote** einer Leistungsentlohnung.

So etwa für Jugendliche unter 16 Jahren (§ 21 KJBG) oder Schwangere und Mütter (§§ 4 Abs 2 Z 9, 4a Abs 2 und 5 Abs 3 MSchG).

4.2.3. Der Erfolgslohn

Literatur: *Achatz/Jabornegg/Resch*, Mitarbeiterbeteiligung – Aktienoptionen (2002); *Felten*, Arbeitsrechtliche Grenzen ausschließlich erfolgsabhängigen Entgelts, ecolex 2009, 510; *Krejci*, Stock Options und Beendigung des Arbeitsverhältnisses, ecolex 2001, 16; *Löschnigg*, Die Vereinbarung erfolgsabhängiger Entgelte, DRdA 2000, 467; *Zehetner/Wolf*, Arbeitsrechtliche Probleme bei Stock Option Modellen, ecolex 2001, 12.

Beim Erfolgslohn richtet sich der Entgeltanspruch des Arbeitnehmers weder nach der aufgewendeten Arbeitszeit noch nach der von ihm erbrachten Leistung, sondern nach dem **wirtschaftlichen Ergebnis des Unternehmens**. Die Beteiligung am wirtschaftlichen Erfolg des Unternehmens kann entweder unmittelbar in Form einer Kapitalbeteiligung (Ausgabe von Aktien an die Mitarbeiter) oder in Form einer Abgeltung in Relation zu wirtschaftlichen Kennzahlen erfolgen. Letzteres führt zur Vereinbarung von Gewinnbeteiligungen, Umsatzbeteiligungen etc.[53]

Der Prototyp des Erfolgslohns ist die **Gewinnbeteiligung**. Diese Entlohnungsform will das Interesse des Arbeitnehmers am wirtschaftlichen Erfolg des Unternehmens erhöhen. Beim Erfolgslohn übernimmt der Arbeitnehmer einen beträchtlichen Teil des unternehmerischen Risikos. Der gewinnbeteiligte Arbeitnehmer erhält aus dem Rechtstitel der Gewinnbeteiligung nur etwas, wenn im einzelnen Geschäftsjahr ein Gewinn erzielt wurde. Das unterscheidet ihn vom provisionsberechtigten Arbeitnehmer (dazu gleich unten), der am Erfolg seiner eigenen Leistung beteiligt ist und dessen Anspruch auf Pro-

49 *Löschnigg*, Arbeitsrecht[13] 6/154.
50 OGH 9 ObA 22/08p, DRdA 2010, 62 (*Wolfsgruber*).
51 OGH 8 ObA 15/03v, DRdA 2004, 339 (*B. Schwarz*).
52 OGH 8 ObA 72/04b, DRdA 2006, 327 (*Balla*).
53 *Löschnigg*, Arbeitsrecht[13] 6/162.

vision sich aufgrund des Geschäftsergebnisses des Unternehmens nicht mehr ändert, sobald er einmal erworben ist.[54]

Eine bloße Erfolgslohnvereinbarung garantiert kein Mindesteinkommen. Im Geltungsbereich **kollektivvertraglicher Mindestlöhne** dürfen diese jedoch **nicht unterschritten** werden.[55] Werden diese durch den Erfolgslohn nicht erreicht, muss eine Nachverrechnung stattfinden. Häufiger tritt daher in der Praxis der Erfolgslohn zur Ergänzung eines Grundlohnes auf (Monatsgehalt plus Gewinnbeteiligung oder Tantieme).[56]

Anders als der Zeitlohn können Leistungs- und Erfolgslohn von der Tätigkeit des einzelnen Arbeitnehmers losgelöst und mit der Leistung oder dem Erfolg einer Arbeitnehmergruppe verknüpft werden. Beim **Gruppenakkord** oder der **Gruppenprämie** wird beispielsweise die Normalleistung für die gesamte Gruppe bestimmt und auch nur die Gruppenleistung als Ganzes beachtet. Das Entgelt wird dann im Regelfall auf die Gruppenmitglieder nach Köpfen aufgeteilt, ohne den Beitrag jedes Einzelnen zur Gruppenleistung zu berücksichtigen. In ähnlicher Weise können mehrere Arbeitnehmer gemeinsam am Betriebserfolg beteiligt werden, wobei dann allerdings die Gewinnanteile nicht selten in unterschiedlicher Höhe (meist abgestuft nach der Möglichkeit der Einflussnahme auf den Gewinn) gewährt werden.

Im Rahmen von Mitarbeiterbeteiligungsmodellen wird Arbeitnehmern immer häufiger das Recht eingeräumt, Aktien zu einem im Voraus festgelegten Preis zu einem späteren Zeitpunkt zu erwerben (**Stock Options**). Steigt der Wert der Aktien und übt der Arbeitnehmer die Option aus, erwirbt er die Aktien zum vereinbarten Wert mit Gewinn. Eine solche Mitarbeiterbeteiligung hat das Ziel, durch eine **höhere Motivation** der Mitarbeiter eine Steigerung von Arbeitswillen und Produktivität herbeizuführen. Daher wird die Festlegung von zu erreichenden Zielen fixer Bestandteil von Mitarbeiterbeteiligungsprogrammen sein. Dies kann durch die Nennung bestimmter Voraussetzungen geschehen – wie zB die Verwendung bestimmter Bilanzzahlen oder eine positive Börsenentwicklung – die verwirklicht sein müssen, um die Option ausüben zu dürfen. Ein weiterer wichtiger Gesichtspunkt der Mitarbeiterbeteiligung ist die **Bindung** der Mitarbeiter an das arbeitgebende Unternehmen. Diesem Zweck steht allerdings der Umstand entgegen, dass Optionsrechte grundsätzlich übertragbar sind. Aus diesem Grund wird im Arbeitsvertrag die Übertragbarkeit an Dritte in der Regel ausgeschlossen und festgelegt, dass die Optionen nur bei aufrechtem Arbeitsverhältnis innerhalb bestimmter Zeiträume ausgeübt werden können.[57]

Die eingeräumten Optionen sind als Gestaltungsrechte zu verstehen, die in der Regel erst nach Ablauf einer bestimmten Wartezeit ausgeübt werden können. Vor Erfüllung

54 *Löschnigg*, Arbeitsrecht[13] 6/163.
55 *Löschnigg*, Arbeitsrecht[13] 6/163.
56 Eine Gewinnbeteiligungsvereinbarung, bei der der Arbeitgeber durch Kündigung vor dem Fälligkeitstermin den bereits entstandenen Anspruch des Arbeitnehmers zunichte machen könnte, ist sittenwidrig: so OGH 9 ObA 268/89, ZAS 1991, 60 (krit *Adamovic*) und OGH 9 ObA 101/90, ZAS 1992, 48 (*Pircher*). Die gleiche Argumentation gebraucht der OGH bei Provisionsvereinbarungen: 9 ObA 94/91, DRdA 1992, 134 (*Kerschner*) = ZAS 1992, 125 (krit Anmerkung von *Schima*).
57 *Zehetner/Wolf*, Arbeitsrechtliche Probleme bei Stock Option Modellen, ecolex 2001, 12.

der Wartezeit besteht noch kein Anspruch auf Entgelt.[58] Der Gesetzgeber wollte im Rahmen einer Kapitalmarktoffensive Arbeitgeber zur Gestaltung von Mitarbeiterbeteiligungssystemen motivieren und regelt daher in § 2a AVRAG, dass Vorteile aus Beteiligungen am Unternehmen des Arbeitgebers oder mit diesem verbundenen Konzernunternehmen und Optionen auf den Erwerb von Arbeitgeberaktien **nicht in die Bemessungsgrundlagen für Entgeltfortzahlungsansprüche und Beendigungsansprüche einzubeziehen** sind.

Optionsrechte können wegen Sittenwidrigkeit unwirksam sein. Die Vereinbarung einer Wartezeit ist grundsätzlich als sachlich anzusehen, wobei fünf Jahre eine Obergrenze darstellen. Soll das Optionsrecht bei einer Arbeitgeberkündigung vor Ablauf der Wartezeit verfallen, müssen sachliche Gründe vorliegen, auch wenn das besondere Entgelt in keinem synallagmatischen Zusammenhang zu Arbeitszeit und Arbeitserfolg steht. Keine Sittenwidrigkeit liegt vor, wenn die Arbeitgeberkündigung wegen mangelnder Leistung des Arbeitnehmers erfolgt.[59]

4.2.4. Mischformen

Literatur: *Gerlach* in *Marhold/Burgstaller/Preyer* (Hg), AngG § 10; *Schrank,* Betriebsvereinbarungen über die Leistungsentgelte, in *Tomandl* (Hg), Probleme des Einsatzes von Betriebsvereinbarungen (1983) 83; *Trost,* Leistungsentgeltprobleme aus kollektivrechtlicher Sicht, DRdA 1985, 269.

Ein heikles Problem wirft die Einordnung der **Provision** auf. Sie ist eine Beteiligung am Wert jener Geschäfte des Arbeitgebers, die durch die Tätigkeit (Vermittlung oder Abschluss von Geschäften) des Arbeitnehmers zustande kommen.[60] Meist wird sie in Prozenten des Werts dieser Geschäfte festgelegt. Sie ist eine Mischform[61] zwischen Leistungs- und Erfolgslohn. Soweit sie erfolgsbedingt ist, gehört sie zum Erfolgslohn. Derjenige, dem Provision zusteht, hat zwar die Chance, durch erhöhten Arbeitseinsatz mehr zu verdienen, über den tatsächlichen Provisionsanspruch entscheidet aber nicht der Fleiß, sondern letztlich nur der Erfolg.[62]

Dispositive Regelungen über den Erwerb des Anspruches auf Provision, va bei sog „Direktgeschäften" zwischen Arbeitgeber und Kunden, die ohne unmittelbare Mitwirkung des Angestellten zustande gekommen sind, und über die Provisionsabrechnung enthalten die §§ 10 und 11 AngG.

Die Rsp erstreckt die Provisionspflicht auch auf jene Direktgeschäfte, die nach Beendigung des Arbeitsverhältnisses abgeschlossen wurden, jedoch auf die Tätigkeit des Angestellten während des Arbeitsverhältnisses zurückzuführen sind.[63]

Unabdingbar sind nur der Anspruch des Angestellten auf Mitteilung eines **Buchauszugs** über die durch seine Tätigkeit zustande gekommenen Geschäfte (§ 10 Abs 5 AngG) und

---

58 Vgl OGH 8 ObA 161/02p; *Krejci,* Stock Options und Beendigung des Arbeitsverhältnisses, ecolex 2001, 16; *Zehetner/Wolf,* Arbeitsrechtliche Probleme bei Stock Option Modellen, ecolex 2001, 12.

59 OGH 8 ObA 161/02p.

60 *Löschnigg,* Arbeitsrecht[13] 6/155.

61 Vgl OGH 14 Ob 184/86; 14 Ob 13/86.

62 Vgl *Schrank,* Betriebsvereinbarungen über die Leistungsentgelte 83.

63 OGH 9 ObA 94/91, ZAS 1992, 125 (*Schima*) = DRdA 1992, 134 (*Kerschner*).

sein Entschädigungsanspruch für vertragswidrige Verdienstbehinderung durch den Arbeitgeber (§ 12 AngG).[64] Ist ein vertraglicher Provisionsanspruch des Arbeitnehmers vom Eingang einer Vermittlungsgebühr abhängig, hat der Arbeitgeber alle zumutbaren Handlungen zu unternehmen, um die Zahlung des Dritten einbringlich zu machen.[65]

Wie die Provision stehen auch andere **Umsatzbeteiligungen** zwischen Leistungs- und Erfolgslohn. Sie sind daher wie Provisionen einzuordnen, was auch für die Umsatzprozententlohnung im Gastgewerbe gilt.[66]

4.3. Sonderzahlungen und Sonderentgelte

Die Kollektivvertragspraxis hat zusätzlich zum Entgelt für die zwölf Monate des Jahres weitere jährlich wiederkehrende Zahlungen eingeführt, die üblicherweise als Sonderzahlungen (zT auch als Remunerationen oder Gratifikationen) bezeichnet werden. Allgemein üblich wurden Bezeichnungen wie **13. und 14. Monatsgehalt**, Weihnachtsremuneration oder Urlaubszuschuss. Die Kollektivverträge können solche Bezeichnungen frei wählen und auch die jährliche Anzahl der Sonderzahlungen und deren Berechnung nach Belieben festlegen. Nur für Sondergruppen gibt es einen gesetzlichen Anspruch auf Sonderzahlungen.[67]

Die oft missverstandene unabdingbare Bestimmung des § 16 AngG (§ 13 GAngG) begründet keinen solchen Anspruch.[68] Sie ist nur anwendbar, falls ein derartiger Anspruch nach irgendeiner anderen Grundlage (zB Kollektivvertrag, Vertrag, Gleichbehandlungsgrundsatz) besteht. Sie befasst sich nur mit der Frage, welcher Anspruch dem Angestellten zusteht, wenn das Dienstverhältnis vor Ablauf jenes (Kalender- oder Dienst-)Jahres endet, für das die Sonderzahlung bestimmt ist. § 16 AngG will dem Angestellten einen **aliquoten Anspruch sichern**, also ein Zwölftel des Anspruches auf Sonderzahlungen je Dienstmonat in diesem Jahr.[69] Die Art der Beendigung des Arbeitsvertrags ist unbeachtlich.[70] Das AngG sieht in diesen Sonderzahlungen somit ein Entgelt, das zwar in jeder Arbeitsstunde mitverdient, aber nur einmal pro Jahr fällig wird. Der Zweck von Sonder-

64 Vgl OGH 8 ObA 2046/96g.

65 OGH 9 ObA 2/97b.

66 Vgl *Binder*, Die gastgewerbliche Entlohnung aus der Sicht des Arbeitsrechts, DRdA 1969, 113; *Mayer-Maly*, Das Troncsystem, ÖJZ 1967, 314; *Schrank*, Betriebsvereinbarungen über die Leistungsentgelte 88; *Vajna*, Die Umsatzprozentenlohnung im Gastgewerbe, ZAS 1968, 38.

67 Vgl etwa § 8a Abs 2 VBG, § 9 Abs 2 HausgG.

68 VwGH 11/3090/80; OGH 4 Ob 82/70 ZAS 1971, 142 (*Winkler*); 9 ObA 38/94, DRdA 1995, 336 (*Trost*); *Binder*, Rechtsgrundlagenprobleme der Remunerationsgewährung, ZAS 1984, 49; *Löschnigg*, Arbeitsrecht[13] 6/179.

69 Über die Reichweite dieser Bestimmung siehe OGH 4 Ob 32/75 ZAS 1976, 148 (*Tomandl*, Bindung an Stichtage); 4 Ob 77/71, ZAS 1972, 184 (abl *Koppensteiner*, Wirkung auf jährliche Prämien) kontra *Graff*, Kontroverse um erfolgsabhängige Prämien, ZAS 1973, 175.

70 OGH 9 ObA 82/13v; bei Angestellten kann in langfristigen Vergütungszusagen (sog Long Term Incentive Plans) der gänzliche Entfall von Ansprüchen bei einem dem Angestellten zuzurechnenden Ausscheiden nicht vereinbart werden, vgl ausführl *Pfalz*, Rechtsprobleme langfristiger Vergütungszusagen, ZAS 2022, 280.

zahlungen kann sowohl in arbeitsleistungsbezogenen Zuwendungen als auch in der Vergütung der Betriebszugehörigkeit bestehen.

Aus der grundsätzlichen Feststellung, dass die Sonderzahlungen einen Teil des für die Dienstleistung geschuldeten Entgelts darstellen, leitet der OGH ab, dass Sonderzahlungen mangels abweichender Vereinbarung **nicht für Zeiten** gebühren, für die **keine Pflicht zur Entgeltzahlung** besteht.[71] In der Judikatur ging es insb um Zeiten des Krankenstands, für die die Entgeltfortzahlung bereits erschöpft war. Arbeitsleistungsbezogene Sonderzahlungen sind aber nur dann aliquot im Falle entgeltfreier Perioden zu kürzen, sofern nicht ausdrücklich Gegenteiliges angeordnet ist. Dazu wird es insb auf die Auslegung des jeweiligen Kollektivvertrags ankommen.

Da für den Arbeiterbereich gleichartige Bestimmungen nicht in Geltung stehen,[72] sehen Arbeiterkollektivverträge mitunter zulässigerweise vor, dass der Anspruch auf Sonderzahlung zur Gänze entfällt, wenn das Dienstverhältnis vorzeitig (etwa aus Verschulden des Arbeitnehmers) endet. Selbst Rückzahlungspflichten können für solche Fälle festgelegt werden.[73]

Arbeitsverträge, Kollektivverträge und Betriebsvereinbarungen haben darüber hinaus eine verwirrende Fülle von Entgeltbestandteilen verschiedenster Bezeichnung eingeführt, die als Zuschläge oder Zulagen zum Grundlohn hinzutreten und den **unterschiedlichsten Zwecken** dienen. Sie sollen beispielsweise einen Ausgleich für besondere Arbeitsbelastungen (**Erschwerniszulagen**), für mit der Arbeit verbundene Gefährdungen (**Gefahrenzulagen**) oder für familiäre Belastungen (**Haushaltszulagen**) darstellen. Mitunter wird durch die damit eintretende Aufteilung des Entgeltanspruchs versucht, der Besteuerung oder der Beitragspflicht zur Sozialversicherung zu entgehen. Voraussetzungen und Höhe dieser Entgeltansprüche sind durch Auslegung ihrer Rechtsgrundlagen zu ermitteln.

Sonderentgelte können auch für alle Arbeitnehmer im Wege einer Auslobung zugesagt werden, die eine bestimmte Leistung erbringen, zu der sie nicht verpflichtet sind (Betriebstreue, Verbesserungsvorschläge).

71 OGH 9 ObA 38/94 DRdA 1995, 336 (*Trost*).

72 Eine analoge Anwendung auf Arbeiter hat der OGH mangels Vorliegens einer Gesetzeslücke abgelehnt, OGH 8 ObA 99/21y.

73 Vgl OGH 4 Ob 43/81 DRdA 1982, 112 (*Wachter*). Die Judikatur erblickt aber in derartigen Klauseln oftmals eine unzulässige Einschränkung der Kündigungsfreiheit des Arbeitnehmers: OGH 9 ObA 275/90 DRdA 1991, 366 (*Binder*) = RdW 1991, 103 (*Grillberger*); 9 ObA 154/92 ZAS 1993, 218 (*B. Gruber*) = DRdA 1993, 217 (*Grillberger*); In der Literatur wird eine analoge Anwendung des § 16 AngG auf Arbeitnehmer, die nicht dem AngG unterliegen, vertreten: vgl *Löschnigg*, Arbeitsrecht[13] 6/174, *Preiss* in ZellKomm[3], AngG § 16 Rz 9.

4.4. Die Dienstwohnung

Literatur: *Schrammel* in *Marhold/Burgstaller/Preyer* (Hg), AngG § 24.

Die Überlassung von Wohnraum an den Arbeitnehmer kann verschiedene Gründe haben. In vielen Fällen ist die Arbeitsleistung ohne Bereitstellung von Wohnraum gar nicht möglich. Dazu gehören Dienste, die eine ständige Anwesenheit am Arbeitsort erfordern (zB Heizer einer Betriebsanlage, 24-Stunden-Pflege etc). Der dem Arbeitnehmer vom Arbeitgeber überlassene Wohnraum kann als „Dienstwohnung im engeren Sinn" bezeichnet werden, wenn er unmittelbar der Erfüllung der Arbeitspflicht dient. Von einer „Dienstwohnung im weiteren Sinn" kann gesprochen werden, wenn der vom Arbeitgeber zur Verfügung gestellte Wohnraum zwar nicht unmittelbar der Erfüllung der Arbeitspflicht dient, aber notwendig ist, damit die Arbeitsleistung sinnvoll erbracht werden kann (zB Wohnraumüberlassung an das Hotelpersonal in Wintersportorten). **Dienstwohnungen** werden also im Zusammenhang mit der vom Arbeitnehmer geschuldeten Leistung überlassen. Sie sind demnach funktionsgebunden.

An Dienstwohnungen ieS stellt der Gesetzgeber besondere Anforderungen: sie müssen den gesundheits-, bau- und feuerpolizeilichen Vorschriften entsprechen, dürfen die Sittlichkeit des Arbeitnehmers nicht gefährden und müssen heizbar und verschließbar sein.[74] Den Arbeitgeber trifft der normale Erhaltungsaufwand für Dienstwohnungen.

Naturalwohnungen werden dem Arbeitnehmer hingegen **ohne Funktionsbezug** zur Verfügung gestellt. Die Gebrauchsüberlassung am Wohnraum ist Arbeitsentgelt in Form von **Naturallohn**. Sie bleibt auch dann Naturallohn, wenn der Arbeitnehmer für den Wohnraum ein Benützungsentgelt entrichtet, sofern dieses nicht dem Wert der Wohnung entspricht.[75]

Als **Werkswohnungen** werden Wohnungen bezeichnet, die dem Arbeitnehmer vom Arbeitgeber in eigens bestimmten Objekten gegen Zahlung eines auf den Lohn anrechenbaren Zinses zur Verfügung gestellt werden. Die Abgrenzung zur Naturalwohnung ist fließend. Nach Meinung der Judikatur setzt die Beurteilung einer Wohnung als Werkswohnung zwei gesonderte Verträge (Dienstvertrag und „Mietvertrag") voraus, von denen der Dienstvertrag im Vordergrund steht. Für die Qualifikation einer Wohnung als Werkswohnung ist es erforderlich, dass der Betriebsinhaber über den Wohnraum verfügungsberechtigt ist.[76] Von einer Wohnungsgesellschaft zur Verfügung gestellte Wohnräume sind dann Werkswohnungen, wenn zwischen Arbeitgeber und Wohnungsgeber ein besonderes Rechtsverhältnis besteht, das dem Arbeitgeber einen maßgeblichen Einfluss auf die Wohnungsvergabe sichert.[77]

Das Hauptproblem bei Dienst-, Natural und Werkswohnungen ist ihr Schicksal bei **Beendigung des Arbeitsvertrags**. Der Gesetzgeber hat klargestellt, dass auf sie das MRG

74 Vgl § 18 Abs 2 AngG und § 11 Abs 3 GAngG.
75 OGH 4 Ob 101/61.
76 OGH 9 ObA 212/91.
77 OGH 9 ObA 60/04w; *Schrammel* in *Marhold/Burgstaller/Preyer*, AngG § 24 Rz 6.

keine Anwendung findet.[78] Der Grund für diese Ausnahmeregelung liegt nach Meinung der Judikatur im Zusammenhang mit dem Arbeitsverhältnis, der es angebracht erscheinen lässt, die Überlassung der Wohnung nicht nach den Schutzbestimmungen des MRG, sondern ebenso wie den die Geschäftsgrundlage bildenden Arbeitsvertrag nach arbeitsrechtlichen Vorschriften und Grundsätzen zu behandeln.[79] Steht bei Wohnraumüberlassung der Dienstvertragsbezug im Vordergrund, entsteht kein Bestandverhältnis, sondern nur ein **obligatorisches Benützungsverhältnis**.[80] Ist die Benützung der Wohnung auf die Dauer des Arbeitsvertrags beschränkt, kommt es mit dem Ende des Arbeitsvertrags automatisch zum Wegfall der Benützungsberechtigung.[81] Das soll nach der Judikatur sogar bei unbegründeter vorzeitiger Auflösung des Dienstvertrags durch den Arbeitgeber so sein.[82]

In der Praxis werden dienstvertragsbezogen überlassene Wohnräume nach der Beendigung des Arbeitsverhältnisses oft nicht sofort geräumt und dem Arbeitgeber zurückgestellt. Die Weiterbelassung einer Dienstwohnung nach Beendigung des Arbeitsverhältnisses lässt für sich allein allerdings noch nicht auf den Willen des Arbeitgebers schließen, mit dem Arbeitnehmer einen nach dem MRG geschützten Mietvertrag abzuschließen.[83]

Für einzelne Arbeitnehmergruppen sind besondere gesetzliche Räumungsfristen vorgesehen,[84] um Notfällen (Tod, Krankheit oder Schwangerschaft des Arbeitnehmers, drohende Obdachlosigkeit) gerecht zu werden. Andererseits verpflichtet der Gesetzgeber den Arbeitnehmer uU sogar zu einem teilweisen Verzicht auf die Wohnungsbenützung während des Laufes der Kündigungsfrist, um Wohnraum für den Nachfolger zu schaffen.[85] Der Gesetzgeber nimmt in diesen Gesetzen also eine Interessenabwägung zwischen dem Wohnbedürfnis des Arbeitnehmers und dem Interesse des Arbeitgebers an der Verfügbarkeit über die Dienstwohnung vor. *Krejci*[86] hat eine analoge Anwendung der Bestimmungen über Räumungsfristen auf die übrigen Arbeitnehmergruppen vorgeschlagen, sofern das Arbeitsverhältnis ohne Initiative bzw Verschulden des Arbeitnehmers endet, und damit in der Lehre Zustimmung gefunden.[87]

---

78 Vgl § 1 Abs 2 Z 2 MRG; *Krejci* in *Rummel*[3], ABGB § 1151, Rz 113, 119; *Lovrek* in *Rummel/Lukas*[4], ABGB § 1090 Rz 23; OGH 4 Ob 101/61, 4 Ob 131/63; 14 ObA 34/87.

79 OGH 8 ObA 254/94.

80 OGH 9 ObA 330/00w.

81 Vgl *Wachter,* Rechtsprobleme bei Dienst-, Natural-, Werks- und Mietwohnungen von Arbeitnehmern[2] (1983) 58.

82 Vgl OGH 4 Ob 68/76: allerdings räumt der OGH dem Arbeitnehmer einen Anspruch auf Beistellung einer Ersatzwohnung gem § 1323 ABGB ein.

83 OGH 9 ObA 172/97b.

84 Vgl § 24 AngG, §§ 21, 23 GAngG.

85 Vgl die vorige FN.

86 *Krejci,* Einige Fragen zum Dienstwohnungsrecht, in *Tomandl,* Betriebliche Sozialleistungen (1974) 150.

87 Vgl *Wachter,* Rechtsprobleme bei Dienst-, Natural-, Werks- und Mietwohnungen von Arbeitnehmern[2] 59; *Spielbüchler/Grillberger,* Lehrbuch § 24 A.

5. Die Entgeltzahlung

5.1. Fälligkeit

Literatur: Vgl die weiterführende Literatur bei *Preiss* in *Neumayr/Reissner* (Hg), Zeller Kommentar zum Arbeitsrecht[3], ABGB § 1154.

Rechtsquellen: § 1154 ABGB, § 15 AngG.

Das Entgelt ist von Gesetzes wegen erst nach Erbringung der geschuldeten Dienste zu entrichten. Den Arbeitnehmer trifft somit eine **Vorleistungspflicht.**[88]

Bei Angestellten dominiert die monatliche Zahlung des laufenden Gehalts, obwohl die Gesetze zum Teil häufigere Auszahlungen vorsehen.[89] § 1154 Abs 2 ABGB sieht dispositiv grundsätzlich wöchentliche Lohnzahlung, bei Diensten höherer Art jedoch monatliche Zahlungen vor. Sondergesetze enthalten besondere Fälligkeitsbestimmungen.[90]

In jedem Fall wird das bereits verdiente Entgelt mit der Beendigung des Dienstverhältnisses fällig.[91] Die Fälligkeit von Sonderzahlungen und anderen Sonderentgelten ist jeweils verschieden geregelt.

Ist ein Monatslohn oder -gehalt vereinbart, muss mitunter der auf die Woche, den Tag oder die Stunde entfallende Entgeltteil berechnet werden. Bei dieser Umrechnung gelten 4,3 Wochen als ein Monat. Der wievielte Teil des Monatsentgelts auf einen Tag oder eine Stunde entfällt, ist zum Teil kollektivvertraglich geregelt, ergibt sich aber im Übrigen aus dem Ausmaß der vereinbarten monatlichen Arbeitszeit. Dabei wird nicht vom jeweiligen Kalendermonat, sondern von einem Normmonat mit 30 Tagen ausgegangen.

Bei bargeldloser Lohnzahlung muss die Gutschrift auf dem Konto des Arbeitnehmers spätestens am Fälligkeitstag erfolgt sein.[92]

5.2. Leistungsort

Rechtsquellen: §§ 905, 1420 ABGB, § 78 Abs 6 GewO 1859.

Wenn nichts anderes vereinbart ist, sind Ansprüche auf Naturalentgelt iS von § 905 Abs 1 ABGB Holschulden. Aber auch das Barentgelt wird, wenn auch mit unterschiedlicher Begründung, von der hA als **Holschuld** angesehen.[93] Nach § 78 Abs 6 GewO 1859 ist die Auszahlung der Löhne in Wirtshäusern und Schanklokalitäten verboten, wobei dieser Regelung nur noch untergeordnete Bedeutung zukommt. Einen gesetzlichen Anspruch auf Auszahlung während der Arbeitszeit gibt es nicht.

88 Nur Naturalentgelt ist, soweit keine Sonderregeln bestehen, im Vorhinein fällig (§ 12 Abs 1 GAngG).

89 Vgl § 15 AngG, § 12 TAG.

90 § 17 VBG, § 37 GehaltskassenG, § 12 GAngG.

91 Vgl § 1154 Abs 3 ABGB, § 18 Abs 1 VB, § 3 Abs 1 HausgG, § 11 Abs 2 LuFArbDG.

92 OGH 4 Ob 167/83; 4 Ob 55/85; 9 ObA 184/91 DRdA 1992, 210 (*Oberhofer/Grömmer*).

93 Vgl *Felten* in *Rummel/Lukas/Geroldinger*[4], ABGB § 1154 Rz 15; *Löschnigg*, Arbeitsrecht[13] 6/238; *Ribnitz*, Arbeitsrechtliche Probleme der bargeldlosen Lohnzahlung, ÖJZ, 1970, 477; *Spielbüchler*, Entgeltsicherung 20; aA *Preiss* in ZellKomm[3], § 1154 ABGB Rz 39, der § 907a ABGB angewandt wissen will und somit eine Bringschuld annimmt.

Der Arbeitgeber ist zur Einbehaltung und zur Abfuhr der gesetzlich vorgesehenen Abzüge (Lohnsteuer, Arbeitnehmeranteil zur Sozialversicherung) auf sein Risiko verpflichtet. Der Lohn wird danach **netto ausbezahlt.** Die Zahlung von Vorschüssen (Abschlagszahlungen) auf das zustehende Entgelt ist zulässig und mitunter sogar vorgeschrieben.[94] Sie kann allerdings dazu führen, dass die dem Pfändungsschutz innewohnende Absicht, dem Arbeitnehmer für jede Lohnzahlungsperiode einen zu seiner Lebensführung erforderlichen Einkommensteil zu sichern, vereitelt wird.

6. Die Mitwirkungsrechte der Belegschaft in Entgeltfragen

Literatur: *Schrank,* Betriebsvereinbarungen über die Leistungsentgelte, in *Tomandl* (Hg), Probleme des Einsatzes von Betriebsvereinbarungen (1983) 81; *Strasser,* Geltung des § 96 Abs 1 Z 4 ArbVG für die Regelung von Abschluss- und Vermittlungsprovisionen? DRdA 1993, 93; *Trost,* Leistungsentgeltprobleme aus kollektivrechtlicher Sicht, DRdA 1985, 269.

Rechtsquellen: §§ 96 Abs 1 Z 4, 97, 100 ff ArbVG.

Der Betriebsrat kann bei der Entgeltfestsetzung nur teilweise mitwirken. Soweit es um generelle Entgeltregelungen geht, versagt der Gesetzgeber dem Betriebsrat die Mitwirkung bei der Festsetzung der **Zeitlöhne.**[95]

Verschiedene Mitbestimmungstatbestände sind in Bezug auf **Leistungslöhne** geregelt:

Die **Einführung bestimmter Leistungslöhne** bedarf einer notwendigen **Betriebsvereinbarung** gem § 96 Abs 1 Z 4 ArbVG: und zwar die Einführung und die Regelung von **Akkord**-, Stück- und Gedinglöhnen sowie akkordähnlichen Prämien und Entgelten – mit Ausnahme der Heimarbeitsentgelte –, die auf **statistischen Verfahren, Datenerfassungsverfahren, Kleinstzeitverfahren** oder ähnlichen Entgeltfindungsmethoden beruhen, sowie der maßgeblichen Grundsätze (Systeme und Methoden) für die Ermittlung und Berechnung dieser Löhne bzw Entgelte.

Andere leistungs- und erfolgsbezogenen Prämien und Entgelte, soweit sie nicht unter § 96 Abs 1 Z 4 ArbVG fallen, dürfen die Vertragsparteien auch ohne Mitwirkung der Belegschaft einführen.[96] Prämiensysteme unterliegen somit nicht der notwendigen Mitbestimmung, sofern sie nicht auf eine gesteigerte Mengenleistung abstellen.[97] Der Abschluss einer fakultativen Betriebsvereinbarung ist jedoch gem § 97 Abs 1 Z 16 ArbVG zulässig.

In beiden Fällen ist die Festsetzung von Leistungsentgelten nur dann Gegenstand von Betriebsvereinbarungen, wenn es sich um **generelle** Leistungslohnsysteme handelt. Die

94 Vgl § 1154a ABGB, § 25 VBG.

95 Zur Zulässigkeit betrieblicher Zeitlohnregelungen auf Grund kollektivvertraglicher Ermächtigung: OGH 9 ObA 131/88, ZAS 1990, 60 (*Valentic*).

96 Damit reagierte der Gesetzgeber auf die heftig kritisierte Entscheidung OGH 9 ObA 144/07b, DRdA 2009, 307 (*Jabornegg*) = ZAS 2009, 140 (*Risak*) = ZAS 2009, 241 (*Schrank*).

97 *Tomandl,* Neue Gesetzgebungsvorhaben, ZAS 2010, 237.

Festsetzung von Leistungsentgelten **im Einzelfall**, die ihrer Art nach unter § 96 Abs 1 Z 4 ArbVG fallen würden, bedarf gem § 100 ArbVG der Zustimmung des Betriebsrats, wenn es zwischen Betriebsinhaber und Arbeitnehmer zu keiner Einigung kommt.

Damit[98] gibt es keine Zustimmungsbefugnis des Betriebsrats mehr, wenn im Einzelfall sonstige Leistungslöhne vereinbart werden sollen, die keine Akkordähnlichkeit haben. Der OGH hat jüngst darauf hingewiesen, dass der Gesundheitsschutz durch die Änderung nicht ausreichend berücksichtigt wird.[99] *Tomandl*[100] ist der Meinung, dass dem Gesetzgeber ein verhängnisvoller Fehler unterlaufen ist. Die Gesetzesmaterialien[101] begründen die Beschränkung der zwingenden Mitbestimmung mit dem Aspekt des Gesundheitsschutzes, dem durch den Begriff der Akkordähnlichkeit in § 96 Abs 1 Z 4 ArbVG ausreichend Rechnung getragen würde. Der Gesundheitsschutz wird jedoch durch die Notwendigkeit des Abschlusses einer Betriebsvereinbarung und nicht durch die Bemessungsmethode gesichert.[102]

Das Mitbestimmungsrecht erstreckt sich auf die Zulässigkeit der Arbeit im Leistungslohn, auf die Methoden der Feststellung der Normalleistung und auf die Höhe des Entgeltanspruchs.

Bestimmte weitere Entgeltteile können durch **fakultative Betriebsvereinbarungen** geregelt werden (§ 97 Abs 1 ArbVG): Entgeltfortzahlung für die Teilnahme an Betriebsversammlungen (Z 11), betriebliches Vorschlagswesen (Z 14), Jubiläumsgelder (Z 15), Gewinnbeteiligungen (Z 16), Betriebspensionen (Z 18), Entgeltfortzahlung bei Krankheit und Unfall (Z 21).[103]

Gering sind die Mitwirkungsmöglichkeiten bei **individuellen Entgeltregelungen**. Individuelle Zeit-, Leistungs- und Erfolgslöhne sind zwischen Arbeitgeber und Arbeitnehmer zu vereinbaren. Kommt es bei akkordähnlichen Leistungslöhnen zu keiner Einigung über einen individuellen Leistungslohn, kann sich der **Betriebsrat vermittelnd** einschalten. Trotz der in diese Richtung deutenden Textierung des § 100 ArbVG kann er aber die fehlende Zustimmung des Arbeitnehmers nicht ersetzen.[104] Eine dauernde Versetzung, die zu Entgeltreduktionen führt, ist nur mit Zustimmung des Betriebsrats (ersetzbar durch das Arbeitsgericht) zulässig (§ 101 ArbVG). Soll ein Arbeitnehmer eine Werkswohnung erhalten (§ 103 ArbVG) oder mit Entgelterhöhung befördert werden (§ 104 ArbVG), dann sind diese Absichten dem Betriebsrat vom Arbeitgeber ehest möglich mitzuteilen und über Verlangen des Betriebsrats mit diesem zu beraten. Zustimmungs- oder Einspruchsrechte stehen dem Betriebsrat jedoch nicht zu.

Wie schon mehrfach betont, entspricht die Rechtswirklichkeit nicht der Gesetzeslage. Be-

98 Geändert durch die ArbVG-Novelle BGBl I 2010/101.
99 OGH 8 ObA 48/22z.
100 *Tomandl*, Entgelt nach Leistung , ZAS 2023, 137.
101 ErläutRV 901 BlgNR 24. GP 6.
102 *Tomandl*, Entgelt nach Leistung , ZAS 2023, 137 (139); OGH 8 ObA 48/22z.
103 Die Homeoffice-Betriebsvereinbarung (Z 27) darf keine Regelungen über Entgelt treffen (*T. Dullinger* in *Köck*, Homeoffice-Kommentar ArbVG § 97 Rz 9).
104 So auch *Holzer*, Einige Strukturfragen personeller Mitbestimmung, ZAS 1982, 3; *Jabornegg*, Probleme des Arbeitsverfassungsrechtes, DRdA 1977, 216; *Cerny*, Erl zu § 100 ArbVG; aA besonders eingehend *Trost*, Leistungsentgeltprobleme aus kollektivrechtlicher Sicht, DRdA 1985, 277.

triebsratsmitglieder wie Belegschaften sehen es als eine hervorragende Aufgabe des Betriebsrats an, an der Gestaltung der betrieblichen Lohnpolitik mitzuwirken (vgl zur freien Betriebsvereinbarung Bd I 338 ff).

Der Betriebsrat kann auch auf die **Abrechnung und Auszahlung** des Entgelts Einfluss nehmen. Durch eine fakultative erzwingbare Betriebsvereinbarung ist „die Art und Weise der Entgeltabrechnung und insbesondere Zeit und Ort der Auszahlung der Bezüge" regelbar (§ 97 Abs 1 Z 3 ArbVG). Auf diese Weise kann etwa die bargeldlose Lohnzahlung verbindlich eingeführt werden.[105] Überdies steht dem Betriebsrat das Recht zu, die Richtigkeit der Abrechnung und Auszahlung des Entgelts jedes einzelnen Arbeitnehmers zu überwachen: Er kann zu diesem Zweck in alle betrieblichen Unterlagen Einblick nehmen, die für diese Kontrolle erforderlich sind (§ 89 Z 1 ArbVG).

7. Verjährung und Verfall

Literatur: *M. Bydlinski* in *Rummel*³, ABGB § 1486 Rz 9; *Eypeltauer,* Verfall und Verjährung im Arbeitsrecht, DRdA 2013, 377; *Pfeil,* Zur Zulässigkeit von Verfalls- und Verjährungsklauseln im Arbeitsrecht, RdW 1986, 343; *Preiss* in *Neumayr/Reissner* (Hg), Zeller Kommentar zum Arbeitsrecht³, ABGB § 1486; *Wöss,* Verjährung und Verfall im Arbeitsrecht, DRdA 1988, 216.

Ansprüche auf Entgelt, Auslagenersatz und Rückzahlung von Vorschüssen **verjähren**[106] gem § 1486 Z 5 ABGB in drei Jahren.[107] Eine kürzere Verjährungsfrist kann vereinbart werden,[108] nicht jedoch eine längere (§ 1502 ABGB).

Das Arbeitsrecht kennt auch **Verfalls- oder Ausschlussfristen**: so verfällt der Anspruch auf Kündigungsentschädigung, wenn er nicht binnen sechs Monaten gerichtlich geltend gemacht wurde.[109]

Kollektivverträge und Einzelarbeitsverträge enthalten häufig **kürzere Verjährungs- oder Verfallsfristen**, die als zulässig angesehen werden, solange sie nicht die Geltendmachung von Ansprüchen ohne sachlichen Grund übermäßig erschweren.[110]

Der OGH anerkennt regelmäßig Verfallsfristen von drei Monaten: Eine Kürzung der Frist unter drei Monaten erweckt aber Bedenken, weil dem Arbeitnehmer in einem solchen Fall kaum noch genügend Zeit bleibt, um allenfalls gehende Unterlagen zu beschaffen, die notwendigen Erkundigungen über die Rechtslage einzuziehen und sich die zur – gerichtlichen oder außergerichtlichen – Geltendmachung seiner Ansprüche notwendigen und zweckdienlichen Schritte entsprechend zu überlegen.[111]

105 Vgl *Fischer,* Rechtsfragen zur unbaren Geldlohnzahlung, in *Tomandl,* Entgeltprobleme aus arbeitsrechtlicher Sicht 68.
106 Zum Unterschied zwischen Verjährung und Verfall siehe *Pfeil,* Zur Zulässigkeit von Verfalls- und Verjährungsklauseln im Arbeitsrecht, RdW 1986, 343.
107 Vgl OGH 4 Ob 165/85.
108 OGH 4 Ob 90/82.
109 Vgl § 1162d ABGB, § 34 AngG, § 34 GAngG, § 38 TAG, § 35 LuFArbDG.
110 OGH Arb 6200/1955; 4 Ob 17/68; 4 Ob 94/82, DRdA 1987, 136 (*Holzner*).
111 OGH 4 Ob 110/84; 9 ObA 143/11m; 9 ObA 166/00b; 9 ObA 72/22m.

Bei Verfallsklauseln genügt idR die **außergerichtliche Geltendmachung** beim Arbeitgeber, um den Verfall zu verhindern. Die gerichtliche Geltendmachung ist nur dann erforderlich, wenn sie in der einschlägigen Vorschrift ausdrücklich vorgesehen ist.[112]

Verfallsklauseln beziehen sich in der Regel auf alle gegenseitigen Ansprüche aus dem Arbeitsverhältnis, sie umfassen daher auch Ansprüche auf **Kündigungsentschädigung**. In seiner früheren Judikatur hat der OGH die Meinung vertreten, dass Verfallsfristen, die sich auch auf die Kündigungsentschädigung beziehen, nicht kürzer als sechs Monate sein dürfen.[113] Begründet wurde dies mit der relativ zwingenden Bestimmung des § 34 AngG bzw § 1162d ABGB, die eine sechsmonatige Fallfrist für die Geltendmachung der Ansprüche aus ungerechtfertigter vorzeitiger Beendigung normiert. In seiner neueren Judikatur führt der OGH aus, eine die Kündigungsentschädigung erfassende kürzere Verfallsfrist sei zulässig, wenn sie für den Arbeitnehmer günstiger als die gesetzliche Fallfrist ist. Günstiger ist eine Vereinbarung zB dann, wenn der Anspruch zwar nach vier Monaten verfällt, der Verfall aber nicht eintritt, wenn der Arbeitnehmer seinen Anspruch in dieser Zeit schriftlich geltend macht und die gerichtliche Geltendmachung innerhalb der dreijährigen Verjährungsfrist erfolgt.[114]

8. Entgeltschutz

Da der Arbeitnehmer sich selbst und seine Familie regelmäßig aus seinem Arbeitseinkommen erhalten muss, trifft die Rechtsordnung verschiedene Vorkehrungen, die bewirken sollen, dass das Entgelt dem Arbeitnehmer auch tatsächlich zukommt. Dem Arbeitnehmer darf nicht das Risiko aufgebürdet werden, seinen Lohn erst durch die Veräußerung von Produkten seines Arbeitgebers realisieren zu können (**Truckverbot**). Er darf nicht verpflichtet werden, seinen Arbeitsplatz durch Mitfinanzierung des arbeitgeberischen Unternehmens erkaufen zu müssen (**Kautionsschutz**). Ein Teil seines Entgeltanspruchs ist der **Pfändung entzogen**. Über diesen Teil kann er – zum Schutze vor sich selbst – auch nicht vorweg rechtsgeschäftlich verfügen. Die Unabdingbarkeit von Entgeltansprüchen bewirkt, dass ihre Entstehung rechtsgeschäftlich nicht verhindert werden kann. Die **Beschränkung der Verzichtsmöglichkeit** wahrt dem Arbeitnehmer seinen Anspruch auf bereits verdiente Entgeltteile. In Anwendung allgemein privatrechtlicher Grundsätze wird der Arbeitnehmer vor unzumutbaren Belastungen durch Rückzahlungsverpflichtungen bewahrt und vor den Folgen der **Insolvenz** seines Arbeitgebers durch ein spezielles Versicherungssystem geschützt (vgl 380 ff). All diesen Bestimmungen und Grundsätzen liegt deutlich das Arbeitnehmerschutzprinzip zugrunde.

112 OGH 9 ObA 210/92.
113 OGH 9 ObA 98/02f; 8 ObA 54/13v.
114 OGH 9 ObA 141/05h, DRdA 2007, 99 (krit *Eypeltauer*).

8.1. Das Truckverbot

Literatur: Vgl die Literaturangaben bei *Preiss* in *Neumayr/Reissner* (Hg), Zeller Kommentar zum Arbeitsrecht[3], GewO 1859 § 78; *Fischer,* Rechtsfragen zur unbaren Geldlohnzahlung, in *Tomandl* (Hg), Entgeltprobleme aus arbeitsrechtlicher Sicht (1979) 62; *Pribram,* Der Lohnschutz des gewerblichen Arbeiters (1904) 28; *Spielbüchler,* Entgeltsicherung (1977) 28.

Rechtsquellen: §§ 78–78e GewO 1859, § 8 KJBG.

Im 19. Jahrhundert versuchten Arbeitgeber verschiedentlich, ihren Arbeitern anstelle des Lohns Waren aufzudrängen und diesen damit das Risiko der Verwertung dieser Waren zuzuschieben (Trucksystem). Dem wollte der Gesetzgeber durch das sogenannte Truckverbot begegnen. Demnach sind den Arbeitnehmern die Löhne in barem Geld auszubezahlen (**Barzahlungsgebot**).[115] Nur ganz bestimmte Naturalien (zB Wohnung, Brennmaterial, Lebensmittel) dürfen vereinbarungsgemäß auf den Lohn angerechnet werden. Nur diese Naturalien dürfen auch auf Rechnung des Lohns kreditiert werden (**Kreditierungsverbot**).[116] Die hM versteht diese Bestimmungen nicht als ein Verbot der Vereinbarung von Naturalentgelt, sondern lediglich als Verbot, anstelle des vereinbarten Geldlohnes Naturalien zu leisten.[117] Da die Kollektivverträge in aller Regel unabdingbare Geldlohnansprüche festlegen, besteht auch kein darüber hinausreichendes praktisches Regelungsbedürfnis.

Die **bargeldlose Lohnauszahlung** verstößt nach hM nicht gegen das Barzahlungsgebot, weil diese Zahlungsweise in vielen modernen Gesetzen ausdrücklich vorgesehen und überdies Buchgeld kein Aliud gegenüber Bargeld ist.[118]

Bei Verstößen gegen das Truckverbot kann der Arbeitnehmer die volle Nachzahlung des ihm vorenthaltenen Bargelds verlangen. Besitzt er die ihm an Zahlungs statt gegebene Ware noch oder ist er durch sie noch bereichert, fällt diese oder deren Wert an die zuständige gesetzliche Krankenkasse.[119]

115 Vgl § 78 Satz 1 GewO 1859; in der Baubranche besteht allerdings gem § 48 EStG ein Barzahlungsverbot des Arbeitslohns.

116 Vgl § 78 Satz 2, 3 und 5 GewO 1859.

117 *Löschnigg,* Arbeitsrecht[13] 6/144; *Krejci* in *Rummel*[3], ABGB § 1152 Rz 11; vgl auch *Spielbüchler/Grillberger,* Lehrbuch § 15 A, die ein striktes Barzahlungsgebot jedenfalls dann annehmen, wenn das Entgelt gesetzlich oder kollektivvertraglich in Geld festgelegt ist. Vgl auch OGH 9 ObA 220/02x.

118 Überzeugend *Fischer,* Rechtsfragen zur unbaren Geldlohnzahlung, in *Tomandl,* Entgeltprobleme aus arbeitsrechtlicher Sicht 56; vgl auch *Ribnitz,* Zur Problematik der bargeldlosen Lohnzahlung, ÖJZ 1970, 477.

119 § 78d GewO 1859; ähnlich § 78e Satz 2 GewO 1859 bezüglich Verstöße gegen das Kreditierungsverbot.

8.2. Der Kautionsschutz

Literatur: *Dittrich/Tades,* Anmerkung zu § 1 KautSchG; *Grillberger,* Kaution und Gegenforderungen, DRdA 1992, 31; *Grünberg,* Schutz der Dienstkaution, RZ 1937, 37; *Jabornegg,* Kautionsschutz für arbeitnehmerähnliche Personen, DRdA 1990, 213; *Klang,* Das Bundesgesetz betreffend Kautionen, Darlehen und Geschäftseinlagen von Dienstnehmern, JBl 1937, 354; *Weiser,* Das Kautionsschutzgesetz, RZ 1937, 502.

Rechtsquelle: Kautionsschutzgesetz (KautSchG).

Der Gesetzgeber steht Bemühungen des Arbeitgebers skeptisch gegenüber, einen Arbeitnehmer zu finanziellen Leistungen an ihn zu verpflichten. Das **KautSchG** enthält diesbezüglich enge Beschränkungen. So darf sich der Arbeitgeber vom Arbeitnehmer (oder für diesen von einem Dritten) eine **Kaution nur zur Sicherung von Schadenersatzansprüchen** gegen den Arbeitnehmer aus dem Dienstverhältnis bestellen lassen. Die als Kaution zugelassenen Mittel sind begrenzt (vgl § 1 Abs 1 KautSchG mit abschließender Aufzählung der Kautionsmittel).[120] Eine zulässige Kaution ist spätestens vier Wochen nach der Auflösung des Dienstverhältnisses (nach erfolgter Rechnungslegung) freizugeben, es sei denn, der Arbeitgeber hätte einen Schadenersatzanspruch gerichtlich geltend gemacht oder die Kaution mit Zustimmung des Arbeitnehmers zur Deckung eines Schadens verwendet (§ 2 KautSchG).

Der Arbeitgeber darf weder den Abschluss noch die Aufrechterhaltung des Dienstverhältnisses **davon abhängig machen**, dass der Arbeitnehmer (oder für diesen ein Dritter) ihm ein Darlehen gewährt[121] oder sich als stiller Gesellschafter mit einer Geldeinlage beteiligt (§ 3 KautSchG).[122] Schließlich darf der Arbeitgeber auch keine Ankündigung über eine offene Stelle veröffentlichen, worin der Abschluss eines Arbeitsvertrags von einer unzulässigen Kautionsbestellung, von einer Darlehensgewährung oder von einer Geldeinlage als stiller Gesellschafter abhängig gemacht wird (§ 5 KautSchG). Zulässig ist es dagegen, wenn der Arbeitnehmer selbst in seiner Stellenbewerbung ein Darlehen oder eine Beteiligung als stiller Gesellschafter anbietet. Übertretungen sind zivilrechtlich unwirksam und als Verwaltungsübertretungen strafbar.

120 Wechselbürgschaft unzulässig (OGH 4 Ob 507/61); Wechselakzept unzulässig (LG Wien 44 Cg 145/77).

121 Dagegen ist das Gesetz nicht anwendbar, wenn der Arbeitnehmer eine Bürgschaft für einen Bankkredit an seinen Arbeitgeber leistet, es sei denn, die Bank hätte Kenntnis davon, dass der Arbeitgeber die Fortsetzung des Arbeitsvertrages mit dem Arbeitnehmer von der Bürgschaftsübernahme abhängig gemacht hat (OGH 3 Ob 588/85).

122 Der Arbeitsvertrag bleibt aufrecht, bloß der dem § 3 KautSchG widersprechende Vertrag ist gem § 4 KautSchG nichtig (OGH 4 Ob 56/78).

8.3. Der Pfändungsschutz

Literatur: *Andexlinger/Spitzl,* Pfändung von Auflösungsansprüchen, RdW 1992, 151; *dies,* Lohnpfändung angestellter Provisionsvertreter, RdW 1992, 244; *Fink/Schmidt/Kurzböck,* Handbuch zur Lohnpfändung[3] (2002); *Hagen,* Zur Reform der Lohnpfändung, DRdA 1991, 329; *Mohr,* Die EO-Novelle 1991: Ein kurzer Gesamtüberblick, ecolex 1991, 833; *ders,* Die neue Lohnpfändung (1991).

Rechtsquelle: Exekutionsordnung (EO), RGBl 1896/79.

Bestimmungen über die Pfändung von Bar- und Naturalentgelt finden sich in der Exekutionsordnung. Der Lohnpfändung unterliegt zunächst nur ein **in Geld zahlbares Arbeitseinkommen**. Wiederkehrende Naturalleistungsansprüche des Arbeitnehmers, die mit einer beschränkt pfändbaren Forderung iSd § 290a EO (Arbeitsentgelt iwS) im rechtlichen Zusammenhang stehen, können nur durch Zusammenrechnung mit der Forderung selbst in Exekution gezogen werden (§ 326 Abs 3 EO). Die gesonderte Pfändung des Anspruches auf Sachleistungen ist daher nicht möglich.

Die EO will in erster Linie den Lebensunterhalt des verpflichteten Arbeitnehmers sichern, muss aber auch die Interessen des betreibenden Gläubigers (speziell wenn dieser Unterhaltsforderungen geltend macht) und jene des Arbeitgebers (des sog Drittschuldners), der wie ein Exekutionsbeamter den gepfändeten Teil der Lohnforderung einbehalten und an den betreibenden Gläubiger überweisen muss, beachten. Die Haftung des Arbeitgebers für die Richtigkeit der Aufteilung in pfändbare und unpfändbare Bezugsteile dem betreibenden Gläubiger und seinen Arbeitnehmern gegenüber ist auf Vorsatz und grobe Fahrlässigkeit eingeschränkt (§ 292f Abs 1 EO), überdies besitzt er einen pauschalierten Anspruch auf Ersatz der ihm dadurch entstehenden Kosten (§ 292h EO).

Das System der Pfändungsbeschränkungen der EO unterscheidet drei Kategorien von Forderungen: unpfändbare, beschränkt pfändbare und unbeschränkt pfändbare.

Unpfändbar sind jene Geldleistungsansprüche, die in keinem Fall der Pfändung und Verwertung unterliegen: Aufwandsentschädigungen, soweit sie einen tatsächlichen finanziellen Aufwand ersetzen (Materialkostenersatz, Reise-, Umzugskosten etc), diverse Auslagen- und Kostenersätze (Familienbeihilfe, Bestattungskosten uÄ), Ausbildungsbeihilfen (Stipendien). [123]

Beschränkt pfändbar sind folgende **Einkünfte** und ihnen gleichgestellte Ansprüche mit Einkommensersatzfunktion: Einkünfte aus einem privat- oder öffentlich- rechtlichen Arbeitsverhältnis, einem Lehr- oder Ausbildungsverhältnis (Arbeitsentgelt iwS) sowie Leistungen, die an die Stelle des Arbeitsentgelts treten (Pensionen und Renten, Arbeitslosengeld etc).[124] Bei diesen Leistungen unterliegt nur ein über einem unpfändbaren Freibetrag („**Existenzminimum**") liegender Mehrbetrag der Zwangsvollstreckung.

Der dem Arbeitnehmer gesicherte Freibetrag errechnet sich von einer besonderen Berechnungsgrundlage, die dem Nettogehalt meist gleichkommt (§ 291 EO). Übersteigt die Berechnungsgrundlage nicht den **Ausgleichszulagenrichtsatz** für alleinstehende Personen

123 Vgl § 290 EO.
124 Vgl § 290a EO.

gem § 293 Abs 1 lit a sublit bb ASVG (im Jahr 2023 € 1.110,26 monatlich), hat dem Arbeitnehmer dieser Betrag jedenfalls zu bleiben (§ 291a Abs 1 EO). Dieser Freibetrag erhöht sich außerdem um 20% für jede Person, der der Verpflichtete gesetzlichen Unterhalt gewährt (max fünf Personen). Übersteigt das Nettoeinkommen den Ausgleichszulagenrichtsatz (samt Zuschlägen), müssen dem Arbeitnehmer vom Mehrbetrag 30%, sowie je 10% für jeden unterhaltsberechtigten Angehörigen (max fünf Personen) bleiben.
Der Teil der Berechnungsgrundlage, der das Vierfache des Ausgleichszulagenrichtsatzes (Höchstberechnungsgrundlage) übersteigt, ist jedenfalls zur Gänze pfändbar.

Zur Befriedigung von **Unterhaltsansprüchen naher Angehöriger** muss sich der Arbeitnehmer eine weitergehende Pfändung gefallen lassen. In diesem Fall haben dem Verpflichteten 75% des unpfändbaren Freibetrages gem § 291a EO zu verbleiben. Für jene Personen, die wegen einer Unterhaltsforderung Exekution führen, gebührt dem Verpflichteten kein Unterhaltsgrund- und Unterhaltssteigerungsbetrag (§ 291b EO). Das Exekutionsgericht kann auf Antrag den der Pfändung entzogenen Freibetrag angemessen erhöhen bzw herabsetzen (§§ 292a f EO).

8.4. Verfügungs- und Aufrechnungsbeschränkungen

Literatur: *Bydlinski,* Arbeitsrechtskodifikation und allgemeines Zivilrecht (1969) 154; *Kollross,* Die Aufrechnung gegen Forderungen aus dem Dienstverhältnis, ZBl 1933, 277; *Krejci,* Zur Kompensation von Entgeltforderungen des Arbeitnehmers mit Arbeitgeberansprüchen auf Schadenersatz, ZAS 1980, 163; *Kropiunig,* Die Aufrechnung im Exekutionsverfahren, ÖJZ 1967, 541; *Spielbüchler,* Entgeltsicherung (1977) 116; *Weinzierl,* Der Lohnschutz und die Zulässigkeit der Aufrechnung gegen den der Exekution entzogenen Teil des Lohnes, DRdA 1963, 153.

Rechtsquellen: § 293 Abs 2, 3 EO, § 7 DHG.

Um die durch die Pfändungsbeschränkungen bewirkte Garantie eines Mindesteinkommens des Arbeitnehmers abzusichern, erklärt § 293 Abs 2 EO jede rechtsgeschäftliche Verfügung (Zession, Anweisung, Verpfändung) über unpfändbare Forderungen für rechtlich wirkungslos. Das geht mit Sicherheit insofern zu weit, als sich der Arbeitnehmer durch die Verfügung Geld zur Bestreitung seines Unterhalts beschaffen will.[125] Betroffen sind auch nur Verfügungen über den Anspruch. In der Verwendung des einmal erhaltenen Entgelts unterliegt der Arbeitnehmer keinen Beschränkungen.

Die **Aufrechnung** gegen unpfändbare Forderungen ist nach § 293 Abs 3 EO nur zulässig zur Einbringung a) eines Vorschusses, b) einer im rechtlichen Zusammenhang stehenden Gegenforderung oder c) einer Schadenersatzforderung, wenn der Schaden (zumindest bedingt) vorsätzlich zugefügt wurde.

Dogmatisch ist zwar längst geklärt, dass im Vorschussfall keine Aufrechnung stattfindet, da hier der Entgeltanspruch bereits teilweise vorzeitig erfüllt worden und somit keine aufrechenbare Gegenforderung vorhanden ist,[126] doch nimmt die Judikatur Kompensation

125 *Spielbüchler/Grillberger,* Lehrbuch § 15 C.

126 *Ehrenzweig,* System II/1, 2. Aufl 340; *Weinzierl,* Der Lohnschutz und die Zulässigkeit der Aufrechnung gegen den der Exekution entzogenen Teil des Lohnes, DRdA 1963, 153 (159); *Spielbüchler,* Entgeltsicherung 85.

an.[127] Aber auch die unter c) genannte Beschränkung ist durch § 7 DHG überholt, welcher eine Aufrechnung auch in Fällen bloß fahrlässiger Schädigung gestattet, sofern der Arbeitnehmer dieser nicht rechtzeitig widerspricht.[128]

8.5. Der Anspruchsverzicht

Literatur: *Bydlinski,* Willens- und Wissenserklärungen im Arbeitsrecht, ZAS 1976, 83, 126 (129); *ders,* Arbeitsrechtskodifikation und allgemeines Zivilrecht (1969) 129; *Eypeltauer;* Verzicht und Unabdingbarkeit im Arbeitsrecht (1984); *Klein,* Beendigungsregelung als Vergleich, DRdA 1991, 471; *Köck,* Grenzen der Zulässigkeit des Verzichts auf schon entstandene Arbeitnehmeransprüche, ZAS 1986, 73; *Martinek/Schwarz,* Abfertigung 303; *Migsch,* Der sogenannte Verzicht des Arbeitnehmers auf Ansprüche aus dem Arbeitsverhältnis, FS Strasser (1983) 255; *W. Schwarz,* Verzichtslehre und Wissenserklärung, DRdA 1984, 1; *Strasser,* Der Verzicht auf unabdingbare arbeitsrechtliche Ansprüche, DRdA 1955, 13.

Rechtsquelle: §§ 870 ff, 879 Abs 2 Z 4 ABGB.

Für die Frage, ob ein Arbeitnehmer zulässigerweise auf Ansprüche aus dem Arbeitsverhältnis verzichten kann, ist zwischen bereits entstandenen und zukünftigen Ansprüchen zu unterscheiden.

Es gibt keinen Grund gegen die Zulässigkeit einer einvernehmlichen Vertragsänderung für **künftig entstehende Ansprüche**, selbst wenn die Vertragsänderung Verschlechterungen für den Arbeitnehmer mit sich bringt, solange durch sie nicht in unabdingbare Ansprüche eingegriffen wird.[129]

Anders verhält es sich mit einem Verzicht des Arbeitnehmers auf **bereits erworbene Ansprüche.**[130] Nach einer Jahrzehnte alten stRsp[131] wird ein Verzicht auf bereits erworbene Ansprüche, sofern er während des aufrechten Arbeitsverhältnisses abgegeben wurde und sich auf unabdingbare Ansprüche bezieht, wegen „wirtschaftlichen Druckes" als unwirksam angesehen. Dieser wirtschaftliche Druck wird vor allem in der Befürchtung des Arbeitnehmers erblickt, ihm werde gekündigt werden, sollte er sich weigern, einen solchen Verzicht abzugeben. Dieser richterrechtlich eingeführte Grundsatz versteht sich als ein Schutz des Arbeitnehmers, der Verzichte umfasst, die nach den allgemeinen Regeln des bürgerlichen Rechts wirksam wären, da weder ein Anfechtungsgrund iSd §§ 870 ff ABGB noch der Wuchertatbestand des § 879 Abs 2 Z 4 ABGB vorliegt. Die Judikatur ist grds auf allgemeine Zustimmung in der Lehre gestoßen, doch sind die dogmatischen Grundlagen und, als Folge davon, die Reichweite dieses Schutzes bis heute umstritten.

127 Vgl OGH 4 Ob 40/73, ZAS 1974, 62 (*Hoyer*).

128 Vgl auch *Spielbüchler,* Entgeltsicherung 93.

129 Vgl *Schrank,* Zur Zulässigkeit von „Verschlechterungsvereinbarungen" bei aufrechtem Arbeitsverhältnis, RdW 1983, 12; ihm folgend OGH 4 Ob 105/82, DRdA 1984, 352 (mit einschränkender Kritik von *Eypeltauer*).

130 Vgl die weit ausgreifende Problemübersicht bei *Migsch,* Der sogenannte Verzicht des Arbeitnehmers auf Ansprüche aus dem Arbeitsverhältnis, FS Strasser 255.

131 Vgl OGH-Judikat 26 neu = Arb 3725/1927; so auch 9 ObA 264/88; 4 Ob 162, 163/83; 4 Ob 63/81 uvm.

Die ständige Judikatur des OGH **begrenzt den Verzichtsschutz** in dreifacher Weise:

1) es muss sich um einen Anspruch auf eine unabdingbare Leistung handeln,

2) der Anspruch muss bereits entstanden sein,

3) das Arbeitsverhältnis darf zum Zeitpunkt des Verzichtes grundsätzlich weder aufgelöst sein, noch sich bereits im Stadium der Auflösung befinden.[132]

Die vom OGH entwickelte „**Drucktheorie**" geht davon aus, dass das Vorliegen wirtschaftlichen Drucks nur widerleglich vermutet wird.[133] Wie *Migsch*[134] zu Recht betont, gelten diese Beschränkungen nicht für einen entgeltlichen Verzicht, durch den der Arbeitnehmer im Ergebnis günstiger gestellt wird als ohne ihn.[135] Zu beachten ist andererseits, dass jedem Verzicht gem § 293 Abs 2 EO (siehe oben 110) der unpfändbare Teil des Entgeltanspruchs entzogen ist.

In der Lehre wird zT ein weiterreichender Verzichtsschutz behauptet. Die Unsicherheiten rühren von Widersprüchlichkeiten im theoretischen Ansatz der Judikatur her.

Ist der entscheidende Umstand, der den Verzicht unwirksam macht, wirklich der auf dem Arbeitnehmer lastende wirtschaftliche Druck, dann gibt es keinen überzeugenden Grund, warum dieser Druck beim Verzicht auf abdingbare Ansprüche unbeachtlich sein soll. Steht dem Verzicht aber in Wahrheit die Unabdingbarkeit entgegen,[136] dann ist wiederum nicht einzusehen, warum der Verzicht ab dem Zeitpunkt der Beendigung des Arbeitsvertrags sowie generell bei Fehlen wirtschaftlichen Druckes im Einzelfall wirksam sein soll.

Köck hat mit Recht darauf aufmerksam gemacht, dass der Verzicht – anders als die Vertragsänderung – kein Bestandteil des Arbeitsvertrags, sondern ein eigenständiges Verfügungsgeschäft außerhalb desselben ist.[137] Als solches bedürfe er zu seiner Wirksamkeit eines eigenen Verpflichtungs- bzw Grundgeschäfts. Der Verzicht ist daher gem § 870 ABGB anfechtbar, wenn er nur deshalb abgeschlossen wurde, weil dem Arbeitnehmer für den Fall seiner Weigerung die Kündigung angedroht wurde. Erfolge ein Verzicht unentgeltlich oder ohne eine auch nur einigermaßen äquivalente Gegenleistung, so spreche

132 Nur ausnahmsweise könne auch nachher noch eine Drucksituation bestehen (OGH 4 Ob 63/81).

133 Vgl ausdrücklich OGH 4 Ob 21/66, ZAS 1967, 17 (*Mayer-Maly*); 4 Ob 94/73, ZAS 1975, 100 (krit *Schwarz*); 4 Ob 101/73, ZAS 1974, 175 (zust *Müller*); 4 Ob 19/74. Die These *Eypeltauers* (Verzicht und Unabdingbarkeit im Arbeitsrecht 20), der OGH sei von seiner Auffassung in den Entscheidungen 4 Ob 28/79, 4 Ob 38-41/78, 4 Ob 51/80, 4 Ob 15/82 implizit wieder abgegangen, ist nicht haltbar. Denn in diesen Verfahren hat sich das Problem der Widerlegbarkeit mangels eines in diese Richtung zielenden Vorbringens des Arbeitgebers überhaupt nicht gestellt. Hätte der OGH eine solche Abkehr beabsichtigt, dann hätte er diese Absicht im Hinblick auf seine Vorjudikatur auch aussprechen müssen. Kein Druck im Sinne einer sittenwidrigen Ausnützung einer wirtschaftlichen Zwangslage besteht, wenn das Arbeitsverhältnis einvernehmlich gelöst wird und die Parteien gleichzeitig eine umfassende Regelung aller noch offenen gegenseitigen Ansprüche vereinbaren: OGH 9 ObA 151/89.

134 *Migsch,* Der sogenannte Verzicht des Arbeitnehmers auf Ansprüche aus dem Arbeitsverhältnis, FS Strasser 255 (261).

135 So auch OGH 4 Ob 39/55.

136 So *Strasser,* Der Verzicht auf unabdingbare arbeitsrechtliche Ansprüche, DRdA 1955, 13; *Floretta*, Die Unabdingbarkeit im Arbeitsrecht und die herrschende Meinung über den Verfall des Urlaubes, DRdA 1951/2, 14; *Eypeltauer,* Verzicht und Unabdingbarkeit im Arbeitsrecht 42.

137 *Köck*, Grenzen der Zulässigkeit des Verzichts auf schon entstandene Arbeitnehmeransprüche, ZAS 1986, 73.

die auf der Lebenserfahrung beruhende Vermutung dafür, dass ihn der Arbeitnehmer nur in einer Zwangslage, nämlich aus Furcht vor Nachteilen oder Sanktionen, abgegeben habe. Misslinge dem Arbeitgeber daher der Nachweis, dass im konkreten Fall eine solche Zwangslage ausnahmsweise nicht vorlag, sei der Verzicht im Sinne der ratio des § 879 Abs 2 Z 4 ABGB rechtsunwirksam. Daran könne auch die Beendigung des Dienstverhältnisses nichts ändern. Die Druckvermutung entfalle erst zu dem Zeitpunkt, in dem der Arbeitnehmer sein vom Verzicht nicht umfasstes Entgelt im Wesentlichen erhalten habe.[138] Ein Unterschied zwischen abdingbaren und unabdingbaren Ansprüchen sei nicht angebracht. Diese Grundsätze müssten auch für den Vergleich über Arbeitnehmeransprüche und für das negative Schuldanerkenntnis gelten.

8.6. Rückforderung irrtümlicher Mehrleistungen

Literatur: *Just,* Zur Frage der Rückforderung unbegründeter Mehrleistungen im Bereich des Arbeitsrechtes, DRdA 1961, 242; *Martinek,* Zum Bereicherungsproblem im Arbeitsrecht, DRdA 1958, 69; *Spielbüchler,* Entgeltsicherung (1977) 144; *Stifter,* Der Übergenuss im öffentlich-rechtlichen und im vertraglichen Dienstverhältnis, DRdA 1983, 340; *Trost,* Gedanken zum gutgläubigen Empfang und Verbrauch, DRdA 1988, 106; *dies,* Nachträglicher Wegfall des Rechtsgrundes für Dienstbezüge, DRdA 1993, 225; *Wachter,* Zur Nichtrückforderbarkeit irrtümlich bezahlten Arbeitsentgelts bei gutgläubigem Verbrauch, FS Strasser (1983) 147; *Wilburg,* Die Lehre von der ungerechtfertigten Bereicherung (1934) 154; *Zemen,* Der Schutz des Empfängers von rechtsgrundlosen, jedoch gutgläubig verbrauchten Leistungen, ZAS 1979, 163.

Rechtsquelle: § 1437 iVm § 329 ABGB.

Nach stRsp[139] kann der Arbeitgeber vom Arbeitnehmer ein an diesen irrtümlich bezahltes Entgelt nicht zurückfordern, wenn der Arbeitnehmer diese Bezüge im guten Glauben empfangen und **gutgläubig verbraucht** hat.[140] Dies soll jedoch nur für Leistungen mit **Unterhaltscharakter** gelten.

Dieser Grundsatz wurde daher bspw nicht angewendet auf Abfertigungen,[141] Prozesskostenersätze,[142] Kursgewinne bei der Umwechslung eingenommener Fremdwährungsbeträge[143] oder Steuerrückvergütungen.[144] Der Unterhaltscharakter wird allerdings weit verstanden: es muss sich um eine Leistung handeln, die wenigstens wirtschaftlich gesehen die Funktion hat, den Lebensunterhalt des Empfängers zu decken.[145]

Der Grundsatz ist auch in der Lehre voll anerkannt. Über seine Rechtsnatur und seinen Umfang herrschen jedoch Meinungsverschiedenheiten. Überzeugend scheint jene Lehre, die in ihm keine arbeitsrechtliche Spezialität, sondern einen allgemeinen Grund-

138 Vgl auch *Löschnigg,* Arbeitsrecht[13] 3/049.
139 Grundlegend OGH-Judikat 33 neu = Arb 3893/1929; so etwa OGH 4 Ob 36/78; 4 Ob 43/81; 4 Ob 101/84; 14 ObA 86/87; 9 ObA 197-200/92, DRdA 1993, 214 (*Wachter*).
140 Zu den Grenzen des Vertrauensschutzes vgl OGH 9 ObA 119/93.
141 OGH 4 Ob 121/62.
142 OGH 4 Ob 27/62.
143 OGH 4 Ob 69/70.
144 OGH 4 Ob 79/80.
145 OGH 4 Ob 36/78.

satz des Zivilrechts sieht,[146] der allerdings nur auf vom Arbeitgeber veranlasste Mehrleistungen anzuwenden sei, nicht jedoch auf Beträge, die ein Arbeitnehmer eigenmächtig (irrtümlich zu hoch) einbehalten habe.[147] Unklar ist, ob es auf den Unterhaltscharakter wirklich entscheidend ankommt.[148] Die Judikatur begründet ihre Auffassung mit der These, es sei unbillig, zum Unterhalt bestimmte Beträge, bei denen sich der Verbrauch nach der Höhe des Empfangs richte (weshalb der Mehrempfang regelmäßig die Ursache des Mehrverbrauchs sei), nachträglich vom redlichen Empfänger und Verbraucher zurückzufordern und diesen dadurch zu einer Einschränkung seines Lebensstandards zu zwingen.[149] Die Lehre *Wilburgs* fußt hingegen auf dem Gedanken, der gutgläubige Empfänger müsse davor bewahrt werden, durch sein berechtigtes Vertrauen auf den endgültigen Empfang der Leistung Nachteile zu erleiden, wenn der Fehler auf Seiten des Leistenden lag (Prinzip der Nachteilausgleichung). Nach diesem überzeugenden Konzept kommt es auf den Unterhaltscharakter der Leistung nicht an. Im Zweifel wird Redlichkeit des Empfangs und einige Zeit nach Kenntnis des Empfangs auch gutgläubiger Verbrauch vermutet.[150]

Wer – wie die Judikatur – den Unterhaltscharakter betont, darf diese Grundsätze nicht auf Einkommensteile erstrecken, die die Unterhaltsbedürfnisse übersteigen.[151] Keinesfalls anwendbar sind diese Grundsätze auf auflösend bedingt gewährte Ansprüche, da hier der Arbeitnehmer stets mit dem Eintritt der Bedingung rechnen muss (zB Urlaubszuschuss, der nach dem Kollektivvertrag bei unbegründetem vorzeitigen Ausscheiden rückgezahlt werden muss).[152]

8.7. Lohnkontrolle und Durchsetzung

Die Arbeitnehmer müssen ihre Entgeltansprüche als zivilrechtliche Ansprüche im **Gerichtsweg** vor den Arbeits- und Sozialgerichten durchsetzen. Hilfestellung erfahren sie dabei durch die unentgeltliche Rechtsberatung und in aussichtsreichen Fällen den Rechtsschutz durch die Arbeiterkammern, für Gewerkschaftsmitglieder haben die Ge-

146 So *Wachter*, Zur Nichtrückforderbarkeit irrtümlich bezahlten Arbeitsentgelts bei gutgläubigem Verbrauch, FS Strasser 147; *Wilburg*, Die Lehre von der ungerechtfertigten Bereicherung 154 und *Zemen*, Der Schutz des Empfängers von rechtsgrundlosen, jedoch gutgläubig verbrauchten Leistungen, ZAS 1979, 163; abl *Rummel* in *Rummel*³, ABGB § 1437 Rz 12.

147 OGH 4 Ob 69/70.

148 OGH 4 Ob 36/78, DRdA 1979, 200 (*Mayer-Maly*); *Trost*, Gedanken zum gutgläubigen Empfang und Verbrauch, DRdA 1988, 112, bezweifelt mit guten Gründen, dass sich der Unterhaltsbegriff qualitativ juristisch definieren lässt; selbst eine Quantifizierung (über Einkommenssituation und Sparneigung) sei nur mit großen Schwierigkeiten möglich.

149 Vgl die Übersicht über die Judikaturentwicklung in OGH 4 Ob 36/78.

150 *Spielbüchler/Grillberger*, Lehrbuch § 15 D in Entsprechung zu § 13a GehG; *Wachter*, Zur Nichtrückforderbarkeit irrtümlich bezahlten Arbeitsentgelts bei gutgläubigem Verbrauch, FS Strasser 147 (173); *Zemen*, Der Schutz des Empfängers von rechtsgrundlosen, jedoch gutgläubig verbrauchten Leistungen ZAS 1979, 168.

151 Siehe hierzu auch *Zemen*, Der Schutz des Empfängers von rechtsgrundlosen, jedoch gutgläubig verbrauchten Leistungen, ZAS 1979, 168.

152 OGH 4 Ob 43/81, ZAS 1982, 23 (*Runggaldier*).

werkschaften ähnliche Unterstützungsangebote. Traditionell gab es in Österreich bis zum Jahr 2011 keine unmittelbare behördliche Lohnkontrolle.

Allerdings bestand schon bisher für die Arbeitgeber durch die Kontrollen seitens der Sozialversicherungsträger und Finanzbehörden ein indirekter Druck, den Arbeitnehmern das ihnen zustehende Entgelt (Anspruchslohn) auch tatsächlich zu leisten. Die Abfuhr aller **lohnabhängigen Abgaben** (alle Sozialversicherungsbeiträge und Umlagen, Lohnsteuer, Kommunalsteuer, Dienstgeberbeitrag zum Familienlastenausgleichsfonds und Zuschlag zum Dienstgeberbeitrag) wird im Rahmen eines Prüfvorganges, der „**Gemeinsamen Prüfung Lohnabgaben und Beiträge** (GPLB)", entweder durch Prüforgane des beim Bundesministeriums für Finanzen eingerichteten Prüfdienstes für Lohnabgaben und Beiträge oder durch Prüfer der Österreichischen Gesundheitskasse geprüft. Bei Verstoß gegen die Beitrags- und Abgabenpflichten drohen Verwaltungs- oder auch gerichtliche Strafen.

Mit der Einführung des **Lohn- und Sozialdumping-Bekämpfungsgesetzes** (LSD-BG) im Jahr 2011 kam es zu einem **Paradigmenwechsel**. Im Zuge der Bemühungen des Gesetzgebers um eine effektive Bekämpfung von Lohn- und Sozialdumping durch die Bezahlung von Billiglöhnen an aus dem Ausland nach Österreich entsandte Arbeitnehmer (vgl 396 ff), wurde eine **behördliche Lohnkontrolle** eingeführt. Wegen des Diskriminierungsverbots aufgrund des AEUV gilt diese für in- wie ausländische Unternehmen gleichermaßen.

§ 3 des aktuell geltenden LSD-BG 2016[153] normiert einen zwingenden Anspruch der in Österreich arbeitenden Arbeitnehmer[154] auf das ihnen nach Gesetz, Verordnung oder KollV zustehende Entgelt. Stellt die **Österreichische Gesundheitskasse** im Rahmen ihrer Tätigkeit fest, dass der Arbeitgeber einem dem ASVG unterliegenden Arbeitnehmer nicht zumindest das ihm nach Gesetz, Verordnung oder KollV in Österreich unter Beachtung der jeweiligen Einstufungskriterien zustehende Entgelt leistet, hat sie Anzeige an die zuständige **Bezirksverwaltungsbehörde** zu erstatten. Die Kollektivvertragspartner, die den für den Arbeitnehmer maßgeblichen KollV abgeschlossen haben, können bzw sind – bei begründeten Einwendungen des Arbeitgebers – zu Entgeltfragen, insb zur Ermittlung des dem Arbeitnehmer unter Beachtung der Einstufungskriterien zustehenden Entgelts, anzuhören.

§ 29 LSD-BG normiert für den Fall der **Unterentlohnung Verwaltungsstrafen**. Der EuGH hat in der Rs C-64/18, *Maksimovic* die bis zur Novelle BGBl I 2021/174 geltenden Strafbestimmungen zu den formalen Verpflichtungen als unverhältnismäßig und damit unionsrechtswidrig beurteilt. Ursprünglich war die Strafhöhe von der Anzahl der betroffenen Arbeitnehmer abhängig. In dem der Rs *Maksimovic* zugrundeliegenden Sachverhalt wurden ua wegen des Nichtbereithaltens von Lohnunterlagen im Rahmen einer Ent-

153 BGBl I 2016/44.
154 Zu aus dem Ausland nach Österreich entsandten Arbeitnehmern vgl unten 398, beachte auch den neuen Abs 7 in § 3 LSD-BG.

sendung von 217 kroatischen Arbeitnehmern nach Österreich Verwaltungsstrafen in der Höhe von mehreren Millionen Euro verhängt. Im Zuge der Überarbeitung der Strafbestimmung zu den formalen Verpflichtungen wurden auch jene zur Unterentlohnung geändert. Die Neuregelung des § 29 LSD-BG brachte den Entfall der Kumulation[155] und die Schaffung eines fünfstufigen Strafrahmens, Mindeststrafen sind nicht mehr vorgesehen.

Ist im Erstfall bei Arbeitgebern mit bis zu neun Arbeitnehmern[156] die Summe des vorenthaltenen Entgelts geringer als € 20.000 beträgt die Geldstrafe bis zu € 20.000. Ist die Summe des vorenthaltenen Entgelts höher als € 50.000, beträgt die Geldstrafe bis zu € 100.000. Ist die Summe des vorenthaltenen Entgelts höher als € 100.000, beträgt die Geldstrafe bis zu € 250.000. Ist die Summe des vorenthaltenen Entgelts höher als € 100.000 und wurde das Entgelt in Lohnzahlungszeiträumen der Unterentlohnung vorsätzlich um durchschnittlich mehr als 40% des Entgelts vorenthalten, beträgt die Geldstrafe bis zu € 400.000. Wirkt der Arbeitgeber bei der Aufklärung zur Wahrheitsfindung unverzüglich und vollständig mit, ist anstelle des Strafrahmens bis € 100.000 oder bis € 250.000 der jeweils niedrigere Strafrahmen anzuwenden. Bei Unterentlohnungen, die durchgehend mehrere Lohnzahlungszeiträume umfassen, liegt eine einzige Verwaltungsübertretung vor (§ 29 Abs 1 LSD-BG). Der Arbeitgeber kann sich der Strafbarkeit entziehen, wenn er vor einer Erhebung durch die zuständige Behörde den Fall der Unterentlohnung bemerkt und die Differenz zwischen dem tatsächlich geleisteten und dem gebührenden Entgelt nachweislich nachzahlt. In bestimmten Fällen hat die Bezirksverwaltungsbehörde von der Verhängung einer **Strafe abzusehen**: 1. wenn der Arbeitgeber nachweislich die Nachzahlung auf das Mindestentgelt nach Erhebungen durch die Behörde, aber vor Aufforderung durch die Bezirksverwaltungsbehörde tätigt; oder 2. wenn der Arbeitgeber die Nachzahlung der Differenz zwar nach Aufforderung durch die Bezirksverwaltungsbehörde, aber innerhalb einer von ihr gesetzten Frist leistet. Für das Absehen von der Strafbarkeit muss zudem die Entgeltdifferenz gering sein oder darf das Verschulden des Arbeitgebers leichte Fahrlässigkeit nicht übersteigen.

Die Frist für die **Verfolgungsverjährung** (§ 31 Abs 2 Verwaltungsstrafgesetz, VStG) beträgt drei Jahre ab der Fälligkeit des Entgelts. Ob der Entgeltanspruch des Arbeitnehmers aufgrund des Arbeitsvertrages bereits verjährt oder verfallen ist, hat auf die Strafbarkeit des Arbeitgebers gem LSD-BG keinen Einfluss.

155 Für reine Inlandssachverhalte gilt weiterhin das Kumulationsprinzip gem § 28 Abs 1 Z 1 AuslBG, VwGH 2020/09/0025; 2020/09/0077; darin liegt keine Inländerdiskriminierung, VfGH G 123/2021-9.

156 Gemeint ist die Gesamtzahl der AN, nicht bloß die von der Unterentlohnung betroffenen, VwGH 2022/11/0046 mit Verweis auf ErläutRV 943 BlgNR 27. GP 10, die von Kleinstunternehmen mit bis zu neun Arbeitnehmern sprechen.

Treue- und Fürsorgepflicht

Literatur: Vgl die Literaturangaben bei *Mosler* in *Neumayr/Reissner* (Hg), Zeller Kommentar zum Arbeitsrecht[3], AngG § 18; *Tomandl* (Hg), Treue- und Fürsorgepflicht im Arbeitsrecht (1975); *Tomandl*, Fürsorge- und Treuepflicht im Arbeitsverhältnis (2020).

1. Wesen und wechselseitiges Verhältnis

Die Anerkennung von Treue- und Fürsorgepflicht im Arbeitsrecht ist wesentlich älter als die von *Heinrich Stoll*[1] für das deutsche Zivilrecht entwickelte und später in das österreichische Vertragsrecht übernommene Lehre von den vertraglichen Schutzpflichten.

Treue- und Fürsorgepflicht waren schon für das mittelalterliche Recht typisch[2] und haben sich vor allem im Dienstboten- und Gesinderecht auch zu Zeiten des ABGB erhalten.[3] Seit der GewO-Novelle 1885 (§§ 74 und 76 GewO 1859) wurden sie vom modernen Gesetzgeber in alle Arbeitsvertragsgesetze ausdrücklich eingebaut.

Dennoch vermag die **moderne Zivilrechtsdogmatik** Einsichten in die arbeitsrechtliche Treue- und Fürsorgepflicht zu vermitteln. Es ist heute unbestritten, dass den Vertragsparteien bei sämtlichen Vertragstypen neben der Erbringung der vereinbarten Hauptleistungen weitere Pflichten auferlegt sein können. Dazu gehören **Nebenpflichten**, die der Vorbereitung und der reibungslosen Abwicklung der für den Vertragstyp charakteristischen Hauptleistungen dienen, sowie Schutz- und Sorgfaltspflichten, die der Schädigung von Rechtsgütern des Vertragspartners begegnen sollen. Solche Pflichten ergeben sich aus dem jeweiligen Gesetz und aus der objektiven Vertragsauslegung.[4]

Über Art und Umfang dieser Nebenpflichten, über ihre Intensität und über die zu ihrer Verwirklichung zur Verfügung stehenden Rechtsbehelfe lassen sich keine generellen, sondern nur vertragstypenspezifische Aussagen machen. Der Umstand, dass solche Pflichten im Arbeitsvertrag wesentlich weiter gehen als bei den meisten übrigen Vertragsarten, ist daher kein Argument für die These, die arbeitsrechtlichen Treue- und Fürsorgepflichten seien etwas qualitativ anderes als die allgemein im Vertragsrecht auffindbaren Nebenpflichten.[5]

1 *Stoll*, Die Lehre von den Leistungsstörungen (1936).

2 Vgl *Ogris*, Geschichte des Arbeitsrechts vom Mittelalter bis in das 19. Jahrhundert, (d)RdA 1967, 286 (294).

3 Nachweise bei *Tomandl*, Entwicklungstendenzen der Treue- und Fürsorgepflicht in Österreich, in *Tomandl* (Hg), Treue- und Fürsorgepflicht im Arbeitsrecht (1975) 2 und *Tomandl*, Fürsorge- und Treuepflicht im Arbeitsverhältnis (2020) 5.

4 Siehe hiezu *Welser/Zöchling-Jud*, Bürgerliches Recht[14] II Rz 14.

5 So aber auch *Mayer-Maly*, Treue- und Fürsorgepflicht in rechtstheoretischer und rechtsdogmatischer Sicht, in *Tomandl*, Treue- und Fürsorgepflicht (1975) 77, der allerdings einen engen Begriff der Nebenpflichten verwendet.

Wegen ihrer besonderen Bedeutung wird schon jene Terminologie bekämpft, die sie zu den Nebenpflichten zählt. Als **Nebenpflicht** soll aber in unserem Zusammenhang jede Pflicht bezeichnet werden, die nicht der Umsetzung jenes Interesses dient, dessentwegen die Parteien den Vertrag geschlossen haben. Wie wir gesehen haben, schließt ein Arbeitgeber typischerweise einen entgeltlichen Arbeitsvertrag ab, um sich die Arbeitskraft eines anderen Menschen zu sichern, der Arbeitnehmer dagegen, um ein Einkommen zur Bestreitung des Lebensunterhaltes für sich und seine Familie zu erwerben. Daher sind die Arbeitspflicht und die Entgeltpflicht die beiden Hauptpflichten, die zueinander in einem wechselseitigen (synallagmatischen) Abhängigkeitsverhältnis stehen. Zu diesen synallagmatischen Pflichten zählen die Treue- und Fürsorgepflicht nicht.

Es wäre höchst ungewöhnlich, würde ein Arbeitgeber einen Arbeitsvertrag deshalb abschließen, um sich der Treue seines Arbeitnehmers zu versichern, oder würde sich ein Arbeitnehmer aus dem Grund zur Arbeitsleistung verpflichten, um den Fürsorgeanspruch zu erlangen. Der Anspruch auf Fürsorge entfällt daher nicht, sondern wird nur inhaltlich modifiziert, wenn der Arbeitnehmer seine Treuepflicht verletzt.

Ihre Qualifikation als Nebenpflicht bedeutet auch nicht, dass die **Treue- oder die Fürsorgepflicht** als solche abdingbar wären, was jedoch hinsichtlich einzelner aus ihr entspringender Verhaltenspflichten durchaus möglich ist.[6] Weiters ist es unbestritten und auch den gesetzgeberischen Vorstellungen des § 1157 ABGB zu entnehmen, dass diese Nebenpflichten nicht nur über den Umweg des Schadenersatzes oder der sofortigen Auflösung des Vertrags geltend gemacht werden können, sondern grundsätzlich auch einen Anspruch auf Erfüllung gewähren.[7]

Zur Vermeidung von Missverständnissen sei betont, dass es hier nur um den auf die erwähnten Generalklauseln gestützten Anspruch auf Treue und Fürsorge geht, nicht aber um längst durch Gesetz, Kollektivvertrag oder Betriebsvereinbarung eigenständig geregelte Rechte (zB auf Urlaub), die ihrem Wesen nach mit Treue- oder Fürsorgeaspekten erklärt werden können.

Zunächst war es in Österreich klar herrschende Auffassung, dass es keine Wesensverschiedenheit zwischen der Treuepflicht des Arbeitnehmers und der Fürsorgepflicht des Arbeitgebers gibt. Beide Pflichten erschienen vielmehr als rollenspezifische Ausprägung des Prinzips von Treu und Glauben.[8] Die stärkere gesetzliche Ausgestaltung der Fürsorgepflicht ergab sich zwangsläufig aus der sozialpolitischen Zielsetzung, die Rechtsposition des Arbeitnehmers zu stärken.

6 Vgl *Zöllner,* Die vorvertragliche und die nachwirkende Treue- und Fürsorgepflicht im Arbeitsverhältnis, in *Tomandl,* Treue- und Fürsorgepflicht (1975) 94; sehr einschränkend *Kramer,* Arbeitsvertragsrechtliche Verbindlichkeiten neben Lohnzahlung und Dienstleistung: Zur Stellung der Fürsorge- und Treuepflicht im österreichischen Arbeitsvertragsrecht (1975) 95.

7 Nachweise bei *Tomandl,* Entwicklungstendenzen 7.

8 Nachweise bei *Tomandl,* Entwicklungstendenzen 1; vgl auch OGH 4 Ob 2/66.

Schwarz hat erstmals 1958[9], beeindruckt von der deutschen Diskussion und in Einklang mit einer Andeutung *Hämmerles*[10], die gemeinsame Wurzel beider Pflichten bestritten. Nach ihm entstamme die Fürsorgepflicht des Arbeitgebers dem arbeitsrechtlichen Schutzprinzip und sei somit eine spezifische arbeitsrechtliche Pflicht, wogegen die Treuepflicht des Arbeitnehmers nur ein Ausfluss des allgemeinen Vertragsrechts sei. Er hat damit Zustimmung bei verschiedenen Mitautoren[11] und bei *Kramer*[12] gefunden.

Im Hintergrund der deutschen Diskussion standen Bedenken einerseits gegen die Begriffe „Fürsorge" und „Treue", die als ideologisch belastet angesehen wurden, und zum anderen gegen juristische Theorien, die das Arbeitsverhältnis als ein personenrechtliches Gemeinschaftsverhältnis deuten wollten. Vor diesen Problemen steht Österreich nicht. Die moderne österreichische Gesetzgebung hat unmissverständlich zum Ausdruck gebracht, dass es nicht um den Versuch der Anordnung einer inneren Haltung, sondern lediglich um eine Verpflichtung zu korrektem Verhalten geht, die zudem nur soweit reicht, als dienstliche Interessen berührt sind. Die Lehre vom Gemeinschaftsverhältnis ist in Österreich nie heimisch geworden.

Hinter dem Theorienstreit steht in Österreich die nüchterne Frage: Haben erhöhte Fürsorgepflichten des Arbeitgebers auch verstärkte Verhaltensanforderungen an den Arbeitnehmer zur Folge?

Berücksichtigt man, dass weder die Treuepflicht noch die Fürsorgepflicht eine abschließende gesetzliche Regelung gefunden haben, weil vor allem die ältere Gesetzgebung sie als selbstverständliche Pflichten angesehen und nur generalklauselartig ausgestaltet hat und, dass zwar die Fürsorgepflicht, nicht aber die Treuepflicht durch die Judikatur gewaltig ausgedehnt wurde,[13] wird die Bedeutung dieser Auseinandersetzung klar. Die **Theorie von der Wesensverschiedenheit** ermöglicht die klare Verneinung dieser Frage und liefert damit die **Begründung für die ungleichförmige Entwicklung** beider Pflichten. Die Theorie von der Wesensgleichheit oder den gemeinsamen Wurzeln beider Pflichten steht dagegen einer einseitig die Fürsorgepflicht ausdehnenden und gleichzeitig die Treuepflicht einengenden oder zumindest nicht weiter entwickelnden Anwendung der Generalklausel im Wege.

Wie immer man die beiden Pflichten deuten mag, zwei Umstände bleiben unbestreitbar: einmal finden sie ihre Ausgestaltung in **Generalklauseln (insb § 1157 ABGB; § 18 AngG)**, deren konkreter Inhalt nicht ohne Rückgriff auf einschlägige gesetzgeberische Wertungen ermittelt werden kann, und zum anderen verpflichten sie jeweils zur **Rücksichtnahme auf Interessen des Vertragspartners**. Bei der Berufung auf die Generalklausel besteht ständig die Gefahr, dass rechtspolitisch Erwünschtes als Inhalt der Fürsorge- oder Treuepflicht ausgegeben wird. Der Konkretisierungsspielraum ist zwar weit, aber keineswegs grenzenlos.

9 *W. Schwarz,* Gedanken zur Treue- und Fürsorgepflicht im Arbeitsverhältnis, DRdA 1958, 72; später Öffentliches und privates Recht im Arbeitsrecht, JBl 1970, 281 und FS Wilburg 1975, 355.

10 *Hämmerle,* Arbeitsvertrag (1949) 237.

11 *Schwarz/Holzer,* Die Treuepflicht des Arbeitnehmers und ihre künftige Gestaltung (1975).

12 *Kramer,* Verbindlichkeiten 24, 40, 99, 123; eher distanzierend dagegen *Spielbüchler/Grillberger,* Arbeitsrecht I[4] (1998), §§ 11 A, 19 A und wohl auch *Krejci* in *Rummel*[3], ABGB § 1157 Rz 1.

13 Nachweise zu diesen Feststellungen siehe bei *Tomandl,* Entwicklungstendenzen der Treue- und Fürsorgepflicht in Österreich 2.

Die **Konkretisierungen** müssen rechtsdogmatisch nachprüfbar bleiben und sich an Wertentscheidungen orientieren, die gesetzliche Anerkennung gefunden haben. Solche finden sich nicht nur in Arbeitsvertragsgesetzen (vor allem bei der Auflistung jener Gründe, die einen Vertragsteil zur vorzeitigen Lösung des Vertrags berechtigen) und einschlägigen EU-Bestimmungen. Weitere Wertungen enthalten bspw die Grundrechte oder verwaltungsrechtliche Normen.

So lässt sich zB aus vielen Bestimmungen des Arbeitnehmerschutzrechts oder des Datenschutzrechts[14] erkennen, in welcher Richtung und bis zu welchem Ausmaß der Gesetzgeber dem Arbeitgeber Verhaltenspflichten auferlegt, die auch dem Schutze jedes einzelnen Arbeitnehmers dienen. Es kann daher nicht zweifelhaft sein, dass diese **Wertungen öffentlich-rechtlicher Normen zur Konkretisierung vertragsrechtlicher Fürsorgegeneralklauseln** heranzuziehen sind, ohne dass es dazu besonderer theoretischer Konstruktionen (wie Doppelnormtheorie, Konkretisierungstheorie)[15] bedürfte. Jene Bestimmungen des Arbeitnehmerschutzrechts, die sich ihrem Inhalt nach zu einer Einwirkung auf den Arbeitsvertrag eignen, entfalten daher eine ähnliche mittelbare Drittwirkung, wie sie von den Grundrechten längst bekannt ist. In ihnen kommt das Arbeitnehmerschutzprinzip des modernen Arbeitsrechts besonders deutlich zum Ausdruck.

Der Umstand, dass auf diese Weise der besonderen Situation des Arbeitnehmers Rechnung getragen wird, der sich einer fremden Organisation unterordnen muss und dabei seine gesamte Person einbringt, typischerweise aber zu schwach ist, um seine Interessen beim Aushandeln des Arbeitsvertrags ausreichend wahren zu können, hebt die so angereicherte Fürsorgepflicht keineswegs qualitativ aus der Gruppe der Schutz- und Sorgfaltspflichten heraus. Es gehört vielmehr zum Wesen der Schutzpflichten, dass sie jede Vertragspartei zwingen, auf die Interessen der Gegenseite Rücksicht zu nehmen, obwohl dadurch eigene Interessen beeinträchtigt werden.

Noch niemand hat bezweifelt, dass die Schutzpflichten des Mieters und des Vermieters bzw jene des Käufers und des Verkäufers durchaus der gleichen Wurzel entspringen, obwohl sie völlig gegensätzlicher Natur sind. So werden beispielsweise Aufklärungspflichten über die Beschaffenheit des Vertragsobjekts stets nur den Vermieter und den Verkäufer betreffen. Warum diese Gegensätzlichkeit des konkreten Inhalts der beiderseitigen Nebenpflichten gerade beim Arbeitsvertrag dazu führen soll, zwei unterschiedliche Wurzeln annehmen zu müssen, bleibt unerfindlich.

Das Gegenteil lässt sich wesentlich einfacher belegen. Den **einheitlichen Grund** der beiderseitigen Nebenpflichten hat vor allem *Mayer-Maly*[16] herausgearbeitet. Er macht bewusst, dass jeder Partner eines Arbeitsvertrags notwendigerweise wichtige Eigeninteressen der anderen Seite anvertrauen muss. Der Arbeitgeber muss dem Arbeitnehmer Einblick in seinen Betrieb gewähren, ihm Werte (Betriebsmittel, Werkstoffe) und die Wahrung seiner unternehmerischen Interessen (Qualität der Produkte und Leistungen) anvertrauen.[17] Umgekehrt bringt der Arbeitnehmer seine Person in das Arbeitsverhältnis

14 Vgl dazu allgemein *Körber-Risak/Brodil*, Datenschutz und Arbeitsrecht (2018).
15 Vgl zu diesen eingehend *W. Schwarz*, Öffentliches und privates Recht im Arbeitsrecht, JBl 1970, 285.
16 *Mayer-Maly*, Treue- und Fürsorgepflicht in rechtstheoretischer und rechtsdogmatischer Sicht 82.
17 So schon *Lederer*, Grundriss des österreichischen Sozialrechts (1929) 142.

mit ein und vertraut damit dem Arbeitgeber wichtige Persönlichkeitsgüter wie Leben und Gesundheit an, er gewährt Einblicke in seinen Privatbereich und bringt Wertgegenstände in den Betrieb ein (zB Kleidungsstücke, Fahrzeuge). Da der Arbeitsvertrag zudem ein Kooperationsvertrag ist, kann er nur dann zum Erfolg führen, wenn beide Seiten die dafür erforderlichen Voraussetzungen schaffen (Erhaltung der Arbeitskraft bzw der Funktionsfähigkeit des Betriebs; Aufrechterhaltung eines Vertrauensverhältnisses). Das bedeutet nicht, dass sich die aus den beiden Pflichten ergebenden konkreten Verhaltensanforderungen quantitativ jeweils genau entsprechen müssen.[18]

Je nach dem Gewicht der jeweils dem anderen Vertragsteil zur Wahrung übergebenen Interessen können sich diese Verhaltensanforderungen sehr deutlich unterscheiden. Wer die Wahrung der Sorge für Leben und Gesundheit übernimmt, den werden höhere Anforderungen treffen als jenen, der es bloß mit vermögensrechtlichen Interessen seines Vertragspartners zu tun hat. Andererseits wird den Arbeitnehmer, dem mehr Vertrauen entgegengebracht wird und wichtige Interessen seines Arbeitgebers anvertraut werden, eine intensivere Treuepflicht treffen als einfache Arbeiter und Angestellte.

Schließlich ist noch ein mögliches Missverständnis auszuräumen. Welche Verhaltensanforderungen im konkreten Fall aus der Treue- und Fürsorgepflicht erwachsen, lässt sich immer erst nach einer sorgfältigen **Interessenabwägung** beurteilen.[19] Die Treuepflicht zwingt den Arbeitnehmer ebenso wenig, seine eigenen Interessen aufzuopfern, wie die Fürsorgepflicht den Arbeitgeber, die Verfolgung seiner Interessen einzustellen. Von beiden Vertragsteilen wird stets nur Zumutbares verlangt.[20] Dazu bedarf es jeweils einer Beurteilung im Einzelfall.

Die hier allgemein herausgearbeiteten Grundsätze werden im folgenden Text, der sich mit der näheren Ausgestaltung der beiden Pflichten befasst, nicht neuerlich betont, sie müssen dort jeweils mitberücksichtigt werden.

2. Die Fürsorgepflicht

Der Arbeitgeber hat bei der Ausgestaltung des Arbeitsverhältnisses auf die gesundheitlichen, religiösen, sittlichen, persönlichen und vermögensrechtlichen Interessen des Arbeitnehmers in zumutbarer Weise Rücksicht zu nehmen. In dieser Weise lässt sich **generalklauselartig** die Fürsorgepflicht charakterisieren, wie sie heute verstanden wird. Sie ist gesetzlich nur ansatzweise geregelt. Ihre Basis ist vor allem **§ 1157 ABGB,**[21] der der Rechtsprechung Grundlage und Maß für die Festlegung der einzelnen konkreten Ver-

18 *Krejci* in *Rummel*³, ABGB § 1157 Rz 4.
19 OGH 9 ObA 9/95; OGH 8 ObA 269/95 DRdA 1996, 388 (*Jabornegg*); würde man, wie *W. Schwarz*, vertreten, dass die Fürsorgepflicht eine spezifisch arbeitsrechtliche Pflicht sei, wäre sie eine absolute Pflicht und keiner Interessenabwägung zugänglich. Dies widerspricht der Rsp des OGH, der eine Interessenabwägung im Einzelfall für richtig hält (*Tomandl*, Fürsorge- und Treuepflicht im Arbeitsverhältnis 17 f).
20 Etwa bezüglich der Fürsorgepflicht OGH 4 Ob 194/55.
21 Vgl weiters § 18 AngG, § 11 GAngG, § 14 TAG, § 8 HausgG.

pflichtungen des Arbeitgebers bieten soll.[22] Die Fürsorgepflicht kann den Arbeitgeber sowohl zu einem positiven Tun, als auch zu einem Unterlassen verpflichten.

Die Fürsorgepflicht besteht nicht nur während des **aufrechten Arbeitsverhältnisses**, sondern kann auch noch **nach dessen Ende** bestehen.[23] So können etwa Auskunftspflichten des Arbeitgebers gegenüber dem ausgeschiedenen Arbeitnehmer bestehen, die dieser zur Rechtsdurchsetzung (zB in einem Schadenersatzprozess gegen einen ehemaligen Arbeitskollegen) benötigt.[24] Aber auch Ausfolgungsansprüche des Arbeitnehmers können sich ergeben (zB von einem Luftfahrzeugwart die Ausfolgung von sog „records" (Beschreibung der einzelnen Inhalte der Tätigkeit) vom Arbeitgeber, die für die weitere berufliche Tätigkeit des Arbeitnehmers notwendig sind.[25]

Informelle Auskunftserteilungen durch einen früheren Arbeitgeber an potenzielle neue Arbeitgeber, die das Fortkommen des Arbeitnehmers unbillig erschweren, stellen einen Verstoß gegen die Fürsorgepflicht dar.[26] Auskünfte über die „Klagsfreudigkeit" einer Mitarbeiterin sind vor dem Hintergrund des § 105 Abs 3 Z 1 lit i ArbVG unzulässig.[27]

2.1. Schutz von Gesundheit und Sicherheit

Der Schutz von Leben und Gesundheit des Arbeitnehmers stellt den Kernbereich der Fürsorgepflicht des Arbeitgebers dar.[28] Gerade in diesem Bereich wurde die Fürsorgepflicht aber zum größten Teil durch die **Arbeitnehmerschutzvorschriften** konkretisiert. Dabei ist durchgängig anerkannt, dass die in den Arbeitnehmerschutzgesetzen (insb ASchG und AZG) geregelten öffentlich-rechtlichen Pflichten zugleich auch arbeitsvertragliche Verpflichtungen des Arbeitgebers sind,[29] und dass daher Verletzungen von Arbeitnehmerschutzvorschriften nicht nur Verwaltungsstrafen sondern auch Rechtsfolgen bei Vertragsverletzung (zB Zurückbehaltungsrechte, Schadenersatz) auslösen.

Die Fürsorgepflicht des Arbeitgebers kann trotz der umfassenden Arbeitnehmerschutzbestimmungen über diese hinausgehen. Dies betrifft insb die Verpflichtung, beim Einsatz des Arbeitnehmers **Rücksicht auf dessen individuelle Disposition** zu nehmen. So ist der Arbeitgeber zB verhalten, dem Arbeitnehmer unter Berücksichtigung dessen Gesundheitszustands eine leichtere Arbeit zuzuweisen, sofern er auch Bedarf nach einer

22 So die Gesetzesmaterialien: HH 78 Blg 21. Session.

23 OGH 9 ObA 151/89 mit Hinweis auf §§ 1163 ABGB, 39 AngG über den Anspruch auf Ausstellung eines Dienstzeugnisses, dessen Inhalt das Erlangen eines neuen Arbeitsplatzes nicht erschweren darf; OGH 9 ObA 56/11t DRdA 2013, 246 (*Gahleitner*); OGH 9 ObA 116/19b.

24 OGH 8 ObA 4/09k, ÖJZ 2010, 43 (*Kernbichler*).

25 OGH 8 ObA 217/02y, DRdA 2004/31 (*Stadlmeier*); *Resch*, Vertragliche und nachvertragliche Schutzpflichten/Fürsorgepflichten des Arbeitgebers, JAS 2021, 49 (58).

26 OGH 9 ObA 104/07w, DRdA 2009, 523 (*S. Mayer*) = ZAS 2009, 41 (*Wolfsgruber*); 9 ObA 56/11t, DRdA 2013, 246 (*Gahleitner*).

27 Vgl OGH 9 ObA 104/07. Dazu auch *Gahleitner* in *Löschnigg* (Hg), AngG II § 39 Rz 17; *Thomas*, Mündliche Auskünfte über Ex-Arbeitnehmer, ecolex 2008, 942; *Marhold-Weinmeier*, Unzulässige Auskunftserteilung über ausgeschiedene Arbeitnehmer und deren mögliche Folgen, ASoK 2008, 357.

28 *Mosler* in ZellKomm³, AngG § 18 Rz 15.

29 Vgl zB OGH 9 ObA 1004/93.

solchen Verwendung hat.[30] Auch die Einräumung zusätzlicher Arbeitspausen kann aus der Fürsorgepflicht geschuldet sein. Die Reichweite der Fürsorgepflicht ist in Zusammenschau mit den Kündigungsschutzbestimmungen (§ 105 Abs 3 Z 2 ArbVG) zu ermitteln.[31] Danach genießen insb ältere und im Betrieb lang beschäftigte Personen einen besonderen Schutz (vgl § 105 Abs 3b ArbVG).[32] Auch die sozialrechtliche Judikatur impliziert eine Verpflichtung des Arbeitgebers, in zumutbarer Weise Rücksicht auf den Gesundheitszustand des Arbeitnehmers zu nehmen (zB gebührt keine Invaliditätspension, wenn bloß zeitweise zusätzliche Pausen vonnöten sind[33]).

2.2. Persönlichkeitsschutz

Die allgemeine Fürsorgepflicht verpflichtet den Arbeitgeber nicht nur dazu, die Arbeitsbedingungen so zu gestalten, dass das Leben und die Gesundheit der Arbeitnehmer möglichst geschützt, sondern dass auch andere **immaterielle und materielle Interessen** der Arbeitnehmer gewahrt werden. Individualrechtlich ist die Fürsorgepflicht des Arbeitgebers das gebotene Instrument zur Implementierung des **Persönlichkeitsschutzes.**[34]

Der Arbeitgeber ist daher verhalten, die notwendigen Maßnahmen gegen das Betriebsklima gröblich beeinträchtigende Mitarbeiter zu ergreifen, insbesondere wenn deren Verhalten so weit geht, dass die Arbeitsbedingungen für andere Arbeitnehmer nahezu unzumutbar werden. Wenn dem Arbeitgeber Gefährdungen zur Kenntnis gelangen, hat er daher unverzüglich auf angemessene Weise Abhilfe zu schaffen.[35] Die Fürsorgepflicht gebietet daher dem Arbeitgeber dafür zu sorgen, dass die Persönlichkeitssphäre der in seinen Betrieb eingegliederten Arbeitnehmer nicht durch **Mobbingverhalten** durch andere Arbeitnehmer beeinträchtigt wird.[36] Der OGH definiert Mobbing als eine konfliktbelastete Kommunikation am Arbeitsplatz unter Kollegen und nennt jene zwischen Vorgesetzten und Untergebenen Bossing.[37] Sofern der Arbeitgeber selbst der Vorgesetzte ist, verletzt er durch Bossing seine Fürsorgepflicht,[38] wenn ein anderer Vorgesetzter handelt, muss der Arbeitgeber, wie bei Mobbing, reagieren. Ebenso hat der Arbeitgeber religiöse Gewissenskonflikte bei der Verwendung des Arbeitnehmers in gewissem Ausmaß zu berücksichtigen.[39]

30 OGH 9 ObA 18/92, DRdA 1993/14 (*Mazal*).
31 Dazu *Mosler* in ZellKomm³, AngG § 18 Rz 17.
32 OGH 2 Ob 554/86, DRdA 1988, 229 (*Floretta*); 9 ObA 120/91, DRdA 1992, 353 (*Runggaldier*).
33 OGH 10 ObS 201/01h.
34 OGH 9 ObA 143/03z spricht davon, dass es nicht nur punktuell um die Rechtsgüter Leben, Gesundheit, Sittlichkeit und Eigentum geht, sondern um die Persönlichkeitsrechte in ihren diversen Ausstrahlungen schlechthin; OGH 4 Ob 140/07b.
35 OGH 9 ObA 16/13p.
36 OGH 9 ObA 16/13p; 9 ObA 131/11x, JBl 2014, 460 (*Mosler*); 9 ObA 86/08z; 8 ObA 3/04f, ZAS 2005, 263 (*Posch*) = DRdA 2005, 523 (*Resch*).
37 OGH 1 Ob 39/20x; 1 Ob 56/18v.
38 *Tomandl*, Fürsorge- und Treuepflicht im Arbeitsverhältnis 64.
39 OGH 8 ObA 59/20i, DRdA 2022, 402 (*T. Dullinger*) = ZAS 2023, 72 (*Mazal*).

Durch die Fürsorgepflicht ist auch die Privatsphäre des Arbeitnehmers geschützt. Dies ergibt sich schon aus der mittelbaren Wirkung von Art 8 EMRK, der sich auf das Privat- und Familienleben bezieht.[40]

Unstrittig ist, dass Eingriffe in Persönlichkeitsrechte einer speziellen Rechtfertigung bedürfen.[41] In Betracht könnten bei entsprechender Fallgestaltung bspw Verpflichtungen zur Unterlassung von bestimmten Fragen, von gewissen Arten von Telefonkontrollen, von der Einholung grafologischer Gutachten und psychologischer Tests kommen. Nach der Rsp des EGMR zu Art 8 EMRK ist das Recht des Arbeitnehmers auf Achtung seines Privatlebens am Arbeitsplatz mit den Kontrollinteressen des Arbeitgebers abzuwägen.[42]

Wegen der besonderen Bedeutung des Persönlichkeitsschutzes hat der Gesetzgeber versucht, diesen zusätzlich kollektiv im Wege der **Mitbestimmungstatbestände der §§ 96 und 96a ArbVG** (siehe Bd I 280 ff) abzusichern.

Auch der **arbeitsrechtliche Gleichbehandlungsgrundsatz** wurde von der Judikatur unter Rückgriff auf die Fürsorgepflicht entwickelt (vgl Bd I 354 ff). Er schützt die Arbeitnehmer davor, aus unsachlichen Gründen gegenüber anderen benachteiligt zu werden. Nach überwiegender Meinung greift dieser Schutz nur, wenn ein einzelner Arbeitnehmer oder eine Minderheit gegenüber der Mehrheit schlechter behandelt wird, da in diesem Fall die Verletzung der Persönlichkeit in einem anderen Ausmaß als demütigend empfunden wird, als wenn lediglich einzelne Arbeitnehmer bevorzugt werden. Zunehmend wird jedoch vertreten, dass nicht auf das zahlenmäßige Verhältnis abzustellen sei, sondern darauf, ob der Differenzierung ein erkennbares generalisierendes Prinzip zu Grunde liegt.[43]

2.3. Schutz des Vermögens

Eine große Rolle spielt die Fürsorgepflicht zur Wahrung der Vermögensinteressen des Arbeitnehmers.[44] Die Verantwortlichkeit für die Sicherung des an die Arbeitsstätte mitgebrachten Eigentums wird heute durch § 27 Abs 4 ASchG konkretisiert und begrenzt.

Die Judikatur hielt den Arbeitgeber unter Umständen für verpflichtet, zu Gunsten des Fahrers eines LKW eine über das gesetzliche Ausmaß hinausgehende **Haftpflichtversicherung** abzuschließen.[45] Gibt der Arbeitgeber Bauarbeiten in Auftrag, so treffen ihn **Sicherungspflichten** für das Vermögen seiner Arbeitnehmer (geparkte Privat-

40 *Mosler* in ZellKomm³, AngG § 18 Rz 82.

41 Vgl dazu etwa *Reischauer,* Das Persönlichkeitsrecht auf Achtung des Fernsprechgeheimnisses (§ 16 ABGB) und seine Bedeutung für das Dienstverhältnis, DRdA 1973, 207.

42 Vgl EGMR (GK) 61496/08, *Barbulescu/Rumänien,* ZAS 2018, 203 (*Brodil* mit Anm zum Datenschutzrecht): Arbeitnehmer sind zwingend - bei sonstiger Grundrechtswidrigkeit – über die Überwachung privater Chat-Kommunikation zu informieren.

43 Vgl *Mosler* in ZellKomm³, AngG § 18 Rz 98.

44 Ständige Rsp; vgl zB OGH 1 Ob 5/86; 9 ObA 118/03y; 9 ObA 116/19b.

45 Vgl OGH 4 Ob 2/66, ZAS 1967, 142 (*Edlbacher*); 4 Ob 25/68.

Pkws).[46] Ausnahmsweise kann die Fürsorgepflicht einen Anspruch auf Zurverfügungstellung eines **Parkplatzes** begründen.[47] Hat sich der Arbeitgeber Gestaltungsrechte ausbedungen, hat er bei deren Ausübung die ideellen und materiellen Arbeitnehmerinteressen zu wahren.[48] Auch **Aufklärungspflichten** gegenüber dem Arbeitnehmer, etwa über dessen Bindung an Kündigungsfristen[49] oder über die Erforderlichkeit bestimmter Formvorschriften bei behördlichen Anträgen[50], wurden aus der Fürsorgepflicht abgeleitet. Zu ersetzen sind auch steuerliche Nachteile, etwa wenn der Arbeitgeber dem Arbeitnehmer aufgrund zu Unrecht nicht ausbezahlter Bezüge eine Einmalnachzahlung leistet und daraus eine erhöhte Steuerbelastung des Arbeitnehmers resultiert.[51]

In Ergänzung zu den schon allgemein genannten **Sanktionen** bei Verstößen gegen die Nebenpflichten (Unterlassungs-, Erfüllungsansprüche) wird bei schwerwiegenden Verletzungen der Fürsorgepflicht (vor allem im Hinblick auf den Gesundheitsschutz) der Arbeitnehmer auch seine **Leistung verweigern** dürfen (§ 8 AVRAG; siehe auch unten 308).[52] Eine berechtigte Leistungsverweigerung stellt keinen Entlassungsrund dar. Verletzt der Arbeitgeber schuldhaft seine Fürsorgepflicht und entsteht dem Arbeitnehmer ein Schaden, kann der Arbeitnehmer **Schadenersatzansprüche** geltend machen.[53]

3. Die Treuepflicht

3.1. Allgemeines

Die Treuepflicht des Arbeitnehmers ist in einzelnen Gesetzen ansatzweise geregelt,[54] und wird vom Gesetzgeber als grundlegende Verhaltenspflicht aller Arbeitnehmer allgemein vorausgesetzt. Beleg dafür ist der Umstand, dass die Verletzung der Treuepflicht ausdrücklich als wichtiger Grund zur fristlosen Entlassung[55] selbst von besonders geschützten Arbeitnehmern[56] (Mütter, Präsenzdiener, Betriebsratsmitglieder) anerkannt wurde. Ihr Inhalt ist gesetzlich nur bezüglich einiger Detailfragen teils posi-

46 OGH 4 Ob 553/92 (Beschädigung der in Betriebsnähe geparkten Autos).
47 So *Resch*, Anm zu OGH 8 ObA 11/07, DRdA 2008, 336.
48 OGH 9 ObA 2001/96x, DRdA 1997/1 (*Apathy*, Widerrufsvorbehalt bei Betriebspensionen); 9 ObA 266/88, DRdA 1991, 130 (*Apathy*, Personalstrom-Preisbestimmung).
49 OGH 4 Ob 148/55.
50 Vgl LGZ Wien 44 Cg 56/69, Arb 8620/1969.
51 OGH 9 ObA 106/04k; *Tomandl*, Fürsorge- und Treuepflicht im Arbeitsverhältnis 44 f.
52 Vgl *Kramer*, Arbeitsvertragsrechtliche Verbindlichkeiten neben Lohnzahlung und Dienstleistung (1975) 98.
53 *Naderhirn* in *Reissner* (Hg), AngG^4, § 18 Rz 74; *Marhold* in *Marhold/Burgstaller/Preyer*, AngG § 18 Rz 120 ua.
54 Vgl § 76 GewO 1859, § 2 Abs 3 HausgG, § 5 VBG mit Verweis auf §§ 43 ff BDG.
55 Vgl § 27 Z 1 AngG, § 26 Z 1 GAngG, § 31 Z 7 TAG, § 34 Abs 2 lit b VBG.
56 Vgl § 122 Abs 1 Z 3 ArbVG, § 12 Abs 2 Z 2 MSchG, § 15 Z 3 APSG.

tiv, teils im Wege spezieller Entlassungsgründe ausdrücklich festgelegt, im Entlassungsgrund der Untreue im Dienst und der Vertrauensunwürdigkeit aber generalklauselartig angesprochen.

Vor einem grundlegenden Missverständnis ist allerdings zu warnen: Jedes Verhalten, das den Arbeitgeber zu einer fristlosen Entlassung wegen Untreue oder Vertrauensunwürdigkeit berechtigt, stellt einen Verstoß gegen die Treuepflicht dar. Aber nicht jede Verletzung der Treuepflicht gibt bereits einen Entlassungsgrund ab.[57]

Der Entlassungsgrund der Untreue gem § 27 Z 1 AngG setzt beispielsweise Vorsatz voraus, weshalb eine bloß fahrlässige Verletzung der Treuepflicht nicht unter diesen Tatbestand subsumiert werden kann. Überdies kann eine Entlassung nur wegen eines Grundes ausgesprochen werden, der so wichtig ist, dass man dem Arbeitgeber die Aufrechterhaltung des Dienstverhältnisses nicht einmal bis zum Ablauf der Kündigungsfrist zumuten kann. Nicht jeder Treueverstoß ist aber so gravierend.

Die Rechtsprechung zu den Entlassungstatbeständen der Untreue und Vertrauensunwürdigkeit (vgl § 27 Z 1 AngG) ist überaus reichhaltig. Aus ihr lassen sich wesentliche Erkenntnisse über jene Anforderungen gewinnen, welche die Treuepflicht dem Arbeitnehmer abverlangt. Sie beweist zudem, dass vom Arbeitnehmer durchaus auch positives Handeln verlangt sein kann.

Der Sache nach ist unbestritten, dass die im Einzelfall durch Vertragsabreden oder Weisungen nicht ausreichend determinierte Arbeitspflicht einer Konkretisierung bedarf. Ebenso wenig bestehen Zweifel daran, dass der Arbeitnehmer immer dann, wenn er bei Erbringung der Arbeitsleistung selbst zu entscheiden hat, wie er sich verhalten soll (weil Weisungen weder vorliegen noch rechtzeitig eingeholt werden können), verpflichtet ist, sich so zu verhalten, dass die Interessen des Unternehmens möglichst gut gewahrt werden.

Diese Verpflichtung steht im Einklang mit der modernen Gesetzgebung und Theorie, die den Arbeitnehmer grundsätzlich nicht zu persönlicher Treue gegenüber der Person des Arbeitgebers, sondern lediglich zu **dienstlicher Korrektheit und** zur **Bedachtnahme auf die unternehmerischen Interessen** des Arbeitgebers verpflichtet hält. Diese Objektivierung der Treuepflicht entbindet den Arbeitnehmer allerdings nicht von seiner Verpflichtung zu anständigem Betragen gegenüber dem Arbeitgeber. Was die moderne Treuepflicht aber nicht umfasst, ist die Verpflichtung zur Wahrung auch der privaten Interessen des Arbeitgebers oder zu einer bestimmten Gesinnung.

Wenig untersucht ist die Frage, ob die Treuepflicht des Arbeitnehmers auch die Rücksichtnahme auf **Interessen seiner Arbeitskollegen**[58] (zB Geheimhaltung von Informationen über deren Privatleben) einschließt.

Die Rechtsprechung denkt hier eher an einen deliktischen Schutz, gestützt auf das allgemeine Persönlichkeitsrecht des § 16 ABGB, dessen Inhalt sie unter Bedachtnahme auf Art 8 EMRK (Schutz der Privatsphäre) sowie den Schutz des Fernmelde- und Briefge-

57 Vgl OGH 9 ObA 187/89; OGH 8 ObA 65/16s.
58 Siehe dazu auch *Brodil*, Die „Dritte Dimension" im Arbeitsverhältnis – Rechtsgrundlagen für Schutz- und Sorgfaltspflichten (auch) zwischen Arbeitnehmern, ZAS 2021, 4.

heimnisses näher konkretisiert[59] und das unmittelbar durch Arbeitskollegen verletzt werden kann. *Mayer-Maly*[60] hält es für möglich, im Arbeitsvertrag einen Vertrag mit Schutzwirkungen für die im Betrieb mitarbeitenden Arbeitnehmer zu erblicken. Nach diesem Ansatz ergeben sich aus dem Arbeitsvertrag auch beschränkte Schutzpflichten des eintretenden Arbeitnehmers gegenüber seinen Arbeitskollegen. Sie reichen aber keinesfalls weiter als das Eigeninteresse seines Vertragspartners (des Arbeitgebers) an der Unversehrtheit der Rechtsgüter der zu schützenden Arbeitskollegen. Nach *Mayer-Maly*[61] könnte sich auf diese Weise eine Vertragspflicht jedes Arbeitnehmers ergeben, sich so zu verhalten, dass der **Betriebsfrieden und die Arbeitsfähigkeit** der Arbeitskollegen nicht gestört werden und der Arbeitgeber vor Schadenersatzforderungen und Freistellungsansprüchen der Arbeitskollegen verschont bleibt. Dazu wird insbesondere die Verpflichtung zählen, gegenüber Angestellten und deren Angehörigen Tätlichkeiten, Verletzungen der Sittlichkeit oder Ehrverletzungen zu unterlassen.[62] Aber auch die öffentlich-rechtlichen Pflichten des Arbeitnehmers aus dem Bereich des Arbeitnehmerschutzes (§ 15 ASchG) können in ähnlicher Weise zur Konkretisierung der Treuepflicht herangezogen werden, wie dies bei den öffentlich-rechtlichen Pflichten des Arbeitgebers bezüglich der Fürsorgepflicht geschieht.[63]

Generalklauselartig ergibt sich daher, dass der Arbeitnehmer kraft seiner Treuepflicht in zumutbarer Weise auf die unternehmerischen Interessen seines Arbeitgebers Bedacht zu nehmen und sich diesem, dessen Angehörigen und seinen Arbeitskollegen gegenüber anständig zu verhalten hat.

3.2. Spezielle Ausprägungen der Treuepflicht

3.2.1. Konkurrenzverbot

Literatur: *Pfeil* in *Neumayr/Reissner* (Hg), Zeller Kommentar zum Arbeitsrecht³, AngG § 7; *Resch*, Arbeitsvertrag und Nebenbeschäftigung (1991).

Rechtsquelle: § 7 AngG.

§ 7 Abs 1 AngG bestimmt, dass die bei einem Kaufmann beschäftigten Angestellten[64] ohne Bewilligung des Dienstgebers weder ein selbständiges kaufmännisches Unterneh-

59 OGH 4 Ob 91/78, ZAS 1979, 176 (*Marhold*).

60 Das Rechtsverhältnis zwischen Arbeitnehmern (bei traditioneller Einzelarbeit), in *Tomandl*, Innerbetriebliche Arbeitnehmerkonflikte aus rechtlicher Sicht (1977) 59 (71), gestützt auf *Bydlinski*, Vertragliche Sorgfaltspflichten zugunsten Dritter, JBl 1960, 356; dem haben sich grundsätzlich auch *Spielbüchler/Grillberger*, Arbeitsrecht I⁴ (1998) § 11 A angeschlossen.

61 Das Rechtsverhältnis zwischen Arbeitnehmern (bei traditioneller Einzelarbeit), in *Tomandl*, Innerbetriebliche Arbeitnehmerkonflikte aus rechtlicher Sicht 59 (72).

62 Siehe die ausdrückliche Schutzpflicht des Arbeitgebers in § 26 Z 4 AngG.

63 Der Sache nach wird das auch von *Schwarz/Holzer*, Die Treuepflicht des Arbeitnehmers und ihre künftige Gestaltung 126 vertreten, die daraus allerdings eine von der Treuepflicht verschiedene vertragliche Nebenpflicht machen wollen.

64 Ähnliches gilt gem § 7 Abs 4 AngG für Ziviltechniker und gem Art II AngG für Wirtschaftstreuhänder.

men betreiben[65] noch im Geschäftszweig des Dienstgebers für eigene oder fremde Rechnung Handelsgeschäfte machen[66] dürfen.[67]

Nur wenige andere Gesetze enthalten ein solches ausdrückliches Konkurrenzverbot.[68]

Das Konkurrenzverbot schützt den Arbeitgeber vor konkurrenzierendem Verhalten seitens der Arbeitnehmer **im aufrechten Arbeitsverhältnis**. Davon zu unterscheiden ist die Vereinbarung einer Konkurrenzklausel im Arbeitsvertrag, die konkurrenzierendes Verhalten nach Beendigung des Arbeitsverhältnisses verhindern soll. **Schutzzweck** der Regelung ist das geschäftliche Interesse des Arbeitgebers vor Konkurrenz, aber auch – in Bezug auf den Betrieb eines eigenen kaufmännischen Unternehmens – die Wahrung der Arbeitskraft und Leistungsfähigkeit des Dienstnehmers.[69]

Der Begriff **Handelsgeschäfte ist iSd AHGB** zu verstehen,[70] das zur Zeit der Erlassung des AngG in Geltung stand. Der Begriff umfasst alle gewerbsmäßigen (dh auf Dauer und auf Gewinnerzielung berechneten) Geschäfte. Kaufmannseigenschaft des Angestellten ist nicht erforderlich. Der Begriff Geschäftszweig wird in nunmehr ständiger Rsp des OGH eng verstanden[71] und umfasst nur die vom Arbeitgeber tatsächlich entfaltete Geschäftstätigkeit.[72]
Bloße **Vorbereitungshandlungen** zur Aufnahme einer konkurrenzierenden Tätigkeit stellen keinen Verstoß gegen das Konkurrenzverbot dar, sofern sie nicht innerhalb der Arbeitszeit abgewickelt werden oder bereits Auswirkungen auf die Wettbewerbssituation des Arbeitgebers haben können,[73] wohl aber der hinter dem Rücken des Arbeitgebers gemachte Versuch der Bewerbung um Vertretungen bei einem ständigen Geschäftspartner des Arbeitgebers.[74] Unzulässig sind auch Schwarzarbeiten für Kunden des Arbeitgebers. Fehlende gewerbe- und betriebsanlagenrechtliche Genehmigungen einer konkurrenzierenden Tätigkeit hindern einen Verstoß nicht.[75]

Als zusätzliche **Sanktionen** der Verletzung des Konkurrenzverbots sieht das AngG neben Schadenersatz und Entlassung auch das Eintrittsrecht gem § 7 Abs 2 AngG des Arbeitgebers in die vom Angestellten geschlossenen Geschäfte bzw ein Recht auf Herausgabe (Abtretung) der Vergütung vor.

65 Bloße Kapitalbeteiligung ist zulässig: OGH 9 ObA 217/00b.

66 Soweit der Arbeitnehmer damit die erkennbaren geschäftlichen Interessen des Arbeitgebers beeinträchtigt (*Resch,* Arbeitsvertrag und Nebenbeschäftigung 58). Siehe auch OGH 9 ObA 74/91.

67 Das Gesellschaftsrecht kennt ein Wettbewerbsverbot, dem in Personengesellschaften sämtliche unbeschränkt haftende Gesellschafter (§ 112 Abs 2, § 165 UGB) und in Kapitalgesellschaften Geschäftsführer (§ 24 Abs 1 GmbHG) und Vorstände (§ 79 Abs 1 AktG) unterliegen.

68 Vgl § 20 TAG, § 15 Abs 3 lit d BAG.

69 OGH 9 ObA 217/00b; 9 ObA 72/09t.

70 Vgl OGH 4 Ob 90/85, ZAS 1986, 169 (*Beck-Mannagetta*).

71 OGH 9 ObA 74/91; 8 ObA 25/22t.

72 Die ältere Rsp hat den Begriff dagegen weit gezogen und angenommen, dass sich das Konkurrenzverbot auch auf solche Geschäfte erstrecke, die der Arbeitgeber nach der Zweckwidmung seines Handelsgewerbes betreiben kann, OGH 4 Ob 86/56.

73 Vgl etwa OGH 4 Ob 58/71; siehe auch *Petrovic,* Die Vertrauensunwürdigkeit als Entlassungsgrund nach § 27 Abs 1 letzter Satz AngG, ZAS 1983, 56; 8 ObA 85/21i.

74 Vgl OGH 4 Ob 33/74.

75 OGH 8 ObA 25/22t, DRdA 2023, 154 (*Geiblinger*).

Das Konkurrenzverbot kann nicht verletzt werden, wenn der Arbeitgeber seine **Zustimmung** zu den Geschäften des Arbeitnehmers gegeben hat. Dies kann ausdrücklich oder schlüssig erfolgen.

Es ist davon auszugehen, dass der Arbeitgeber von Nebengeschäften seiner Arbeitnehmer wusste, wenn er diesen laufend Material verkaufte.[76]

Das für Angestellte gesetzlich geregelte Konkurrenzverbot wird als Ausfluss der allgemeinen Treuepflicht angesehen. Eine ähnliche Verpflichtung wird daher auch alle **anderen Arbeitnehmerkategorien** treffen, selbst wenn für diese der Gesetzgeber kein ausdrückliches Konkurrenzverbot normiert hat.[77]

3.2.2. Verbot der Beeinträchtigung der eigenen Arbeitsfähigkeit

Der Gesetzgeber sieht es als einen Entlassungsgrund an, wenn der Arbeitnehmer ein seiner arbeitsvertraglichen Verwendung **abträgliches Nebengeschäft** betreibt.[78] Da dies sogar bei besonders geschützten Arbeitnehmern der Fall ist, handelt es sich um eine allgemeine Unterlassungspflicht.[79] Sie bezieht sich auf jede Art von Erwerbstätigkeit. Die Abträglichkeit kann in dreierlei Faktoren bestehen: a) der Arbeitnehmer ist durch seine Nebentätigkeit daran gehindert, die volle Arbeit zu leisten,[80] b) er beeinträchtigt dadurch den Ruf seines Arbeitgebers oder c) er bereitet diesem Konkurrenz (dazu siehe oben 127 ff). Hier ist nur auf den ersten Aspekt einzugehen.

Die gesetzlichen Vorschriften indizieren, dass es **kein generelles Gebot zur Unterlassung von Nebenbeschäftigungen** gibt, sofern dabei die höchstzulässige Arbeitszeit eingehalten wird (vgl 174 f). Die Nebenbeschäftigung wird erst unzulässig, wenn sie die Arbeitsleistung des Arbeitnehmers beeinträchtigt. Wird der Arbeitnehmer durch ein zweites Arbeitsverhältnis an der Entfaltung seiner vollen Leistungsfähigkeit bei der Erfüllung des ersten Arbeitsverhältnisses gehindert, ist eine Entlassung gerechtfertigt.[81] Damit wird die Verpflichtung des Arbeitnehmers sichtbar, Verhaltensweisen zu unterlassen, die seine Arbeitskraft wesentlich vermindern. Sie ist nicht auf Erwerbstätigkeiten beschränkt, sondern kann in gravierenden Fällen auch das Freizeitverhalten erfassen.

Gegen Überspannungen dieser Pflicht wirkt die stets gebotene Abwägung mit dem **Recht** des Arbeitnehmers auf **freie Entfaltung seiner Persönlichkeit**. Als Beispiele können Alkohol- oder Drogenmissbrauch genannt werden. Grobe Verstöße gegen diese Verpflichtung können selbst eine Entlassung rechtfertigen, so etwa, wenn der Arbeitnehmer während des

76 OGH 9 ObA 51/02v.

77 Vgl *Kramer*, Verbindlichkeiten 103; *Mayer-Maly*, Arbeitsrecht I, 108; *Schuster-Bonnott*, Wettbewerb und Arbeitsrecht, ZAS 1973, 87; *Schwarz/Holzer*, Die Treuepflicht des Arbeitnehmers und ihre künftige Gestaltung 92; einschränkend jedoch *Spielbüchler/Grillberger*, Arbeitsrecht I^4, § 11 B III (Notwendigkeit einer Vereinbarung).

78 Vgl § 82 lit e GewO 1859, § 122 Abs 1 Z 4 ArbVG, § 12 Abs 2 Z 3 MSchG, § 15 Z 4 APSG, § 15 Abs 3 lit d BAG.

79 Vgl *Schwarz/Holzer*, Die Treuepflicht des Arbeitnehmers und ihre künftige Gestaltung 95.

80 *Schwarz/Holzer*, Die Treuepflicht des Arbeitnehmers und ihre künftige Gestaltung 99.

81 OGH 9 ObA 75/95.

Krankenstands eine andere Tätigkeit aufnimmt, die den **Heilungsverlauf stören** könnte,[82] oder wenn er sich den ärztlichen Anordnungen in einem Ausmaß widersetzt, dass aus seinem Verhalten die Gefahr der Verlängerung des Krankenstands erwächst.[83] Die Treuewidrigkeit liegt in solchen Fällen vor allem darin, dass der Arbeitnehmer auf der einen Seite vom Arbeitgeber Entgeltfortzahlung verlangt, auf der anderen Seite aber nicht das ihm durchaus Zumutbare tut, um die Periode der Arbeitsunfähigkeit möglichst abzukürzen. Da der Arbeitnehmer seinen Urlaub nach Belieben verwenden kann, stellt die Aufnahme einer Erwerbstätigkeit im Urlaub für sich allein keine Verletzung der Treuepflicht dar.

3.2.3. Verschwiegenheitspflicht

In vielen **Gesetzen** finden sich Bestimmungen, die den Arbeitnehmer zur Wahrung des Betriebs- oder Geschäftsgeheimnisses verpflichten.[84] Arbeitnehmer, die ihnen dienstlich zugänglich gewordene Betriebs- und Geschäftsgeheimnisse unbefugt anderen zu Wettbewerbszwecken mitteilen, machen sich gem § 11 UWG überdies sogar gerichtlich strafbar.[85] Die Verschwiegenheitspflicht umfasst Informationen, zu denen Außenstehende keinen oder nur sehr erschwerten Zugang finden und an deren Geheimhaltung der Arbeitgeber ein **besonderes betriebliches oder geschäftliches Interesse** hat, das dem Arbeitnehmer auch erkennbar ist.[86] Ohne ersichtlichen Geheimhaltungsgrund ist der Arbeitnehmer zur Geheimhaltung ihm dienstlich bekannt gewordener Tatsachen nicht verpflichtet, auch wenn ihm der Arbeitgeber Verschwiegenheit aufträgt. Dagegen kann ihn der Arbeitgeber jederzeit von der Verschwiegenheit entbinden. Je stärker der Arbeitnehmer in den privaten Bereich des Arbeitgebers eingebunden ist, desto mehr wird sich die Verschwiegenheitspflicht auch auf private Umstände erstrecken[87] und desto stärker wird der subjektive Geheimhaltungswille des Arbeitgebers die Grenze ziehen.

Die zum Großteil schon ältere Judikatur befasst sich beispielsweise mit der Pflicht zur Geheimhaltung der Musterkollektion, der Abonnementliste einer Zeitung, von Geschäftsbriefen über die Preisbemessung, der Umsatzhöhe, der Kundenliste oder von besonderen Fertigungstechniken.[88]

Es unterliegt keinem Zweifel, dass die Verschwiegenheitspflicht einen zentralen Kern der Treuepflicht darstellt. Sie gilt daher auch für jene Arbeitnehmer, deren Dienstverhältnis durch ein Gesetz geregelt wird, das darüber keine speziellen Regeln enthält.

---

82 OGH 4 Ob 72/55.

83 OGH 4 Ob 55/67 (Bettruhe).

84 Vgl §§ 76, 82 lit e GewO 1859, § 122 Abs 1 Z 4 ArbVG, § 12 Abs 2 Z 3 MSchG, § 15 Z 4 APSG, §§ 10 Abs 1, 15 Abs 3 lit d BAG.

85 Weitere Betriebs- oder Geschäftsgeheimnisse betreffende Straftatbestände finden sich in den §§ 122 ff StGB.

86 ZB OGH 9 ObA 338/00x.

87 Vgl etwa § 2 Abs 3 HausgG.

88 Nachweise siehe bei *Krejci* in *Rummel*³, ABGB § 1162 Rz 129; *Marhold*, Geheimnisschutz und Verschwiegenheitspflichten im Arbeitsrecht, in *Ruppe* (Hg), Geheimnisschutz im Wirtschaftsleben 99; *Petrovic*, Die Vertrauensunwürdigkeit als Entlassungsgrund nach § 27 Abs 1 letzter Satz AngG, ZAS 1983, 53.

Beleg dafür ist abermals, dass Verletzungen der Verschwiegenheitspflicht sogar bei besonders geschützten Arbeitnehmerkategorien einen **Entlassungsgrund** darstellen.

Grundsätzlich ist kein rechtlich schützenswertes Interesse des Arbeitnehmers an Informationsweitergaben ersichtlich. Daher reicht die Verschwiegenheitspflicht über das Verbot der Preisgabe von Geheimnissen hinaus. Auch die Verbreitung von Gerüchten, von unrichtigen oder von solchen Informationen, die den Kredit und den guten Ruf des Arbeitgebers schädigen oder das Unternehmen herabsetzen können, verletzt die Treuepflicht.[89]

Wohl nur nach genauester Abwägung im Einzelfall lässt sich sagen, ob ein Arbeitnehmer seine Treuepflicht verletzt, wenn er Kunden auf tatsächliche Mängel der Waren seines Arbeitgebers hinweist.[90] Dagegen liegt eine klare Pflichtverletzung vor, wenn solche Mängel gar nicht bestehen.[91] Unlautere Geschäftspraktiken oder gesetzwidriges Verhalten des Arbeitgebers zählen jedenfalls dann nicht zu schützenswerten Geheimnissen, wenn es um die Aufdeckung strafrechtlich relevanter Tatbestände geht. Wenn die Voraussetzungen des § 6 HinweisgeberInnenschutzgesetz (HSchG) erfüllt sind, kann sich der Arbeitnehmer als Hinweisgeber auf die institutionellen Vorkehrungen und den spezifischen Rechtsschutz nach dem HSchG berufen (vgl 133 f).[92]
Ein Arbeitnehmer ist im Interesse der Allgemeinheit zur Information oder Erstattung einer Strafanzeige berechtigt, wobei er allerdings grds in einer für seinen (ehemaligen) Arbeitgeber möglichst schonenden Form vorzugehen hat[93] (vgl dazu den Begriff des externen Whistleblowings[94] und das im Februar 2023 in Kraft getretene HSchG, das der Umsetzung der RL 2019/1937/EU („Whistleblowing-RL") dient). Er darf zwar die zuständigen Behörden informieren,[95] ohne seine Loyalitätspflichten gegenüber seinem Arbeitgeber zu verletzen, nicht dagegen in die Medien gehen.[96] Auch Mitteilungen an die Sozialversicherungsträger oder Steuerbehörden stellen keinen Verstoß gegen die Verschwiegenheitspflicht dar.[97]

3.2.4. Verbot der Geschenkannahme

Zu den Verboten des Amtsmissbrauchs im öffentlichen Dienst gibt es arbeitsrechtliche Parallelbestimmungen, vor allem für jene Arbeitnehmerkategorien, die Bestechungsversuchen besonders ausgesetzt sind. Vorbild dieser Normen ist **§ 27 Z 1 AngG,**[98] wonach jener Angestellte einen Entlassungsgrund setzt, der sich in seiner Tätigkeit ohne

89 Nachweise siehe bei *Petrovic*, Die Vertrauensunwürdigkeit als Entlassungsgrund nach § 27 Abs 1 letzter Satz AngG; ZAS 1983, 53; *Krejci* in *Rummel*^{3}, ABGB § 1162 Rz 131.

90 So aber OGH 4 Ob 70, 71/72, DRdA 1973, 264 (krit *B. Schwarz*).

91 Vgl OGH 4 Ob 41/70.

92 AB 1921 BlgNR 27. GP 9; das Hinweisgeberinnenschutzgesetz trat am 25.2.2023 in Kraft. Unternehmen mit 50 bis 249 Arbeitnehmern müssen bis zum 17.12.2023 ein internes Hinweisgebersystem einrichten, für Unternehmen mit mehr als 249 Arbeitnehmer galt eine sechsmonatige Übergangsfrist, die am 25.8.2023 auslief. Keine Pflicht besteht für Einzelunternehmer, die keine juristischen Personen sind (AB 1921 BlgNR 27. GP 5).

93 OGH 9 ObA 180/01p.

94 *Aschauer*, Whistleblowing im Arbeitsrecht (2012).

95 OGH 9 ObA 2165/96i.

96 OGH 9 ObA 180/01p.

97 OGH 8 ObA 277/97m.

98 Ebenso § 26 Z 1 GAngG, § 34 Abs 2 lit b VBG.

Wissen oder Willen des Dienstgebers von dritten Personen unberechtigte **Vorteile zuwenden lässt**.

Abermals indiziert die Übernahme dieses Entlassungsgrunds ins Recht der besonders geschützten Arbeitnehmerkategorien,[99] dass es sich um ein allgemeines, für alle Arbeitnehmerkategorien aus der Treuepflicht entspringendes Gebot handelt. Zur Verwirklichung des Tatbestands bedarf es einer Vorteilsannahme. Der bloße Versuch, eine solche zu erlangen, reicht daher nicht.[100] Allerdings kann das Sich-versprechen-lassen oder Fordern von Vorteilen unter dem Gesichtspunkt der Vertrauensunwürdigkeit zur Rechtfertigung der Entlassung führen.[101] Eine tatsächliche Schädigung des Arbeitgebers ist nicht erforderlich,[102] verbreitete Korruption kein Rechtfertigungsgrund.[103]

Ist eine Beeinträchtigung der Arbeitgeberinteressen wegen der Eigenart der Tätigkeit allerdings nicht zu befürchten, handelt es sich nur um übliche Gelegenheitsgeschenke minderen Werts oder um branchenübliche Trinkgelder, steht der Geschenkannahme nichts im Wege.[104] Im Zweifelsfall muss der Arbeitnehmer die Einwilligung seines Arbeitgebers einholen.

Ein mit dem Abschluss oder der Vermittlung von Geschäften betrauter Angestellter darf ohne Zustimmung seines Arbeitgebers in keinem Fall von einem Geschäftspartner Belohnungen annehmen. Tut er dies dennoch, muss er sie seinem Arbeitgeber herausgeben (§ 13 AngG). Ein Arbeitnehmer, der im geschäftlichen Verkehr Vorteile fordert, sich versprechen lässt oder annimmt, macht sich überdies nach § 10 Abs 2 UWG gerichtlich strafbar, wenn die Bestechung dazu dienen soll, einem Dritten durch sein unlauteres Verhalten Wettbewerbsvorteile zu verschaffen.

3.2.5. Anzeigepflichten

Eine spezifische Ausprägung der Treuepflicht ist die Verpflichtung des Arbeitnehmers,[105] ihm bekannt gewordene **drohende Schäden oder Störungen** im Arbeitsablauf, die Nachteile für das Unternehmen zur Folge haben können, anzuzeigen (zB bevorstehende Explosion eines Heizkessels). Je vertrauensvoller die Stellung des Arbeitnehmers ist, desto weiter gehen seine Verpflichtungen.

So muss ein leitender Angestellter davon Meldung machen, dass einer seiner Mitarbeiter mit Vorgesetztenaufgaben das Unternehmen aus Unzufriedenheit zu verlassen und einen Konkurrenzbetrieb zu eröffnen gedenkt.[106] Selbst ein einfacher Arbeitnehmer ist nicht nur verpflichtet, Aufträge seines unmittelbaren Vorgesetzten abzulehnen, wenn er deren Unzulässigkeit erkannt hat, sondern auch dem Arbeitgeber von diesen Missständen Mitteilung zu machen.[107]

---

99 Vgl § 12 Abs 2 Z 2 MSchG, § 15 Z 3 APSG, § 122 Abs 1 Z 3 ArbVG.
100 *Friedrich* in *Marhold/Burgstaller/Preyer*, AngG § 27 Rz 66; *Pfeil* in ZellKomm³, AngG § 27 Rz 18.
101 *Friedrich* in *Marhold/Burgstaller/Preyer*, AngG § 27 Rz 66.
102 OGH 4 Ob 13/59.
103 OGH 5 Ob 591/80.
104 *Schwarz/Holzer*, Die Treuepflicht des Arbeitnehmers und ihre künftige Gestaltung 109.
105 So *Schwarz/Holzer*, Die Treuepflicht des Arbeitnehmers und ihre künftige Gestaltung 125.
106 OGH 6 Ob 67/74.
107 OGH, SozM I A d 475/1962.

Seit einiger Zeit werden arbeitsrechtliche Implikationen von **Whistleblowing** diskutiert. Insb in US-amerikanischen Konzernen werden Arbeitnehmer angehalten, unkorrektes Vorgehen seitens ihrer Kollegen oder Vorgesetzten zu melden.[108] Rechtsgrundlage für eine solche Verpflichtung kann eine Weisung des Arbeitgebers, der Arbeitsvertrag oder eine Betriebsvereinbarung (§ 97 Abs 1 Z 1 ArbVG: betriebliche Ordnungsvorschrift) sein. Eine Verpflichtung kann sich aber auch aus der Treuepflicht ergeben. Es ist zwar kein Arbeitnehmer aktiv zur Bespitzelung seiner Kollegen verpflichtet, sollte ein Arbeitnehmer jedoch von einem den Arbeitgeber schädigendem Verhalten seiner Kollegen oder Vorgesetzten erfahren, hat er dies zu melden. Der Schutz des meldenden Arbeitnehmers vor einer Kündigung kann insb über § 879 ABGB erreicht werden.

Im Februar 2023 ist das HinweisgeberInnenschutzgesetz in Kraft getreten, das der Umsetzung der RL 2019/1937/EU („Whistleblowing-RL") dient.[109] Der Zweck des Gesetzes besteht insbesondere darin, Hinweisgeber (sog Whistleblower, zB Arbeitnehmer) und Personen in deren Umkreis vor persönlichen Nachteilen zu schützen und Verfahren zur Abgabe von Hinweisen zur Verfügung zu stellen.[110] Hintergrund ist, dass besonders Personen im Zuge ihrer Arbeitstätigkeit Kenntnis von Missständen erlangen, sich aber bei einer Hinweisgebung dem Risiko aussetzen, Nachteile zu erleiden.

Juristische Personen und eingetragene Personengesellschaften ab 50 Arbeitnehmer sind verpflichtet, eine interne Meldestelle einzurichten. Jene mit 50 bis 249 Arbeitnehmer müssen dieser Verpflichtung bis zum 17.12.2023 nachkommen, für solche mit mehr als 249 Arbeitnehmer gelten die Bestimmungen seit 25.08.2023. Wird keine interne Meldestelle eingerichtet, droht keine Verwaltungsstrafe. Daneben besteht eine externe Meldestelle, für die das Bundesamt zur Korruptionsprävention und Korruptionsbekämpfung zuständig ist. Hinweisgeber können zwischen internem und externem Meldekanal wählen. Einer externen Stelle sollen Hinweise vor allem dann gemeldet werden, wenn die Behandlung des Hinweises im internen Hinweisgebersystem nicht möglich, nicht zweckentsprechend oder nicht zumutbar ist oder sich als erfolglos oder aussichtslos erwiesen hat. Als ultima ratio steht die Veröffentlichung von Hinweisen zur Verfügung, die einen Schutz auslöst, wenn i) zuerst an interne oder externe Stellen gemeldet wurde und keine geeigneten Maßnahmen ergriffen wurden oder ii) Hinweisgeber davon ausgehen müssen, dass bei externer Meldung Vergeltungsmaßnahmen zu befürchten sind, geringe Aussichten auf eine wirksame Vorgehensweise bestehen oder die Rechtsverletzung eine unmittelbare oder offenkundige Gefährdung des öffentlichen Interesses darstellt.

108 Dazu *Aschauer*, Whistleblowing im Arbeitsrecht (2012); *Brodil*, Verpfeifer, Pfeifen und Verpfiffene – Whistleblowing aus arbeitsrechtlicher Perspektive, ecolex 2009, 1024; *Huber*, Der Arbeitnehmer als Whistleblower, ASoK 2011, 255; *Risak*, Whistleblowing durch den Betriebsrat, ecolex 2012, 243.

109 Vgl ausführl *Kühteubl/Komarek*, Das neue HinweisgeberInnenschutzgesetz, ZAS 2023, 50; bisher richteten größere Unternehmen teilweise freiwillig Hinweisgebersysteme ein. Gesetzliche Regelungen gab es nur für einzelne Sektoren (vgl etwa § 99g BWG, § 160 BörseG, § 40 FM-GwG).

110 Vgl § 1 Abs 1 HSchG.

Das HSchG gilt für jene Bereiche, die in § 3 leg cit aufgezählt sind (zB Verkehrssicherheit, Umweltschutz, Produktsicherheit, Verbraucherschutz). Vom Gesetz erfasst sind Personen, die aufgrund laufender oder früherer beruflicher Verbindung[111] zu einem Rechtsträger Informationen über Rechtsverletzungen erlangt haben und einer der in § 2 HSchG aufgezählten Personengruppen (zB Arbeitnehmer, Bewerber) angehören. § 6 HSchG normiert die Voraussetzungen für die Inanspruchnahme des Schutzes, insbesondere muss der Hinweisgeber in gutem Glauben handeln. Die Identität von Hinweisgebern darf ohne deren Zustimmung nicht offengelegt werden, außer dies ist im Rahmen von behördlichen Untersuchungen oder Gerichtsverfahren unerlässlich und verhältnismäßig.

Maßnahmen, die in Vergeltung eines berechtigten Hinweises erfolgt sind, sind rechtsunwirksam. Das sind insbesondere Kündigungen, Suspendierungen, Herabstufung oder Versagung einer Beförderung, Aufgabenverlagerung, Änderung des Arbeitsortes, Minderung des Entgelts, Änderung der Arbeitszeit oder Versagung der Teilnahme an Weiterbildungsmaßnahmen.[112] Außerdem sind Maßnahmen wie Nötigung, Einschüchterung, Mobbing, Diskriminierung, benachteiligende oder ungleiche Behandlung oder Nichtumwandlung eines befristeten in einen unbefristeten Arbeitsvertrag in Fällen, in denen ein Arbeitnehmer zu Recht erwarten durfte, einen unbefristeten Arbeitsvertrag angeboten zu bekommen, verboten. Die juristische oder natürliche Person, der die Vergeltungsmaßnahme zuzurechnen ist, ist zur Wiederherstellung des rechtmäßigen Zustandes, zum Ersatz des Vermögensschadens sowie zu einer Entschädigung für die erlittene persönliche Beeinträchtigung verpflichtet. Daneben drohen bei Verstößen Verwaltungsstrafen bis zu € 20.000 bzw im Wiederholungsfall bis zu € 40.000.

3.2.6. Konkretisierung und Modifizierung der Arbeitspflicht

Der Arbeitnehmer hat seine Arbeit so zu verrichten, wie sie den erkennbaren Intentionen seines Arbeitgebers entspricht. Ein leitender Angestellter kann seinem Arbeitgeber Vorschläge zur Führung des Unternehmens machen. Er darf aber nicht seine eigenen Vorstellungen an die Stelle jener seines Arbeitgebers setzen, auch wenn er davon überzeugt ist, dass sie für das Unternehmen die besseren wären.

Weiß daher ein mit der Personalführung betrauter Angestellter, dass der Arbeitgeber in einer bestimmten Situation den Arbeitnehmern keine Lohnerhöhung bewilligen würde, gesteht er diesen aber dennoch eine solche zu, weil er sie für gerechtfertigt hält, begeht er einen Vertrauensbruch.[113]

In **Katastrophensituationen** ist jeder Arbeitnehmer zu Rettungsarbeiten verpflichtet, somit auch ein Angestellter zu Tätigkeiten, die normalerweise nur Arbeiter verrichten.[114]

111 Der Hinweis muss die Qualität eines Insiderwissens haben, das nur über die berufliche Tätigkeit zu erlangen ist. Daher unterliegen unbeteiligte Dritte nicht dem Schutz (IA 3087/A 27. GP 25).

112 Vgl § 20 HSchG.

113 OGH 4 Ob 102/77.

114 OGH 4 Ob 107/58.

Die Pflicht, bei Arbeiten einzuspringen, die nicht zur eigentlichen Arbeitspflicht gehören, unterliegt nach der Rsp engen Grenzen.[115] Eine Verpflichtung zur Überstundenarbeit besteht nach Meinung der Judikatur bei Fehlen einer vertraglichen Vereinbarung darüber nur bei Vorliegen eines Betriebsnotstands, nicht aber bei jeder betrieblichen Notwendigkeit, etwa weil der Arbeitgeber sonst die von ihm übernommenen Aufträge nicht rechtzeitig erfüllen könnte.[116]

3.2.7. Auswirkungen auf das Privatleben

In seinem Privatleben wird der Arbeitnehmer durch die Treuepflicht nur dann eingeschränkt, wenn sein Verhalten unternehmerische Interessen schädigen würde. In Betracht kommen hier lediglich Unterlassungspflichten. In der Judikatur wird über das Bestehen von Treuepflichten regelmäßig im Rahmen von Entlassungsprozessen abgesprochen. Bei Berufssportlern oder in Tendenzbetrieben kann das Privatleben – ohne ausdrückliche Vereinbarung oder vertraglich durch sog „Freizeitverhaltensklauseln"[117] – durch die Treuepflicht stärker berührt werden. Die Zulässigkeit solcher Klauseln ist durch einzelfallbezogene Interessenabwägung zu prüfen.[118] Die Treuepflicht kann dabei auch über Unterlassungspflichten hinausgehen (zB Einhaltung eines bestimmten Ernährungsplans, Führen eines sportgerechten Lebens).[119]

Bei **privater Sexarbeit** wird im Einzelfall zu prüfen sein, inwieweit das betriebliche Ansehen aufgrund der Vertrauensposition des Arbeitnehmers beeinträchtigt wird (zB bei Vertragsbediensteten[120], aber auch bei Prostitution einer Hausbesorgerin in der Dienstwohnung). Unzulässig werden auch **Alkoholexzesse** sein, die dazu führen, dass sich Kunden abwenden, zB im Fall eines tödlichen Autounfalls wegen schwerer Alkoholisierung eines Angestellten der AUVA.[121] Sehr weit ging der OGH, als er in der Wiederverehelichung eines leitenden Angestellten mit seiner früheren Ehefrau, die verschiedene Betrügereien mit gefälschten Unterschriften eines Direktors seines Arbeitgebers begangen hatte und deshalb zu einer Freiheitsstrafe verurteilt worden war, einen Entlassungsgrund erblickte.[122] Ebenso hat der OGH das **ehewidrige Verhältnis** eines Arbeitnehmers **mit der Ehefrau des Arbeitgebers** als Verstoß gegen die Treuepflicht gewertet.[123] Unterhält die bei ihrem Ehemann angestellte Arbeitnehmerin ein außereheliches Verhältnis, kann die Zerrüttung der familienrechtlichen Beziehungen für sich allein eine fristlose Entlassung der Arbeitnehmerin nicht rechtfertigen; erst wenn zu befürchten ist, dass durch das (außerdienstliche) Verhalten der Arbeitnehmerin auch betriebliche Interessen ernsthaft gefährdet werden, ist der Entlassungstatbestand der Vertrauensunwürdigkeit verwirklicht.[124] Auch private Facebook-Postings (insb **Hass-Postings**) können eine Entlassung

115 Vgl OGH 9 ObA 23/94; 8 ObA 314/95.
116 OGH 9 ObA 191/95, ZAS 1997, 20 (*Brodil*).
117 *Scharnreitner*, Außerdienstliche Verhaltenspflichten im Profisport, ASoK 2011, 385 (386); *Schiefer* in *Hümmerich/Reufels*, Gestaltung von Arbeitsverträgen^5 752 ff.
118 *Kietaibl/Rebhahn* in ZellKomm^3 § 1153 ABGB Rz 40, 44.
119 *Held* in *Reissner/Neumayr*, ZellHB AV-Klauseln^2 Besonderer Teil, 60. Klausel Rz 60.07.
120 So LG Wien 44 Cg 133/73, ZAS 1974, 121.
121 OGH 9 ObA 115/98x.
122 OGH 4 Ob 99/61.
123 OGH 4 Ob 20/79, DRdA 1981, 35 (*Mayer-Maly*).
124 OGH 9 ObA 352/89.

rechtfertigen, wenn für Außenstehende eine Verbindung zum Arbeitgeber offenkundig ist und durch die Äußerung der Tatbestand der Vertrauensunwürdigkeit erfüllt wird.[125]

3.2.8. Sonstige Verhaltenspflichten

Ganz allgemein hat sich der Arbeitnehmer im Dienst **korrekt zu verhalten.**

Er darf daher beispielsweise eine Zwangslage seines Arbeitgebers nicht zum eigenen Vorteil ausnutzen, etwa indem er für die Aufnahme der Arbeit zusätzliche Entlohnung verlangt, selbst wenn er meint, auf diese einen Rechtsanspruch zu besitzen.[126]

Der Arbeitnehmer ist grundsätzlich verpflichtet, dem Arbeitgeber auf Fragen, die für das Dienstverhältnis von Bedeutung sind, **wahre Antworten** zu geben, und zwar auch dann, wenn ihm dies unangenehm ist.[127] Auch im Verschweigen von Umständen, die für das Dienstverhältnis relevant sind (zB Gesundheitszustand; Veranlagungen, die den Arbeitnehmer für die Erfüllung seiner Aufgaben ungeeignet machen), kann eine Verletzung der Treuepflicht liegen.[128]

Erhebliche **Ehrverletzungen** gegenüber dem Arbeitgeber und dessen Angehörigen sind Entlassungsgründe.

Selbst die bloß technische Mitwirkung an der Herstellung eines Zeitungsartikels, der schwerwiegende Ehrenbeleidigungen gegen den Arbeitgeber enthält, verletzt die Treuepflicht.[129]

---

125 Vgl OGH 9 ObA 111/14k über die Veröffentlichung von Betriebsgeheimnissen auf Facebook.
126 OGH 4 Ob 139/65 (Eishockeyspieler).
127 Vgl OGH 4 Ob 15/63 (Sparkassenleiter); weitere Nachweise bei *Petrovic*, Die Vertrauensunwürdigkeit als Entlassungsgrund nach § 27 Abs 1 letzter Satz AngG, ZAS 1983, 59.
128 Vgl OGH 4 Ob 29/73 (Doppelbezug von Leistungen).
129 OGH 4 Ob 2/70.

Das Arbeitnehmerschutzrecht

1. Allgemeines

Literatur: *Heider/Schneeberger,* ArbeitnehmerInnenschutzgesetz[7] (2017); *Kramer,* Arbeitsvertragsrechtliche Verbindlichkeiten neben Lohnzahlung und Dienstleistung (1975) 15, 36; *Martinek,* Privatrechtliche Rechtsbehelfe zur Durchsetzung des Arbeitnehmerschutzes, FS Weissenberg (1980) 305; *Mosler,* Ausgewählte Rechtsfragen aus dem neuen ArbeitnehmerInnenschutzgesetz, DRdA 1996, 361; *Mosler* in *Neumayr/Reissner* (Hg), Zeller Kommentar zum Arbeitsrecht[3], AngG § 18 Rz 15 ff; *Schramhauser/Heider,* Das neue ArbeitnehmerInnenschutzgesetz[4] (2002); *Schwarz,* Öffentliches und privates Recht in der arbeitsrechtlichen Systembildung (1973); *Stärker,* Evaluierungspflichten im neuen Arbeitnehmerschutzgesetz, Diss Wien 1996; *Tomandl* (Hg), Rechtsfragen des technischen Arbeitnehmerschutzes (1997).

Das Arbeitnehmerschutzrecht ist der älteste Teil des modernen Arbeitsrechts. Es beruht auf der Vorstellung, durch staatliche Interventionen mit hoheitlichen Mitteln den Vollzug der Arbeitsverhältnisse beeinflussen zu können. Seine traditionellen Ziele bestehen darin, **Leben, Gesundheit und Sittlichkeit** der Arbeitnehmer bei Ausübung ihrer Erwerbstätigkeit zu schützen. Manche arbeitsvertragsrechtlichen Bestimmungen verfolgen aber dieselben Ziele (zB § 1157 ABGB – Fürsorgepflicht, 121 ff). Der Unterschied zwischen beiden Normarten besteht daher nicht in ihrem sachlichen Gehalt und ihrer Zielsetzung, sondern in der Art ihrer rechtlichen Durchsetzung. Arbeitsvertragsrechtliche Normen legen gegenseitige Rechte und Pflichten der Arbeitsvertragsparteien fest, die als aus dem Arbeitsvertrag geschuldet angesehen und daher in ihrer Rechtsdurchsetzung völlig mit jenen gleichgesetzt werden, die zwischen den Parteien gültig ausgehandelt worden sind. Jede Vertragsseite kann sie vor dem Arbeitsgericht durchsetzen. Arbeitnehmerschutzbestimmungen wollen dagegen ihr Ziel primär auf direktem Weg, also nicht erst über den Umweg der Ausgestaltung des Arbeitsvertrags erreichen. Sie legen Pflichten (Gebote oder Verbote) fest, deren Einhaltung durch die Verwaltungsbehörden überwacht und notfalls durch Verhängung von Verwaltungsstrafen erzwungen wird. Der wesentliche Unterschied liegt also darin, dass bei Arbeitnehmerschutzbestimmungen der Gesetzeszweck nicht durch die Einräumung von subjektiven Rechtsansprüchen, deren Geltendmachung im Belieben des Anspruchsberechtigten liegt, erreicht werden soll, sondern durch die Festlegung öffentlich-rechtlicher Pflichten, die durch die **staatlichen Behörden vollzogen** werden (Arbeitsinspektorate, vgl 162 f; Bezirksverwaltungsbehörden).

Wenn Arbeitsvertragsrechtsnormen allerdings lediglich die Ungültigkeit bestimmter Vereinbarungen anordnen, dann bleibt als einziger sichtbarer Unterschied zu Arbeitnehmerschutzvorschriften, dass diese mit Strafsanktionen ausgestattet sind. Denn der rechtsgeschäftliche Verstoß gegen sie wird im Regelfall angesichts ihres Zwecks ebenfalls Nichtigkeit begründen. Der Gesetzgeber kann zur Regelung eines Sachverhalts sowohl eine Arbeitsvertragsrechts- als auch eine Arbeitnehmerschutzbestimmung bereitstellen, was sprachlich sogar in ein und derselben Bestimmung geschehen kann. Dann liegt eine Doppelnorm vor. Ob dies der Fall ist, kann nur durch Interpretation ermittelt werden. Über weitere Auswirkungen des Arbeitnehmerschutzrechts auf den Arbeitsvertrag siehe unten, 142 ff.

Die Ausrichtung des Arbeitnehmerschutzrechts hat sich zum Teil gewandelt. Das moderne Arbeitnehmerschutzrecht dient nur mehr partiell der Verwirklichung der alten Ziele. Zunehmend steht es heute im Dienste der **Arbeitsmarktpolitik** (das gilt insb für das Arbeitszeitrecht). Das vergrößert die Schwierigkeiten, das Arbeitnehmerschutzrecht methodisch sauber von anderen Rechtsbereichen abzugrenzen.

Für unsere Zwecke mag es genügen, als Arbeitnehmerschutzrecht die **Summe jener Rechtsvorschriften** anzusehen, die mittels Androhung von **Verwaltungsstrafen** Arbeitsbedingungen durchsetzen wollen, die Gewähr dafür bieten, dass zentrale Persönlichkeitsgüter, wie **Leben, Gesundheit und Sittlichkeit** der Arbeitnehmer, möglichst wenig gefährdet werden. Das Arbeitnehmerschutzrecht besteht aus einer großen Fülle eines in unzählige Gesetze und Verordnungen aufgesplitterten und systematisch wenig aufgearbeiteten Normenmaterials.

Das Lehrbuch folgt der traditionellen Darstellungsweise, die einen Überblick über jene Gesetze gibt, die überwiegend öffentlich-rechtliche Schutzbestimmungen enthalten. Diese Gesetze kann man nach ihrem Inhalt in drei Gruppen unterscheiden:

- Gesetze, die unmittelbar dem Schutz des Lebens und der Gesundheit der Arbeitnehmer dienen (**technischer Arbeitsschutz** oder Gefahrenschutz),
- Gesetze, die Einfluss auf die Art und Weise der tatsächlichen Verwendung der Arbeitnehmer nehmen (**Verwendungsschutz**) und
- Gesetze, die die zeitliche Inanspruchnahme des Arbeitnehmers begrenzen (**Arbeitszeitschutz**).

Die praktische Bedeutung des Arbeitnehmerschutzrechts ist uneinheitlich. Die Geschichte hat erwiesen, dass die Umsetzung des Arbeitnehmerschutzrechts in die Wirklichkeit entscheidend davon abhängt, wie rigoros seine Einhaltung überwacht wird. Die Gründe dafür liegen auf der Hand. Die Beachtung des Arbeitnehmerschutzes verursacht Kosten, die der Arbeitgeber zu tragen hat. Zum anderen beinhaltet es teilweise einen Schutz der Arbeitnehmer gegen sich selbst oder eine Verpflichtung der Arbeitnehmer, ihre persönlichen Interessen hinter Solidaranliegen der Arbeitnehmerschaft als Ganzer zurückzustellen. Wenn aber weder der Arbeitgeber noch die konkret betroffenen Arbeitnehmer an der Einhaltung von Arbeitnehmerschutzbestimmungen interessiert sind, kann diese nur durch Druck von außen sichergestellt werden. Nehmen die **Arbeitsinspektorate** (vgl 162 f) ihre Überwachungsfunktionen nicht im erforderlichen Umfang wahr, dann drohen zumindest Teile des Arbeitnehmerschutzrechts bloß auf dem Papier zu stehen.

Es ist evident, dass die Arbeitnehmerschutzgesetze maßgeblich zur Verbesserung der Arbeitssicherheit und -hygiene, zur praktischen Ausschaltung der Kinderarbeit und zur Eindämmung überlanger Arbeitszeit beigetragen haben. Dagegen erweisen sie sich dort, wo sie Ziele verfolgen, die dem einzelnen Arbeitnehmer nicht verständlich sind oder die seinen kurzfristigen Interessen widerstreiten, als wenig effektiv. Dazu trägt auch die Hypertrophie einschlägiger Normen bei, die diesen Rechtsbereich nahezu unüberschaubar machen.

Charakteristisch für moderne Arbeitnehmerschutzgesetze ist, dass sie als Sanktion gegen die Nichtbefolgung der vorgesehenen Schutzbestimmungen die Verhängung von **Verwaltungsstrafen** – im Regelfall Geldstrafen, deren Höhe im Wiederholungsfall ansteigt – vorsehen.[1] Betrifft der Verstoß mehrere Arbeitnehmer, liegen idR mehrere Delikte vor. Auch bei mehreren Gesetzesverletzungen, die in Bezug auf ein und denselben Arbeitnehmer verwirklicht werden, liegt grds eine entsprechende Anzahl von Delikten vor.[2]

Das gilt seit der AZG-Novelle 2007 auch für Verstöße gegen die Aufzeichnungspflichten der Arbeitszeit, wenn durch das Fehlen der Aufzeichnungen die Feststellung der tatsächlich geleisteten Arbeitszeit unmöglich oder unzumutbar wird. Die Gesetzesänderung wurde notwendig, da der VwGH die Verletzung von Aufzeichnungspflichten lediglich als ein Delikt qualifiziert hat und damit die Nichtaufzeichnung von Arbeitszeiten für den Arbeitgeber relativ „billig" war.[3]

§ 130 ASchG ist eine sehr komplexe Strafbestimmung. Sie legt Strafen nicht nur für Verstöße gegen unmittelbar im ASchG angeordnete Verhaltenspflichten fest, sondern als **Blankettstrafnorm** auch für Verstöße gegen die das Gesetz konkretisierenden Verordnungen und individuellen Verwaltungsakte,[4] was verfassungsrechtlich problematisch sein kann, wenn die konkrete Verhaltensnorm bzw das konkrete strafbare Verhalten nicht eindeutig erkennbar ist.[5]

Die im Arbeitnehmerschutzrecht sanktionierten Verhaltensweisen stellen sog **Ungehorsamsdelikte** iSd § 5 Abs 1 VStG dar. Danach kommt es nicht auf den Eintritt eines Schadens oder einer Gefahr an. Vielmehr hat der Beschuldigte glaubhaft zu machen, dass ihn an der Verletzung der Vorschrift kein Verschulden trifft bzw ihm die Einhaltung der Vorschrift ohne sein Verschulden unmöglich geworden ist.[6] Nach der Jud des VwGH ist die Einrichtung eines **wirksamen Kontrollsystems** für die Befreiung von der Verantwortlichkeit des Arbeitgebers entscheidend. Dazu hat der Arbeitgeber nachzuweisen, welche konkreten Maßnahmen er, als an der Spitze der Unternehmenshierarchie stehender Anordnungsbefugter, vorgesehen hat, um das Funktionieren des Kontrollsystems insge-

1 Vgl § 130 ASchG, § 28 AZG, § 27 ARG, § 32 BAG, § 37 MSchG, § 30 KJBG; in § 21 BEinstG nur gegen Meldeverstöße, in § 13 UrlG nur gegen Verstöße gegen die Aufzeichnungspflicht.

2 VwGH 82/11/0091; 91/19/0134.

3 BGBl I 2007/61; ErläutRV 141 BlgNR 23. GP 8.

4 Näheres zur Vorgängerbestimmung des § 31 ASchG 1972 siehe bei *Stadlmayer*, Anm zu VwGH 3300/78, ZAS 1981, 233; vgl auch VfGH Slg 8695/1979; VwGH 2406/79; § 27 ARG wirft ähnliche Probleme auf.

5 *Marhold*, Die Überwachung der Arbeitszeit durch den Arbeitgeber, ÖJZ 1993, 41.

6 *Mosler* in ZellKomm³, AngG § 18 Rz 75.

samt zu gewährleisten, dh sicherzustellen, dass die auf der jeweils übergeordneten Ebene erteilten Anordnungen (Weisungen) zur Einhaltung arbeitnehmerschutzrechtlicher Vorschriften auch an die jeweils untergeordnete und zuletzt an die unterste Hierarchieebene gelangen und dort tatsächlich befolgt werden.

Beispiel: Ist es möglich, dass Dachdecker „des Öfteren" ungesichert arbeiten, ohne dass dies trotz des eingerichteten Kontrollsystems überhaupt bemerkt wird, so kann jedenfalls nicht von einem wirksamen Kontrollsystem gesprochen werden.[7] Auch bloß stichprobenartige Überprüfungen von Baustellen und die Erteilung von Weisungen an die Arbeitnehmer, die Sicherheitsvorschriften einzuhalten, reichen nicht aus.[8]

Die Strafdrohung richtet sich gegen den **Arbeitgeber**, dem die Gesamtverantwortung für sein Unternehmen obliegt. Aus § 9 Abs 1 VStG folgt, dass diese Verantwortlichkeit bei juristischen Personen (bzw Personengesellschaften mit Rechtspersönlichkeit) bei jenen **Personen** liegt, die zur **Vertretung nach außen** berufen sind (zB Vorstand, Geschäftsführer).

Je größer ein Unternehmen ist, desto schwieriger wird es für den Arbeitgeber, selbst für die Einhaltung sämtlicher Arbeitnehmerschutzvorschriften zu sorgen. Sind mehrere Personen zur Vertretung nach außen befugt, mag es unklar sein, wer welchen Verantwortungsbereich übernehmen soll. Daher sind die zur Vertretung nach außen berufenen Personen gem § 9 Abs 2 VStG berechtigt – uU auch verpflichtet – für das ganze Unternehmen oder lediglich für in räumlicher, sachlicher und allenfalls auch zeitlicher Hinsicht abgegrenzte Bereiche einen **verantwortlichen Beauftragten** zu bestellen, der für den jeweiligen Bereich die strafrechtliche Verantwortung übernimmt.[9]

Für abgegrenzte Bereiche kann dies eine Person aus ihren eigenen Reihen oder aber auch eine andere Person (Arbeitnehmer) sein. Soll die verwaltungsstrafrechtliche Verantwortung für das gesamte Unternehmen einer Person übertragen werden, darf dies nur eine Person aus ihren eigenen Reihen sein.

Aber auch wenn der Arbeitgeber eine natürliche Person ist, darf er (§ 9 Abs 3 VStG) **verantwortliche Beauftragte** bestellen, die die strafrechtliche Verantwortung für bestimmte räumlich oder sachlich abgegrenzte Bereiche übernehmen.[10] Soweit es um die Verantwortung für Arbeitnehmerschutzvorschriften geht, dürfen zu verantwortlichen Beauftragten **nur leitende Angestellte** bestellt werden, denen maßgebliche Führungsaufgaben selbstverantwortlich übertragen sind.[11] Sie müssen eine **Anordnungsbefugnis** besitzen, die es ihnen ermöglicht, die Verstöße auch tatsächlich zu verhindern, für die sie verantwortlich gemacht werden sollen.[12] Außerdem soll den Arbeitnehmern die Verantwortung nicht aufgezwungen werden können: Die Bestellung wird daher erst wirksam,

7 VwGH 2004/02/0293.
8 VwGH 2000/02/0228.
9 VwGH 98/02/0148: jedem Bereich darf nur eine Person als verantwortlicher Beauftragter zugewiesen sein, um so die Kompetenzen klar zu definieren.
10 Vgl dazu *Thienel,* Verantwortliche Beauftragte – Ambivalente Neuregelung im AIG, ecolex 1993, 763.
11 Siehe dazu *Bachler,* Der leitende Angestellte im Arbeitsinspektionsgesetz, ÖJZ 1994, 452.
12 VwGH 94/02/0470; 95/02/46, ecolex 1995, 575 (*Rotter*) = DRdA 1996, 367 (*Mosler*).

wenn sie dem zuständigen Arbeitsinspektorat schriftlich unter Nachweis der **Zustimmung** des Beauftragten mitgeteilt wurde (§ 23 ArbIG).[13]

Einige Arbeitnehmerschutzgesetze sehen ausdrücklich vor, dass der Arbeitgeber einen „**Bevollmächtigten**“ zur Einhaltung der Schutzbestimmungen bestellen kann.[14] Diese Gesetze verlangen weder, dass es sich dabei um einen leitenden Angestellten iSd Arbeitnehmerschutzbestimmungen handelt, noch dass dieser Bevollmächtigte seiner Bestellung ausdrücklich zustimmt. Im Gegensatz zur Befreiung von der strafrechtlichen Verantwortlichkeit bei Bestellung eines verantwortlichen Beauftragten bleibt bei Bestellung eines Bevollmächtigten die grundsätzliche Verantwortlichkeit des Arbeitgebers aufrecht.[15]

Kommt es zu **Normverletzungen** und hat der Arbeitgeber einen verantwortlichen Beauftragten iSd § 9 VStG bestellt, haftet der Arbeitgeber nur für vorsätzliches Veranlassen oder Nichtverhindern von Übertretungen.[16] Der verantwortliche Beauftrage ist gem § 5 VStG nicht zu bestrafen, wenn er auf Grund einer besonderen Weisung des Auftraggebers eine Verwaltungsvorschrift verletzt, sofern er glaubhaft zu machen vermag, dass ihm die Einhaltung dieser Verwaltungsvorschrift unzumutbar war (Vgl § 9 Abs 5VStG).

Eine Vereinbarung zwischen Arbeitgeber und verantwortlichem Beauftragten, diesen im Fall der Bestrafung schadlos zu halten, ist nach der Rsp des OGH sittenwidrig. Denn dadurch wäre der Beauftragte wenig motiviert, sich normkonform zu verhalten.[17]

Die **Haltung der Arbeitnehmer** zum Arbeitnehmerschutz ist ein fundamentales Problem. Seine Einhaltung wird oft als lästig empfunden (zB Tragen von Schutzkleidung) oder kann zu Einkommensnachteilen führen (zB Begrenzung der Zulässigkeit von Überstunden), weshalb oft die Arbeitnehmer selbst die Arbeitnehmerschutzvorschriften übertreten. Ohne die Mitwirkung der Arbeitnehmer lässt sich der Arbeitnehmerschutz aber nicht verwirklichen. Die Arbeitnehmerschutzgesetze legen daher auch Pflichten der Arbeitnehmer fest. Der Gesetzgeber verzichtet aber weitgehend darauf, die Arbeitnehmer durch Strafdrohungen zur Mitarbeit zu zwingen. Nur nach dem ASchG kann auch der Arbeitnehmer bestraft werden, wenn er trotz Aufklärung und nachweislich schriftlicher Aufforderung durch den Arbeitgeber Schutzmaßnahmen nicht beachtet (§ 130 Abs 4 ASchG). Der Gesetzgeber versucht sein Ziel eher dadurch zu erreichen, dass er den Arbeitgeber zur Förderung des Schutzgedankens unter den Arbeitnehmern anhält und den Betriebsrat, bestimmte Arbeitskollegen (Sicherheitsvertrauensleute, sicherheitstechnisches Personal) und das Arbeitsinspektorat zur Mitarbeit an Arbeitnehmerschutzaufgaben heranzieht. Zu wenig wurde allerdings darauf geachtet, dass manche Gesetze oder Kollektivverträge materielle Anreize enthalten, die Schutzbestimmungen zu missachten. Es wäre um den Arbeitnehmerschutz wesentlich besser bestellt, stünden zu seiner Einhaltung positive Anreize zur Verfügung.

13 Vgl zB VwGH 92/18/0210.

14 § 37 MSchG, § 20 BäckAG.

15 VwGH 95/11/0302.

16 Zu § 9 VStG vgl *Mayer,* Die Übertragung der verwaltungsrechtlichen Verantwortlichkeit, ZfV 1979, 443; VwGH 2079/79.

17 OGH 3 Ob 2400/96d; 9 ObA 284/92; OGH 6 Ob 281/02w; *Bydlinski,* Privatrechtliches „Überwälzungsverbot“ für Vermögensstrafen und Strafverfahrenskosten? FS Niederländer (1991) 243.

Soweit die Schutzbestimmungen die tatsächliche Arbeitsverrichtung zum Gegenstand haben, kann es keinen Unterschied machen, ob der Arbeitende auf Grund eines gültigen oder eines ungültigen Arbeitsvertrags tatsächlich beschäftigt wird. Der **Geltungsbereich** dieser Gesetze geht daher über Arbeitnehmer im arbeitsvertraglichen Sinne hinaus. Das ASchG stellt auf die **tatsächliche Beschäftigung** im Betrieb ab (§ 2 Abs 1 ASchG).[18] Dem entspricht es, dass im Falle der Arbeitskräfteüberlassung die Pflichten des Arbeitgebers nach den Arbeitnehmerschutzvorschriften den Beschäftiger treffen (§ 8 Abs 2 ASchG) bzw dieser im Bereich des persönlichen Arbeitnehmerschutzes zusätzlich zum Überlasser verpflichtet wird (vgl 59 ff).[19]

Die Pflicht des Arbeitgebers zur Auflage von Arbeitnehmerschutzgesetzen und der zu ihrer Ausführung ergangenen Verordnungen wurde durch das Deregulierungsgesetz 2017[20] für zahlreiche Gesetze aufgehoben.

Das öffentlich-rechtliche Arbeitnehmerschutzrecht hat außerdem **Auswirkungen auf die privatrechtlichen Beziehungen** zwischen Arbeitgeber und Arbeitnehmer. Die öffentlich-rechtlichen Bestimmungen konkretisieren in vielen Fällen die Fürsorgepflicht des Arbeitgebers (vgl 121 ff), sodass diese Verpflichtungen auch zu Pflichten aus dem Arbeitsvertrag werden und die damit verbundenen Rechtsfolgen nach sich ziehen können (zB Zurückbehaltungsrecht, Austrittsrecht). Umgekehrt können massive Verletzungen der Arbeitnehmerschutznormen durch den Arbeitnehmer ein Entlassungsgrund sein. Vertragliche Vereinbarungen, die Verletzungen des Arbeitnehmerschutzes beinhalten – zB Vereinbarungen von Arbeitszeiten über die zulässigen Höchstgrenzen hinaus – sind als gesetzwidrige Vereinbarungen gem § 879 ABGB nichtig.

2. Gefahrenschutz

Literatur: *Mosler*, Ausgewählte Rechtsfragen aus dem neuen ArbeitsnehmerInnenschutzgesetz, DRdA 1996, 361; *Stärker*, Die Evaluierungspflicht des Arbeitgebers, in *Tomandl*, Rechtsfragen des technischen Arbeitnehmerschutzes (1997) 35.

Rechtsquellen: insb ArbeitnehmerInnenschutzgesetz (ASchG).

2.1. Allgemeines

Mit dem Beitritt zum EWR und zur EG war Österreich verpflichtet, die europarechtlichen Vorschriften auf dem Gebiet des technischen und arbeitshygienischen Arbeitnehmerschutzes innerstaatlich umzusetzen.[21] Dabei handelt es sich insb um die „**Ar-**

18 Dazu *Resch* in *Tomandl*, Rechtsfragen des technischen Arbeitnehmerschutzes 16.

19 § 6 AÜG.

20 BGBl I 2017/40.

21 Vgl *Winkler*, Europa- und verfassungsrechtliche Aspekte des ArbeitnehmerInnenschutzgesetzes, in *Tomandl*, Rechtsfragen des technischen Arbeitnehmerschutzes 59.

beitsschutzrahmen-RL"[22] und die hierzu ergangenen Einzelrichtlinien. Ziel der Arbeitsschutzrahmenrichtlinie ist die Durchführung von Maßnahmen zur Verbesserung der Sicherheit und des Gesundheitsschutzes der Arbeitnehmer am Arbeitsplatz. Die Richtlinie postuliert in Art 2 Abs 1 leg cit einen umfassenden Anwendungsbereich. Einen beträchtlichen Teil der europarechtlichen Vorgaben hat Österreich durch das ASchG erfüllt.[23]

Das ASchG zielt vor allem auf die Gewährleistung von **Sicherheit und Gesundheitsschutz** ab (§ 3 ASchG). Die Arbeitgeber sind verpflichtet, für Sicherheit und Gesundheitsschutz der Arbeitnehmer in Bezug auf alle Aspekte, die die Arbeit betreffen, zu sorgen. Wo dies sachlich in Betracht kommt, wird auch auf den Schutz der **Sittlichkeit**, insbesondere von Jugendlichen und Frauen, Bezug genommen (vor allem Geschlechtertrennung bei Wasch-, Umkleideräumen, Toiletten etc). Ein weiteres Anliegen des Gesetzes ist der **Nichtraucherschutz** (§ 30 ASchG).

Vor Gefahren geschützt werden sollen möglichst alle Personen, die im Betrieb tatsächlich beschäftigt sind. Der **persönliche Geltungsbereich** des ASchG ist daher weiter als jener der arbeitsrechtlichen Gesetze, die auf das Vorliegen eines Arbeitsvertrags abstellen. Das ASchG sieht als Arbeitnehmer alle Personen an, die im Rahmen eines Beschäftigungs- oder Ausbildungsverhältnisses tätig sind (§ 2 ASchG).[24] Als „Arbeitgeber" bezeichnet das ASchG jede natürliche oder juristische Person bzw eingetragene Personengesellschaft, die als Vertragspartei des Beschäftigungs- oder Ausbildungsverhältnisses mit dem Arbeitnehmer die Verantwortung für das Unternehmen oder den Betrieb trägt. Der Geltungsbereich des ASchG bezieht sich in erster Linie („Vertragspartei") auf Personen, die auf Grund eines privatrechtlichen Arbeitsvertrags für den Arbeitgeber tätig werden. Die gesetzliche Definition schließt jedoch öffentlich-rechtlich Bedienstete nicht aus.[25] Auch bloß faktisch Beschäftigte können als Arbeitnehmer angesehen werden.[26] Der weit gefasste persönliche Geltungsbereich des ASchG entspricht den Vorgaben des europäischen Unionsrechts.

Der **zentrale sachliche Anknüpfungspunkt** des ASchG ist die **Arbeitsstätte**. Was darunter zu verstehen ist, verschweigt das Gesetz. Aus § 2 Abs 3 ASchG ergibt sich, dass Arbeitsstätten sowohl in Gebäuden als auch im Freien eingerichtet sein können. Als **Arbeitsplatz** ist jener räumliche Bereich zu verstehen, in dem sich der Arbeitnehmer bei der von ihm auszuübenden Tätigkeit aufhält (§ 2 Abs 4 ASchG). Die „Arbeitsstättenricht-

22 Richtlinie 89/391/EWG.

23 Vgl *Winkler* aaO sowie *Mayer,* Der Arbeitnehmerschutz im öffentlichen Dienst, in *Tomandl,* Rechtsfragen des technischen Arbeitnehmerschutzes 75.

24 *Risak,* Verwirrungen um den Arbeitnehmerbegriff des Arbeitnehmerschutzgesetzes, ecolex 1999, 43.

25 Sofern diese nicht in Dienststellen, auf die das Bundes-Bedienstetenschutzgesetz, BGBl I 1999/70, anzuwenden ist, tätig sind, vgl § 1 Abs 2 Z 2 ASchG; ebenso ausgenommen aus dem Geltungsbereich sind Arbeitnehmer der Länder, Gemeinden und Gemeindeverbände, die nicht in Betrieben beschäftigt sind, vgl § 1 Abs 2 Z 1 ASchG.

26 Vgl VwGH 98/02/0180.

linie“ der EU[27] definiert als Arbeitsstätte „die Orte in den Gebäuden des Unternehmens und/oder Betriebs, die zur Nutzung für Arbeitsplätze vorgesehen sind, einschließlich jedes Ortes auf dem Gelände des Unternehmens und/oder Betriebs, zu dem Arbeitnehmer im Rahmen ihrer Arbeit Zugang haben“. Der Begriff der Arbeitsstätte ist daher sehr weit gefasst. Der Arbeitsstätte muss jedenfalls nicht jene Selbstständigkeit und Eigenständigkeit in der Aufgabenstellung zukommen, wie sie für einen Betrieb verlangt wird. Es genügt, dass sie organisatorisch von anderen „Stätten“ abgegrenzt und zur Erfüllung von Arbeitsaufgaben bestimmt ist. Ob es sich dabei um Haupt-, Neben- oder Hilfstätigkeiten handelt, spielt keine Rolle. Es wird allerdings in der Einheit jemanden geben müssen, der für die zu erbringenden Tätigkeiten verantwortlich ist und damit zumindest rudimentäre Anordnungsbefugnisse besitzt.

Zusammenfassend lässt sich der Begriff der Arbeitsstätte daher folgendermaßen umschreiben: Es handelt sich um eine auf längere Zeit eingerichtete organisatorische Einheit, in der bestimmte Arbeitsaufgaben durch kombinierten Einsatz von Arbeitnehmern und sachlichen bzw immateriellen Mitteln erbracht werden sollen. Die organisatorische Einheit wird durch zumindest rudimentäre Anordnungsbefugnisse konstituiert.

Erbringt der Arbeitnehmer seine Arbeit in seinem privaten Wohnbereich (**Home-Office**), stellt sich die Frage, inwieweit dort das ASchG anwendbar ist. Nach *B. Gruber*[28] und *Melzer-Azodanloo* fällt die Wohnung nicht unter den Begriff der Arbeitsstätte. Sie begründen das insb mit der Ausweitung der mit BGBl I 1997/9 eingeführten Bestimmungen über Bildschirmarbeitsplätze und Maßnahmen bei Bildschirmarbeit. Daher kommen die Bestimmungen des ASchG - ausgenommen jene über die Bildschirmarbeit - im Home-Office nicht zur Anwendung. Arbeitgeber tragen nur dann für die Ausstattung des Home-Office mit entsprechenden Büromöbeln und für die dabei eingesetzten Computer nach dem ASchG Verantwortung in der Hinsicht, dass diese ergonomischen Anforderungen und dem Stand der Technik entsprechen, wenn sie diese beistellen. Arbeitet der Arbeitnehmer mit seinen privaten Mitteln, fällt deren Einsatz nicht unter das ASchG. Der Gesetzgeber hat nun klargestellt, dass die Organe der Arbeitsinspektion nicht berechtigt sind, Wohnungen von Arbeitnehmern im Home-Office zu betreten (§ 4 Abs 10 ArbIG).

Das ASchG enthält eine große Fülle eher allgemein gefasster Grundsätze. Es versteht sich als ein **Ermächtigungsgesetz**, das die Grundlage für die Erlassung zahlloser **Verordnungen** abgeben soll, die erst für die erforderliche Konkretisierung dieser Grundsätze für bestimmte Anwendungsbereiche sorgen.[29] Selbst davon kann im Einzelfall durch Bescheid aus wichtigen Gründen abgewichen werden, wenn Sicherheit und Gesundheit der Arbeitnehmer gewährleistet sind (§ 95 ASchG).[30] Auf diese Weise stellt der Gesetzgeber ein äußerst flexibles Instrumentarium zur Verwirklichung des Arbeitnehmerschutzes bereit,

27 Richtlinie 89/654/EWG.

28 *B. Gruber*, Arbeitnehmerschutz bei Teleheimarbeit, ZAS 1998, 65 (68); *Melzer-Azodanloo*, Tele-Arbeitsrecht (2001).

29 Vgl §§ 18, 32, 39, 48, 52a, 59, 72, 89, 90, 101 ASchG.

30 Zur Bindungswirkung von Bescheiden für Gerichte siehe OGH 9 ObA 117/91, DRdA 1992, 127 (*Rebhahn*).

das es den vollziehenden Behörden gestattet, den Erfordernissen jedes Einzelfalls gerecht zu werden und Lücken der generellen Regelung ebenso zu schließen, wie von unnötigen Belastungen abzusehen.

Die **Grundzüge des Gesetzes** lassen sich kurz skizzieren. Es will dem Auftreten von Gefahren vorbeugen, bzw dort, wo solche unvermeidlich sind, die Risiken möglichst einschränken. Daher bedürfen für die Arbeitnehmer besonders gefährliche Arbeitsstätten einer speziellen Arbeitsstättenbewilligung, sofern eine gleichwertige Bewilligung nicht schon nach anderen Gesetzen vorgeschrieben ist (§§ 92 f ASchG).[31] Gefährliche Arbeiten oder die Verwendung gefährlicher Verfahren und Stoffe werden nicht grundsätzlich verboten, sondern nur soweit, als sie betrieblich nicht notwendig sind. Dafür werden die Arbeitgeber verpflichtet, durch die Verwendung entsprechender Schutzmaßnahmen, durch eine entsprechende Personenauswahl, durch Unterweisungen und Kontrollen die Gefahren so gering wie möglich zu halten. Um den Kreis der mit der Sicherung vor solchen Gefahren befassten Personen quantitativ und qualitativ zu erweitern, werden besondere Einrichtungen geschaffen. Die zentrale Verantwortung bleibt jedoch beim Arbeitgeber.

Das Gesetz schließt damit einen **Kompromiss** zwischen wirtschaftlichen Zielen auf der einen und Arbeitnehmerschutzanliegen auf der anderen Seite und nimmt bei den Anforderungen an den Arbeitgeber zumeist auf dessen wirtschaftliche Leistungsfähigkeit Rücksicht.

2.2. Die grundlegenden Pflichten

Jeder **Arbeitgeber**[32] ist verpflichtet, die bestehenden Gefahren in seinem Betrieb zu ermitteln, zu beurteilen und zu dokumentieren (§ 4 ASchG – **Evaluierungspflicht**) sowie die erforderlichen Schutzmaßnahmen durchzuführen. Um dies tun zu können, hat er sich über den jeweils neuesten Stand der Technik (iSd § 2 Abs 8 ASchG) und der Erkenntnisse auf dem Gebiet der Arbeitsgestaltung zu informieren. Er ist verpflichtet, eine **geeignete Organisation** mit den erforderlichen Mitteln bereitzustellen, Gefahren abwehrende Maßnahmen unter Berücksichtigung menschlichen Fehlverhaltens zu setzen, seine Arbeitnehmer ausreichend zu informieren und zu unterweisen, ohne jedoch die Arbeitnehmer mit Kosten für den Arbeitnehmerschutz zu belasten. Die Arbeitgeber sind auch verpflichtet, durch geeignete Maßnahmen und Anweisungen zu ermöglichen, dass die Arbeitnehmer bei ernster, unmittelbarer und nicht vermeidbarer Gefahr ihre Tätigkeit einstellen und sich durch sofortiges Verlassen des Arbeitsplatzes in Sicherheit bringen. Diese Grundpflichten des Arbeitgebers werden vom Gesetz in eine Fülle einzelner Gebote (siehe unten 146 ff) aufgesplittert.

31 Vgl *Azizi*, Gewerbliches Betriebsanlagenrecht und Arbeitnehmerschutzrecht, ÖZW 1980, 40.
32 Zur Arbeitgebereigenschaft bei Personenmehrheiten VwGH 90/19/0270; 90/19/0089.

Arbeitnehmer dürfen nur entsprechend ihrer Eignung in Bezug auf Sicherheit und Gesundheit eingesetzt werden. Leiden sie an körperlichen Schwächen oder Gebrechen, dürfen ihnen keine Arbeiten übertragen werden, die für sie selbst oder für andere gefährliche Auswirkungen haben könnten (§ 6 ASchG – **Verwendungsschutz**).

Der Arbeitgeber ist auch verpflichtet, das Interesse der Arbeitnehmer am Arbeitnehmerschutz zu fördern. Er muss sie über bestehende Gefahren und Schutzmaßnahmen informieren, regelmäßig über Sicherheit und Gesundheitsschutz unterweisen, in Fragen des Arbeitnehmerschutzes anhören und allenfalls beteiligen (§§ 12 ff ASchG).

Jeder **Arbeitnehmer** ist verpflichtet, sich im Betrieb möglichst gefahrenvermeidend zu verhalten, am Gefahrenschutz mitzuwirken, insb die Schutzbestimmungen zu beachten und den zu ihrer Ausführung erlassenen Weisungen nachzukommen. Er hat drohende Gefahren und Arbeitsunfälle sofort zu melden. Arbeitnehmer dürfen sich nicht durch den Genuss von Alkohol, Arzneimitteln oder Suchtgiften in einen sie selbst oder andere Personen gefährdenden Zustand versetzen (§ 15 ASchG).

2.3. Übersicht über die einzelnen Pflichten

2.3.1. Arbeitsstätten und Baustellen (§§ 19 ff ASchG)

Die Regelungen beziehen sich auf die nähere Ausgestaltung der Arbeitsstätten und Baustellen. Sie enthalten konstruktive Mindestanforderungen (ua behindertengerechte Ausgestaltung), aber auch Bestimmungen über elektrische Anlagen, über die Sicherheit des Verkehrs, über die Lagerung, über sanitäre und Sozialeinrichtungen, über die Ausgestaltung von Arbeits- und sonstigen Betriebsräumen (Klima, Luftraum, Grundfläche, Höhe, Belichtung, Beleuchtung, Fußbodenbeschaffenheit). Vorzusorgen ist für Brand- und Explosionsschutz sowie für Erste Hilfe.

2.3.2. Arbeitsmittel (§§ 33 ff ASchG)

Die Arbeitgeber werden verpflichtet, möglichst sichere Arbeitsmittel einzusetzen, diese zu warten und erforderlichenfalls zu überprüfen und dafür zu sorgen, dass sie auch zweckentsprechend verwendet werden. Besondere Sorgfalt wird bei der Verwendung gefährlicher Arbeitsmittel vorgeschrieben. Durch Verordnung sind gefährliche Arbeitsmittel zu erfassen, sowie Prüfbestimmungen und nähere Sicherheitsanforderungen festzulegen.

2.3.3. Arbeitsstoffe (§§ 40 ff ASchG)

Die Arbeitgeber müssen sich vergewissern, ob sie gefährliche Arbeitsstoffe verwenden, diese kennzeichnen und die erforderlichen weiteren Schutzvorkehrungen treffen. Bestimmte Stoffe dürfen nur verwendet werden, wenn dies vorher dem Arbeitsinspektorat angezeigt wurde und sie nicht durch ungefährlichere Stoffe ersetzt werden können. In diesem Falle sind Maßnahmen in einer gesetzlich festgelegten Reihenfolge zu treffen. Festgelegte Grenzwerte der Belastung sind möglichst zu unterschreiten.

2.3.4. Gesundheitsüberwachung (§§ 49 ff ASchG)

Besteht bei bestimmten Tätigkeiten die Gefahr des Auftretens von Berufskrankheiten, sind auf Kosten des Arbeitgebers vor dem ersten Einsatz Eignungs- und später Folgeuntersuchungen durch dazu speziell vom zuständigen Bundesminister ermächtigte Ärzte durchzuführen. Die Ergebnisse dieser Untersuchungen sind vom Arbeitsinspektorat amtswegig zu überprüfen. Auf Wunsch der Arbeitnehmer sind derartige Untersuchungen auch durchzuführen, wenn zwar keine Berufskrankheit droht, ihre Vornahme aber aus medizinischer oder technischer Sicht geboten erscheint.

2.3.5. Arbeitsvorgänge und Arbeitsplätze (§§ 60 ff ASchG)

Der Arbeitgeber hat die Arbeitsvorgänge nicht nur gefahrenvermeidend zu gestalten, sondern möglichst auch auf die Vermeidung von Monotonie und einseitiger Belastung zu achten. Er soll dafür sorgen, dass die Arbeiten möglichst lärmgeschützt und im Sitzen durchgeführt werden können und dass Lasten möglichst nicht manuell bewältigt werden müssen. Notwendige Arbeitskleidung oder persönliche Schutzausrüstungen hat er beizustellen. Die Gestaltung der Arbeitsplätze hat nicht nur Sicherheitserfordernissen, sondern auch arbeitsphysiologischen und ergonomischen Gesichtspunkten zu entsprechen. Besonderes Augenmerk ist dabei der Bildschirmarbeit zu widmen. Gem § 12 Abs 3 Bildschirmarbeitsverordnung (BS-V)[33] sind die Kosten von Sehhilfen, die ausschließlich durch den notwendigen Schutz bei Bildschirmarbeit entstehen, vom Arbeitgeber zu tragen, soweit diese nicht von den Trägern der Sozialversicherung übernommen werden.[34]

2.3.6. Rauchen am Arbeitsplatz (§ 30 ASchG)

Nach § 30 ASchG ist das Rauchen in Arbeitsstätten in Gebäuden verboten. Sind ausreichend Räumlichkeiten vorhanden, können vom Arbeitgeber einzelne Räume eingerichtet werden, in denen das Rauchen gestattet ist, dies jedoch nur, sofern es sich nicht um Arbeitsräume sowie Aufenthalts-, Bereitschafts-, Sanitäts- und Umkleideräume handelt, der Tabakrauch nicht in andere Bereiche eindringt und das Rauchverbot damit nicht umgangen wird.[35] Ein generelles Rauchverbot sieht überdies das Tabak- und NichtraucherInnenschutzgesetz ua in Räumlichkeiten an öffentlichen Orten (zB in Ämtern) oder in Räumlichkeiten, in denen Unterrichts- und Fortbildungszwecke verfolgt werden, vor.[36] Auch in der Gastronomie gilt ein umfassendes Rauchverbot in geschlossenen Räumen.[37]

2.4. Arbeitnehmerschutzeinrichtungen im Betrieb

Bei entsprechender Betriebs- oder Unternehmensgröße wird der Arbeitgeber verpflichtet, **eigene Einrichtungen** zur Durchführung und Überwachung des Arbeitnehmerschutzes sowie zu seiner eigenen Beratung in diesen Fragen zu schaffen. Der Gesetzgeber legt Mindestzahlen an Beschäftigten pro Arbeitsstätte oder Betrieb fest, ab denen solche

33 BGBl II 1998/124; die BS-V hat ihre gesetzliche Grundlage in den §§ 67 f ASchG.
34 Dazu OGH 9 ObA 63/00f.
35 Zu Fragen bezüglich des Rauchens am Arbeitsplatz siehe zB *Korenjak*, Aktuelle Entwicklungen im Arbeitnehmerschutzrecht, insb das neue Rauchverbot im Betrieb, ZAS 2018, 164.
36 Vgl §§ 12 f TNRSG.
37 Vgl BGBl I 2019/66.

Einrichtungen generell geschaffen werden müssen, sieht aber auch hier nähere Konkretisierungen durch Verordnung vor.

Der Arbeitgeber hat diese Einrichtungen entsprechend **auszustatten** und den in ihnen tätigen Arbeitnehmern **Weiterbildungsmöglichkeiten** zu eröffnen. Die Aufgabenstellung dieser Einrichtungen ist grundsätzlich die gleiche, wird aber jeweils auf einer unterschiedlichen qualitativen Ebene oder in unterschiedlichen Unternehmensteilen ausgeübt. Sie haben einander gegenseitig zu unterstützen und zusammenzuarbeiten.

Überdies hat der Gesetzgeber (§§ 89 Z 3, 92a ArbVG) auch den **Betriebsrat** dazu berufen, an der Einhaltung des Arbeitnehmerschutzes mitzuwirken und diesen zu überwachen.

2.4.1. Präventivdienste (§§ 73 ff ASchG)

Arbeitgeber sind verpflichtet, in jeder Arbeitsstätte ab einer bestimmten Mindestbeschäftigtenzahl **Sicherheitsfachkräfte und Arbeitsmediziner**[38] mit bestimmten Mindesteinsatzzeiten zu beschäftigen. Erforderlichenfalls haben die Arbeitgeber weitere notwendige Fachkräfte (zB Arbeitspsychologen, Toxikologen, Ergonomen etc) heranzuziehen.[39] Dies kann durch die Beschäftigung von Präventivfachkräften im Rahmen eines Arbeitsverhältnisses (**betriebseigene** Präventivfachkräfte) geschehen. Diese Personen müssen über eine Ausbildung zur Sicherheitsfachkraft oder zum Arbeitsmediziner verfügen. Verfügt der Arbeitgeber nicht über entsprechend fachkundiges Personal, kann er **externe** Präventivfachkräfte oder ein sicherheitstechnisches bzw arbeitsmedizinisches Zentrum in Anspruch nehmen. Die Arbeitgeber sind verpflichtet, den Präventivfachkräften das für die Durchführung ihrer Aufgaben notwendige Hilfspersonal sowie die erforderlichen Räume, Ausstattung und Mittel zur Verfügung zu stellen.[40]

> Für **kleinere Unternehmen** kann die Prävention **ausgelagert** werden: In Arbeitsstätten mit bis zu 50 Arbeitnehmern kann ein Präventionszentrum des zuständigen Unfallversicherungsträgers in Anspruch genommen werden, sofern der Arbeitgeber insgesamt nicht mehr als 250 Arbeitnehmer beschäftigt und über kein entsprechend fachkundiges Personal zur Beschäftigung betriebseigener Sicherheitsfachkräfte verfügt. Er darf die Rolle der Sicherheitsfachkraft auch selbst einnehmen (Unternehmermodell), sofern er nicht mehr als 50 Arbeitnehmer beschäftigt (§§ 78 ff ASchG).

Der Gesetzgeber legt eine bestimmte **Präventionszeit** (§ 82a ASchG) fest, die der Arbeitgeber jährlich für Prävention zur Verfügung stellen muss: Sie beträgt in Arbeitsstätten mit mehr als 50 Arbeitnehmern pro Arbeitnehmer an einem Büroarbeitsplatz (bzw

38 Aufgrund eines Mangels an Arbeitsmedizinern wurde mit der ASchG-Novelle 2022, BGBl I 2022/115, die Möglichkeit geschaffen, Arbeitsmediziner durch den Einsatz eines arbeitsmedizinischen Fachdienstes unter ihrer Leitung zu unterstützen (vgl § 82c ASchG).

39 §§ 76 Abs 3, 81 Abs 3 ASchG.

40 Externen Sicherheitsfachkräften nur dann nicht, wenn diese nachweislich das erforderliche Hilfspersonal, die erforderliche Ausstattung und die erforderlichen Mittel beistellen (vgl § 73 Abs 5 ASchG).

vergleichbaren Arbeitsplätzen) 1,2 Stunden, für jeden anderen Arbeitnehmer 1,5 Stunden pro Jahr.

Der Arbeitgeber hat pro Kalenderjahr Sicherheitsfachkräfte im Ausmaß von mindestens 40% und Arbeitsmediziner im Ausmaß von mindestens 35% der Präventionszeit zu beschäftigen. Zumindest im Ausmaß der restlichen 25% der jährlichen Präventionszeit hat der Arbeitgeber je nach der in der Arbeitsstätte gegebenen Gefährdungs- und Belastungssituation sonstige geeignete Fachleute, wie Chemiker, Toxikologen, Ergonomen, insbesondere jedoch Arbeitspsychologen, oder die Sicherheitsfachkräfte und/oder die Arbeitsmediziner zu beschäftigen.

In Arbeitsstätten mit bis zu 50 Arbeitnehmern hat die sicherheitstechnische und arbeitsmedizinische Betreuung in Form von Begehungen zu erfolgen. Diese haben in Arbeitsstätten mit ein bis zehn Arbeitnehmern mindestens einmal in zwei Jahren, wenn nur Büroarbeitsplätze (bzw vergleichbare Arbeitsplätze) eingerichtet sind, mindestens einmal in drei Jahren zu erfolgen, in Arbeitsstätten mit elf bis 50 Arbeitnehmern mindestens einmal im Jahr (vgl § 77a ASchG).

Präventivfachkräfte haben die **Aufgabe**, die Arbeitgeber, die Arbeitnehmer, die Sicherheitsvertrauenspersonen und die Belegschaftsorgane auf dem Gebiet der Arbeitssicherheit bzw des Gesundheitsschutzes und der menschengerechten Arbeitsgestaltung zu beraten und die Arbeitgeber bei der Erfüllung ihrer Pflichten auf diesen Gebieten zu unterstützen. Sie haben den Arbeitgeber und den Betriebsrat von wahrgenommenen Missständen zu informieren. Sie sind vom Arbeitgeber einzuschalten, bevor er bestimmte Maßnahmen ergreift. Sie sind entsprechend der Arbeitnehmerschutz-RL Arbeitnehmervertreter mit einer besonderen Funktion und bei Anwendung ihrer Fachkunde **weisungsfrei**.

Der **Betriebsrat** besitzt bei der beabsichtigten Bestellung und Abberufung ein Informations- und Beratungsrecht, dessen Verletzung die Bestellung unwirksam macht (§ 92a Abs 3 ArbVG). Präventivfachkräfte können nur nach vorheriger Befassung des Arbeitsschutzausschusses bestellt bzw abberufen werden.

2.4.2. Sicherheitsvertrauenspersonen (§§ 10 f ASchG)

Sicherheitsvertrauenspersonen sind Arbeitnehmer mit einer besonderen Funktion zur Gewährleistung der Sicherheit und des Gesundheitsschutzes der Arbeitnehmer. Ab einer Betriebsstärke von regelmäßig mehr als zehn Arbeitnehmern ist der Arbeitgeber verpflichtet, aus dem Kreis der Arbeitnehmer Sicherheitsvertrauenspersonen zu bestellen, die die notwendigen persönlichen und fachlichen Voraussetzungen für ihre Aufgaben erfüllen. Mit steigender Betriebsgröße sind zusätzliche Sicherheitsvertrauenspersonen (Ersatzpersonen) zu berufen. Ihre Bestellung gilt **für jeweils vier Jahre**, der Betriebsrat hat ein Zustimmungsrecht. Die Sicherheitsvertrauenspersonen haben den Arbeitgeber bei der Durchführung des Arbeitnehmerschutzes zu beraten, die Arbeitnehmer und den Betriebsrat zu informieren, zu beraten und zu unterstützen sowie mit allen mit Arbeitnehmerschutzfragen Befassten, zusammenzuarbeiten. Vor allem haben sie darauf zu achten, dass alle erforderlichen Vorkehrungen getroffen und die gebotenen Schutzmaßnahmen tatsächlich angewendet werden. Sie sind mit weitgehenden Informations- und

Beratungsrechten ausgestattet und für die erforderliche Zeit von der Arbeitsleistung unter Entgeltfortzahlung freizustellen. Die Sicherheitsvertrauenspersonen sind bei Ausübung ihrer in diesem Bundesgesetz geregelten Aufgaben an **keinerlei Weisungen** gebunden. Die Verantwortlichkeit des Arbeitgebers für die Einhaltung der Arbeitnehmerschutzvorschriften wird durch ihre Bestellung nicht berührt. Eine diesbezügliche Verantwortung kann auch nicht rechtswirksam auf Sicherheitsvertrauenspersonen übertragen werden (vgl § 10 Abs 9 ASchG).

2.4.3. Arbeitsschutzausschüsse (§§ 88 f ASchG)

Ab einer Beschäftigtenzahl von mindestens 100 Arbeitnehmern pro Arbeitsstätte ist ein Arbeitsschutzausschuss einzurichten, der der Sicherstellung der gegenseitigen Information und Koordination aller betrieblichen Arbeitsschutzeinrichtungen dient. Gibt es mehrere solcher Arbeitsstätten im Unternehmen, ist gem § 88a ASchG auch ein zentraler Ausschuss vorgeschrieben. Teilnehmer sind unter dem Vorsitz des Arbeitgebers die für die Einhaltung des Arbeitnehmerschutzes sonst noch verantwortlichen Personen, die Sicherheitsvertrauenspersonen, die Präventivfachkräfte und je ein Vertreter der zuständigen Belegschaftsorgane. Der Vorsitzende kann auch sonstige Personen mit Aufgaben auf dem Gebiet des Arbeitnehmer- und Umweltschutzes beiziehen.[41]

2.4.4. Benachteiligungs- und Kündigungsschutz

Wegen ihrer heiklen Position – Konflikte sind sowohl mit dem Arbeitgeber als auch mit Arbeitskollegen denkbar[42] – hat der Gesetzgeber besondere Schutzmaßnahmen für Arbeitnehmer, die sich beim Arbeitsnehmerschutz engagieren, vorgesehen. Gem § 9 Abs 1 AVRAG dürfen Sicherheitsvertrauenspersonen und Arbeitnehmer, die als Sicherheitsfachkräfte, Arbeitsmediziner oder als deren Fach- oder Hilfspersonal oder als arbeitsmedizinischer Fachdienst beschäftigt sind, wegen der Ausübung dieser Tätigkeit, insb hinsichtlich des Entgelts, Aufstiegsmöglichkeiten und Versetzungen nicht benachteiligt werden (**Benachteiligungsverbot**).

Wird ein Arbeitnehmer wegen seiner Tätigkeit als Sicherheitsvertrauensperson, Sicherheitsfachkraft oder Arbeitsmediziner, als arbeitsmedizinischer Fachdienst oder als Fach- oder Hilfspersonal von Sicherheitsfachkräften oder Arbeitsmedizinern gekündigt oder entlassen, kann diese **Kündigung bzw Entlassung** aufgrund eines verpönten Motivs gem § 105 Abs 3 lit g ArbVG **angefochten** werden (zur Motivkündigung vgl 295 f). Für Arbeitnehmer, die dem Kündigungsschutz nach § 105 Abs 3 ArbVG nicht unterliegen, sieht § 9 Abs 2 AVRAG ein entsprechendes Anfechtungsrecht vor.

41 Bspw Angehörige des arbeitsmedizinischen Fachdienstes (ErläutRV 1510 BlgNR 27. GP 4).
42 Vgl *Glawischnig*, Die Sicherheitsvertrauensperson im „neuen" ASchG, ZAS 1997, 12 und 33.

3. Sonderschutz

Spezielle Gesetze dienen dem Schutz von Eltern, Jugendlichen und Behinderten. Der besondere Arbeitszeitschutz dieser Personen wird im Zusammenhang mit generellen Fragen der Arbeitszeit unter 187 f dargestellt. Deren Kündigungs- und Entlassungsschutz wird unter 309 ff behandelt. An dieser Stelle sind nur jene Bestimmungen zu erörtern, die sich mit ihrem Arbeitseinsatz befassen.

3.1. Elternschutz

Literatur: *Ercher/Stech/Langer*, Mutterschutzgesetz und Väter-Karenzgesetz (2004); *Gruber-Risak*, Mutterschutzrichtlinie in *Franzen/Gallner/Oetker*, Kommentar zum europäischen Arbeitsrecht[4] (2022); *Wolfsgruber-Ecker* in *Neumayr/Reissner* (Hg), Zeller Kommentar zum Arbeitsrecht[3], MSchG, VKG mit weiterführender Literatur.

Rechtsquellen: Mutterschutzgesetz (MSchG), Väter-Karenzgesetz (VKG).

Der arbeitsrechtliche Sonderschutz bezog sich ursprünglich nur auf Schwangerschaft und Entbindung. Er betraf daher ausschließlich weibliche Arbeitnehmerinnen und wurde im MSchG geregelt. Nur das MSchG gewährte zudem einen Sonderschutz wegen Kindererziehung, obwohl diese auch von den Vätern übernommen werden kann. Erst später erstreckte der Gesetzgeber den Schutz bei Kindererziehung auch auf die Väter und mit der Novelle 2015[43] auch auf Lebensgefährtinnen oder eingetragene Partnerinnen von Frauen. Es erscheint daher sinnvoll, nunmehr von Elternschutz zu sprechen, wenn das gesamte Spektrum dieses aus familienpolitischen Gründen eingeführten Schutzbereichs angesprochen ist.

Die grundlegenden Bestimmungen finden sich im MSchG; das Väter-Karenzgesetz (VKG, früher: Eltern-Karenzurlaubsgesetz, EKUG) enthält die notwendigen Anpassungen im Hinblick auf Väter und Partnerinnen.

Das MSchG und VKG gelten grundsätzlich für alle in einem privatrechtlichen Dienstverhältnis oder in einem öffentlich-rechtlichen Dienstverhältnis zum Bund stehenden Beschäftigten. Die §§ 3 und 5 Abs 1 und 3 MSchG über das Beschäftigungsverbot gelten auch für die (sog arbeitnehmerähnlichen) freien Dienstnehmerinnen gem § 4 Abs 4 ASVG.

3.2. Schutz bei Schwangerschaft und Entbindung

Das MSchG will die Gesundheit der Schwangeren und Wöchnerin sowie des noch ungeborenen Kindes schützen, gleichzeitig aber auch der jungen Mutter die Betreuung ihres Kleinkindes ermöglichen. Seine familienpolitischen Zielsetzungen können nicht allein

43 BGBl I 2015/149.

durch Eingriffe in das Arbeitsvertragsrecht erreicht werden, daher steht es in engem Zusammenhang mit sozialrechtlichen Gesetzen.

Sobald eine Schwangere von ihrer Schwangerschaft weiß, hat sie ihren Arbeitgeber davon zu **informieren.**[44] Dieser kann die Vorlage einer ärztlichen Bescheinigung verlangen (§ 3 MSchG). Ohne Verständigung des Arbeitgebers kann dieser bei der Verwendung der Arbeitnehmerin auf die Schwangerschaft nicht Rücksicht nehmen. Der Arbeitgeber hat seinerseits das Arbeitsinspektorat von der Schwangerschaft zu verständigen.

Die Schwangere darf weder zu schweren körperlichen noch zu anderen **Arbeiten** herangezogen werden, die eine gesundheitliche **Gefährdung** für sie selbst oder den nasciturus bedeuten (**Beschäftigungsbeschränkungen** nach § 4 MSchG).

Das Gesetz bezeichnet bspw als verbotene Arbeiten solche, bei denen regelmäßig schwere Lasten gehoben werden, bei denen die Frau regelmäßig stehen muss (ab der 21. Schwangerschaftswoche auch dann, wenn die Schwangere zwar kurzfristig sitzen kann, die Arbeit aber insgesamt länger als vier Stunden dauert), bei denen sie der Einwirkung von gesundheitsgefährdenden Stoffen oder schwangerschaftsbedingten besonderen Unfallgefahren ausgesetzt ist, sowie spätestens ab der 21. Schwangerschaftswoche auch Arbeiten, die im Rahmen eines mengenbezogenen Leistungslohnsystems erbracht werden. Mit den meisten dieser Arbeiten darf eine Mutter auch zwölf Wochen nach der Entbindung nicht beschäftigt werden. Darüber hinaus besteht für werdende und stillende Mütter ein Verbot der Nachtarbeit (§ 6 MSchG), der Arbeit an Sonn- und Feiertagen (§ 7 MSchG) sowie ein Verbot der Leistung von Überstunden (§ 8 MSchG).

Würde – nach einem von der Arbeitnehmerin vorgelegten Zeugnis eines Amts- oder Arbeitsinspektionsarztes oder eines Facharztes (Frauenarzt) – die Arbeit die Gesundheit von Mutter oder Kind (Gefahr einer Fehlgeburt) gefährden, dann darf der Arbeitgeber diese Frau nicht länger in der bisherigen Verwendung einsetzen (**individuelles Beschäftigungsverbot**).[45] Ob er sie ohne ihre Einwilligung mit einer anderen gesundheitlich unbedenklichen Tätigkeit betrauen kann, hängt vom Inhalt des Arbeitsvertrags ab.[46] Scheitert eine solche Versetzung oder bezeichnet das ärztliche Zeugnis jede Tätigkeit als gefährlich, dann darf der Arbeitgeber diese Arbeitnehmerin überhaupt nicht beschäftigen.

In den letzten acht Wochen vor der voraussichtlichen Entbindung (§ 3 MSchG) und in den ersten acht Wochen nach der Entbindung (§ 5 MSchG) darf keine Frau beschäftigt werden (**absolutes Beschäftigungsverbot, „Schutzfrist“**).[47]

Erfolgt die Entbindung später als vermutet, verlängert sich die erste Achtwochenfrist, erfolgt die Entbindung jedoch früher als erwartet, so verlängert sich die zweite Achtwochenfrist entsprechend, höchstens jedoch auf eine Gesamtschutzfrist von 16 Wochen. Nach

44 Vgl OGH 9 ObA 215/90, DRdA 1991, 299 (*Petrovic*) zum spätestens zulässigen Zeitpunkt; bei einem befristeten Arbeitsverhältnis ist die Bekanntgabe nach Ablauf der Befristung – mit einer bereits vor Ablauf ausgestellten ärztlichen Bestätigung – zu spät, OGH 9 ObA 133/19b.

45 OGH 4 Ob 145/61.

46 OGH 4 Ob 92/70.

47 Vgl dazu näher VwGH 90/12/0090, DRdA 1991, 288 (*Martinek*); 90/12/0090 sowie OGH 10 ObS 194/91, DRdA 1992, 204 (*Knöfler*); 10 ObS 181/89, DRdA 1990, 218 (*Knöfler*) und OGH 10 ObS 181/89= DRdA 1990, 71 (Schutzfrist nach vorzeitiger Entbindung).

Früh-, Mehrlings- und Kaiserschnittgeburten beträgt der zweite Teil der Schutzfrist zwölf Wochen. In diesen Fällen kann die gesamte Schutzfrist daher länger als 16 Wochen betragen.[48]

Ist die Arbeitnehmerin nach Ablauf der Schutzfrist noch nicht voll leistungsfähig, kann das Arbeitsinspektorat (dazu 162 f) dem Arbeitgeber entsprechende Schutzmaßnahmen vorschreiben.

Vereinbarungen zwischen der Schwangeren und ihrem Arbeitgeber, welche den Anspruch auf eine beigestellte Unterkunft (Dienstwohnung) berühren, sind nur rechtswirksam, wenn sie vor dem Arbeitsgericht nach einer Rechtsbelehrung getroffen worden sind. Dieser Schutz endet vier Monate nach der Entbindung bzw vier Wochen nach dem Ende des Karenzurlaubs (§ 16 MSchG).

Wird der schwangeren Arbeitnehmerin zur Vermeidung gesundheitlicher Gefährdungen eine leichtere Arbeit gegeben oder wird ihre Arbeitszeit gekürzt, behält sie dennoch ihren bisherigen Entgeltanspruch (Durchschnitt der letzten voll entlohnten 13 Wochen). Der Entfall von Überstunden ist jedoch nicht abzugelten.[49] Dasselbe gilt grundsätzlich auch für die Zeit des völligen Beschäftigungsverbots (§ 14 MSchG), doch entfällt die Verpflichtung des Arbeitgebers, sofern und solange die Arbeitnehmerin Wochengeld aus der Krankenversicherung erhält.

Liegt bei einer Frau Arbeitsunfähigkeit vor (mag diese auch die unmittelbare Folge einer abnorm verlaufenden Schwangerschaft sein), so gelten die allgemeinen Regeln über die Entgeltfortzahlung im Krankheitsfall. Sonderzahlungen (iSd § 67 Abs 1 EStG) stehen für jene Kalenderjahre, in denen die Arbeitnehmerin Wochengeld bezogen hat, nur anteilig (dh gekürzt um den Zeitraum des Bezuges von Wochengeld) zu.[50]

3.3. Karenz und Teilzeitbeschäftigung

3.3.1. Karenzanspruch der Mutter[51]

Die Arbeitnehmerin hat für die Zeit nach dem Ende der Schutzfrist (oder eines daran anschließenden Krankenstandes oder Urlaubs) auf Verlangen Anspruch auf unbezahlten Urlaub maximal bis zum Ablauf des zweiten Jahres nach der Entbindung (§ 15 MSchG). Das Gesetz bezeichnet diese Freistellung als **Karenz**. Die Mutter muss lediglich nachweisen, dass sie mit dem Kind im gemeinsamen Haushalt lebt. Eine Einwilligung des Arbeitgebers ist nicht erforderlich. Die Dauer der Karenz muss **mindestens zwei Monate** betragen.

48 Siehe dazu näher *Mazal*, Geburt oder Abortus? Rechtliche Qualifikation und mutterschutzrechtliche Konsequenzen, ÖJZ 1992, 480; *Spielbüchler*, Die Entbindung vor dem Termin – Ein unbewältigtes Kapitel Mutterschutz, FS Tomandl 367.

49 OGH 4 Ob 81/74, DRdA 1976, 18 (*M. Schwarz*).

50 Siehe OGH 4 Ob 158/77, ZAS 1978, 232 (*Schön*).

51 Dies gilt auch für Adoptiv- und Pflegemütter: § 15c MSchG.

Die Arbeitnehmerin besitzt also einen einseitigen Rechtsgestaltungsanspruch.[52] Sie hat dem Arbeitgeber lediglich bis zum Ende des absoluten Beschäftigungsverbots Beginn und Dauer des in Anspruch genommenen Karenzurlaubs bekanntzugeben. Ist dieser (oder ein unmittelbar anschließender Krankenstand oder Urlaub) abgelaufen, ohne dass die Arbeitnehmerin den Arbeitgeber davon informiert hat, einen Karenzurlaub zu nehmen, müsste ein solcher einvernehmlich vereinbart werden. Hat der andere Elternteil keinen Anspruch auf Karenz, kann die Dienstnehmerin Karenz auch zu einem späteren Zeitpunkt in Anspruch nehmen. In diesem Fall hat sie ihrem Dienstgeber Beginn und Dauer der Karenz spätestens drei Monate vor dem Antritt der Karenz bekannt zu geben.
Will die Mutter über den zweiten Geburtstag des Kindes hinaus von der Arbeitsleistung freigestellt sein, kann mit dem Arbeitgeber eine weitere Karenzierung vereinbart werden. Dies ist dann aber keine privilegierte Karenz nach § 15 MSchG, dh die Mutter hat insb keinen besonderen Kündigungs- und Entlassungsschutz.[53] Die höchstmögliche Dauer des Kindergeldbezugs (3 Jahre) und die arbeitsrechtliche Karenz fallen daher zeitlich auseinander!

Es kann mit dem Arbeitgeber auch vereinbart werden, dass drei Monate der Karenz bis zum Ablauf des 7. Lebensjahrs des Kindes **aufgeschoben** werden.[54] Dies ist insb zur Betreuung des Kindes bei Schuleintritt sinnvoll. Ein Rechtsanspruch der Mutter besteht darauf nicht, es besteht aber für die Mutter eine vereinfachte Möglichkeit der gerichtlichen Klärung (vgl § 15b Abs 3 MSchG; vgl auch § 4 VKG).

Während der Karenz darf die Mutter eine **geringfügige Beschäftigung** ausüben (§ 15e MSchG; vgl auch § 7b VKG), dh eine Beschäftigung, aus der sie nur ein geringfügiges Entgelt iSd § 5 Abs 2 ASVG (€ 500,91 monatlich im Jahr 2023) bezieht. Die Arbeitseinsätze im Rahmen der geringfügigen Beschäftigung müssen jeweils vereinbart, können also nicht einseitig durch den Arbeitgeber festgesetzt werden. Für höchstens 13 Wochen im Kalenderjahr kann auch eine Beschäftigung über die Geringfügigkeitsgrenze hinaus vereinbart werden.

Arbeitet die Arbeitnehmerin auf diese Art bei ihrem bisherigen Arbeitgeber, entsteht zu diesem ein zweites Arbeitsvertragsverhältnis.[55] Das zweite Arbeitsverhältnis hat ein eigenes rechtliches Schicksal. Verfehlungen der Arbeitnehmerin im zweiten Arbeitsverhältnis wirken sich grds nicht auf das erste Arbeitsverhältnis aus.[56]

Die Arbeitnehmerin kann dem Arbeitgeber spätestens drei Monate vor dem Ende der Karenz bekannt geben, dass und wie lange sie die Karenz **verlängert** (bzw zwei Monate vor Ende der Karenz, falls die Karenz kürzer als drei Monate dauert). Die Möglichkeit, eine Karenz zu verlängern, steht aufgrund des Gesetzes nur einmal zu. Eine einseitige

52 OGH 4 Ob 153/77, ZAS 1978, 227 (mit insoweit unzutreffender Anmerkung von *Marhold*); zur Geltendmachung siehe *Dusak*, Zur Geltendmachung des Mutterschaftskarenzurlaubes, RdW 1989, 133, sowie *Kollros*, Zur fristgerechten Geltendmachung eines Karenzurlaubes gem § 15 Abs 1 Mutterschutzgesetz, ZAS 1994, 1.

53 OGH 8 ObA 2/09s; auch Urlaubsansprüche entstehen in dieser Zeit nicht: OGH 9 ObA 67/05a.

54 Die Absicht, von der Möglichkeit des aufgeschobenen Karenzurlaubes Gebrauch zu machen, ist rechtzeitig bekannt zu geben. Vgl § 15b Abs 3 MSchG.

55 Näheres dazu siehe bei *Schrank*, Karenzurlaubserweiterungsgesetz: Neue Formen der Teilzeitbeschäftigung und ihre Auswirkungen auf die arbeitsrechtlichen Ansprüche, ZAS 1990, 145.

56 Differenzierend aber zu Recht *W. Schwarz*, Das „geschnürte" Familienpaket, ÖJZ 1992, 482.

Verkürzung der Karenz durch die Arbeitnehmerin ist nicht möglich.[57] Der Karenzurlaub endet vorzeitig, wenn aufgrund einer neuerlichen Schwangerschaft ein Beschäftigungsverbot besteht.[58]

Ist der andere Elternteil durch ein unvorhersehbares und unabwendbares Ereignis vorübergehend verhindert, sein Kind selbst zu betreuen, kann für die Dauer der Verhinderung, längstens aber bis zum 2. Lebensjahr des Kindes, die Mutter Karenzurlaub begehren (**Verhinderungskarenzurlaub** gem § 6 VKG, § 15d MSchG).

Ein unvorhersehbares und unabwendbares Ereignis liegt gem § 6 Abs 2 VKG bzw § 15d Abs 2 MSchG nur bei Tod, Krankenhausaufenthalt, Haft, schwerer Erkrankung und Wegfall des gemeinsamen Haushalts des anderen Elternteils mit dem Kind vor.

Der Karenzurlaub führt zu einer **anteilsmäßigen Kürzung** des Anspruches auf **Sonderzahlungen** in dem betreffenden Kalenderjahr[59] sowie zu einer anteilsmäßigen Kürzung des **Urlaubsanspruchs** (§ 15f Abs 1, 2 MSchG; vgl auch § 7c VKG).[60]

Da während des Karenzurlaubs nur die beiderseitigen Hauptpflichten aus dem Arbeitsvertrag ruhen, die Vertragsbeziehung als solche aber weiterbesteht (was sich vor allem darin zeigt, dass die Nebenpflichten weiterlaufen), zählen die Zeiten einer Karenz als **Dienstzeiten**. Jedoch werden die Zeiten der Karenz für Ansprüche, deren Entstehung oder deren Höhe von der Dauer der Dienstzeit abhängt (zB Abfertigung), erst seit 1. 8. 2019[61] für jedes Kind in vollem Umfang angerechnet.

Nach der alten Rechtslage wurden kraft ausdrücklicher gesetzlicher Anordnung die Zeiten des Karenzurlaubs in Bezug auf derartige Ansprüche grundsätzlich nicht mitgezählt. Die erste Karenz im Dienstverhältnis wurde allerdings für die Bemessung der Kündigungsfrist, die Entgeltfortzahlung im Krankheitsfall und den Urlaub im Ausmaß von 10 Monaten angerechnet (§ 15f Abs 1 MSchG aF). Nach Meinung des EuGH[62] beinhalteten diese Regelungen keine Diskriminierung aufgrund des Geschlechtes, obwohl nach dem APSG die Dauer des Präsenzdienstes für zeitabhängige Ansprüche angerechnet wird. Der EuGH stellte zunächst fest, dass es sich bei der Anrechnungsregel um eine Entgeltbestimmung iSd Art 157 AEUV handelt. Eine Diskriminierung von Frauen liege jedoch nicht vor, da aufgrund der Freiwilligkeit der Karenz und der öffentlich-rechtlichen Verpflichtung des Präsenzdienstes keine vergleichbare Lage gegeben sei.

Während der Dauer der Karenz und teilweise darüber hinaus kann **Kinderbetreuungsgeld** nach den Bestimmungen des Kinderbetreuungsgeldgesetzes (KBGG)[63] bezogen werden.[64]

---

57 *Spielbüchler/Grillberger,* Arbeitsrecht I[4], § 18 F III, halten die Verkürzung dagegen bei Vorliegen wichtiger Gründe für zulässig. Dem steht jedoch entgegen, dass selbst für den gravierendsten Fall (Tod des Kindes) die Zustimmung des Arbeitgebers erforderlich ist.

58 OGH 9 ObA 199/00f; 4 Ob 153/77, DRdA 1979, 30 (*Klein*) = ZAS 1978, 227 (*Marhold*).

59 OGH 4 Ob 158/77, ZAS 1978, 232 (*Schön*); 4 Ob 17/79, DRdA 1981, 42 (*Spielbüchler*) = ZAS 1980, 178 (*Mayer-Maly*); 14 Ob 28/86, JBI 1988, 60 (*Praxmarer*).

60 Siehe dazu OGH 4 Ob 158/77, ZAS 1978, 232 (*Schön*); 9 ObA 502/87, ZAS 1989, 129 (*Dusak*); *Schrank,* Aktuelle Rechtsfragen zu Ausmaß und Verbrauch des Urlaubs, ZAS 1992, 184 schlägt eine Aliquotierung vor.

61 BGBl I 2019/68.

62 EuGH C-220/02, *Österreichischer Gewerkschaftsbund.*

63 BGBl I 2001/103.

64 Vgl dazu *Brodil/Windisch-Graetz,* Sozialrecht in Grundzügen[9] (2021) 202 ff.

3.3.2. Elternteilzeit

Die Mutter kann an Stelle der völligen Freistellung von der Arbeitsleistung (Karenzurlaub) auch eine nur teilweise Freistellung in Form einer **Teilzeitbeschäftigung** begehren.

Die Arbeitnehmerin besitzt gem § 15h MSchG (vgl auch § 8 VKG) einen **Anspruch** auf Teilzeitbeschäftigung, wenn das Dienstverhältnis zum Zeitpunkt des Antritts der Teilzeitbeschäftigung ununterbrochen drei Jahre gedauert hat und die Arbeitnehmerin in einem Betrieb (iSd § 34 ArbVG) mit mehr als 20 Arbeitnehmern[65] beschäftigt ist. Die wöchentliche Normalarbeitszeit muss um mindestens 20% reduziert werden und darf 12 Stunden nicht unterschreiten (sog „Bandbreite"). In Betrieben mit bis zu 20 Arbeitnehmern kann ein Anspruch auf Teilzeitbeschäftigung durch Betriebsvereinbarung begründet werden. Der Anspruch besteht bis zum Ablauf des **siebenten Lebensjahres** oder bis zu einem späteren Schuleintritt des Kindes, geht also weit über den Anspruch auf Karenzurlaub hinaus.

Beginn, Dauer und Ausmaß der Teilzeitbeschäftigung sind zwischen Arbeitgeber und Mutter zu **vereinbaren** (auf Verlangen der Mutter ist der Betriebsrat beizuziehen), wobei die betrieblichen Interessen und die Interessen der Arbeitnehmerin zu berücksichtigen sind. Damit der Arbeitgeber die notwendigen Vorkehrungen treffen kann, muss der Wunsch nach Teilzeitbeschäftigung rechtzeitig deponiert werden: Wird Teilzeitbeschäftigung schon nach Ablauf der Schutzfrist begehrt, muss dies die Dienstnehmerin dem Arbeitgeber spätestens bis zum Ablauf der Schutzfrist **schriftlich** bekannt geben. Soll die Teilzeitbeschäftigung erst später im Anschluss an einen Karenzurlaub einsetzen, muss die Verständigung spätestens drei Monate vor dem Ende des Karenzurlaubs erfolgen.

Kommt zwischen Arbeitgeber und Arbeitnehmerin **keine Einigung** über die Modalitäten der Teilzeitarbeit zustande, kann die Arbeitnehmerin die Teilzeitarbeit einseitig – zu den von ihr bekannt gegebenen Bedingungen – antreten, sofern der **Arbeitgeber** nicht einen **Antrag auf gütliche Einigung** beim Arbeits- und Sozialgericht einbringt (§ 15k Abs 2 MSchG; vgl auch § 8c Abs 2 VKG). Bleibt auch diese erfolglos, muss der Arbeitgeber eine **Klage** gegen die Arbeitnehmerin auf Einwilligung in die von ihm gewünschten Bedingungen der Teilzeitarbeit einbringen. Unterlässt der Arbeitgeber die Klage oder weist das Gericht die Klage ab, kann die Arbeitnehmerin die Teilzeitbeschäftigung zu den von ihr bekannt gegebenen Bedingungen antreten. Das Gericht hat im streitigen Verfahren eine Interessenabwägung vorzunehmen. Gegen das Urteil erster Instanz ist eine Berufung nicht zulässig.

Mütter, die **keinen Anspruch** auf Elternteilzeit haben – etwa weil der Betrieb keine 20 Arbeitnehmer umfasst oder die Beschäftigungsdauer der Arbeitnehmerin keine drei

65 Befristungen von Arbeitsverhältnissen und Beschäftigungsausmaß der Arbeitnehmer sind bei der Ermittlung der Mindestanzahl unerheblich. Auch fallweise Beschäftigte sind zu berücksichtigen, wenn deren Einsatz nicht nur der Abdeckung eines bloß kurzfristigen und vorübergehenden, sondern eines laufenden wiederkehrenden Bedarfs dient, OGH 9 ObA 76/21y, DRdA 2022, 337 (*A. Mair*).

Jahre beträgt – können mit dem Arbeitgeber gem § 15i MSchG (vgl auch § 8a VKG) eine Teilzeitbeschäftigung **vereinbaren**, diesfalls bis zum Ablauf des **vierten Lebensjahres** des Kindes. In diesem Fall der vereinbarten Teilzeitbeschäftigung kann die **Arbeitnehmerin eine Klage** gegen den Arbeitgeber auf Einwilligung in die Teilzeitarbeit einbringen. In diesem Fall obliegt daher – im Gegensatz zum Anspruch auf Teilzeit – die Prozessinitiative der Arbeitnehmerin. Das Gericht hat die Klage abzuweisen, wenn der Arbeitgeber die Einwilligung aus sachlichen Gründen verweigert (§ 15l MSchG; vgl auch § 8d VKG). Will eine Arbeitnehmerin in diesem Fall über die vier Jahre hinaus eine Teilzeitbeschäftigung mit dem Arbeitgeber vereinbaren, unterliegt die Durchsetzung nicht mehr dem MSchG.

Von wesentlicher Bedeutung ist das Bestehen eines **besonderen Kündigungs- und Entlassungsschutzes** während der Elternteilzeit (vgl 309 ff). Dieser besteht maximal bis vier Wochen nach Ablauf des 4. Lebensjahres des Kindes. Dauert die Teilzeitbeschäftigung länger, kann eine Kündigung, die wegen der Teilzeitbeschäftigung ausgesprochen wird, gem § 15n MSchG (vgl auch § 8f VKG) von der Mutter iS einer Motivkündigung (vgl § 105 Abs 5 ArbVG) angefochten werden.

Der OGH ist in seiner Judikatur großzügig und legt auch eine formlose Vereinbarung, in der nicht ausdrücklich auf die Elternteilzeit gem MSchG Bezug genommen wird, als Elternteilzeit gem § 15h MSchG aus, sodass die Kündigungsschutzregelungen anzuwenden sind. Es ist aber nicht jede vertraglich vereinbarte Herabsetzung der Arbeitszeit automatisch eine Elternteilzeit, nur weil die Arbeitnehmerin ein unter siebenjähriges Kind hat. In der Vereinbarung muss deutlich werden, dass es sich materiell um eine Elternteilzeit iSd MSchG handelt, dh dass die Teilzeitbeschäftigung deswegen angestrebt wird, weil eine Vollbeschäftigung der Arbeitnehmerin nicht die erforderliche Zeit zur Kinderbetreuung ermöglichen würde.[66]

3.3.3. Der Anspruch des Vaters

Das Väter-Karenzgesetz räumt auch dem Vater (Wahl-, Pflegevater) einen Anspruch auf **Karenz** oder **Elternteilzeit** ein, wenn er mit dem Kind im gemeinsamen Haushalt lebt und dieses überwiegend selbst betreut. Diese Rechte wurden mit der Novelle BGBl I 2015/149 auf Lebensgefährtinnen und eingetragene Partnerinnen von Frauen erstreckt:

Mit Erk vom 10. 12. 2013, G 16/2013, G 44/2013, hob der VfGH Teile des Fortpflanzungsmedizingesetzes (FMedG) auf. Die Möglichkeiten medizinisch unterstützter Fortpflanzung sollen – dem Erkenntnis des VfGH folgend – miteinander in eingetragener Partnerschaft oder Lebensgemeinschaft lebenden Frauen offen stehen. Mit § 144 Abs 2 und 4 ABGB werden einer Frau, deren Lebensgefährtin oder eingetragene Partnerin durch medizinisch unterstützte Fortpflanzung schwanger wird, die Rechte und Pflichten eines Elternteiles eingeräumt. Demgemäß sollen diesen Frauen, auf der Regelung des § 144 ABGB fußend, auch die Möglichkeiten der Elternkarenz nach dem VKG offenstehen.[67]

66 OGH 9 ObA 80/10w, ASoK 2011, 331 (*Riedl*); 8 ObA 93/11a; 9 ObA 20/16f.
67 ErläutRV 904 BlgNR 25. GP 1.

Der Anspruch des Vaters (nunmehr genauer: „**anderen Elternteils**") ist als eigenständiger Anspruch konzipiert.[68] Er besteht unabhängig davon, ob die Mutter Anspruch auf Karenzurlaub hat oder durch Erwerbstätigkeit an der Betreuung des Kindes gehindert ist. Allerdings geht der Anspruch der Mutter vor. Der andere Elternteil kann daher einen Karenzurlaub nur begehren, wenn die Mutter keinen Karenzurlaub[69] nimmt. Der Karenzurlaub des anderen Elternteils muss mindestens zwei Monate betragen. Die weiteren Voraussetzungen und näheren Modalitäten für die Inanspruchnahme von Karenz und Elternteilzeit **entsprechen den Modalitäten nach dem MSchG** für die Mutter, die bereits oben dargestellt wurden (vgl die Verweise auf das VKG bei den jeweiligen Bestimmungen).

Der Arbeitgeber des anderen Elternteils kann den unverzüglichen Wiederantritt des Dienstes verlangen, wenn der andere Elternteil den gemeinsamen Haushalt mit dem Kind aufgibt oder dieses nicht mehr überwiegend betreut. Der Anspruch endet in diesen Fällen somit nicht schon ex lege.

Für Geburten ab dem 1. 9. 2019 besteht gem § 1a VKG ein Anspruch auf Freistellung anlässlich der Geburt eines Kindes im gemeinsamen Haushalt (sog „**Papamonat**");[70] die landläufige Bezeichnung ist insofern irreführend, als dieser Anspruch auch anderen Personen als dem Vater zustehen kann (etwa iS des § 1 Abs 1a VKG einer Frau, die nach § 144 Abs 2, 3 ABGB „Elternteil" ist). Der Anspruch richtet sich auf eine **einmonatige Freistellung des Elternteils** im Zeitraum zwischen der Geburt des Kindes und dem Ende des Beschäftigungsverbotes der Mutter. Die Freistellung ist von einer Karenz nach den §§ 2 ff VKG unabhängig. Für die Ausübung des Anspruchs ist eine **Vorankündigung an den Arbeitgeber** spätestens drei Monate vor dem errechneten Geburtstermin unter Angabe des Geburtstermins und des voraussichtlichen Termins des Freistellungsantrittes notwendig; auch von der Geburt ist der Arbeitgeber unverzüglich in Kenntnis zu setzen (§ 1a Abs 3 VKG). Außerdem geht mit der Inanspruchnahme dieser Freistellung ein besonderer Kündigungs- und Entlassungsschutz einher (vgl § 1a Abs 6 VKG). Dieser gesetzliche Anspruch flankiert den bereits für Geburten ab dem 1. 3. 2017 eingeführten Anspruch auf einen **Familienzeitbonus** (€ 23,91 pro Tag) für die im FamilienzeitbonusG so bezeichnete „Familienzeit", der den Entgeltausfall durch die unbezahlte Freistellung (nunmehr: nach § 1a VKG) abfedern soll.

68 Der Anspruch wurde in Umsetzung der RL 96/34/EG verankert.

69 Dies bezieht sich nur auf dasselbe Kind. Eine gleichzeitige Inanspruchnahme der Karenz für verschiedene Kinder ist daher möglich, OGH 10 ObS 61/22a, DRdA-infas 2023, 56 (*Juhasz*).

70 Vgl dazu die sog Work-Life-Balance-RL 2019/1158/EU (...) zur Vereinbarkeit von Beruf und Privatleben für Eltern und pflegende Angehörige und zur Aufhebung der Richtlinie 2010/18/EU des Rates (ABl L 2019/188, 79), die in ihrem Art 4 die Mitgliedstaaten zur Normierung eines Anspruches des Vaters oder gleichgestellter Elternteile auf zehntägigen Karenzurlaub verpflichtet. Diese Vorgabe war bis zum 2. 8. 2022 umzusetzen; *Reissner* geht davon aus, dass die Regelung des § 1a VKG die in der RL aufgestellten Erfordernisse schon erfüllte (vgl *Reissner*, Der „Papamonat" aus arbeitsrechtlicher Sicht, ASoK 2019, 282). Vgl eingehend zur Richtlinie *Schrittwieser*, Work-Life-Balance Richtlinie: Ein Schritt in Richtung sozialeres Europa? DRdA-infas 2016, 369.

3.4. Jugendlichenschutz

Literatur: *Dirschmied/Nöstlinger,* Kinder- und Jugendlichenbeschäftigungsgesetz[4] (2002); *Piffl-Pavelec/Peherstorfer,* Jugendarbeitsschutzrichtlinie, DRdA 1994, 441; *Pichelmayer,* Jugendbeschäftigung, Novelle 2000, ASoK 2000, 318.

Rechtsquelle: Kinder- und Jugendlichen-BeschäftigungsG (KJBG).

Der Anwendungsbereich des KJBG ist sehr weit gespannt,[71] es bindet grundsätzlich alle privaten und öffentlichen Arbeitgeber.[72]

Neben dem schon oben dargestellten Beschäftigungsverbot für Kinder (vgl 19) enthält das Gesetz vor allem **Verwendungsbeschränkungen für Jugendliche.** Eine spezielle Verordnung[73] bezeichnet jene Betriebe (zB Wettbüros, Striptease-Lokale) und Arbeiten (zB solche, bei denen bestimmte Schadstoffeinwirkungen oder physikalische Belastungen auftreten, Arbeiten an bestimmte Maschinen), die für Jugendliche generell verboten oder nur unter besonderen Auflagen zugelassen sind.

Jugendliche dürfen zu **Arbeiten mit Leistungslohn** erst ab dem vollendeten 16. Lebensjahr eingesetzt werden (§ 21 KJBG). Außerhalb des Betriebs dürfen Jugendliche nicht zur Beförderung höherer Geld- oder Sachwerte unter eigener Verantwortung herangezogen werden (§ 21a KJBG). Geldstrafen dürfen über Jugendliche nicht verhängt werden (§ 22 KJBG). Jugendliche haben Anspruch auf eine Wochenfreizeit von zwei Kalendertagen (§ 19 KJBG), eine Beschäftigung während der Nacht ist grundsätzlich verboten (§ 17 KJBG). Jugendliche haben überdies ein Anrecht, dass ihnen der Arbeitgeber gestattet, zwölf Urlaubstage während der Sommerzeit (15.6. bis 15.9.) zu konsumieren (§ 32 KJBG).

Der Arbeitgeber hat zu Kontrollzwecken ein Verzeichnis der Jugendlichen zu führen (§ 26 KJBG). Er muss weiters die Krankenversicherungsträger bei der Durchführung der jährlichen Vorsorgeuntersuchung der Jugendlichen (§ 132a ASVG) unterstützen und den Jugendlichen zu deren Durchführung bezahlte Freizeit gewähren (§ 25 KJBG).

3.5. Behindertenschutz

Literatur: *Ernst/Haller,* Behinderteneinstellungsgesetz[6] (2005), ergänzt durch Nachtrag Jänner 2006; *K. Mayr* in *Neumayr/Reissner* (Hg), Zeller Kommentar zum Arbeitsrecht[2], BEinstG.

Rechtsquelle: Behinderteneinstellungsgesetz (BEinstG).

Das Behinderteneinstellungsgesetz hat den umfassendsten Geltungsbereich, da es für sämtliche privaten und öffentlichen Dienstgeber gilt. Der Begriff der begünstigten Behinderten und die Einstellungspflichten wurden schon dargestellt (vgl 20 ff). Der Arbeitgeber ist verpflichtet, beim **Arbeitseinsatz** auf den Gesundheitszustand behinderter Per-

71 Vgl VwGH 96/02/0137.

72 Ausgenommen sind nur Betriebe der Land- und Forstwirtschaft (LAG) und private Haushalte (HausgG).

73 Verordnung über Beschäftigungsverbote und -beschränkungen für Jugendliche (KJBG-VO) BGBl II 1998/436.

sonen Rücksicht[74] zu nehmen (§ 6 BEinstG). Behinderte Personen dürfen **nicht geringer entlohnt** werden als voll arbeitsfähige Personen in gleicher Verwendung (§ 7 BEinstG). Der Schutz umfasst dagegen nicht die Beibehaltung der Verwendung. Werden Behinderte zulässigerweise auf Arbeitsplätze versetzt, die generell niedriger entlohnt werden, schützt § 7 BEinstG nur den Anspruch auf die übliche Entlohnung an diesen Arbeitsplätzen. Gem § 7 BEinstG dürfen auch Kollektivverträge keine Niedriglohngruppen für begünstigte Behinderte vorsehen.

Das Gesetz stellt zudem zahlreiche **Förderungsmöglichkeiten** für Behinderte zur Verfügung. Besonders bedeutsam ist die Gewährung von Zuschüssen oder (rückzahlbaren) Darlehen aus den Mitteln des Ausgleichstaxfonds **an begünstigte Behinderte oder deren Arbeitgeber** (§ 6 BEinstG).

Die Förderungsmaßnahmen sollen das Absinken der Behinderten in ihrer sozialen Stellung verhindern und ermöglichen, dass Behinderte entsprechend ihren Fähigkeiten und Kenntnissen eingesetzt werden und sich im Wettbewerb mit Nichtbehinderten behaupten können. Das Bundesamt für Soziales und Behindertenwesen hat hier gemeinsam mit dem Arbeitsmarktservice und anderen Rehabilitations- (zB Unfallversicherungs-)Trägern vorzugehen. In Betracht kommen bspw Förderungen zur Bereitstellung technischer Arbeitshilfen, spezieller Ausbildungs- und Arbeitsplätze, sowie von Aus- und Weiterbildungsmöglichkeiten. Um die Einstellung begünstigter Behinderter zu erleichtern, können auch Zuschüsse zu deren Lohn- und Ausbildungskosten gewährt werden.[75]

Die Förderung aus den Mitteln des Ausgleichstaxfonds erstreckt sich auch auf selbstständige **Ausbildungsstätten**, die Behinderte in einem Lehrberuf ausbilden (§ 11a BEinstG), und auf **integrative Betriebe** (geschützte Werkstätten – § 11 BEinstG). Darunter versteht der Gesetzgeber nach Wirtschaftlichkeitskriterien geführte Einrichtungen beliebiger Rechtsträger zur Beschäftigung solcher begünstigter Behinderter, die zwar noch über eine Restarbeitsfähigkeit verfügen, auf dem allgemeinen Arbeitsmarkt aber vorübergehend oder dauernd nicht beschäftigt werden können. Der integrative Betrieb soll nicht nur Arbeitstherapie bieten, sondern dem Behinderten Chancen auf eine Eingliederung in den freien Arbeitsmarkt verschaffen. Die Intention des Gesetzgebers geht dahin, dass der geförderte Rechtsträger des integrativen Betriebs mit dem begünstigten Behinderten einen Arbeitsvertrag abschließt und ihn nach dem Kollektivvertrag entlohnt, wodurch auch voller Sozialversicherungsschutz gegeben ist.

74 Vgl OGH 9 ObA 219/92, DRdA 1993, 284 (*Ernst*).
75 Vgl aber auch die Zuschüsse aus der Unfallversicherung gem § 198 Abs 3 ASVG.

3.6. Schutz von Präsenz- und Zivildienern

Literatur: *Klein/Knöfler,* Arbeitsplatzsicherungsgesetz 1991 (1993); *Spitzl/B. Gruber* in *Neumayr/Reissner* (Hg), Zeller Kommentar zum Arbeitsrecht[3], APSG.

Rechtsquelle: Arbeitsplatzsicherungsgesetz (APSG).

Das Anliegen des APSG besteht darin, Arbeitnehmer davor zu schützen, dass sie wegen der Ableistung ihres Präsenz- oder Zivildienstes Nachteile erleiden. Der im Zentrum des Gesetzes stehende **besondere Kündigungs- und Entlassungsschutz** wird später (siehe unten 314 f) dargestellt.

Das Gesetz ordnet in § 4 APSG an, dass während des Präsenz- bzw Zivildienstes das Arbeitsverhältnis weiterbesteht, jedoch die beidseitigen Hauptpflichten ruhen (nicht aber ein Anspruch auf Benützung einer Dienst- oder Werkswohnung; § 11 APSG). Mit dem Tag, für den der Arbeitnehmer zur Leistung des Präsenz- bzw Zivildienstes einberufen ist, wird der **Lauf sämtlicher Fristen** für die Geltendmachung irgendwelcher Ansprüche aus dem Dienstverhältnis bis zum Tag der Entlassung aus dem Präsenz- bzw Zivildienst **gehemmt**. Gehemmt wird auch der Lauf einer vom Arbeitgeber ausgesprochenen Kündigung (§ 6 Abs 1 Z 3 APSG).

Für alle **Ansprüche** des Arbeitnehmers, die sich nach der **Dauer des Dienstverhältnisses** richten, werden die Zeiten des Präsenz- bzw Zivildienstes **mitberücksichtigt**: Der Urlaubsanspruch und der Anspruch auf Sonderzahlungen wird jedoch in jenem Jahr, in das der Präsenz- bzw Zivildienst fällt, anteilig verkürzt (§§ 8 ff APSG), der Urlaubsanspruch allerdings nur dann, wenn der Arbeitnehmer im Urlaubsjahr mehr als 30 Tage einberufen wird (§ 9 Abs 2 APSG).

3.7. Nacht-Schwerarbeitsgesetz

Rechtsquelle: Nacht-Schwerarbeitsgesetz (NSchG).

Das NSchG sieht Ausgleichsmaßnahmen für jene Arbeitnehmer vor, die durch längere Zeit Schwerarbeit in der Nacht verrichten. Es besteht vor allem aus Novellen zu anderen arbeitsrechtlichen Gesetzen (UrlG, AZG, ASchG, ArbVG). Von eigenständiger Bedeutung sind jedoch die in ihm enthaltenen Begriffsbestimmungen und sozialrechtlichen Regelungen.

Demnach liegt **Nachtarbeit** vor, wenn ein Arbeitnehmer in der Zeit zwischen 22 und 6 Uhr mindestens 6 Stunden arbeitet, sofern in die Arbeitszeit nicht regelmäßig und in erheblichem Umfang Arbeitsbereitschaft fällt. Als **Nacht-Schwerarbeiter** wird ein Arbeitnehmer angesehen, der Nachtarbeit unter besonders erschwerenden Bedingungen leistet. Diese Bedingungen werden im Gesetz taxativ aufgezählt (zB Bergbau unter Tag, Arbeit in begehbaren Kühlräumen, bei andauernd starkem Lärm, an bestimmten Bildschirmarbeitsplätzen udgl, vgl Art VII NSchG). Durch Verordnung ist diese Liste erweiterbar, was durch die Verordnung BGBl 1993/53 geschehen ist.

Die einzelnen arbeitsrechtlichen **Begünstigungen** für Nacht-Schwerarbeiter (Zusatzurlaub, Kurzpausen, besondere betriebsärztliche Betreuung, sozialplanähnliche Maßnahmen, Kündigungsschutz) werden bei den jeweiligen Sachproblemen dargestellt. Sozialversicherungsrechtlich ist vor allem das befristet erwerbbare **Sonderruhegeld** (eine Art vorgezogene Frühpension) für langjährige Nacht-Schwerarbeiter zu erwähnen (Art X NSchG).

4. Die Arbeitsinspektion

Literatur: *Geppert,* Arbeitsinspektion und Arbeitnehmerschutzrecht (1981); *H. Mayer,* Stellung und Aufgaben der Arbeitsinspektion im österreichischen Arbeitnehmerschutzrecht, DRdA 1983, 149; *ders,* Verfassungsrechtliche Probleme der Arbeitsinspektorate, ZAS 1995, 1.

Rechtsquelle: Arbeitsinspektionsgesetz 1993 (ArbIG).

Die Überwachung der Arbeitnehmerschutzgesetze wurde den Arbeitsinspektoraten übertragen,[76] deren Wirkungsbereich sich grds auf alle Arten von Betriebsstätten (örtlich gebundene Einrichtungen, in denen regelmäßig Arbeiten ausgeführt werden) und andere Arbeitsstellen erstreckt.

Die Arbeitsinspektorate sind **Behörden der unmittelbaren Bundesverwaltung**, die dem BMAW (Zentral-Arbeitsinspektorat) unterstellt sind. Ihre Aufgabe ist sensibel, da sie einerseits Kontrollorgane sind und Strafanzeigen erstatten können, andererseits aber das Vertrauen aller Beteiligten und damit auch der Arbeitgeber gewinnen und diese bei der Durchführung des Arbeitnehmerschutzes beraten und unterstützen sollen. Im Sinne dieser Zielsetzung hat der Gesetzgeber davon abgesehen, ihnen eine eigene Strafbefugnis zu erteilen, und sie verpflichtet, mit den Betriebsräten und den gesetzlichen Interessenvertretungen beider Seiten zusammenzuarbeiten. Ihnen gehören auch Ärzte sowie Beamte und Vertragsbedienstete mit naturwissenschaftlicher oder technischer Ausbildung an. Für besondere Aufgaben sind jeweils ein Hygienetechniker, ein Arbeitsinspektor für Kinder- und Jugendschutz und ein weiblicher Arbeitsinspektor für Frauenarbeit und Mutterschutz vorgesehen.

Die Arbeitsinspektorate sind befugt, jederzeit ihrer Aufsicht unterstehende **Betriebsstätten** bzw Arbeitsstellen **zu betreten** und zu besichtigen, nicht aber Wohnungen von Arbeitnehmern im Home-Office.[77] Sie haben den Arbeitgeber davon zu informieren, sofern dadurch die Wirksamkeit der Kontrolle nicht leidet. Den Besichtigungen sind die jeweils zuständigen Sicherheitsvertrauenspersonen, die Leiter der Präventivdienste sowie der Betriebsrat beizuziehen. Die Arbeitsinspektoren können Messungen und **Untersuchungen** anstellen, Proben ziehen, **Einsicht in Unterlagen** nehmen und Personen ver-

76 Das Verkehrs-Arbeitsinspektionsgesetz (VAIG), BGBl 1994/650, ist 2012 außer Kraft getreten, die Verkehrs-Arbeitsinspektion wurde mit der Arbeitsinspektion zusammengeführt (ErläutRV 1685 BlgNR 24. GP 8).

77 Vgl § 4 Abs 10 ArbIG, klargestellt durch BGBl I 2021/61; ein Betreten mit Zustimmung – daher auf Verlangen eines Arbeitnehmers– ist zulässig (IA 1301/A 27. GP 6).

nehmen. Stellen sie Übertretungen fest, haben sie den Arbeitgeber schriftlich aufzufordern, unverzüglich den vom Gesetz geforderten Zustand herzustellen und allenfalls – auch ohne vorausgehende Aufforderung – eine **Strafanzeige** zu erstatten. Für Verstöße gegen das ArbIG selbst sieht § 24 leg cit einen umfangreichen Strafkatalog vor. Zur Abwehr einer bereits eingetretenen Gefahrenlage oder zur Vermeidung voraussehbarer Gefahren können die Arbeitsinspektoren bei der zuständigen Verwaltungsbehörde (**Bezirksverwaltungsbehörde, Magistrate**) die Erlassung entsprechender Verfügungen beantragen oder solche bei unmittelbar drohender Gefahr selbst treffen.

Nach dem AZG und den übrigen Arbeitsschutzgesetzen ist das Arbeitsinspektorat ermächtigt, verschiedene individuelle Verwaltungsakte (zB Genehmigung von Ausnahmen) vorzunehmen.

Da die Arbeitsinspektoren Einblicke in die Interna der von ihnen überwachten Betriebe erlangen, unterliegen sie einer besonderen **Geheimhaltungspflicht**, die ihr eigenes Dienstverhältnis überdauert. Sie haben auch ihre Informanten zu schützen und dürfen einen Arbeitgeber nicht einmal erkennen lassen, dass eine Amtshandlung auf eine Beschwerde zurückgeht. Um Interessenkonflikte zu vermeiden, ist es ihnen verboten, Betriebe, die der Aufsicht der Arbeitsinspektion unterstehen, auf eigene oder fremde Rechnung zu führen, in solchen in einem Arbeitsverhältnis zu stehen oder an ihnen beteiligt zu sein.

Die Arbeitszeit

Literatur: *Auer-Mayer/Felten/Pfeil* (Hg), AZG[4] (2019); *Gasteiger/Heilegger/Klein*, Arbeitszeitgesetz[7] (2021); *Kietaibl*, Teilzeitrichtlinie in *Franzen/Gallner/Oetker*, Kommentar zum europäischen Arbeitsrecht[4] (2022); *Köck* (Hg), Arbeitszeit Neu: Die Arbeitszeitnovelle 2018 (2018); *Lutz/Heilegger/Dunst*, Arbeitsruhegesetz[6] (2022); *Pfeil* in *Neumayr/Reissner* (Hg), Zeller Kommentar zum Arbeitsrecht[3], AZG mit weiterführender Literatur; *Gallner*, Arbeitszeitrichtlinie in *Franzen/Gallner/Oetker*, Kommentar zum europäischen Arbeitsrecht[4] (2022); *Risak*, Die wichtigsten Eckpunkte des Arbeitszeitpakets 2018 – Eine erste Einschätzung der Auswirkungen, ASoK 2018, 288; *Schrank*, Arbeitszeit Kommentar[7] (2023); *Tomandl*, Die Neuerungen im Arbeitszeitrecht, ZAS 2018, 260.

1. Allgemeines

1.1. Entwicklung und Zielsetzung

Historisch gesehen war der Schutz der Arbeitnehmer vor überlangen Arbeitszeiten eines der ersten wesentlichen Anliegen der arbeitsrechtlichen Gesetzgebung. In Österreich begrenzte die Gewerbeordnungsnovelle 1885 die tägliche Arbeitszeit für die in Fabriken beschäftigten Arbeitnehmer auf elf Stunden; überdies wurde die Einhaltung von Arbeitspausen vorgeschrieben. In der Ersten Republik waren für die Regelung der Arbeitszeit das Achtstundentaggesetz[1] und die hierzu ergangenen Ausführungsbestimmungen maßgebend. Daneben bestanden Sonderregelungen etwa für Bergarbeiter und Hausgehilfen. Für die Landwirtschaft war die Arbeitszeit in den einzelnen Landarbeiterordnungen festgelegt.

1939 wurden die Vorschriften des Achtstundentaggesetzes und die Arbeitszeitbestimmungen des Bergarbeitergesetzes[2] durch die reichsdeutschen Vorschriften der Arbeitszeitordnung[3] ersetzt. Die AZO blieb nach dem Ende des Zweiten Weltkriegs in Österreich weiterhin in Kraft. Sie wurde erst 1970 durch das AZG abgelöst.

Auch die Rechtsquellen der Sonn- und Feiertagsruhe waren lange Zeit in einer Vielzahl von Rechtsvorschriften verstreut. Wichtigste Rechtsquelle war das Gesetz vom 16. Jänner 1895 betreffend die Regelung der Sonn- und Feiertagsruhe im Gewerbebetrieb.[4] Die nähere Durchführung des Sonntagsruhegesetzes erfolgte durch die Verordnung RGBl 1895/58. Daneben standen zahlreiche, auf Grund des Sonntagsruhegesetzes erlassene

1 Gesetz über die Einführung des achtstündigen Arbeitstages in fabriksmäßig betriebenen Gewerbeunternehmungen, StGBl 1918/138.

2 Gesetz über die Beschäftigung von jugendlichen und weiblichen Arbeitern, dann über die Arbeitszeit und die Sonntagsruhe beim Bergbau (Bergarbeitergesetz), StGBl 1919/406.

3 AZO, dRGBl 1938 I S 447.

4 RGBl 1895/21.

Verordnungen der Landeshauptmänner in Kraft. Durch das Arbeitsruhegesetz wurde eine Vereinheitlichung und Rechtsbereinigung herbeigeführt.

Das Arbeitszeitrecht ist Teil des **öffentlich-rechtlich** konzipierten Arbeitnehmerschutzrechts (vgl 137 ff). Die einschlägigen Normen sind das Arbeitszeitgesetz (AZG), das Arbeitsruhegesetz (ARG) sowie speziell für Arbeitnehmer in Krankenanstalten das Krankenanstalten-Arbeitszeitgesetz (KA-AZG).

Regelungsziel dieser Normen ist zum einen, den einzelnen Arbeitnehmer vor übermäßiger körperlicher oder psychischer **Belastung** durch überlange Arbeitszeiten und unzureichende Erholungsphasen zu schützen, zum anderen aber auch in **arbeitsmarktpolitischer** Hinsicht dafür zu sorgen, vorhandene Arbeit auf mehr Menschen aufzuteilen. Durch die Eindämmung zulässiger Arbeitszeit und Überstunden einzelner Arbeitnehmer sollen zusätzliche Arbeitsplätze geschaffen werden. Zuletzt trat als weiterer Aspekt der **Schutz der Freizeit** von Arbeitnehmern in den Vordergrund (Mehrarbeit von Teilzeitbeschäftigten ist zuschlagspflichtig).

Die Höchstbegrenzungen der Arbeitszeit gelten selbst dann, wenn der Arbeitnehmer **gleichzeitig in mehreren Arbeitsverhältnissen** zu unterschiedlichen Arbeitgebern steht. Den Grund dafür kann man auf der einen Seite darin sehen, den Arbeitnehmer vor sich selbst zu schützen. Er soll auch nicht durch eigenen Wunsch oder die Notwendigkeit, mehr Geld zu verdienen, in überlange Arbeitszeiten getrieben werden.[5] Wesentlicher ist jedoch der zweite Aspekt: Ein am Arbeitsmarkt vorhandenes Gesamtvolumen an Arbeit soll auf möglichst viele Arbeitnehmer gleichermaßen aufgeteilt werden. In der Praxis ist es problematisch, dass der zweite Arbeitgeber, bei dem die Überschreitung des Gesamtausmaßes an zulässiger Arbeitszeit stattfindet, vom Ausmaß der bei einem anderen Arbeitgeber absolvierten Arbeitszeit möglicherweise gar nichts weiß.
Inkonsequenterweise gelten die Arbeitszeitbegrenzungen **nicht für bestimmte leitende Angestellte und andere autonom arbeitende Arbeitnehmer** (vgl § 1 Abs 2 Z 8 AZG). Wenn zur Rechtfertigung dieser Ausnahme darauf verwiesen wird, dass ihre Aufgabenstellung eine Unterstellung unter die Arbeitszeitbegrenzungen des AZG nicht zulasse, dass sie ihre Arbeitszeit selbst einteilen und in der Regel überdurchschnittliches Entgelt beziehen,[6] so steht das sowohl mit dem Gedanken der Verteilung von Arbeit als auch mit dem eben erwähnten Schutz „vor sich selbst" wertungsmäßig in Widerspruch. Es bleibt auffällig, dass man hier offenbar durch höheres Entgelt den Gesundheitsschutz „abkaufen" kann und dass der als Folge der Übertragung wichtiger Führungsaufgaben eintretende Erfolgsdruck als unbedeutend angesehen wird. In Wahrheit dürfte hinter der Ausnahme der liberale Gedanke stehen, dass leitende Angestellte keines gesetzlichen Schutzes bedürfen, da sie sowohl intellektuell als auch wirtschaftlich durchaus imstande sind, ihre Interessen beim Abschluss von Einzelarbeitsverträgen und bei deren Vollzug ausreichend selbst wahren zu können. Dieser Gedanke wird aber im Arbeitsvertrags- und Kollektivvertragsrecht nicht fortgesetzt. Ob diese Argumentation außerdem auf die mittlerweile auch ausgenommenen nahen Angehörigen des Arbeitgebers sowie auf die sonstigen Arbeitnehmer mit maßgeblicher selbständiger Entscheidungsbefugnis übertragen werden können, muss zumindest angezweifelt werden.

5 Dies ist das zentrale Anliegen der von der Europäischen Union verabschiedeten Arbeitszeitrichtlinie, Richtlinie 2003/88/EG des Europäischen Parlaments und des Rates vom 4. November 2003 über bestimmte Aspekte der Arbeitszeitgestaltung, ABl L 2003/299, 9.

6 Vgl *Auer-Mayer* in *Auer-Mayer/Felten/Pfeil*, AZG[4] § 1 Rz 30.

1.2. Rechtsdurchsetzung

Die Arbeitszeitregelungen sind im Kern **öffentlich-rechtliche Normen**, sie werden von Verwaltungsbehörden vollzogen. Das Arbeitsinspektorat (siehe oben 162 f) ist zur Kontrolle der Einhaltung der Arbeitszeit zuständig, bei Verstößen erstattet es Anzeige an die Bezirksverwaltungsbehörde (Magistrat), die die entsprechenden Verwaltungsstrafen verhängt. Die öffentlich-rechtlichen Normen stecken den weitest möglichen Rahmen der zulässigen Arbeitszeit ab, in dem Arbeitnehmer zur Arbeitsleistung herangezogen werden dürfen.[7] In welchem zeitlichen Ausmaß der einzelne Arbeitnehmer tatsächlich verpflichtet ist, Arbeitsleistungen für seinen Arbeitgeber zu erbringen, ergibt sich aus dem Arbeitsvertragsrecht (insb Arbeitsvertrag und Treuepflicht) sowie aus kollektiven Rechtsquellen.

Den öffentlich-rechtlichen Arbeitszeitvorschriften kommt allerdings auch **privatrechtliche Bedeutung** zu, weil sie den zulässigen Inhalt privatrechtlicher Vereinbarungen begrenzen. Die Arbeitszeitvorschriften stecken den gesetzlich zulässigen Arbeitszeitrahmen ab, innerhalb dessen die im Arbeitsvertrag vereinbarte Arbeitsleistung dem zeitlichen Umfang nach erbracht werden kann. Einzelvertragliche Regelungen oder Weisungen des Arbeitgebers, die im Widerspruch zu den gesetzlichen Arbeitszeitvorschriften stehen, sind gem § 879 ABGB nichtig.[8] Die Arbeitszeitvorschriften wirken auch als Schranken für die Normsetzung in Kollektivverträgen und Betriebsvereinbarungen. Dem AZG widersprechende kollektivrechtliche Regelungen sind (teil-)nichtig. Kein Arbeitgeber hat gegenüber seinen Arbeitnehmern einen privatrechtlichen Anspruch auf Arbeitsleistungen, die mit den gesetzlichen Arbeitszeitvorschriften nicht im Einklang stehen.

Darüber hinaus hat der Gesetzgeber die öffentlich-rechtliche Struktur des AZG aufgebrochen: Das AZG enthält im Abschnitt 6a (§§ 19b bis 19g AZG) **vertragsrechtliche Bestimmungen**. Hier finden sich zwingende Bestimmungen über die Vereinbarung der Lage der Normalarbeitszeit, über die Gestaltung von Teilzeitarbeit sowie die Abgeltung und den Abbau von Zeitguthaben.

Auch der Überstundenzuschlag und der Mehrarbeitszuschlag sind „positive" privatrechtliche Normen, die zur Einhaltung des Arbeitszeitrechts anhalten sollen. Ist der Arbeitgeber berechtigt, über die gesetzliche Normalarbeitszeit hinaus Überstundenarbeit zu verlangen, so hat er dafür eine besondere **Überstundenvergütung** in Form eines Zuschlages zum Lohn zu gewähren. Diese Mehrleistungsvergütung soll zum einen die Mehrbelastung des Arbeitnehmers abgelten, die durch die längere Arbeitszeit bewirkt wird, zum anderen sollen die Kosten der Mehrarbeit erhöht werden, wodurch Mehrarbeit für den Arbeitgeber finanziell unattraktiv wird. Der gesetzlich statuierte – „positive" – privatrechtliche Anspruch auf Überstundenzuschläge wirkt damit gleichsam als Barriere gegen

7 *Brodil/Risak*, Arbeitsrecht in Grundzügen[11] (2022) Rz 319.
8 OGH 9 ObA 7/95.

eine undifferenzierte Inanspruchnahme der Arbeitnehmer im Rahmen der gesetzlichen Höchstgrenzen der Überstundenarbeit.

1.3. Persönlicher Geltungsbereich

Das **AZG** gilt grundsätzlich für alle Arbeitnehmer iSd Arbeitsvertragsrechts, sofern sie das 18. Lebensjahr vollendet haben (§ 1 AZG). Für Jugendliche gilt das KJBG.

Ausgenommen sind die Vertragsbediensteten der Gebietskörperschaften oder bestimmter von Gebietskörperschaften geleiteter Einrichtungen (es sei denn, diese Arbeitnehmer wären kollektivvertragsunterworfen)[9] sowie Arbeitnehmer, für die Sondergesetze gelten.[10]

Eine bedeutende **Ausnahme** vom Geltungsbereich des AZG betrifft **leitende Angestellte**, wobei § 1 Abs 2 Z 8 AZG durch das Arbeitszeitpaket 2018[11] inhaltliche Änderungen erfahren hat und auf weitere Personen ausgedehnt wurde: Seit 1. 9. 2018 sind neben leitenden Angestellten demnach auch sonstige Arbeitnehmer, denen maßgebliche selbstständige Entscheidungsbefugnis übertragen ist (sog „**autonom Arbeitende**"), vom Anwendungsbereich des AZG ausgenommen.[12]

Mit der Novelle wurde der Gesetzeswortlaut geändert: So sprach § 1 Abs 2 Z 8 AZG aF bis zum Inkrafttreten der Arbeitszeitnovelle 2018 von leitenden Angestellten, denen maßgebliche Führungsaufgaben selbstverantwortlich übertragen sind.

Gleichzeitig wurde der Ausnahmetatbestand um zwei zusätzliche (alternative) Tatbestandsvoraussetzungen ergänzt: Leitende Angestellte und sonstige maßgeblich selbständig entscheidungsbefugte Arbeitnehmer sind nicht mehr eo ipso vom AZG ausgenommen, sondern nur mehr dann, wenn **auf Grund der besonderen Merkmale der Tätigkeit** ihre **gesamte Arbeitszeit** entweder **nicht gemessen oder nicht im Voraus festgelegt** wird (§ 1 Abs 2 Z 8 lit a AZG) **oder** von den Arbeitnehmern hinsichtlich Lage und Dauer **selbständig festgelegt** werden kann (§ 1 Abs 2 Z 8 lit b AZG).

Soweit die Voraussetzung der **Arbeitszeitautonomie** auch auf leitende Angestellte Anwendung findet, kommt es folglich parallel zur persönlichen Erweiterung des Ausnahmetatbestandes zu einer gewissen sachlichen Einschränkung seiner Tragweite (durch die Normierung zusätzlicher Voraussetzungen).[13]

Für die vom Geltungsbereich des AZG ausgenommenen Arbeitnehmer gelten die gesetzlichen Arbeitszeitbegrenzungen nicht; ebenso wenig die Regelung über den Überstundenzuschlag (§ 10 AZG). Für diese öffentlich-rechtlich nicht geschützten Perso-

---

9 Vgl dazu auch *Schrammel,* Das Sonderarbeitsrecht der Gebietskörperschaften auf dem Prüfstand, ZAS 1988, 187.

10 Etwa Arbeitnehmer, auf die das HausgG anwendbar ist (vgl § 1 Abs 2 Z 4 AZG) oder solche, die unter das KA-AZG fallen (vgl § 1 Abs 2 Z 10 AZG).

11 BGBl I 2018/53.

12 Vgl eingehend *Kullmann,* Neue Ausnahmen für leitende Angestellte und Angehörige, in *Köck* (Hg), Arbeitszeit Neu: Die Arbeitszeitnovelle 2018 (2018) 1.

13 *Auer-Mayer* in *Auer-Mayer/Felten/Pfeil,* AZG[4] § 1 Rz 33; dagegen geht *Schrank* in *Schrank,* AZG[7] § 1 Rz 39a unter Verweis auf die schon bislang der Novellierung entsprechende Judikatur und die Absicht des Novellengesetzgebers von weitgehender Kontinuität der höchstgerichtlichen Rsp aus.

nen sind dann lediglich privatrechtliche Schranken, die sich aus dem Arbeitsvertrag, einem anzuwendenden Kollektivvertrag oder § 879 ABGB ergeben, zu beachten. Der Grund für die Ausnahme leitender Angestellter aus dem AZG lag schon vor der Novelle 2018 darin, dass strenge Arbeitszeitregelungen schwer mit Leitungsfunktionen vereinbar sind, sowie, dass leitende Angestellte ihre Arbeitszeit meist weitgehend selbst einteilen können (nach neuer Rechtslage ist dies eine der Voraussetzungen) und aufgrund ihres üblicherweise höheren Entgelts weniger schutzbedürftig erscheinen.[14]

Im Gegensatz zu den Definitionen eines leitenden Angestellten gem § 36 Abs 2 Z 3 ArbVG und § 10 Abs 2 Z 2 AKG, die nur solche leitenden Arbeitnehmer aus den jeweiligen Gesetzen ausnehmen, die einen wesentlichen Einfluss auf die Führung des Betriebes bzw des Unternehmens haben, ist die Definition des AZG weiter gefasst. Der Gesetzgeber wollte bereits durch die frühere Formulierung „maßgebliche Führungsaufgaben" einen größeren Personenkreis von der Anwendung des AZG ausnehmen.[15] Nunmehr verlagert sich der Fokus vom Kriterium der Führungsaufgaben hin zu Arbeitszeitautonomie und selbständiger Entscheidungsbefugnis. Welche Bedeutung der bisher ergangenen Rsp bei der Begriffsabgrenzung des leitenden Angestellten zukommen wird, ist vorerst offen. *Schrank* geht unter Verweis darauf, dass die höchstgerichtliche Judikatur materiell schon zuvor der novellierten Legaldefinition entsprochen habe, von der Fortschreibung der bisherigen Rsp aus.[16] Nach dieser Rsp des **OGH** sind Arbeitnehmer leitende Angestellte iSd AZG, wenn sie Vorgesetztenfunktion haben oder über wesentliche Dispositionsbefugnisse auf kaufmännischem oder technischem Gebiet verfügen.[17] So sind bspw der ärztliche Leiter einer Fachabteilung eines Krankenhauses oder ein Primararzt als leitende Angestellte vom KA-AZG ausgenommen. Der OGH betont, dass sich die Führungsaufgaben gerade im ärztlichen Bereich auch primär auf den fachlichen Bereich beziehen können und nicht unbedingt eine darüber hinaus gehende dienstrechtliche Personalhoheit beinhalten müssen.[18] Entscheidend ist der faktische Einfluss und die Funktion des betreffenden Arbeitnehmers.[19] Es muss sich um einen Arbeitnehmer handeln, der sich auf Grund seiner einflussreichen Position aus der gesamten Angestelltenschaft heraushebt.[20]
Zuletzt hat der OGH für die Beurteilung als leitender Angestellter iSd AZG darauf abgestellt, ob der leitende Angestellte eine Position an der Seite des Arbeitgebers hat und Arbeitgeberfunktionen ausübt, was einen Interessengegensatz zu anderen Arbeitnehmern hervorrufen kann. Der OGH verweist in dieser Entscheidung ausschließlich auf Urteile und Rechtssätze zum ArbVG und scheint damit gerade den vom Gesetzgeber gemachten Unterschied in den Definitionen des AZG und des ArbVG zu ignorieren.[21] Der Interessengegensatz zwischen leitendem Angestellten und Belegschaft ist zwar in der Betriebsverfassung essentiell und mag auch für den Geltungsbereich des Arbeiterkammergesetzes Sinn machen, kann aber keinesfalls begründen, warum die Arbeitszeitregelungen nicht gelten sollten.

14 OGH 9 ObA 146/93; *Auer-Mayer* in *Auer-Mayer/Felten/Pfeil*, AZG[4] § 1 Rz 30.

15 AB 1463 BlgNR 11. GP 3; *Pfeil* in ZellKomm[3], AZG § 1 Rz 23.

16 *Schrank* in *Schrank*, AZG[7] § 1 Rz 39a; demgegenüber geht *Auer-Mayer* in *Auer-Mayer/Felten/Pfeil*, AZG[4] § 1 Rz 33 von einer teilweisen Erweiterung und einer teilweisen Einschränkung des (novellierten) Tatbestandes aus.

17 OGH 9 ObA 268/92, DRdA 1993, 463 (*Grillberger*).

18 OGH 9 ObA 110/03x.

19 So auch OGH 4 Ob 94/82.

20 Dies ist ständige Judikatur: vgl OGH 4 Ob 94/82; VwGH 88/08/0140-7, ZAS 1990, 101 (*Spitzl/Andexlinger*); VwGH 92/18/0354; vgl auch *Hainz*, Rechtsstellung von Führungskräften, ecolex 1995, 569.

21 OGH 8 ObA 34/04i; diesen Unterschied betont aber ausdrücklich die ältere Judikatur, vgl insb OGH 9 ObA 146/93.

Der **VwGH** legt an den Begriff des leitenden Angestellten einen etwas strengeren Maßstab an als der OGH. Der Ausnahmetatbestand des § 1 Abs 2 Z 8 AZG aF ist erfüllt, wenn ein Arbeitnehmer wesentliche Teilbereiche eines Betriebes in der Weise eigenverantwortlich leitet, dass hierdurch auf Bestand und Entwicklung des gesamten Unternehmens Einfluss genommen wird, sodass er sich auf Grund seiner einflussreichen Position aus der gesamten Angestelltenschaft heraushebt. Der betreffende Arbeitnehmer stellt für diesen wesentlichen Teilbereich des Betriebs gleichsam den Unternehmensführer dar, der befugt ist, allen ihm in diesem Teilbereich unterstellten Arbeitnehmern Weisungen betreffend Inhalt und Organisation ihrer Tätigkeit sowohl genereller als auch individueller Art zu geben.[22] So ist etwa die Einflussnahme eines Filialleiters auf Bestand und Entwicklung des gesamten Unternehmens bei Vorliegen einer großen Zahl von Filialen so gering, dass der Ausnahmetatbestand des § 1 Abs 2 Z 8 AZG aF nicht erfüllt ist.[23]

Mit 1. 9. 2018[24] wurden auch **nahe Angehörige des Arbeitgebers** vom Geltungsbereich des AZG ausgenommen, sofern ihre gesamte Arbeitszeit auf Grund der besonderen Merkmale der Tätigkeit entweder nicht gemessen oder im Voraus festgelegt wird oder von den Angehörigen hinsichtlich Lage und Dauer selbst festgelegt werden kann (§ 1 Abs 2 Z 7 AZG).[25] In Betracht kommen Eltern, volljährige Kinder sowie im gemeinsamen Haushalt lebende Ehegatten, eingetragene Partner oder Lebensgefährten, die im Rahmen eines Arbeitsverhältnisses tätig werden. Nicht aufgezählte Personen, etwa Geschwister, können hingegen nur unter den Voraussetzungen der Z 8 ausgenommen sein.[26]

Der Geltungsbereich des **ARG** (§ 1) erstreckt sich grds auf alle privatrechtlich beschäftigten Arbeitnehmer, für Kinder und Jugendliche gelten jedoch die im KJBG enthaltenen strengeren Vorschriften. Unterschiede zum AZG bestehen in Bezug auf die vom Gesetz ausgenommenen Arbeitnehmer. Nicht erfasst sind jedenfalls auch die leitenden Angestellten iSd AZG und seit 1. 9. 2018 auch sonstige autonom Arbeitende und nahe Angehörige des Arbeitgebers.[27]

Das **KA-AZG** gilt für die Beschäftigung von Arbeitnehmern in Krankenanstalten, die als Angehörige von Gesundheitsberufen tätig sind oder deren Tätigkeit sonst zur Aufrechterhaltung des Betriebes ununterbrochen erforderlich ist. Ausgenommen sind weiterhin leitende Dienstnehmer, denen maßgebliche Führungsaufgaben selbstverantwortlich übertragen sind.[28]

---

22 VwGH 97/11/0188.
23 VwGH 93/18/0243.
24 BGBl I 2018/53.
25 Vgl die wortgleiche Regelung bei leitenden Angestellten und sonstigen autonom Arbeitenden.
26 Vgl etwa *Kullmann*, Neue Ausnahmen für leitende Angestellte und Angehörige, in *Köck*, Arbeitszeit Neu: Die Arbeitszeitnovelle 2018 1 (17).
27 BGBl I 2018/53; § 1 Abs 2 Z 3, 5 ARG und § 1 Abs 2 Z 7, 8 AZG verfügen über einen identischen Wortlaut.
28 § 1 Abs 3 KA-AZG.

2. Der Begriff der Arbeitszeit

2.1. Überblick

Wesentlicher Regelungszweck des AZG ist es, die Höchstgrenzen zulässiger Arbeitszeit festzulegen. Da es jedoch in der Praxis **Beschäftigungszeiten unterschiedlicher Intensität** gibt, differenziert der Gesetzgeber. Neben Zeiten, in denen der Arbeitnehmer seine volle Arbeitsleistung erbringt, gibt es auch Zeiten der **Arbeitsbereitschaft**, in denen sich der Arbeitnehmer an einem vom Arbeitgeber bestimmten Ort lediglich zur jederzeitigen Arbeitsaufnahme bereitzuhalten hat oder auch Zeiten der **Rufbereitschaft**, in denen der Arbeitnehmer zwar erreichbar sein muss, aber seinen Aufenthalt selbst wählen kann. Auch im Zusammenhang mit **Dienstreisen** ist danach zu differenzieren, ob sich der Arbeitnehmer lediglich befördern lässt oder ob er während der Reisezeit Arbeitsleistungen zu erbringen hat. Daneben kennt der Gesetzgeber noch den Begriff der **(Ruhe-)pausen**, dh Zeiten, die dem Arbeitnehmer zur Erholung dienen müssen.

Die unterschiedliche Behandlung solcher Zeiten durch den Gesetzgeber betrifft die Frage, ob die **gesetzlichen Höchstgrenzen** bei Vorliegen weniger intensiver Einsatzzeiten **ausgedehnt** werden dürfen, bzw die Frage, ob es sich **überhaupt um Arbeitszeit** iSd AZG handelt.

Als **„Arbeitszeit" iSd AZG** gilt gem § 2 Abs 1 Z 1 AZG[29] die Zeit vom Beginn bis zum Ende der Arbeit ohne die Ruhepausen. Eine Definition, welche Zeiten zur „Arbeit" gehören, enthält das AZG allerdings nicht. Es blieb daher Judikatur und Lehre vorbehalten, den Versuch einer Klärung zu unternehmen.

Ausgangspunkt aller Abgrenzungen ist der Umstand, dass jeder Arbeitnehmer seinem Arbeitgeber Verfügungsrechte über sein Verhalten für bestimmte Zeiten einräumt. Daraus folgt, dass jene Zeiten, in denen der Arbeitnehmer völlig frei über seinen Aufenthaltsort und sein Verhalten entscheiden kann, nichts mit Arbeitszeit im weitest möglichen Sinn zu tun haben können. Sie sind jedenfalls **Ruhezeiten**. Ebenso klar ist, dass dann, wenn der Arbeitgeber von der ihm eingeräumten Verfügungsmacht über die Zeit des Arbeitnehmers vollen Gebrauch macht (indem er vom Arbeitnehmer den ununterbrochenen Einsatz seiner körperlichen und geistigen Kräfte zur Lösung bestimmter Aufgaben verlangt), Arbeitszeit im engsten Sinne vorliegt (man spricht hier häufig von sogenannter **Vollarbeit**).

Wegzeiten von und zur Arbeit gelten grds **nicht** als Arbeitszeit.[30] Als nicht der Arbeitszeit zugehörig werden daher grds auch die Zeit gesehen, die der Arbeitnehmer benötigt, um sich in arbeitsbereiten Zustand zu versetzen. Allerdings zählen **Umkleidezeiten** zur

29 Ebenso § 2 Z 1 KA-AZG.

30 Vgl OGH 4 Ob 50/68, ZAS 1969, 66 (*Andexlinger*); OGH 4 Ob 92, 93/82; OGH 9 ObA 8/18v; vgl *Auer-Mayer* in *Auer-Mayer/Felten/Pfeil*, AZG[4] § 2 Rz 14.

Arbeitszeit, wenn das Umkleiden, etwa aus hygienischen Gründen, im Betrieb erfolgen muss;[31] ebenso, wenn dem Arbeitnehmer das Tragen der Dienstkleidung aufgrund ihrer Außergewöhnlichkeit (Piratenkostüm) außerhalb des Betriebes nicht zumutbar ist.[32] Auch zur Arbeitszeit zählen gesetzlich vorgeschriebene berufliche Fortbildungen.[33]

2.2. Arbeitsbereitschaft

Arbeitsrechtlich schwieriger zu fassen sind Zeiten geringerer Arbeitsintensität, die zwischen Vollarbeit und Ruhezeit liegen. Dazu gehören Zeiten der **Arbeitsbereitschaft**, die der Gesetzgeber grds der **Arbeitszeit gleichstellt**, aber dazu ermächtigt, die Normalarbeitszeit auszudehnen.[34]

Die Frage, in welchem Ausmaß Arbeitsbereitschaft **zulässig** ist, ist zu unterscheiden von der Frage, ob Zeiten der Arbeitsbereitschaft genauso **entlohnt** werden sollen wie Vollarbeitszeiten. Zur entgeltrechtlichen Dimension von Zeiten geringer Arbeitsintensität vgl unten 197 ff.

Unter **Arbeitsbereitschaft** werden den Materialien zum AZG[35] folgend üblicherweise alle Zeiten verstanden, während derer sich der Arbeitnehmer vereinbarungsgemäß an einer vom Arbeitgeber **bestimmten Stelle** aufzuhalten hat und jederzeit bereit sein muss, die Arbeitsleistung aufzunehmen.[36] Es muss sich allerdings um Zeiten handeln, bei denen erfahrungsgemäß häufig mit der Arbeitsaufnahme zu rechnen ist,[37] weshalb sich der Arbeitnehmer **ständig in arbeitsfähigem Zustand halten** und sehr rasch einsatzfähig sein muss. Ob sich der Arbeitnehmer während der Bereitschaftszeit im Betrieb selbst oder in dessen Nähe aufhalten muss, ist für die Abgrenzung der Arbeitsbereitschaft nicht entscheidend. Die Arbeitsbereitschaft kann daher als „Arbeitszeit im weiteren Sinn" verstanden werden. Vollarbeit und Arbeitsbereitschaft bilden zusammen die „Kernarbeit" iSd Arbeitszeitschutzrechtes.

So leisten typischerweise Portiere, Chauffeure von Dienstwagen, Feuerwehrleute, Ärzte und Krankenpflegepersonal in der Nacht Arbeitsbereitschaft.[38] Wer dagegen mit laufender Kontrolltätigkeit befasst ist (zB an Kontrollmonitoren), verrichtet Vollarbeit.

---

31 Der OGH zieht die Intensität der Fremdbestimmung durch den Arbeitgeber als entscheidendes Kriterium heran; vgl OGH 9 ObA 29/18g (Dienst- und Schutzkleidung im Krankenhausareal); bestätigt durch OGH 9 ObA 13/20g; jüngst OGH 8 ObA 14/22z, DRdA 2022, 602 (*Flatscher/Warter*): mangels Fremdbestimmung sind freiwillige Duschzeiten nach Dienstende keine zu bezahlende Arbeitszeit; vgl auch *Schrank* in *Schrank*, AZG[7] § 2 Rz 11 ff.

32 OGH 9 ObA 13/20g, DRdA 2021, 146 (*Gasteiger*).

33 EuGH C-909/19, *Unitatea Administrativ Teritorială D*, ZAS 2022, 208 (*Wolf*) = DRdA 2022, 383 (*Radlingmayr*).

34 §§ 5 Abs 1 und 5a AZG.

35 AB 1463 BlgNR 11. GP 4.

36 Vgl etwa *Berger*, Dreiteilung des Bereitschaftsbegriffes auch nach dem AZG? DRdA 1971, 119; *Dirschmied*, Reisezeiten außerhalb der Normalarbeitszeit, DRdA 1975, 45; ähnlich *Rainer*, Anm zu OGH 4 Ob 37/66, ZAS 1968, 48; OGH 4 Ob 54/73; die alte Formel „Achtsamkeit im Zustand der Entspannung" (so noch OGH 4 Ob 37/66) wird von späteren Entscheidungen (OGH 4 Ob 54/73) nicht mehr verwendet.

37 Vgl OGH 14 Ob 114/86 (Apothekennachtdienst).

38 Vgl *Runggaldier*, Entlohnung von Arbeitsbereitschaft, DRdA 1982, 320; *Pfeil*, Anm zu OGH 4 Ob 111/81, ZAS 1984, 100; *Auer-Mayer* in *Auer-Mayer/Felten/Pfeil*, AZG[4] § 2 Rz 10.

In Praxis, Lehre und Kollektivverträgen werden weitere Arten der Inanspruchnahme des Arbeitnehmers durch den Arbeitgeber unterschieden bzw andere Bezeichnungen für Zeiten der Arbeitsbereitschaft verwendet, zB **„Bereitschaftsdienst"** gem § 8 Abs 2 des Apothekengesetzes.

2.3. Rufbereitschaft

Von der Arbeitsbereitschaft sind Zeiten der **Rufbereitschaft** zu unterscheiden, die nicht zur Arbeitszeit im engeren Sinn zählt. Als **Rufbereitschaft** werden jene Zeiten bezeichnet, in denen der Arbeitnehmer seinen jeweiligen **Aufenthaltsort selbst wählen** darf, an diesem aber **erreichbar** sein muss, damit ihn der Arbeitgeber von dort jederzeit zur Arbeitsleistung abrufen kann.[39]

Das AZG sieht auch für die Vereinbarkeit von Rufbereitschaft gewisse **Beschränkungen** vor (§ 20a AZG: grds nur 10 Tage Rufbereitschaft im Monat, siehe unten 183). Dem Arbeitnehmer soll auch eine völlig vom Arbeitgeber unbeeinflusste Lebenszeit bleiben. Aus dieser Regelung ist abzuleiten, dass Rufbereitschaften nicht zur Kernarbeit zählen.[40] Sie sind aber auch nicht als Ruhezeit zu werten, sondern als „Arbeitszeit im weitesten Sinn" (mit eigenständigen Höchstgrenzen) zu qualifizieren.

Die freie Wahl des Aufenthaltsorts ist auch bei der Rufbereitschaft de facto eingeschränkt, weil der Arbeitnehmer damit rechnen muss, seine Arbeit innerhalb relativ kurzer Frist nach Verständigung am vereinbarten Arbeitsort aufzunehmen. Der Übergang von Arbeitsbereitschaft zu Rufbereitschaft ist daher fließend. Die Einschränkung, dass ein Arbeitnehmer innerhalb von 30 Minuten an der Arbeitsstätte eintreffen muss, läuft nach Meinung der Judikatur noch auf keinen Zwang hinaus, sich an der Arbeitsstätte aufzuhalten.[41] Der EuGH hat sich in den Rs Radiotelevizija Slovenija[42] und Stadt Offenbach am Main[43] im Kontext telefonischer Ruferreichbarkeit mit der Frage beschäftigt, wann Arbeitszeit iSd Art 2 der RL 2003/88/EG vorliegt. Rufbereitschaft ist nur dann in vollem Umfang Arbeitszeit, wenn eine Gesamtbeurteilung aller Umstände des Einzelfalls[44] ergibt, dass die dem Arbeitnehmer während der Bereitschaftszeit auferlegten Einschränkungen seine Möglichkeit, die Zeit, in der seine beruflichen Leistungen nicht in Anspruch genommen werden, frei zu gestalten und sie seinen eigenen Interessen zu widmen, objektiv ganz erheblich beeinträchtigen.[45] Unerheblich ist, ob in unmittelbarer Umgebung des Arbeitsortes wenig Möglichkeiten für Freizeitaktivitäten existieren.[46]

---

39 OGH 4 Ob 104/70, ZAS 1973, 98 (*Sonnleithner*); 9 ObA 74/07h; *Haslinger*, Bereitschaftsdienste in und außerhalb der Arbeitszeit, JBl 1970, 135; *Heilegger/Klein*, Arbeitszeitgesetz 590; 8 ObA 4/20a mit Hinweis, dass Rufbereitschaft durch persönliche (zB Alkoholverbot) oder örtliche (zB Zeitvorgabe, in der ein Arbeitsort erreicht werden muss) Einschränkungen iVm der Wahrscheinlichkeit und Häufigkeit eines Einsatzes ein Ausmaß erreichen kann, das sich der Arbeitsbereitschaft annähert.

40 § 20a AZG spricht ausdrücklich von Rufbereitschaften „außerhalb der Arbeitszeit".

41 OGH 9 ObA 74/07h; vgl aber OGH 8 ObA 4/20a in FN 39.

42 EuGH C-344/19, ZAS 2021, 246 (*Krömer/Wolf*).

43 EuGH C-580/19.

44 ZB Zeitvorgabe, in der man zum Ort gelangen muss, Häufigkeit von Einsätzen.

45 Vgl auch EuGH C-518/15, *Matzak*; C-214/20, *Dublin City Council*, ÖJZ 2022, 91 (*Kumin/Maderbacher*).

46 Vgl ausführl *Bartmann*, Rufbereitschaft vs Arbeitsbereitschaft – Alles neu durch die EuGH-Rechtsprechung? ZAS 2022, 239; *Warter*, Zur Abgrenzung von Arbeitsbereitschaft und Rufbereitschaft im Lichte der jüngsten EuGH-Judikatur, DRdA 2022, 473.

2.4. Reisezeiten

Ein weiterer Sonderfall sind **(passive) Reisezeiten,**[47] **die vom Gesetzgeber ebenfalls Beschränkungen unterworfen werden.** Reisezeit iSd § 20b AZG liegt vor, wenn der Arbeitnehmer über Auftrag des Arbeitgebers vorübergehend seinen Dienstort verlässt, um an anderen Orten seine Arbeitsleistung zu erbringen, sofern der Arbeitnehmer **während der Reisebewegung keine Arbeitsleistung** zu erbringen hat. Durch solche Reisezeiten dürfen die Höchstarbeitszeiten überschritten und die Ruhezeiten verkürzt werden (siehe unten 183). Auch Reisezeiten sind damit „Arbeitszeit im weitesten Sinn".

Aktive Reisezeiten, in denen der Arbeitnehmer Arbeitsleistungen zu erbringen hat (zB durch das Lenken eines KFZ – Taxilenker, Außendienstmitarbeiter) sind dagegen **Vollarbeitszeit.**

2.5. Ruhezeiten

Der Umstand, dass bestimmte Zeiten nicht zur Kernarbeit zählen, weil dem Arbeitnehmer gewisse Verfügungsmöglichkeit verbleiben, bedeutet also nicht, dass es sich hierbei um Ruhezeiten handeln muss. Der Sinn der Ruhezeiten besteht darin, dem Arbeitnehmer Entspannung und Erholung zu ermöglichen. Dabei ist allerdings abzustufen. Wenn der Gesetzgeber bestimmte Kurzpausen[48] der Arbeitszeit zuschlägt, lässt er damit erkennen, dass selbst **Ruhepausen** eine **gewisse Mindestdauer** haben müssen. Die tägliche Ruhezeit und die wöchentliche Ruhezeit sollen dem Arbeitnehmer eine gründlichere Entspannungsmöglichkeit durch Schlafen und andere **intensive Arten der Erholung** bieten und ihm dadurch die ungestörte Regenerierung der Arbeitskraft erlauben.[49] Die wöchentliche Ruhezeit soll ihm darüber hinaus auch längere zusammenhängende Freizeiträume verschaffen.

Daraus folgt, dass die **tägliche Ruhezeit** nicht durchbrochen wird, wenn der Arbeitnehmer zwar in der Nähe des Betriebes oder sogar im Betrieb selbst verweilen und erwarten muss, allenfalls zur Arbeitsleistung abgerufen zu werden, sofern ihm entsprechende Freizeitmöglichkeiten (Schlafstellen) zur Verfügung stehen und erfahrungsgemäß damit zu rechnen ist, dass seine Arbeitsleistung nur selten in Anspruch genommen wird (zB Betriebsfeuerwehr). Zeiten der Arbeitsbereitschaft können hingegen nicht der Ruhezeit zugerechnet werden, weil der Arbeitnehmer aus Erfahrung weiß, dass er häufig zur Arbeitsleistung abgerufen wird und sich daher nicht wirklich erholen kann.[50]

47 Vgl dazu *Grillberger,* Die Dienstreise als arbeitsrechtliches Problem, DRdA 1986, 265.
48 Vgl § 11 Abs 3 und 4 AZG.
49 *Lutz/Heilegger/Dunst,* Arbeitsruhegesetz[6] §§ 2-5 Rz 48.
50 *Lutz/Heilegger/Dunst,* Arbeitsruhegesetz[6] §§ 2-5 Rz 74.

3. Höchstgrenzen der Arbeitszeit

3.1. Regelungsbefugnis

Höchstarbeitsgrenzen ergeben sich zunächst aus dem AZG und anderen **Arbeitszeitschutznormen.**[51] Diese ermächtigen aber auch die **Kollektivvertragsparteien**, durch sog Zulassungsnormen davon abweichende Regelungen zu erlauben. Gem § 1a AZG können solche Regelungen auch durch **Betriebsvereinbarungen** getroffen werden, wenn der Kollektivvertrag dazu ermächtigt, oder wenn für die betroffenen Arbeitnehmer mangels Bestehens einer kollektivvertragsfähigen Körperschaft auf Arbeitgeberseite kein Kollektivvertrag abgeschlossen werden kann. Von diesen Fällen abgesehen darf das Gesamtausmaß der regelmäßigen Arbeitszeit nicht durch Betriebsvereinbarung festgelegt werden. Damit scheidet die Betriebsvereinbarung als primäres Instrument der Arbeitszeitpolitik aus.

Die entscheidenden **Impulse zur Arbeitszeitverkürzung** gehen vom **Kollektivvertrag** aus.[52] So sehen viele Kollektivverträge eine kürzere als die gesetzlich festgelegte maximale Normalarbeitszeit vor (zB 38,5 statt 40 Wochenstunden). Dabei ist jeweils zu unterscheiden, ob der Kollektivvertrag bloße Zulassungsnormen enthält (vgl Bd I 217), also den Arbeitsvertragsparteien vom AZG abweichende Gestaltungen gestattet, oder ob er die Arbeitnehmer durch Inhaltsnormen zu einer bestimmten Arbeitszeit verpflichtet.[53]

Durch **Betriebsvereinbarung** können **nur vorübergehende** Verkürzungen oder Verlängerungen der Arbeitszeit geregelt werden.[54] Damit eignet sich diese Betriebsvereinbarung zur Einführung von **Kurzarbeit** (vgl unten 192 f).

3.2. Absolute Höchstgrenzen (§ 9 AZG)

Tagesarbeitszeit ist die Arbeitszeit innerhalb eines ununterbrochenen Zeitraums von 24 Stunden; Wochenarbeitszeit ist die Arbeitszeit innerhalb des Zeitraums von Montag bis einschließlich Sonntag (§ 2 Abs 1 AZG).

Seit 1. 9. 2018[55] darf die **Tagesarbeitszeit zwölf Stunden** und die **Wochenarbeitszeit 60 Stunden** nicht überschreiten. Die durchschnittliche Wochenarbeitszeit darf innerhalb eines Durchrechnungszeitraumes von 17 Wochen 48 Stunden nicht überschreiten (Ausnahmen davon sind zB für die Verlängerung der Arbeitszeit bei Arbeitsbereit-

---

51 KA-AZG; vgl aber auch Sondergesetze wie das BäckAG, UniversitätsG udgl.

52 *Grillberger,* Rechtsfragen der kollektivvertraglichen Arbeitszeitverkürzung, RdW 1987, 199; kritisch dazu *Heinrich,* Rechtsfragen der kollektiven Arbeitszeitverkürzung, RdW 1987, 333.

53 Siehe dazu auch *Rebhahn/Kietaibl,* Nachwirkung kollektivvertraglicher Zulassungsnormen, ecolex 2005, 54.

54 § 97 Abs 1 Z 13 ArbVG.

55 BGBl I 2018/53; zuvor waren Höchstgrenzen von zehn Tages- bzw 50 Wochenstunden vorgesehen.

schaft geregelt[56]). Die Höchstgrenzen gelten sowohl für die Normalarbeitszeit als **auch für Überstundenarbeit**. Werden die absoluten Höchstgrenzen überschritten, wird der Arbeitgeber verwaltungsstrafrechtlich verantwortlich.

3.3. Zulässige Normalarbeitszeit

Die **wöchentliche** Normalarbeitszeit darf **40 Stunden**, die **tägliche** Normalarbeitszeit **acht Stunden** nicht überschreiten (§ 3 Abs 1 AZG). Wie die Wochenarbeitszeit auf die einzelnen Tage der Woche (dazu gehören auch Sonntage) aufgeteilt wird (gleichmäßig oder ungleichmäßig), ist somit belanglos, sofern die tägliche Höchstgrenze von acht Stunden beachtet wird.

Durch Kollektivverträge werden in der Praxis niedrigere Normalarbeitszeiten festgelegt. Häufig ist eine kollektivvertragliche wöchentliche Normalarbeitszeit von 38,5 Stunden.[57]

Die Normalarbeitszeit ist zu **unterscheiden von Überstunden**. Bei Überschreiten der gesetzlichen Normalarbeitszeit liegt Überstundenarbeit vor, die zu einem Anspruch auf Überstundenzuschlag führt (vgl § 10 AZG).

3.4. Andere Verteilungen der Normalarbeitszeit

3.4.1. Gestalter der Flexibilisierung

Das AZG sieht in den letzten Jahren zunehmend mehr Möglichkeiten vor, von dem gesetzlich starren Modell der Normalarbeitszeit abzugehen. Damit kann ein flexibles Anpassen der Normalarbeitszeit an die Bedürfnisse der Arbeitnehmer und an die betrieblichen Notwendigkeiten erfolgen, ohne dass der Arbeitgeber teure Überstunden bezahlen muss. Diese Flexibilisierungsmöglichkeiten stehen in engem Zusammenhang mit der Lohnpolitik, sodass der Gesetzgeber **in erster Linie die Kollektivvertragsparteien** dazu ermächtigt hat, andere Verteilungen der Normalarbeitszeit zu gestalten (insb durch sog **Zulassungsnormen**; vgl Bd I 217).[58]

Die Kollektivvertragsparteien können ihre Zulassungsbefugnis gem § 1a AZG auf die betriebliche Ebene verlagern und sie an die **BV-Parteien** delegieren. Die **Einzelvertragsparteien** sind nur in wenigen Fällen direkt aufgrund des AZG ermächtigt, andere Verteilungen der Normalarbeitszeit vorzunehmen.

56 Vgl § 9 Abs 5 AZG.

57 So etwa 38,5 Stunden im KollV für Handelsangestellte und für eisen- und metallverarbeitenden Gewerbe; im KollV der Sozialwirtschaft 37 Stunden; im KollV für Angestellte in der Papierindustrie 36 Stunden.

58 Vgl *Pfeil* in ZellKomm³, AZG §§ 3-4c Rz 7.

3.4.2. Flexibilisierungsmodelle

Der Kollektivvertrag kann aufgrund der **Generalklausel des § 4 Abs 1 AZG** im Rahmen einer anderen Verteilung der Normalarbeitszeit eine tägliche Normalarbeitszeit von bis zu zehn Stunden zulassen. Damit ist aber keine Möglichkeit zur Ausdehnung der wöchentlichen Normalarbeitszeit verbunden.

Wird die Arbeitswoche zur Erreichung einer längeren zusammenhängenden Freizeit gekürzt („**Freitag Frühschluss**"), darf die normale Tagesarbeitszeit an den anderen Tagen der Woche neun Stunden betragen (§ 4 Abs 2 AZG). Wird in Verbindung mit Feiertagen an einzelnen Werktagen („**Fenstertage**") nicht gearbeitet, darf die ausgefallene Arbeitszeit zu anderen Zeiten eingearbeitet werden. In diesem Fall darf die tägliche Normalarbeitszeit zehn Stunden betragen. Der Einarbeitungszeitraum umfasst grundsätzlich 13 zusammenhängende, die Ausfallstage einschließende Wochen. Der Kollektivvertrag kann den Einarbeitungszeitraum verlängern oder die Betriebsvereinbarung dazu ermächtigen. In diesen Fällen darf allerdings die tägliche Normalarbeitszeit höchstens neun Stunden betragen (§ 4 Abs 3 AZG). Beide Modelle können im Einzelarbeitsvertrag geregelt werden.

Die Betriebsvereinbarung kann eine tägliche Normalarbeitszeit von bis zu zehn Stunden zulassen, wenn die gesamte Wochenarbeitszeit regelmäßig auf vier Tage verteilt wird (**4-Tage-Woche**).[59] In Betrieben, in denen kein Betriebsrat errichtet ist, kann eine solche Arbeitszeitverteilung schriftlich vereinbart werden (§ 4 Abs 8 AZG).

Für das Personal von Verkaufsstellen im Sinne des Öffnungszeitengesetzes sowie für alle **Arbeitnehmer des Handels** kann die wöchentliche Normalarbeitszeit bis zu 44 Stunden ausgedehnt werden, wenn innerhalb eines Durchrechnungszeitraums von vier Wochen die durchschnittliche wöchentliche Normalarbeitszeit von 40 Stunden nicht überschritten wird (§ 4 Abs 4 AZG). Diese Verteilung kann aufgrund des Einzelarbeitsvertrags vorgenommen werden. Durch Kollektivvertrag oder Betriebsvereinbarung kann der Durchrechnungszeitraum verlängert werden. Die tägliche Normalarbeitszeit darf neun Stunden nicht überschreiten. **Durchrechnung** der wöchentlichen Normalarbeitszeit bedeutet, dass die in einer Woche des jeweiligen Durchrechnungszeitraums über das Ausmaß von 40 Stunden geleistete Arbeit nicht als Überstundenarbeit anzusehen ist, wenn sie durch Unterschreiten der gesetzlichen Normalarbeitszeit in einer anderen Woche ausgeglichen wird (§ 4 Abs 5 AZG).

Für **alle anderen Arbeitnehmer** kann der Kollektivvertrag eine **Verlängerung des Durchrechnungszeitraums** zulassen (sog **Bandbreitenmodelle**), sodass die Normalarbeitszeit in einem Durchrechnungszeitraum von bis zu 8 Wochen auf 50 Stunden, bei einem Durchrechnungszeitraum von 8 Wochen bis maximal 52 Wochen auf 48

59 Zur davon zu unterscheidenden, derzeit diskutierten, 4-Tage-Woche, deren Inhalt nicht das bestehende Arbeitszeitausmaß auf weniger Arbeitstage verteilt, sondern eine staatlich geförderte, freiwillige Arbeitszeitverkürzung mit teilweisem Lohnausgleich ist, vgl ausführl *Mosing*, Die 4-Tage-Woche, ZAS 2022, 288.

Stunden ausgedehnt wird, wenn sie im Durchschnitt die gesetzliche Normalarbeitszeit von 40 Stunden nicht überschreitet. Ein längerer Durchrechnungszeitraum (über ein Jahr) kann nur dann zugelassen werden, wenn der zur Erreichung der gesetzlichen Normalarbeitszeit erforderliche Zeitausgleich in mehrwöchigen zusammenhängenden Zeiträumen verbraucht wird. Die tägliche Normalarbeitszeit darf neun Stunden nicht überschreiten (§ 4 Abs 6 AZG). Nach den Gesetzesmaterialien könnten damit sogar Modelle zugelassen werden, die durch fünf Jahre eine wöchentliche Normalarbeitszeit von 48 Stunden vorsähen, was dann durch eine völlige Freistellung im sechsten Jahr ausgeglichen werden könnte.[60] Die (auch mehrmalige[61]) Übertragung von Zeitguthaben oder Zeitschulden in die nächsten Durchschnittszeiträume kann durch Kollektivvertrag zugelassen werden (§ 4 Abs 7 AZG).

Auch für Arbeitnehmer im **Schichtbetrieb** sind Umverteilungen der Normalarbeitszeit möglich. Schichtbetrieb liegt vor, wenn zwei oder mehrere Arbeitnehmer ihre Tagesarbeit an ein und demselben Arbeitsplatz zeitlich hintereinander erbringen. Schichtarbeit wird vor allem eingerichtet, um die laufende Versorgung (zB Elektrizität) sicherzustellen oder um teure Anlagen besser auslasten zu können. Wird die Arbeit ohne Unterbrechung auch an Sonn- und Feiertagen durchgeführt (zB Hochöfen), spricht man von vollkontinuierlichem Schichtbetrieb. Der Arbeitnehmer kann regelmäßig in derselben Schicht (Früh-, Nachmittags-, Nachtschicht) arbeiten oder nach einem vorgegebenen Rhythmus (Schichtplan) abwechselnd in verschiedenen Schichten tätig sein (Wechselschicht). Bei mehrschichtiger Arbeitsweise ist ein Schichtplan zu erstellen. Innerhalb des Schichtturnusses bzw bei kollektivvertraglicher Durchrechnung innerhalb des Durchrechnungszeitraums darf die wöchentliche Normalarbeitszeit 40 Stunden nicht überschreiten, die Tagesarbeitszeit darf neun Stunden nicht überschreiten. Um bei vollkontinuierlichem Schichtbetrieb einen Schichtwechsel zu ermöglichen, darf die tägliche Normalarbeitszeit bis auf 12 Stunden ausgedehnt werden. Durch Betriebsvereinbarung kann diese Ausdehnung auch für den Schichtwechsel am Wochenende vorgesehen werden. Der Kollektivvertrag kann überdies vorsehen, dass die Normalarbeitszeit in einzelnen Wochen bis auf 56 Stunden ausgedehnt wird. Die tägliche Normalarbeitszeit darf bei arbeitsmedizinischer Unbedenklichkeit auf 12 Stunden ausgedehnt werden (§ 4a AZG).

Für Arbeitnehmer, die auf im öffentlichen Interesse betriebenen Großbaustellen oder auf Baustellen der Lawinen- und Wildbachverbauung in Gebirgsregionen beschäftigt sind, kann der Kollektivvertrag einen zweiwöchigen Durchrechnungszeitraum gestatten. Die wöchentliche Arbeitszeit darf in diesem Fall auch 50 Stunden überschreiten, wenn im Durchrechnungszeitraum 40 Stunden eingehalten werden. Die tägliche Normalarbeitszeit darf neun Stunden nicht überschreiten. Dadurch können für Arbeitnehmer an solchen oft entlegenen Baustellen längere Zeiträume geschaffen werden, um nach Hause zu fahren – zB 10 Tage Arbeit, 4 Tage frei (sog **Dekadenarbeit** gem § 4c AZG).

60 AB 622 BlgNR 20. GP 2.

61 Bis zum Inkrafttreten der Nov BGBl I 2018/53 am 1. 9. 2018 war nur eine einmalige Übertragung in den folgenden Durchrechnungszeitraum möglich.

3.5. Verlängerung der Normalarbeitszeit

Wenn in die Arbeitszeit regelmäßig und in erheblichem Umfang **Arbeitsbereitschaft** fällt, kann der Kollektivvertrag eine Verlängerung der wöchentlichen Normalarbeitszeit **bis auf 60 Stunden** und eine Ausdehnung der täglichen Normalarbeitszeit bis auf 12 Stunden zulassen. Der Kollektivvertrag kann auch die Betriebsvereinbarung zu einer Ausdehnung der Normalarbeitszeit ermächtigen. Ist für Arbeitnehmer kein Kollektivvertrag wirksam, kann die Ausdehnung unmittelbar durch Betriebsvereinbarung vorgenommen werden. In Betrieben, in denen kein Betriebsrat errichtet ist und auch kein Kollektivvertrag zur Anwendung kommt, ist das Arbeitsinspektorat berechtigt, eine Ausdehnung der Normalarbeitszeit zuzulassen (§ 5 AZG).

Besteht die Arbeitszeit **überwiegend aus Arbeitsbereitschaft** und bestehen für den Arbeitnehmer während der Arbeitszeit **besondere Erholungsmöglichkeiten**, kann der Kollektivvertrag die Betriebsvereinbarung ermächtigen, dreimal pro Woche eine Ausdehnung der täglichen Normalarbeitszeit bis auf 24 Stunden zuzulassen. Durch ein arbeitsmedizinisches Gutachten muss festgestellt sein, dass die Arbeitnehmer gesundheitlich nicht stärker als bei einer Verlängerung der Normalarbeitszeit gem § 5 AZG belastet werden. Innerhalb eines vom Kollektivvertrag festzulegenden Durchrechnungszeitraumes darf die Normalarbeitszeit 60 Stunden nicht überschreiten, in einzelnen Wochen jedoch nicht mehr als 72 Stunden betragen (§ 5a AZG).

Diese im österreichischen Recht normierten Höchstarbeitszeitgrenzen im Zusammenhang mit Arbeitsbereitschaft **widersprechen Art 6 lit b der Arbeitszeit-RL 2003/88/EG**: Gem Art 6 lit b der RL darf die wöchentliche Höchstarbeitszeit 48 Stunden im Durchschnitt nicht überschreiten. Der EuGH hat zu Zeiten der Arbeitsbereitschaft (in Krankenanstalten) festgehalten, dass diese zur Arbeitszeit iSd Richtlinie zählt.[62] Jene österreichischen Regelungen, die eine Ausdehnung der Wochenarbeitszeit über 48 Stunden erlauben, scheinen daher grds unionsrechtswidrig.[63]

Eine einzige Möglichkeit unionsrechtlich zulässiger längerer Wochenarbeitszeiten sieht Art 22 Abs 1 Arbeitszeit-RL vor: Wenn der Mitgliedsstaat die allgemeinen Grundsätze der Sicherheit und des Gesundheitsschutzes der Arbeitnehmer einhält und der Arbeitnehmer nachweislich freiwillig länger arbeitet und jene Arbeitnehmer, die sich weigern länger zu arbeiten, keine Nachteile zu erwarten haben.[64]

62 EuGH C-437/05, *Vorel*; C-151/02, *Jaeger*; C-303/98, *Simap*; zur Frage, ab wann Rufbereitschaft zur Arbeitszeit zählt, vgl EuGH C-344/19, *Radiotelevizija Slovenija* und EuGH C-580/19, *Stadt Offenbach* am Main, oben 172; für *Schrank* in *Schrank*, AZG[7] § 5 Rz 33 ist mehr als fraglich, ob schon die Wertung der Arbeitsbereitschaft als Arbeitszeit gleichbedeutend mit „arbeiten" ist, auf welche die 48-Stunden-Grenze abstellt.

63 Vgl dazu *Pfeil* in ZellKomm[3], AZG §§ 5, 5a Rz 5, 18; aA *Schrank* in *Schrank*, AZG[7] § 5 Rz 33.

64 *Schrank* verneint in *Schrank*, AZG[7] § 5 Rz 32 f die Unionsrechtswidrigkeit, weil von den 60 Stunden auf Grundlage aktueller Rsp des OGH mindestens 20 Stunden ohne echte Arbeitsbelastung sein müssen und daher 40 Stunden Vollarbeit so deutlich unter der Grenze von 48 Stunden seien, dass die Belastung aus diesen besonderen 60 Stunden an die zulässige Vollbelastung von 48 Stunden nicht heranreichen würde.

Vor diesem Hintergrund ist auch die mit 1. 1. 2015 in Kraft getretene Novelle des KA-AZG[65] zu sehen, welche eine stufenweise Verkürzung der zulässigen Arbeitszeit normiert.[66] Für Arbeitnehmer im Sinne des KA-AZG, die während der Arbeitszeit nicht durchgehend in Anspruch genommen werden (dh wenn Arbeitsbereitschaft vorliegt), können **durch Betriebsvereinbarung verlängerte Dienste** zugelassen werden, sofern dies aus wichtigen organisatorischen Gründen unbedingt erforderlich ist (§ 4 KA-AZG). Die Dauer eines verlängerten Dienstes darf 25 Stunden nicht überschreiten. Die Wochenarbeitszeit darf innerhalb eines Durchrechnungszeitraumes von 17 Wochen 48 Stunden, in den einzelnen Wochen des Durchrechnungszeitraumes 72 Stunden nicht überschreiten (§ 4 Abs 4 KA-AZG). Verlängerte Dienste sind nur begrenzt zulässig. Innerhalb eines Durchrechnungszeitraums von 17 Wochen dürfen im Durchschnitt höchstens sechs verlängerte Dienste pro Monat geleistet werden.

Vor der Novelle BGBl I 2014/76 waren bei verlängerten Ärzte-Diensten Höchstarbeitszeiten von 32 Stunden, bei Beginn des verlängerten Dienstes an einem Samstagvormittag sogar von 49 Stunden, vorgesehen. Die Wochenarbeitszeit war innerhalb eines Durchrechnungszeitraumes von 17 Wochen mit 60 Stunden begrenzt. Die Verkürzung erfolgt jedoch nur schrittweise, weswegen Übergangsbestimmungen seit dem 31. 12. 2020 eine Höchstdauer von 29 Stunden bei verlängerten Diensten von Ärzten sowie bis 30. 6. 2025 eine Wochenarbeitszeit von maximal 55 Stunden und bis 30. 6. 2028 52 Stunden im Durchrechnungszeitraum vorsehen (§ 4 Abs 4a und 4b KA-AZG).[67]

3.6. Gleitende Arbeitszeit (§ 4b AZG)

Im Gegensatz zur starren Arbeitszeitverteilung, bei der für jeden Arbeitstag im Vorhinein Beginn und Ende festliegt, kann der Arbeitnehmer bei gleitender Arbeitszeit selbst wählen, zu welcher Uhrzeit er seinen Arbeitstag beginnt und beendet. Er gewinnt dadurch eine gewisse Zeitsouveränität. Üblicherweise muss der Arbeitnehmer auch bei gleitender Arbeitszeit zu bestimmten Stunden im Betrieb anwesend sein (Block- oder **Kernzeit**), überdies wird festgelegt, wann die Arbeit frühestens begonnen werden darf und wann sie spätestens beendet werden muss. Innerhalb der dadurch fixierten Bandbreite (**Gleitzeitrahmen**) besitzt der Arbeitnehmer das Recht, seine tägliche Arbeitszeit unbeeinflusst vom Arbeitgeber selbst zu bestimmen.

Gleitzeit muss durch **Betriebsvereinbarung** geregelt werden. Besteht kein Betriebsrat, ist eine **schriftliche Vereinbarung** zwischen Arbeitgeber und Arbeitnehmer notwendig. Die Gleitzeitvereinbarung hat (1) die Dauer des Durchrechnungszeitraumes (Gleitzeitpe-

65 BGBl I 2014/76 mit Übergangsregelungen, die eine sukzessive Anpassung der Höchstgrenzen bis zum 30. 6. 2021 vorgesehen haben, die durch die Novelle BGBl I 2021/168 bis zum 30.6.2028 verlängert wurden (vgl dazu § 4 Abs 4a, 4b KA-AZG).

66 *Klein*, Novelle zum Krankenanstalten-Arbeitszeitgesetz, DRdA-infas 2015, 47.

67 Die Verkürzung der durchschnittlichen Wochenarbeitszeit auf maximal 55 Stunden war ursprünglich bis zum 30.6.2021 vorgesehen, wurde jedoch durch die Novelle BGBl I 2021/168 aufgrund eines erhöhten Arbeitsaufwands durch die Corona-Pandemie und darüber hinaus eines Ärztemangels (AB 838 BlgNR 27. GP 1) auf 30.6.2025 verschoben.

riode)[68] (2) den Gleitzeitrahmen, (3) das Höchstausmaß allfälliger Übertragungsmöglichkeiten von Zeitguthaben und Zeitschulden in die nächste Gleitzeitperiode[69] und (4) Dauer und Lage der fiktiven Normalarbeitszeit zu regeln (§ 4b Abs 3 AZG).

Die tägliche Normalarbeitszeit darf grds zehn Stunden nicht überschreiten, eine Verlängerung auf bis zu 12 Stunden ist seit 1. 9. 2018[70] jedoch dann zulässig, wenn in der Gleitzeitvereinbarung vorgesehen ist, dass das Zeitguthaben ganztägig verbraucht werden kann und ein Verbrauch in Zusammenhang mit einer wöchentlichen Ruhezeit nicht ausgeschlossen ist (§ 4b Abs 4 AZG). Eine Höchstgrenze des Durchrechnungszeitraums sieht das Gesetz nicht vor. Es gestattet sogar mehr als eine bloße Durchrechnung: Bis zu dem Ausmaß, in dem die Möglichkeit der Übertragung von Zeitguthaben in die nächste Gleitzeitperiode besteht, darf die durchschnittliche wöchentliche Normalarbeitszeit auch 40 Stunden überschreiten. Zu beachten sind allerdings die gesetzlichen Höchstgrenzen der wöchentlichen Arbeitszeit von 60 Stunden.

Bei Gleitzeitmodellen bleibt oft unklar, wie Zeiten des Arbeitsausfalls (zB Krankheit oder Urlaub) abzugelten sind, da im Vorhinein nicht bekannt ist, wie viele Stunden der Arbeitnehmer an den Ausfallstagen gearbeitet hätte. Da das AZG ausdrücklich die Vereinbarung einer fiktiven Normalarbeitszeit verlangt, ist in den Fällen der **Entgeltfortzahlung** von dieser **fiktiven Normalarbeitszeit auszugehen**.

3.7. Überstunden

Überstundenarbeit liegt bei **Überschreiten der gesetzlichen Normalarbeitszeit** vor. Das kann durch Überschreitung der wöchentlichen oder der täglichen Normalarbeitszeit erfolgen (§ 6 AZG). Gegenüber der Normalarbeitszeit zeichnet sie sich idR auch dadurch aus, dass sie nicht längerfristig im Vorhinein festliegt, sondern relativ kurzfristig anfällt. Überstunden dürfen nur in beschränktem Ausmaß geleistet werden und sind außerdem **zuschlagspflichtig** (50 % gem § 10 AZG, siehe unten 199 f).

Beispiel: Fällt an einem Tag die Arbeit aus und wird daraufhin an einem anderen Tag der Woche länger gearbeitet, als es die tägliche Normalarbeitszeit zulässt, fallen Überstunden an, auch wenn die wöchentliche Normalarbeitszeit insgesamt nicht überschritten wird. Wurde allerdings die wöchentliche Normalarbeitszeit durch **Kollektivvertrag (zB 38,5 Stunden)** oder Einzelvertrag unter die gesetzliche Normalarbeitszeit des § 3 AZG herabgesetzt, sind geleistete Arbeitsstunden (**Differenzstunden**) bis zur Erreichung der Wochenarbeitszeit des § 3 AZG **keine Überstunden** iSd AZG.[71] Für die 1,5 Stunden bis zur

68 Das Fehlen einer Gleitzeitperiode führt zur Rechtsunwirksamkeit der Gleitzeitvereinbarung, OGH 8 ObS 9/20m, DRdA 2021, 480 (*Mosing*).

69 Zu den engen Grenzen eines etwaigen Verfalls von Zeitguthaben am Ende einer Gleitzeitperiode vgl OGH 9 ObA 75/19y, JAP 2020, 34 (*Gerhartl*) = RdW 2020, 187 (*Sabara/Tuma*).

70 BGBl I 2018/53.

71 OGH 4 Ob 48/67, ZAS 1968, 152 (*Tomandl*); 4 Ob 84/75, DRdA 1976, 161 (*Wachter*); 4 Ob 72/77 (Feiertagsüberstunden); daran ändert auch die Tatsache nichts, dass für diese Differenzstunden in KollV häufig Zuschlagspflicht verankert ist (vgl etwa *Auer-Mayer* in *Auer-Mayer/Felten/Pfeil*, AZG[4] § 3 Rz 6; *Schrank* in *Schrank*, AZG[7] § 6 Rz 7).

gesetzlichen Normalarbeitszeit sind daher aufgrund von § 10 AZG keine Überstundenzuschläge zu bezahlen. Ebenso liegen **keine Überstunden** vor, wenn ein **Teilzeitbeschäftigter Mehrarbeit** gegenüber seiner vertraglichen Verpflichtung leistet, aber die gesetzlichen Normalarbeitszeitgrenzen nicht überschritten werden.[72]
Bei variablen Arbeitszeitformen und **Gleitzeitmodellen** bereitet die Definition der Überstundenarbeit oft Schwierigkeiten. Nach neuerer Ansicht wird bei gleitender Arbeitszeit in drei Fällen Überstundenarbeit angenommen: Erstens liegen Überstunden (**am Ende der Gleitzeitperiode**) vor, wenn die wöchentliche Normalarbeitszeit von 40 Stunden im Durchschnitt der Periode um mehr als das übertragungsfähige Zeitvolumen überschritten wurde (§§ 4b Abs 4, 6 Abs 1a AZG). Zweitens kommt es auch (**innerhalb von Gleitzeitperiode und Gleitzeitrahmen**) zu Überstunden, wenn die Normalarbeitszeit bei Gleitzeit von 10/12 bzw 50/60 Stunden überschritten wird oder der Arbeitgeber über die tägliche bzw wöchentliche (gesetzliche) Normalarbeitszeit von 40 Stunden hinaus Arbeitsleistung anordnet, also in das Gleitrecht eingreift. Drittens liegt auch ohne Überschreitung der Normalarbeitszeit Überstundenarbeit vor, wenn der Arbeitgeber **außerhalb des Gleitzeitrahmens** die Verrichtung von Diensten anordnet und damit in die Arbeitszeitsouveränität des Arbeitnehmers eingreift und nicht stattdessen eine Mehrstunde vorliegt (str).[73]

Die Zulässigkeit von Überstundenarbeit unterliegt aufgrund des AZG **mehrfachen Begrenzungen**. Damit steckt das AZG aber wiederum nur einen öffentlich-rechtlichen Rahmen ab. Ob der einzelne Arbeitnehmer tatsächlich verpflichtet ist, Überstunden zu leisten, muss dem Arbeitsvertrag (insb auch aufgrund der Treuepflicht) bzw der Betriebsvereinbarung und dem Kollektivvertrag entnommen werden. Besonderes gilt, sofern Überstunden die Tagesarbeitszeit von zehn Stunden oder die Wochenarbeitszeit von 50 Stunden überschreiten. In diesem Fall hat der Arbeitnehmer das Recht, diese ohne Angaben von Gründen abzulehnen („**Freiwilligkeitsgarantie**") und darf wegen einer derartigen Ablehnung insb hinsichtlich des Entgelts, der Aufstiegsmöglichkeiten sowie etwaiger Versetzung nicht benachteiligt werden. Wird dem Arbeitnehmer aufgrund einer solchen Weigerung gekündigt, so kann er die Kündigung innerhalb einer Frist von zwei Wochen bei Gericht anfechten (§ 7 Abs 6 AZG).[74]

Überstunden dürfen gem §§ 6 und 7 AZG nur zur Bewältigung eines **erhöhten Arbeitsbedarfs** geleistet werden. Sie sind daher nicht als Dauereinrichtung zulässig. Auch wenn der Arbeitnehmer grds zur Leistung von Überstunden verpflichtet ist, darf er dazu nur herangezogen werden, wenn es sich um gesetzlich zulässige Überstunden handelt und nach einer Abwägung der Arbeitgeber- und Arbeitnehmerinteressen keine **berücksich-**

72 Vgl im Detail *Risak*, Aktuelle Rechtsprobleme des Mehrarbeitszuschlags, ZAS 2009, 309.

73 Dahingehend etwa *Pfeil* in *Auer-Mayer/Felten/Pfeil*, AZG[4] § 4b Rz 8 ff; *Schrank* in *Schrank*, AZG[7] § 4b Rz 115, 117, 119; *Wolf* in *Gruber-Risak/Mazal*, Arbeitsrecht, Kap XI Rz 111; vgl auch *Mösing*, Gleitzeit und Überstunden, ecolex 2018, 1017 (1019) und *Jöst*, Die „neue" Gleitzeit, ecolex 2018, 796 (800); jedenfalls hinsichtlich der dritten Kategorie aA etwa *Risak*, ARD Spezial: Arbeitszeitpaket 2018, 33, der bereits 2004 einen wegweisenden Diskussionsbeitrag zu dieser Thematik beigesteuert hat (*Risak*, Überstunden bei Gleitzeit, ASoK 2004, 307).

74 Dieses Anfechtungsrecht besteht auch für Arbeitnehmer in nicht betriebsratspflichtigen Betrieben (vgl *Auer-Mayer* in *Auer-Mayer/Felten/Pfeil*, AZG[4] § 7 Rz 22); zu den Grenzen dieses Ablehnungsrechts (zB im Falle eines Betriebsnotstandes nach § 20 AZG) vgl etwa *Hitz*, Topthema: Das Recht der Ablehnung von Überstunden gemäß § 7 Abs 6 AZG, ASoK 2019, 92 (93).

tigungswürdigen Interessen des Arbeitnehmers (zB Familienpflichten) entgegenstehen (§ 6 Abs 2 AZG).[75] Sind solche vorhanden, ist eine Einteilung zu Überstundenleistung verboten.[76]

Überstundenarbeit iSd AZG kann nur vorliegen, wenn diese Mehrarbeit vom Arbeitgeber **angeordnet oder zumindest geduldet** und entgegengenommen wurde. Das ist insbesondere dann der Fall, wenn der Arbeitgeber dem Arbeitnehmer soviel Arbeit aufbürdet, dass dieser sie auch bei richtiger Zeiteinteilung nicht innerhalb der Normalarbeitszeit erledigen kann.[77] Mehrarbeit, von deren Leistung ein Arbeitgeber nichts weiß und deren Notwendigkeit er nicht erkennen musste, sind keine Überstunden.[78]

Der Arbeitnehmer kann also dem Arbeitgeber nicht unnotwendige, teure Überstunden aufdrängen.

Die Zulässigkeit von Überstunden ist auch **quantitativ begrenzt.** Bei erhöhtem Arbeitsbedarf sind wöchentlich maximal 20 Überstunden zulässig, wobei die Tagesarbeitszeit grds zwölf Stunden nicht überschreiten darf und innerhalb eines Durchrechnungszeitraumes von 17 Wochen die durchschnittliche Wochenarbeitszeit 48 Stunden nicht übersteigen darf (§ 7 Abs 1 AZG).

Der Gesetzgeber sieht in bestimmten Fällen **Überschreitungen** dieser Zeitgrenzen vor: Gem § 7 Abs 3 AZG ist im Fall der Ausdehnung der Normalarbeitszeit im Fall der **Arbeitsbereitschaft** eine Höchstarbeitszeit von 13 Stunden täglich zulässig. Überdies darf die Arbeitszeit täglich eine halbe Stunde bei **Vor- und Abschlussarbeiten** ausgedehnt werden (§ 8 Abs 1 AZG), grds aber nur bis zu einer maximalen Tagesarbeitszeit von 12 Stunden. Jedoch darf die Höchstarbeitszeit auch über 12 Stunden verlängert werden, wenn eine Vertretung des Arbeitnehmers durch andere Arbeitnehmer nicht möglich ist und die Heranziehung betriebsfremder Personen dem Arbeitgeber nicht zugemutet werden kann (§ 8 Abs 2 AZG).

Vor- und Abschlussarbeiten sind Tätigkeiten, die aus arbeitstechnischen oder wirtschaftlichen Gründen außerhalb der Normalarbeitszeit durchgeführt werden müssen:[79] Reinigung, Instandhaltung, andere Arbeiten, die zur Wiederaufnahme oder Aufrechterhaltung des Betriebes notwendig sind, abschließende Kundenbedienung samt Aufräumarbeiten.

Weitere Überstunden sind nur nach Genehmigung des **Arbeitsinspektorats** im Falle eines **dringenden Bedarfs** zulässig (§ 7 Abs 5 AZG), über 12 Stunden täglich und 60 Stunden wöchentlich allerdings nur im öffentlichen Interesse.

75 OGH 4 Ob 156/85 (Teilnahme am Feuerwehrausflug nicht ausreichend).

76 VwGH 0560/70; bei Anordnung von Überstunden gegen die Interessen des Arbeitnehmers werden aufgrund des vertragsrechtlichen Charakters dieser Regelung die Strafbestimmungen des § 28 AZG nicht zur Anwendung kommen (vgl *Strasser,* Mitbestimmung des Betriebsrates bei der Anordnung von Überstunden, FS Weißenberg (1980) 343 (347).

77 Vgl OGH 4 Ob 4/76.

78 Vgl OGH 4 Ob 90/73.

79 Vgl *Haslinger,* Überstundenprobleme im Arbeitszeitrecht, ZAS 1971, 54.

3.8. Rufbereitschaft und Reisezeit

Rufbereitschaft außerhalb der Arbeitszeit darf **nur an zehn Tagen pro Monat** vereinbart werden. Durch Kollektivvertrag kann zugelassen werden, dass Rufbereitschaft innerhalb eines Zeitraums von drei Monaten an 30 Tagen vereinbart werden kann. Die tägliche Ruhezeit darf unterbrochen werden, wenn innerhalb von zwei Wochen eine andere tägliche Ruhezeit um vier Stunden verlängert wird. Ein Teil der Ruhezeit muss mindestens acht Stunden betragen (§ 20a AZG).

Hat der Arbeitnehmer während einer **Reisezeit keine Arbeiten** zu verrichten (**passive Reisezeit**), wird die Reisezeit auf die Höchstdauer der Arbeitszeit nicht angerechnet. Bestehen während der Reise ausreichende Erholungsmöglichkeiten, kann die tägliche Ruhezeit verkürzt werden (zB Fahrt im Schlafwagen).[80] Bestehen keine ausreichenden Erholungsmöglichkeiten, kann die tägliche Ruhezeit durch Kollektivvertrag höchstens auf acht Stunden verkürzt werden. Verkürzungen der täglichen Ruhezeit sind allerdings nur zweimal pro Kalenderwoche zulässig (§ 20b AZG).

Probleme ergeben sich aber auch bei der **wöchentlichen Ruhezeit**. Reisebewegungen während der Wochenendruhe sind nur dann zulässig, wenn dies zur Erreichung des Reisezieles notwendig oder im Interesse des Arbeitnehmers gelegen ist (§ 10a ARG). Die Reisebewegung wird daher vom Gesetz im Ergebnis als Störung der Wochenendruhe gewertet. Dies gilt auch für Rufbereitschaften. Diese dürfen nur während zwei wöchentlichen Ruhezeiten pro Monat vereinbart werden (§ 6a ARG).

4. Ruhezeiten

4.1. Ruhepausen

Um dem Arbeitnehmer Erholungsmöglichkeiten bei länger dauernder Arbeit zu sichern, schreibt § 11 AZG Ruhepausen vor, die **nicht zur Arbeitszeit** zählen.[81] Eine Ruhepause ist nach einer Gesamtdauer von sechs Stunden vorzusehen und hat mindestens eine halbe Stunde zu betragen (mit Zustimmung des Betriebsrats ist die Teilung in zwei oder drei gleiche Teile zulässig)

> § 11 Abs 3 und 4 AZG sehen Sonderfälle von Pausen vor, die **zur Arbeitszeit** zählen (Kurzpausen bei Schicht- und Nachtschwerarbeitern; vgl § 11 Abs 6 AZG).

80 Durch KollV kann festgelegt werden, in welchen Fällen ausreichende Erholungsmöglichkeiten bestehen; vgl § 20b Abs 3 AZG.

81 Bereitschaftszeiten (zB eines Feuerwehrmannes, der durch Ruf über Funkgerät binnen zwei Minuten einsatzbereit sein muss) sind jedoch als Arbeitszeit zu qualifizieren, wenn die aufgelegten Einschränkungen die Möglichkeiten einer freien Zeitgestaltung objektiv erheblich beschränken, EuGH C-107/19, *Dopravní podnik hl. m. Prahy*.

4.2. Tägliche Ruhezeit

Zwischen dem Ende einer Tagesarbeit und dem Antritt der nächsten muss gem § 12 Abs 1 AZG eine gleichfalls der Erholung dienende, geschlossene Unterbrechung der Arbeit von **mindestens elf Stunden** liegen. Wird der Arbeitnehmer in der Verwendung seiner Zeit nur unwesentlich beeinträchtigt, ist im Einzelfall zu prüfen, ob er dadurch an der vom Gesetzgeber angestrebten Erholung gehindert wird.

Ist dies der Fall, können diese Unterbrechungen nicht zur Ruhezeit gerechnet werden, mögen sie auch keine Arbeitszeit sein. Allerdings darf hier nicht zu kleinlich verfahren werden, berücksichtigt man, dass die Wegzeiten zur und von der Arbeit vom Gesetzgeber der Ruhezeit zugerechnet werden.

Von dieser Regel werden in § 12 Abs 2 bis 2d AZG diverse Ausnahmen gemacht, insb etwa für geteilte Dienste im Gast-, Schank- und Beherbergungsgewerbe bzw für Saisonbetriebe (Abs 2a, 2b leg cit) oder für Schichtarbeit (Abs 2c leg cit). Eine Verkürzung der täglichen Ruhezeit auf unter acht Stunden kommt dabei grds nicht in Betracht.

Ein **geteilter Dienst** liegt dann vor, wenn die Tagesarbeitszeit durch eine Ruhepause unterbrochen und somit geteilt ist; entsprechende Modelle finden sich neben dem Gastgewerbe insb auch im Sozial- und im Transportbereich, wobei häufig KollV nähere Bestimmungen enthalten (vgl zB § 4 SWÖ-KV 2023 oder § 36 ÖRK-KV 2023).[82] Schwierig gestaltet sich die Qualifikation dieser Unterbrechungen dann, wenn sie in erheblichem Ausmaß aus Wegzeiten bestehen.[83]

4.3. Wöchentliche Ruhezeit

Einmal in jeder Arbeitswoche muss dem Arbeitnehmer gem § 12 Abs 3 AZG eine längere ununterbrochene Erholungsmöglichkeit gewährt werden: Sie muss **mindestens 36 Stunden** betragen und einen ganzen Kalendertag einschließen. Die Bestimmungen der § 12 Abs 3 und 4 AZG haben keine praktische Bedeutung mehr, weil für die meisten Arbeitnehmer die wöchentliche Ruhezeit durch das ARG geregelt wird.[84] Dem Anliegen einer ununterbrochenen Erholungsmöglichkeit von 36 Stunden dient ebenso das ARG, das allerdings unnötig kompliziert aufgebaut ist. Entspricht die Arbeitswoche der Kalenderwoche, so ist der Sonntag freizugeben (= **Wochenendruhe gem § 3 ARG**).

---

82 Die dazwischenliegenden Zeiten (die je nach Rechtsgrundlage regelmäßig zwischen einer und drei Stunden betragen müssen), gelten nach den für § 11 AZG geltenden Grundsätzen als Ruhepausen, wenn der Arbeitnehmer über sie frei verfügen kann und sie für ihn vorhersehbar sind (vgl OGH 9 ObA 121/19p); zuletzt 9 ObA 83/20a).

83 IdR gilt die Wegzeit als Freizeit (vgl OGH 4 Ob 50/68, ZAS 1969, 66 (krit *Andexlinger*); 4 Ob 72/71; 9 ObA 102/93; 9 ObA 8/18v; 9 ObA 6/09m); besteht die Unterbrechung dagegen zur Gänze aus Wegzeit, ist diese als Arbeitszeit zu qualifizieren (vgl idS OGH 9 ObA 47/11v; vgl auch *Gerhartl*, Entgelt für Wegzeiten bei geteilten Diensten, RdW 2012, 530).

84 § 12 Abs 3 und 4 AZG wurden durch § 31 Abs 2 Z 3 ARG verdrängt; die Bestimmungen sind nur für jene Arbeitnehmer von Bedeutung, auf die das ARG keine, das AZG aber schon Anwendung findet. Das sind insb Arbeitnehmer in Theaterbetrieben, für die aber mittlerweile in § 17 Abs 3–5 und § 44 TAG eigene Regelungen bestehen.

Die Wochenendruhe hat grundsätzlich spätestens am Samstag um 13 Uhr (bei notwendigen Abschlussarbeiten um 15 Uhr) zu beginnen, im Falle der Einarbeitung von Fenstertagen (Werktage, die zwischen zwei arbeitsfreien Tagen liegen) um 18 Uhr.

Ist Arbeit am Sonntag eingeplant, was etwa bei einer von der Kalenderwoche abweichenden Arbeitswoche (zB Mittwoch bis Dienstag) der Fall ist, ist anstelle des Sonntags rechtzeitig ein anderer Kalendertag ersatzweise als Ruhetag vorzusehen (= **Wochenruhe gem § 4 ARG**). Wochenendruhe und Wochenruhe werden unter dem Oberbegriff wöchentliche Ruhezeit zusammengefasst.

Es herrschte in der Literatur bisher die übereinstimmende Meinung, dass bei Konsumation der wöchentlichen Ruhezeit im Ausmaß von 36 Stunden die tägliche Ruhezeit von 11 Stunden in der wöchentlichen aufgeht und daher nicht kumulativ zu gewähren ist.[85] Der **EuGH** befasste sich in der Rs C-477/21, *MÁV-START*[86] mit dem Verhältnis von **wöchentlicher** und **täglicher Ruhezeit** und kam zum Ergebnis, dass es sich dabei um zwei autonome Rechte handelt, die **kumulativ** zu gewähren sind. Werden diese Rechte zusammenhängend in Anspruch genommen, darf die wöchentliche Ruhezeit erst dann beginnen, wenn die tägliche Ruhezeit konsumiert wurde. Der Umstand, dass das nationale Recht die Vorgaben der Arbeitszeit-RL übererfüllt, ändert nach Ansicht des EuGH daran nichts.[87] Nach österreichischem Recht müsste daher nach einer Arbeitsperiode zuerst die tägliche Ruhezeit von 11 Stunden und anschließend die wöchentliche Ruhezeit von 36 Stunden gewährt werden, zusammen somit **47 Stunden** (siehe unten Beispiel 1). Eine weitere Verlängerung kann sich dadurch ergeben, dass der Sonntag in die Wochenendruhe (vgl § 3 ARG) bzw ein ganzer Wochentag in die Wochenruhe (vgl § 4 ARG) zu fallen hat. Abhängig vom Ende einer Arbeitsperiode kann es aufgrund des Vorrangs des Konsums der täglichen Ruhezeit vorkommen, dass die wöchentliche Ruhezeit erst nach Mitternacht beginnt und daher nicht den ganzen folgenden Tag einschließt. Eine Sechstagewoche wäre somit weitgehend unmöglich (siehe unten Beispiel 2).[88]

Beispiel 1: Bei einer Fünftagewoche endet die Arbeitswoche am Freitag um 14 Uhr. Der Arbeitnehmer wird ausnahmsweise am Samstag von 8 bis 12 Uhr zur Arbeit herangezogen. Die nächste Arbeitswoche beginnt am Montag um 8 Uhr. Im Anschluss an die Arbeitsperiode am Samstag wird die tägliche Ruhezeit von 11 Stunden konsumiert. Erst danach beginnt die wöchentliche Ruhezeit von 36 Stunden. Folglich darf der Arbeitnehmer am Montag nicht schon um 8 Uhr, sondern erst um 11 Uhr zu arbeiten beginnen.

Beispiel 2: Gem § 22f ARG dürfen Arbeitnehmer im Handel an Samstagen bis zum Ende der erlaubten Öffnungszeit beschäftigt werden. Bei erlaubter Öffnungszeit bis 18 Uhr be-

85 *Stärker*, EU-Arbeitszeit-Richtlinie (2006), Art 2 Erl 4; *Schrank* in *Schrank*, AZG[7] § 2 Rz 2.

86 RdW 2023, 281 (*Lindmayr*) = RdM 2023, 106 (*Stärker*).

87 Gem Art 3 Arbeitszeit-RL ist eine tägliche Ruhezeit von 11 Stunden (§ 12 Abs 1 AZG sieht ebenso 11 Stunden vor) und gem Art 5 Arbeitszeit-RL eine wöchentliche Ruhezeit von 24 Stunden (§§ 3, 4 ARG sehen 36 Stunden vor) zu gewähren.

88 Vgl *Holuschka*, Das Verhältnis von wöchentlicher Ruhezeit und täglicher Ruhezeit iSd ArbeitszeitRL, ecolex 2023, 365; *Schrank*, Bringt der EuGH auch unser Ruhezeitsystem ins Wanken? RdW 2023, 233.

ginnt im Anschluss die tägliche Ruhezeit. Am Sonntag um 5 Uhr beginnt die wöchentliche Ruhezeit zu laufen, die einen ganzen Wochentag einschließen muss. Folglich dürfte der Arbeitnehmer erst wieder am Dienstag beschäftigt werden.

Inwieweit sich das Urteil des EuGH auf die österreichischen Bestimmungen auswirkt, bleibt vorerst unklar und wird von der Auslegung durch die Rsp abhängen.

Ergibt sich kurzfristig die Notwendigkeit, dass der Arbeitnehmer während der bereits eingeteilten wöchentlichen Ruhezeit zur Arbeitsleistung herangezogen werden muss, hat ihm der Arbeitgeber in der folgenden Arbeitswoche **Ersatzruhe** (§ 6 ARG) zu gewähren. Wurde nichts anderes vereinbart, hat die Ersatzruhe unmittelbar vor dem Beginn der nachfolgenden wöchentlichen Ruhezeit zu liegen. Ob Ersatzruhe gebührt, wenn dem Arbeitnehmer trotz seiner zusätzlichen Arbeitsleistung vor dem Beginn der neuen Arbeitswoche eine 36-stündige Ruhezeit verblieben ist, ist im Lichte der EuGH-Rsp[89] fraglich.[90]

Während der Ersatzruhe darf ein Arbeitnehmer nur in außergewöhnlichen Fällen (§§ 11, 14 ARG) beschäftigt werden. In diesem Fall ist die Ersatzruhe nachzuholen. Während der nachgeholten Ersatzruhe ist eine Beschäftigung des Arbeitnehmers nur zur unmittelbaren Gefahrenabwehr und bei Notstand zulässig. Für diese Arbeit gebührt jedoch keine weitere Ersatzruhe.

4.4. Feiertagsruhe

Neben dem **Verbot der Sonntagsarbeit**, das sich aus der vorgeschriebenen Wochenendruhe ergibt, ist auch die Arbeit an **gesetzlichen Feiertagen verboten**. Die Ruhezeit hat 24 Stunden zu betragen und zwischen 0 und 6 Uhr zu beginnen (§ 7 ARG).

Eine Aufzählung der Feiertage iSd ARG findet sich in § 7 Abs 2 leg cit. Der ursprünglich nur für bestimmte Religionsangehörige als Feiertag qualifizierte Karfreitag wurde infolge eines EuGH-Urteils[91] aufgehoben; im Gegenzug wurde in § 7a ARG der neue „persönliche Feiertag" eingeführt (vgl ausf unten 233).

Das ARG enthält einen umfangreichen **Katalog von Ausnahmen von der Wochenend- und Feiertagsruhe** (§§ 10 ff ARG). Weitere Ausnahmen können durch Kollektivvertrag und Betriebsvereinbarung vorgesehen werden.

Der KollV kann Ausnahmen vorsehen, sofern dies zur Verhinderung eines wirtschaftlichen Nachteils sowie zur Sicherung der Beschäftigung erforderlich ist (§ 12a ARG). Seit 1. 9. 2018[92] ist es zudem bei vorübergehend auftretendem Arbeitsbedarf möglich, durch Betriebsvereinbarung Ausnahmen zuzulassen. Derartige Ausnahmen können an vier Wochenenden oder Feiertagen im Jahr erfolgen und sind in Betrieben ohne Betriebsrat durch Einzelvereinbarung möglich (§ 12b ARG).

89 EuGH C-477/21, *MÁV-START* (vgl 185).
90 Vgl dazu OGH 9 ObA 164/91.
91 EuGH C-193/17, *Cresco Investigation*.
92 BGBl I 2018/53.

Werden Arbeitnehmer an Sonn- oder Feiertagen beschäftigt, können sie die Gewährung der zur Erfüllung ihrer religiösen Pflichten erforderlichen Freizeit verlangen, sofern sich dies betrieblich ermöglichen lässt (§ 8 ARG).

Für die aufgrund eines Feiertags ausfallende Arbeit behält der Arbeitnehmer seinen Anspruch auf Entgelt (Feiertagsentgelt). Wird ein Arbeitnehmer am Feiertag tatsächlich beschäftigt, erhält er zusätzlich Entgelt für die geleistete Arbeit (also de facto einen Zuschlag von 100 % auf das Arbeitsentgelt).

5. Sonderbestimmungen für bestimmte Arbeitnehmergruppen

Die Arbeitszeit der **Lenker von Kraftfahrzeugen** ist in weiten Bereichen durch die **Lenkzeitenverordnung** (EG) 561/2006 über die Harmonisierung bestimmter Sozialvorschriften im Straßenverkehr[93] geregelt. Diese Bestimmungen sind in Österreich unmittelbar anwendbar. Die Lenkzeitenverordnung lässt eine Besserstellung der Arbeitnehmer durch innerstaatliche Rechtsvorschriften nicht zu. Für Lenker und Beifahrer von Kraftfahrzeugen, die in den Geltungsbereich der Lenkzeitenverordnung fallen, sind ausschließlich die Regelungen dieser Verordnung anwendbar.

Für Arbeitnehmer, die in öffentlichen Verkehrsunternehmungen tätig sind, enthalten die §§ 18 ff AZG Sonderbestimmungen.

Für **werdende und stillende Mütter** enthält das MSchG ein generelles Arbeitsverbot zwischen 20 und 6 Uhr, das nur sehr geringe Ausnahmen zulässt. Weiters wird die wöchentliche Höchstarbeitszeit für werdende und stillende Mütter mit 40 Stunden angesetzt und jede Überschreitung der gesetzlichen oder kollektivvertraglichen Tagesarbeitszeit sowie Sonn- und Feiertagsarbeit verboten. Stillenden Müttern wird ein Anspruch auf angemessene Stillzeit eingeräumt.

Das KJBG beschränkt für **Jugendliche** die Tagesarbeitszeit grds auf acht Stunden und die Wochenarbeitszeit auf 40 Stunden. Unterrichtszeit in der Berufsschule gilt als Arbeitszeit. Für Jugendliche besteht weiters ein grundsätzliches Verbot der Nachtarbeit (zwischen 20 und 6 Uhr) sowie der Sonn- und Feiertagsarbeit. Sie haben nach einer Arbeitsdauer von viereinhalb Stunden Anspruch auf eine halbstündige Ruhepause: ihre tägliche Ruhezeit hat mindestens zwölf Stunden, ihre wöchentliche Ruhezeit mindestens 43 Stunden zu betragen. Auch das KJBG kennt eine Fülle von Ausnahmen.

93 ABl L 2006/102, 1.

6. Notfälle

Die dargestellten Schutzbestimmungen des Arbeitszeitrechts gelten nicht für – vom Gesetz sehr eng definierte – Notfälle.[94] § 20 AZG regelt Ausnahmen von den Arbeitszeitbeschränkungen für **außergewöhnliche Fälle**: Die Arbeitszeitbeschränkungen finden keine Anwendung auf vorübergehende und unaufschiebbare Arbeiten, die zur Abwendung einer unmittelbaren Gefahr für die Sicherheit des Lebens oder für die Gesundheit von Menschen oder bei Notstand sofort vorgenommen werden müssen, oder zur Behebung einer Betriebsstörung oder zur Verhütung des Verderbens von Gütern oder eines sonstigen unverhältnismäßigen wirtschaftlichen Sachschadens erforderlich sind, wenn unvorhergesehene und nicht zu verhindernde Gründe vorliegen und andere zumutbare Maßnahmen zur Erreichung dieses Zweckes nicht getroffen werden können (**Betriebsnotstand**). Das Arbeitsinspektorat ist zu verständigen.

7. Vertragsrechtliche Bestimmungen

Literatur: Vgl die Literaturangaben bei *Mosler* in Zeller Kommentar³, AZG §§ 19c – 19g; *Drs*, Kurzarbeit, DRdA 2010, 203; *Klein*, Möglichkeiten und Grenzen flexibler Teilzeitarbeit, FS Cerny (2001) 219; *Kietaibl*, Flexibilisierungsmöglichkeiten im Arbeitsverhältnis, ASoK 2008, 370; *Mosler*, Arbeitsrechtliche Probleme der Teilzeitbeschäftigung, DRdA 1999, 338; *Mosler*, Beschäftigung nach Bedarf – arbeitsrechtliche Grenzen der flexiblen Teilzeitarbeit, DRdA 2002, 461; *Resch*, Rechtsfragen der Teilzeitbeschäftigung, DRdA 1993, 97; *Tomandl/Schrammel*, Aktuelle Arbeitszeitprobleme (2008).

7.1. Dauer und Verteilung der Arbeitszeit

Die §§ **19b ff AZG** enthalten vertragsrechtliche Regelungen, die den öffentlich-rechtlichen Arbeitszeitschutz ergänzen. Sie bezwecken insb den Schutz der Zeiteinteilung (Freizeit, Vereinbarkeit von Beruf und Familie) sowie einen Entgelt- und Diskriminierungsschutz (für Teilzeitbeschäftigte).[95]

Innerhalb der durch das AZG und den Kollektivvertrag (ausnahmsweise auch durch die Betriebsvereinbarung) abgesteckten Grenzen erfolgt die **Festlegung der Dauer der Arbeitszeit** durch den **Arbeitsvertrag**.

Die **Verteilung der Arbeitszeit** kann durch Betriebsvereinbarung erfolgen. Beginn und Ende der täglichen Arbeitszeit, die Dauer und Lage der Arbeitspausen und die Verteilung der Arbeitszeit auf die einzelnen Wochentage kann durch eine erzwingbare **Betriebsvereinbarung gem § 97 Abs 1 Z 2 ArbVG** generell festgesetzt werden. Da hierbei sowohl auf die jeweilige betriebliche Situation als auch auf die speziellen Interessen der Belegschaft Rücksicht zu nehmen ist, kommt eine kollektivvertragliche Regelung aus praktischen

94 Vgl *Haslinger*, Überstundenprobleme im Arbeitszeitrecht, ZAS 1971, 56; OGH 4 Ob 8/65, ZAS 1967, 11 (*Gürtler*).

95 *Mosler* in ZellKomm³, AZG § 19b Rz 2.

Gründen nicht in Betracht. Änderungen solcher generellen Arbeitszeitpläne (die auch ein Schichtplan, eine Gleitzeitvereinbarung udgl sein können), die für längere Dauer gedacht sind, können ebenfalls nur in Form einer erzwingbaren Betriebsvereinbarung erfolgen.

Steht **keine Betriebsvereinbarung** in Geltung, sind die **Lage der Normalarbeitszeit** und ihre Änderung **einzelvertraglich** zu vereinbaren (§ 19c Abs 1 AZG).

Eine **einseitige Änderung** der festgelegten Normalarbeitszeit durch Weisung des Arbeitgebers gem § 19c Abs 2 AZG ist nur zulässig, wenn die Änderung sachlich gerechtfertigt ist, dem Arbeitnehmer die Lage der Normalarbeitszeit für die jeweilige Woche mindestens **zwei Wochen im Vorhinein mitgeteilt** wird und berücksichtigungswürdige Interessen des Arbeitnehmers der Arbeitszeiteinteilung nicht entgegenstehen. Das Gesetz verlangt weiters, dass der einseitigen Einteilung bzw Änderung der Arbeitszeiteinteilung keine Vereinbarung entgegensteht. Da die Arbeitszeiteinteilung aber immer einer Vereinbarung bedarf, von der abgewichen werden soll, kann die gesetzliche Regelung nur bedeuten, dass die „Grundvereinbarung“ eine einseitige Änderung der Arbeitszeitverteilung nicht ausschließen darf.

Die Vorankündigungsfrist muss nach § 19c Abs 3 AZG nicht eingehalten werden, wenn dies in unvorhergesehenen Fällen zur Verhinderung eines unverhältnismäßigen wirtschaftlichen Nachteils erforderlich ist und andere Maßnahmen nicht zumutbar sind.
Ein einseitiges Abweichen von der betriebsüblichen Arbeitszeit ist immer dann möglich, wenn diese gesetzwidrig ist und eine gesetzeskonforme Arbeitszeiteinteilung auf vertraglicher Basis nicht zustande kommt.[96]

Die Vereinbarung über die Lage der Normalarbeitszeit kann auch **konkludent** erfolgen.[97] Bei Fehlen einer ausdrücklichen Regelung wird die betriebsübliche Arbeitszeit als vereinbart gelten.

Überstundenleistungen können vereinbart, aber auch einseitig angeordnet werden. Die einseitige Anordnung unterliegt allerdings Beschränkungen. Hat sich der Arbeitnehmer nicht verpflichtet, Überstunden auf Anordnung des Arbeitgebers zu leisten, so ist Grundlage seiner Leistungspflicht lediglich seine Treuepflicht. Dabei ist in jedem Einzelfall die Dringlichkeit der Überstundenarbeit (Notsituation) mit entgegenstehenden Interessen des Arbeitnehmers abzuwägen. Fällt diese Abwägung zu Gunsten des Arbeitnehmers aus, verletzt er jedenfalls seine arbeitsvertraglichen Pflichten nicht, wenn er die Überstundenleistung ablehnt. Siehe bereits oben 180 f eingehend zur allgemeinen Zulässigkeit von Überstundenarbeit und zum mit der Arbeitszeitnovelle 2018 eingeführten Ablehnungsrecht des Arbeitnehmers hinsichtlich angeordneter Überstundenleistung nach § 7 Abs 6 AZG, wenn dadurch bestimmte Arbeitszeitgrenzen überschritten würden (sog „Freiwilligkeitsgarantie“).

96 OGH 9 ObA 159/95.
97 OGH 8 ObA 116/02w; 8 ObA 314/01m.

7.2. Teilzeitarbeit

Teilzeitarbeit liegt vor, wenn die mit einem Arbeitnehmer vereinbarte Wochenarbeitszeit die gesetzliche Normalarbeitszeit oder eine durch Normen der kollektiven Rechtsgestaltung festgelegte kürzere Normalarbeitszeit im Durchschnitt unterschreitet (§ 19d AZG). Damit werden zwei verschiedene Formen der Arbeitszeitgestaltung erfasst: (1) tägliche Arbeit in reduziertem Ausmaß und (2) volle tägliche Arbeit, aber nur an einzelnen Tagen der Woche oder des Monats.

Das **Ausmaß** der Teilzeitarbeit ist zu vereinbaren. Auch die **Lage** der Arbeitszeit bedarf einer Vereinbarung, wenn Normen der kollektiven Rechtsgestaltung keine Arbeitszeiteinteilung enthalten. Die Regelung über die zu vereinbarende Teilzeitarbeit ist **zwingender** Natur (§ 19g AZG). Das Gesetz lässt offen, welche Konsequenzen zu ziehen sind, wenn die Vereinbarung über das Arbeitsausmaß fehlt. Da für die Vereinbarung des Arbeitsausmaßes keine bestimmte Form gefordert ist, kann die geforderte Vereinbarung jedenfalls auch konkludent getroffen werden.[98] Ob eine zumindest konkludente Vereinbarung über das Ausmaß der Teilzeitarbeit vorliegt, ist nach den allgemeinen Auslegungsgrundsätzen (§§ 914 f ABGB) zu ermitteln. Dabei ist auf die Absicht der Arbeitsvertragsparteien sowie auf die Übung des redlichen Verkehrs abzustellen. Wenn etwa zu Beginn des Arbeitsverhältnisses eine Beschäftigung im Ausmaß von zwei bis drei Tagen pro Woche in Aussicht gestellt wurde und dieses Beschäftigungsausmaß dann auch tatsächlich geleistet wird, kann man wohl auf den Willen der Vertragsparteien schließen, dass dieses Arbeitsausmaß als vereinbart gilt.[99] Kann aus den Umständen bei Vertragsabschluss noch nicht auf ein konkretes Arbeitsausmaß geschlossen werden, so ist zu fragen, ob aus der **faktischen Gestaltung** der Rechtsbeziehung auf eine konkrete Arbeitszeitvereinbarung geschlossen werden kann. Haben die Parteien in einem Beobachtungszeitraum kontinuierlich Arbeitsleistungen erbracht und entgegengenommen, ist anzunehmen, dass die **durchschnittlich geleisteten Arbeitsstunden** als vereinbarte Arbeitszeit im Sinne des § 19d AZG zu gelten haben.

Unzulässig sind somit Vereinbarungen, die dem Arbeitgeber eine freie Gestaltung über Dauer und Lage der Arbeitszeit einräumen.[100] Der **„Arbeit auf Abruf“** (**„Bedarfsarbeitsverhältnisse“**) wurde durch die Judikatur eine Absage erteilt. Anstelle der – nichtigen – freien Verfügungsmöglichkeit des Arbeitgebers ist eine angemessene Teilzeitarbeit anzunehmen. Die Angemessenheit wird vom OGH anhand des „normalen“ Arbeitsbedarfs bei Beginn des Vertragsverhältnisses geprüft. Dabei ist primär davon auszugehen, was aus dem Erklärungsverhalten der Vertragsparteien abzuleiten ist. In weiterer Folge kann dies auch aus dem faktischen Vollzug erschlossen werden. Insoweit bietet der Durchschnitt des

98 *Mosler*, Arbeitsrechtliche Probleme der Teilzeitbeschäftigung, DRdA 1999, 338.
99 *Klein*, Möglichkeiten und Grenzen flexibler Teilzeitarbeit, FS Cerny 219.
100 OGH 8 ObA 116/04y, DRdA 2005, 417 (*Schwarz*) = ZAS 2006, 78 (*Schrank*); 8 Ob A 277/01w; dazu *Mosler*, Beschäftigung nach Bedarf – arbeitsrechtliche Grenzen der flexiblen Teilzeitarbeit, DRdA 2002, 461; *Kietaibl*, Flexibilisierungsmöglichkeiten im Arbeitsverhältnis, ASoK 2008, 370.

geleisteten Arbeitsausmaßes einen guten Anhaltspunkt. Bezüglich der Lage der Arbeitszeit ist bei fehlender Vereinbarung grds davon auszugehen, dass die erste tatsächliche Fixierung der Arbeitszeit das Anbot des Arbeitgebers für die Vereinbarung der Lage der Arbeitszeit ist.

Dem Schutz teilzeitbeschäftigter Arbeitnehmer dienen vor allem **Beschränkungen der Mehrarbeit**. Über das vereinbarte Ausmaß der Arbeit sind Teilzeitbeschäftigte zur Mehrarbeit nur dann verpflichtet, wenn dies gesetzlich, kollektivvertraglich oder einzelvertraglich vorgesehen ist, ein erhöhter Arbeitsbedarf vorliegt bzw Vor- und Abschlussarbeiten zu verrichten sind und berücksichtigungswürdige Interessen des Arbeitnehmers der Mehrarbeit nicht entgegenstehen. Für Mehrarbeitsstunden gebührt überdies ein **Zuschlag von 25%** (dazu unten 200 f).

Ein flexibles Beschäftigungsmodell in Richtung „**Arbeit auf Abruf**" könnte man über eine einzelvertragliche Vereinbarung zur Mehrarbeit anstreben. Die Regelungen zur Mehrarbeit zeigen allerdings, dass Mehrarbeit nur ausnahmsweise angeordnet werden soll. Vereinbarungen, die ein geringes Arbeitszeitausmaß verbunden mit der Verpflichtung zur Mehrarbeit nach Bedarf des Arbeitgebers vorsehen, sind daher als Umgehung des AZG unwirksam.[101] Als vereinbarte Arbeitszeit wird wiederum das durchschnittliche Arbeitszeitausmaß gelten.[102]

Teilzeitbeschäftigte Arbeitnehmer dürfen gem § 19d Abs 6 AZG wegen der Teilzeitbeschäftigung gegenüber vollzeitbeschäftigten Arbeitnehmern **nicht benachteiligt** werden, es sei denn, sachliche Gründe rechtfertigen eine unterschiedliche Behandlung.[103] Freiwillige Sozialleistungen sind jedenfalls in dem Ausmaß zu gewähren, das dem Verhältnis der regelmäßig geleisteten Arbeitszeit zur gesetzlichen oder kollektivvertraglichen Normalarbeitszeit entspricht. Dieses Diskriminierungsverbot besteht unabhängig davon, ob es sich um männliche oder weibliche Arbeitskräfte handelt. Das Gleichbehandlungsgebot des § 19d Abs 6 AZG richtet sich sowohl gegen den Arbeitgeber als auch an die Kollektivvertragsparteien.[104]

Der EuGH hat entschieden, dass auch Kinderzulagen nach dem *Pro-rata-temporis*-Grundsatz entsprechend dem Ausmaß der Arbeitszeit des Teilzeitbeschäftigten bloß anteilig ausbezahlt werden dürfen.[105]

Zu beachten ist, dass der EuGH eine unterschiedliche Behandlung von Teilzeitkräften gegenüber Vollzeitkräften (zB Einbeziehung in Betriebspensionsregeln) in vielen Fällen als **mittelbare Diskriminierung nach dem Geschlecht** ansieht, weil vor allem Frauen in Teilzeit arbeiten und daher von jeder Schlechterstellung der Teilzeitarbeitskräfte überwiegend Frauen betroffen werden.[106] In diesem Fall kann sich die Teilzeitbeschäftigte unmittelbar auf Art 157 AEUV bzw auf das GlBG berufen. Das GlBG gewährt im Gegensatz

101 *Felten* in *Auer-Mayer/Felten/Pfeil*, AZG^4 § 19d Rz 19.
102 *Mosler* in ZellKomm^3, AZG § 19d Rz 30.
103 Vgl dazu auch die Teilzeitrichtlinie 97/81/EG, ABl L 1998/14, 9.
104 *Resch*, Rechtsfragen der Teilzeitbeschäftigung, DRdA 1993, 97 (105).
105 EuGH C-476/12, *Österreichischer Gewerkschaftsbund*.
106 Vgl zB EuGH 96/80, *Jenkins* (Stundenlohnsätze); EuGH C-243/95, *Hill/Stapleton* (Einstufung nach Wechsel von Teilzeit- auf Vollarbeit).

zum AZG auch Anspruch auf immateriellen Schadenersatz für die durch die Diskriminierung erlittene persönliche Beeinträchtigung.

In diesem Zusammenhang stellt sich die Frage, ob nicht auch die Differenzierung zwischen dem Überstundenzuschlag von 50% und dem Mehrarbeitszuschlag für Teilzeitbeschäftigte von 25% eine unzulässige Diskriminierung von Teilzeitbeschäftigten ist. Der EuGH hat in C-399/92, *Helmig* entschieden, dass der Überstundenzuschlag von 50% gegenüber einer (damaligen) Nichtabgeltung von Mehrarbeitsstunden bei Teilzeitbeschäftigten gerechtfertigt ist, da der Regelungszweck des Überstundenzuschlags im Schutz vor körperlicher Überlastung liegt und eine solche erst ab einer bestimmten Höchstarbeitszeit eintritt. Im Anschluss an dieses Urteil wird auch die Differenzierung zwischen Überstundenzuschlag und Mehrarbeitszuschlag gerechtfertigt sein, da letzterer nur die erhöhte Flexibilität der Teilzeitbeschäftigten abgilt, nicht dagegen eine gesundheitliche Überbelastung.

7.3. Abbau von Zeitguthaben

§ 19f Abs 1 AZG trifft Regelungen für den Abbau von Zeitguthaben, die bei den Durchrechnungsmodellen gem § 4 Abs 4 und 6 AZG (Arbeitnehmer in Verkaufsstellen iS des ÖffnungszeitenG bzw sonstige AN im Handel und andere) entstehen können. Der Zeitpunkt des Ausgleichs von Zeitguthaben kann im Vorhinein nur schwer festgelegt werden. Wird der Ausgleich **nicht innerhalb von 13 Wochen** gewährt, kann der Arbeitnehmer den Zeitpunkt im Ausmaß einer wöchentlichen Normalarbeitszeit **einseitig bestimmen**. Voraussetzung ist allerdings, dass Kollektivvertrag oder Betriebsvereinbarung keine anderen Regelungen treffen. Der Arbeitnehmer muss dem Arbeitgeber den Zeitpunkt rechtzeitig bekanntgeben.

7.4. Sonderformen verkürzter Arbeitszeit

7.4.1. Kurzarbeit

Kurzarbeit liegt vor, wenn aufgrund wirtschaftlicher oder betrieblicher Notwendigkeit eine vorübergehende Reduktion der Arbeitszeit mit entsprechender Entgeltkürzung vorgenommen wird, um Arbeitslosigkeit zu vermeiden. Als Rechtsgrundlage für die Arbeitszeitverkürzung kommt eine einzelvertragliche Vereinbarung zwischen dem Arbeitgeber und dem Arbeitnehmer, eine Betriebsvereinbarung oder ein Kollektivvertrag in Frage.[107] Der Arbeitgeber kann bei der Arbeitsmarktverwaltung die Gewährung von **Kurzarbeitsbeihilfen** gem §§ 37b und 37c AMSG[108] beantragen. Die Kurzarbeitsbeihilfe dient dem teilweisen Ersatz der zusätzlichen Aufwendungen des Arbeitgebers für die **Kurzarbeitsunterstützung** an die Arbeitnehmer sowie für die Beiträge zur Sozialversicherung und zur betrieblichen Mitarbeitervorsorge.

107 Vgl dazu *Mazal*, Rechtsfragen der Einführung von Kurzarbeit, ZAS 1988, 83; *Schrammel*, Betriebsvereinbarungen über die Arbeitszeit, in *Tomandl* (Hg), Probleme des Einsatzes von Betriebsvereinbarungen (1983) 52.

108 IdF BGBl I 2009/12.

Die Gewährung der Beihilfen setzt voraus, dass

- der Betrieb durch vorübergehende, nicht saisonbedingte wirtschaftliche Schwierigkeiten betroffen ist;
- die regionale Geschäftsstelle des AMS rechtzeitig verständigt wurde und in einer zwischen dem AMS und dem Arbeitgeber erfolgten Beratung keine andere Lösungsmöglichkeit für die bestehenden Beschäftigungsschwierigkeiten gefunden worden ist und, dass
- die zuständigen Kollektivvertragspartner die Leistung einer Entschädigung während der Kurzarbeit an die Arbeitnehmer (Kurzarbeitsunterstützung), die näheren Bedingungen der Kurzarbeit sowie die Aufrechterhaltung des Beschäftigtenstandes vereinbaren (**Sozialpartnervereinbarung**).

Der erste großflächige Einsatz des Kurzarbeitsmodells war in der **Weltwirtschaftskrise 2008/09** zu verzeichnen, in deren Verlauf insgesamt 57.000 Kurzarbeitsplanstellen bewilligt wurden, wobei nur zwei Drittel der angemeldeten Projekte durchgeführt wurden.[109] Im Zuge der Corona-Pandemie wurde das COVID-19-Kurzarbeitsmodell zur Linderung der ökonomischen Folgen und zur Sicherung des Bestandes von Arbeitsverhältnissen eingeführt. Von März 2020 bis Dezember 2022 waren rund 1,3 Mio Personen in Kurzarbeitsprojekten einbezogen.[110] Sämtliche Sonderregeln der Kurzarbeit für den Zeitraum der Pandemie laufen mit Ende September 2023 aus. Ab Oktober 2023 gilt wieder das ursprüngliche Modell.[111]

7.4.2. Solidaritätsprämienmodell

Kollektivvertrag oder Betriebsvereinbarung können Rahmenregelungen zur Herabsetzung der Normalarbeitszeit im Rahmen eines **Solidaritätsprämienmodells** treffen (§ 13 AVRAG), dh dass gleichzeitig mit der Arbeitszeitverkürzung Ersatzarbeitskräfte durch den Arbeitgeber eingestellt werden. Die Herabsetzung der Normalarbeitszeit bedarf aber jedenfalls einer **Vereinbarung** zwischen Arbeitgeber und Arbeitnehmer, die sich im kollektivrechtlich vorgegebenen Rahmen zu bewegen hat.

Zur Erreichung der **arbeitsmarktpolitischen Zielsetzung**, nämlich der Verteilung von Arbeit, sieht § 37a AMSG eine **Beihilfe** an den Arbeitgeber unter der Bedingung vor, dass dem Arbeitnehmer mindestens die Hälfte seines Lohnausfalls ersetzt wird, dass arbeitslose oder notstandshilfebeziehende Ersatzarbeitskräfte eingestellt werden und dass für die Berechnung der Abfertigung auch bei langfristiger Arbeitszeitreduktion das vorhergehende Beschäftigungsausmaß für die Abfertigung zugrunde gelegt wird.

109 Vgl ausf hierzu *Drs*, Kurzarbeit, DRdA 2010, 203.
110 Bericht gem § 13 Abs 1a AMPFG, III-868 dB 27. GP 7.
111 IA 3318/A 27. GP 1; BGBl I 2023/61.

7.4.3. Altersteilzeit

Große praktische Bedeutung genießt die Möglichkeit, Altersteilzeit in Anspruch zu nehmen, um älteren Arbeitnehmern (mit Zustimmung des Arbeitgebers) einen gleitenden Übergang in die Pension zu verschaffen. Gemäß § 14 Abs 1 AVRAG kann ein Arbeitnehmer, der das 50. Lebensjahr vollendet hat, mit seinem Arbeitgeber die Herabsetzung der Normalarbeitszeit vertraglich vereinbaren. Als Altersteilzeitvereinbarung wird auch eine Blockzeitvereinbarung angesehen: Der in Altersteilzeit befindliche Arbeitnehmer arbeitet zunächst Vollzeit bei reduziertem Entgelt und erwirbt ein Zeitguthaben, das er in einer darauffolgenden Freizeitphase bei aufrechtem Dienstverhältnis mit gleichermaßen reduzierter Entgeltpflicht verbraucht.[112]

Für bestimmte Altersteilzeitvereinbarungen gebührt dem Arbeitgeber ein **Altersteilzeitgeld** aus der **Arbeitslosenversicherung** (gem § 27 AlVG), das sicherstellen soll, dass der Arbeitnehmer eine deutlich geringere Entgelteinbuße erleidet als sie der Herabsetzung seiner Arbeitszeit entsprechen würde.[113]

Altersteilzeitgeld gebührt gem § 27 Abs 2 AlVG für längstens fünf Jahre und setzt voraus, dass der ältere Arbeitnehmer in spätestens sieben Jahren das Regelpensionsalter vollendet, in den letzten 25 Jahren 780 Wochen arbeitslosenversicherungspflichtig beschäftigt war, mit dem Arbeitgeber eine Reduktion der Arbeitszeit vereinbart hat (auf 40 bis 60 % der ursprünglichen Normalarbeitszeit), dass der Arbeitgeber dem Arbeitnehmer den mit der Reduktion verbundenen Entgeltausfall zum Teil ausgleicht, volle Sozialversicherungsbeiträge weiterzahlt und die Berechnung der Abfertigung auf Basis der ursprünglichen Normalarbeitszeit zusichert.

Durch die Novelle BGBl I 2012/35 der Altersteilzeit kann erstmals bei nicht in Anspruch genommener Vorzeitigkeitspension Altersteilzeitgeld bis zum Regelpensionsanspruch gebühren. Dies soll ua einen Beitrag zur Anhebung des faktischen Pensionsalters leisten.[114] Diese Möglichkeit gilt ebenfalls für Altfälle, ist jedoch nicht auf Blockzeitvereinbarungen anzuwenden.

Leistet der Arbeitnehmer über die Altersteilzeit hinaus Mehrarbeit, die üblicherweise zu einem Einkommen führt, das die Geringfügigkeitsgrenze für den Kalendermonat gem § 5 Abs 2 ASVG überschreitet, gebührt dem Arbeitgeber für diesen Zeitraum kein Altersteilzeitgeld (Ruhen des Anspruches gem § 28 AlVG).

112 *Marhold/Brameshuber/Friedrich*, Österreichisches Arbeitsrecht[4] (2021) 117 f.
113 *Pfeil* in ZellKomm[3], AVRAG § 14 Rz 15.
114 ErläutRV 1685 BlgNR 24. GP 58.

7.4.4. Bildungsteilzeit

In Ergänzung zur Bildungskarenz (vgl dazu 77 f) wurde mit dem Sozialrechtsänderungsgesetz 2013[115] für Arbeitnehmer, die seit mindestens 6 Monaten mit gleichbleibender Normalarbeitszeit beschäftigt sind, die Möglichkeit eingeführt, ihre Arbeitszeit zum Zwecke einer Weiterbildung zu reduzieren (§ 11a AVRAG). Dabei kann eine Herabsetzung der Arbeitszeit um mindestens 25 % und maximal 50 % vereinbart werden, wobei die Wochenarbeitszeit 10 Stunden nicht unterschreiten darf. Die Bildungsteilzeit kann innerhalb eines Zeitraumes von 4 Jahren, im Ausmaß von höchstens 2 Jahren, in Anspruch genommen werden. Für die Inanspruchnahme der Bildungsteilzeit bedarf es ebenso wie für die **Vereinbarung** von Bildungskarenz einer Vereinbarung zwischen dem Arbeitnehmer und dem Arbeitgeber. Ein Rechtsanspruch des Arbeitnehmers auf Bildungsteilzeit besteht jedoch nicht. Im Unterschied zum Weiterbildungsgeld, das im Fall der Inanspruchnahme von Bildungskarenz (siehe 77 f) gebührt, ist das Bildungsteilzeitgeld unabhängig vom bisherigen Einkommen bzw von geleisteten Beiträgen für alle Bezieher gleich hoch. Es beträgt für jede pro Woche entfallende Arbeitsstunde täglich € 0,91 (im Jahr 2023).[116] Das **Bildungsteilzeitgeld** ist eine **Leistung der Arbeitslosenversicherung**.

7.4.5. Pflegeteilzeit

Mit dem Arbeitsrechtsänderungsgesetz 2013[117] wurde, zur Unterstützung von pflegenden Angehörigen, neben der Möglichkeit der Inanspruchnahme einer Pflegekarenz (vgl oben 77 f) auch die Möglichkeit einer Pflegeteilzeit geschaffen, um die bessere Vereinbarkeit von Berufs- und Familienleben zu gewährleisten (§ 14d AVRAG). Auch die Pflegeteilzeit muss zwischen dem Arbeitgeber und dem Arbeitnehmer schriftlich vereinbart werden. Seit der Novelle BGBl I 2019/93 besteht, ebenso wie bei der Pflegekarenz, für Beschäftigte in Betrieben mit mehr als fünf Arbeitnehmern ein Rechtsanspruch auf Pflegeteilzeit von bis zu zwei Wochen. Kommt während dieser Pflegeteilzeit keine Vereinbarung zustande, hat der Arbeitnehmer Anspruch auf Pflegeteilzeit für bis zu weitere zwei Wochen (vgl § 14d Abs 4a AVRAG).

Die in der Pflegeteilzeit vereinbarte wöchentliche Normalarbeitszeit darf 10 Stunden nicht unterschreiten.[118] Gem § 21c BPGG gebührt ein aliquotes Pflegekarenzgeld.

Ebenso kann zur Sterbebegleitung und zur Pflege schwersterkrankter Kinder eine Teilzeitvereinbarung getroffen werden (vgl oben sowie §§ 14a und 14b AVRAG).

115 BGBl I 2013/67.

116 Vgl dazu *Pfalz*, Die neue Bildungsteilzeit, ecolex 2013, 815; vgl § 26a AlVG.

117 BGBl I 2013/138.

118 *Pfalz*, Pflegekarenz und Pflegeteilzeit ab 1.1.2014, ecolex 2013, 1094.

7.4.6. Wiedereingliederungsteilzeit

Mit BGBl I 2017/30 wurde in § 13a AVRAG die Möglichkeit der Vereinbarung einer Wiedereingliederungsteilzeit vorgesehen. Damit wird für Arbeitnehmer, die für längere Zeit physisch oder psychisch erkrankt sind, ein arbeits- und sozialversicherungsrechtliches Modell geschaffen, das es ihnen ermöglicht, schrittweise in den Arbeitsprozess zurück zu kehren.[119]

Ein Arbeitnehmer, der bereits einen mindestens sechswöchigen Krankenstand aufweist, kann mit dem Arbeitgeber die Herabsetzung der wöchentlichen Normalarbeitszeit um mindestens 25 % bis maximal 50 % vereinbaren, sofern das Arbeitsverhältnis mindestens drei Monate gedauert hat. Die Dauer einer solchen Wiedereingliederungsteilzeit kann von einem bis sechs Monaten währen. Eine einmalige Verlängerung um bis zu drei Monate ist möglich. Während der Wiedereingliederungsteilzeit darf die vereinbarte wöchentliche Normalarbeitszeit zwölf Stunden nicht unterschreiten und das dem Arbeitnehmer im Kalendermonat gebührende Entgelt muss über der im § 5 Abs 2 ASVG genannten Geringfügigkeitsgrenze liegen.

Grundlage der Wiedereingliederungsteilzeit ist eine **schriftliche Vereinbarung** zwischen Arbeitgeber und Arbeitnehmer über eine befristete Reduzierung der Arbeitszeit nach erfolgter Beratung der beiden Vertragsparteien durch fit2work. Überdies muss ein **Wiedereingliederungsplan** gemäß § 1 Abs 2 Arbeit-und-Gesundheit-Gesetz (AGG) vorliegen, der bei der Gestaltung der Wiedereingliederungsteilzeit zu berücksichtigen ist. Der Wiedereingliederungsplan ist im Rahmen der Beratung durch fit2work zwischen Arbeitnehmer und Arbeitgeber zu vereinbaren.

Ein Rechtsanspruch des Arbeitnehmers auf Vereinbarung der Wiedereingliederungsteilzeit gegenüber dem Arbeitgeber ist nicht gegeben. Liegt aber eine den gesetzlichen Voraussetzungen entsprechende Vereinbarung vor, hat der Arbeitnehmer gegenüber dem Krankenversicherungsträger – neben dem entsprechend der Arbeitszeitreduktion aliquot zustehendem Entgelt aus der Teilzeitbeschäftigung – Anspruch auf **Wiedereingliederungsgeld** (= anteiliges Krankengeld) aus den Mitteln der Krankenversicherung (§ 143d ASVG).

119 ErläutRV 1362 BlgNR 25. GP 1.

8. Spezielle arbeitszeitbezogene Entgeltprobleme

8.1. Entgelt für Arbeitszeiten geringerer Intensität

Weil nur die Parteien des Einzelarbeitsvertrags darüber entscheiden, ob das Arbeitsvertragsverhältnis entgeltlich oder unentgeltlich ist und überdies in einem Arbeitsvertrag die Verpflichtung zur Leistung entgeltlicher mit jener zur Erbringung unentgeltlicher Dienstleistungen kombiniert werden kann (vgl oben 32), bleibt es der **einzelvertraglichen Vereinbarung** vorbehalten, ob bestimmte Beschäftigungszeiten **geringerer Arbeitsintensität** des Arbeitnehmers überhaupt einen Entgeltanspruch begründen. Zu denken ist hier an Reisezeiten, Wartezeiten an Dienstreiseorten, Bereitschaftsdienste udgl. Ist für solche Zusatzleistungen allerdings keine Vereinbarung der Unentgeltlichkeit zustande gekommen, sind sie gem § 1152 ABGB angemessen zu entgelten. Die Höhe des Entgeltanspruchs kann durch Kollektivvertrag, Betriebsvereinbarung oder Arbeitsvertrag festgelegt werden. Dabei können **unterschiedlich hohe Entgeltsätze** für Zeiten der Vollarbeit, der Arbeitsbereitschaft, des Bereitschaftsdiensts, der Rufbereitschaft usw vorgesehen sein. Es ist aber auch möglich, ein durchgehendes **Mischentgelt** für die Gesamttätigkeit vorzusehen.[120]

Anwendungsprobleme werfen Entgeltregelungen in Kollektivverträgen, Betriebsvereinbarungen oder Einzelarbeitsverträgen auf, die nicht näher nach der Intensität der Leistungspflicht differenzieren. Es ist dann durch Interpretation zu ermitteln, ob bspw der vorgesehene Stundenlohn nur für Vollarbeit oder auch für Zeiten minderer Inanspruchnahme des Arbeitnehmers gelten soll.

Im Zweifel wird ein Kollektivvertragslohn für Arbeitnehmergruppen, bei denen üblicherweise Zeiten der Vollarbeit mit Zeiten bloßer Arbeitsbereitschaft abwechseln (zB bei Portieren und Nachtwächtern) als Mischlohn aufzufassen sein.[121] Wo es hingegen nicht zum Tätigkeitsbild einer Arbeitnehmerkategorie gehört, dass neben der Vollarbeit regelmäßig Zeiten minderer Inanspruchnahme anfallen, wird im Zweifel davon auszugehen sein, dass die Entgeltbemessung nur auf die Vollarbeit abstellt, da es sich, wie die Judikatur betont,[122] um jeweils andere „Arbeitsleistungen" handelt.

Ergibt die Interpretation, dass die Entgeltbestimmungen Dienstleistungen geringerer Intensität nicht miterfassen und ist auch nicht Unentgeltlichkeit vereinbart, so steht ein **„angemessenes Entgelt"** iSd § 1152 ABGB zu. Dann ist nach dem Ortsgebrauch, nach der Kollektivvertragspraxis, nach Branchenusancen udgl zu ermitteln, wie solche Leistungen

120 Zur ausnahmsweisen Zulässigkeit einer geringeren Grundentlohnung für Reisezeiten vgl OGH 9 ObA 182/93.

121 Ebenso *Rainer,* Anm zu OGH 4 Ob 37/66, ZAS 1968, 49.

122 OGH 4 Ob 54/73; 4 Ob 11/81; *Grillberger,* Die Dienstreise als arbeitsrechtliches Problem, DRdA 1986, 271 vertritt für Zweifelsfälle die gegenteilige Ansicht.

minderer Intensität üblicherweise entlohnt werden. Ist für sie ein geringeres Entgelt als für Vollarbeit üblich, steht gem § 1152 ABGB auch nur dieses geringere Entgelt zu.[123]

Die hier erörterte Problematik wird jedoch durch einen weiteren Umstand erschwert, der häufig übersehen wird. Bei der Prüfung der Entgeltansprüche muss beachtet werden, dass die vertragliche Arbeitszeitvereinbarung eine doppelte Bedeutung besitzt. Sie verpflichtet nicht nur den Arbeitnehmer dazu, seine Arbeitsleistung für die vereinbarte tägliche oder wöchentliche Stundenzahl zur Verfügung zu stellen. Sie verpflichtet gleichzeitig auch den Arbeitgeber, den Arbeitnehmer für diese Stundenzahl zu entlohnen, sofern dieser seiner Arbeitsverpflichtung nachkommt. Der Arbeitnehmer erfüllt aber seine Arbeitspflicht schon dadurch voll, dass er dem Arbeitgeber seine Arbeitsleistung tatsächlich im vereinbarten Ausmaß zur Verfügung stellt. Ob und in welcher Weise der Arbeitgeber darüber verfügt, ist für den Entgeltanspruch des Arbeitnehmers dem Grunde nach irrelevant. Sendet ihn daher der Arbeitgeber während der vereinbarten Arbeitszeiten auf Reisen, lässt er ihn lediglich arbeitsbereit sein oder schickt er ihn überhaupt nach Hause, so ändert dies nichts daran, dass der Arbeitnehmer seine Pflicht voll erfüllt und einen ungeschmälerten Entgeltanspruch besitzt.[124] Die Arbeitszeitvereinbarung überlagert also die eben diskutierte Fragestellung und muss daher mitberücksichtigt werden.

Im Gesamtergebnis zeigt sich daher, dass ein **niedrigerer Entgeltanspruch für Zeiten geringerer Arbeitsintensität** nur dann in Betracht kommt, wenn a) für diese Art von Dienstleistungen ein spezielles Entgelt **vereinbart** wurde[125] oder b) wenn zwar keine spezielle Entgeltabrede erfolgte, diese Dienstleistungen aber außerhalb der vereinbarten Arbeitszeit erbracht werden.

Die Vereinbarung der Unentgeltlichkeit für Dienstleistungen geringerer Intensität ist ebenso wie die Vereinbarung der Unentgeltlichkeit von Vollarbeit zulässig, solange sie **nicht sittenwidrig** erscheint.[126]

---

123 So im Ergebnis schon *Rainer,* Anm zu OGH 4 Ob 54/73, ZAS 1974, 216.

124 Vgl auch *Grillberger,* Die Dienstreise als arbeitsrechtliches Problem, DRdA 1986, 272 und OGH 9 ObA 281/89 (Überstundenentgelt für Reisezeiten von Außendienstmitarbeitern, bei denen die Reisetätigkeit zum ständigen Aufgabenkreis gehört).

125 So OGH 9 ObA 201-203/89; 9 ObA 281/89.

126 Vgl *Runggaldier,* Entlohnung von Arbeitsbereitschaft, DRdA 1982, 320; *Pfeil,* Anm zu OGH 4 Ob 111/81, ZAS 1984, 101.

8.2. Abgeltung von Überstunden und Mehrarbeit

Probleme kann auch die Entlohnung von **Überstunden** aufwerfen. Überstundenleistungen sind zunächst einmal mit dem **Normallohn**[127] zu entlohnen.

Das ist jenes Entgelt, das der Arbeitnehmer bekommen hätte, hätte er diese Arbeitsleistung innerhalb der Normalarbeitszeit erbracht.[128] Sonderzahlungen sind dabei nicht zu berücksichtigen.[129] Bei Leistungslöhnen ist der Berechnung des Normallohns der Durchschnitt der letzten 13 Wochen zugrunde zu legen. Durch Kollektivvertrag kann eine andere Berechnungsart für Leistungslöhne (kürzere oder längere Durchrechnungsperiode) vorgeschrieben werden (§ 10 Abs 3 AZG). Ob sich diese Ermächtigung auch auf Zeitlöhne bezieht und auch die Auswahl der zu berücksichtigenden Entgeltbestandteile umfasst, ist strittig.[130]

Zusätzlich gebührt gem § 10 Abs 1 AZG pro **Überstunde** ein **Zuschlag von 50 %** des Normalstundenlohns (Überstundenzuschlag).[131]

Überstunden können auch durch Freizeit abgegolten werden (**Zeitausgleich**). Bei der Bemessung des Zeitausgleichs ist der Überstundenzuschlag zu berücksichtigen. Dies kann entweder durch erhöhte Freizeit (1:1,5) oder durch gesonderte Auszahlung des Zuschlags bei einem Zeitausgleich 1:1 erreicht werden (§ 10 Abs 1 Z 2 AZG). Zeitausgleich kann durch Kollektivvertrag, Betriebsvereinbarung oder durch Einzelvertrag vorgesehen werden. Im Zweifel gebührt eine Abgeltung in Geld. Besonderes gilt seit der Arbeitszeitnovelle 2018[132] dagegen für Überstunden, durch die die Tagesarbeitszeit von zehn und die Wochenarbeitszeit von 50 Stunden überschritten wird: Für die Vergütung dieser Überstunden kommt dem Arbeitnehmer innerhalb des jeweiligen Abrechnungszeitraums das Wahlrecht zwischen finanzieller Abgeltung und Zeitausgleich zu (vgl § 10 Abs 4 AZG).

Der Zeitpunkt der Inanspruchnahme des Zeitausgleichs ist individuell zu **vereinbaren.**[133] Geschieht dies nicht im Vorhinein, und wird der Zeitausgleich **nicht innerhalb von sechs Monaten** gewährt, kann der Arbeitnehmer gemäß § 19f Abs 3 AZG den Zeitpunkt **einseitig** bestimmen. Gibt der Arbeitnehmer den Zeitpunkt der Inanspruchnahme des Zeitausgleichs nicht bekannt, ist die Überstundenarbeit in Geld abzugelten.

---

127 OGH 4 Ob 57-59/84; vgl mwN RIS-Justiz RS0051843.

128 So *Klein,* Das Überstundenentgelt, FS Strasser 129; ebenso *Felten* in *Auer-Mayer/Felten/Pfeil,* AZG^4 § 10 Rz 14 und OGH 4 Ob 57-59/84, ZAS 1985, 179 (*Kohlmaier*), der daher Sozialzulagen nicht einbezieht.

129 OGH 4 Ob 57-59/84; 8 ObA 82/06a, DRdA 2008, 338 (*Schindler*).

130 Dafür *Klein,* Das Überstundenentgelt, FS Strasser 133; dagegen *Felten* in *Auer-Mayer/Felten/Pfeil,* AZG^4 § 10 Rz 18, und wohl auch OGH 4 Ob 66/84.

131 Eine kollektivvertragliche Regelung, der zufolge der Überstundenzuschlag bei überkollektivvertraglicher Entlohnung auf der Basis des kollektivvertraglichen Mindestlohns zu berechnen ist, ist nichtig, da sie gegen § 10 AZG verstößt; vgl etwa OGH 9 ObA 147/87; 8 ObA 82/06a, DRdA 2008, 338 (*Schindler*).

132 BGBl I 2018/53.

133 Vgl OGH 9 ObA 62/18k; ausgenommen während der Kündigungsfrist, so OGH 14 Ob 65/86, DRdA 1988, 338 (*Grillberger*).

Ist der Zeitausgleich unmöglich geworden (zB wegen Beendigung des Arbeitsvertrags), steht die volle Überstundenvergütung zu. Gleiches gilt für Zeitguthaben im Rahmen der Durchrechnung der Normalarbeitszeit (§ 19e AZG). Der Kollektivvertrag kann allerdings auch eine Verlängerung der Kündigungsfrist im Ausmaß des Zeitguthabens vorsehen, damit das Guthaben in natura verbraucht wird.

Für **Teilzeitbeschäftigte** sieht § 19d Abs 3a AZG einen **Mehrarbeitszuschlag von 25 % vor.** Dieser Zuschlag entfällt, wenn die Mehrarbeitsstunden innerhalb des Kalendervierteljahres oder eines anderen festgelegten Zeitraumes von drei Monaten, in dem sie angefallen sind, durch Zeitausgleich im Verhältnis 1:1 ausgeglichen werden oder wenn bei gleitender Arbeitszeit die vereinbarte Arbeitszeit innerhalb der Gleitzeitperiode im Durchschnitt nicht überschritten wird (§ 19d Abs 3b AZG). Sieht der Kollektivvertrag für Vollzeitbeschäftigte eine kürzere wöchentliche Normalarbeitszeit als 40 Stunden vor und wird für die Differenz zwischen kollektivvertraglicher und gesetzlicher Normalarbeitszeit (Differenzstunden) kein Zuschlag oder ein geringerer Zuschlag als 25 % festgesetzt, sind Mehrarbeitsstunden von Teilzeitbeschäftigten im selben Ausmaß zuschlagsfrei bzw mit dem geringeren Zuschlag abzugelten (§ 19d Abs 3c AZG).

8.3. All-in-Klauseln und Überstundenpauschale

Häufig finden sich in der Praxis sog **All-in-Vereinbarungen** oder die Vereinbarung einer **Überstundenpauschale**. Bei All-in-Arbeitsverträgen deckt ein Gesamtgehalt pauschal alle Leistungen des Arbeitnehmers (Mehrstunden, Überstunden, diverse Aufwände etc) ab. Die Überstundenpauschale ist dagegen ein konkreter Betrag, der zusätzlich zum monatlichen Bezug zur Abgeltung von Überstunden ausgezahlt wird.

Nach der stRsp des OGH sind Vereinbarungen über eine Pauschalentlohnung von Überstunden grundsätzlich zulässig.[134] Das gilt sowohl für Vereinbarungen, die ein einheitliches Entgelt für die gesamte Arbeitszeit festsetzen, als auch für Vereinbarungen, die nur die Überstundenvergütung pauschalieren. Eine Pauschalvereinbarung kann durch Einzelvertrag ausdrücklich oder schlüssig getroffen werden, sofern dem Arbeitnehmer erkennbar ist, dass mit dem gewährten Entgelt auch die Überstundenvergütung (Normallohn und Zuschlag) abgegolten sein soll. Als Zeitraum für die Durchschnittsberechnung der durch die Pauschale erfassten Überstunden wird mangels Vereinbarung eines kürzeren Zeitraums ein Jahr als angemessen erachtet.

Hat der Arbeitgeber bei der Vereinbarung einer Überstundenpauschale keinen Widerrufsvorbehalt angebracht, ist er verpflichtet, das vereinbarte pauschalierte Entgelt auch dann zu leisten, wenn der Arbeitnehmer die darin berechnete Überstundenanzahl nicht leistet. Umgekehrt hindert die Pauschalierungsvereinbarung den Arbeitnehmer dagegen nicht daran, über das Pauschale hinausgehende Ansprüche zu erheben, wenn und soweit

134 OGH 9 ObA 160/11m; 4 Ob 66/84.

sein unabdingbarer gesetzlicher Anspruch auf Vergütung der Mehrarbeitsleistung durch die vereinbarte Pauschalentlohnung nicht gedeckt ist.[135]

Um dem Arbeitnehmer Klarheit über den im Pauschalentgelt enthaltenen Grundlohn bzw das Grundgehalt zu schaffen, wurde mit der Novelle BGBl I 2015/152 die Verpflichtung eingeführt, den **Grundlohn im Dienstzettel** auszuweisen (§ 2 Abs 2 Z 9 AVRAG). Geschieht dies nicht, gilt gem § 2g AVRAG der angemessene Ist-Grundlohn (das ist jener Lohn, den ein Arbeitnehmer üblicherweise entsprechend der Ausbildung und Berufserfahrung in einer bestimmten Branche in einer bestimmten Region verdient) als vereinbart.

Bei Arbeitnehmern, die dem AZG unterliegen, ist in Bezug auf den den Grundlohn übersteigenden Lohnanteil zu berechnen, wie viele Überstunden (Stundenlohn und Zuschläge) damit abgegolten sind (**Deckungsprüfung**).

Bei **leitenden Angestellten und sonstigen autonom Arbeitenden**, die nicht in den persönlichen Geltungsbereich des AZG fallen, sind die Arbeitsvertragsparteien bei der Vereinbarung von Überstundenpauschalen bzw All-in-Klauseln grds frei.[136]

Im Zusammenhang mit Überstundenpauschalen und All-in-Vereinbarungen ist klar zwischen der entgeltrechtlichen Zulässigkeit und den arbeitszeitschutzrechtlichen Grenzen zu unterscheiden. Auch wenn die Vereinbarung entgeltrechtlich rechtskonform ist, muss der Arbeitgeber die Aufzeichnungspflichten des AZG beachten.[137]

135 Vgl mwN der stRsp RIS-Justiz RS0051519; *Löschnigg*, Arbeitsrecht[13] 6/491.
136 Zum persönlichen Geltungsbereich des AZG siehe bereits oben 167.
137 *Löschnigg*, Arbeitsrecht[13] 6/493.

Entgeltansprüche trotz Unterbleibens der Arbeitsleistung

1. Problemaufriss

Im Arbeitsvertrag stehen die beiderseitigen Hauptpflichten – **Arbeitsleistung und Entgelt** – im **synallagmatischen Zusammenhang**. Daraus müsste grundsätzlich folgen, dass der Arbeitnehmer im aufrechten Arbeitsvertrag für einen Zeitabschnitt, in dem er seine Arbeit nicht ordnungsgemäß anbietet, kein Entgelt verlangen kann, wie auch umgekehrt, dass der Arbeitgeber, der sich weigert, das vereinbarte Entgelt zu bezahlen, keine Arbeitsleistung verlangen kann.

Für Zeiten, während derer der Arbeitnehmer die Dienstleistung unterlässt, ohne dass ein Grund vorliegt, der nach dem Gesetz oder KollV einen Anspruch auf Weiterleistung der Bezüge begründet, besteht daher kein Entgeltanspruch.[1] Hat ein Arbeitnehmer nach Manipulationen des Zeiterfassungssystems 44 % weniger an Arbeitsstunden als vereinbart geleistet, hat er keinen Anspruch auf das volle vereinbarte Entgelt.[2]

Die Besonderheiten des Arbeitsvertrags verlangen aus sozialpolitischen Gründen weitreichende Ausnahmen von diesem Grundsatz. Weil die Arbeitsleistung nicht von der Person des Arbeitnehmers losgelöst werden kann, müssen verschiedene, die Person des Arbeitnehmers betreffende Ereignisse im aufrechten Arbeitsverhältnis berücksichtigt werden. In Betracht kommen vor allem Ereignisse, die den Arbeitnehmer physisch daran hindern, seine Arbeitspflicht zu erfüllen (insb Krankheit) oder die eine Arbeitsleistung im Hinblick auf die notwendige Erfüllung höherwertiger Verpflichtungen unzumutbar erscheinen lassen (zB familiäre Verpflichtungen). Die Folge ist, dass in solchen Fällen **keine Verletzung der Arbeitspflicht** vorliegt, obwohl der Arbeitnehmer seine Arbeit nicht anbietet. Der Gesetzgeber hat den Arbeitnehmern bei derartigen Verhinderungen an der Arbeitsleistung vielfältige Ansprüche auf **Fortbezug** des vollen oder zumindest eines Teils des **Entgelts** eingeräumt.

Diesen Gesetzen liegt jeweils eine **Interessenabwägung** zugrunde. Der Arbeitnehmer ist im Regelfall auf sein Erwerbseinkommen angewiesen, um den Unterhalt für sich und seine Familie decken zu können. Der Arbeitgeber muss den Arbeitsausfall bewältigen, was meist Kosten verursacht, und wird durch Entgeltfortzahlungspflichten zusätzlich belastet.

1 OGH 9 ObA 19/90.
2 OGH 9 ObA 53/05t, DRdA 2006/35 (*Löschnigg*) = ZAS 2007, 178 (*Körber*).

Die Schutzintention des Gesetzgebers darf durch Einzelvereinbarung nicht umgangen werden. Die Vereinbarung einer Prämie für nicht in Anspruch genommene Freizeit (Anwesenheitsprämie) ist teilnichtig, soweit dadurch zwingende Normen zum Schutz des Arbeitnehmers umgangen werden.[3]

Der **Gesetzgeber** hat die Abwägung dieser Interessen nicht einheitlich für alle Fälle des Unterbleibens der Arbeitsleistung durchgeführt, er hat sich vielmehr für eine **differenzierte Lösung** entschieden. Er unterscheidet vor allem danach, ob der Arbeitnehmer seine Arbeit nicht anbieten (vgl § 8 AngG, § 1154b ABGB, EFZG) oder ob der Arbeitgeber die ihm ordnungsgemäß angebotene Arbeit nicht verwerten konnte (vgl § 1155 ABGB).

Kann der **Arbeitnehmer seine Arbeit nicht anbieten**, stellt der Gesetzgeber in erster Linie darauf ab, ob der Arbeitnehmer für den Eintritt des Hinderungsgrunds verantwortlich gemacht werden kann. Selbst geringes Verschulden des Arbeitnehmers an der Herbeiführung des Hinderungsgrunds schließt den Anspruch auf Entgeltfortzahlung normalerweise aus. Lediglich die leicht fahrlässige Herbeiführung einer Erkrankung schadet nicht. Der Entgeltfortzahlungsanspruch ist bei dieser Fallgruppe immer zeitlich begrenzt und mitunter nur auf einen Teil des Entgelts beschränkt, um dem Arbeitgeber keine unzumutbare Last aufzubürden.

Von anderen Gesichtspunkten geht der Gesetzgeber aus, wenn der **Arbeitgeber** die ihm **ordnungsgemäß angebotene Arbeit nicht verwerten** kann (zB Stromausfall im Betrieb). Fallen die Hinderungsgründe in den Verantwortungsbereich des Arbeitgebers, hat dieser für den Entgeltausfall einzustehen, selbst wenn ihn kein Verschulden am Unterbleiben der Arbeit trifft. Allerdings soll der Arbeitnehmer aus dem Unterbleiben der Arbeit keinen Vorteil ziehen und muss sich daher in diese Zeit fallende Kostenersparnisse oder andere Erwerbseinkommen anrechnen lassen. Anders als bei Verhinderungen des Arbeitnehmers verpflichtet der Gesetzgeber den Arbeitgeber hier stets zur vollen Entgeltleistung (wenn auch mit Vorteilsanrechnung) ohne zeitliche Begrenzung. Fällt der Hinderungsgrund dagegen nicht in den Verantwortungsbereich des Arbeitgebers, wird dieser von der Entgeltzahlungspflicht zur Gänze befreit (zB Krieg, Seuchen, Hochwasser in der gesamten Region).

Die meisten Entgeltfortzahlungsansprüche sind unabdingbar und folgen grds dem **Entgeltausfallsprinzip:**[4] der Arbeitnehmer soll einkommensmäßig so gestellt werden, als hätte er die ausgefallene Arbeit erbracht. Das Unterbleiben der Arbeitsleistung soll real weder zu Einkommensverlusten, noch zu Einkommensgewinnen für diesen Zeitraum

3 OGH 8 ObA 72/04b; 8 ObA 15/03v; 9 ObA 295/00y; 8 ObA 2046/96g, ZAS 1997, 168 (*Risak*).

4 Vgl dazu OGH 8 ObA 361/97i; 4 Ob 6/81, DRdA 1983, 174 (*Klein*). Zu prüfen ist demnach, welcher Entgeltanspruch entstanden wäre, wenn die Arbeitsleistung im zu erwartenden Ausmaß erbracht worden wäre: OGH 9 ObA 109/89: keine Weiterzahlung des Provisionsdurchschnitts an Feiertagen und während des Urlaubs, wenn feststeht, dass der AN in diesen Zeiten keine Provisionen verdienen kann.

führen.[5] Die Gesetze, die diesem Prinzip folgen, sehen als Berechnungsgrundlage für die Entgeltfortzahlung das **„regelmäßige Entgelt“** vor.[6]

Zum regelmäßigen Entgelt sind dem Grunde nach jene Entgeltteile zu zählen, die für die Erbringung der im Arbeitsplan vorgesehenen Arbeiten am ausgefallenen Arbeitstag **zu leisten gewesen wären.**[7] Neben dem laufenden Lohn bzw Gehalt kommen Maschinenzulagen, Qualifikationszulagen, Prämien udgl in Betracht. Auch Überstundenvergütungen sind Teil des regelmäßigen Entgelts, wenn feststeht, dass Überstunden für die Ausfallszeit bereits angeordnet waren, oder wenn in der Vergangenheit regelmäßig Überstunden geleistet wurden und deshalb zu erwarten ist, dass sie auch während der Ausfallszeit angefallen wären.

Auszuscheiden sind jedoch jene Entgeltteile, die nicht an die tatsächliche Erbringung der Arbeitsleistung durch den Arbeitnehmer, sondern an andere Voraussetzungen anknüpfen, wie zB an die Dauer des Arbeitsvertrags (Sonderzahlungen),[8] an schon früher erbrachte Leistungen (Folgeprovisionen) oder an Arbeitsleistungen Dritter (Direktprovisionen für Abschlüsse von Subvertretern). Da diese Ansprüche trotz Arbeitsausfalls ungeschmälert zustehen, würde ihre Berücksichtigung bei der Entgeltfortzahlung zu unbegründeten Doppelbezügen führen.

Bei manchen Arbeitgeberleistungen kann es zweifelhaft sein, ob sie dem Grunde nach dem regelmäßigen Entgelt zuzuzählen sind. Daher gestatten einige Gesetze[9] eine verbindliche Entscheidung dieser Frage durch Generalkollektivvertrag.

Die geltenden Generalkollektivverträge[10] nehmen vom regelmäßigen Entgelt bspw jene Leistungen aus, die wegen ihres unmittelbaren Zusammenhangs mit der Erbringung der Arbeitsleistung während eines Arbeitsausfalls nicht in Anspruch genommen werden können (zB freie oder verbilligte Mahlzeiten, Tages- und Nächtigungsgelder) sowie Folgeprovisionen und Direktprovisionen, die unabhängig von einem Arbeitseinsatz des Arbeitnehmers zustehen. Sie belegen damit, dass nicht schematisch an die Häufigkeit der Zahlung eines Entgeltteils (arg „regelmäßig“) angeknüpft werden darf, sondern dass, dem Sinn der jeweiligen Entgeltfortzahlungsregel entsprechend, eine Lösung gefunden werden muss, die den Ausfall der Arbeit für den Arbeitnehmer weder zu einem finanziellen Verlust noch zu einem Zufallsgewinn werden lässt.

Schwierig ist nicht nur die Ermittlung jener Entgeltteile, die fortzuzahlen sind, sondern häufig auch die Berechnung deren **Höhe**. Dies ist dann problematisch, wenn das regelmäßige Entgelt nicht gleichbleibend hoch ist, sondern Schwankungen unterliegt.

– Für Entgeltteile, deren Höhe Schwankungen unterliegt, wird in einigen Gesetzen[11] bei bestimmten **Leistungslöhnen** eine Berechnungsformel bereitgestellt: Heranzuziehen ist

5 Vgl OGH 4 Ob 6/81; OGH 9 ObA 141/88, ZAS 1989, 174 (*Andexlinger*).

6 Vgl ausdrücklich § 3 Abs 3 EFZG, § 6 Abs 3 UrlG; der Sache nach aber auch § 8 AngG, § 8 GAngG, § 10 HausgG, § 9 ARG.

7 OGH 4 Ob 11/76.

8 Vgl VwGH 0929/75; OGH 4 Ob 104, 105/78, ZAS 1980, 30 (*Schrank*) = DRdA 1981, 239 (*Jabornegg*), der dies allerdings auf Ansprüche bei aufrechtem Dienstverhältnis beschränken will. Vgl auch *Schrammel,* Die Einbeziehung von Sonderzahlungen in die Urlaubsentschädigung und Urlaubsfindung, ZAS 1981, 163.

9 Etwa § 3 Abs 5 S 1 EFZG, § 6 Abs 5 S 1 UrlG, § 9 Abs 4 S 1 ARG.

10 *Adametz/Basalka/Krejci/Mayr/Stummvoll,* EFZG 66.

11 § 3 Abs 4 EFZG, § 6 Abs 4 UrlG, § 9 Abs 3 ARG.

der Durchschnitt der **letzten 13 voll gearbeiteten Wochen** unter Ausscheidung nur ausnahmsweise geleisteter Arbeit. Die Verwendung dieses Einkommensdurchschnitts belegt, dass es sich bei den an dieser Stelle vom Gesetzgeber angesprochenen „Akkord-, Stück- oder Gedinglöhnen, akkordähnlichen oder sonstigen leistungsbezogenen Prämien oder Entgelten"[12] nur um solche Leistungslöhne handeln kann, bei denen sich die leistungsbedingten Lohnschwankungen erfahrungsgemäß innerhalb von 13 Wochen ausgleichen. Es dürfte hier ein engerer Begriff der Leistungslöhne vorliegen.

– Für **Erfolgslöhne** in wechselnder Höhe (zB Provisionen) oder für andere Entgeltteile, die erfahrungsgemäß schwanken, steht keine gesetzliche Berechnungsregel bereit. Der OGH hält diesbezüglich fest, dass der Beobachtungszeitraum nach den Umständen des Einzelfalls zu bemessen ist und bei Schwankungen des Monatsentgelts für die Berechnung des Entgelts regelmäßig **ein Jahr** heranzuziehen ist.[13] Das gleiche Problem stellt sich mitunter auch bei der Frage, ob bestimmte Entgeltteile regelmäßig geleistet werden und daher dem Grunde nach zu berücksichtigen sind. Denn die Regelmäßigkeit lässt sich nur aus der Beobachtung eines längeren Zeitraums feststellen.

– Bei **regelmäßig geleisteten** Überstunden wird normalerweise ein Beobachtungszeitraum von **13 Wochen** herangezogen, bei Vorliegen besonderer Umstände (Krankheit, Urlaub, saisonale Schwankungen) kann dies jedoch ein längerer Zeitraum sein.[14]

Die oben erwähnten Gesetze[15] enthalten die **Ermächtigung an die Kollektivvertragsparteien**, die Berechnungsweise für sämtliche Entgeltarten, die dem Grunde nach in das regelmäßige Entgelt einzubeziehen sind, eigenständig festzulegen. Fehlen solche kollektivvertraglichen Berechnungsregeln für in ihrer Höhe schwankende Entgeltteile, wird ein Durchschnittswert verwendet werden müssen, der der Eigenart des jeweiligen Entgeltteils entspricht.

12 So der Wortlaut in § 3 Abs 4 EFZG, § 6 Abs 4 UrlG, § 9 Abs 3 ARG.

13 OGH 9 ObA 295/00y; 9 ObA 365/93.

14 OGH Arb 9874/1980. Zur Berechnungsfrage eingehend *Tomandl,* Die Berücksichtigung von Überstunden im Rahmen der Entgeltfortzahlung, ZAS 1993, 169.

15 § 3 Abs 5 S 2 EFZG, § 6 Abs 5 S 2 UrlG, § 9 Abs 4 S 2 ARG.

2. Entgeltfortzahlung bei Krankheit

Literatur: Vgl die Literaturangaben bei *Drs* in *Neumayr/Reissner* (Hg), Zeller Kommentar zum Arbeitsrecht[3], EFZG; AngG § 8; ABGB § 1154b; *Holzer* in *Marhold/Burgstaller/Preyer* (Hg), AngG § 8.

Rechtsquellen: §§ 8 f AngG, Entgeltfortzahlungsgesetz (EFZG), § 1154b ABGB.

2.1. Allgemeines

Ist der Arbeitnehmer durch **Krankheit oder Unglücksfall** an der Arbeitsleistung verhindert, hat er gem § 8 Abs 1 AngG bzw § 2 EFZG Anspruch auf Entgeltfortzahlung von zunächst sechs Wochen. Dieser **unabdingbare** (vgl § 40 AngG, § 6 EFZG) Anspruch auf Entgeltfortzahlung setzt voraus, dass der Arbeitnehmer aus gesundheitlichen Gründen **arbeitsunfähig** ist.

Der Entgeltanspruch ist an den vorherigen Antritt des Dienstes geknüpft. Der Arbeitnehmer muss seine Tätigkeit in Erfüllung des Arbeitsvertrags erstmals aufgenommen haben. Erkrankt er bereits vor dem ersten Dienstantritt, hat er keinen Entgeltfortzahlungsanspruch.[16]

Krankheit und Unglücksfall (gemeint ist damit ein Unfall) werden grundsätzlich gleichbehandelt. Sind Krankheit und Unglücksfall sozialversicherungsrechtlich als Berufskrankheit oder Arbeitsunfall zu qualifizieren, stehen längere Entgeltfortzahlungsansprüche zu.

Arbeitsunfähigkeit liegt vor, wenn der Gesundheitszustand des Arbeitnehmers, aus welchen Gründen auch immer, so schlecht ist, dass dieser entweder außerstande ist, seine Arbeit zu verrichten oder dies nur unter der Gefahr einer Beeinträchtigung seiner Gesundheit tun könnte.

Dazu gehört auch, dass der Arbeitnehmer durch die Leistung der geschuldeten Arbeit die Heilung gefährden oder verzögern würde bzw aus medizinischen Gründen eine Ortsveränderung benötigt.[17] Nach § 2 Abs 2 EFZG und § 1154b AGBG werden medizinisch indizierte Aufenthalte, die der Erhaltung, Besserung oder Wiederherstellung der Arbeitsfähigkeit dienen (zB Kuren, Erholungsaufenthalte) der Krankheit gleichgestellt, wenn sie auf Rechnung eines Sozialversicherungsträgers bewilligt oder angeordnet werden.[18] Diese Regel wird analog auch auf andere Arbeitnehmergruppen anzuwenden sein; inhaltlich entspricht sie der älteren Judikatur zum AngG.[19]

Wenn der Arbeitnehmer noch Teile seiner bisherigen Tätigkeit (etwa jene, die im Sitzen auszuüben sind) ausüben kann und der Arbeitgeber diese Leistung annimmt, dann liegt keine Arbeitsunfähigkeit vor. Es liegt auch keine Arbeitsunfähigkeit vor, wenn der Arbeitgeber dem Arbeitnehmer für die Dauer der Krankheit eine Alternativtätigkeit, die

16 Für die hM *Drs* in ZellKomm[3], AngG § 8 Rz 13; OGH 8 ObA 4/99t.
17 Vgl OGH 4 Ob 97/62.
18 ZB OGH 8 ObA 82/12k.
19 Vgl OGH 4 Ob 97/62 (Kur); LG Wien 44 Cg 31/64, Arb 7903/1964 (Erholungsheim).

der Arbeitnehmer verrichten kann, entweder kraft Weisung (innerhalb der vereinbarten Arbeitspflicht) oder mit dessen Zustimmung zuweist.

Schwangerschaft und Entbindung sind keine Krankheit. Auf die durch sie verursachte Arbeitsunfähigkeit wird im Mutterschutzgesetz und in § 8 Abs 4 AngG Bedacht genommen.

Ein Anspruch auf Entgeltfortzahlung steht **nicht** zu, wenn der Arbeitnehmer seine Arbeitsunfähigkeit **vorsätzlich oder grob fahrlässig herbeigeführt** hat.[20] Bei leichtem Verschulden bleibt der Anspruch umgekehrt bestehen.

Grob fahrlässig handelt etwa ein Arbeitnehmer, der erheblich alkoholisiert ein Kfz in Betrieb nimmt.[21] Auch grob fahrlässig handelte der Arbeitnehmer, der bei einer abendlichen privaten Fahrradfahrt zu Sturz kam, als seine am Lenker liegende Jacke abrutschte und das Vorderrad blockierte, da die Jacke bereits am Vormittag abgerutscht war und den Vorderreifen ohne Sturz blockiert hatte.[22] In der Beteiligung an einem Kampfsport (Fußball) wird an sich noch keine auffallende Vernachlässigung der gebotenen Sorgfalt gesehen, doch ist nach dem jeweiligen Unfallhergang zu entscheiden, ob die konkrete Sportverletzung allenfalls grob fahrlässig herbeigeführt wurde.[23] Als grob fahrlässig wird auch die Durchführung von Reisen in Länder, für die eine Reisewarnung des Außenministerium besteht, qualifiziert.[24] Dies galt etwa im Sommer 2020 aufgrund der COVID-19-Pandemie sogar für viele europäische Staaten.

Jede gesundheitsbedingte Arbeitsunfähigkeit rechtfertigt die Abwesenheit vom Arbeitsplatz. Sie ist im Streitfall vom Arbeitnehmer zu beweisen, wofür keine bestimmten Beweismittel vorgeschrieben sind. Um aber auch **Entgeltfortzahlung** beanspruchen zu können, muss der Arbeitnehmer dem Arbeitgeber **unverzüglich** (dh ohne schuldhafte Verzögerung) die **Arbeitsverhinderung bekanntgeben (Meldepflicht)**. Der Arbeitgeber kann überdies verlangen, dass der Arbeitnehmer zum Nachweis seiner Arbeitsunfähigkeit ein ärztliches Zeugnis vorlegt (**Nachweispflicht**). Es liegt beim Arbeitgeber, ob er dies schon für den ersten Tag der Arbeitsunfähigkeit tut. Nach einer angemessenen Zeit kann ein solches Verlangen wiederholt werden (§ 8 Abs 8 AngG, § 4 Abs 1 EFZG).

Nach der Judikatur des OGH muss der Arbeitgeber dieses Verlangen in jedem Erkrankungsfall neu stellen, selbst wenn diese Verpflichtung bereits im Arbeitsvertrag vereinbart sein sollte.[25]
Der Arbeitgeber muss die **Arbeitsunfähigkeitsbestätigung** der Krankenkasse oder eines Amts- oder Gemeindearztes anerkennen. Er kann die Entgeltfortzahlung nicht davon abhängig machen, dass der Arbeitnehmer einen von ihm bestimmten Arzt aufsucht, er kann sich aber auch mit einem anderen ärztlichen Zeugnis begnügen.[26] Die ärztliche Bestätigung muss den Beginn und die voraussichtliche Dauer sowie allgemeine Angaben über die Ursachen der Arbeitsunfähigkeit (zB Krankheit, Unfall) enthalten.

20 Siehe zB VwGH 88/08/0301 (Vorrangmissachtung und Alkoholbeeinträchtigung).
21 *Drs* in ZellKomm³, AngG § 8 Rz 53.
22 OGH 8 ObA 49/21w.
23 Vgl OGH 4 Ob 55/66, ZAS 1967, 80 (*Müller*).
24 Vgl *Drs* in ZellKomm³, AngG § 8 Rz 55 mwN.
25 OGH 9 ObA 122/88, ZAS 1989, 203 (krit *Tomandl*).
26 Vgl OGH 4 Ob 23/56.

Laut OGH ist die Angabe einer genauen Diagnose nicht erforderlich; es genügt die Bekanntgabe, dass eine Erkrankung vorliegt.[27] In der Lehre wurde dies zT kritisiert, da daraus nicht hervorgeht, ob der Arbeitnehmer im Hinblick auf seine konkrete Tätigkeit tatsächlich arbeitsunfähig ist bzw ob die Möglichkeit der Zuweisung einer alternativen Tätigkeit besteht. Nach *Rebhahn* sind, soweit es sich nicht um Krankheiten handelt, welche eine allgemeine Arbeitsunfähigkeit für jegliche Tätigkeit bewirken, genauere Angaben geboten – freilich unter Rücksichtnahme auf Geheimhaltungsinteressen des Arbeitnehmers.[28]

Kommt der Arbeitnehmer diesen Mitwirkungspflichten schuldhafterweise[29] nicht nach, verliert er für die Dauer der Säumnis den Anspruch auf Entgeltfortzahlung (vgl § 8 Abs 8 AngG, § 4 Abs 4 EFZG) und macht sich uU schadenersatzpflichtig. Eine Entlassung kommt idR nicht in Betracht.

Nach § 4 Abs 4 EFZG ruht der Anspruch auf Entgeltfortzahlung zusätzlich auch dann, wenn sich der Arbeitnehmer einer vom Krankenversicherungsträger angeordneten ärztlichen Untersuchung ohne wichtigen Grund entzieht. Dies gilt in Anbetracht der Angleichung der Rechtslage von Arbeitern und Angestellten (BGBl I 2017/153) nunmehr analog für Angestellte.

Die Entgeltfortzahlung folgt dem **Entgeltausfallsprinzip**: Fortzuzahlen ist das regelmäßige Entgelt (vgl bereits oben).

§ 53b ASVG sieht für **Kleinunternehmer** einen beschränkten **Rückersatzanspruch** für fortgezahltes Entgelt gegenüber der AUVA vor, sofern der betreffende Dienstnehmer bei der AUVA unfallversichert ist. Dienstgeber, die in ihrem Betrieb bzw Unternehmen regelmäßig weniger als 51 Dienstnehmer beschäftigen, haben Anspruch auf Rückersatz in Höhe von 50 % des fortgezahlten Entgelts für die Dauer von maximal 42 Tagen pro Dienstverhältnis und Arbeitsjahr bzw Kalenderjahr. Seit dem 1. 7. 2018[30] erhalten Dienstgeber, die durchschnittlich nicht mehr als 10 Dienstnehmer beschäftigen, Zuschüsse in Höhe von 75 %. Bei Krankheit gebührt der Rückersatz erst ab dem 11. Tag der Entgeltfortzahlung, bei Unfall bereits ab dem ersten Tag, jedoch nur dann, wenn die Arbeitsunfähigkeit länger als drei Tage andauert.

Endet das Arbeitsverhältnis während einer Erkrankung des Arbeitnehmers, so endet der Anspruch auf Entgeltfortzahlung grundsätzlich mit diesem Zeitpunkt. Ausnahmsweise muss der Arbeitgeber jedoch die volle Entgeltfortzahlung auch über das Ende des Dienstverhältnisses hinaus leisten: Das ist dann der Fall, wenn er den Arbeitnehmer während der Erkrankung gekündigt, ohne Grund fristlos entlassen[31] oder schuldhaft den Grund für den Austritt des Arbeitnehmers gesetzt hat (§ 9 AngG, § 5 EFZG) und der Arbeitnehmer weiterhin arbeitsunfähig ist. Seit der Novelle BGBl I 2017/153 gilt dies auch

27 OGH 9 ObA 236/89; 9 ObA 97/10w.

28 *Rebhahn*, Zum erforderlichen Inhalt der Krankenbestätigung, wbl 1991, 185; ähnlich *Tomandl*, Alternativen zur Krankschreibung, ecolex 1991, 865; vgl auch *Mazal*, Der Informationsanspruch des Arbeitgebers bei EZF im Krankheitsfall, ecolex 2010, 118.

29 Vgl *Krejci*, Einige Fragen zum Entgeltfortzahlungsgesetz, ZAS 1975, 10.

30 Vgl BGBl I 2017/151.

31 Jedoch nicht, wenn er wegen dauernder Arbeitsunfähigkeit rechtmäßig entlassen wird, OGH 9 ObA 186/93, DRdA 1994, 320 (krit *Binder*).

für die einvernehmliche Beendigung des Arbeitsverhältnisses während einer Arbeitsverhinderung oder wenn die einvernehmliche Beendigung im Hinblick auf eine solche erfolgt. Es ist unbeachtlich, auf wessen Initiative hin es zu der einvernehmlichen Beendigung kommt.[32]

Eine Kündigung des Arbeitnehmers durch den Arbeitgeber im Krankenstand ist somit grds zulässig. Da sich der Arbeitgeber dadurch aber nicht die Entgeltfortzahlung ersparen kann, verringert dies den Anreiz, kranke Arbeitnehmer zu kündigen.

Wurde die Arbeitsunfähigkeit **von einem Dritten verschuldet**, geht der Schadenersatzanspruch des verletzten Arbeitnehmers (gem § 1325 ABGB ua auf Verdienstentgang) durch **Legalzession** – in Analogie zu § 1358 ABGB, § 67 VersVG – mit der Lohnfortzahlung auf den Arbeitgeber über.[33]

2.2. Ausmaß und Dauer der Entgeltfortzahlung

Mit der Arbeiter-Gleichstellungsnovelle (BGBl I 2017/153) wurde eine weitgehende Harmonisierung der unterschiedlichen Bestimmungen für Arbeiter und Angestellte vorgenommen, wobei die Rechtsstellung der Angestellten an die der Arbeiter angeglichen wurde. Die einschlägigen Regelungen finden sich jedoch weiterhin in unterschiedlichen Rechtsgrundlagen.

So gilt das EFZG für alle privatrechtlichen Arbeitsverhältnisse, auf die keine Spezialgesetze (wie vor allem das AngG oder das Berufsausbildungsgesetz[34]) anzuwenden sind (vgl § 1 EFZG). Es gilt daher für alle Arbeiter, aber auch für jene Angestellte, die ausnahmsweise von keinem der Angestelltengesetze erfasst werden.[35]

Liegen die oben genannten Voraussetzungen vor, so behält der Arbeitnehmer im Falle einer Krankheit oder eines Unglücksfalls den Entgeltanspruch bis zur Dauer von sechs Wochen in voller Höhe (§ 8 Abs 1 AngG, § 2 Abs 1 EFZG). Hat das Dienstverhältnis bereits ein[36] Jahr ohne Unterbrechung gedauert, so verlängert sich die Bezugsdauer auf acht Wochen. Bei einer Dauer von 15 bzw 25 Jahren verlängert sich die Bezugsdauer auf zehn bzw zwölf Wochen.

Nach § 2 Abs 3 EFZG (und somit in Bezug auf Arbeiter) sind Vordienstzeiten bei demselben Arbeitgeber anzurechnen, sofern die Unterbrechung jeweils nicht länger als 60 Tage gedauert hat. Die Anrechnung unterbleibt jedoch, wenn der Arbeitnehmer selbst gekündigt

32 OGH 10 ObS 67/21g.

33 OGH 2 Ob 21/94; vgl *Krejci*, Schadenersatz wegen Verdienstentganges trotz Entgeltfortzahlung des Arbeitgebers, VersRdsch 1995, 8; *Mohr*, Entgeltfortzahlung und Drittschadensliquidation, ecolex 1993, 398; *Pircher*, Entgeltfortzahlungsfälle: Schadenersatzanspruch des AG gegen den eigenen schädigenden AN, ZAS 1997, 65.

34 Vgl § 17a BAG.

35 Zum Teil abweichende Regelungen finden sich in den §§ 10 ff HausgG, § 9 TAG und §§ 24 f VBG, § 8 GAngG entspricht dem AngG.

36 Die Verlängerung der Bezugsdauer bereits nach dem ersten Dienstjahr wurde erst durch BGBl I 2017/153 eingeführt; davor waren sowohl für Arbeiter als auch für Angestellte fünf Jahre erforderlich.

hat, unbegründet vorzeitig ausgetreten oder aus seinem Verschulden entlassen worden ist. Da diese Bestimmung nicht in das AngG übertragen wurde, kommt es in diesem Bereich zu einer Aufrechterhaltung der Unterscheidung zwischen Arbeitern und Angestellten.[37]

Dauert die Erkrankung länger als diese sechs (acht, zehn, zwölf) Wochen, so hat der Arbeitnehmer **weitere vier Wochen** Anspruch auf das **halbe Entgelt**. Ist der Arbeitnehmer danach noch immer nicht arbeitsfähig, endet der Entgeltanspruch gegenüber dem Arbeitgeber.

In beiden Fällen hat der Arbeitnehmer Anspruch auf Krankengeld aus der Krankenversicherung. Erhält der Arbeitnehmer noch die Hälfte der Entgeltfortzahlung vom Arbeitgeber, erhält er 50% des Krankengelds, hat er keinen Anspruch auf EFZ mehr, erhält er das volle Krankengeld. Dieses beträgt 50 % bis max 75 % der Bemessungsgrundlage.[38]

Der Entgeltfortzahlungsanspruch bezieht sich nunmehr einheitlich für Arbeiter und Angestellte auf das **Arbeitsjahr**.

Durch Kollektivvertrag oder Betriebsvereinbarung kann gem § 2 Abs 8 EFZG sowie nun auch nach § 8 Abs 9 AngG eine Umstellung des Arbeitsjahres auf das Kalenderjahr vorgenommen werden.

Erkrankt der Arbeitnehmer neuerlich im selben Arbeitsjahr, und ist der für das Jahr vorgesehene Anspruch noch nicht verbraucht, so steht ihm der noch offene Rest zu. Hat der Arbeitnehmer den für das Jahr vorgesehenen Anspruch ausgeschöpft, kann er vom Arbeitgeber keine weitere Entgeltfortzahlung verlangen, es sei denn, die Erkrankung erstreckt sich in ein neues Jahr. Ab Beginn des neuen Jahres steht erneut der volle Anspruch zu.[39]

Für Angestellte wurde damit die zuvor bestehende Differenzierung zwischen Erst- und Folgeerkrankung aufgehoben. Als Folgeerkrankung galt nach der alten Rechtslage jede Arbeitsunfähigkeit des Angestellten, die innerhalb eines Zeitraums von sechs Monaten nach Wiederantritt des Dienstes nach der Ersterkrankung auftrat.[40]

Beruht die Arbeitsunfähigkeit auf einem **Arbeitsunfall** oder einer **Berufskrankheit iSd ASVG**, so steht den Arbeitnehmern ein zusätzlicher eigenständiger Anspruch auf Entgeltfortzahlung für die Dauer von acht (nach 15 Dienstjahren von zehn) Wochen zu (§ 8 Abs 2a AngG, § 2 Abs 5 EFZG). Dieser unabdingbare Anspruch stellt nicht auf das Arbeitsjahr ab, sondern gebührt je Unfallereignis.

Das Arbeitsjahr spielt nur eine Rolle, wenn als Spätfolgen des Arbeitsunfalles neuerliche Krankenstände auftreten: Treten diese in demselben Arbeitsjahr wie der erste Krankenstand auf, dann gelten sie als dessen Fortsetzung, weshalb der Arbeitnehmer für diese Zeiten vom Arbeitgeber nur dann Entgelt beanspruchen kann, wenn er den ihm zustehenden Entgeltfortzahlungsanspruch von acht (zehn) Wochen noch nicht ausgeschöpft hat. Treten solche Spätfolgen jedoch erst im nächsten Arbeitsjahr auf, steht ein voller neuer Anspruch

37 Teile der Literatur vertreten eine analoge Anwendung, verneinend jedoch bspw *Glowacka*, Angleichung Arbeiter - Angestellte bei der Entgeltfortzahlung, ZAS 2017, 339.
38 Dazu *Brodil/Windisch-Graetz*, Sozialrecht in Grundzügen[9] (2021) 98.
39 Vgl OGH 8 ObA 163/98y.
40 Vgl OGH 4 Ob 21/57; 4 Ob 42/57.

auf Entgeltfortzahlung wegen Arbeitsunfalls zu.[41] Wenn hingegen lediglich der erste Krankenstand als Folge eines Arbeitsunfalls in ein neues Arbeitsjahr hineinreicht, erwächst dadurch kein neuer Anspruch.[42]

3. Entgeltfortzahlung aus wichtigem persönlichem Grund

Der Arbeitnehmer kann aus Gründen an der Arbeitsleistung verhindert sein, die nichts mit einer Erkrankung zu tun haben. Unter bestimmten Voraussetzungen kann er auch dann Entgeltfortzahlung vom Arbeitgeber verlangen.

3.1. Allgemeine Fälle

Rechtsquellen: § 1154b Abs 5 ABGB, § 8 Abs 3 AngG.

Der Arbeitnehmer besitzt Anspruch auf Fortzahlung des regelmäßigen Entgelts, wenn er „ohne sein Verschulden durch **wichtige Gründe, die seine Person betreffen**, während verhältnismäßig kurzer Zeit an der Dienstleistung verhindert ist" (§ 8 Abs 3 AngG, § 1154b Abs 5 ABGB).[43] Die Gerichte,[44] aber auch die Kollektivvertragsparteien, haben versucht, den unbestimmten Begriff der wichtigen Gründe näher zu konkretisieren und dabei tatsächliche, rechtliche und nach Sitte und Herkommen wichtige Gründe als rechtmäßige Hinderungsgründe qualifiziert.

Tatsächliche Gründe, die Entgeltfortzahlungsansprüche auslösen sind zB Störungen öffentlicher Verkehrsmittel, Elementarereignisse wie Schneemassen, Vulkanasche im Luftraum oder Hochwasser, die den Arbeitnehmer daran hindern, seinen Arbeitsplatz rechtzeitig wieder zu erreichen.[45]
Rechtliche Hinderungsgründe sind zB behördliche oder gerichtliche Vorladungen, die Ausübung des Wahlrechts, die Tätigkeit als Wahlzeuge einer Betriebsratswahl,[46] oder die notwendige Anwesenheit in der Wohnung wegen Behebung einer Telefonstörung,[47] eines Rauchfangkehrertermins etc. Die – nicht berufsbedingte – Ablegung der Jagdprüfung ist dagegen kein Verhinderungsgrund im Sinne dieser Bestimmungen,[48] ebensowenig eigens gesetzlich geregelte Fälle wie der Präsenzdienst oder die Teilnahme an einer Betriebsversammlung.[49]
Hinderungsgründe, die sich aus **Sitte und Herkommen** ableiten, sind insb familiäre Pflichten, wie die Pflege von Lebenspartnern und Kindern,[50] der Krankenhausbesuch eines

41 Vgl OGH 8 ObA 163/98y, ZAS 1999, 167 (*Pernkopf*).
42 OGH 4 Ob 52/76.
43 Weitere Regelungen finden sich etwa in den § 8 GAngG, § 10 Abs 6 HausgG, § 24 Abs 7 VBG.
44 Vgl 4 Ob 106/65.
45 *Mazal,* Entgeltfortzahlung bei Wintereinbruch, ecolex 1990, 46.
46 OGH 9 ObA 121/16h.
47 OGH 9 ObA 70/92, DRdA 1993, 45 (*Ritzberger-Moser*).
48 OGH 9 ObA 227/88.
49 OGH 9 ObA 347/89.
50 OGH 9 ObA 2091/96, DRdA 1997/26 (*G. Klein*).

schwerst erkrankten nahen Angehörigen,[51] die Teilnahme an Beerdigungen nächster Verwandter oder an besonderen Familienfesten, wie bspw an der silbernen Hochzeit des Onkels und Ziehvaters.[52]
Im Zuge der COVID-19-Maßnahmen wurde in § 18b AVRAG eine maximal dreiwöchige Sonderbetreuung für Kinder bzw pflegebedürftige oder behinderte Angehörige unter Entgeltfortzahlung geschaffen, wenn es zu behördlichen Schließungen der Lehranstalten oder Betreuungseinrichtungen oder zu Verkehrsbeschränkungen kommt. Der Arbeitgeber hat einen gedeckelten Anspruch auf Ersatz des gezahlten Entgelts gegenüber dem Bund. Die Möglichkeit, Sonderbetreuungszeit in Anspruch zu nehmen, ist nach aktuellem Stand bis zum 7.7.2023 gegeben.

Ein Anspruch auf Entgeltfortzahlung entsteht allerdings nur, wenn der Hinderungsgrund (zB Arztbesuch) **notwendigerweise** in die Arbeitszeit fällt. Im Übrigen schließt nach dem Wortlaut des Gesetzes jedes Verschulden des Arbeitnehmers, also auch leichte Fahrlässigkeit, den Entgeltfortzahlungsanspruch aus.

Die Betreuung der dreieinhalbjährigen Tochter während eines Spitalaufenthalts ist kein solcher Grund, wenn es sich nicht um einen Akutfall handelt und auch der Vater und die Großmutter während der Dienstzeit herangezogen hätten werden können.[53]

Beide Gesetze stellen für die **Dauer des Entgeltfortzahlungsanspruchs** auf den Anlassfall ab und begrenzen die Dauer auf eine „**verhältnismäßig kurze Zeit**". In der Regel wird die „verhältnismäßig kurze Zeit" mit **einer Woche** begrenzt, in besonders gelagerten Fällen kann aber auch eine etwas längere Entgeltfortzahlung in Betracht kommen.

Der Anspruch auf Entgeltfortzahlung ist für Angestellte (§ 8 Abs 3 AngG) und seit 1. 7. 2018[54] auch für Arbeiter (§ 1154b Abs 5 ABGB) **unabdingbar** (vgl § 40 AngG, § 1164 Abs 1 ABGB).

Die in Kollektivverträgen häufig enthalten Listen, in denen verschiedene Hinderungsgründe und dafür zu bezahlende Tage aufgezählt sind, können, sofern sie den gesetzlichen Anspruch nicht übersteigen, wegen der einseitig zwingenden Wirkung nur demonstrativen Charakter haben. Dies gilt nunmehr auch für Arbeiter.

Ist die Verhinderung voraussehbar, hat sie der Arbeitnehmer kraft seiner Treuepflicht schon **im Vorhinein anzuzeigen**.[55] Das Unterlassen der Anzeige führt gem § 8 Abs 8 AngG für die Dauer der Säumnis zur Verwirkung des Anspruchs auf Entgeltfortzahlung (ein rechtmäßiger Hinderungsgrund ist dennoch gegeben, weswegen grds kein Entlassungsgrund vorliegt). § 1154b Abs 5 ABGB sieht solche Säumnisfolgen nicht vor, dennoch wird von der hL vertreten, dass entsprechende Regelungen über Melde- und Nachweispflichten auch für § 1154b ABGB gelten.[56] Der Arbeitnehmer kann darüber hinaus

51 OGH 8 ObA 6/03w; 9 ObA 17/87.
52 OGH 9 ObA 202/87; vgl die Übersichten bei *Drs* in ZellKomm[3], AngG § 8, Rz 124 ff.
53 OGH 9 ObA 231/93.
54 Auch diese Änderung erfolgte im Rahmen der Angleichung der Regelungen für Arbeiter und Angestellte durch BGBl I 2017/153.
55 Vgl OGH 8 ObA 2058/96, ZAS 1997, 55 (*Apathy*).
56 *Drs* in ZellKomm[3], ABGB § 1154b Rz 8.

wegen der schuldhaften Unterlassung der rechtzeitigen Verständigung gegenüber dem Arbeitgeber schadenersatzpflichtig werden. Nur in besonders gelagerten Fällen kann der Arbeitnehmer auch entlassen werden; zumindest kann ihm ein Mitverschulden an der vorzeitigen Beendigung des Arbeitsverhältnisses vorgeworfen werden (vgl dazu 283 ff).[57] Auf Verlangen des Arbeitgebers muss der Arbeitnehmer den Hinderungsgrund nachweisen.

Strittig ist, ob auf den Entgeltfortzahlungsanspruch ein **anderweitiges Erwerbseinkommen**, das der Arbeitnehmer während der Zeit der Dienstverhinderung erzielt hat, anzurechnen ist.[58]

Der Sinn der Entgeltfortzahlungsvorschriften (den Arbeitnehmer in bestimmten Fällen, in denen er aus wichtigen Gründen seiner Arbeitspflicht nicht nachkommen kann, vor Einkommensausfällen zu schützen) spricht gegen die Annahme, dass der Arbeitnehmer in diesen Fällen einkommensmäßig besser gestellt sein soll als bei Erfüllung der Arbeitspflicht. Die Anrechnung ist daher zu bejahen.

3.2. Die Pflegefreistellung

Literatur: *Cerny,* Urlaubsrecht[10] (2011); *Drs* in *Neumayr/Reissner* (Hg), Zeller Kommentar zum Arbeitsrecht[3], UrlG § 16.

Rechtsquelle: §§ 15 ff UrlG.

§ 16 UrlG enthält einen speziellen **unabdingbaren** Entgeltfortzahlungsanspruch für den Fall der **Pflege naher Angehöriger**. Diese Bestimmung ist nach ihrem Geltungsbereich mit wenigen Ausnahmen für alle privaten Arbeitsverhältnisse anwendbar. Da jedoch § 8 Abs 3 AngG bzw § 1154b Abs 5 ABGB inhaltlich auch die Pflegefreistellung erfassen, verdrängen sie § 16 UrlG wegen der **Günstigkeitsbestimmung** des § 18 UrlG, sofern sie zu einem günstigeren Ergebnis führen.

Dennoch ist die Regelung in der Praxis für alle Arbeitnehmer von Bedeutung, da sie Rechtssicherheit bringt – im Gegensatz zu den unbestimmten Formulierungen der § 8 Abs 3 AngG und § 1154b Abs 5 ABGB.
Ein Arbeitnehmer kann daher Freistellung zu Pflegezwecken immer dann auf § 8 Abs 3 AngG und § 1154b Abs 5 ABGB stützen, wenn er eine Pflegefreistellung benötigt, die über die Voraussetzungen des § 16 UrlG hinausgeht (zB im Einzelfall etwas länger als eine Woche dauert; oder sich auf Angehörige bezieht, die in § 16 UrlG nicht genannt sind). Nicht möglich ist es dagegen, über eine Kombination der Rechtsgrundlagen zu einem längeren Freistellungsanspruch zu kommen als in § 16 UrlG oder in § 8 Abs 3 AngG bzw § 1154b Abs 5 ABGB separat vorgesehen ist.[59]

57 Instruktiv OGH 8 ObA 2058/96.

58 Dafür *Spielbüchler/Grillberger,* Arbeitsrecht I[4], § 16 A; *Krejci* in *Rummel*[3], ABGB § 1154b Rz 55; dagegen OGH 4 Ob 47/69 (Waffenübungen), DRdA 1969, 255 (*Cerny*) = ZAS 1970, 20 (*Binder*).

59 Vgl dazu ausf *Naderhirn*, Zum Verhältnis ausgewählter Entgeltfortzahlungstatbestände zueinander, ZAS 2007, 111.

Pflegefreistellung gebührt zunächst für die notwendige Pflege eines im gemeinsamen Haushalt lebenden erkrankten nahen Angehörigen (**Krankenpflegefreistellung**).[60]

Die Nachweispflicht für die Notwendigkeit dieser Pflege trifft den Arbeitnehmer. In Betracht kommen der Ehegatte, der eingetragene Partner, der Lebensgefährte, die Eltern, Großeltern, Kinder, Wahl- und Pflegekinder sowie die Enkel des Arbeitnehmers. Seit BGBl I 2013/3 sind auch die im gemeinsamen Haushalt lebenden leiblichen Kinder des Ehegatten, eingetragenen Partners oder Lebensgefährten erfasst. Im Fall der Pflege des eigenen erkrankten Kindes (Wahl- oder Pflegekindes), hat der Arbeitnehmer darüber hinaus unabhängig vom Erfordernis des gemeinsamen Haushalts Anspruch auf Freistellung (§ 16 Abs 4 UrlG).

Pflegefreistellung kann auch für die notwendige Betreuung eines Kindes in Anspruch genommen werden, wenn dessen ständige Betreuungsperson aus bestimmten Gründen verhindert ist (**Betreuungsfreistellung**). Weiters besteht die Möglichkeit, ein erkranktes, unter 10 Jahre altes Kind bei einem stationären Aufenthalt in einer Heil- oder Pflegeanstalt zu begleiten (**Begleitungsfreistellung**).

Der Anspruch auf Entgeltfortzahlung ist grds pro Arbeitsjahr mit der regelmäßigen Arbeitszeit **einer Woche** begrenzt.

Ist dieser Freistellungsanspruch verbraucht, kann der Arbeitnehmer für höchstens **eine weitere Wochenarbeitszeit** Freistellung und Entgeltfortzahlung verlangen, wenn er wegen der notwendigen Pflege seines **erkrankten Kindes** (Wahl-, Pflegekindes) oder des im gemeinsamen Haushalt lebenden erkrankten Kindes des Ehegatten, eingetragenen Partner oder Lebensgefährten an der Arbeitsleistung verhindert ist, und das Kind unter 12 Jahre alt ist (§ 16 Abs 2 UrlG). Wenn auch diese zweite Woche verbraucht ist, kann der Arbeitnehmer zur weiteren Pflege **einseitig Urlaub** nehmen, ohne vorher mit dem Arbeitgeber eine Vereinbarung über den Urlaubstermin treffen zu müssen (§ 16 Abs 3 UrlG, vgl unten 233 ff).

4. Schlechtwetterentschädigung im Baugewerbe

Literatur: *Wiesinger*, Witterungsbedingter Arbeitsentfall, ecolex 2013, 368.

Rechtsquelle: Bauarbeiter-Schlechtwetterentschädigungsgesetz (BSchEG).

Bauarbeiter (vgl die ähnliche Abgrenzung des BUAG, unten 240 f) besitzen nach dem Bauarbeiter-Schlechtwetterentschädigungsgesetz (BSchEG) einen unabdingbaren Rechtsanspruch auf eine besondere Entschädigung, wenn sie wegen Schlechtwetters (zB Regen, Schnee, Hitze) einen mit Lohnausfall verbundenen Arbeitsausfall erleiden. Sie erhalten für diese Zeit 60 % des regelmäßigen Stundenlohns (§ 6 BSchEG). Die Zahl der

60 Die Pflegebedürftigkeit des nahen Angehörigen muss nicht unbedingt während der gesamten Zeit des Fernbleibens von der Arbeit bestehen; entscheidend ist, dass die erforderliche Pflege mit der Erbringung der Arbeitsleistung unvereinbar ist (OGH 9 ObA 265/92).

zu entschädigenden Stunden pro Saison ist limitiert (§ 4 BSchEG). Der Arbeiter ist bei Schlechtwetter verpflichtet, ohne Lohnschmälerung eine andere zumutbare Arbeit im Betrieb zu verrichten, die ihm der Arbeitgeber zuweist. Ob die Arbeit ausfällt, entscheidet der Arbeitgeber nach Anhörung des Betriebsrats (§ 5 BSchEG); diese Entscheidung kann der Bauarbeiter nicht einseitig treffen.[61]

Der Arbeitgeber erhält die Kosten der **Schlechtwetterentschädigung** von der Bauarbeiter-Urlaubs- und Abfertigungskasse (BUAK) auf Antrag erstattet (§ 8 BSchEG). Zur Finanzierung dient in erster Linie ein besonderer Beitrag, der je zur Hälfte vom Arbeitgeber und vom Arbeitnehmer zu tragen ist (§ 12 BSchEG).

5. Entgeltanspruch bei Nichtzustandekommen der angebotenen Dienstleistung

Literatur: Vgl die Literaturangaben bei *Rebhahn* in *Neumayr/Reissner* (Hg), Zeller Kommentar zum Arbeitsrecht[3], ABGB § 1155; *Spenling* in *Koziol/Bydlinski/Bollenberger*[6], ABGB § 1155.

Rechtsquelle: § 1155 ABGB.

5.1. Problemaufriss

Der Arbeitnehmer hat seine Arbeitspflicht auch dann voll erfüllt, wenn er dem Arbeitgeber seine Arbeitskraft zur geschuldeten Dienstleistung anbietet, dieser sie aber nicht in Anspruch nimmt. Welches Entgelt kann der Arbeitnehmer in einem solchen Fall verlangen? Zunächst denkt man an das volle vereinbarte Entgelt, das er verdient hätte, wäre die Arbeit tatsächlich geleistet worden. Zu diesem Ergebnis käme man ganz einfach, würde man die Regeln über den **Annahmeverzug** des Gläubigers anwenden, die nicht danach differenzieren, ob dem Gläubiger ein Verschulden an der Nichtannahme der ihm ordnungsgemäß angebotenen Leistungen vorzuwerfen ist oder nicht (vgl § 1419 ABGB).[62]

Für den Bereich des Arbeitsrechts steht jedoch eine **Sonderbestimmung** für den Fall des Nichtzustandekommens der Dienstleistung in Geltung, nämlich die dispositive Regel des **§ 1155 ABGB**. Nach ihr ist das Entgelt nur dann fortzuzahlen, wenn der Arbeitnehmer **„durch Umstände, die auf Seite des Dienstgebers liegen“** an der Dienstleistung verhindert ist. Daraus folgt, dass der Entgeltanspruch entfällt, wenn die Umstände nicht auf Seite des Arbeitgebers liegen.

§ 1155 ABGB ist **dispositiv**, kann also abbedungen werden. Viele KollV – insb jene für Arbeiter – beschränken die Dauer des Entgeltfortzahlungsanspruchs. Wird § 1155 ABGB im

61 Vgl ArbG Linz 2 Cr 250/63, Arb 7906/1964.
62 Näheres siehe bei *Welser/Zöchling-Jud*, Bürgerliches Recht II[14] Rz 278.

Arbeitsvertrag abbedungen, ist allerdings die Sittenwidrigkeit einer solchen Vereinbarung zu prüfen, da dadurch das Unternehmerrisiko auf den Arbeitnehmer überwälzt werden kann.[63]

Darüber hinaus regelt § 1155 ABGB eine **Vorteilsanrechnung**. Der Arbeitnehmer muss sich anrechnen lassen, was er sich infolge des Unterbleibens der Dienstleistung erspart oder durch anderweitige Verwendung erworben oder zu erwerben absichtlich versäumt hat.

5.2. Der sachliche Anwendungsbereich des § 1155 ABGB

Strittig ist der konkrete Anwendungsbereich des § 1155 ABGB. Soll die Entgeltfortzahlung samt Vorteilsanrechnung gleichermaßen zur Anwendung kommen, wenn der Arbeitgeber die Arbeit des Dienstnehmers grundlos nicht annimmt (zB schlicht dienstfrei stellt) oder den Hinderungsgrund verschuldet hat?

Zweifel an der Anwendbarkeit des § 1155 ABGB für sämtliche Fälle des Nichtzustandekommens der Dienstleistung erweckt die eben erwähnte Anrechnungsklausel. Vor allem der Umstand, dass § 1155 ABGB dem Arbeitnehmer die Obliegenheit aufbürdet, eine sich ihm bietende sonstige Erwerbsgelegenheit auszunützen, hat seit jeher Zweifel daran geweckt, ob die Anrechnungsbestimmung auch dann anwendbar ist, wenn der Arbeitgeber den Arbeitnehmer ohne ersichtlichen Grund nicht zur Arbeit zulässt („Suspendierung“) oder den Hinderungsgrund schuldhafterweise herbeigeführt hat. Nach der Rsp ist sie dennoch auch auf diese Fälle anzuwenden.[64]

Der OGH betonte allerdings in 8 ObA 2046/96g, im Falle einer grundlosen Dienstfreistellung verbleibe dem Arbeitnehmer der volle Entgeltanspruch; der Arbeitgeber könne sich nicht auf die Anrechnungsbestimmung berufen, wenn dies einen **Rechtsmissbrauch** darstellen würde.[65] Aus diesem Grund könne der Arbeitnehmer im Vorhinein auch nicht auf die Entgeltfortzahlung verzichten.[66]

Die Rechtsprechung befriedigt jedoch nicht. Es hat daher nie an Stimmen gefehlt, die § 1155 ABGB nicht für universell anwendbar halten und die dem Arbeitnehmer mit unterschiedlicher Begründung in bestimmten Fällen den vollen, durch keine Anrechnungsklausel eingeschränkten Entgeltanspruch zusprechen.[67]

Nach den Gesetzesmaterialien soll die Anrechnung des vom Arbeitnehmer Ersparten oder während der Verhinderungszeit Erworbenen ausschließen, dass sich der Arbeitnehmer auf Kosten des Arbeitgebers bereichert.[68] Dies sei ein Gebot der Billigkeit und der

63 Dazu *Rebhahn* in ZellKomm³, ABGB § 1155 Rz 6.
64 OGH 9 ObA 81/10t; 9 ObA 115/03g; 9 ObA 24/01x.
65 OGH 8 ObA 2046/96g, ZAS 1997, 168 (*Risak*).
66 OGH 9 ObA 24/01x; 8 ObA 2046/96g, ZAS 1997, 168 (*Risak*).
67 Vgl zum Meinungsstand *Rebhahn* in ZellKomm³, ABGB § 1155 Rz 55.
68 HH 78 Blg 21. Session (= HHB) 221.

Vertragstreue. Die Anrechnung des vom Arbeitnehmer absichtlich zu erwerben Versäumten gründe sich hingegen auf die exceptio doli.[69] Diese Argumente überzeugen gegenüber jenem Arbeitgeber, der die Dienste nicht annehmen kann. Wenn sich der Arbeitgeber aber grundlos weigert, die ihm ordnungsgemäß angebotenen Dienste anzunehmen oder wenn ihn ein Verschulden an ihrem Nichtzustandekommen trifft, ist es keineswegs unbillig, dass er das volle Entgelt leisten muss. In diesem Fall kann man aber auch dem Arbeitnehmer kein arglistiges Verhalten vorwerfen, wenn er sich weigert, für die Dauer der Nichtzulassung eine andere Erwerbsgelegenheit aufzugreifen. Auch die Treuepflicht kann – bei richtiger Sicht – keine solche Obliegenheit hervorrufen, wenn der Arbeitgeber durch eigenes vorwerfbares Verhalten die Nichtleistung der Dienste herbeigeführt hat. Die dem § 1155 ABGB zugrunde liegenden rationes legis reichen also keineswegs so weit wie sein Wortlaut.

Zu einem ähnlichen Ergebnis führt die systematische Betrachtung. Nach § 29 AngG und § 1162b ABGB unterbleibt auch bei der Kündigungsentschädigung jede Anrechnung für die ersten drei Monate. In diesen Bestimmungen kommt deutlich zum Ausdruck, dass der moderne Gesetzgeber grundsätzlich keine Anrechnungen auf das fortzuzahlende Entgelt zulässt, wenn der Arbeitnehmer aus nicht von ihm zu vertretenden Gründen seine Arbeitsleistung nicht anbieten kann oder wenn das Dienstverhältnis vorzeitig aus Verschulden des Arbeitgebers endet. Es wäre ein Wertungswiderspruch, würde man annehmen, dass derselbe Gesetzgeber eine Anrechnung gestattet, wenn der Arbeitgeber den Arbeitnehmer ohne jeden einsichtigen Grund nicht zur Arbeit zulässt oder den Hinderungsgrund schuldhafterweise herbeigeführt hat. Ein solcher Widerspruch lässt sich nur vermeiden, wenn man § 1155 ABGB eng auslegt.

§ 1155 ABGB regelt in seinem Kern einen Sachverhalt, für den unsere Gesetze keine allgemeine Lösung bereitstellen: die Unmöglichkeit der Entgegennahme der vom Schuldner (= Arbeitnehmer) ordnungsgemäß angebotenen Dienste durch den Gläubiger (= Arbeitgeber) aus Umständen, die der **Gläubiger zwar zu vertreten hat**, deren Eintritt ihm aber **nicht zum Vorwurf** gemacht werden kann. Für diesen Fall des beiderseits unverschuldeten Unterbleibens der Arbeitsleistung verteilt § 1155 ABGB das Lohnrisiko in der Weise, dass der Arbeitgeber zwar Entgelt fortzahlen, der Arbeitnehmer sich aber die Anrechnung gefallen lassen muss. Für die Fälle der grundlosen Weigerung zur Entgegennahme der angebotenen Dienste bzw für die schuldhafte Herbeiführung des Hinderungsgrunds muss es jedoch bei den aus den allgemeinen Regeln über den Annahmeverzug gewonnenen Wertungen bleiben, dass eine Anrechnung nicht vorzunehmen ist.[70]

---

69 HHB 221.

70 Dies spricht für die unmittelbare Anwendung des § 1419 ABGB. Zum gleichen Ergebnis kommt man freilich, wenn die Anrechnungsregel des § 1155 ABGB entsprechend beschränkt wird. Vgl auch *Risak,* Anm zu OGH 8 ObA 2046/96, ZAS 1997, 171.

5.3. Die Leistungsbereitschaft

§ 1155 ABGB ist nur anwendbar, wenn der Arbeitnehmer subjektiv und objektiv leistungsbereit ist. Er muss daher **leistungsfähig** sein und er muss die Leistung tatsächlich **anbieten**.

Ist der Arbeitnehmer arbeitsunfähig,[71] besitzt er keinen Entgeltanspruch nach § 1155 ABGB, sondern nach den Bestimmungen über die Entgeltfortzahlung im Krankheitsfall. Liegen persönliche Hinderungsgründe iSd § 1154b Abs 5 ABGB oder § 8 Abs 3 AngG vor (zB Verkehrsstörung), kann er nach diesen Regelungen Entgelt verlangen, ansonsten verliert er seinen Entgeltanspruch für die Dauer der Verhinderung.

Der Arbeitnehmer muss zudem auch **leistungswillig** sein.[72]

So müssen etwa im Teilstreik arbeitswillige nicht streikende Arbeitnehmer, die aufgrund des Streiks an ihrer Arbeitsverrichtung gehindert sind, gegenüber dem Arbeitgeber ihre Leistungsbereitschaft erklären, um ihren Entgeltanspruch während der Arbeitsverhinderung zu wahren.[73] Bietet ein Arbeitnehmer die Dienstleistung zwar an, schützt er seinen Leistungswillen aber nur vor, steht ihm kein Entgelt zu. Beweispflichtig ist allerdings der Arbeitgeber.

Eine Ausnahme von dem Erfordernis der Leistungswilligkeit muss man allerdings machen, wenn der Arbeitnehmer seine Arbeitsleistung zurückbehält, weil ihm der Arbeitgeber den Lohn vorenthält. Auch in dieser Zeit, in der der Arbeitnehmer nicht arbeitet, hat er einen Entgeltanspruch gem § 1155 ABGB, da der Arbeitgeber den Grund für die Nichtarbeit zu vertreten hat. Andernfalls wäre der Wert des Zurückbehaltungsrechts des Arbeitnehmers bei Lohnverzug des Arbeitgebers empfindlich beschränkt.[74]

Es ist nicht unbedingt erforderlich, dass der Arbeitnehmer seine Leistung Tag für Tag aufs Neue anbietet.[75] Teilt ihm der Arbeitgeber mit, wie lange er ihn nicht beschäftigen wird oder ergibt sich die Dauer der Nichtzulassung aus den Umständen,[76] muss sich der Arbeitnehmer nur für die Arbeitsaufnahme an diesem Tag bereithalten und seine Arbeit anbieten. Probleme können sich allenfalls dann ergeben, wenn der Arbeitnehmer während der Dauer der Nichtzulassung zur Arbeit eine andere Arbeit annimmt.

Die Zulässigkeit einer solchen „**Zwischenarbeit**" ergibt sich aus den Anrechnungsbestimmungen des § 1155 ABGB: Wenn der Gesetzgeber dem Arbeitnehmer die Obliegenheit auferlegt, eine sich ihm bietende Erwerbsgelegenheit zu ergreifen, um den Entgeltanspruch gegenüber dem Arbeitgeber zu wahren, dann kann eine solche Zwischenarbeit nicht gegen die Arbeitspflicht zum ersten Arbeitgeber verstoßen.[77] Steht die Dauer der Nichtzulassung zur Arbeit beim ersten Arbeitgeber fest, dann muss der Arbeitnehmer allerdings dafür

71 Vgl OGH 4 Ob 98/64.

72 OGH 9 ObA 347/89 (keine Entgeltfortzahlung bei Teilnahme an Protestversammlung).

73 OGH 8 ObA 23/05y.

74 OGH 9 ObA 39/11t.

75 *Schrammel,* Anm zu OGH 4 Ob 18/81, ZAS 1983, 66; OGH 4 Ob 54/74.

76 Zur Frage, wie Unklarheiten bezüglich des tatsächlichen Endes des Dienstverhältnisses zu behandeln sind, siehe OGH 4 Ob 138/81, DRdA 1983, 263 (*Apathy*); vgl auch *Schrank,* FS Strasser 314 und *Kerschner,* Anm zu OGH 4 Ob 1/82, DRdA 1983, 368.

77 Vgl OGH 4 Ob 18/81 (Solotänzer).

sorgen, dass er die „Zwischenarbeit“ rechtzeitig beenden kann, um dem ersten Arbeitgeber zeitgerecht zur Verfügung zu stehen. Verlangt dieser, dass er sich auf Abruf bereithält, scheidet die Aufnahme eines Zwischenarbeitsverhältnisses aus. Ist die Dauer der Nichtzulassung ungewiss oder unabsehbar, muss dem Arbeitnehmer für seinen Wiedereintritt bei richtigem Verständnis der *ratio legis* jene Zeitspanne eingeräumt werden, die er zur ordnungsgemäßen Auflösung des Zwischenarbeitsverhältnisses benötigt.
Dieses Problem tritt vor allem im Schwebezustand als Folge einer **Kündigungsanfechtung** auf (vgl unten 306). Dringt der Arbeitnehmer mit seiner Klage auf Unwirksamerklärung der Kündigung durch, richtet sich der Entgeltanspruch für die Dauer der Nichtarbeit während des Kündigungsschutzverfahrens nach § 1155 ABGB.[78] Der Arbeitnehmer muss daher während der Dauer des Verfahrens eine sich ihm bietende zumutbare Erwerbsmöglichkeit[79] ergreifen. Da er weder die Verfahrensdauer noch den Ausgang des Prozesses kennt, wird er auch einen Arbeitsvertrag auf unbestimmte Zeit eingehen dürfen. Sein Wiedereintritt kann erst zu jenem Zeitpunkt verlangt werden, zu dem er den Zwischenarbeitsvertrag ordnungsgemäß durch Kündigung beenden konnte.

5.4. Die Abgrenzung der Sphären

Welche Umstände liegen „auf Seite des Dienstgebers“? Der Gesetzgeber selbst gibt darauf keine Antwort. Die früher herrschende **lokalisierende Theorie** stellt darauf ab, in welchem Bereich der (der Arbeitsleistung entgegenstehende) Hinderungsgrund erstmalig aufgetreten ist. Sie ordnet dem Arbeitgeber zu diesem Zwecke verschiedene Verantwortungsbereiche zu. Der OGH rechnet zur Sphäre des Arbeitgebers alle Ereignisse und Umstände, welche die Person des Arbeitgebers, sein Unternehmen, Organisation und Ablauf des Betriebs, die Zufuhr von Rohstoffen, Energien und sonstigen Betriebsmitteln, die erforderlichen Arbeitskräfte, die Auftrags- und Absatzlage sowie die rechtliche Zulässigkeit der unternehmerischen Tätigkeit betreffen.[80] Tritt daher ein **Hinderungsgrund in der Person** des Arbeitgebers (zB der Arzt erkrankt und kann seine Sprechstundenhilfe nicht beschäftigen), **im Unternehmen** (zB die Raumheizung fällt im Winter aus, die Stromversorgung bricht zusammen) oder **im Vermögen des Arbeitgebers** (zB dem Arbeitgeber fehlt das Geld, um nötige Betriebsmittel zu kaufen) ein, nimmt die lokalisierende Theorie ohne weitere Prüfung der Ursachen des Auftritts dieser Hinderungsgründe an, es handle sich um „Umstände auf Seiten des Arbeitgebers“ und gewährt dem leistungsbereiten Arbeitnehmer grds den Entgeltanspruch.

Die lokalisierende Theorie geht damit von **zwei Sphären** aus: jener des Arbeitgebers und einer zweiten, in die alle Umstände fallen, die in einem anderen Bereich auftreten. Entfällt

78 Vgl OGH 4 Ob 61/81, ZAS 1983, 66 (*Schnorr*).
79 Unter Umständen beim eigenen Arbeitgeber (siehe *Gstirner,* Anm zu OGH 4 Ob 122/78, ZAS 1983, 22).
80 Vgl OGH 9 ObA 27/98f; 9 ObA 202/87; *Schnorr,* Nichtleistung 35, kommt bei der Darstellung dieser Theorie zu ähnlichen Ergebnissen, indem er auf Herrschaftsbereiche des Arbeitgebers abstellt und diesem die Risken der Sachherrschaft (Funktionstüchtigkeit der Betriebsmittel), des technischen und organisatorischen Betriebsablaufes sowie der Veränderung der Wirtschaftslage zuweist.

die Arbeit aus irgendeinem Grund, der in dieser zweiten (risikomäßig dem Arbeitnehmer zuzuordnenden) Sphäre auftritt (zB kraft behördlicher Anordnung wird die Arbeit in bestimmten Branchen untersagt), so soll der Entgeltanspruch entfallen.

In ihrer Anwendung hat die so einfach erscheinende lokalisierende Theorie zu keinen einheitlichen Ergebnissen geführt.

Dazu einige **Beispiele:** Es ist nach ihr zwar eindeutig, dass der Arbeitgeber den Stromausfall zu vertreten hat, wenn seine eigene Transformatorenstation ausfällt. In welche Sphäre fällt aber der generelle Stromausfall infolge eines Versagens der Überlandleitung, der sich ja ebenfalls im Unternehmen auswirkt? Wie ist eine Überflutung des Betriebsgebäudes durch Hochwasser, die Beschädigung einer Maschine durch den sie bedienenden Arbeiter oder der Ausfall unersetzlicher Rohstoffe wegen eines Kriegs im Erzeugerland zu beurteilen? Lange Zeit fehlte höchstgerichtliche Judikatur; Unterinstanzen und Lehre haben keine einheitliche Linie gefunden.[81] Vor allem blieb umstritten, ob Einwirkungen höherer Gewalt den Arbeitgeber von der Entgeltpflicht befreien oder nicht.

In einer Entscheidung aus dem Jahre 1987[82] hat der OGH die Auffassung vertreten, dass **„höhere Gewalt"** nur dann nicht in die Arbeitgebersphäre fällt, wenn sie neben dem einzelnen Unternehmen auch die Allgemeinheit trifft, wie beispielsweise Seuchen, Kriege, Revolutionen oder Terror.

Gegen die lokalisierende Theorie spricht, dass eine Regel, die eine Risikoverteilung zwischen zwei an der Dienstverhinderung gleichermaßen schuldlosen Vertragspartnern vornimmt, nicht in der Weise gedeutet werden kann, dass die eigentliche Ursache der Verhinderung und damit die für die Zurechnung ganz entscheidende Frage der Beherrschbarkeit des Risikos aus der Betrachtung auszuklammern wäre.[83]

Die lokalisierende Theorie ist leicht anzuwenden, da sie sich damit begnügt, einfache Kriterien für den Einfluss- und Verantwortungsbereich des Arbeitgebers aufzustellen. Es verstößt aber gegen das Wesen einer Risikotragungsregel, so schematisch vorzugehen: sie muss feinere Unterschiede als eine Schadenersatzregel (und zwar selbst aus dem Bereich der Gefährdungshaftung) treffen und herauszufinden trachten, wer näher an der eingetretenen Gefahr ist. Genügt es daher, zur Begrenzung der Gefährdungshaftung einen Verantwortungsbereich abstrakt abzustecken, für den der Haftungspflichtige einzustehen hat, mag ihm auch kein konkreter Schuldvorwurf gemacht werden können, so ist dieses Sieb für die Risikoverteilung zu grob. Soweit von der lokalisierenden Theorie danach unterschieden wird, ob ein Betriebsstillstand die Folge eines von außen kommenden, unvorhersehbaren[84] und unvermeidbaren Umstands (zB Naturkatastrophe) oder eines nur im Betrieb aufgetretenen Ereignisses (zB Maschinenschaden) ist,[85] wird diesem Gedanken ohnedies bereits zT Rechnung getragen, allerdings ohne zureichende Reflexion über die rechtssystematischen Konsequenzen. Überdies vermag es nicht zu überzeugen, warum ein Arbeitgeber zwar dann den

81 Übersichten siehe bei *Tomandl,* AcP 164, 188; *Rebhahn* in *ZellKomm*³, ABGB § 1155 Rz 30; *Krejci* in *Rummel*³, ABGB § 1155 Rz 9.

82 OGH 9 ObA 202/87.

83 Vgl *Schnorr,* Nichtleistung 41.

84 Daher ist der Arbeitgeber bei Schlechtwetter jedenfalls entgeltpflichtig (OGH 4 Ob 39/83).

85 Vgl ArbG Wr Neustadt Cr 133/48, Arb 5020/1948.

Lohn zahlen soll, wenn sein Betrieb trotz aller zumutbaren Maßnahmen der Blitzsicherung von einem Blitz getroffen wird, nicht aber dann, wenn der Blitz in einer Überlandleitung einschlägt und als Folge davon die Stromversorgung generell ausfällt.

Den besseren Zugang zur Sphärenabgrenzung bietet daher die heute stark vertretene **Zurechnungstheorie,**[86] der offenbar auch die höchstgerichtliche Judikatur zuneigt.[87] Nach ihr nimmt § 1155 ABGB nicht selbst die Sphärenabgrenzung vor, sondern stellt lediglich eine Verweisungsnorm dar.

Der Gesetzgeber lege in § 1155 ABGB nicht fest, welche Hinderungsgründe „auf Seite des Arbeitgebers" liegen. Er setze die Beantwortung dieser Frage vielmehr voraus und verweise damit auf andere Rechtsregeln. Auch die lokalisierende Theorie könne die Absteckung der Bereiche nicht aus § 1155 ABGB gewinnen, da der Gesetzgeber an dieser Stelle keinen Hinweis auf Kriterien zur Sphärenabgrenzung gibt.

Die Zurechnungstheorie folgert aus diesem Befund, dass die Kriterien zur Sphärenabgrenzung erst unter Heranziehung des gesamten Arbeitsrechts gefunden werden müssen. Sie lehnt die Vorgangsweise der lokalisierenden Theorie durchaus nicht ab, hält sie aber für ergänzungsbedürftig. Der Umstand, wo der Hinderungsgrund lokal zum ersten Mal in Erscheinung getreten ist, könne nicht das endgültig entscheidende Kriterium sein. Diesem Umstand komme vielmehr nur Indizwirkung zu. Wegen dieser Indizwirkung genüge es für den Regelfall, dass der die Dienstleistung verhindernde Umstand in der Person, im Unternehmen oder im Vermögen des Arbeitgebers aufgetreten ist, um die Lohnzahlungspflicht des Arbeitgebers zu begründen. Im konkreten Einzelfall könne der Arbeitgeber die Zurechnung aber dennoch abwenden, wenn er Gründe vorbringen und beweisen kann, die dartun, dass der den Lohn begehrende Arbeitnehmer eine **stärkere Beziehung** zu dem den Arbeitsausfall bewirkenden Risiko hatte als er.

So kann er etwa einwenden, der Schaden sei im Betrieb aufgetreten, obwohl er alle ihm zumutbaren Vorkehrungen getroffen habe. Dagegen kann er sich andererseits selbst mit dem Hinweis auf eine Naturkatastrophe nicht entlasten, wenn deren Eintritt vorhersehbar war.[88]

Nach der Zurechnungstheorie lässt sich daher die **Sphäre des Arbeitgebers** nicht schon im Vorhinein lokal abgrenzen. Sie ist vielmehr als **Summe aller ihm zurechenbaren Risiken** zu verstehen.

Zusammenfassend kann die heute hL wie folgt auf den Punkt gebracht werden: Es kommt im Arbeitsalltag nicht selten zu Dienstverhinderungen. Bereits früh hat man er-

86 Grundlegend *Tomandl,* AcP Bd 164, 200; *Schnorr,* Nichtleistung 32; *Krejci,* Lohnzahlung bei Teilstreik? 31; *Binder,* Die Beendigung arbeitsvertraglicher Bindungen bei Eintritt dauernder Leistungsunmöglichkeit, FS Strasser 286, steht der Sache nach dieser Lehre nahe.

87 Zu 4 Ob 61/81 betont der OGH, eine Entgeltpflicht nach § 1155 ABGB komme nur bei solchen Arbeitsunterbrechungen in Betracht, „die unter Bedachtnahme auf die Umstände des Einzelfalles eindeutig der Einflusssphäre des Arbeitgebers zurechenbar sind" und stützt sich dabei ausdrücklich auf *Schnorr,* Nichtleistung 41, der sich an dieser Stelle gegen die lokalisierende Theorie ausspricht.

88 ZB Betriebsansiedlung in einem Gebirgstal, in dem erfahrungsgemäß häufig mit starken Schneefällen zu rechnen ist (so OGH 9 ObA 202/87).

kannt, dass sich die klassischen zivilrechtlichen Kategorien (wie nachträgliche Unmöglichkeit oder Annahmeverzug) im Arbeitsverhältnis als nicht trennscharf tragfähig erweisen;[89] dies gilt insb dann, wenn es um die Frage der Zurechnung von Arbeitshindernissen zum Arbeitgeber geht. Zur Auflösung des entsprechenden Meinungsstreits wurde § 1155 ABGB daher mit der III. ABGB-Teilnovelle 1916 dahingehend neugestaltet, dass fortan klargestellt sein sollte, dass der AG „alle in seiner Sphäre auftretenden Zufälle" tragen müsse, was insb die Fortzahlung des Entgelts (jeweils nur an **dienstfähige und ernstlich dienstbereite Dienstnehmer**) mitumfasst.[90] Diese Theorie der Zuordnung verschiedener Hinderungsgründe zu Sphären (sog **„Sphärentheorie"**) hat sich in der Folge dahingehend entwickelt, dass heute für die Frage der Arbeitgeberpflicht zur (zeitlich unbegrenzten) Entgeltfortzahlung trotz Unterbleibens der Leistung wesentlich ist, dass der Umstand der **Sphäre des Arbeitgebers** (§ 1155 Abs 1 ABGB) zurechenbar ist.[91] Zur Abgrenzung der AG-Sphäre wurden verschiedene Theorien (insb die lokalisierende These und die Zurechnungsthese; dazu bereits oben) entwickelt, wobei sich die Judikatur keiner dieser Thesen explizit angeschlossen hat. Klar ist allerdings, dass eine sehr weitgehende Zurechnung zum Arbeitgeber stattfindet (insb etwa auch Fälle höherer Gewalt wie Naturereignisse).[92] Nach ganz hA ist jedoch die Grenze der Zurechenbarkeit erreicht, wenn es sich um Elementarereignisse handelt, von denen die Allgemeinheit schlechthin betroffen ist und für die der Arbeitgeber auch keine Vorsorge treffen kann (sog „allgemeine Kalamitäten" wie zB Krieg, Erdbeben, Hochwasser und auch Seuchen und Pandemien[93]). Diensthinderliche Ereignisse wie diese fallen daher in eine sog **neutrale Sphäre** und lösen entsprechend keinen Entgeltfortzahlungsanspruch aus.[94] Dienstverhinderungsgründe, die der **Sphäre des Arbeitnehmers** zuzurechnen sind, führen grds ebenso zu einem Entfall des Anspruchs auf Entgelt (jedenfalls iS des § 1155 Abs 1 ABGB). Sozialpolitische Erwägung haben jedoch in vielen Fällen dazu geführt, dass Arbeitnehmern (an anderer Stelle, zB § 1154b ABGB) dennoch ein zeitlich befristeter Anspruch auf Entgeltfortzahlung eingeräumt wurde (zB im Krankheits- oder Unglücksfall oder in sonstigen Fällen wichtiger persönlicher Gründe).[95]

Vor diesem Hintergrund ist auch die zeitlich befristete **Novellierung des § 1155 ABGB** durch BGBl I 2020/16 im Zuge der **COVID-19-Pandemie** zu sehen: Der Gesetzgeber hat dabei erkannt, dass die Coronavirus-Pandemie als allgemeine Kalamität in die neutrale Sphäre fällt und daher keinen Entgeltfortzahlungsanspruch nach § 1155 Abs 1 ABGB auslö-

89 *Löschnigg*, Arbeitsrecht[13] 6/563.

90 *Rebhahn* in ZellKomm[3], ABGB § 1155 Rz 30 mwN der Materialien zur III. Teilnovelle.

91 Wie bereits dargestellt wurde, subsumiert die hL darunter alle Umstände, die **Person oder Unternehmen des Dienstgebers** oder die **betriebliche Organisation** bzw **betriebliche Abläufe** betreffen (insb etwa eine schlechte Auftrags- oder Versorgungslage); vgl mwN *Spenling* in *KBB*[6], ABGB § 1155 Rz 6.

92 RIS-Justiz RS0021631; vgl auch *Rebhahn/Ettmayer* in *Kletečka/Schauer*, ABGB-ON[1.04] § 1155 Rz 21 mwN.

93 Für die COVID-19-Krise bejahend etwa *Kietaibl/Wolf* in *Resch*, Corona-Handbuch[1.01], Kap 3 Rz 2.

94 *Spenling* in *KBB*[6], ABGB § 1155 Rz 6; vgl aber *Löschnigg*, Arbeitsrecht[13] 6/567 mwN der Rsp, die bisher gar bei weiträumigen Straßensperren infolge heftiger Schneefälle die Entgeltzahlungspflicht bejaht hat. Überhaupt kritisch gegenüber der Annahme einer neutralen Sphäre *Rebhahn* in ZellKomm[3], ABGB § 1155 Rz 30.

95 Vgl statt vieler *Löschnigg*, Arbeitsrecht[13] 6/566.

sen würde. Um dieses Ergebnis zu verhindern, wurde (vorläufig bis zum 31. 12. 2020) eine **temporär veränderte Risikoverteilung** verankert, indem der neue Abs 3 leg cit die gesetzliche Fiktion normiert, dass Maßnahmen auf Grundlage des COVID-19-MaßnahmenG, die zum Verbot oder zur Einschränkung des Betretens von Betrieben führen, als Umstände iSd Abs 1 leg cit gelten und somit (bei Leistungsfähigkeit und -bereitschaft) den Entgeltfortzahlungsanspruch auslösen.[96] Im Zuge dessen wurde erneut **Kritik an der Lehre von der Existenz einer neutralen Sphäre** laut.[97]

5.5. Entgelt und Vorteilsanrechnung

Nach § 1155 ABGB gebührt dem Arbeitnehmer jenes Entgelt, das er verdient hätte, wäre er zur Arbeit zugelassen worden.[98] Die Berechnung folgt also auch hier dem **Entgeltausfallsprinzip.**[99]

Der Arbeitnehmer muss sich darauf bestimmte **Vorteile anrechnen** lassen, nämlich „was er sich infolge Unterbleibens der Dienstleistung erspart oder durch anderweitige Verwendung erworben oder zu erwerben absichtlich versäumt hat". Auf den Entgeltanspruch für einen bestimmten Zeitraum (zB Woche) ist nur anzurechnen, was der Arbeitnehmer in demselben Zeitraum erspart, erworben oder zu erwerben versäumt hat, sofern die Ersparnisse (Erwerbsmöglichkeiten) ursächlich auf den Arbeitsausfall zurückgeführt werden können.

Verdient der Arbeitnehmer einige Zeit im Zwischenarbeitsverhältnis mehr, als ihm nach § 1155 ABGB zusteht, kann das Mehreinkommen daher nicht auf andere Zeiträume angerechnet werden, in denen der Arbeitnehmer kein oder nur ein geringeres Einkommen bezieht. Dieser Grundsatz der zeitlich kongruenten Anrechnung[100] muss allerdings aufgelockert werden, wenn die Arbeitszeit noch gar nicht konkret festlag (zB Verpflichtung eines Künstlers für eine bestimmte Anzahl von Auftritten pro Spielzeit).[101] Nicht anzurechnen ist das Einkommen aus einer Nebenbeschäftigung, die der Arbeitnehmer auch schon vor dem Arbeitsausfall ausgeübt hat.

Als **Ersparnisse** kommen vor allem Reise- und Aufenthaltskosten in Betracht.

Beim **tatsächlichen Erwerbseinkommen** ist es bedeutungslos, aus welcher Art Erwerbstätigkeit es bezogen wurde.

---

96 Vgl *Kietaibl/Wolf* in *Resch*, Corona-Handbuch[1.01], Kap 3 Rz 3; *Friedrich*, Entgeltfortzahlung nach § 1155 und COVID-19, ZAS 2020, 156.

97 ZB *Felten/Pfeil*, COVID-19 und Entgeltfortzahlung, CuRe 2020/19, die argumentieren, „(...) dass es gar keiner Ergänzung des § 1155 ABGB um die Abs 3 und Abs 4 bedurft hätte, da der Fall der Betriebsschließung auf Grund eines verhängten Betretungsverbots ohnehin unter Abs 1 zu subsumieren ist." Mit dogmatischer Kritik insb (zuletzt) *Aichberger-Beig*, Coronavirus: Kein Arbeitsentgelt bei durch „allgemeine Kalamität" verursachten Betriebsschließungen? ecolex 2020, 283 und ihr folgend *Mazal*, Entgeltfortzahlung bei pandemiebedingter Einschränkung des sozialen Lebens, ecolex 2020, 280.

98 OGH 8 ObA 79/04g; 9 ObA 56/89.

99 Vgl OGH ObA 12/15b.

100 Vgl OGH 4 Ob 115/61;4 Ob 136/62.

101 Dazu OGH 4 Ob 23/75, ZAS 1977, 57; 4 Ob 18/81, ZAS 1983, 62, beide mit Anm *Schrammel*.

Versäumtes Erwerbseinkommen ist nur anzurechnen, wenn der Arbeitnehmer es „absichtlich" unterlassen hat, ein ihm zumutbares Erwerbseinkommen zu erzielen.[102] Die Zumutbarkeit bezieht sich vor allem auf die Art des in Betracht zu ziehenden Zwischenerwerbsverhältnisses. Der Arbeitnehmer braucht keine Zwischenarbeit zu verrichten, die inhaltlich von der vertraglich geschuldeten wesentlich abweicht oder einen sozialen Abstieg bedeutet.[103] Dagegen zählen zu den zumutbaren Zwischenarbeiten auch solche, die ihm sein eigener Arbeitgeber anbietet.[104]

Unzumutbar soll nach der Rsp der Abschluss eines Zwischenarbeitsverhältnisses sein, solange noch nicht unmissverständlich klar ist, dass der Arbeitgeber die ihm angebotenen Dienste nicht mehr in Anspruch nehmen werde[105] oder wenn der Arbeitsausfall nur kurzfristig ist.[106] Das überzeugt, sofern der Arbeitgeber keine Erklärung abgibt. Er könnte aber vom Arbeitnehmer verlangen, auch in diesem Falle ein Zwischendienstverhältnis einzugehen. Er dürfte den Wiedereintritt dann aber erst zu einem Zeitpunkt verlangen, zu dem der Arbeitnehmer das Zwischendienstverhältnis ordnungsgemäß gelöst haben kann (dazu bereits oben).

Ein absichtliches Versäumen liegt nicht erst vor, wenn der Arbeitnehmer ein ihm konkret angebotenes zumutbares Vertragsangebot ausschlägt, um die Einrechnung zu verhindern,[107] sondern bereits dann, wenn er keinerlei Bemühungen anstellt, eine Zwischenarbeit zu finden, obwohl ihm bekannt sein muss, dass solche Bemühungen durchaus erfolgversprechend sind.[108] Entstehen dem Arbeitnehmer zur Erlangung einer Zwischenarbeit Aufwendungen (zB Übersiedlungskosten), sind diese vom Anrechnungsbetrag abzuziehen.[109]

Die Behauptungs- und Beweislast für die Vorteilsanrechnung liegt beim Arbeitgeber.[110]

5.6. Entgeltschmälerung durch Zeitverlust

Kommen die Dienste zwar zustande, kann der Arbeitnehmer die vereinbarte Arbeitszeit aber nicht voll nutzen, so kann gemäß den vereinbarten Entgeltberechnungsregeln ein Entgeltausfall eintreten. In diesem Falle soll nach **§ 1155 Abs 2 ABGB** auf die Umstände Bedacht genommen werden, die zu den Zeitverlusten geführt haben. Sind sie der Sphäre des Arbeitgebers zuzurechnen, steht dem Arbeitnehmer zusätzlich zum vertragsgemäß berechneten Entgelt eine angemessene Entschädigung zu.

102 *Rebhahn* in ZellKomm³, ABGB § 1155 Rz 53.

103 Ein als Bootsführer und Chauffeur aufgenommener Student muss daher kein Anbot als Tellerwäscher oder Landarbeiter annehmen (OGH 4 Ob 5/64).

104 Vgl *Gstirner,* Anm zu OGH 4 Ob 122/78, ZAS 1983, 22; *Krejci* in *Rummel³*, ABGB § 1155 Rz 25; Ist die ursprünglich vereinbarte Arbeit jedoch unmöglich geworden, ist eine Vertragsanpassung in Erwägung zu ziehen.

105 OGH 4 Ob 18/81, ZAS 1983, 62 (Solotänzer) mit Anm *Schrammel.*

106 LG Wien 44 Cg 170/77, Arb 9681/1977.

107 So OGH 4 Ob 41/66.

108 Vgl RIS-Justiz RS0021599 bzw OGH 9 ObA 90/13w; 9 ObA 114/87; *Krejci* in *Rummel³*, ABGB § 1155 Rz 28.

109 OGH 4 Ob 32/64.

110 Vgl OGH 4 Ob 23/75; 4 Ob 18/81.

Als **Beispiel** erwähnen die Materialien[111] die Behinderung von Akkordarbeitern an der Erzielung des vollen Akkordlohns durch Beistellung ungenügenden Materials oder ungenügender Mitwirkung anderer Hilfskräfte. Ein qualitativer Unterschied zu § 1155 Abs 1 ABGB liegt nicht vor, da der Arbeitnehmer die vereinbarte Leistung nur zur vorgesehenen Zeit erfüllen kann. Eine ausgefallene Arbeitsstunde kann daher nicht mehr nachgeholt werden. In Wahrheit ist die vereinbarte Dienstleistung nicht zustande gekommen. Zur Harmonisierung der Abs 1 und 2 wird die „angemessene Entschädigung" daher dem fortzuzahlenden Entgelt des Abs 1 entsprechen müssen.

5.7. Abgrenzungen

Schwierigkeiten bereitet der Fall, dass **gleichzeitig zwei Sachverhalte** zusammentreffen, die nach **unterschiedlichen Entgeltfortzahlungsregeln** zu behandeln sind.

Beispiel: Der Arbeitnehmer bietet seine Dienste aus einem gesetzlich anerkannten Grund nicht an (zB Krankheit, Urlaub, Feiertag, persönliche Verhinderung); gleichzeitig könnte der Arbeitgeber die Dienstleistungen wegen eines Betriebsstillstands aber gar nicht annehmen.

Steht in solchen Fällen dem Arbeitnehmer das volle Entgelt (bspw nach dem EFZG), das durch die Anrechnungsmöglichkeit beschränkte Entgelt nach § 1155 ABGB oder allenfalls gar kein Entgelt zu (weil der Hinderungsgrund nicht in die Arbeitgebersphäre fällt)?

Das formale Argument, § 1155 ABGB könne schon deshalb nicht zur Anwendung kommen, weil der Arbeitnehmer gar nicht leistungsbereit war,[112] überzeugt nicht, bedenkt man seine Konsequenzen:

Ein arbeitsfähiger Arbeitnehmer erhielte zwar für die Dauer der vom Arbeitgeber nicht zu vertretenden Betriebsstörung kein Entgelt, wohl aber ab dem Zeitpunkt, in dem er in den Krankenstand ginge. Wäre die Betriebsstörung vom Arbeitgeber zu vertreten, müssten sich die arbeitsbereiten Arbeitnehmer die Vorteilsanrechnung gefallen lassen, die kranken Arbeitnehmer erhielten ihren vollen Lohn. In beiden Fällen wäre das allen Fällen des Entgeltanspruches trotz Unterbleibens der Arbeitsleistung zu Grunde liegende Entgeltausfallsprinzip klar durchbrochen.

Schon diese Ergebnisse lassen erkennen, dass diese Sicht nicht richtig sein kann. *Schnorr*[113] betont zu Recht, die Fälle der Gesetzeskonkurrenz ließen sich nicht rein logisch lösen, sondern nur unter Beachtung der Zwecksetzung jener Entgeltfortzahlungsvorschriften, die mit § 1155 ABGB konkurrieren.[114] Diese orientieren sich am Entgeltausfallsprinzip und wollen daher dem Arbeitnehmer jenes Entgelt sichern, das er verdient hätte, wäre er an der Arbeitsleistung nicht verhindert gewesen. Für diese Zeit soll ihm

111 HHB 221.

112 So OGH 9 ObA 202/87, ZAS 1988, 167 (*Schnorr*), der zudem Leistungsbereitschaft mit Verfügbarkeit gleichsetzt.

113 *Schnorr,* Nichtleistung 43.

114 In diesem Sinne auch OGH 4 Ob 78/80, ZAS 1981, 183 mit Anm von *Mayer-Maly* (Konkurrenz mit § 14 MSchG).

aus der Nichtleistung der Arbeit weder ein Nachteil noch ein Vorteil erwachsen (siehe bereits oben). Folgt man dieser Zielsetzung des Gesetzgebers, dann ergibt sich: Wäre der Arbeitnehmer in den hier relevanten Fällen nicht an der Dienstleistung verhindert gewesen, sondern hätte er die Arbeit ordnungsgemäß angeboten, so hätte sie der Arbeitgeber nicht annehmen können. Anzuwenden ist daher § 1155 ABGB, weil der Arbeitnehmer ansonsten einen Vorteil aus dem Nichtanbot seiner Arbeit ziehen würde.

Daher verdient in allen Fällen des Zusammentreffens eines Anspruchs nach dem Entgeltausfallsprinzip mit § 1155 ABGB die letztgenannte Bestimmung den **Vorrang.**[115] An diesem Ergebnis vermag auch der Umstand nichts zu ändern, dass es sich bei § 1155 ABGB um eine nachgiebige Bestimmung handelt, bei den übrigen Entgeltfortzahlungsbestimmungen hingegen um zwingendes Recht. Denn es geht nicht um die Frage, welche dieser Normen dem Normadressaten mit der größeren Durchschlagskraft gegenübertritt, sondern darum, auf welche Sachverhalte sie zugeschnitten sind und welche Ziele sie verfolgen. Will eine zwingende Bestimmung nichts anderes, als dem an der Leistung verhinderten Arbeitnehmer jenes Entgelt zu sichern, das er durch Arbeit verdienen könnte, dann garantiert sie nicht mehr als jenen Anspruch, den der leistungsbereite Arbeitnehmer hätte. Selbst für den Fall der vollständigen Abdingung des § 1155 ABGB wäre daher der an der Arbeitsleistung verhinderte Arbeitnehmer nie schlechter gestellt als im Falle seiner vollen Arbeitsfähigkeit.

115 Die Entscheidung des OGH 9 ObA 202/87 steht dem nicht im Wege, weil sich dort das Kollisionsproblem gar nicht stellte: Da der Arbeitnehmer eine Beschäftigungsmöglichkeit im Betrieb vorgefunden hätte, hätte er diesen erreicht, war § 1155 ABGB nicht anwendbar (so zu Recht *Schnorr,* ZAS 1988, 170).

Der Urlaub

Literatur: *Aigner,* Verfassungsrechtliche Gedanken zum Urlaubsrecht, ZAS 1996, 145; *Drs,* Urlaubsrecht[11] (2019); *Dusak,* Ausgewählte Probleme des Urlaubsrechts, ZAS 1985, 54; *Reissner* in *Neumayr/Reissner* (Hg), Zeller Kommentar zum Arbeitsrecht[3], UrlG; *Tomandl,* Die Vergütung nicht verbrauchten Urlaubs – zugleich ein Beitrag über arbeitsrechtliche Theorienbildung, ZAS 1987, 1, 45; *Vogt,* Entgeltfortzahlungstatbestände inkl Urlaub, in *Gruber-Risak/Mazal* (Hg), Das Arbeitsrecht - System und Praxiskommentar, 41. Lfg (2023).

Rechtsquelle: Urlaubsgesetz (UrlG).

1. Wesen und Funktion

Der Urlaub ist eine relativ junge Einrichtung.

Vorbildern aus dem öffentlichen Dienst folgend, räumte erstmals das Handlungsgehilfengesetz 1910 den Privatangestellten einen Anspruch auf zehn Tage bezahlten Mindesturlaub pro Jahr ein. Allmählich erhielten auch andere Arbeitnehmerkategorien einen gesetzlichen Urlaubsanspruch (die Arbeiter durch das Arbeiterurlaubsgesetz 1919), dessen Mindestausmaß bis zum Jahre 1972 im Allgemeinen zwei Wochen pro Jahr betrug, obwohl ein Generalkollektivvertrag schon 1964 einen dreiwöchigen Mindesturlaub eingeführt hatte. Das Urlaubsgesetz BGBl 1971/317 übernahm diesen dreiwöchigen Mindesturlaub, der durch das Urlaubsgesetz 1976 auf vier und durch die Novelle BGBl 1983/81 etappenweise auf fünf Wochen erhöht wurde. Art IX des UrlG 1971 bezog auch alle jene Arbeitnehmer in das Urlaubsrecht ein, für die es bis dahin keinen gesetzlichen Urlaubsanspruch gegeben hatte (das ABGB enthält noch heute keine Urlaubsregelung). Schließlich vereinheitlichte das UrlG 1976 das Urlaubsrecht für den privaten Sektor,[1] weshalb es als eine Teilkodifikation des Arbeitsrechts angesehen wird.

In seiner relativ kurzen Geschichte hat der Urlaub einen entscheidenden Funktionswandel mitgemacht. Ursprünglich sollte er dem Arbeitnehmer **Erholungsmöglichkeiten** verschaffen.

Die Materialien zum Handlungsgehilfengesetz 1910 betonen, der Gesetzgeber sei einer sozialpolitischen und hygienischen Forderung, bedingt durch immer intensivere Ausnutzung der Arbeitskraft und die sanitären Verhältnisse der Großstädte nachgekommen. Hingewiesen wird zudem noch auf einen für die Arbeitgeber wichtigen Aspekt: Die Erholungspause stärke und belebe die Frische und Spannkraft der Angestellten, weshalb der Arbeitsverlust durch die Urlaubszeit durch die gesteigerte Arbeitsenergie leicht wettgemacht werde.[2]

1 Vgl aber die dem UrlG ähnlichen Bestimmungen des unten darzustellenden BUAG. § 17 AngG ist heute nur mehr eine Verweisung auf das UrlG. Für den öffentlichen Sektor siehe die §§ 27 ff VBG. Geringfügige Modifikationen enthalten § 3 JournG, § 15 TAG, § 9 HausgG.

2 HH 192 Blg 18. Session.

Der Hinzutritt einer weiteren Funktion wird besonders deutlich in den Materialien zur UrlG-Novelle 1983 angesprochen. Sie betonen, die Urlaubsverlängerung stelle schon seit langem ein **Instrument der Arbeitszeitverkürzung** dar, wobei speziell die Gewerkschaften die Verkürzung der Jahresarbeitszeit durch Urlaubsverlängerung für wirksamer angesehen hätten als eine geringfügige Verkürzung der Wochenarbeitszeit. Ihr Vorteil sei ein zweifacher: die Urlaubsverlängerung vergrößere nicht nur die Erholungsmöglichkeiten der Arbeitnehmer, sie sei vielmehr gleichzeitig auch eine Maßnahme, um „das vorhandene Arbeitsvolumen möglichst gleichmäßig und gerecht auf alle Arbeitsfähigen und Arbeitswilligen aufzuteilen".[3] Der moderne Urlaub soll also auch **Arbeit umverteilen** (vgl dieselbe Funktion des Arbeitszeitrechts 165).

Dieser Funktionswandel des Urlaubs hat Rückwirkungen auf seine rechtliche Beurteilung. Der Urlaub lässt sich nicht länger ausschließlich als eine Leistung deuten, die nur der Erholung dienen soll und daher letztlich auf der Fürsorgepflicht des Arbeitgebers beruht. Der Erholungszweck wird vielmehr durch arbeitsmarktpolitische Zielsetzungen überlagert, die mit der Fürsorgepflicht nichts zu tun haben.

Auf diesen Funktionswandel wurde in der Lehre insoweit Bedacht genommen, als allgemein die Meinung vertreten wird, der Arbeitnehmer müsse seinen Urlaub nicht zur Erholung gebrauchen, er könne ihn vielmehr ganz nach seinem Belieben verwenden, also auch zu Gestaltungen, die dem Erholungszweck widerstreiten (zB Aufnahme einer anderweitigen Arbeit). Eine Vereinbarung mit dem Arbeitgeber selbst, den regulären Urlaub für erholungsfremde Ausbildungszwecke zu verwenden, ist nicht zulässig, da der Arbeitnehmer diesfalls nicht frei ist, die Urlaubszeit nach Belieben zu verwenden.[4]

Der Urlaubsanspruch hat sich von seiner ursprünglichen Grundlage emanzipiert und zu einem eigenständigen Anspruch des Arbeitnehmers entwickelt, der ihm als Gegenleistung für seine Arbeit gebührt. Er steht in einer eindeutigen Entgeltbeziehung zur geleisteten Arbeit, doch haftet dem Entgeltanspruch noch immer ein gewisser Fürsorgecharakter an. Vor allem bei der Realisierung des Urlaubsanspruchs kommt die Fürsorgepflicht des Arbeitgebers zum Tragen: Will der Arbeitnehmer seinen Urlaub zur Erholung verwenden, hat der Arbeitgeber auf diesen Wunsch Rücksicht zu nehmen. Auch die Beschränkung der Urlaubsteilung und das Verbot der Ablöse des Urlaubs in Geld tragen fürsorgerechtliche Züge. Diese Bestimmungen dienen gleichzeitig aber auch dem Zweck der Arbeitsumverteilung. Wird der Urlaub in kleine Teile gestückelt oder finanziell abgegolten, wird keine Arbeit frei, die Arbeitsuchenden zugutekommen könnte.

Der hier darzustellende Anspruch auf Urlaub, den das UrlG als „Erholungsurlaub" bezeichnet und damit von anderen Formen der Freistellung von der Arbeit (zB Eltern-, Bildungskarenz, Sonderurlaub) abhebt, richtet sich somit auf eine **bezahlte Freistellung von der Arbeitspflicht auf bestimmte Zeit.** Er ist ein eigenständiger, höchstpersönlicher und daher nicht auf andere übertragbarer Anspruch aus dem Arbeitsvertrag, der durch das UrlG eingeräumt und auch nur aus diesem Gesetz heraus interpretiert und verstanden werden kann. Die einschlägigen Bestimmungen des UrlG sind gem § 12 leg cit - aus-

3 ErläutRV 1275 BlgNR 15. GP.
4 OGH 9 ObA 69/20t.

genommen weniger, ausdrücklich genannter Fälle - unabdingbar, sie können somit zum Nachteil des Arbeitnehmers nicht abgeändert werden (Günstigkeitsprinzip).

2. Entstehung und Dauer des Urlaubsanspruchs

Der Urlaubsanspruch **entsteht** in vollem Umfang ohne jede Wartezeit mit Beginn jedes Urlaubsjahres. Nur für das erste Arbeitsjahr gilt eine Einschränkung: In den **ersten sechs Monaten** des Arbeitsverhältnisses entsteht der Urlaub **aliquot** zu der zurückgelegten Dienstzeit (nach viermonatiger Dienstzeit ist daher erst ein Drittel des Jahresurlaubs entstanden), **nach sechs Monaten** steht der **gesamte Jahresurlaub** zu. Der Urlaub wird unabhängig von einer besonderen Belastung des Arbeitnehmers während des Arbeitsjahrs gewährt. Der Urlaubsanspruch wird auch durch Zeiten, in denen kein Anspruch auf Entgelt besteht (zB längerer Krankenstand), nicht verkürzt, sofern nicht gesetzlich anderes bestimmt ist (§ 2 Abs 2 letzter Satz UrlG). Der volle Urlaubsanspruch gebührt dem Arbeitnehmer also auch dann, wenn er während des Arbeitsjahrs zB wegen Arbeitsunfähigkeit an der Arbeitsleistung gehindert war.

Eine Urlaubskürzung ist dagegen bei Inanspruchnahme eines Karenzurlaubs nach den Bestimmungen des MSchG und VKG vorgesehen (vgl 155).[5]

Die **Mindestdauer** des gesetzlichen Urlaubs beträgt **30 Werktage** pro Arbeitsjahr. Dieser Anspruch erhöht sich nach Vollendung des 25. Arbeitsjahres auf 36 Werktage.[6] Alle beim selben Arbeitgeber zugebrachten Dienstzeiten werden urlaubsrechtlich als Einheit betrachtet, wenn sie ohne Unterbrechung aufeinander folgen. Beträgt die Unterbrechung jeweils höchstens drei Monate, sind solche **Vordienstzeiten anzurechnen**, es sei denn, der Arbeitnehmer hätte selbst gekündigt oder die vorzeitige Lösung verschuldet (§ 3 Abs 1 UrlG).

§ 3 Abs 2 UrlG enthält einen Katalog von verschiedenen Zeiten, die anrechenbar sind, zu finden. Es handelt sich um zT sehr komplizierte Anrechnungsregeln, die auf die Anrechnung von inländischen Zeiten beschränkt sind und teilweise im Höchstausmaß von fünf Jahren zu berücksichtigen sind. Die Beschränkung der Anrechnung auf inländische Zeiten ist unionsrechtswidrig und sollte aus Transparenzgründen aus dem Rechtsbestand beseitigt werden.

Hinsichtlich der Beschränkung der Anrechnung auf fünf Jahre nach § 3 Abs 3 UrlG stellte der EuGH 2019 klar, dass diese keine mittelbare Diskriminierung gegenüber Staatsangehörigen anderer Mitgliedstaaten und keine Beschränkung der Arbeitnehmerfreizügigkeit darstelle, und somit nicht gegen Unionsrecht verstoße.[7]

Ständige Nacht-Schwerarbeiter (siehe 161 f) haben gem § 10a UrlG jährlich Anspruch auf zwei (bei lang andauernder Nachtschicht-Schwerarbeit bis zu sechs) Werktage Zusatz-

---

5 Vgl *Klein,* Urlaubsvereinbarung und Mutterschaft, RdW 1986, 117; OGH 9 ObA 88/87, ZAS 1989, 128 (*Dusak*).

6 Abweichungen siehe in den in FN 1 genannten Sondergesetzen.

7 EuGH C-437/17, *Gemeinsamer Betriebsrat EurothermenResort Bad Schallerbach.*

urlaub.[8] Weitere Zusatzurlaube können sich aus (kollektiv-)vertraglichen Regelungen ergeben.

Als **Werktag** gilt jeder Kalendertag, der nicht Sonntag oder gesetzlicher Feiertag ist,[9] auch wenn an diesem Tag nach dem Arbeitsvertrag keine Arbeitspflicht besteht (zB Samstag bei Fünftagewoche).

Werden Urlaubsteile **tageweise** verbraucht und wird über die Anrechnung auf das Gesamturlaubsausmaß nichts vereinbart, hat die Berechnung des Urlaubsausmaßes nicht mehr nach Werktagen, sondern nach **Arbeitstagen** zu erfolgen.[10] Dabei sind jeweils fünf Arbeitstage als sechs Werktage zu rechnen.

Berechnungsprobleme werfen auch **Teilzeitbeschäftigungen** mit atypischer Arbeitszeitverteilung auf. Arbeitet der Teilzeitbeschäftigte nicht an jedem Wochentag, muss der Urlaubsanspruch ebenfalls in Arbeitstage umgerechnet werden.[11]

Die Grundidee bleibt die, dass dem Arbeitnehmer pro Arbeitsjahr fünf Wochen Freizeit zur Erholung zur Verfügung stehen müssen.[12] Das bedeutet, dass einem Arbeitnehmer, der an zwei Tagen in der Woche arbeitet, bei einem fünfwöchigen Urlaubsanspruch ein Urlaub im Ausmaß von zehn Arbeitstagen zusteht (kalendarisches Urlaubssystem).

Zusätzliche Probleme entstehen bei **Änderungen des Arbeitszeitausmaßes** während des Urlaubsjahres - etwa von Teilzeit auf Vollzeit bzw umgekehrt -, deren urlaubsrechtliche Auswirkungen ebenso gesetzlich nicht geregelt sind. Nach der Rsp des OGH müssen bei einer Veränderung der regelmäßigen Arbeitstageanzahl pro Woche (durch Änderung des Arbeitszeitausmaßes oder der Arbeitszeiteinteilung) auch offene Arbeitstage-Urlaubssalden während eines Urlaubsjahres entsprechend angepasst werden, um eine Erholungszeitraum von fünf Wochen zu sichern.[13]

Danach wird der Urlaubsanspruch eines Arbeitnehmers bei einem Wechsel von zwei Arbeitstagen/Woche auf fünf Arbeitstage/Woche von 10 Tagen auf 25 Arbeitstage im Jahr aufgewertet, sofern im Umstellungszeitpunkt noch kein Urlaub verbraucht wurde. Wurde in der vorangegangenen Teilzeitphase schon Urlaub konsumiert, so ist aliquot aufzuwerten. Der OGH verweist hier auf das dem UrlG zugrundeliegende kalendarische Urlaubssystem, wodurch ein zusammenhängender Erholungszeitraum - und nicht etwa ein bestimmtes Ausmaß an Freistellungsstunden - eingeräumt wird.[14] Diese Rsp ist jedoch, insb im Hinblick auf unionsrechtliche Vorgaben, nicht unumstritten.[15]
Diskutiert wird insb der umgekehrte Fall, also eine Verringerung der Arbeitstage pro Woche. Der EuGH hat bspw in der Rs C-486/08, *Zentralbetriebsrat der Landeskrankenhäuser*

8 Vgl *Klein,* Der Zusatzurlaub nach dem NSchG, DRdA 1982, 102.
9 Vgl OGH 4 Ob 132/84.
10 OGH 9 ObA 172/90, DRdA 1991, 285 (*Klein*).
11 *Heinz-Ofner*, Ausmaß des jährlichen Erholungsurlaubs, in *Neumayr/Reissner* (Hg), Zeller Handbuch Arbeitsvertrags-Klauseln (2010) 907; *Resch*, Teilzeitbeschäftigung und Erholungsurlaub, ecolex 1993, 840.
12 *Löschnigg*, Arbeitsrecht[13] Rz 6/678.
13 Vgl *Reissner* in ZellKomm[3], UrlG § 6 Rz 20/1.
14 Vgl OGH 8 ObA 35/12y.
15 Zum Verhältnis zwischen Unionsrecht und nationalem Recht vgl etwa *Auer-Mayer*, Unionsrechtliche Auswirkungen auf das Urlaubsrecht, ZAS 2018, 12.

Tirols, die Ansicht vertreten, dass während einer Vollzeitbeschäftigung erworbene (noch nicht verbrauchte) Ansprüche nachträglich nicht aliquotiert werden dürfen. Der OGH ging jedoch in 9 ObA 20/14b davon aus, dass die Rsp des EuGH aufgrund der unterschiedlichen Urlaubsbegriffe - dem Unionsrecht liege ein freistellungsorientiertes, dem UrlG ein kalendarisches Urlaubssystem zugrunde - nicht einschlägig sei.

Das **Arbeits-(Dienst-)Jahr** beginnt normalerweise mit dem ersten Tag des laufenden Arbeitsverhältnisses.

Da im Urlaubsrecht mehrere Dienstverhältnisse mit demselben Arbeitgeber, die ohne Unterbrechung aneinander anschließen, als ein einheitliches Dienstverhältnis angesehen werden, muss in diesem Fall auf den ersten Tag des ersten Arbeitsverhältnisses abgestellt werden. Das Urlaubsjahr unterscheidet sich daher vom Kalenderjahr und uU auch vom Dienstjahr.

Durch **Kollektivvertrag und Betriebsvereinbarung**, in Betrieben ohne Betriebsrat durch **schriftliche Einzelvereinbarung**, kann die Berechnung auf einen beliebigen anderen Jahreszeitraum (zB **Kalender-, Geschäftsjahr) umgestellt werden**, wobei gem § 2 Abs 4 UrlG für die Umstellungsphase Teilurlaube vorgesehen werden können.[16] Eine individuelle Umstellung ist ansonsten nur nach dem Günstigkeitsprinzip möglich, dh die Neuregelung muss für den Arbeitnehmer günstiger als die gesetzliche sein.[17]

Umstellungszeitraum ist der Zeitraum vom Beginn des Arbeitsjahres bis zum Ende des folgenden Kalenderjahres oder des sonstigen als Urlaubsjahr vereinbarten Jahreszeitraums. Jedenfalls muss dem Arbeitnehmer für den Umstellungszeitraum ein voller Urlaubsanspruch für das neue Urlaubsjahr und ein zusätzlicher aliquoter Anspruch für den Zeitraum vom Beginn des Arbeitsjahres bis zum Beginn des neuen Urlaubsjahrs zustehen. Auf den Urlaubsanspruch im Umstellungszeitraum ist ein für das Arbeitsjahr vor der Umstellung gebührender und bereits verbrauchter Urlaub anzurechnen.[18]

3. Die Realisierung des Urlaubsanspruchs

Mit der Entstehung des Urlaubsanspruchs ist seine zeitliche Lage noch nicht fixiert. Keiner der beiden Vertragspartner ist berechtigt, sie einseitig festzusetzen. Der Gesetzgeber stellt beide Parteien vielmehr unter einen Verhandlungs- und Abschlusszwang: Die Festlegung der Dauer und der Lage des jeweiligen Urlaubs hat durch individuelle **Vereinbarung** des Arbeitnehmers und des Arbeitgebers zu erfolgen. Die Vereinbarung hat „die **Erfordernisse des Betriebs und die Erholungsmöglichkeiten des Arbeitnehmers**" zu berücksichtigen,[19] wobei der Urlaub aber auch in das nächste Urlaubsjahr verlegt werden kann (§ 4 Abs 1 UrlG). Die Urlaubsvereinbarung kann auch **konkludent** erfolgen.

16 Vgl OGH 8 ObA 3/03d, DRdA 2004, 246 (*Pfeil*).
17 Vgl dazu OGH, Judikat 53, Arb 5103/1949; *Dusak,* Ausgewählte Probleme des Urlaubsrechts, ZAS 1985, 55; *Marhold,* Einzelvertragliche Umstellung des Urlaubs auf das Kalenderjahr, RdW 1988, 356.
18 *Löschnigg,* Arbeitsrecht[13] 6/680.
19 Vgl *Schwarz,* Ein praktisches Beispiel zum Verfahren auf Untersagung des einseitigen Urlaubsantrittes gemäß § 4 Abs 4 Urlaubsgesetz 1976, DRdA 1978, 16.

Auch der Verbrauch von noch nicht entstandenem Urlaub kann von den Parteien privatautonom vereinbart werden (**Urlaubsvorgriff**).[20]

Unzulässig und nichtig ist die Vereinbarung des Urlaubes für einen Zeitraum, zu dem der Arbeitnehmer wegen Krankheit oder eines anderen Entgeltfortzahlungsansprüche auslösenden Grundes an der Arbeitsleistung in vorhersehbarer Weise verhindert sein wird (§ 4 Abs 2 UrlG). Damit soll einerseits dem Erholungszweck Rechnung getragen und andererseits vermieden werden, dass ein solcher Entgeltanspruch entfällt. Weitere Konkretisierungen können **Betriebsvereinbarungen** herbeiführen. Sie können normativ wirkende „**Grundsätze betreffend den Verbrauch** des Erholungsurlaubs" (§ 97 Abs 1 Z 10 ArbVG) aufstellen (zB Verfahren betreffend „Anmeldung" des Urlaubs; vorzugsweiser Anspruch auf Urlaub im Juli und August für Eltern von Schulkindern). Durch sie darf aber nicht die Lage der einzelnen Urlaube bestimmt werden.[21]

Auch **Betriebs- oder Werksurlaube**, dh die Schließung des gesamten Betriebes, um allen Arbeitnehmern die Möglichkeit zu bieten, gleichzeitig auf Urlaub zu gehen, setzen die Zustimmung jedes einzelnen Arbeitnehmers voraus. Nach der Judikatur darf für einen Teil des Jahresurlaubs (2 Wochen) auch im Vorhinein (zB bei Abschluss des Arbeitsvertrags) eine Urlaubsvereinbarung getroffen werden – nicht jedoch für den gesamten Jahresurlaub, da dem Arbeitnehmer je nach Erholungsbedürfnis ein bestimmter Zeitraum flexibel zur Disposition bleiben muss.[22]

Es besteht **keine Verpflichtung** des Arbeitnehmers, seinen Urlaub während einer längeren **Kündigungsfrist** zu verbrauchen.[23] In einer Freistellung des Arbeitnehmers durch den Arbeitgeber in der Kündigungsfrist mag zwar ein Angebot des Arbeitgebers auf Abschluss einer Urlaubsvereinbarung liegen – sofern die Voraussetzungen einer schlüssigen Willenserklärung vorliegen –, es ist aber allein die Entscheidung des Arbeitnehmers, diese auch anzunehmen. Zu berücksichtigen ist aber, dass auch im gekündigten Arbeitsverhältnis trotz Dienstfreistellung die Treuepflicht des Arbeitnehmers bis zur Beendigung des Arbeitsverhältnisses fortdauert. Mit dieser wäre es nach der Rsp nicht vereinbar, im gekündigten Arbeitsverhältnis das Anbot des Arbeitgebers zum Abschluss einer Urlaubsvereinbarung während der Dienstfreistellung zwar abzulehnen, dann aber doch hinter dem Rücken des Arbeitgebers die bezahlte Freizeit zu einem erheblichen Teil tatsächlich für Zwecke zu verwenden, die die Gewährung von Urlaub erfordert hätten.[24]

Der Urlaub darf gem § 4 Abs 3 UrlG nur **einheitlich oder in zwei Teilen** (von denen einer mindestens sechs Werktage betragen muss) verbraucht werden. Im Arbeitsleben wird

---

20 Freilich besteht darauf kein Anspruch, das UrlG steht einer derartigen Vereinbarung jedoch nicht entgegen; vgl ASG Wien 27 Cga 63/08v.

21 Vgl OGH 9 ObA 103/88.

22 Näheres dazu bei OGH 9 ObA 72/89; *Andexlinger,* Betriebsurlaub kraft Dienstvertrages, RdW 1988, 201; *Spitzl,* Betriebsurlaub durch Arbeitsvertrag, RdW 1989, 229.

23 Dazu zB *Grießer,* Reflexionen zur Änderung des Urlaubsrechts durch das ARÄG 2000, FS Cerny 205.

24 OGH 9 ObA 144/05z; 9 ObA 61/94, DRdA 1994/48 (*Holzner*) = wbl 1994, 408 (*Grillberger*); 9 ObA 113/02m.

der Urlaub jedoch **oft tageweise** oder selbst stundenweise gewährt. Die Judikatur akzeptiert diesen Verstoß gegen § 4 Abs 3 UrlG im Einklang mit den Gesetzesmaterialien, sofern diese Art der Urlaubsgestaltung vom Arbeitnehmer selbst gewollt und ihm nicht vom Arbeitgeber aufgedrängt wurde.[25]

Das hat nichts mit dem Günstigkeitsprinzip zu tun.[26] Der Erklärungsansatz kann nur im Vorwurf missbräuchlicher Rechtsanwendung liegen: Der Arbeitnehmer, der selbst die unzulässige Urlaubsteilung betrieben und den Teilurlaub konsumiert hat, kann nicht verlangen, diese bezahlte Freistellung im Rahmen eines zulässigen längeren Urlaubs ein zweites Mal zu erhalten.[27] *Schrank* vertritt dazu die Auffassung, dass sich das Teilungsverbot nur auf die einseitige bzw gerichtliche Durchsetzung des Urlaubsanspruchs bezieht, einer vertraglichen Einigung aber nicht im Wege steht.[28] Eine ausdrückliche Möglichkeit eines tageweisen Urlaubskonsums wurde mit dem persönlichen Feiertag in § 7a ARG eingeführt (dazu sogleich unten).

Kommt es zwischen Arbeitgeber und Arbeitnehmer zu keiner Urlaubsvereinbarung, ergibt sich eine unbefriedigende Situation. Die Möglichkeit eines **einseitigen Urlaubsantritts** durch den Arbeitnehmer ist nur in Ausnahmefällen verwirklicht.

So kann der Arbeitnehmer gem § 16 Abs 2 UrlG einseitig Urlaub nehmen, wenn die gesetzlich vorgesehene Freistellung zur notwendigen **Pflege eines Kindes** nicht ausreicht. Ein weiterer Fall des einseitigen Urlaubsantritts durch den AN wurde mit BGBl I 2019/22 in Reaktion auf ein EuGH-Urteil zur Karfreitagsregelung[29] geschaffen: § 7a ARG erlaubt es dem Arbeitnehmer, einen Tag seines Jahresurlaubs als **„persönlichen Feiertag"** einseitig zu bestimmen, wozu eine schriftliche Bekanntgabe zumindest drei Monate im Vorhinein vonnöten ist.[30] Unter gewissen Umständen ermöglicht auch das Verfahren nach § 4 Abs 4 UrlG einen Urlaubsantritt ohne vorherige Zustimmung des Arbeitgebers (siehe sogleich unten).

Für Streitigkeiten im Normalfall einer notwendigen Urlaubsvereinbarung stehen zwei verschiedene **gerichtliche Verfahren** zur Verfügung, doch kommt das Gerichtsurteil in aller Regel zu spät. Diese Verfahren sind daher nicht wirklich praxisrelevant.

Die erste Verfahrensart – **Klage auf Zustimmung** der Gegenseite zum Abschluss einer Urlaubsvereinbarung für einen konkreten Zeitpunkt[31] – steht **allen Arbeitgebern und Arbeitnehmern offen**. Ihre Zulässigkeit muss aus dem UrlG erschlossen werden, da ohne sie in vielen Fällen der vom Gesetzgeber zwingend ausgestattete Anspruch des Arbeitnehmers nicht realisiert werden könnte. Die Klage (es handelt sich um eine Leis-

25 Vgl OGH 4 Ob 99/80; 9 ObA 172/90; 9 ObA 213/92.

26 So aber die Gesetzesmaterialien (ErläutRV 150 BlgNR 14. GP) unter Berufung auf LG Graz 2 Cg 84/58, Arb 6908/1958.

27 Vgl *Mayer-Maly,* Arbeitsrecht 151.

28 *Schrank,* Aktuelle Rechtsfragen zu Ausmaß und Verbrauch des Urlaubs, ZAS 1992, 188.

29 EuGH C-193/17, *Cresco Investigation.*

30 Vgl ausf *Friedrich,* Der persönliche Feiertag. Grenzen der kollektiven Beanspruchung, ASoK 2019, 202 bzw *Wiesinger,* Der persönliche Feiertag. Die Ersatzregelung für den Karfreitag, ZAS 2019, 160. Der persönliche Feiertag steht auch Personen zu, die gem § 1 Abs 2 Z 2 bis 9 ARG aus dem persönlichen Geltungsbereich des ARG ausgenommen sind (vgl § 7a Abs 3 ARG).

31 In DRdA 1984, 132 im Anschluss an *Kuderna,* Das Verfahren bei Nichtzustandekommen einer Einigung über den Urlaubsantritt, ZAS 1977, 83; OGH 4 Ob 102/84.

tungsklage) kann von beiden Seiten eingebracht werden.[32] Das Gericht hat eine **Interessenabwägung** vorzunehmen.

Zu den dabei zu berücksichtigenden **betrieblichen Erfordernissen** zählen bspw saisonale Auftragsschwankungen, der Ausfall bestimmter Arbeitnehmer oder die ausreichende Besetzung bestimmter Betriebsabteilungen. Die **Erholungsinteressen** des Arbeitnehmers werden vor allem durch seinen Gesundheitszustand, aber auch durch die Notwendigkeit rechtzeitiger Buchung, durch die Unmöglichkeit, sich zu bestimmten Zeiten wegen familiärer Verpflichtungen der Erholung widmen zu können oder ähnliche Umstände bestimmt. In einem Streit über die Festlegung des Urlaubszeitpunktes kann der Arbeitnehmer gem § 4 Abs 1 UrlG mit anderen als Erholungsinteressen nicht durchdringen, wenn seinem Wunsch betriebliche Erfordernisse entgegenstehen. In diesem Punkt kommt die Tendenz des UrlG zum Durchbruch, dem Arbeitnehmer zwar nicht vorzuschreiben, welchen Gebrauch er von seinem Urlaub zu machen hat, ihm besonderen Schutz aber nur dann zu gewähren, wenn er den Urlaub zu Erholungszwecken verwendet. Diese Intention wird auch durch § 4 Abs 2 UrlG (Unzulässigkeit der Urlaubsvereinbarung für Zeiten der Dienstverhinderung) verdeutlicht, die es ausschließt, den Urlaub aus bestimmten Gründen auf Zeiten zu legen, in denen eine Erholungsmöglichkeit nicht bestehen kann.

Somit ergibt sich: Sprechen betriebliche Gründe gegen den Urlaubswunsch, darf ihm vom Gericht nur Rechnung getragen werden, wenn die Erholungsbedürfnisse des Arbeitnehmers zu einem anderen Zeitpunkt nicht ausreichend befriedigt werden können. Gibt es weder derartige betriebliche Gründe, noch ein nur zum gewünschten Zeitpunkt zu befriedigendes Erholungsbedürfnis,[33] ist eine weitergehende Interessenabwägung unter Beachtung der Fürsorgepflicht des Arbeitgebers vorzunehmen: In diesem Rahmen ist auch auf andere schützenswerte Interessen des Arbeitnehmers (zB auf seine Familiensituation, auf seine Neigungen, auf Fortbildungsinteressen) Rücksicht zu nehmen.

Dass nur diese Sicht zu einer rechtlich nachvollziehbaren Lösung führen kann, zeigt folgendes **Beispiel:** Zwei Ehegatten sind bei verschiedenen Arbeitgebern beschäftigt, bei denen aus betrieblichen Gründen Urlaubsmöglichkeiten nur zu jeweils unterschiedlichen Zeitpunkten bestehen. Die Gerichte können in einem solchen Fall den Urlaubszeitpunkt für jeden der beiden Ehepartner gar nicht anders als unter ausschließlicher Bedachtnahme auf die Erholungsmöglichkeit des jeweiligen Arbeitnehmers festlegen. Sie können weder verlangen, dass sich der eine Arbeitgeber den betrieblichen Notwendigkeiten des anderen Arbeitgebers anpasst, noch dass sich ein Ehegatte nach den besonderen Erholungsbedürfnissen des anderen Ehegatten richtet. Das Problem wäre in dieser Sicht unlösbar. Die Härten, die in solchen Fällen auftreten können, lassen sich im Streitfall über die Urlaubsgewährung nicht beseitigen. Sie hätten aber durch rechtzeitige Individualvereinbarungen der beiden Ehepartner mit ihren Arbeitgebern vor Antritt des Dienstes ausgeräumt werden können. Das ist auch der einzige Weg, um eine sinnvolle Realisierung des Urlaubsanspruchs eines Arbeitnehmers zu sichern, der bei mehreren Arbeitgebern gleichzeitig teilzeitbeschäftigt ist.

Die **zweite Verfahrensart** steht nur jenem Arbeitnehmer zu, der in einem **Betrieb mit Betriebsrat** beschäftigt ist (§ 4 Abs 4 UrlG). Sie verschafft ihm eine günstigere Position.

---

32 Sozialausschuss 276 BlgNR 14. GP 3.

33 Dieses muss – wegen der Gleichwertigkeit der beiden Interessen – vorliegen, will der Arbeitnehmer mit seiner Klage durchkommen (aA *Kuderna*, Das Verfahren bei Nichtzustandekommen einer Einigung über den Urlaubsantritt, ZAS 1977, 89).

Es genügt, dass er ein Begehren auf Festlegung eines Urlaubs von mindestens zwölf Werktagen spätestens drei Monate vor dem gewünschten Urlaubstermin beim Arbeitgeber einbringt. Ist der Arbeitgeber damit nicht einverstanden, muss er den **Betriebsrat** zu den Verhandlungen beiziehen. Kommt auch dabei eine Einigung nicht zustande, darf der Arbeitnehmer den Urlaub zu der von ihm gewünschten Zeit konsumieren, es sei denn, der **Arbeitgeber** bringt dagegen rechtzeitig eine **Klage** ein. Er kann dies frühestens acht und spätestens sechs Wochen vor dem gewünschten Urlaubsantritt tun.

Diese Klage ist eine negative Feststellungsklage:[34] der Arbeitgeber begehrt die Feststellung des Nichtbestehens des vom Arbeitnehmer in Anspruch genommenen Rechts, den Urlaub zu dem von ihm genannten Zeitpunkt anzutreten.

Nach § 4 Abs 4 UrlG geschieht daher rechtlich Folgendes: Mit seinem Urlaubswunsch konkretisiert der Arbeitnehmer seinen gesetzlichen Urlaubsanspruch und nimmt eine einseitige Rechtsgestaltung vor. Sie erfolgt unter der aufschiebenden (negativen) Bedingung, dass es der Arbeitgeber verabsäumt, rechtzeitig eine Klage einzubringen. In diesem Fall wird die Rechtmäßigkeit der Rechtsgestaltung unwiderleglich vermutet. Mit rechtzeitiger Einbringung der Klage tritt hingegen ein Schwebezustand ein, da erst die gerichtliche Entscheidung Klarheit verschafft, ob die Rechtsgestaltung wirksam wird.

Auch diese zweite Verfahrensart setzt den Arbeitnehmer einem – allerdings gewollten[35] – Risiko aus: Ist das Verfahren zum vorgesehenen Urlaubsantritt noch nicht abgeschlossen, kann der Arbeitnehmer seinen Urlaub zu dem von ihm gewünschten Zeitpunkt antreten. Im Fall des Obsiegens des Arbeitnehmers steht nachträglich fest, dass er zum Urlaubsantritt berechtigt war. Verliert er aber den Prozess, dann stellt sich sein Handeln post festum als Eigenmacht und Vertragsverletzung (mit allen arbeitsrechtlichen Konsequenzen bis zur Entlassung) dar.[36] Nach der neueren Rsp des OGH[37] ist im Falle einer Entlassung allerdings weiterhin der Unverzüglichkeitsgrundsatz zu beachten, sodass der Arbeitgeber die Entlassung idR bereits vor der Gewissheit über den Prozessausgang aussprechen müsste und somit seinerseits ein Risiko trägt.

Von der Urlaubsfestlegung kann **grds nur einvernehmlich** wieder **abgegangen** werden. Bei Vorliegen besonders schwerwiegender Gründe[38] können aber beide Seiten die Vereinbarung einseitig auflösen. Der Rücktritt kann sich auch nur auf einen Teil des Urlaubs erstrecken und sowohl vor als auch nach Urlaubsantritt erfolgen, im letzteren Fall jedoch nur ex nunc.[39]

Die Urlaubsvereinbarung wird als Dauerschuldverhältnis angesehen und Dauerschuldverhältnissen ist die vorzeitige einseitige Lösung aus wichtigem Grund immanent.[40]

34 OGH 4 Ob 66/79; *Kuderna* Das Verfahren bei Nichtzustandekommen einer Einigung über den Urlaubsantritt, ZAS 1977, 87.

35 Vgl Sozialausschuss 276 BlgNR 14. GP 3.

36 So OGH 4 Ob 66/79 unter Berufung auf die Gesetzesmaterialien; *Schwarz,* Probleme des neuen österreichischen Urlaubsrechtes, DRdA 1977, 131.

37 Vgl OGH 9 ObA 79/15f.

38 Etwa wenn der Arbeitgeber gerade diesen Arbeitnehmer dringend benötigt, um wirtschaftliche Nachteile zu vermeiden (OGH 4 Ob 89/83, DRdA 1985, 197 mit Anm *Runggaldier*).

39 Vgl *Reissner* in ZellKomm³, UrlG § 4 Rz 15.

40 Vgl auch § 28 VBG, wonach der öffentliche Dienstgeber aus besonderen dienstlichen Rücksichten eine abändernde Anordnung treffen kann.

4. Das Urlaubsentgelt (§ 6 UrlG)

§ 6 UrlG gewährt dem Arbeitnehmer für die Dauer des Urlaubs einen **unabdingbaren** Entgeltanspruch nach dem **Entgeltausfallsprinzip** (vgl 203 ff). Dieses Urlaubsentgelt ist bei Antritt des Urlaubs für die gesamte Urlaubsdauer **im Voraus zu zahlen**, wodurch sich die normalen Fälligkeiten ändern. Nimmt der Arbeitnehmer nur einen Teil des Urlaubs in Anspruch, steht ihm das Urlaubsentgelt nur anteilig zu.[41] Wie in allen Fällen des Entgeltausfallsprinzips soll der Arbeitnehmer aus dem Arbeitsausfall keinen finanziellen Nachteil erleiden. Es soll aus ihm aber auch kein finanzieller Vorteil erwachsen.

Überstundenentgelt ist in das Urlaubsentgelt einzubeziehen, wenn die Überstunden entweder auf Grund der Arbeitszeiteinteilung des Betriebs bei Nichtantritt des Urlaubs zu erbringen gewesen wären oder wenn der Arbeitnehmer vor Urlaubsantritt regelmäßig Überstunden geleistet hat.[42] Fallen während des Urlaubs **Sonderzahlungen** an (der Arbeitnehmer geht Mitte November für vier Wochen auf Urlaub, am 1. Dezember gebührt die Weihnachtsremuneration), sind sie mit dem Urlaubsentgelt vor Antritt des Urlaubs auszuzahlen. Gebühren Sonderzahlungen jedoch erst zu einem Zeitpunkt nach dem Urlaubsende (der Arbeitnehmer geht im Juli auf Urlaub, die Weihnachtsremuneration gebührt am 1. Dezember), sind sie beim Urlaubsentgelt nicht zu berücksichtigen.[43]
Die richtige Behandlung der Sonderzahlungen lässt sich nur auf diese Weise, nicht aber semantisch aus dem Begriff Entgelt[44] oder mit dem Versuch erklären, in der Sonderzahlung ein „nach einem längeren Zeitraum bemessenes Entgelt"[45] iSd § 6 Abs 2 UrlG zu erblicken. Wollte man diesen letztgenannten Vorschlag aufgreifen, dann müsste man in das Urlaubsentgelt bspw die Weihnachtsremuneration anteilig vom Beginn der durch sie entgoltenen Periode (also ab 1. Jänner und nicht erst ab Urlaubsbeginn) bis zum Urlaubsende aufnehmen. Was unter Entgelt iSd § 6 Abs 1 UrlG anzusehen ist, enthüllen erst die Absätze 2 bis 5, worauf in Abs 1 übrigens ausdrücklich hingewiesen wird („nach Maßgabe der folgenden Bestimmungen"). Sie erfassen erkennbar nur das laufende Entgelt.

Die Regelung des § 6 UrlG ist zwingend, für den Arbeitnehmer ungünstigere Vereinbarungen sind unwirksam. So verstößt etwa eine Vereinbarung, wonach das Urlaubsentgelt unabhängig vom Verbrauch des Urlaubs mit einer erhöhten laufenden Zahlung (oder auch mit einem Zuschlag zu diesem Entgelt) abgegolten werden soll, gegen den Zweck der am Ausfallsprinzip orientierten Regelung des § 6 UrlG, weil der Arbeitnehmer während des Urlaubs das laufende Entgelt nicht weiter bezieht und damit durch die Inanspruchnahme des ihm gebührenden Urlaubs einen wirtschaftlichen Nachteil erleidet, der ihn vom Verbrauch des Urlaubs abhalten könnte.

41 OGH 4 Ob 99/80.
42 Vgl zu den Bestandteilen und der Berechnung des regelmäßigen Entgelts ausführlich 204 ff.
43 OGH 4 Ob 104, 105/78, ZAS 1980, 30 (*Schrank*) = DRdA 1981, 239 (*Jabornegg*).
44 So OGH 4 Ob 104, 105/78.
45 So *Jabornegg*, Urlaubsentgelt und Sonderzahlungen, DRdA 1981, 246.

5. Die Urlaubsablöse (§ 7 UrlG)

Vereinbarungen zwischen dem Arbeitgeber und dem Arbeitnehmer, nach denen der Arbeitnehmer auf die Urlaubskonsumation im Austausch für eine vermögenswerte Leistung verzichtet, sind **rechtsunwirksam** (§ 7 UrlG). Dadurch soll ausgeschlossen werden, dass ein Arbeitgeber dem Arbeitnehmer den Naturalurlaub abkauft. Kommt eine solche Vereinbarung dennoch zustande, ist sie wirkungslos.[46] Der Arbeitnehmer kann innerhalb der Verjährungsfrist den Urlaub verlangen, muss sich die Urlaubsablöse aber auf das Urlaubsentgelt anrechnen lassen.[47]

6. Grundsätze über die Vergütung nichtverbrauchten Urlaubs

Das UrlG geht erkennbar davon aus, dass der Urlaub in jedem Fall **möglichst in natura** verbraucht werden soll. Das gilt auch dann, wenn der Arbeitsvertrag während des Urlaubsjahres endet. Ist das Arbeitsverhältnis aber einmal beendet, kann ein noch ausstehender Urlaubsrest nur mehr in Geld vergütet werden.[48]

Ist zum Zeitpunkt der Beendigung des Arbeitsvertrags das laufende Urlaubsjahr noch nicht abgelaufen und hat der Arbeitnehmer seinen Urlaub aus diesem Jahr noch nicht voll verbraucht, gebührt dem Arbeitnehmer eine **Urlaubsersatzleistung** als Abgeltung für den nicht verbrauchten Urlaub (§ 10 UrlG). Ihre Höhe richtet sich dabei nach dem zuletzt bezogenen Entgelt.[49]

Für die Berechnung dieser Ersatzleistung ist zunächst der Urlaubsanspruch für das Urlaubsjahr der Beendigung zu ermitteln. Gem § 10 Abs 1 UrlG gebührt für das Urlaubsjahr der Beendigung des Arbeitsverhältnisses ein der tatsächlichen Dauer **aliquoter Anspruch**.

> **Beispiel:** Urlaubsjahr = Kalenderjahr. Das Arbeitsverhältnis endet am 31. 8. Der Arbeitnehmer hat daher während 2/3 des Urlaubsjahrs gearbeitet. Für das „Rumpfjahr" gebührt somit ein Urlaubsanspruch von 20 Werktagen.

Von diesem aliquotierten Urlaubsanspruch ist ein allenfalls **verbrauchter Jahresurlaub abzuziehen**.

> **Beispiel:** Der aliquote Urlaubsanspruch beträgt 20 Werktage. Der Arbeitnehmer hat in natura bereits 12 Werktage verbraucht. Für den verbleibenden Rest von 8 Werktagen gebührt eine Ersatzleistung im Ausmaß des bei Naturalverbrauch zu leistenden Urlaubsentgelts.

Österreich sah zunächst keine Urlaubsersatzleistung bei unberechtigtem vorzeitigen Austritt durch den Arbeitnehmer vor. Nach der Rsp des EuGH ist ein solcher Anspruch

46 OGH, Arb 3996/1939; VwGH 1364/66.
47 Vgl *Spielbüchler/Grillberger*, Arbeitsrecht I^4, § 18 E.
48 Vgl OGH 9 ObA 101/93.
49 OGH 8 ObA 22/10h.

jedoch unionsrechtlich geboten.[50] Daher gebührt nun eine aliquote Urlaubsersatzleistung bei unberechtigtem vorzeitigen Austritt, basierend auf einem Grundanspruch von vier Wochen Urlaub (§ 10 Abs 2 UrlG).[51]

Hat der Arbeitnehmer im Urlaubsjahr der Beendigung des Arbeitsverhältnisses **mehr Urlaub verbraucht**, als ihm aliquot zusteht (im obigen Beispiel: 20 Werktage Anspruch, 24 Werktage bereits verbraucht), muss er das zu viel bezogene Urlaubsentgelt dem Arbeitgeber **rückerstatten**, wenn das Arbeitsverhältnis durch unberechtigten Austritt oder durch verschuldete Entlassung geendet hat. Bei allen anderen Beendigungen (Kündigungen, Zeitablauf) ist keine Rückerstattung vorgesehen.

Hat der Arbeitnehmer bei Beendigung des Arbeitsverhältnisses noch **Resturlaube** aus früheren Urlaubsjahren offen, steht ihm eine Ersatzleistung im vollen Ausmaß des Urlaubsentgelts zu, soweit der Urlaubsanspruch noch nicht verjährt ist (§ 10 Abs 3 UrlG). Eine Aliquotierung findet nicht statt, diese bezieht sich nur auf den Urlaubsanspruch im Jahr der Beendigung des Arbeitsverhältnisses. Die Ersatzleistung für „Alturlaube“ gebührt unabhängig von der Art der Beendigung des Arbeitsverhältnisses. Die Urlaubsersatzleistung ist **vererblich**, wenn das Arbeitsverhältnis durch den Tod des Arbeitnehmers geendet hat (§ 10 Abs 5 UrlG).

Sonderbestimmungen regeln die Höhe der Urlaubsersatzleistung bei Teilzeitbeschäftigung nach dem MSchG oder VKG (§ 10 Abs 4 UrlG).

7. Die Verjährung (§ 4 Abs 5 UrlG)

Der Urlaubsanspruch verfällt nicht durch Unterlassen seiner Geltendmachung.[52] Er verjährt aber nach Ablauf von **zwei Jahren** ab dem Ende jenes Urlaubsjahrs, in dem er entstanden ist.[53]

Praktisch kommt es nur dann zur Verjährung, wenn ein Arbeitnehmer durch mehr als drei Jahre hindurch keinen Urlaub nimmt. Geht der Arbeitnehmer nämlich auf Urlaub, so wird im Zweifel angenommen, dass er dabei jeweils seinen ältesten Urlaubsanspruch verbraucht hat.[54]

Ein vereinbarter früherer Urlaubsverfall verstößt gegen die **unabdingbare** Bestimmung des § 4 Abs 5 UrlG und kann daher auch nicht durch Kollektivvertrag vorgesehen werden.[55]

50 EuGH C-233/20, *job-medium*.
51 OGH 9 ObA 150/21f.
52 OGH 4 Ob 72/82; vgl weiters *Cerny*, Urlaub nach Beendigung des Arbeitsverhältnisses? DRdA 1966, 122; *ders*, Zu einigen Fragen des neuen Urlaubsgesetzes, DRdA 1977, 265; *Holzer*, Tendenzen und Entwicklungsstand der Rechtsprechung zur Urlaubsentschädigung, DRdA 1975, 129; *W. Schwarz*, Probleme des neuen österreichischen Urlaubsrechtes, DRdA 1977, 129.
53 Vgl *Köck*, Zur Verjährung nichtverbrauchten Urlaubs, RdW 1988, 96.
54 Vgl OGH 4 Ob 28/84.
55 Vgl OGH 4 Ob 84/82; 4 Ob 28/84.

8. Aufzeichnungspflichten (§ 8 UrlG)

Die zur Erreichung des Urlaubsausmaßes erforderlichen Daten sowie Angaben über den tatsächlichen Urlaubsverbrauch (Freizeit und Entgelt) müssen in schriftlichen Aufzeichnungen beliebiger Art enthalten sein, die der Arbeitgeber führt. Damit soll die Kontrolle der Einhaltung der Urlaubsbestimmungen erleichtert werden. Verstöße werden mit Verwaltungsstrafen sanktioniert (§ 13 leg cit).

9. Erkrankungen während des Urlaubs (§ 5 UrlG)

Eine Erkrankung im Urlaub, die den Arbeitnehmer arbeitsunfähig macht, verkürzt das Ausmaß des zustehenden Urlaubs grundsätzlich nicht, sofern die Erkrankung **länger als drei Kalendertage** gedauert hat. Dasselbe gilt für eine als Folge eines Unfalls eingetretene Arbeitsunfähigkeit. Die Tage dieser Arbeitsunfähigkeit zählen **nicht als Urlaubstage**. Für sie steht auch kein Urlaubsentgelt, sondern Entgeltfortzahlung im Krankheitsfall zu.

Die Arbeitsunfähigkeit unterbricht den Urlaub nur dann, wenn sie vom Arbeitnehmer weder vorsätzlich noch grob fahrlässig herbeigeführt wurde.

Das Gesetz spricht von **Krankheit bzw Unglücksfall**. Es ist allerdings fraglich, ob damit nur Dienstverhinderungen gemeint sind, die den Arbeitnehmer zur Erbringung seiner konkret vereinbarten Arbeitsleistung unfähig machen.[56] Es liegt näher, dass damit ein Zustand gemeint ist, der ihm die Ausnützung der Freizeit unmöglich macht. Das wird grob gesprochen dann der Fall sein, wenn er bettlägerig ist.

Dem Arbeitnehmer wurden außerdem in § 5 Abs 3 UrlG bestimmte **Obliegenheiten** auferlegt, bei deren Verletzung die Erkrankung zu Lasten des Urlaubs geht:

Der Arbeitnehmer muss dem Arbeitgeber die Erkrankung mitteilen und nach Wiederantritt des Dienstes eine ärztliche (kassenärztliche) Bestätigung über den Zeitpunkt und die Art seiner Arbeitsunfähigkeit vorlegen. Beiden Obliegenheiten hat er unaufgefordert und ohne schuldhafte Verzögerung (dh spätestens nach Wegfall eines von ihm nicht zu vertretenden Hinderungsgrundes) nachzukommen. Bei Erkrankung im Ausland muss er seine Arbeitsunfähigkeit durch die Bestätigung einer Krankenanstalt (über die dort durchgeführte stationäre oder ambulante Behandlung) oder eines Arztes, dessen Berechtigung zur Ausübung dieses Berufes durch eine behördliche Bestätigung belegt sein muss, nachweisen.[57]

Die Erkrankung während des Urlaubs bewirkt **keine automatische Verlängerung** des festgelegten Urlaubs, die Nachholung dieser Urlaubstage muss vielmehr erneut zwischen Arbeitgeber und Arbeitnehmer vereinbart werden. Eine eigenmächtige Verlän-

56 So *Reissner* in ZellKomm³, UrlG § 5 Rz 5.
57 Vgl OGH 9 ObA 106/93.

gerung des vereinbarten Urlaubs um solche Krankenstandstage stellt einen Entlassungsgrund dar.[58]

Geht der Arbeitnehmer während des Urlaubs einer dem Erholungszweck widersprechenden Erwerbstätigkeit nach, so beeinträchtigt das seinen Urlaubsanspruch nicht. Ist eine solche Erwerbstätigkeit aber die mittelbare oder unmittelbare Ursache seiner Arbeitsunfähigkeit, gelten die Tage der Arbeitsunfähigkeit gem § 5 Abs 2 UrlG als Urlaubstage.

Nicht ausdrücklich geregelt ist die Frage, ob neben der Erkrankung auch **andere wichtige, die Person des Arbeitnehmers betreffende Gründe** zur Unterbrechung des Urlaubs führen. Tritt ein Dienstverhinderungsgrund ein, dessen Kenntnis den Abschluss einer gültigen Urlaubsvereinbarung gem § 4 Abs 2 UrlG verhindert hätte, so ist nach Ansicht des OGH die **analoge Anwendung des § 5 UrlG** jedenfalls gerechtfertigt, wenn der Arbeitnehmer nach allgemeinen Grundsätzen des Vertragsrechts von der Urlaubsvereinbarung zur Gänze zurücktreten (abstehen) könnte, von diesem Recht aber nicht Gebrauch machen möchte.[59]

Eine Unterbrechung des Urlaubs analog der Bestimmung des § 5 Abs 1 UrlG ist dann angezeigt, wenn ein bereits im Erholungsurlaub befindlicher Dienstnehmer die Freistellung zur Pflege eines erkrankten nahen Angehörigen in Anspruch nimmt, weil in diesem Fall eine ähnliche, vom Gesetzgeber jedoch nicht berücksichtigte Beeinträchtigung vorliegt wie bei eigener Erkrankung.[60] Dagegen ist die Pflegefreistellung wegen der notwendigen Betreuung eines Kindes wegen der Verhinderung der Person, die das Kind ständig betreut hat, nicht gleich zu gewichten. Denn in diesem Fall ist das Kind gesund und der Erholungszweck kann durchaus auch mit dem Kind gemeinsam verfolgt werden.[61]

10. Das Bauarbeiter-Urlaubsrecht

Literatur: *Vogt*, Entgeltfortzahlungstatbestände inkl Urlaub, in *Gruber-Risak/Mazal* (Hg), Das Arbeitsrecht - System und Praxiskommentar, 41. Lfg (2023) Rz 150 ff.

Rechtsquelle: Bauarbeiter-Urlaubs- und Abfertigungsgesetz (BUAG).

Viele Bauarbeiter werden nur kurzfristig beschäftigt und wechseln häufig ihren Arbeitgeber. Sie würden daher oft die erforderliche Wartezeit für den Urlaubsanspruch bei einem Arbeitgeber nicht erreichen. Um auch ihnen die Realisierung des Urlaubs zu ermöglichen und eine gleichmäßige Belastung der Arbeitgeber zu erreichen, wurde für diesen Bereich ein eigenständiges Urlaubssystem entwickelt.

Jeder Bauarbeiter erwirbt pro Beschäftigungswoche Anwartschaften auf Urlaub. Sobald er über 52 Anwartschaftswochen (= Anwartschaftsperiode) verfügt, gebührt ihm ein Urlaub im Ausmaß von 30 Werktagen. Der Anspruch entsteht dabei aliquot zu den Beschäf-

58 Vgl ArbG Linz 1 Cr 339/82, Arb 10.169/1983.
59 OGH 9 ObA 90/02d; 9 ObA 306/89.
60 OGH 9 ObA 90/02d.
61 Vgl dazu OGH 9 ObA 28/09x.

tigungszeiten im jeweiligen Urlaubsjahr (§ 4 BUAG). Die Freizeit muss ihm sein jeweiliger Arbeitgeber gewähren, der Anspruch auf Urlaubsentgelt richtet sich hingegen an die **Bauarbeiter-Urlaubs- und Abfertigungskasse (BUAK)**, an die jeder Arbeitgeber für jeden bei ihm beschäftigten Bauarbeiter laufend Beiträge zahlt. Der Bauarbeiter kann auf diese Weise auch bei jeweils nur sehr kurzer Beschäftigungsdauer bei verschiedenen Arbeitgebern Anwartschaften erwerben und steht im Ergebnis urlaubsmäßig den übrigen Arbeitnehmern gleich.

Im Folgenden kann nur auf die wesentlichen Besonderheiten dieses Gesetzes eingegangen werden.

Das Gesetz findet auf **Arbeiter (Lehrlinge)** Anwendung, die in **Baubetrieben** (Abgrenzung in § 2 BUAG) beschäftigt werden. In Mischbetrieben werden nur jene Arbeiter erfasst, die überwiegend mit Bauarbeiten beschäftigt sind oder in eigenen Betriebsabteilungen arbeiten, die sich mit Bauarbeiten befassen (§ 3 leg cit). Der Arbeitgeber muss für jeden Bauarbeiter pro Beschäftigungswoche einen Lohnzuschlag an die BUAK entrichten, dessen Höhe durch Verordnung des Arbeitsministers festgelegt wird.

Der Bauarbeiter erwirbt für jede Beschäftigungswoche eine lohnabhängige Anwartschaft auf das Urlaubsentgelt. Als Beschäftigungszeiten gelten auch Zeiten des Urlaubs, sowie der Arbeitsverhinderung durch Krankheit und einige andere wichtige Gründe (§ 5 leg cit). Mit 1040 Anwartschaftswochen erhöht sich der Urlaubsanspruch auf 36 Werktage (§ 4 Abs 1 leg cit), wobei bestimmte Zeiten der Nichtarbeit angerechnet werden (§ 4 Abs 3 leg cit).

Der Urlaubsantritt bedarf der individuellen Vereinbarung und soll möglichst innerhalb des Kalenderjahres, in dem er entstanden ist, verbraucht werden (§ 7 Abs 2 BUAG). Kommt innerhalb einer Woche keine Einigung zustande, kann der Bauarbeiter den Urlaub nach Ablauf von weiteren sechs Wochen gegen 14-tägige Vorankündigung einseitig antreten (§ 7 Abs 4 leg cit). Hat der Bauarbeiter den Urlaub nicht bis zum 31. 3. des drittfolgenden Jahres nach dem Kalenderjahr, in dem der Anspruch entstanden ist, verbraucht, verfällt er (§ 7 Abs 6 leg cit). Die BUAK hat die Bauarbeiter jedoch vierteljährlich über die in den nächsten 12 Monaten verfallenden Ansprüche und Anwartschaften zu informieren (§ 24 Z 4 leg cit).

Das Urlaubsentgelt schuldet die BUAK (§ 8 leg cit), sie überweist es dem Arbeitgeber samt einem Pauschalbetrag (zur Deckung der Nebenkosten, § 26 leg cit) auf dessen Ansuchen. Der **Arbeitgeber** hat es dem Bauarbeiter vor Urlaubsantritt auszufolgen. Er fungiert also nur als **Zahlstelle**, uU kann dem Arbeitnehmer das Urlaubsentgelt aber direkt von der BUAK ausgezahlt werden (§ 8 Abs 8 leg cit).

Sofern der Arbeitnehmer bei Beendigung des Arbeitsverhältnisses noch offene Urlaubsansprüche hat, gebührt ihm eine **Urlaubsersatzleistung** als Abgeltung für nicht verbrauchte Urlaubstage (§ 9 Abs 1 BUAG).

Steht der Arbeitnehmer schon seit mindestens sechs Monaten in keinem Arbeitsverhältnis, das dem BUAG unterliegt oder nimmt er eine ASVG-Pension in Anspruch oder hat er Überbrückungsgeld zuerkannt erhalten, werden ihm die erworbenen Anwartschaften von der BUAK abgefunden (§ 10 BUAG). Der **Abfindungsanspruch** ist vererblich (§ 3c leg cit).

Die **Rechtsnatur** des Urlaubsentgelts ist **umstritten**.

Der **VwGH** hält es für eine **öffentlich-rechtliche Leistung**, die von der Bauarbeiter-Urlaubs- und Abfertigungskasse geschuldet wird und nicht für einen Anspruch auf Entgelt gegenüber dem Arbeitgeber.[62] Der **OGH** wirft dieser Deutung vor, sie blicke nur auf die

62 VwGH 82/11/0148.

formale Konstruktion, und übersehe daher, dass die Zahlung der Zuschläge durch den Arbeitgeber (die das Entstehen der Anwartschaft bewirkt) ihre Grundlage im bestehenden Arbeitsverhältnis habe und letztlich einen Teil des **Entgelts** für die geschuldete Arbeitsleistung darstelle. Das Urlaubsentgelt des Bauarbeiters sei daher in Wahrheit als Entgeltanspruch gegenüber dem Arbeitgeber anzusehen.[63] Diese Auffassungsdivergenz hat praktische Folgen. Nach Meinung des VwGH wäre weder der im Urlaubsentgelt enthaltene Urlaubszuschuss in die Berechnungsgrundlage für die Abfertigung noch das Urlaubsentgelt in die Kündigungsentschädigung nach § 1162b ABGB einzubeziehen. Erleide der Bauarbeiter dadurch einen urlaubsmäßigen Schaden, dass er nicht sofort wieder einen neuen Posten finde, könne er jedoch Ersatz nach den allgemeinen Regeln des Schadenersatzes (dh Vorteilsanrechnung auch schon innerhalb der ersten drei Monate) verlangen. Schließt man sich dem OGH an, ist das Urlaubsentgelt sowohl bei der Berechnung der Abfertigung, als auch der Kündigungsentschädigung zu berücksichtigen.
Da man die Einrichtung der BUAK nicht lediglich als eine formale Konstruktion hinstellen kann, ist wohl dem VwGH zu folgen.[64] Mit der Begründung des OGH könnte man etwa auch den Anspruch des Arbeitnehmers auf Leistungen der Sozialversicherung (insb der Unfallversicherung) als arbeitsvertraglichen Entgeltanspruch deuten. Richtig ist, dass in einer allgemeinen Betrachtung unter dem Entgelt des Arbeitnehmers auch Leistungen verstanden werden können, die dieser von Dritten aus dem Grund der Erfüllung seiner arbeitsvertraglichen Arbeitspflicht erhält. Das wird sich aber nur auf privatrechtliche Ansprüche beziehen können. Im Übrigen zeigt die Struktur des BUAG, dass der Arbeitgeber durch die Bezahlung des Zuschlages endgültig von allen finanziellen Pflichten aus dem Urlaubsanspruch entlastet werden soll und an seine Stelle die BUAK tritt. Soll daher der Urlaubszuschuss in die Abfertigung und das Urlaubsentgelt in die Kündigungsentschädigung einbezogen werden, müsste dafür systemgerecht das BUAG Vorsorge treffen. Für die Abfertigung hat es dies getan.

Die Bauarbeiter-Urlaubs- und Abfertigungskasse ist eine Körperschaft öffentlichen Rechts mit Sitz in Wien, die in Selbstverwaltung von den Beteiligten geführt wird. Ihre Organe werden von den gesetzlichen Interessenvertretungen der Arbeitgeber und Arbeitnehmer paritätisch entsendet.

63 Vgl OGH 4 Ob 158/82 (Abfertigung) und Arb 10.436/1985 (Kündigungsentschädigung).
64 AA *Spielbüchler/Grillberger*, Arbeitsrecht I^4, § 16 D.

Schadenshaftung

1. Problemaufriss

Auch für Schädigungen, die sich im Rahmen von Dienstverhältnissen ereignen, gilt grundsätzlich allgemeines Schadenersatzrecht gem §§ 1293 ff ABGB. Allerdings kommt es aufgrund von Besonderheiten im Arbeitsverhältnis zu **Modifikationen des allgemeinen Schadenersatzrechts.** Zum einen wird es als unbillig empfunden, dass der Arbeitnehmer dem Arbeitgeber für jede Schädigung während der Dienstleistung voll haften soll. Der Gesetzgeber ermöglicht daher mit dem **Dienstnehmerhaftpflichtgesetz** (DHG) in bestimmten Haftungskonstellationen eine Mäßigung oder sogar den völligen Wegfall der Haftung des Dienstnehmers. Zum anderen ist bei Personenschäden des Arbeitnehmers die Einbeziehung der Unfallversicherung zu berücksichtigen: Bei einem Arbeitsunfall des Dienstnehmers wird die Unfallversicherung leistungspflichtig. Die Versicherungsbeiträge für die Unfallversicherung zahlt der Dienstgeber, der dafür – im Sinn einer Art Haftpflichtversicherung – von seiner eigenen Haftung gegenüber dem Dienstnehmer befreit wird. Auch bei Personenschäden, die Arbeitskollegen untereinander herbeiführen, sieht das **Unfallversicherungsrecht** Haftungsmodifikationen vor (§§ 332, 333, 334 ASVG).

Im Folgenden wird nach **folgenden Fallkonstellationen** unterschieden:

1. Schädigung des Arbeitgebers durch den Arbeitnehmer,
2. Schädigung eines Dritten durch den Arbeitnehmer,
3. Risikohaftung des Arbeitgebers gegenüber dem Arbeitnehmer,
4. Schädigung eines Arbeitnehmers durch den Arbeitgeber (oder einen Aufseher) sowie
5. Schädigung eines Arbeitnehmers durch einen Arbeitskollegen.

2. Die Schädigung des Arbeitgebers durch den Arbeitnehmer

Literatur: *Kerschner,* Dienstnehmerhaftpflichtgesetz[3] (2019); *Windisch-Graetz* in *Neumayr/Reissner* (Hg), Zeller Kommentar zum Arbeitsrecht[3], DHG, mit weiterführender Literatur; *Tomandl* (Hg), Haftungsprobleme im Arbeitsverhältnis (1991).

Rechtsquellen: Dienstnehmerhaftpflichtgesetz (DHG); Organhaftpflichtgesetz (OrgHG); Amtshaftungsgesetz (AHG).

2.1. Grundlagen

Fügt der Arbeitnehmer seinem Arbeitgeber bei Erbringung der Arbeitsleistung einen ersatzpflichtigen Schaden zu, sieht das DHG (§ 2 leg cit) eine Minderung oder sogar den gänzlichen Wegfall der Haftung vor. Voraussetzung für die Anwendbarkeit des DHG ist daher, dass gem den §§ 1293 ff ABGB Schadenersatzpflicht gegeben ist. Es ist stets zuerst die Schadenersatzpflicht nach den §§ 1293 ff ABGB zu prüfen, insb ist danach der Verschuldensgrad festzusetzen und ein eventuelles Mitverschulden des Arbeitgebers gem § 1304 ABGB zu berücksichtigen.

Die Haftungsminderung nach DHG tritt ein, wenn dem Arbeitnehmer lediglich **Fahrlässigkeit** vorgeworfen werden kann; bei vorsätzlicher Schädigung bleibt es selbstverständlich bei der vollen Ersatzpflicht.

Die Minderung erfasst **Personen- und Sachschäden** in gleicher Weise.

Die Haftungsminderung wurde in den Gesetzesmaterialien mit drei Argumenten **begründet**: 1. Der Arbeitgeber setze den Arbeitnehmer zu seinem eigenen Interesse und in seiner eigenen Organisation ein und müsse daher das Gefahrenrisiko auf sich nehmen; 2. die modernen Arbeitsabläufe hätten Schadenshäufigkeit und Schadenshöhe bedeutend gesteigert; es sei unbillig, diese Umstände allein den Arbeitnehmer tragen zu lassen; 3. der Arbeitgeber könne solche Schäden, ebenso wie andere Betriebsrisiken, in seiner Kalkulation berücksichtigen und auf die Konsumenten überwälzen.[1]

Die dem Arbeitnehmer durch das DHG eingeräumten Begünstigungen sind gegenüber dem Arbeitsvertrag und der Betriebsvereinbarung **unabdingbar**, gegenüber dem Kollektivvertrag jedoch dispositiv (§ 5 DHG).

2.2. Geltungsbereich

Der **persönliche Geltungsbereich** des DHG erfasst grundsätzlich alle **privatrechtlichen und öffentlich-rechtlichen Dienstnehmer**. Weiters sind **arbeitnehmerähnliche Personen**[2] (vgl zum Begriff Bd I 40 ff) in das DHG einbezogen, womit vor allem auch freie Dienstnehmer, die in den Betrieb des Auftraggebers eingegliedert sind, von den Haf-

1 ErläutRV 631 BlgNR 10.GP.
2 Dazu *Köck* in *Tomandl*, Haftungsprobleme im Arbeitsverhältnis 46.

tungserleichterungen profitieren. Für **Leiharbeitskräfte** kommen die Haftungserleichterungen sowohl im Verhältnis zum Überlasser als auch zum Beschäftiger, in dessen Betrieb sie ja tatsächlich eingesetzt werden und sich daher in erster Linie dort dem Schädigungsrisiko aussetzen, zur Anwendung.[3] Weiters ist das DHG auf Heimarbeiter anzuwenden.

Die Regelungen des DHG finden auch sinngemäß Anwendung auf Personen, die mit dem Dienstnehmer im gemeinsamen Haushalt leben und dem Dienstgeber im Zusammenhang mit Arbeiten im Homeoffice einen Schaden zufügen (§ 2 Abs 4 DHG).

> Ob das DHG auf Schädigungen durch **Betriebsratsmitglieder** im Rahmen ihrer betriebsverfassungsrechtlichen Verpflichtungen anzuwenden ist, ist strittig.[4] Die wesentliche Begründung für den Ausschluss der Haftungserleichterung liegt darin, dass Betriebsratsmitglieder nicht im Interesse des Dienstgebers, sondern im Interesse der Belegschaft handeln.

Daneben gibt es **speziellere haftungsrechtliche Regelungen**, die die Anwendbarkeit des DHG ausschließen:

> Spezielle haftungsrechtliche Regelungen stehen für Dienstnehmer bestimmter öffentlicher Rechtsträger (Gebietskörperschaften, Sozialversicherungsträger, sonstige Körperschaften des öffentlichen Rechts) in Kraft, die **in Vollziehung der Gesetze** ihrem Rechtsträger (OrgHG) oder einem Dritten (AHG) einen ersatzpflichtigen Schaden zugefügt haben; sie entsprechen inhaltlich im Wesentlichen dem DHG.[5] Als speziellere Bestimmungen sind aber auch **gesellschaftsrechtliche Haftungsregeln** anzusehen, weshalb das DHG auf Vorstandsmitglieder[6] oder Aufsichtsratsmitglieder[7] einer AG oder auf Geschäftsführer einer GmbH[8] nicht anwendbar ist.

Der **sachliche Geltungsbereich** des DHG erfasst nur jene Schäden, die der Arbeitnehmer **„bei Erbringung seiner Dienstleistung“** zugefügt hat (**Schlechterfüllung**). Dazu zählen alle Handlungen und Unterlassungen, die der Arbeitnehmer in Erfüllung seiner Arbeitspflicht setzt (zB an der Maschine, bei der Kundenberatung). Dagegen findet das

3 § 7 Abs 1 AÜG. Dazu *Jabornegg* in *Tomandl*, Haftungsprobleme im Arbeitsverhältnis 119.

4 Dagegen *Kerschner*, DHG[3] § 1 Rz 16; *Schrammel*, Haftungsmilderung „bei“ Erbringung der Dienstleistung, ZAS 1985, 203 (207); *Krejci* in *Rummel*, ABGB[3] § 1157 Rz 41g; *Strasser* in *Rummel*, ABGB[3] §§ 1014, 1015 Rz 10; dafür *Floretta/Spielbüchler/Strasser*, Arbeitsrecht I[4] 209; *Marhold*, Mandatsausübung und Haftpflichtrecht, ZAS 1980, 3; *Wachter* in *Schwimann*, ABGB VIII[3] § 1 DNHG, Rz 98.

5 Details siehe bei *Schragel/Loebenstein/Kaniak*, Kommentar zum AHG[2], 1986 (Ergänzungsheft 1990) bzw *Ent*, Die Organhaftpflicht (1969).

6 OGH 1 Ob 179/73.

7 Auch nicht auf die Arbeitnehmervertreter: *Marhold*, Mandatsausübung und Haftpflichtrecht, ZAS 1980, 12; *ders*, Aufsichtsratstätigkeit und Belegschaftsvertretung (1985) 136; ihm folgend *Köck* in *Tomandl*, Haftungsprobleme im Arbeitsverhältnis 45; ebenso *Jabornegg*, Unternehmensrecht und Arbeitsrecht, DRdA 1991, 122; aA *Berger*, Rechtsfragen des Dienstnehmerhaftpflichtgesetzes, DRdA 1978, 97 (der jede Haftung ablehnt); *Reischauer*, Probleme der Dienstnehmerhaftung, DRdA 1978, 193 (der das DHG für anwendbar hält).

8 OGH 9 ObA 326/99b. An die Diligenzpflicht des Geschäftsführers nach § 25 GmbHG ist nach der Jud ein objektiver Maßstab anzulegen; er hat den Mangel jener Kenntnisse und Fähigkeiten zu vertreten, die der Geschäftszweig der Gesellschaft üblicherweise erfordert. Das DHG ist daher nicht anzuwenden, selbst wenn der Geschäftsführer Arbeitnehmer der Gesellschaft ist.

DHG keine Anwendung auf Schädigungen, die lediglich dadurch entstehen, dass der Arbeitnehmer die geschuldete Leistung nicht erbringt (Nichterfüllung).[9]

Umstritten ist, wie weit sich der Arbeitnehmer auf das DHG berufen kann, wenn er den Schaden bei Tätigkeiten verursacht hat, die nur in einem losen Zusammenhang mit dem Arbeitsvertrag stehen. Die Judikatur verlangt einen „**unmittelbaren Zusammenhang**",[10] ohne allerdings klar erkennen zu lassen, wie hier abzugrenzen ist.

In der Praxis tritt die Abgrenzungsfrage zB dann auf, wenn der Arbeitnehmer mit dem Dienstwagen Fahrten unternimmt, die sowohl dem dienstlichen als auch privaten Interessen dienen, oder wenn der Arbeitnehmer am Arbeitsplatz private Verrichtungen vornimmt (zB PC-Spiele, Essen, Rauchen, Ruhen) und dabei das Eigentum des Dienstgebers schädigt.

In der Literatur wurden verschiedene theoretische Abgrenzungsversuche vorgenommen. So hat etwa *Marhold*[11] versucht, die im Recht der **gesetzlichen Unfallversicherung** entwickelten Zurechnungskriterien heranziehen. Zur Auslegung eines Gesetzes die Wertungen eines anderen Gesetzes heranzuziehen, ist allerdings methodisch bedenklich, wenn sich nicht aus der Entstehungsgeschichte der Gesetze ein eindeutiger Zusammenhang zwischen den beiden Materien ableiten lässt. Die Abgrenzungsergebnisse aus der Unfallversicherung können nicht einfach übernommen werden, weil die Schutztendenz der Unfallversicherung weiter geht, als sie dem DHG unterstellt werden kann;[12] das hängt damit zusammen, dass – anders als im Schadenersatzrecht – in der Unfallversicherung der eingetretene Schaden auf eine große Risikengemeinschaft aufgeteilt werden kann. Gerade für Schäden, die auf dem Weg von oder zur Arbeit passieren und die das ASVG ausdrücklich in den Schutzbereich der Unfallversicherung einbezogen hat, ist das DHG nicht anwendbar.

Schrammel versucht das Problem zu lösen, indem er richtigerweise auf die **Wertungen des DHG selbst** zurückgreift.[13] Die bei der Haftungsminderung zu berücksichtigenden Umstände (vor allem Höhe des Entgelts, Schadengeneigtheit der Arbeit und Arbeitsbedingungen) lassen erkennen, dass der Gesetzgeber den Anwendungsbereich des DHG eher eng ziehen wollte. Von allen Tätigkeiten des Arbeitnehmers, die sich sowohl objektiv als Vertragsverwirklichung verstehen lassen, als auch vom Arbeitnehmer in diesem Sinne gesetzt wurden,[14] sind somit jene geschützt, die unter der Leitung und Verfügung des Arbeitgebers erfolgen, den vom Arbeitgeber durch Abschluss des Arbeitsvertrags angestrebten Erfolg bewirken sollen und somit fremdnützig erbracht werden.[15] Ungeschützt sollen damit all jene Tätigkeiten sein, die dem eigenen Lebensbereich zugehören.[16] Nach

9 OGH 4 Ob 69/75; *Löschnigg*, Arbeitsrecht[13] 6/768; *Koziol*, Haftpflichtrecht II[2] 216; *Schrammel*, Haftungsmilderung „bei" Erbringung der Dienstleistung, ZAS 1985, 203; OGH 4 Ob 36, 37/72, ZAS 1973, 103 (*Selb*); aA *Oberhofer*, Der sachliche Anwendungsbereich des Sonderhaftungsrechts nach dem DHG, FS Schnorr 219, der das DHG bei bloß fahrlässiger Nichterbringung der Arbeit für anwendbar hält.

10 ZB auf dem Rückweg von einer Dienstreise, selbst wenn diese sehr spät erfolgt OGH 4 Ob 121/81; 4 Ob 157/82; am Heimweg vom Betrieb OGH 9 ObA 70/91.

11 *Marhold*, Mandatsausübung und Haftpflichtrecht, ZAS 1980, 3 (7).

12 Vgl *Schrammel*, Haftungsmilderung „bei" Erbringung der Dienstleistung, ZAS 1985, 203 (206).

13 *Schrammel*, Haftungsmilderung „bei" Erbringung der Dienstleistung, ZAS 1985, 203 (206). Zustimmend und weiterführend *Kerschner*, DHG[3] § 1 Rz 22.

14 Daher kein Schutz bei einer Arbeitsunterbrechung zum Zweck der Verrichtung privater Tätigkeiten.

15 Daher kein Schutz, wenn der Arbeitnehmer – wie bei der Ausübung des Betriebsratsmandats (diesbezüglich aA *Marhold*, Mandatsausübung und Haftpflichtrecht, ZAS 1980, 3 (10) – seine Tätigkeit völlig frei gestalten kann.

16 ZB Wege von und zu der Arbeit.

Ansicht *Schrammels* müsste demnach jede Schädigung des Arbeitgebers durch privates Verhalten am Arbeitsplatz (zB Essen, Trinken) zur vollen Haftung des Dienstnehmers führen.
Dieser Ansatz ist anderen Autoren wie etwa *Oberhofer*[17] zu eng. Er tritt für eine funktionsorientierte Betrachtungsweise ein und prüft, ob der Schädigende sein Verhalten **in der Rolle als Arbeitnehmer** gesetzt hat. Diese Rolle soll auch ein erlaubtes, übliches oder sozialadäquates Verhalten, das mit der eigentlichen Dienstleistung nichts zu tun hat, umfassen.

Der **OGH**[18] hat sich im Ergebnis *Oberhofer* angeschlossen. Fügt ein Dienstnehmer seinem Dienstgeber anlässlich der Dienstleistung einen Schaden zu – wirft er zB eine nicht sorgfältig ausgedämpfte Zigarette in einen Papierkorb und verursacht damit in der Folge einen Großbrand –, so wird der geforderte Zusammenhang zwischen der Schadenszufügung und der Dienstleistung nicht dadurch aufgehoben, dass ein erlaubtes, übliches oder sozialadäquates Verhalten, das mit der eigentlichen Dienstleistung nichts zu tun hat, als unmittelbare Schadensursache anzusehen ist. Auch ein Dienstnehmer, der sich während seiner Dienstleistung oder in kurzfristiger Unterbrechung derselben derartigen „privaten" Tätigkeiten (Rauchen, Essen, Trinken, Einnahme von Medikamenten, Aufsuchen des WC, Vornahme gymnastischer Lockerungsübungen usw) widmet, fällt in den Schutzbereich des DHG.

Sonderfall: Mankohaftung

Die Grundsätze des DHG sind auch auf Fälle der Mankohaftung anzuwenden.[19] Unter Manko wird ein **Fehlbetrag an Geld oder Waren** verstanden, die dem Arbeitnehmer auf Grund seiner Stellung im Betrieb anvertraut wurden, wobei dieser Fehlbetrag meist im Weg einer Bestandsaufnahme, Inventur usw evident wird. Ein Arbeitnehmer schuldet nur die sorgfältige Arbeitsleistung, er trägt nicht das grundsätzliche Risiko eines Mankos. Erst wenn ihm Geld oder Waren in alleiniger und abgrenzbarer Verantwortung übergeben waren, übernimmt er auch eine Erfolgsverbindlichkeit und muss im Fall eines Mankos seine Schuldlosigkeit am Zustandekommen des Mankos unter Anwendung der Beweislastumkehr des § 1298 ABGB beweisen.[20] Wenn andere Dienstnehmer Zugriffsmöglichkeiten auf Geld oder Waren haben oder Warenbestände öffentlich zum Verkauf aufliegen, kommt eine Mankohaftung mit Umkehrung der Beweislast nicht in Betracht, sondern der Dienstgeber hat die Verursachung eines Geld- oder Warenabgangs durch sorgfaltswidriges Verhalten des Dienstnehmers nachzuweisen.[21] Die Vereinbarung einer vom Verschulden unabhängigen Haftung für ein Kassenmanko oder einen Inventurabgang ist iSd § 879 ABGB sittenwidrig.[22]

17 *Oberhofer,* Der sachliche Anwendungsbereich des Sonderhaftungsrechts nach dem DHG, FS Schnorr 203; *Oberhofer,* Das DHG und die Nutzung betrieblicher Einrichtungen, ZAS 1988, 151.

18 OGH 9 ObA 34/06z, ZAS 2007/20 (*Ettmayer*) = ASoK 2006, 471 (*Marhold-Weinmeier*).

19 Vgl dazu *Windisch-Graetz* in *Mazal/Risak,* Kap XIII Rz 23.

20 OGH 4 Ob 27/70.

21 OGH 9 ObA 195/91.

22 OGH 4 Ob 20/81, ZAS 1982, 220 (*G. Klein*).

2.3. Die Reduktion der Ersatzflicht

§ 2 Abs 1 DHG regelt: Hat ein Dienstnehmer bei Erbringung seiner Dienstleistungen dem Dienstgeber durch ein Versehen einen Schaden zugefügt, so kann das Gericht aus Gründen der Billigkeit den Ersatz mäßigen oder, sofern der Schaden durch einen minderen Grad des Versehens zugefügt worden ist, auch ganz erlassen. Für eine entschuldbare Fehlleistung haftet der Dienstnehmer gem Abs 3 leg cit gar nicht.

Für das Ausmaß der Reduktion der Ersatzplicht ist also nach dem Verschuldensgrad zu differenzieren.

Dabei ist der Arbeitnehmer von jeglicher Haftung befreit, wenn ihm lediglich eine **entschuldbare Fehlleistung** zur Last gelegt werden kann. Bei der „entschuldbaren Fehlleistung" handelt es sich nach der Judikatur um ein nur **ganz geringfügiges Versehen**, das sich bei Berücksichtigung der gesamten Arbeitslast im Drang der Geschäfte und mit Rücksicht auf deren Art und Schwierigkeit ohne weiteres ergeben und nur bei Anwendung „außerordentlicher Aufmerksamkeit" abgewendet werden kann.[23] Dabei darf aber nicht übersehen werden, dass der Arbeitnehmer nach allgemeinem Zivilrecht grundsätzlich nur für „gewöhnliche Kenntnisse und Fähigkeiten" einzustehen hat. Schädigungen, die nur bei außergewöhnlichen Fähigkeiten vermieden werden können, sind dem Arbeitnehmer grundsätzlich nicht vorwerfbar.[24] Die entschuldbare Fehlleistung ist daher eine Verhaltensweise, die nach allgemeinem Zivilrecht zwar eine Schadenersatzpflicht auslöst, weil sie bei gewöhnlicher Sorgfalt hätte vermieden werden können, vom Arbeitgeber aber nicht aufgegriffen werden darf, weil sich derartige Fehlleistungen im Zuge der gesamten Arbeitsleistung praktisch nicht vermeiden lassen. Die „entschuldbare Fehlleistung" ist somit der unterste Rand leichter Fahrlässigkeit, die dem Arbeitnehmer wegen der Besonderheiten des Arbeitsverhältnisses aber nicht vorwerfbar ist.[25]

Der OGH hat entschuldbare Fehlleistungen angenommen, wenn ein Mechanikerlehrling nach Überprüfung des Schalthebels in der irrigen Meinung, es sei kein Gang eingelegt, den Motor startet und durch die entstehende Vorwärtsbewegung das Auto beschädigt,[26] oder wenn ein überbelasteter Betriebsleiter die genaue Einhaltung der Ausführung seiner Weisungen nur unzureichend kontrolliert.[27]

Bei sonstiger **fahrlässiger Schädigung** des Arbeitgebers kann der Richter aus Gründen der Billigkeit die Ersatzpflicht des Arbeitnehmers folgendermaßen herabsetzen: bei grober Fahrlässigkeit darf der Ersatz aus Präventionsgründen nicht gänzlich erlassen werden; bei leichter Fahrlässigkeit darf die Ersatzpflicht sogar auf null herabgesetzt werden. Wie bei allen Billigkeitsentscheidungen ist eine umfassende Interessenabwägung vorzunehmen.

---

23 OGH 4 Ob 71/78; 4 Ob 114/81.

24 *Kerschner,* DHG^3 § 2 Rz 40. Vgl zum Sorgfaltsmaßstab bei ärztlichen Tätigkeiten *Brodil,* Arzthaftung und Dienstnehmerhaftpflichtgesetz, RdM 1994, 50, 78.

25 *Schrammel,* Ein unvorsichtiger Kraftfahrer, DRdA 1979, 406; *Kerschner,* DHG^3 § 2 Rz 40.

26 OGH 4 Ob 44/80.

27 OGH 4 Ob 114/81.

Das DHG nennt in § 2 Abs 2 verschiedene **Mäßigungsgründe**, die der Richter bei seiner Überlegung, ob und inwieweit der Schadenersatz zu mäßigen ist, heranzuziehen hat:

- In erster Linie ist auf das **Ausmaß des Verschuldens** des Arbeitnehmers Bedacht zu nehmen. Da dieses bereits für die Frage, inwieweit der Schadenersatz gemäßigt werden kann, von Bedeutung ist, ist das Verschulden auf zwei Stufen zu berücksichtigen. Auf der ersten Stufe ist festzustellen, welcher der vier im DHG normierten Verschuldensgrade vorliegt. Auf der zweiten Stufe ist eine Feinabstimmung vorzunehmen, die zur konkreten Mäßigung führt: IdS stellt die Jud regelmäßig fest, ob sich leicht fahrlässiges Verhalten eher der groben Fahrlässigkeit oder einer entschuldbaren Fehlleistung nähert. Je höher das Verschulden, umso weniger kann der Schadenersatz gemäßigt werden, bzw umso mehr andere Mäßigungskriterien müssen erfüllt sein, um zu einer Mäßigung zu kommen.
- Wesentlich sind außerdem die **Bedingungen**, unter denen die Arbeitsleistung zu erbringen war. Hier kommen arbeitszeitbedingte **Überlastungen oder Druck** seitens des Arbeitgebers in Betracht[28] ebenso wie Organisationsmängel,[29] soweit diese nicht bereits als Mitverschulden des Dienstgebers gewertet werden.[30]
- Auch die **Wahrscheinlichkeit eines Schadenseintritts** ist bei der Mäßigung von Relevanz. Dem Dienstgeber steht im Gegensatz zum Dienstnehmer die Möglichkeit offen, sich gegen ein solches Betriebsrisiko zu versichern. Je schadensgeneigter die Tätigkeit ist, umso eher muss der Dienstgeber dabei entstandene Schäden selbst tragen. Eine Tätigkeit ist dann besonders schadensgeneigt, wenn die Schadenswahrscheinlichkeit gegenüber anderen Berufstätigkeiten wesentlich erhöht ist. Dies hat die Rsp etwa beim Lenken eines Sattelschleppers angenommen,[31] beim Fahren eines LKW mit Kranaufbau[32] oder bei der Tätigkeit eines Anästhesisten.[33] Im Zusammenhang damit ist zu berücksichtigen, ob der Dienstgeber eine zumutbare Versicherung abgeschlossen hat.[34]
- Dem Arbeitnehmer ist dagegen eine umso höhere Sorgfalt zuzumuten, je höher die **Verantwortung** ist, die mit der ausgeübten Tätigkeit verbunden war. Nach hA ist das Verhältnis zwischen Verantwortung und Mäßigung umgekehrt proportional: Je höher die Verantwortung, umso geringer die Mäßigung.[35] Weiters ist die **Ausbildung** des Dienstnehmers zu berücksichtigen. Ist die betriebsinterne oder betriebsexterne Ausbildung mangelhaft oder verfügt der Dienstnehmer über wenig Berufserfahrung, kann dies zu einer Mäßigung der Ersatzpflicht führen.[36]

28 OGH 9 ObA 96/90; 8 ObA 185/97g.
29 *Brodil*, Mäßigung der Haftung nach § 2 DHG im ärztlichen Bereich, RdM 1995, 34 (35).
30 *Kerschner*, DHG³ § 2 Rz 52.
31 OGH 4 Ob 86/85.
32 OLG Linz, 13 Ra 1134/87, ZASB 1988, 18.
33 OGH 14 Ob 140, 141/86, JBl 1987, 670.
34 Keine Kaskoversicherung vgl OGH 4 Ob 86/85.
35 OGH 4 Ob 86/71; *Koziol*, Haftpflichtrecht II² 217; *Reischauer*, Probleme der Dienstnehmerhaftung, DRdA 1978, 193.
36 OGH 4 Ob 133/77; 9 ObA 123/97x; geringe Einschulung: OGH 4 Ob 86/85.

- Außerdem ist die **Höhe des Entgelts**, das dem Dienstnehmer für seine Tätigkeit zusteht, von Bedeutung. Ergibt sich aus der besonderen Höhe des Entgelts, dass dem Dienstnehmer ein besonderes Schadensrisiko durch das Entgelt abgegolten wird, hat dieser einen Schaden eher selbst zu tragen. Die Jud stützt sich häufig auf zu niedriges Entgelt, um eine Mäßigung des Schadenersatzes zugunsten des Dienstnehmers zu begründen.[37]

Ein allfälliges **Mitverschulden des Arbeitgebers** gem § 1304 ABGB ist schon bei der Feststellung der grds zu tragenden Schadenshöhe nach allgemeinem Zivilrecht zu berücksichtigen und kann daher nicht noch ein zweites Mal zur Mäßigung der Ersatzpflicht des Arbeitnehmers nach DHG herangezogen werden.[38]

Ist ein LKW-Lenker durch eine Arbeitszeitübertretung, die der Dienstgeber angeordnet hat übermüdet und verursacht dadurch einen Unfall, ist der größte Teil des Verschuldens dem Dienstgeber anzulasten. Dem Dienstnehmer ist lediglich vorzuwerfen, dass er sich der gesetzwidrigen Weisung nicht widersetzt hat.[39]

2.4. Rechtsdurchsetzung

Die sich aus dem DHG ergebenden wechselseitigen Ansprüche des Arbeitgebers und des Arbeitnehmers bei **leicht fahrlässiger Schädigung** gehen gem § 6 DHG unter, wenn sie nicht **binnen sechs Monaten** nach Kenntnis von Schaden und Schädiger **gerichtlich geltend** gemacht werden. Eine Verlängerung dieser Frist durch Vertrag ist zulässig.[40] Wurde der Schaden **grob fahrlässig oder vorsätzlich** verursacht, kommt gem § 1489 ABGB die dreijährige Verjährungsfrist zur Anwendung.

§ 7 DHG gestattet die **Aufrechnung** der Ansprüche des Arbeitgebers nach dem DHG gegen seinen Arbeitnehmer, sofern die allgemeinen Voraussetzungen einer Aufrechnung gegeben sind[41] und der Arbeitnehmer der Aufrechnung nicht innerhalb von 14 Tagen ab Zugang der Aufrechnungserklärung widerspricht.[42] Dadurch wird dem Arbeitnehmer die Möglichkeit gegeben, durch Widerspruch zu erreichen, dass der Arbeitgeber seine (behaupteten) Schadenersatzansprüche gerichtlich einklagen muss und den Arbeitnehmer nicht durch Lohnabzug (und Aufrechnungserklärung) in die Klägerrolle drängen kann.

Aus der Zulässigkeit der Aufrechnung wird gefolgert, dass auch **Vergleiche** oder konstitutive Anerkenntnisse über Ansprüche nach dem DHG zulässig sind.[43]

---

37 OGH 4 Ob 41/69; 4 Ob 30/76; 9 ObA 96/90; 8 ObA 185/97g; 9 ObA 211/90.

38 OGH 9 ObA 38/89, ZAS 1990, 24 (*Andexlinger*).

39 OGH 9 ObA 38/89, ZAS 1990, 24 (*Andexlinger*).

40 OGH 4 Ob 2/75, ZAS 1976, 53 (*Koziol*).

41 Vgl hierzu *Krejci*, Zur Kompensation von Entgeltforderungen des Arbeitnehmers mit Arbeitgeberansprüchen auf Schadenersatz, ZAS 1980, 163 und OGH 4 Ob 34/83.

42 Bei Zugang nach dem Ende des Dienstverhältnisses entfällt diese Beschränkung, OGH 4 Ob 34/83.

43 OGH 4 Ob 2/80; 4 Ob 45/85.

2.5. Die mittelbare Schädigung des Arbeitgebers

2.5.1. Qualifizierte Rechtsbeziehung zwischen Arbeitgeber und Drittem

Der Arbeitgeber kann auch dadurch in seinem Vermögen getroffen werden, dass der Arbeitnehmer bei Erbringung seiner Dienstleistung **einen Dritten schädigt**, der den Ersatz dieses Schadens auf Grund gesetzlicher Vorschriften vom Arbeitgeber verlangen kann. IdR wird es sich hier um Fälle der **Erfüllungs- oder Besorgungsgehilfenhaftung**[44] und um Fälle der Gefährdungshaftung, insb für Kraftfahrzeuge, handeln.

Gem § 1313a ABGB haftet der Dienstgeber für Schäden, die der Dienstnehmer einem Dritten als **Erfüllungsgehilfe** zugefügt hat. Dies ist der Fall, wenn der Dienstnehmer vom Dienstgeber herangezogen wird, um ein zwischen dem Dienstgeber und dem Dritten bestehendes Schuldverhältnis zu erfüllen (zB eine vertraglich vereinbarte Reparatur wird nicht durch den Installateur selbst, sondern von seinem Arbeitnehmer durchgeführt).
Gem § 1315 ABGB haftet der Dienstgeber einem Dritten, mit dem er in keiner Vertragsbeziehung steht, in bestimmten Fällen auch für schädigendes Verhalten seiner Dienstnehmer, die diesfalls bloß als **Besorgungsgehilfen** tätig werden. Der Dienstgeber haftet für schädigendes Verhalten seines Dienstnehmers als Besorgungsgehilfe nur, wenn er sich eines habituell untüchtigen oder wissentlich eines gefährlichen Dienstnehmers bedient hat. **Habituelle Untüchtigkeit** liegt vor, wenn ein Gehilfe für die Tätigkeit, zu der er eingesetzt wird, zB aus mangelnder Ausbildung oder Veranlagung nicht geeignet ist. Während die Eigenschaft der Tüchtigkeit auf jene Angelegenheiten zu beziehen ist, die der Gehilfe besorgen soll, betrifft die **Gefährlichkeit** seine allgemeinen menschlichen Qualitäten. Gefährlich ist zB der Installateurgehilfe, der stiehlt, oder der Malergehilfe, der Brände legt. Der Geschäftsherr wird für solche Delikte des Besorgungsgehilfen aber nur haftbar, wenn ihm gerade diese gefährliche Eigenschaft des Gehilfen bekannt war.[45]

Das DHG tastet den vollen **Ersatzanspruch des Dritten** nicht an. Dieser kann frei wählen, ob er Ersatz vom schädigenden Arbeitnehmer oder vom Arbeitgeber begehrt.

Auch in diesen Fällen soll der Arbeitnehmer nicht schlechter gestellt werden als hätte er seinen Arbeitgeber unmittelbar geschädigt. Dafür sorgen die §§ 3 und 4 DHG. Leistet der Arbeitgeber in solchen Fällen dem Dritten Ersatz, so wird sein Rückgriffsanspruch gegenüber dem Arbeitnehmer beschränkt. Vergütet hingegen der Arbeitnehmer dem Dritten den Schaden, kann er verlangen, dass der Arbeitgeber zumindest einen Teil dieser Last (einschließlich notwendiger Prozess- und Exekutionskosten) trägt. Im Ergebnis wird dem Arbeitnehmer jede Haftung abgenommen, wenn die fahrlässige Schädigung des Dritten als entschuldbare Fehlleistung zu werten ist. Bei leichter oder grober Fahrlässigkeit setzt der Richter das Ausmaß der von ihm letztlich zu tragenden Belastung im Sinne des § 2 DHG nach Billigkeit fest.

44 Dazu siehe *Welser/Zöching-Jud*, Bürgerliches Recht II[14] Rz 1522.
45 *Welser/Zöchling-Jud*, Bürgerliches Recht II[14] Rz 1533.

2.5.2. Verfahrensrechtliche Besonderheiten

In der bei Schädigung eines Dritten gegebenen Dreieckskonstellation sind einige **verfahrensrechtliche** Bestimmungen zu beachten, die sicherstellen sollen, dass alle Beteiligten ihre Interessen ausreichend geltend machen können. Der vom Dritten in Anspruch genommene Arbeitgeber oder Arbeitnehmer muss diesen Umstand seinem Vertragspartner **unverzüglich mitteilen** oder – wenn er geklagt wird – diesem den **Streit verkünden**. Dadurch erhält sein Vertragspartner die Möglichkeit, allfällige Einwendungen gegen die Forderung des Dritten rechtzeitig vorzubringen. Hat der vom Dritten geklagte Arbeitgeber oder Arbeitnehmer seinem Vertragspartner den Streit nicht verkündet und wird er schließlich verurteilt, muss er sich gefallen lassen, dass ihm sein Vertragspartner alle Einwendungen entgegenhält, die er gegen den Dritten besaß. Ersetzt er jedoch dem Dritten den Schaden ohne Zustimmung seines Vertragspartners und ohne dazu rechtskräftig verurteilt worden zu sein, verliert er nach der stRsp seinen Rückgriffsanspruch gegenüber seinem Vertragspartner zur Gänze.[46]

3. Risikohaftung des Arbeitgebers

Literatur: *Bydlinski,* Die Risikohaftung des Arbeitgebers (1986); *Kerschner,* Die Reichweite der Arbeitgeberhaftung nach § 1014 ABGB in *Tomandl* (Hg), Haftungsprobleme im Arbeitsverhältnis (1991) 57; *Kerschner,* Außenhaftung des Dienstnehmers und Regress, FS Tomandl 187; *Tomandl,* Grundlagen und Grenzen der verschuldensunabhängigen Arbeitgeberhaftung, ZAS 1991, 37; *Windisch-Graetz* in *Neumayr/Reissner* (Hg), Zeller Kommentar zum Arbeitsrecht³, ABGB § 1014 mit weiterführender Literatur.

Da das DHG wie oben dargestellt in seinem Anwendungsbereich beschränkt ist, kann der Arbeitnehmer daraus keine Haftungserleichterungen geltend machen, wenn bei der Erbringung seiner Dienstleistung sein **eigenes Eigentum** zu Schaden kommt (zB ein privater PC oder PKW) oder wenn der Arbeitnehmer einen **Dritten schädigt, der in keiner qualifizierten Rechtsbeziehung zum Arbeitgeber** steht und daher keine Schadenersatzansprüche gegenüber dem Arbeitgeber hat.

Dass der Arbeitnehmer in diesen Fällen den Schaden voll zu tragen hat, wurde von vielen als unbillig angesehen. Der Arbeitnehmer solle nicht das volle Schadensrisiko tragen, wenn er im Interesse des Arbeitgebers tätig ist. Die Judikatur hat daher in **analoger Anwendung von § 1014 ABGB** die Verpflichtung des Arbeitgebers abgeleitet, dem Arbeitnehmer die erlittene Vermögenseinbuße zu ersetzen und damit das Rechtsinstitut der sog **Risikohaftung** des Arbeitgebers begründet.

§ 1014 ABGB ist eine Norm aus dem Auftragsrecht und daher unmittelbar nur auf rechtsgeschäftliche Erledigungen anzuwenden: „Der Gewaltgeber ist verbunden, dem Gewalthaber allen zur Besorgung des Geschäftes notwendig oder nützlich gemachten Aufwand, selbst bey fehlgeschlagenem Erfolge, zu ersetzen, und ihm auf Verlangen zur Bestreitung der baren Auslagen auch einen angemessenen Vorschuss zu leisten; er muss ferner allen

46 OGH 4 Ob 156/80.

durch sein Verschulden entstandenen, oder mit der Erfüllung des Auftrages verbundenen Schaden vergüten." § 1151 Abs 2 ABGB ordnet ausdrücklich an, dass die Bestimmungen über den Bevollmächtigungsvertrag und damit auch § 1014 für Arbeitsverträge anzuwenden sind, „sofern mit der Arbeitsleistung eine Geschäftsbesorgung" verbunden ist.

Obwohl § 1014 ABGB unmittelbar nur für rechtsgeschäftliche Erledigungen anzuwenden ist, wird er von der Rsp und der hL allgemein als sedes materiae einer Aufwandsverpflichtung (dh einer verschuldensunabhängigen Haftung) desjenigen angesehen, der Tätigkeiten eines anderen zu seinem eigenen Vorteil veranlasst hat. Der OGH hat erstmals mit der Entscheidung **4 Ob 35/82** § 1014 für **auf Arbeitsverhältnisse analog anwendbar** erklärt, wenn die Tätigkeit des Arbeitnehmers bloß in der Erledigung **faktischer** Arbeitsleistungen besteht.

Dabei entwickelte sich die Rsp **schrittweise**:

1. Zunächst ging es um Sachschäden, die der Arbeitnehmer an **seinem Eigentum** erleidet, das er im Interesse des Arbeitgebers zur Dienstleistung einsetzt (Privat-PKW).[47]
2. Der Arbeitgeber kann sich von dieser Haftung nicht durch den Nachweis befreien, dass die beschädigte Sache nicht im Eigentum des Arbeitnehmers stand: Es genügt, dass der Arbeitnehmer letztlich für den Schaden einzustehen hat, etwa weil er das **Fahrzeug seiner Ehefrau** verwendet hat.[48]
3. In der Rechtssache 9 ObA 139/89[49] weitet der OGH diese Judikaturlinie ausdrücklich auf **Haftpflichtschäden** des Dienstnehmers aus. Ein Lehrling war auf einem Dienstfahrrad unterwegs, um für den Arbeitgeber Zündkerzen zu besorgen. Dabei verschuldete er einen Verkehrsunfall und wurde von einem Dritten, dessen Auto beschädigt wurde, auf Schadenersatz geklagt. Der Arbeitgeber hatte dem Lehrling diesen Aufwand zu ersetzen.
4. Zuletzt wurde vom 2. Senat des OGH sogar eine Ersatzpflicht des Arbeitgebers für **Personenschäden des Arbeitnehmers** selbst auf § 1014 ABGB gestützt. Der Arbeitnehmer könne daher Schmerzengeld gegenüber seinem Arbeitgeber geltend machen.[50] Der 8. und 9. Senat haben diese Rechtsansicht zu Recht abgelehnt, da damit die Regelungen des § 333 ASVG über das Dienstgeberhaftungsprivileg (vgl 256 f) umgangen würden.[51]

---

47 OGH 4 Ob 35/82

48 OGH 4 Ob 180/85, ZAS 1987, 85 (*Kerschner*) = DRdA 1988, 132 (*Jabornegg*) (Auto im Eigentum der Ehefrau).

49 OGH 9 ObA 139/89, ZAS 1991/8 (*Oberhofer*) = DRdA 1991/12 (*Kerschner*).

50 OGH 2 Ob 203/02w.

51 OGH 8 ObA 117/02t; 9 ObA 36/03i. Der 2. Senat entscheidet in allgemeinen schadenersatzrechtlichen Verfahren, der 8. und 9. Senat in arbeitsrechtlichen. Ausschlaggebend für die Frage, welcher Senat eine konkrete Causa zu entscheiden hat, sind die Verfahrensbeteiligten: Je nachdem, ob das Verfahren von der KFZ-Haftpflichtversicherung oder dem Arbeitnehmer gegenüber dem Arbeitgeber geführt wird, landet die Sache vor dem einen oder dem anderen Senat. Eine solche Judikaturdivergenz zwischen den Senaten ein und desselben Höchstgerichts ist im Interesse des Vertrauens der Bevölkerung in die Rechtsstaatlichkeit unerfreulich.

Die Risikohaftung des Arbeitgebers unterliegt nach Rsp und Lehre einigen Beschränkungen. So bezieht sie sich erstens nur auf die mit dieser Tätigkeit typischerweise verbundenen Risiken („**arbeitsadäquater**" **Sachschaden**).[52] Schäden, die sowieso eingetreten wären – etwa durch die Abnutzung von Verschleißteilen – sind nicht arbeitsadäquat verursacht. Der Arbeitnehmer kann vom Arbeitgeber auch dann keinen Ersatz verlangen, wenn die ihm übertragene Aufgabe kein erkennbares Risiko enthält.[53] Der Arbeitgeber haftet weiters nur für (abstrakt) voraussehbare Schäden und wird von seiner Haftung entlastet, wenn er durch die Übertragung der Aufgabe an den Arbeitnehmer sein eigenes Unfallrisiko nicht verringert hat.[54]

> Bei einem Unfall, den der Arbeitnehmer mit seinem eigenen PKW auf einer Dienstfahrt erlitten hat, ist der Arbeitgeber daher nur dann für den Schaden am Auto haftbar, wenn er ohne den Einsatz des Privat-PKW des Arbeitnehmers diesem selbst ein Fahrzeug hätte beistellen müssen; er haftet jedoch nicht, wenn der Arbeitnehmer seine Aufgabe auch ohne Auto hätte erledigen können und das Auto nur aus Bequemlichkeit verwendet hat.[55] Fahrten vom Wohnort zur Dienststelle liegen grundsätzlich nicht im Risikobereich des Arbeitgebers.[56]

Liegt auf Seiten des **Arbeitnehmers ein Verschulden** an der Schädigung vor, ist nach der Rsp das **DHG analog** anzuwenden: Da auch hinter dem DHG der allgemeine Rechtsgedanke der Risikoverteilung bei Tätigkeiten im fremden Interesse steht, können bei gleicher Sach- und Interessenlage die Bestimmungen des DHG, insb über die Mäßigung des Ersatzanspruchs, analog für die Risikohaftung des Arbeitgebers herangezogen werden.[57] Der Arbeitnehmer soll in dem Fall, in dem er eigenes Eigentum im Interesse des Arbeitgebers einsetzt, nicht schlechter gestellt sein als dann, wenn er mit Betriebsmitteln des Arbeitgebers arbeitet.[58]

Auch die **Regressvoraussetzungen des § 3 DHG** (Pflicht zur Streitverkündung, Ersatzleistung nur im Einverständnis mit dem Arbeitgeber bzw auf der Grundlage eines rechtskräftigen Urteils) sind analog anzuwenden.[59] Die **Präklusivfrist des § 6 DHG** ist nach der Judikatur dagegen **nicht** anzuwenden.[60] Der Anspruch des Arbeitnehmers analog § 1014 ABGB ist kein Schadenersatz- oder Rückgriffsanspruch iSd § 6 DHG, sondern ein vertraglicher Anspruch, der der **Verjährungsfrist** des § 1486 Z 5 ABGB unterliegt.[61]

52 Vgl *Bydlinski,* Risikohaftung 5. Der OGH (9 ObA 139/89 = ZAS 1991, 57 [*Oberhofer*] = DRdA 1991, 137 [*Kerschner*]) zählt dazu auch das Risiko des Arbeitnehmers, einem Dritten gegenüber schadenersatzpflichtig zu werden. Kritisch dazu *Marhold,* Arbeitskollegenhaftung als Aufwandersatz, RdW 1990, 159.

53 OGH 4 Ob 35/82.

54 Die Zustimmung des Arbeitgebers zur Verwendung des Privat-PKW bildet für sich alleine daher noch keinen Haftungsgrund (OGH 9 ObA 504/87, DRdA 1991, 27 mit Anm von *Jabornegg*).

55 OGH 4 Ob 35/82; 9 ObA 222/90.

56 OGH 9 ObA 49/91; Ausnahmefall: OGH 9 ObA 222/90 („Springerin").

57 OGH 8 ObA 15/97g.

58 OGH 4 Ob 35/82, DRdA 1984, 32 (*Jabornegg*).

59 OGH 9 ObA 46/97y, DRdA 1998, 34 (*Kerschner*).

60 OGH 9 ObA 184/95, DRdA 1996, 402 (*Kerschner*).

61 OGH 9 ObA 46/97y.

Auf Grund der dispositiven Natur des § 1014 ABGB ist die **vertragliche Abdingung** der Risikohaftung des Arbeitgebers zulässig.

In der Vereinbarung von Kilometergeld kann nach der Rsp keine konkludente Abdingung der Risikohaftung gesehen werden. Die Zahlung des amtlichen Kilometergeldes ersetzt nur den normalen Abnutzungsaufwand, ist aber keine Vergütung für das Unfallrisiko.[62]

Ob eine gänzliche Abdingung der Risikohaftung zulässig ist, ist strittig. Die **Grenze der Abdingbarkeit** findet sich in jedem Fall ganz allg in den **guten Sitten**. Wenn es mit der Abdingung zu einer Übertragung des typischen Unternehmerrisikos auf den persönlich und wirtschaftlich abhängigen Arbeitnehmer kommt, ist sie problematisch.[63] Wird dem Arbeitnehmer aber ein erkennbar hohes Entgelt bezahlt, das auch das privat übernommene Risiko des Arbeitnehmers abgelten soll, ist eine Abdingbarkeit unproblematisch.[64]

Diskussion

Die Entwicklung der Risikohaftung des Arbeitgebers durch analoge Anwendung des § 1014 ABGB ist in der Lehre teilweise auf heftige Kritik gestoßen. Ansatzpunkt der Kritik ist jeweils die **fehlende Lücke** im Gesetz, die einen Analogieschluss erlauben würde. Im Einzelnen ist danach zu unterscheiden, ob es um die Schädigung von Arbeitnehmereigentum geht oder um Haftpflichtschäden.

Tomandl hat nachgewiesen, dass der Gesetzgeber der III. Teilnovelle in § 1151 Abs 2 ABGB die Anwendung des § 1014 ABGB bewusst auf Fälle der „Geschäftsbesorgung" iSd § 1002 ABGB eingeschränkt hat.[65] Mangels einer unbewussten Regelungslücke lässt § 1151 Abs 2 ABGB daher keinen Raum für die analoge Anwendung des § 1014 ABGB auf Schäden, die bei rein faktischen Arbeiten entstehen.

Eine **Lösung**, die dennoch einen Vergütungsanspruch des Arbeitnehmers gegenüber dem Arbeitgeber bei **Schädigung von Arbeitnehmereigentum** ermöglicht, lässt sich aber durch eine **sinngemäße Anwendung des DHG** ableiten.[66] Der Gesetzgeber hat das DHG auf den Regelfall zugeschnitten, in dem der Arbeitgeber die Betriebsmittel bereitstellt. Beschädigt der Arbeitnehmer ein solches Betriebsmittel fahrlässig bei Erbringung seiner Arbeit, muss der Arbeitgeber nach dem DHG zumindest einen Teil des Schadens tragen. Dieser Grundsatz muss auch dann gelten, wenn der Arbeitgeber vom Arbeitnehmer die Beistellung eigener Betriebsmittel verlangt. Der Arbeitgeber darf das ihm durch das DHG aufgebürdete Risiko der fahrlässigen Beschädigung seiner Betriebsmittel durch seine Arbeitnehmer nicht einfach auf die Arbeitnehmer überwälzen, indem er die Betriebsmittel nicht selbst beistellt, sondern dies von seinen Arbeitnehmern verlangt. Durch diese Vorgangsweise würde die Erreichung des vom DHG verfolgten Regelungsziels vereitelt. Dem Gesetzgeber kann nicht unterstellt werden, Anreize zu einer solchen

62 OGH 9 ObA 2136/96z, DRdA 1997, 273 (*Kerschner*).
63 *Löschnigg/Reissner,* Arbeitgeberhaftung für Sachschäden auf der Dienstreise, ecolex 1991, 110.
64 *Windisch-Graetz* in ZellKomm³, ABGB § 1014 Rz 19.
65 *Tomandl,* Grundlagen und Grenzen der verschuldensunabhängigen Arbeitgeberhaftung, ZAS 1991, 40.
66 *Schrank,* Betriebsrisiko und arbeitsrechtliche Wertordnung, ZAS 1985, 8.

Gesetzesumgehung geschaffen zu haben. Es spricht vielmehr alles dafür, dass er diese Fallkonstellation nicht bedacht hat. Damit liegen die Voraussetzungen dafür vor, in derartigen Fällen das DHG analog anzuwenden.

Diese Lösung hat auch den Vorteil, der Problematik über die Abdingbarkeit des § 1014 ABGB zu entgehen. Die Regelungen des DHG sind grundsätzlich zwingend und lediglich durch Kollektivvertrag abdingbar.

Im Fall der **Haftpflichtschäden** geht die Kritik dahin, dass das DHG ausdrücklich die Fälle geregelt hat, in denen der Arbeitnehmer bei Schädigung Dritter in den Genuss von Haftungserleichterungen kommen soll. Dies ist nur dann der Fall, wenn der Arbeitgeber selbst dem Dritten haftet. Der Gesetzgeber hat also sehr wohl überlegt, in welchen Fällen von Drittschädigungen Haftungserleichterungen für den Arbeitnehmer zur Anwendung kommen sollen.[67]

Kommt die Judikatur über die Ableitung eines „allgemeinen Rechtsprinzips" aus § 1014 ABGB dennoch zu Haftungserleichterungen für den Arbeitnehmer, stehen wir vor dem – nicht selten vorkommenden – Problem, dass die Rechtsanwendung eine rechtspolitisch erwünschte Lösung mit methodisch fragwürdigen Mitteln schafft, und damit die dem Gesetzgeber zukommende Aufgabe übernimmt.

4. Vom Arbeitgeber verschuldete Personenschäden des Arbeitnehmers

Literatur: *Bodendorfer,* Probleme des Dienstgeberhaftungsprivilegs, ZAS 1985, 43; *Brodil/Windisch-Graetz,* Sozialrecht in Grundzügen[9] (2021) 134; *Müller* in *Mosler/Müller/Pfeil* (Hg), Der SV-Kommentar, ASVG § 333; *Tomandl* (Hg), Haftungsprobleme im Arbeitsverhältnis (1991) 108; *Krejci/Böhler* in *Tomandl,* System des österreichischen Sozialversicherungsrechts 3.3.; *Windisch-Graetz,* Das Dienstgeberhaftungsprivileg und die verschuldensunabhängige Risikohaftung des Dienstgebers, in *Windisch-Graetz* (Hg), Haftungsrechtliche Probleme im Sozialrecht (2012) 63.

Rechtsquellen: §§ 333 ff ASVG.

Hat der Arbeitgeber einen **Arbeitsunfall** oder eine Berufskrankheit eines seiner Arbeitnehmer verschuldet, so haftet er diesem für den entstandenen Sachschaden voll.

Für **Personenschäden** greifen jedoch die **Haftungsmodifikationen der §§ 333 ff ASVG**. Erleidet der Arbeitnehmer einen Arbeitsunfall, wird die gesetzliche Unfallversicherung leistungspflichtig. Da der Dienstgeber die Beiträge zur Unfallversicherung allein finanziert, sieht das Sozialversicherungsrecht im Gegenzug bei bloß **fahrlässiger** Personenschädigung von Arbeitnehmern eine Haftungsbefreiung des Dienstgebers vor (**Dienstgeberhaftungsprivileg**, § 333 ASVG). Außerdem wollte der Gesetzgeber vermeiden, dass das Arbeitsklima durch Prozesse zwischen Arbeitgeber und Arbeitnehmer beeinträchtigt wird. Der Dienstgeber ist im Rahmen des Dienstgeberhaftungsprivilegs auch keinen Schmerzengeldansprüchen ausgesetzt.

67 *Tomandl,* Grundlagen und Grenzen der verschuldensunabhängigen Arbeitgeberhaftung, ZAS 1991, 40.

Der Arbeitgeber haftet dem Dienstnehmer nur in zwei Fällen:

1. Wenn er den Personenschaden **vorsätzlich** herbeigeführt hat. Diesfalls vermindert sich der Schadenersatzanspruch des Versicherten um die Leistungen aus der gesetzlichen Unfallversicherung.
2. Bei fahrlässiger Schädigung, wenn der Unfall durch ein **Verkehrsmittel** entstanden ist, für dessen Betrieb eine erhöhte Haftpflicht besteht. Die Haftung des Arbeitgebers ist in diesem Fall mit der aus einer Haftpflichtversicherung zur Verfügung stehenden Versicherungssumme begrenzt. Ersatzpflichtig sind sämtliche durch einen Haftpflichtversicherer gedeckte Schäden (Gefährdungshaftung, Haftung für eigenes Verschulden, Haftung für Gehilfen). Besteht für das Verkehrsmittel ausnahmsweise keine Verpflichtung zum Abschluss einer Haftpflichtversicherung, entfällt die Haftung des Arbeitgebers.[68] Für den Schaden soll also nur die Haftpflichtversicherung einstehen.

Um dem Arbeitgeber keinen Freibrief für grob sorgloses Verhalten zu geben, hat der leistungspflichtige Sozialversicherungsträger im Fall **grober Fahrlässigkeit und bei Vorsatz** gegenüber dem Arbeitgeber einen **originären Anspruch** auf Ersatz der ihm entstandenen Kosten (§ 334 ASVG). Der Arbeitgeber bleibt daher nur bei leicht fahrlässigem Verhalten leistungsfrei.

Das Dienstgeberhaftungsprivileg kommt in gleicher Weise auch einem gesetzlichen oder bevollmächtigten **Vertreter** des Arbeitgebers, sowie jenem zu, der im Unfallzeitpunkt als **Aufseher im Betrieb** anzusehen war.[69]

Nach der Judikatur des OGH ist **Aufseher im Betrieb**, wer für das Zusammenwirken mehrerer Betriebsangehöriger oder von Betriebseinrichtungen zu sorgen hat und für ein derartiges Zusammenspiel persönlicher und technischer Kräfte verantwortlich ist; ferner wer andere Betriebsangehörige oder einen Teil des Betriebes überwacht und den ganzen Arbeitsvorgang einer Arbeitspartie leitet und damit eine mit einem gewissen Pflichtenkreis und mit Selbständigkeit verbundene Stellung zur Unfallzeit tatsächlich innehat.[70] Für die Qualifikation eines Dienstnehmers als Aufseher im Betrieb kommt es nicht darauf an, ob sich der Dienstnehmer zB als Kranführer in einer örtlich höheren Position befindet, sondern darauf, ob er andere Betriebsangehörige oder einen Teil des Betriebes überwacht.[71] Auch ein Lehrling kann Aufseher im Betrieb sein, wenn er im Einzelfall besondere Aufsichtsfunktionen übernommen hat.[72]

68 OGH 2 Ob 64/94.

69 Näheres zu diesen Fragen siehe bei *Krejci/Böhler* in *Tomandl* (Hg), System des österreichischen Sozialversicherungsrechts 3.3.

70 OGH 9 ObA 192/88; 8 ObA 5/03y.

71 OGH 9 ObA 229/89; 2 Ob 17/87; 2 Ob 61/07w.

72 OGH 8 ObA 3/10i.

5. Von Arbeitnehmern verschuldete Personenschäden von Arbeitskollegen

Literatur: *Brodil/Windisch-Graetz*, Sozialrecht in Grundzügen[9] (2021) 135; *Brodil*, Probleme der Legalzession am Beispiel der Arbeitnehmerhaftung in *Windisch-Graetz* (Hg), Haftungsrechtliche Probleme im Sozialrecht (2012) 41; *Krejci/Böhler* in *Tomandl*, System des österreichischen Sozialversicherungsrechts 3.2.2.6.; *Müller* in *Mosler/Müller/Pfeil* (Hg), Der SV-Kommentar, ASVG § 332; *Windisch-Graetz,* Das Dienstgeberhaftungsprivileg und die verschuldensunabhängige Risikohaftung des Dienstgebers, in *Windisch-Graetz* (Hg), Haftungsrechtliche Probleme im Sozialrecht (2012) 63.

Rechtsquelle: § 332 Abs 5 ASVG.

Hat ein Arbeitnehmer, der im Unfallzeitpunkt **nicht als Aufseher** im Betrieb zu qualifizieren war, einen Arbeitsunfall (eine Berufskrankheit) eines Arbeitskollegen verschuldet, bleibt er diesem gegenüber voll zum Schadenersatz verpflichtet.

Da aus dem Arbeitsunfall die gesetzliche Unfallversicherung leistungspflichtig wird, und der Geschädigte Leistungen nicht doppelt geltend machen können soll, normiert § 332 ASVG eine **Legalzession**: Der Schadenersatzanspruch des geschädigten Arbeitnehmers gegenüber dem schädigenden Arbeitskollegen geht insoweit auf den Sozialversicherungsträger über, als dieser Leistungen zu erbringen hat. Schmerzengeldansprüche gehen ausdrücklich nicht über. Diese und einen über die Leistungen der Sozialversicherung hinausgehenden Schaden kann der Geschädigte vom schädigenden Kollegen fordern.

§ 332 Abs 5 ASVG nimmt allerdings auf die besondere Situation im Betrieb Bedacht und sieht eine **Haftungserleichterung des schädigenden Kollegen** gegenüber dem Sozialversicherungsträger (nicht gegenüber dem geschädigten Kollegen!) vor: Der Sozialversicherungsträger kann die auf ihn übergegangenen Schadenersatzansprüche gegenüber einem „im selben Betrieb wie der Verletzte beschäftigten" schädigenden Arbeitskollegen gem § 332 Abs 5 ASVG nur geltend machen, wenn dieser vorsätzlich oder grob fahrlässig gehandelt hat. Erfolgte die Schädigung nur **leicht fahrlässig**, bleibt der schädigende Arbeitnehmer **gegenüber dem Sozialversicherungsträger leistungsfrei**. Dies berührt jedoch nicht die Schadenersatzpflichten gegenüber dem geschädigten Kollegen.

Das gilt jedoch **nicht**, wenn der Unfall durch ein **Verkehrsmittel** verursacht wurde, für dessen Betrieb eine erhöhte gesetzliche Haftpflicht besteht. In diesem Fall kann der Sozialversicherungsträger den auf ihn übergegangenen Ersatzanspruch des Verletzten bis zur Höhe der vorhandenen Haftpflichtversicherungssumme geltend machen. Es besteht kein sozialpolitischer Grund, die Haftpflichtversicherung zulasten des Sozialversicherungsträgers zu privilegieren.

Diskussion

Auch diese Haftungsentlastungen sind nicht voll geglückt. Auf der einen Seite entziehen sie den geschädigten Arbeitnehmern Teile ihres Ersatzanspruchs: Greift das Dienstgeberhaftungsprivileg, kann der geschädigte Arbeitnehmer weder Schmerzengeld noch über die Sozialversicherungsleistungen hinausgehenden Schadenersatz (zB Ersatz für ein die Höchstbeitragsgrundlage übersteigendes Entgelt) beim Dienstgeber oder dem Aufseher im Betrieb einklagen.

Auf der anderen Seite legen sie dem Arbeitgeber bei schwerem Verschulden uU höhere Lasten auf, wenn die Sozialversicherungsleistungen den Betrag übersteigen, der nach allgemeinem Schadenersatzrecht zu tragen gewesen wäre – insb ist ein Mitverschulden des Geschädigten hier nicht zu berücksichtigen.

Überdies ist die unterschiedliche Behandlung von Arbeitnehmern, die einen Arbeitskollegen verletzen, je nachdem, ob sie im Unfallzeitpunkt Aufseher oder bloßer Kollege waren, problematisch. Oft sind dies kaum vorhersehbare Einzelfallentscheidungen im Prozess. Berücksichtigt man außerdem die Judikatur des OGH zur Risikohaftung des Arbeitgebers, wonach Arbeitnehmer bei Schädigung eines außenstehenden Dritten nach § 1014 ABGB die Kostentragung auf den Dienstgeber abwälzen können, wird ein **Wertungswiderspruch** offenkundig, da eine solche Überwälzung bei Schädigung des eigenen Kollegen nicht möglich ist. Der deutsche Gesetzgeber war (bei ähnlicher Rechtslage) konsequent und hat Arbeitskollegen in gleichem Maße wie zuvor Arbeitgeber und Aufseher im Betrieb von der Haftung befreit.[73] In Österreich versucht die Judikatur einen Teil des Problems dadurch zu erledigen, dass der Begriff des Aufsehers im Betrieb auf einem sehr niedrigen Niveau angesetzt wird. Eine umfassende und stimmige Lösung zu erarbeiten, kann aber nur Aufgabe des Gesetzgebers sein.

73 Unfallversicherungs-Neuregelungsgesetz 1963, dBGBl I 241; vgl ausf *Windisch-Graetz*, Das Dienstgeberhaftungsprivileg und die verschuldensunabhängige Risikohaftung des Dienstgebers, in *Windisch-Graetz* (Hg), Haftungsrechtliche Probleme im Sozialrecht (2012) 63.

Die Beendigung des Arbeitsvertrags

1. Problemaufriss

Anders als ein Zielschuldverhältnis endet das Arbeitsvertragsverhältnis nicht durch bloße Erfüllung. Wie bei allen Dauerschuldverhältnissen bedarf es daher besonderer Endigungstatbestände. Solche bestehen entweder im **Erlöschen** (der Arbeitsvertrag findet beim Eintritt eines bestimmten Ereignisses wie etwa dem Fristablauf ohne weitere Willenserklärung sein Ende) oder in der **Auflösung** (das Ende des Arbeitsvertrags wird durch eine auf diese Rechtsfolge abzielende Willenserklärung herbeigeführt).

Die Auflösung des Arbeitsvertrags kann **einvernehmlich** erfolgen. In diesem Fall legen die Vertragsparteien durch übereinstimmende Willenserklärungen das Ende des Vertrags fest.

Der Arbeitsvertrag kann aber auch **einseitig** durch Willenserklärung einer der beiden Vertragspartner aufgelöst werden. Dabei ist zu berücksichtigen, dass beide Parteien ein legitimes Interesse daran haben, von der anderen Seite nicht durch eine plötzliche Beendigung des Arbeitsvertrags überrascht zu werden. Daher sieht der Gesetzgeber für den unbefristeten Vertrag vor, dass jede Partei den Vertrag grds nur unter Einhaltung bestimmter Fristen einseitig lösen darf (**Kündigung**).

Eine sofortige, jederzeitige Auflösungsmöglichkeit (**Entlassung, Austritt**) steht jeder Vertragspartei zu, wenn ihr die Weiterführung des Vertrags nicht einmal mehr bis zum Ablauf der Kündigungsfrist zumutbar ist. Dies gilt auch für befristete Arbeitsverträge.

Da der Arbeitsvertrag für den weitaus überwiegenden Teil der Erwerbsbevölkerung die Quelle ihres laufenden Einkommens darstellt und damit wesentlich für ihre Existenzsicherung ist, hat die Arbeitsrechtsordnung das Interesse des Arbeitnehmers am Bestand des Arbeitsvertrags besonders geschützt. Dieser sogenannte **Bestandschutz** findet sich zum Teil in Gesetzen, zum Teil aber auch in Kollektivverträgen. Seine konkrete Ausgestaltung ist nicht nur sozial- sondern auch wirtschaftspolitisch von großer Bedeutung, weil dabei auch wichtige Interessen des Unternehmens und der Gesamtgesellschaft betroffen sind.

Keinem privatwirtschaftlich arbeitenden Unternehmen kann dauerhaft zugemutet werden, Personalüberhänge oder in nennenswertem Umfang leistungsschwache Arbeitnehmer mitzutragen. Die Allgemeinheit hat ein vitales Interesse daran, dass die vorhandenen Arbeitnehmer auf jene Arbeitsplätze gelangen, für die sie am besten geeignet sind, wie auch, dass erforderliche Maßnahmen zur Umstrukturierung der Wirtschaft rechtzeitig

erfolgen. Der Schutz des Bestands der Arbeitsverhältnisse der bereits beschäftigten Personen erschwert auch die Möglichkeit für Arbeitsuchende, und hier vor allem für die Berufsanfänger, einen Arbeitsplatz zu finden.[1]
Es kann daher keinen absoluten Bestandschutz im privaten Sektor geben. Der Gesetzgeber muss vielmehr einen Weg finden, der einerseits sicherstellt, dass die sozialen Bedürfnisse der Arbeitnehmer gewahrt und diese nicht aus anstößigen oder unsachlichen Gründen aus dem Arbeitsvertrag gedrängt werden, andererseits aber die wirtschaftliche Dynamik nicht beeinträchtigt wird. Ein Überspitzen des Bestandschutzes begünstigt das Entstehen einer Zweiklassengesellschaft, in der die eine Gruppe im Besitz der Arbeitsplätze mit allen daraus folgenden Vorteilen (Einkommen, Selbstverwirklichungsmöglichkeiten, sozialer Schutz durch die Sozialversicherung) steht, wogegen die andere Gruppe davon ausgeschlossen wird. Die konkrete Ausgestaltung des Bestandschutzes zählt daher zu den heikelsten und umstrittensten Aufgaben des modernen Arbeitsrechts.

Die **Sicherung des Bestandes von Arbeitsverhältnissen** kann durch verschiedene Maßnahmen erreicht werden. So kann die Beendigung des Arbeitsvertrags für den Arbeitgeber durch die Pflicht zur Zahlung von Abfertigungen, von Leistungen auf Grund von Sozialplänen oder von finanziellen Entschädigungen für eine unbegründete vorzeitige Auflösung so verteuert werden, dass sich der Arbeitgeber aus wirtschaftlichen Gründen eine Auflösung sehr genau überlegen wird (**ökonomische Mittel**).

§ 2b AMPFG aF verpflichtete Arbeitgeber in bestimmten Fällen, zum Ende eines arbeitslosenversicherungspflichtigen Dienstverhältnisses oder eines arbeitslosenversicherungspflichtigen freien Dienstverhältnisses eine jährlich neu festzusetzende **Auflösungsabgabe** (zuletzt € 131 im Jahr 2019) zu bezahlen. Diese Abgabe ist **mit Ablauf des 31. 12. 2019 entfallen.**[2]

Die Beendigung kann aber auch durch **rechtliche Mittel** erschwert werden.[3] Diese Erschwerung besteht vor allem darin, dass der Arbeitgeber die von ihm vorgenommene Auflösung sachlich zu rechtfertigen hat. In diesem Sinn hat das moderne österreichische Arbeitsrecht dem Arbeitgeber die Möglichkeit zur begründungslosen Kündigung eines Arbeitnehmers weitestgehend entzogen (allgemeiner und besonderer **Kündigungsschutz**). Es hat aber auch Vorkehrungen dafür getroffen, dass vom Arbeitnehmer leichtfertig abgegebene Auflösungs- oder Zustimmungserklärungen zu Auflösungsvorschlägen des Arbeitgebers nicht ohne weiteres wirksam sind (**Willensbildungsschutz**).

Die Beendigung des Arbeitsvertrags bedeutet nicht, dass ab diesem Zeitpunkt keinerlei Rechtsbeziehungen zwischen den früheren Partnern aus dem Arbeitsverhältnis bestünden. Mit diesem Zeitpunkt endet vielmehr nur jener Teil des Schuldverhältnisses, der die Neuentstehung von Hauptpflichten und der mit diesen verbundenen Nebenpflichten trägt. **Nach der Beendigung** entfallen daher Arbeits- und Entgeltpflicht (Hauptpflichten) sowie bestimmte Nebenpflichten (zB das Verbot der Annahme von Schmiergel-

1 Vgl zu diesen Problemen *Zöllner,* Gutachten zum 52. Deutschen Juristentag (1978) D 13, 113.

2 § 11 Abs 4 AMPFG idF BGBl I 2018/100 (vgl auch die gleichzeitig außer Kraft getretene lex fugitiva des § 13e Abs 6 IESG idF BGBl I 2017/154 mit identem Regelungsgehalt).

3 Vgl hierzu international *Birk,* Neuere Entwicklungen des Bestandschutzes in rechtsvergleichender Sicht, in *Tomandl* (Hg), Beendigung des Arbeitsvertrages (1986) 1; für Österreich *Schrank,* Der Fortbestand des Arbeitsverhältnisses als Schutzobjekt der Rechtsordnung.

dern). Dagegen bleibt das noch ausständige Entgelt für erbrachte Arbeitsleistung ebenso weiter geschuldet wie **bestimmte Nebenpflichten aufrecht** bleiben (zB Rückgabe von Arbeitsgeräten, Wahrung von Geschäftsgeheimnissen). Mit der Beendigung entstehen aber auch **neue Ansprüche**, wie etwa jene auf die Ausstellung eines (einfachen) Dienstzeugnisses oder auf die Gewährung einer Abfertigung, einer Urlaubsersatzleistung und Kündigungsentschädigung.

2. Das Erlöschen des Arbeitsvertrags

Der Arbeitsvertrag endet aufgrund der Höchstpersönlichkeit der Arbeitspflicht mit dem **Tod des Arbeitnehmers.**[4] Der Tod des Arbeitgebers berührt den Bestand des Arbeitsvertrags dagegen grundsätzlich nicht, da dieser mit dem Erben (der Verlassenschaft) fortgesetzt wird.[5] Anders ist die Rechtslage nur dann, wenn der Arbeitsvertrag auf die Lebenszeit des Arbeitgebers befristet war. Das ist etwa konkludent der Fall, wenn die vereinbarte Dienstleistung ganz auf die Person des Arbeitgebers zugeschnitten ist (zB Krankenpflege, Besorgung der privaten Angelegenheiten).[6] Das Lehrverhältnis endet mit dem Tod des Lehrherrn, wenn dieser die Ausbildung persönlich wahrgenommen hat und an seiner Stelle kein anderer Ausbilder unverzüglich bestellt wird.[7] Das wird analog auf andere Ausbildungsverhältnisse anzuwenden sein.

Tritt **Unmöglichkeit auf Seiten des Arbeitgebers** ein,[8] etwa weil sein Unternehmen zerstört oder geschlossen wird, endet das Arbeitsverhältnis dennoch **nicht automatisch.**[9]

Abweichendes gilt nur für Sonderfälle: Zerstörung oder unverschuldete Schließung einer Bühne,[10] Verlust der Berechtigung zur Ausbildung von Lehrlingen,[11] Verweigerung oder Löschung der Eintragung des Lehrvertrags[12] oder Beendigung eines der GewO unterliegenden Gewerbebetriebes.[13]

Der wichtigste Fall des Erlöschens von Arbeitsverträgen ist jener durch **Zeitablauf im befristeten Arbeitsverhältnis** (siehe 45 ff). Wenn nichts anderes vereinbart ist, bedarf es daher keiner Erklärung oder vorherigen Erinnerung der Gegenseite, das Arbeitsverhältnis über den vereinbarten Endtermin hinaus nicht fortsetzen zu wollen. Das gilt ebenso

4 Siehe dazu *Fenyves,* Erbenhaftung und Dauerschuldverhältnis 297; OGH 4 Ob 91/77; zu Rechtsfolgen bezüglich Dienstwohnungen siehe § 24 AngG bzw § 23 GAngG.

5 OGH 4 Ob 91/77.

6 OGH 4 Ob 91/77.

7 § 14 Abs 2 lit b BAG.

8 *Binder,* Die Beendigung arbeitsvertraglicher Bindungen bei Eintritt dauernder Leistungsunmöglichkeit, FS Strasser (1983) 271.

9 So etwa ausdrücklich §§ 8, 10 JournG: Wird die Zeitungsunternehmung aufgelassen, so kann dem Redakteur nur unter Einhaltung einer Kündigungsfrist von mindestens sechs Monaten gekündigt werden.

10 § 29 TAG.

11 § 14 Abs 2 lit d BAG.

12 §§ 14 Abs 2 lit c, 20 Abs 3 BAG.

13 § 83 GewO 1859; vgl dazu *Schrank,* Der Fortbestand des Arbeitsverhältnisses als Schutzobjekt der Rechtsordnung 257.

für auflösend bedingte Arbeitsverträge (siehe 50 f). Die Parteien können allerdings vereinbaren, dass ein befristetes Arbeitsverhältnis schon vor Ablauf der Vertragszeit durch Kündigung aufgelöst werden kann (**Kündigungsvereinbarung**). Die Judikatur lässt eine solche Auflösungsmöglichkeit aber in stRsp nur bei längeren Befristungen zu bzw verlangt ein angemessenes Verhältnis von Befristungsdauer und Kündigungsmöglichkeit(en).[14]

Bei **schwangeren Arbeitnehmerinnen** hat der Gesetzgeber allerdings eine **Ablaufhemmung** der Frist vorgesehen, um der werdenden Mutter Anspruch auf das Wochengeld zu sichern (§ 10a MSchG): Die Hemmung beginnt mit der Mitteilung der Schwangerschaft an den Arbeitgeber und endet mit dem Eintritt des Beschäftigungsverbotes nach § 3 Abs 1 MSchG. Keine Hemmung tritt jedoch ein, wenn die Befristung des Arbeitsvertrags gesetzlich vorgesehen oder im Einzelfall sachlich gerechtfertigt ist (zB saisonbedingte Befristung, Vertretung eines anderen Arbeitnehmers).

> **Beispiel:** Sollte das befristete Arbeitsverhältnis am 30. 6. enden, ist die Arbeitnehmerin jedoch zu diesem Zeitpunkt bereits schwanger (und hat darüber Meldung erstattet) und soll das Beschäftigungsverbot am 4. 9. beginnen, verlängert sich das Arbeitsverhältnis bis zum 3. 9.

Mitunter wird vereinbart, dass sich das Dienstverhältnis nach Fristablauf verlängern soll, wenn dem Vertragspartner nicht rechtzeitig mitgeteilt wird, man wolle keine Verlängerung. Das Unterlassen der Mitteilung der Nichtverlängerungsabsicht in solchen Fällen ist keine Kündigung, die die Rechtsfolgen einer Kündigung auslösen würde. Es liegt vielmehr nur eine Vereinbarung vor, unter welchen Voraussetzungen ein anschließender Vertrag (stillschweigend) zustande kommen soll.[15]

3. Die Auflösung des Arbeitsvertrags

3.1. Zugang der Auflösungserklärung

Die Auflösung setzt voraus, dass ein Vertragspartner dem anderen erklärt,[16] den Arbeitsvertrag beenden zu wollen. Ist eine einseitige Auflösung beabsichtigt, dann ist die Annahme durch den anderen Vertragspartner nicht erforderlich; es genügt, dass diesem die Auflösungserklärung zugeht (**empfangsbedürftige Willenserklärung**).[17] Die Frage,

14 RIS-Justiz RS0028428 (zur Möglichkeit einer Kündigungsvereinbarung), RS0129581 (zu den Voraussetzungen); OGH 8 ObA 42/04s; 9 ObA 88-90/94, ZAS 1995, 193 (*Reissner*); vgl eingehend *Reissner* in ZellKomm³, AngG § 19 Rz 42; aA *Tomandl*, Höchstbefristung: eine andere Sichtweise, ZAS 2004, 276.

15 Im Ergebnis ähnlich OGH 4 Ob 89/64 (Bühnendienstvertrag).

16 Zur Abgrenzung von Wissenserklärungen siehe *F. Bydlinski*, Willlens- und Wissenserklärungen im Arbeitsrecht, ZAS 1976, 93; OGH 4 Ob 47/80, ZAS 1981, 184 (*Schauer*); 4 Ob 164/80, DRdA 1983, 358 (*Barta*); zur Abgrenzung von Kündigung und Kündigungsankündigung OGH 4 Ob 68/73, ZAS 1975, 19 (*Spielbüchler*); zum stillschweigenden Austritt *Kramer*, Anm zu OGH 4 Ob 88/76, ZAS 1978, 224.

17 OGH 4 Ob 71/82; 4 Ob 46/84, DRdA 1986, 420 (*Kerschner*).

wann die Auflösungserklärung als zugegangen gilt, ist nach allgemeinen privatrechtlichen Grundsätzen (§ 862a ABGB) zu lösen.

Die Kündigung ist grds an keine bestimmten Formerfordernisse gebunden, sie kann mündlich, schriftlich und konkludent erfolgen. Unproblematisch ist die dem Vertragspartner mündlich (auch telefonisch) abgegebene Erklärung. Mit erfolgtem Ausspruch bzw mit der Wahrnehmung jenes Verhaltens der Gegenseite, das unzweideutig auf deren Beendigungswillen hindeutet, ist die Erklärung zugegangen.

Erfolgt die Willenserklärung jedoch **schriftlich**, können Schwierigkeiten hinsichtlich des Zugang auftreten. Niemand darf die Möglichkeit vereiteln, dass ihm sein Vertragspartner eine Willenserklärung übermittelt.[18] Andererseits kann von niemandem verlangt werden, zu jeder beliebigen Zeit erreichbar zu sein. Sobald eine Mitteilung allerdings in den Machtbereich des Adressaten gelangt ist, liegt es an diesem, dafür zu sorgen, dass er unverzüglich von ihrem Inhalt Kenntnis erlangt.[19]

Wird ein **Brief** in der Wohnung des Empfängers abgegeben, gilt er als zugegangen, sobald ihn jemand entgegengenommen hat, der sich dort mit Willen des Empfängers aufgehalten hat. In den Briefkasten geworfene Briefe gelten zu dem Zeitpunkt als zugegangen, zu dem der Briefkasten üblicherweise entleert wird.[20] Eingeschriebene Kündigungsschreiben gelten nach einem erfolglosen Zustellversuch frühestens mit Beginn der Abholmöglichkeit bzw mit tatsächlichem Zugang an den Adressaten oder eine empfangslegitimierte Person (außer im Falle sorglosen Hinauszögerns der Abholung) als zugegangen.[21]
Bei der Übermittlung per **Telefax** trifft bis zum Einlangen des Sendesignals beim Empfänger den Absender das Übermittlungsrisiko. Daher reicht der bloße, vom Sendegerät ausgehende Sendebericht für den Nachweis des Zugangs beim Empfänger nicht aus.[22]

Zuzustellen ist grds an den **Ort**, der zuletzt vom Vertragspartner als **Zustelladresse** angegeben wurde, oder an die dem Erklärenden bekannte Wohn- oder Geschäftsanschrift seines Vertragspartners. Der Arbeitnehmer muss sich die Zustellung an die letzte bekannt gegebene Wohnadresse selbst dann zurechnen lassen, wenn er die Wohnung bereits verlassen, dies dem Arbeitgeber aber nicht gemeldet hat.[23] Eine solche Zugangsfiktion ist aber immer nur dann geboten, wenn der Arbeitnehmer durch seine Abwesenheit von der üblichen Empfangsstelle den Zugang einer Auflösungserklärung wider Treu und Glauben vereitelt hat.[24] Den Arbeitnehmer trifft insoweit die Obliegenheit, seinem Arbeitgeber einen Wohnsitzwechsel ohne besondere Aufforderung bekanntzugeben.[25]

Diese Grundsätze gelten auch für **Kündigungen während des Urlaubs**. Ist der Arbeitnehmer auf Urlaub, braucht der Arbeitgeber den Urlaubsort nicht auszuforschen. Er kann,

18 OGH 4 Ob 67/56.
19 OGH 4 Ob 57/75; *Rummel* in *Rummel*³, ABGB § 862a Rz 2.
20 OGH 4 Ob 14/66.
21 RIS-Justiz RS0014078 mwN.
22 OGH 9 ObA 51/10f.
23 OGH 9 ObA 106/97x, ZAS 1998, 148 (*Tomandl*).
24 OGH 9 ObA 73/10s; 9 ObA 8/96; 9 ObA 106/97x.
25 OGH 4 Ob 88/81.

wenn ihm keine Urlaubsanschrift mitgeteilt wurde, an den letzten Wohnort zustellen. Die Auflösungserklärung gilt in diesem Fall jedoch erst mit dem tatsächlichen Empfang nach Beendigung des Urlaubs als zugegangen.[26] Mit der postordnungsgemäßen Zustellung an die Wohnadresse ist die Auflösungserklärung nur dann zugegangen, wenn der Arbeitnehmer mit dem Zugang einer Auflösungserklärung rechnen musste, die Urlaubsanschrift aber nicht bekannt gegeben hat.

Die Auflösungserklärung unterliegt als Willenserklärung den allgemeinen Vorschriften über **Willensmängel**. Die ordnungsgemäß zugegangene Auflösungserklärung kann daher nach den §§ 869 ff ABGB wegen Irrtums, Drohung oder List angefochten werden.

Die **Rücknahme** einer Beendigungserklärung ist grds **nur einvernehmlich** möglich.[27]

3.2. Die einvernehmliche Lösung

Wie jeder Vertrag kann auch der Arbeitsvertrag **im beiderseitigen Einvernehmen zu jedem beliebigen Zeitpunkt** gelöst werden.[28]

Im Unterschied zur Kündigung als einseitiges Rechtsgeschäft, das das Dienstverhältnis beendet, liegt ein bloßes Anbot zur einvernehmlichen Lösung vor, wenn der Vertragspartner aus der Erklärung erkennen konnte, dass von ihm eine Stellungnahme erwartet wird, ob er mit der Beendigung einverstanden ist.[29] Einvernehmliche Lösung und Kündigung schließen einander daher aus.[30] Nicht immer ist es einfach, zu entscheiden, ob es zu einer konkludenten einvernehmlichen Lösung gekommen ist.[31]

Der Gesetzgeber befürchtet, dass sich der Arbeitnehmer vorschnell zu einer (vielleicht mit Geldzusagen verbundenen) einvernehmlichen Lösung bereitfinden könnte und dadurch seinen Arbeitsplatz verliert. Er kann daher **verlangen, sich** vor Abschluss einer solchen Vereinbarung **mit dem Betriebsrat zu beraten**. Die Folge dieses Begehrens ist, dass eine wirksame einvernehmliche Lösung erst nach Verstreichen zweier Arbeitstage vorgenommen werden kann (§ 104a ArbVG).

Diese Bestimmung ist im Detail äußerst unklar.[32] Sicher ist nur, dass der Arbeitnehmer, der dann doch vor Ablauf der zwei Arbeitstage eine Lösung vereinbart hat, deren Rechtsunwirksamkeit innerhalb einer Woche nach Ablauf dieser zwei Arbeitstage schriftlich geltend machen kann. Er muss jedoch spätestens innerhalb von drei Monaten eine Klage einbringen.

---

26 Vgl *Tomandl*, ZAS 1998, 149.

27 OGH 4 Ob 66/82, DRdA 1984, 460 (*Schauer*); 4 Ob 46/84, DRdA 1986, 420 (*Kerschner*); vgl hierzu *Schrank*, Möglichkeit und Grenzen der einseitigen Berichtigung zeitwidriger Kündigungen, FS Strasser (1983) 309.

28 Zur Frage der Anfechtung einer einvernehmlichen Auflösung wegen Arglist vgl OGH 9 ObA 295/93.

29 *Wachter*, Die einvernehmliche Auflösung des Arbeitsverhältnisses, FS Floretta 444.

30 OGH 4 Ob 32/83; 14 Ob 10/86.

31 Vgl dazu zB 9 ObA 295/93; die Fallgruppen bei *Wachter*, Die einvernehmliche Auflösung des Arbeitsverhältnisses, FS Floretta 438.

32 Vgl *Dusak*, Änderungen im Bereich der personellen Mitbestimmung, ZAS 1986, 201; *Mosler*, Die „Mitwirkung" des Betriebsrats bei der einvernehmlichen Lösung des Arbeitsverhältnisses, wbl 1987, 285; *Waas*, Das neue Mitwirkungsrecht gemäß § 104a ArbVG, DRdA 1987, 289.

Manche **Sondergesetze** sehen einen weitergehenden Schutz vor Übereilung vor. So ist für alle Lehrverhältnisse[33] und muttergeschützten Personen[34] die **Schriftlichkeit** der Auflösungserklärung erforderlich. Zusätzlich ist das Vorliegen einer **Bescheinigung des Arbeitsgerichts oder der Arbeiterkammer über die Belehrung** des Arbeitnehmers über seinen Kündigungsschutz bei Präsenz- und Zivildienern erforderlich, weiters bei minderjährigen Schwangeren und Müttern sowie bei Lehrlingen (bei Minderjährigen überdies Zustimmung des gesetzlichen Vertreters) nach mindestens dreimonatiger Lehrzeit.[35]

3.3. Die Kündigung

Literatur: Vgl die Literaturangaben bei *Reissner* in *Neumayr/Reissner* (Hg), Kommentar zum Arbeitsrecht³, AngG § 20.

Rechtsquellen: §§ 1158 ff ABGB, §§ 20 ff AngG.

3.3.1. Allgemeines

Das bei weitem häufigste Auflösungsinstrument ist die Kündigung. Mit diesem Rechtsgestaltungsmittel kann jeder Vertragspartner das Arbeitsverhältnis einseitig zur Auflösung bringen. Eine Kündigung ist eine **einseitige, empfangsbedürftige Willenserklärung**, die ein idR auf unbestimmte Zeit abgeschlossenes Arbeitsverhältnis unter Einhaltung einer **Kündigungsfrist** zu einem bestimmten in der Zukunft gelegenen Zeitpunkt – dem **Kündigungstermin** – beendet. Sie kann **grds formfrei** erfolgen, Sondergesetze sehen jedoch **uU Schriftform** (bei sonstiger Unwirksamkeit der Kündigung) vor.[36]

Der Arbeitsvertrag kann grds **nur zur Gänze** gekündigt werden (zur Teilkündigung siehe 41).

Weiters gilt der **Grundsatz, dass die Kündigung keiner Begründung bedarf.**[37] Beide Vertragsparteien haben im Rahmen der Privatautonomie das Recht, das Vertragsverhältnis wieder zu beenden. Der Gesetzgeber hat die Beendigungsfreiheit des Arbeitgebers jedoch zu Gunsten der Arbeitnehmer durch Kündigungsschutzbestimmungen wesentlich **eingeschränkt.** Auch das Gleichbehandlungsrecht, das diskriminierende Beendigungen verbietet, kann im Ergebnis zu einer Begründungspflicht einer Kündigung durch den Arbeitgeber führen.

Das Recht zur Kündigung bedarf bei unbefristeten Arbeitsverträgen keiner besonderen Vereinbarung. Seine Voraussetzungen und Grenzen können jedoch durch Gesetz, kollek-

33 § 15 Abs 2 BAG.

34 § 10 Abs 7 MSchG.

35 Vgl zB §§ 10 Abs 6, 21 MSchG, § 15 Abs 5 BAG; vgl zu diesen Fällen *Schrank,* Der Fortbestand des Arbeitsverhältnisses als Schutzobjekt der Rechtsordnung 155.

36 § 19 GAngG, § 25 Abs 3 TAG, § 32 Abs 1 VBG.

37 Ausnahmen gelten zB bei Vertragsbediensteten gem § 32 VBG, wonach der Bund Dienstverhältnisse, die ein Jahr gedauert haben, nur unter Angabe von Gründen (und überdies nur schriftlich) kündigen darf.

tive Rechtsgestaltung und Vertrag näher bestimmt werden. Die **Kündigungsmöglichkeit des Arbeitgebers** kann im unbefristeten Arbeitsvertrag durch kollektive Rechtsgestaltung und Arbeitsvertrag auch **ausgeschlossen** werden (sogenannter „unkündbarer" Arbeitsvertrag), nicht jedoch jene des Arbeitnehmers.

Kündbar sind somit von beiden Seiten: unbefristete und befristete Verträge mit Kündigungsvereinbarung (vgl 46 f). Nur der Arbeitnehmer kann „unkündbare" Arbeitsverträge kündigen (es handelt sich also in Wahrheit um einseitig unkündbare Arbeitsverträge). Der Arbeitnehmer kann aber auch auf (seine) Lebenszeit oder auf über fünf Jahre befristete Arbeitsverträge ohne eigene Vereinbarung nach Ablauf von fünf Jahren unter Einhaltung einer Kündigungsfrist von sechs Monaten kündigen (§ 1158 Abs 3 ABGB, § 21 AngG), wogegen der Arbeitgeber an die Befristung gebunden bleibt. Für beide Seiten unkündbar ist nur der Lehrvertrag. Vom Arbeitgeber unkündbar ist gem § 18 Abs 1 BAG das anschließende dreimonatige Dienstverhältnis („Behaltepflicht").

Mit unkündbar gestellten Arbeitnehmern ist zumeist vereinbart, dass sie vom Arbeitgeber **„in den Ruhestand"** versetzt werden können. Darunter ist zu verstehen, dass sie der Arbeitgeber zwar nicht aus anderen Gründen, wohl aber bei Vorliegen der für die Pensionierung vorgesehenen Voraussetzungen (Alter, Arbeitsunfähigkeit) kündigen kann. Die „Pensionierung" durch den Arbeitgeber ist daher eine Kündigung und kein eigenständiges Beendigungsmittel.[38]

Es gibt keine gesetzlichen Bestimmungen, die eine **Kündigung zur Unzeit**, also zu einem Zeitpunkt, der den Vertragspartner besonders hart trifft, verbieten würden. Es gehört sogar zum Wesen des unbefristeten Arbeitsvertrags, dass jeder Vertragspartner damit rechnen muss, die Gegenseite könnte den nächstmöglichen Termin zur Kündigung wahrnehmen. Es besteht daher kein durch die Rechtsordnung geschütztes Vertrauen darauf, dass der unbefristete Arbeitsvertrag länger als bis zum jeweils nächsten Kündigungstermin dauern wird.

Ausnahmen sind nur dann anzuerkennen, wenn sich die Kündigung im konkreten Fall nach Abwägung der beiderseitigen Interessen wegen besonders schwerwiegender Umstände als **Rechtsmissbrauch** erweist. Die Kündigung kann aber auch gegen die klare Intention bestimmter Rechtsvorschriften verstoßen. So wird eine Kündigung mit kurzer Kündigungsfrist, die dem Arbeitnehmer während dessen **Urlaubs** zugeht, für rechtswidrig erachtet, weil sie den Arbeitnehmer zwingen würde, seinen Urlaub abzubrechen, um eine neue Stelle zu suchen, und damit den Erholungszweck des Urlaubs vereitelt,[39] was jedoch bei einer sechswöchigen Kündigungsfrist nicht anzunehmen ist.[40]
Es gibt auch kein Verbot, einen Arbeitnehmer im **Krankenstand** zu kündigen. Um aber zu verhindern, dass der Arbeitgeber kranke Arbeitnehmer nur kündigt, um sich die Entgeltfortzahlung zu ersparen, ist vorgesehen, dass der Arbeitgeber auch über das Ende des Dienstverhältnisses hinaus die Entgeltfortzahlung im Krankenstand weiterzahlen muss (siehe 208 f).

38 OGH 9 ObA 106/97x; lediglich Beamte werden „in den Ruhestand versetzt" und erhalten von ihrem Arbeitgeber einen „Ruhegenuss".
39 OGH 4 Ob 6/52.
40 OGH 4 Ob 82/63.

Bedingte Kündigungen werden grds für **unzulässig** gehalten, da sie ihren Adressaten in Unsicherheit versetzen, ob das Dienstverhältnis fortgesetzt werden wird oder nicht. Wenn die Erfüllung einer solchen Bedingung dagegen ausschließlich vom Willen des Kündigungsgegners abhängt (Potestativbedingung) und innerhalb kurzer Frist möglich ist, wird sie zugelassen, weil die angesprochene Unsicherheit dann nicht besteht.[41] Das gilt unbestrittenermaßen insb für die sogenannte **Änderungskündigung** (siehe 42).[42]

Die Kündigung versetzt den unbefristeten Arbeitsvertrag lediglich in ein **Abwicklungsstadium.**[43] Daher kann der (mit langer Kündigungsfrist) gekündigte Arbeitnehmer während des Laufes der Kündigungsfrist selbst (mit kürzerer Frist) kündigen.[44] Ebenso kann jede der Vertragsparteien den Vertrag bis zum Ablauf der Kündigungsfrist aus wichtigem Grund vorzeitig auflösen (Entlassung, Austritt).

3.3.2 Kündigungsfristen und Kündigungstermine

Die **Kündigungsfrist** ist der Zeitraum zwischen dem Zugang der Kündigungserklärung und dem vorgesehenen Endzeitpunkt des Arbeitsverhältnisses. Sie wird üblicherweise als Mindestfrist festgelegt, da sie es dem Vertragspartner ermöglichen soll, rechtzeitig für die Auswirkungen der Beendigung des Arbeitsvertrags vorzusorgen (Suche eines neuen Arbeitsplatzes oder einer neuen Arbeitskraft). Daher ist der Kündigungsausspruch mit einer längeren als der vorgesehenen Kündigungsfrist wirksam.

Der **Kündigungstermin** bezeichnet den vorgesehenen letzten Tag des Arbeitsvertrags (Endtermin). Er wird durch den Kündigenden festgelegt: Nennt er keinen bestimmten Endtermin, gilt die Kündigung als zum nächstzulässigen Kündigungstermin ausgesprochen.

Verschiedene Gesetze regelten die Kündigungsfristen und -termine für die jeweils betroffenen Arbeitnehmerkategorien **bis zum 30.9.2021 unterschiedlich**:[45]
Das **ABGB (§§ 1159 - 1159c aF)** differenzierte nach Diensten höherer und niedrigerer Art, sowie nach der Art der Entlohnung (nach Stunden, Einzelleistungen, Wochen) und statuierte zugunsten des Arbeiters relativ zwingende Kündigungsfristen von einem Tag, einer Kalenderwoche oder vier Wochen. Überdies legte das ABGB zwingend fest, dass die Kündigungsfrist für beide Seiten gleich lang zu sein habe (§ 1159c ABGB aF).[46]

---

41 OGH 4 Ob 78/79.

42 Vgl *Dungl,* Zur Änderungskündigung, FS Floretta 357; *Strasser,* Zur Problematik der sogenannten Änderungskündigung, DRdA 1988, 1; *Friedrich,* Ausgewählte kündigungsschutzrechtliche Probleme der Änderungskündigung, ASoK 2005, 48; OGH 8 ObA 216/94, ZAS 1995/5 (*Brodil*); zuletzt OGH 8 Ob A 7/04v.

43 Vgl *Wachter,* Anm zu OGH, 4 Ob 43/76, DRdA 1977, 28.

44 OGH 4 Ob 50/80.

45 Mit der **Arbeiter-Gleichstellungsnovelle** BGBl I 2017/153 wurde ua die Angleichung der Kündigungsvorschriften für Arbeiter, die bislang im ABGB bzw GewO 1859 geregelt waren, an jene für Angestellte, wie sie schon bislang in § 20 AngG geregelt waren und sind, beschlossen. Diese Änderungen wurden mit 1.10.2021 wirksam, sodass sie auf Beendigungen nach dem 30.9.2021 anwendbar sind. Auf frühere Kündigungen bleibt der alte Normenbestand anwendbar. Vgl dazu eingehend *Lang,* Angleichung von Arbeitern und Angestellten. Anwendungsbereich und Umfang der Gleichstellung, ASoK 2017, 442.

46 Ebenso § 13 Abs 3 HausgG, § 25 TAG.

Nach § 77 **GewO 1859 (aF)** galt für Hilfsarbeiter eine dispositive 14-tägige Kündigungsfrist. Diese Bestimmungen waren schon vor ihrem Außerkrafttreten weitgehend von Kollektivverträgen überlagert.

§ 20 AngG und der seit dem 1. Oktober 2021 gleichlautende § 1159 ABGB sehen für den **Arbeitnehmer**[47] kürzere Kündigungsfristen (ein Monat zum Ende jedes Kalendermonats) als für den Arbeitgeber vor. Der **Arbeitgeber** hat eine **Mindestkündigungsfrist von sechs Wochen** einzuhalten; diese **verlängert sich** entsprechend der Dauer des Arbeitsvertrags **bis auf fünf Monate.**[48] Die Kündigungsfristen können vertraglich bis zu sechs Monaten ausgedehnt werden, wobei die Kündigungsfrist des Arbeitgebers nie kürzer als jene des Arbeitnehmers sein darf.[49, 50] **Kündigungsrechtliche Unterschiede zwischen Arbeitern und Angestellten** verbleiben dadurch, dass die ABGB-Neuregelung (anders als ihr AngG-Vorbild) zusätzlich vorsieht, dass für **Saisonbranchen**[51] abweichende Regelungen in (Arbeiter-)Kollektivverträgen getroffen werden können, die auch kürzere Kündigungsfristen beinhalten können. Während die arbeitgeberseitigen Kündigungsfristen für Angestellte und nicht in saisonalen Branchen beschäftigte Arbeiter somit zu deren Gunsten einseitig zwingend gestellt sind (§ 40 AngG, § 1164 Abs 1 ABGB), sind die jene von Arbeitern in Saisonbranchen kollektivvertragsdispositiv.

Als **Kündigungstermin** steht dem Arbeitgeber gesetzlich nur das Ende jedes Kalendervierteljahrs (Quartals) zur Verfügung (das sind der 31. März, der 30. Juni, der 30. September und der 31. Dezember). Durch Vereinbarung können auch der 15. und der Letzte jedes Monats als weitere Kündigungstermine vorgesehen werden. Die Beschränkung der Kündigungstermine auf bestimmte Tage soll dazu führen, dass an diesen Tagen viele Arbeitsverträge enden und es so den gekündigten Arbeitnehmern leichter fallen soll, unmittelbar einen neuen Arbeitsplatz zu finden.[52]

Die vorgeschriebene **Kombination einer Kündigungsfrist mit einem bestimmten Kündigungstermin** führt idR zu einer faktischen Verlängerung des Zeitraums zwischen Zugang der Kündigung und zulässigem Ende des Arbeitsvertrags.

> **Beispiel:** Überlegt sich ein Arbeitgeber am 20. Mai, eine Angestellte ehebaldigst zu kündigen, muss er zunächst die Dauer der Kündigungsfrist eruieren. Beträgt diese aufgrund der längeren Dienstzeit der Arbeitnehmerin zB zwei Monate, kann der Arbeitgeber die Kündigung ordnungsgemäß nicht mehr zum nächsten Quartalsende (30. Juni), sondern erst zum 30. September aussprechen.

---

47 Darunter sind folglich ab dem 1. 1. 2021 sowohl Angestellte als auch Arbeiter zu verstehen. Eine kleinere Adaption wurde mit BGBl I 2017/153 allerdings auch im Kündigungsrecht der Angestellten vorgenommen: Seit dem 1. 1. 2018 sind auch geringfügig Angestellte von den Fristen des § 20 AngG erfasst.

48 § 20 Abs 2 AngG; § 1159 Abs 2 ABGB idF BGBl I 2017/153.

49 § 20 Abs 4 AngG; § 1159 Abs 4 ABGB idF BGBl I 2017/153.

50 Zu den Rechtsfolgen, wenn solche Vereinbarungen dennoch getroffen wurden, vgl OGH 4 Ob 105/85, DRdA 1986, 323 (*Petrovic*).

51 § 1159 Abs 2 und 4 ABGB nF sprechen von Branchen, in denen Saisonbetriebe im Sinne des § 53 Abs 6 ArbVG überwiegen.

52 Weitere Sonderbestimmungen enthalten § 17 GAngG, § 25 TAG, § 4 JournG, § 33 VBG, § 13 HausgG, § 21 HVertrG, § 8 BEinstG. Ein Sonderproblem bildet die Kündigung bei Insolvenz des Arbeitgebers (siehe unten 370 ff).

Zu beachten ist außerdem, dass in einem Betrieb mit Betriebsrat die Fristen des Vorverfahrens eingehalten werden müssen (vgl § 105 ArbVG); ebenso die Fristen für Massenkündigungen gem § 45a AMFG (s sogleich unten).

Probleme entstehen, wenn der Arbeitnehmer nach dem erfolgten Zugang der Kündigung, aber noch vor dem in der Kündigung angegebenen Endtermin ein Dienstjahr vollendet, mit dem eine Verlängerung der Kündigungsfrist verbunden ist. Für die Berechnung der Kündigungsfrist ist nach Meinung der Judikatur der letztmögliche Ausspruch der Kündigung entscheidend. Vom in Aussicht genommenen Kündigungstermin ist rückzurechnen und der letztmögliche Tag zu bestimmen, an dem eine Kündigung mit der kürzeren Frist ausgesprochen werden könnte. Hat der Arbeitnehmer an diesem Tag bereits das entsprechende Dienstjahr vollendet, muss die längere Frist eingehalten werden. Der Arbeitgeber soll den Dienstnehmer nicht durch Vorverlegung des Kündigungsausspruchs um seine Rechte bringen können.

Beispiel: Der Arbeitgeber kündigt am 10. April 2004 die Angestellten A und B zum 30. Juni 2004. A ist am 20. April 1999 und B am 3. Mai 1999 in das Unternehmen eingetreten. Zum Zeitpunkt des Zuganges der Kündigung sind beide noch im fünften Dienstjahr (zwei Monate Kündigungsfrist), zum vorgesehenen Endzeitpunkt bereits im sechsten (drei Monate Kündigungsfrist). Nach der Judikatur richtet sich die Kündigungsfrist weder nach dem Zeitpunkt des Endes des Arbeitsvertrags noch nach dem Zeitpunkt des tatsächlichen Zugangs der Kündigung. Der letztmögliche Tag einer Kündigung zum 30. Juni wäre bei Einhaltung einer zweimonatigen Kündigungsfrist der 30. April. An diesem Tag hat A das fünfte Dienstjahr bereits vollendet, B jedoch nicht. B kann daher am 10. April zum 30. Juni gekündigt werden, A hätte erst zum 30. September gekündigt werden dürfen. Eine Kündigung zum 30. Juni hätte spätestens am 31. März ausgesprochen werden müssen.[53]

Mit dem wenig überzeugenden Argument, die Anwendung von § 903 Satz 3 ABGB würde die Unabdingbarkeit der Kündigungsfristen (die doch nur gegenüber Rechtsgestaltungsmitteln niedrigerer Stufe besteht) verletzen, vertritt die Rechtsprechung für den Fall, dass der spätestmögliche Tag zur Kündigung ein Samstag, Sonn- oder Feiertag wäre, die Auffassung, die Kündigung sei verspätet, wenn sie erst am folgenden Tag zugehe.[54]

Die Rsp[55] entnimmt den den Arbeitnehmern gesetzlich eingeräumten Kündigungsfristen einen **unabdingbaren Anspruch auf Kündigungsfreiheit**. Der Arbeitnehmer dürfe durch vertragliche Regelungen in dieser Freiheit nicht beschränkt werden.

Eine solche unzulässige Beschränkung hat die Rsp bei einer kollektivvertraglichen Regelung angenommen, durch die der Arbeitnehmer bei Eigenkündigung eine im Vergleich zu seinem Entgelt hohe Leistung verliert (Verlust der Weihnachtsremuneration bei Kündigung vor dem 1. 10. des laufenden Jahres).

53 OGH 4 Ob 81/53.

54 OGH 4 Ob 18/75; ZAS 1976, 20 mit berechtigter Kritik von *Iro*.

55 OGH 9 ObA 154/92, ZAS 1993, 218 (*B. Gruber*) = DRdA 1993, 206 (*Runggaldier*); vgl auch *Loritz*, Kündigungsfreiheit in *Tomandl* (Hg), Neue Tendenzen im Arbeitsrecht auf dem Prüfstand 71.

Es darf aber nicht übersehen werden, dass verschiedene gesetzliche Regelungen Arbeitnehmer vor Kündigungen abschrecken können bzw bestimmte Vertragsklauseln dies tun dürfen: so insb der Verlust der Abfertigung alt bei Selbstkündigung (siehe 332 f), oder die Verpflichtung zum Rückersatz von Ausbildungskosten (siehe 327 ff).

Um Vorsorge für die gleichzeitige Freisetzung einer größeren Anzahl von Arbeitnehmern (sog **Massenkündigung**) treffen zu können, normiert **§ 45a AMFG** ein **Frühwarnsystem.** Es soll die Dienststellen des Arbeitsmarktservice in die Lage versetzen, frühzeitig entsprechende Dispositionen für die freigesetzten Arbeitnehmer treffen zu können.[56]

Beabsichtigt der Arbeitgeber, innerhalb einer Zeitspanne von 30 Tagen seine Belegschaft in Betrieben mit 20 bis 100 Arbeitnehmern um mindestens 5 Arbeitnehmer, in Betrieben mit 100 bis 600 Arbeitnehmer um 5 %, in Betrieben mit über 600 Arbeitnehmer um 30 Arbeitnehmer oder um mindestens 5 Arbeitnehmer über 50 Jahre zu verringern, so muss er diese Absicht spätestens **30 Tage vor Ausspruch** der ersten Kündigung dem **Arbeitsmarktservice** und dem Betriebsrat **mitteilen.** Ohne vorherige Zustimmung des Arbeitsmarktservice kann er während dieser 30 Tage **keine wirksame Kündigung** aussprechen.[57] Einvernehmliche Beendigungen zählen bei der Berechnung des Schwellenwertes, sie sind aber ohne vorherige Zustimmung des AMS wirksam.[58] Eine zeitliche Streuung von Kündigungen, um den Schwellenwert nicht zu erreichen, ist nur bei bereits ursprünglicher Absicht wirksam und nicht, wenn aufgrund eines Verstoßes gegen das Frühwarnsystem ungültige Kündigungen nun korrigiert werden.[59]

3.4. Die vorzeitige Beendigung

3.4.1. Allgemeines

Aus den gesetzlichen Regelungen von Dauerschuldverhältnissen wie zB dem Arbeitsvertrag oder dem Mietvertrag wurde die Erkenntnis gewonnen, dass **alle Dauerschuldverhältnisse vorzeitig einseitig gelöst** werden können, wenn ein so **wichtiger Grund** eintritt, dass einer Vertragspartei die Aufrechterhaltung des Vertrags nicht einmal bis zum Ablauf der vorgesehenen Befristung oder der Kündigungsfrist zugemutet werden kann.[60] Im Arbeitsrecht spricht man vom **Entlassungsrecht** des Arbeitgebers und dem **Austrittsrecht** des Arbeitnehmers.

Da der schon in Vollzug gesetzte Arbeitsvertrag grundsätzlich nicht rückabgewickelt werden kann (siehe 31), können wichtige Gründe auch schon vor Vertragsabschluss vorhanden, aber noch nicht bekannt gewesen sein (zB Täuschung des Vertragspartners über wichtige Voraussetzungen).[61] Normalerweise handelt es sich aber um später eingetretene Veränderungen oder um schwerwiegendes vertragswidriges Verhalten der Gegenseite. Ist das Arbeitsvertragsverhältnis schon durch Kündigung beendet, kann es bei späterem Be-

56 Vgl dazu die RL 98/59/EG des Rates vom 20. Juli 1998 zur Angleichung der Rechtsvorschriften der Mitgliedstaaten über Massenentlassungen, ABl L 1998/225, 16.
57 Siehe OGH 4 Ob 79/82.
58 OGH 9 ObA 47/21h.
59 OGH 9 ObA 33/21z.
60 Vgl OGH 4 Ob 17/81; 4 Ob 42/80.
61 Vgl OGH 4 Ob 76/82, DRdA 1986, 209 (*Petrovic*).

kanntwerden eines Auflösungsgrunds, der sich noch bei aufrechtem Arbeitsvertrag ereignet hat, nicht mehr rückwirkend durch Entlassung aufgelöst werden.[62]

Aus der Überlegung, dass es dem Auflösenden nicht mehr zumutbar sein darf, das Arbeitsverhältnis bis zum nächstmöglichen Kündigungstermin aufrecht zu erhalten, folgt der sog **Unverzüglichkeitsgrundsatz**: Die vorzeitige Auflösung muss **unverzüglich,**[63] dh ohne schuldhafte Verzögerung, ausgesprochen werden,[64] wobei bei der Prüfung der Unverzüglichkeit nach den Umständen des Einzelfalles auf die Erfordernisse des Wirtschaftslebens und die Betriebsverhältnisse Bedacht zu nehmen ist.[65, 66] Der im Falle der Säumigkeit eintretende Verlust des Rechts zur vorzeitigen Auflösung des Arbeitsvertrags ergibt sich daher unmittelbar aus dem Telos der gesetzlichen Regelungen über die vorzeitige Vertragsauflösung (neben diesem Rechtsuntergang kraft objektiven Rechts gibt es aber auch den noch zu besprechenden Fall des Untergangs durch Rechtsgeschäft).[67]

Der Gesetzgeber hat in den einzelnen Auflösungstatbeständen generell Situationen umschrieben, von denen er annimmt, dass sie für den Vertragspartner so gravierend sind, dass dieser das Vertragsverhältnis idR nicht mehr fortsetzen will. Diese generelle Annahme wird aber durch das unbegründete Zögern der Vertragspartei, auf einen ihr zur Kenntnis gelangten konkreten Auflösungsgrund zu reagieren, widerlegt. Daher kann im Einzelfall trotz Tatbestandsverwirklichung die Unzumutbarkeit der Vertragsfortsetzung fehlen.

In Sonderfällen kann das Recht zur Auflösung sogar durch bloßen Zeitablauf untergehen, auch wenn der Vertragspartner vom Vorliegen des Auflösungsgrunds nichts weiß. Der Grund ist abermals derselbe: Zu dem Zeitpunkt, in dem ein Vertragsteil von einem bereits längere Zeit zurückliegenden Auflösungsgrund erfährt, kann dieser seine ursprüngliche Bedeutung verloren haben, weshalb nunmehr die weitere Vertragsfortsetzung zumutbar erscheint. Hier wird ein für das gesamte Recht der vorzeitigen Auflösung entscheidender Zusammenhang sichtbar: Mit der vorzeitigen Auflösung wird zwar immer auf einen in der Vergangenheit gelegenen Umstand reagiert, seine **Bedeutung** wird aber ausschließlich daran gemessen, wie er sich **auf das zukünftige Verhältnis** der Vertragspartner auswirkt.

Beispiel: Der Arbeitgeber erfährt von einem auf Verschulden des Arbeitnehmers beruhenden Entlassungsgrund erst nach sehr langer Zeit. In der Zwischenzeit hat sich der Arbeitnehmer einwandfrei verhalten. Wenn nach Abwägung aller Umstände nichts dafür

62 OGH 4 Ob 15/84.

63 Vgl zur verspäteten Entlassung: OGH 8 ObA 14/11h.

64 Vgl dazu allgemein *Schramm,* Der arbeitsrechtliche Unverzüglichkeitsgrundsatz und *Grassl-Palten,* Der Untergang des Entlassungsrechts, ZAS 1989, 1.

65 Siehe exemplarisch etwa OGH 8 ObA 46/09m; für einen **Überblick über die OGH-Rsp zum Unverzüglichkeitsgrundsatz** vgl mwN die RIS-Justiz RS0031789 (zur begrenzten Rücksichtnahme auf Wirtschaftsleben und Unternehmensstruktur) sowie RS0029297 (zu legitimen Verzögerungen aufgrund nötiger Sachverhaltsprüfung).

66 Bspw kann es in hierarchisch gegliederten Unternehmen einige Tage dauern, bis ein mit Personalagenden betrauter Entscheidungsträger den Sachverhalt zur Kenntnis nehmen und eine Entlassung aussprechen kann (vgl die vorige FN zur entsprechenden Rsp).

67 Siehe sogleich unten zum rechtgeschäftlichen Untergang des Entlassungsrechts (Verzeihung).

spricht, dass sich ein ähnliches Fehlverhalten wiederholen könnte und dem Unternehmen aus diesem Fehlverhalten auch kein weiterer Schaden erwächst, scheidet die Entlassungsmöglichkeit aus.[68] Je schwerwiegender das Verhalten des Arbeitnehmers war, desto länger wird allerdings der Zeitraum anschließenden Wohlverhaltens sein müssen.

An die geforderte **Unverzüglichkeit der Auflösungserklärung** dürfen keine übertriebenen Ansprüche gestellt werden.[69]

Außer in Fällen, in denen am Vorliegen des Entlassungsgrunds nicht der geringste Zweifel besteht, kann die Vertragspartei die erforderlichen Sachverhaltsermittlungen vornehmen und juristischen Rat einholen.[70] Ist etwa zur Beschlussfassung über eine fristlose Entlassung die Entscheidung eines Gremiums einzuholen,[71] so kann bis zu dessen Zusammentritt zugewartet werden, wenn die Einberufung ohne Verzögerung vorgenommen wurde. Besteht der Entlassungsgrund in einem strafbaren Verhalten, kann auch die Entscheidung der zuständigen Behörde abgewartet werden, wenn der Vertragspartei keine ausreichenden Mittel der Wahrheitsfindung zustehen.[72] Handelt es sich bei dem wichtigen Grund um einen Dauertatbestand (etwa andauernde Dienstunfähigkeit oder Unterlassung der Arbeit), so geht das Recht zur Auflösung solange nicht unter, als dieser Tatbestand weiterhin verwirklicht wird.[73] Andererseits muss sich der Arbeitgeber die Kenntnis eines Entlassungsgrunds zurechnen lassen, sobald dieser einem mit Personalangelegenheiten betrauten leitenden Angestellten bekannt ist.[74]

Das Recht zur vorzeitigen Auflösung kann bei Gründen, die vom anderen Vertragspartner verschuldet worden sind, auch **rechtsgeschäftlich untergehen**. In Betracht kommt hier die **Verzeihung** (dh der Verzicht auf die Entlassung). Eine solche Verzeihung ist **ausdrücklich oder konkludent** möglich.

Weiß etwa der Arbeitnehmer, dass der Arbeitgeber seine Verfehlung kennt und kommt innerhalb angemessener Frist keine Reaktion, so darf der Arbeitnehmer nach Treu und Glauben annehmen, der Arbeitgeber habe auf sein Recht zur Entlassung verzichtet. Er darf verlangen, nicht ungebührlich lange über sein weiteres Schicksal im Unklaren gelassen zu werden.[75] Auch hier darf aber die Anforderung an die Reaktionszeit des zur Auflösung Berechtigten nicht überspitzt werden.[76] Dieser kann überdies klar zu erkennen geben, dass er trotz Zuwartens auf die Entlassungsmöglichkeit nicht verzichten will. So kann etwa der Arbeitgeber der Annahme des Arbeitnehmers, er wolle auf die Entlassung verzichten, dadurch den Boden entziehen, dass er diesem unverzüglich mitteilt, gegen ihn liefen Untersuchungen, die erst abgeschlossen werden müssten, bevor eine Entscheidung über die rechtlichen Konsequenzen gefällt werden könne.[77] Teilt der Arbeitgeber dem Arbeitnehmer mit, er werde sich noch überlegen, ob er ihn entlassen werde, so kann das nachfolgende Zuwarten zwar nicht als Verzicht auf die Entlassung bewertet werden. Wenn es aber keine ausreichen-

68 Vgl OGH 4 Ob 6/82; 14 Ob 155/86 (Ehrverletzung).
69 OGH 4 Ob 36/80 (beharrliche Arbeitsverweigerung); 4 Ob 30/58 (Verdacht der Untreue).
70 OGH 4 Ob 160/85; 9 ObA 56/87; vgl bereits oben FN 65 zur bezüglichen Rsp.
71 OGH 4 Ob 74/63 (Behörde); 4 Ob 7/65 (Land); 4 Ob 58/82 (Tiefbauamt).
72 OGH 4 Ob 30/58; 4 Ob 93/77; 4 Ob 98/81; 9 ObA 145/95; OGH 9 ObA 333/00m; vgl auch *Eichinger*, Entlassung wegen Straftaten, RdW 1997, 211.
73 OGH 4 Ob 65/67 (Arbeitsverweigerung).
74 OGH 4 Ob 74/75, ZAS 1977, 144 (*Marhold*).
75 OGH 4 Ob 97/85, DRdA 1988, 456 (*Grassl-Palten*).
76 OGH 4 Ob 97/85, DRdA 1988, 456 (*Grassl-Palten;* Zuwarten, um dem Arbeitnehmer Gelegenheit zu geben, den Entlassungsgrund wieder zu beseitigen); 14 Ob 178/86.
77 Vgl OGH 4 Ob 7/65; 5 Ob 591/80.

den Gründe für dieses Zuwarten gibt, wird das Entlassungsrecht wegen offensichtlicher Zumutbarkeit der Weiterbeschäftigung kraft objektiven Rechts untergehen.[78]

Der Auflösungsgrund muss dem Vertragspartner zunächst nicht mitgeteilt werden. Der Arbeitgeber kann auch Vorfälle als Entlassungsgründe heranziehen, von denen er erst nach Ausspruch der Entlassung erfahren hat. Im Prozess können später zusätzliche Entlassungsgründe nachgeschoben werden:[79] Entscheidend ist lediglich, dass zum Zeitpunkt des Zugangs der Entlassungserklärung ein ausreichender Entlassungsgrund tatsächlich vorhanden war.[80]

Der Auflösungsberechtigte verliert sein Auflösungsrecht nicht dadurch, dass er die Auflösung nicht fristlos, sondern mit einer **verkürzten Kündigungsfrist** ausspricht,[81] sofern er sich dabei deutlich auf einen Grund zur vorzeitigen Auflösung stützt.[82]

Bedingte vorzeitige **Auflösungserklärungen** sind zulässig, wenn ihre Erfüllung nur vom Willen des Adressaten abhängt (Potestativbedingungen) und innerhalb kurzer Frist möglich ist.[83]

Die Frage, was unter einem **wichtigen Grund** zu verstehen ist, hat der Gesetzgeber sehr unterschiedlich beantwortet. Im ABGB (§ 1162) hat er sie völlig offengelassen, in anderen Gesetzen hat er bestimmte Gründe aufgelistet, und zwar zum Teil in taxativer Form (§§ 82 f GewO 1859),[84] zum Teil nur demonstrativ (§§ 26 f AngG).

Die einzelnen Entlassungstatbestände sind zudem sprachlich manchmal sehr eng, in anderen Fällen wieder sehr weit gefasst. Ebenso wie es notwendig ist, sehr weit gefasste Tatbestände im Hinblick auf den jeweils zu beurteilenden Sachverhalt einschränkend zu interpretieren (wann liegt zB Verleitung zum Ungehorsam vor),[85] müssen einzelne zu eng gefasste Tatbestände erweiternd ausgelegt werden[86] (zB wird unter dem Austrittsgrund des § 82a lit a GewO 1859 – der Unfähigkeit, ohne erweislichen Schaden für die Gesundheit, die Arbeit fortsetzen zu können – auch die völlige Arbeitsunfähigkeit zu verstehen sein). Als **Auslegungsmaßstab** ist der oben erwähnte allgemeine Grundsatz heranzuziehen: Der Tatbestand muss so schwerwiegend sein, dass die Weiterführung des Vertragsverhältnisses selbst für die Dauer der Kündigungsfrist **nicht zugemutet** werden kann.[87]

78 In diesem Sinne dürfte auch der OGH in 4 Ob 160/85 zu verstehen sein.
79 Vgl mwN RIS-Justiz RS0029131.
80 OGH 9 ObA 54/87, DRdA 1989, 41 (*Wachter*) und 144 (*Dirschmied*); 4 Ob 59, 60/76.
81 OGH 4 Ob 86/60 (Entlassung); 4 Ob 61/71 (Austritt).
82 Vgl OGH 4 Ob 25, 26/80.
83 Vgl OGH 4 Ob 78/79, ZAS 1981, 100 (zustimmend *Schrank*) = DRdA 1981, 299 (zustimmend *Fenyves*), ebenso *Dusak*, Anm zu OGH 4 Ob 80/82, ZAS 1984, 138.; *Eypeltauer*, Bedingte und befristete Entlassung, DRdA 1985, 321.
84 OGH 4 Ob 48/83; 14 ObA 38/87; *B. Gruber*, ecolex, 868; kritisch *Schäffl*, Die Bedeutung der Entlassungstatbestände des § 82 GewO, ZAS 1989, 7.
85 Dazu OGH 14 Ob 68/86.
86 OGH 4 Ob 88/76, ZAS 1978, 222 (*Kramer*); 4 Ob 48/83; 14 Ob 193/86, DRdA 1988, 32 (abträgliches Nebengeschäft; Anm *Holzer*).
87 Vgl OGH 4 Ob 2/80; 14 Ob 68/86; 14 ObA 25/87.

Die Auflösungsgründe sind in ihrem Kern **zweiseitig zwingend**:[88] Es wäre ein Verstoß gegen die guten Sitten, würden die Vertragsparteien im Vorhinein die Möglichkeit generell ausschließen, das Dienstverhältnis wegen eines Umstands auflösen zu können, der nach allgemeiner Ansicht die Fortführung des Dienstverhältnisses unzumutbar macht. Das gilt zumindest für auf Verschulden beruhende Auflösungsgründe. Aber auch die Vereinbarung zusätzlicher Auflösungsgründe, die objektiv nicht als wichtiger Grund anzusehen sind, wäre nichtig.[89] Zulässig ist lediglich die nähere Konkretisierung eines Auflösungsgrundes durch (Kollektiv-)Vertrag oder Betriebsvereinbarung (§ 97 Abs 1 Z 22 ArbVG). Die Judikatur billigt grundsätzlich auch die Bindung des Ausspruchs einer Entlassung an die vorherige Durchführung eines Disziplinarverfahrens.[90]

3.4.2 Die Entlassung

Literatur: Vgl die Literaturangaben bei *Pfeil* in *Neumayr/Reissner* (Hg), Zeller Kommentar zum Arbeitsrecht³, AngG § 27; *Apathy,* Beiderseitiges Verschulden an der vorzeitigen Beendigung des Arbeitsverhältnisses, in *Tomandl* (Hg) Beendigung des Arbeitsvertrages (1986) 81; *Binder,* Die Beendigung arbeitsvertraglicher Bindungen bei Eintritt dauernder Leistungsunmöglichkeit, FS Strasser (1983) 271; *Kuderna,* Das Entlassungsrecht (1994); *Schrank,* Der Fortbestand des Arbeitsverhältnisses als Schutzobjekt der Rechtsordnung.

Rechtsquellen: § 1162 ABGB, § 27 AngG, § 82 GewO 1859.

Die vom Arbeitgeber ausgesprochene vorzeitige Auflösung aus wichtigem Grund wird **Entlassung** genannt. Die Entlassungsgründe sind für verschiedene Dienstnehmerkategorien unterschiedlich ausgestaltet.[91] Sie setzen überwiegend **Verschulden** des Arbeitnehmers voraus, doch gibt es **auch verschuldensunabhängige** Gründe. Bei verschuldensabhängigen Gründen legt der Gesetzgeber keine einheitlichen Verhaltensmaßstäbe fest. An das Verhalten von Angestellten wird generell ein strengerer Maßstab angelegt als an jenes der Arbeiter. Die einzelnen Entlassungstatbestände überlappen einander auch zuweilen.

Grundsätzlich kann ein Arbeitnehmer nur wegen solcher Umstände entlassen werden, die in seiner **Person oder** in seinem **Verhalten** begründet sind. Beim Gruppenarbeitsvertrag kann eine Entlassung auch auf Umstände gestützt sein, die bei anderen Gruppenmitgliedern aufgetreten sind (vgl Bd I 44 f).[92]

Es ist hier nicht möglich, im Detail auf die Entlassungsgründe in den verschiedenen Gesetzen einzugehen.[93] Es werden nur einzelne, häufig wiederkehrende Gründe besprochen.

---

88 OGH 4 Ob 121/83, ZAS 1985, 139 (insoweit zustimmend *Mayer-Maly*); vgl auch *Tomandl,* Einschränkungen des Entlassungsrechts durch kollektivvertragliche Disziplinarordnungen – dargestellt am Beispiel der Versicherungsangestellten (Innendienst), RdW 1983, 108.

89 Grundlegend OGH Arb 3985/1930.

90 Vgl OGH 4 Ob 121/83, ZAS 1985, 139 (*Mayer-Maly*) = DRdA 1986, 33 (*W. Schwarz*); 14 Ob 227/86, DRdA 1990, 117 (*Jabornegg*).

91 An sondergesetzlichen Regelungen siehe § 15 BAG, § 26 GAngG, § 14 HausgG, § 31 TAG, § 34 VBG.

92 OGH 8 ObA 104/02f.

93 Vgl diesbezüglich *Pfeil* in ZellKomm³, AngG § 27; § 27 AngG, § 82 GewO 1859.

Auffällig ist, dass der Gesetzgeber **wirtschaftliche Schwierigkeiten des Arbeitgebers**, die der Weiterbeschäftigung der Arbeitnehmer entgegenstehen, nicht als Entlassungstatbestand ausgeformt hat. Da er solche Schwierigkeiten zudem in § 105 Abs 3 Z 2 lit b ArbVG nur als Grund ansieht, der eine **Kündigung** rechtfertigt (objektiv betriebsbedingte Kündigung, siehe 302 ff), ergibt sich, dass er dem Arbeitgeber die Tragung des wirtschaftlichen Risikos für die Dauer der Kündigungsfrist zumutet.[94] Daher verbietet sich eine extensive Auslegung der Entlassungsgründe in diese Richtung. Erst im Falle der Insolvenz gestattet der Gesetzgeber dem Arbeitgeber eine außerordentliche Kündigung (siehe 382 ff).

3.4.2.1. Verschuldensabhängige Entlassungsgründe

Unter **Untreue im Dienst** (§ 27 Z 1 AngG) versteht man den vorsätzlichen Verstoß gegen die dienstlichen Interessen des Arbeitgebers,[95] also die vorsätzliche Verletzung der Treuepflicht (siehe 125 ff, insb auch die Beispiele zu Entlassungsfällen).

Als Sonderfälle dieses Tatbestandes nennt der Gesetzgeber des AngG die Annahme unberechtigter Vorteile sowie Verstöße gegen das Konkurrenzverbot.

Dagegen meint die **Vertrauensunwürdigkeit**[96] (§ 27 Z 1 AngG) – die den Tatbestand der Untreue in sich einschließt – jede Handlung oder Unterlassung des Arbeitnehmers, die nach objektiven Gesichtspunkten das Vertrauen in die dienstliche Korrektheit des Arbeitnehmers derart erschüttert, dass dem Arbeitgeber die Fortsetzung des Arbeitsvertrags nicht mehr zugemutet werden kann.

Je verantwortungsvoller die übertragene Aufgabe ist, desto strenger sind die Verhaltensanforderungen an den Arbeitnehmer.[97] Schädigungsabsicht oder Schadenseintritt ist nicht erforderlich, wohl aber Pflichtwidrigkeit und Verschulden (Fahrlässigkeit genügt). Das Verhalten kann auch in der Privatsphäre erfolgen (zB schwerwiegende Verstöße gegen ärztliche Anordnungen im Krankenstand),[98] sofern es Rückwirkungen auf die dienstlichen Interessen des Arbeitgebers besitzt. Das Vertrauen kann durch ein einmaliges Verhalten, aber auch durch wiederholtes Fehlverhalten verloren gehen. Die Bewertung muss auf das Gesamtverhalten des Arbeitnehmers Rücksicht nehmen.

Der OGH sieht bspw den Tatbestand der Vertrauensunwürdigkeit nach § 27 Z 1 AngG als erfüllt an, wenn ein Arbeitnehmer an seinem Arbeitsplatz regelmäßig mindestens eineinhalb Stunden täglich mit privatem Internetsurfen und dem Download umfangreicher Film- und Musikdateien verbringt.[99] Hingegen erachtet der OGH die Entlassung einer Angestellten, die sich längere Zeit wegen psychischer Probleme im Krankenstand befindet und währenddessen als Nagelpflegerin arbeitet, als unzulässig. Allgemein wird davon ausgegangen, dass sich für den Arbeitnehmer aus dem Arbeitsvertrag die Verpflichtung ergibt, sich im Falle

94 Näheres siehe bei *Tomandl*, Geänderte Verhältnisse – dargestellt am Beispiel der Betriebspension, ZAS 1988, 1 (13).

95 OGH 4 Ob 73, 74/82.

96 *Petrovic*, Die Vertrauensunwürdigkeit als Entlassungsgrund nach § 27 Abs 1 letzter Satz AngG, ZAS 1983, 49.

97 OGH 4 Ob 153/60 (leitender Angestellter); 8 ObA 46/09m (Verletzung von Informationspflichten durch einen Gewerkschaftspräsidenten).

98 OGH 14 ObA 25/87; OGH 8 ObA 35/11x.

99 OGH 8 ObA 52/11x.

einer Krankheit und einer dadurch ausgelösten Arbeitsunfähigkeit so zu verhalten, dass die Arbeitsfähigkeit möglichst bald wiederhergestellt wird. Eine einmalige Nagelbehandlung in der eigenen Wohnung ist für den OGH kein ausreichend genesungswidriges Verhalten.[100] Nach § 82 lit d GewO 1859 kann ein Arbeiter entlassen werden, wenn er sich eines Diebstahls, einer Veruntreuung oder einer sonstigen strafbaren Handlung schuldig macht, die ihn des Vertrauens des Dienstgebers unwürdig erscheinen lässt. Nur bei den erstgenannten Delikten des Diebstahls und der Veruntreuung wird eine dadurch herbeigeführte Vertrauensunwürdigkeit vom Gesetz unterstellt, bei Verwirklichung anderer strafbarer Handlungen muss auch das Vorliegen der Vertrauensunwürdigkeit anhand der konkreten Umstände geprüft werden.[101] Einen allgemeinen Vertrauensunwürdigkeitstatbestand gibt es in der GewO 1859 im Gegensatz zum AngG nicht.[102]

Einen weiteren Entlassungsgrund bildet die Aufnahme einer **Nebenbeschäftigung** ohne Wissen und Zustimmung des Arbeitgebers, sofern sie sich auf dessen **Betrieb nachteilig auswirkt** (siehe auch 127 ff). Bloß vorbereitende Tätigkeiten gehören jedoch nicht dazu.

Dies ergibt sich zunächst aus § 27 Z 3 AngG, der das Entlassungsrecht bei Verstoß gegen das Konkurrenzverbot gem § 7 AngG gewährt. Dieses ist nur für Angestellte, die im Geschäftsbetrieb eines Kaufmanns tätig sind, anwendbar. Bei anderen Angestellten kann eine Nebenbeschäftigung einen Verstoß gegen die Treuepflicht darstellen und somit den Tatbestand der Untreue oder Vertrauensunwürdigkeit erfüllen. Für den Arbeiterbereich ist anerkannt, dass der Nachteil für den Arbeitgeber auch in der durch eine Nebentätigkeit eintretenden Minderung der Leistungsfähigkeit bestehen kann.[103]

Ein in der Praxis sehr bedeutsamer Entlassungsgrund ist jener des **Unterlassens der Dienstleistung** (§ 27 Z 4 AngG), wozu auch das unbefugte Verlassen der Arbeit gehört (§ 82 lit f GewO 1859). Darunter ist jedes erhebliche, pflichtwidrige und schuldhafte (Fahrlässigkeit genügt) Nichteinhalten der vorgesehenen Arbeitszeit zu verstehen.[104] Die Erheblichkeit kann sich aus der langen Dauer der Abwesenheit, aus der Dringlichkeit der vom Arbeitnehmer zu leistenden Arbeiten oder aus sonstigen Nachteilen für den Betrieb ergeben.[105]

Pflichtwidrigkeit scheidet aus, wenn die Arbeit wegen eines **rechtmäßigen Hinderungsgrunds** unterbleibt. Dazu gehört neben der Arbeitsunfähigkeit wegen Erkrankung und sonstiger wichtiger, die Person betreffender Umstände (§ 8 Abs 3 AngG, § 1154b Abs 5 ABGB) auch die Erfüllung anderer – gegenüber der Arbeitspflicht – als höherwertig anzusehender Pflichten[106] wie der ehelichen Beistandspflicht, der Erledigung der erforderlichen Angelegenheiten beim Tod eines nahen Angehörigen oder der Einhaltung anderer, auf bestehenden Sitten beruhender Verpflichtungen.[107] Die Judikatur prüft im Einzelfall, ob dem Arbeitnehmer billigerweise zugemutet werden konnte, seiner Arbeit nachzugehen.

100 OGH 9 ObA 3/11y.
101 OGH 8 ObA 65/11h; 9 ObA 355/93.
102 OGH 8 ObA 133/02w.
103 Vgl *Heinrich,* Sind Nebenbeschäftigungen zulässig? RdW 1986, 18; OGH 4 Ob 88/76.
104 OGH 4 Ob 7/78; 4 Ob 105/84.
105 Vgl OGH 14 ObA 8/87; 9 ObA 61/87.
106 Vgl OGH 4 Ob 22/77; problematisch OGH 4 Ob 82/62 (regelmäßiges Zuspätkommen, um Kind zur Schule zu bringen).
107 Teilnahme am Begräbnis eines engen Freundes (LG Wien 44 Cg 163/80, Arb 9918/1980).

Die Nichtmeldung einer krankheitsbedingten Arbeitsunfähigkeit oder die Nichtvorlage einer Krankenstandsbestätigung stellen grds keinen Entlassungsgrund dar, wenn der Arbeitnehmer tatsächlich arbeitsunfähig ist.[108]

§ 27 Z 4 AngG und § 82 lit f GewO 1859 verlangen eine **beharrliche Pflichtverletzung.**[109] Beharrlichkeit ist dann gegeben, wenn die Pflichtverletzung wiederholt begangen worden ist oder wenn sonst aus dem Verhalten des Arbeitnehmers geschlossen werden kann, dass dieser auf seiner Widersetzlichkeit beharrt.[110] Die beharrliche Weigerung setzt im Regelfall eine vorangegangene **Ermahnung**, Verwarnung oder wiederholte Aufforderung voraus. Dies kann allerdings dann unterbleiben, wenn die Weigerung derart eindeutig und endgültig ist, dass angesichts der offensichtlich unverrückbaren Absichten des Arbeitnehmers eine Ermahnung als bloße Formalität sinnlos erscheinen würde.[111]

Einen weiteren Entlassungsgrund bilden **Ehrverletzungen, Tätlichkeiten** und **Verletzungen der Sittlichkeit** (§ 27 Z 6 AngG, § 82 lit f, g GewO 1859) gegenüber dem Arbeitgeber, dessen Angehörigen oder Arbeitskollegen. Eine **Ehrverletzung** ist dann ein Entlassungsgrund, wenn sie nach ihrer Art und in Anbetracht der näheren Umstände von einem Menschen mit normalem Ehrgefühl nicht anders als mit dem Abbruch der Beziehungen beantwortet werden kann.[112]

Sie muss nicht strafbar sein, wohl aber objektiv (also nicht nur nach dem subjektiven Ehrgefühl des Beleidigten) in erheblichem Maße ehrverletzend wirken und diese Wirkung auch konkret hervorgerufen haben.[113] Die Ehrverletzung kann angesichts der besonderen Umstände des Einzelfalles entschuldbar sein. Zu berücksichtigen ist der jeweils übliche Umgangston (der auf einer Baustelle anders sein wird als in einer Bank).[114] Entschuldigen kann auch eine vorherige Provokation durch den Beleidigten,[115] nicht aber leichte Erregbarkeit.

Tätlichkeit ist jede objektiv gegen den Körper gerichtete Handlung. Einer tatsächlichen Körperschädigung bedarf es nur nach § 82 lit g GewO 1859. Die mit der Tätlichkeit verfolgte Absicht ist ohne Bedeutung.[116] Außerdienstliches Verhalten kommt nur dann als Entlassungsgrund in Betracht, wenn es eine zumindest mittelbare Auswirkung auf das Arbeitsverhältnis besitzt.[117]

Die **Verletzung der Sittlichkeit** muss keine strafbare Handlung sein, andererseits genügt nicht schon jede Verletzung von Sitte und Anstand. Gemeint sind unzüchtige Handlungen, die bei ihrem Opfer Abscheu oder zumindest Unlustgefühle hervorrufen.[118]

108 Vgl OGH 4 Ob 59/85, ZAS 1987, 164 (*Mazal*); 4 Ob 81/69; 4 Ob 162/77.
109 Vgl dazu auch OGH 4 Ob 60/81; 9 ObA 128/10d.
110 OGH 8 ObA 69/06i, DRdA 2008, 162 (*Mayr*).
111 *Löschnigg*, Arbeitsrecht[13] 8/273.
112 OGH 4 Ob 123/63; zur Frage des anzuwendenden Maßstabes siehe die Kontroverse zwischen *Bydlinski* (zu OGH 4 Ob 48/65, ZAS 1966, 16) und *Kuderna*, Korrespondenz und Informationen, ZAS 1966, 125.
113 OGH 4 Ob 101/73, ZAS 1974, 145 (*Müller*).
114 OGH 4 Ob 123/63.
115 OGH 4 Ob 47/67.
116 OGH 4 Ob 64/85.
117 OGH 14 ObA 31/87 (Rauferei in einem Arbeiterheim).
118 OGH 4 Ob 86/60.

Der Entlassungsgrund des § 27 Z 6 AngG setzt in allen Begehungsformen Vorsatz voraus,[119] im Falle der Ehrenbeleidigung wird Verletzungsabsicht verlangt.[120]

3.4.2.2 Verschuldensunabhängige Entlassungsgründe

Die Entlassung kann auch auf Gründen beruhen, die kein Verschulden des Arbeitnehmers voraussetzen. In erster Linie kommt hier **Dienstunfähigkeit** (§ 27 Z 2 AngG, § 82 lit b GewO 1859) in Betracht. Die Dienstunfähigkeit kann schon bei Abschluss des Arbeitsvertrags vorhanden gewesen oder erst später eingetreten sein.[121] Eine bloße Minderung der Dienstfähigkeit genügt nicht. Dem Arbeitnehmer müssen vielmehr die körperlichen, geistigen oder rechtlichen (zB Führerschein) Voraussetzungen zur Erbringung der geschuldeten Dienste nicht nur kurzfristig und vorübergehend, sondern für eine erhebliche – wenn auch möglicherweise voraussehbare – Zeit fehlen.[122] Es kommt also darauf an, dass dem Arbeitgeber wegen des in der Zukunft zu erwartenden beträchtlichen Arbeitsausfalls die Weiterführung des Arbeitsvertrags nicht zugemutet werden kann.

Auch eine krankheitsbedingte dauernde Dienstunfähigkeit berechtigt den Dienstgeber nach der Rsp zur Entlassung.[123]

Als weiterer verschuldensunabhängiger Entlassungsgrund kommt bei Arbeitern eine **abschreckende Krankheit** (§ 82 lit h GewO 1859) in Betracht,[124] ein heute kaum mehr praxisrelevanter Entlassungstatbestand.

3.4.3. Der vorzeitige Austritt

Literatur: Vgl die Literaturangaben bei *Pfeil* in *Neumayr/Reissner*, Zeller Kommentar zum Arbeitsrecht^3, AngG § 26.

Rechtsquellen: § 1162 ABGB, § 26 AngG, § 82a GewO 1859.

Die vom Arbeitnehmer ausgesprochene vorzeitige Lösung des Arbeitsvertrags aus wichtigem Grund bezeichnet der österreichische Gesetzgeber als (vorzeitigen) **Austritt**. Abermals verzichtet er im ABGB auf eine nähere Konkretisierung des wichtigen Grundes, wogegen er in den Spezialgesetzen[125] Austrittsgründe zT taxativ (§ 82a GewO 1859), zT demonstrativ (§ 26 AngG) auflistet.

Auch zur Konkretisierung der Austrittsgründe ist stets darauf Bedacht zu nehmen, dass der Grund so schwerwiegend sein muss, dass dem Arbeitnehmer die Fortsetzung des Ar-

119 OGH 14 ObA 81/87.
120 OGH 4 Ob 36/82.
121 OGH 4 Ob 50/81.
122 OGH 4 Ob 50/81.
123 OGH 9 ObA 186/93, DRdA 1994, 320 (mit Kritik von *Binder*); 8 ObA 46/08k.
124 *Köck*, Arbeitsrechtliche Konsequenzen von AIDS, RdW 1987, 329.
125 Siehe weiters § 23a Abs 3 und 4 AngG (Elternschaftsaustritt), § 15 BAG, § 25 GAngG, § 14 HausgG, § 11 JournG, §§ 30, 32 TAG, § 34 VBG.

beitsvertrags bis zum Ablauf der Befristung oder der Kündigungsfrist nicht zugemutet werden kann.

Als Austrittsgründe kommen schwerwiegende Vertragsverletzungen des Arbeitgebers in Betracht. So vor allem die Verletzung seiner Hauptpflicht: Eine **ungebührliche Entgeltschmälerung** (§ 26 Z 2 AngG, § 82a lit d GewO 1859) liegt vor, wenn der Arbeitgeber das dem Arbeitnehmer zustehende Entgelt einseitig in rechtswidriger Weise herabsetzt oder nicht zur Fälligkeit zahlt.[126] Verschulden des Arbeitgebers ist nicht erforderlich. Weigert er sich jedoch aus vertretbaren Gründen, eine Entgeltforderung anzuerkennen, setzt er keinen Austrittsgrund.[127]

Eine einmalige kurzfristige Zahlungsverzögerung reicht grds noch nicht aus.[128] Hat der Arbeitnehmer Zahlungsrückstände längere Zeit hindurch hingenommen, darf er nicht plötzlich seinen Austritt erklären, sondern muss zuvor eine Nachfrist setzen.[129]

Ein weiterer Austrittsgrund liegt in der Weigerung des Arbeitgebers, seinen **Arbeitnehmerschutzpflichten** nachzukommen (§ 26 Z 3 AngG). Der Arbeitnehmer muss vom Arbeitgeber allerdings zunächst Abhilfe verlangen und ihm zu deren Durchführung eine angemessene Frist einräumen.[130] Zumindest analog wird auch für Angestellte die Verleitung zu gesetzwidrigen Handlungen (§ 82a lit c GewO 1859), wie zB zur Missachtung der sonntäglichen Arbeitsruhe,[131] einen Austrittsgrund abgeben.

Ebenso sind – dem spiegelbildlichen Entlassungsgrund entsprechend – **Ehrverletzungen**[132] oder **Tätlichkeiten** des Arbeitgebers gegenüber dem Arbeitnehmer oder dessen Angehörigen Austrittsgründe (§ 26 Z 4 AngG, § 82a lit b GewO 1859), außerdem die Weigerung, den Angestellten gegen solche Handlungen von Arbeitskollegen oder Angehörigen des Arbeitgebers zu schützen.

Darüber hinaus ist jede **Verletzung wesentlicher Vertragsbestimmungen** durch den Arbeitgeber ein Austrittsgrund (§ 26 Z 2 AngG, § 82a lit d GewO 1859).

So etwa gröbliche Verletzungen seiner Fürsorgepflicht[133] oder seine wiederholte Ankündigung, einen zusätzlichen Außendienstmitarbeiter einzustellen, obwohl dem Vertreter Gebietsschutz eingeräumt war.[134]

Der Arbeitnehmer kann wegen der Gefahr, durch die Weiterarbeit seine **Gesundheit zu schädigen**, oder wegen **Dienstunfähigkeit** (§ 26 Z 1 AngG, aber wohl auch trotz engerer Fassung § 82a lit a GewO 1859) austreten.[135] Wegen drohender Gesundheits-

126 OGH 4 Ob 73/85.
127 Vgl OGH 4 Ob 73/85.
128 OGH 4 Ob 60/85.
129 OGH 4 Ob 73/85; 14 Ob 67/86; 14 Ob 55-63/86; 14 Ob 67/86, DRdA 1989, 114 (kritisch *Dirschmied*).
130 Vgl OGH 4 Ob 15/56 (ungenügend belichteter Arbeitsraum).
131 Vgl OGH 4 Ob 80/58.
132 Siehe dazu OGH 4 Ob 36/82 (unberechtigte Kritik).
133 Vgl OGH 9 ObA 103/87.
134 Vgl OGH 4 Ob 151, 152/85 = RdW 1987, 133.
135 Näheres siehe bei *Wachter*, DRdA 1989, 179 ff.

schädigung darf der Arbeitnehmer allerdings nicht plötzlich austreten. Er muss vielmehr zuerst den Arbeitgeber von seinen gesundheitlichen Problemen informieren, um diesem Gelegenheit zu bieten, ihm eine andere Beschäftigung zuzuweisen.[136] Ein gesundheitlicher Schaden muss noch nicht eingetreten sein, doch müssen Anzeichen für dessen Eintritt vorliegen. Bloße Befürchtungen eines möglichen Gesundheitsschadens sind zu wenig.[137] Dienstunfähigkeit ist in gleicher Weise wie beim Entlassungsgrund zu verstehen.

3.4.4. Rechtsfolgen der vorzeitigen Auflösung

Literatur: *Apathy,* Beiderseitiges Verschulden an der vorzeitigen Beendigung des Arbeitsverhältnisses in *Tomandl* (Hg), Beendigung des Arbeitsvertrages (1986) 81; *Kuderna,* Das Entlassungsrecht, 1994, 34; *Pfeil* in *Neumayr/Reissner* (Hg), Zeller Kommentar zum Arbeitsrecht³, AngG §§ 28, 29, 32, 34; *Schnorr,* Entgeltansprüche bei Nichtleistung der Arbeit, in *Tomandl* (Hg), Entgeltprobleme aus arbeitsrechtlicher Sicht (1979) 21 (44); *Tomandl,* Beendigung des Arbeitsvertrages 34; *ders,* Die Kündigungsentschädigung besonders kündigungsgeschützter Arbeitnehmer, ZAS 1986, 109; *Kuras* in *Marhold/Burgstaller/Preyer* (Hg), AngG § 32.

Rechtsquellen: §§ 1162a – 1162d ABGB, §§ 28, 29, 32, 34 AngG.

Entlassung und Austritt beenden jedenfalls das Arbeitsverhältnis mit Zugang der jeweiligen Auflösungserklärung, egal ob die Auflösung rechtmäßig war oder nicht (eine Ausnahme gilt für besonders entlassungsgeschützte Arbeitnehmer). Der Arbeitnehmer ist nach Beendigung des Arbeitsverhältnisses zu keiner Arbeitsleistung, der Arbeitgeber zu keiner Lohnzahlung verpflichtet. Allerdings haben auch im Falle einer vorzeitigen Auflösung die Parteien auf die beiderseitigen Interessen Rücksicht zu nehmen.

Der entlassene Arbeitnehmer hat daher für die Sicherung und das Zurückbringen der ihm anvertrauten Güter und Arbeitsgeräte zu sorgen. Der Arbeitgeber ist für die Rückbeförderung des Arbeitnehmers von einer auswärtigen Arbeitsstelle verantwortlich.[138]

Besonderheiten gelten, wenn den Arbeitgeber oder den Arbeitnehmer ein **Verschulden** an der vorzeitigen Auflösung des Arbeitsverhältnisses trifft. Hat der **Arbeitnehmer** die vorzeitige **Entlassung verschuldet**, kann der Arbeitgeber Ersatz für den ihm verursachten Schaden verlangen (§ 1162a ABGB, § 28 AngG).

So kann der Arbeitgeber **Schadenersatz** verlangen, wenn er wegen der vorzeitigen Beendigung des Arbeitsvertrags und mangels einer verfügbaren Ersatzkraft sein eigenes Raupengerät nicht einsetzen kann und gezwungen ist, ein Gerät samt Fahrer zu mieten.[139] Ebenso hat ein Arbeitnehmer (Sänger) Ersatz zu leisten, wenn eine teurere Ersatzkraft beschäftigt werden muss.[140] Der Arbeitnehmer ist auch zum Ersatz jener Detektivkosten verpflichtet, die dem Arbeitgeber zum Nachweis des Entlassungsgrunds erwachsen.[141]

136 Vgl OGH 9 ObA 38/87 (im Anschluss an *Grillberger,* DRdA 1976, 73) = ZAS 1988, 157 (*Schauer*) = DRdA 1989, 207. Ebenso *Binder,* Das Zusammenspiel arbeits- und sozialrechtlicher Leistungsansprüche (1980) 292 und *Wachter,* DRdA 1989, 183 f.

137 Vgl OGH 4 Ob 41/75, ZAS 1976, 180 (*Marhold*).

138 OGH 9 ObA 192/91.

139 OGH 4 Ob 42/79.

140 OGH 4 Ob 69/75.

141 OGH 4 Ob 67, 68/80, ZAS 1981, 220 (*Bernat*).

Ein besonderer Schadensausgleich zu Gunsten des Arbeitgebers ist in § 28 Abs 2 AngG vorgesehen, wenn die bisherige Arbeitsleistung des Arbeitnehmers wegen der vorzeitigen Auflösung des Vertrags für den Arbeitgeber ihren Wert verliert. Soweit das Entgelt für diese Arbeitsleistung noch nicht fällig geworden ist, kann es entsprechend gemindert werden. Ein bereits geleistetes Entgelt kann vom Arbeitgeber aber nicht zurückgefordert werden.[142]

Trifft den **Arbeitgeber ein Verschulden** am vorzeitigen Austritt des Arbeitnehmers, so behält der Arbeitnehmer (unbeschadet weitergehenden Schadenersatzes) seine vertragsmäßigen Ansprüche auf das Entgelt für den Zeitraum, der bis zur Beendigung des Dienstverhältnisses durch Ablauf der bestimmten Vertragszeit oder durch ordnungsgemäße Kündigung durch den Arbeitgeber hätte verstreichen müssen (§ 1162b, § 29 AngG).

Dieser Ersatzanspruch des Arbeitnehmers wird **Kündigungsentschädigung** genannt. Die Kündigungsentschädigung soll bewirken, dass der Arbeitgeber aus einer von ihm verschuldeten Beendigung des Arbeitsvertrags keine Vorteile zieht. Der Arbeitnehmer soll so gestellt werden, **wie er bei einer ordnungsgemäßen Beendigung des Arbeitsvertrags durch den Arbeitgeber (Zeitablauf oder Kündigung) gestellt wäre**. Bei einem befristeten Arbeitsvertrag hat der Arbeitgeber daher das laufende Entgelt bis zum Ablauf der Frist weiter zu leisten. Bei einem unbefristeten Arbeitsvertrag ist zu prüfen, wie lange das Arbeitsverhältnis gedauert hätte, wenn anstelle der Austrittserklärung durch den Arbeitnehmer vom Arbeitgeber eine Kündigung ausgesprochen worden wäre. Bis zum Ablauf der fiktiven Kündigungsfrist besteht Anspruch auf Zahlung des vertragsmäßigen Entgelts. Hätte während der fiktiven Kündigungsfrist ein neues Urlaubsjahr begonnen, muss auch der neu entstandene Urlaubsanspruch bei der Berechnung der Kündigungsentschädigung berücksichtigt werden.[143] Andererseits besteht kein Anspruch auf Kündigungsentschädigung, wenn der Arbeitnehmer bei Fortdauer des Arbeitsverhältnisses keinen Entgeltanspruch mehr gehabt hätte (zB bei Arbeitsunfähigkeit wegen Ausschöpfung des Entgeltfortzahlungsanspruches). Die Kündigungsentschädigung folgt somit dem **Entgeltausfallsprinzip**.

Besondere Probleme wirft die Berechnung der Kündigungsentschädigung bei jenen Arbeitnehmern auf, die einen **besonderen Kündigungsschutz** (siehe dazu 309 ff) genießen und daher vom Arbeitgeber nicht frei gekündigt werden können. Fraglich ist, ob die Dauer dieses besonderen Schutzes bei der Berechnung der Kündigungsentschädigung zu berücksichtigen ist. Dies würde etwa bei Betriebsratsmitgliedern dazu führen, dass sie Kündigungsentschädigung für die Dauer der laufenden Funktionsperiode plus drei Monate plus normale Kündigungsfrist verlangen dürften. Behinderte, deren Kündigungsschutz zeitlich nicht begrenzt ist, könnten bis zur Pensionierung oder bis zum Lebensende

142 OGH 4 Ob 82/56.
143 OGH 4 Ob 165, 166/80; RIS-Justiz RS0028665.

Kündigungsentschädigung beziehen. Der OGH vertritt entgegen früherer Judikatur die Auffassung, dass bei Betriebsratsmitgliedern der besondere Kündigungsschutz nicht zu berücksichtigen ist.[144] Behinderte haben im Fall eines berechtigten Austritts Anspruch auf Kündigungsentschädigung unter Bedachtnahme auf eine Kündigungsfrist von sechs Monaten; bei Angestellten sind überdies die Kündigungstermine des § 20 AngG zu beachten.[145]

Der Anspruch auf Kündigungsentschädigung wird von der Judikatur als **Schadenersatzanspruch** qualifiziert.[146] Er entsteht zur Gänze mit dem Ende des Arbeitsverhältnisses.[147] Der Betrag für die ersten drei Monate wird sofort fällig, die weiteren Raten jedoch erst zu den im Arbeitsvertrag vereinbarten Terminen für die Entgeltzahlung. Der Ersatzanspruch des Arbeitnehmers wird zu Gunsten des Arbeitgebers dadurch gemindert, dass sich der Arbeitnehmer **anrechnen** lassen muss, was er sich infolge des Unterbleibens der Dienstleistung erspart, durch anderweitige Verwendung erworben oder zu erwerben absichtlich versäumt hat. Die Anrechnung findet jedoch nicht für die ersten drei Monate statt, für die der Arbeitnehmer die Kündigungsentschädigung sofort erhält. Die Anrechnungsregelung ist eine Konkretisierung des allgemeinen schadenersatzrechtlichen Grundsatzes des Vorteilsausgleichs.

Trifft **beide Teile ein Verschulden** an der vorzeitigen Vertragsauflösung, kann der Richter nach freiem Ermessen dem einen gegen den anderen einen Ersatzanspruch zubilligen (§ 1162c ABGB, § 32 AngG).[148]

Diese **Mitverschuldensregel** ist unbestritten in zwei Fällen anzuwenden:

a) Jeder der beiden Vertragsteile hat schuldhaft einen Grund zur vorzeitigen Auflösung gesetzt und einer der beiden löst auf (zB der Arbeitgeber entlässt den Arbeitnehmer wegen beharrlicher Pflichtverletzung, äußert sich dabei aber grob ehrverletzend).

b) Einer der beiden löst zu Recht vorzeitig auf, ihn trifft aber am Fehlverhalten des anderen ein mitwirkendes Verschulden (zB Provokation). Dessen schuldhaftes Verhalten erscheint daher in einem „erheblich abgeschwächten Licht".[149]

Strittig ist dagegen der Fall, dass ein Teil zwar schuldhaft gegen den Vertrag verstoßen hat, weshalb sein Vertragspartner vorzeitig löst, der Verstoß aber noch nicht die Schwere eines Entlassungs-(Austritts-)Grundes besessen hat. Die Judikatur hat in diesem Fall

144 OGH 9 ObS 8/91, DRdA 1992, 145 (*Grießer*); 9 Ob 907/91; 9 ObS 20/93 (allesamt zu insolvenzbedingt austretenden BR-Mitgliedern); ebenso *Kuderna,* Einige Probleme des besonderen Kündigungsschutzes, DRdA 1990, 15; vgl auch *Tomandl,* Die Kündigungsentschädigung besonders kündigungsgeschützter Arbeitnehmer, ZAS 1986, 109; zur Vorjudikatur vgl RIS-Justiz RS0028614.

145 OGH 9 ObA 146/97d, ZAS 1998, 178 (*Resch*); vgl auch *Weiß,* Die Kündigungsentschädigung austretender Behinderter, DRdA 1998, 403.

146 OGH 4 Ob 78/74; 4 Ob 95/76.

147 Vgl *Tomandl,* Die Kündigungsentschädigung besonders kündigungsgeschützter Arbeitnehmer, ZAS 1986, 114.

148 Trifft den gerechtfertigt ausgetretenen Arbeitnehmer ein Mitverschulden an der Beendigung (Provokation des Arbeitgebers), unterliegt auch der Abfertigungsanspruch der Aliquotierungsregel; vgl OGH 8 ObA 116/98m.

149 Vgl OGH 4 Ob 17/83.

lange Zeit den Mitverschuldenseinwand nicht zugelassen.[150] Nunmehr vertritt der OGH eine differenzierte Auffassung: Die Mitverschuldensregel kommt auch bei unbegründeten Auflösungserklärungen zur Anwendung. Den Arbeitnehmer trifft ein Mitverschulden an der unberechtigten Entlassung insbesondere dann, wenn er einen Rechtfertigungsgrund für ein an sich pflichtwidriges Verhalten dem Arbeitgeber schuldhaft nicht bekannt gibt und der Arbeitgeber bei Kenntnis dieses Grundes die Entlassung aller Voraussicht nach nicht ausgesprochen hätte. Trifft den Arbeitgeber an der Nichtkenntnis des Rechtfertigungsgrunds kein oder ein zu vernachlässigendes Verschulden und ist dem Arbeitnehmer die Nichtbekanntgabe des Hinderungsgrundes als schwerer Verstoß gegen die Mitteilungspflicht vorzuwerfen, kann die Verschuldensabwägung auch zu einem Alleinverschulden des Arbeitnehmers führen.[151]

Beispiel: Ein Arbeitnehmer, der sich krankgemeldet hatte, wurde am Fußballplatz im Trainingsanzug als Co-Trainer fotografiert und in den Lokalmedien abgedruckt. Dem Arbeitgeber gegenüber hat er nicht mitgeteilt, dass er lediglich seinen Sohn abgeholt und keineswegs als Trainer fungiert hat.[152]

Die neuere Judikatur des OGH verringert das für beide Seiten große Risiko, das ihnen bei der Vornahme einer vorzeitigen Auflösung aufgebürdet wird: Zum einen wird von jedem Vertragsteil verlangt, unverzüglich zu handeln, zum anderen bleibt es trotz Rechtsberatung ungewiss, ob der konkret vorliegende Sachverhalt einer gerichtlichen Nachprüfung standhalten wird. Der Grund dieser Ungewissheit liegt in dem großen Beurteilungsspielraum, der den Gerichten in dieser Frage offensteht und häufig zu unterschiedlichen Urteilen bei durchaus vergleichbaren Sachverhalten führt. Der Richter hat es nunmehr in der Hand, vom starren Alles-oder-nichts-Prinzip abzuweichen, wenn er ein schuldhaftes Fehlverhalten einer Seite feststellt, das in durchaus vertretbarer Weise von der anderen Seite als Auflösungsgrund angesehen werden konnte, seiner eigenen Vorstellung von einem Auflösungsgrund aber noch nicht ganz entspricht.

Werden Ersatzansprüche wegen schuldhafter vorzeitiger Lösung nicht innerhalb einer **Fallfrist**[153] **von sechs Monaten** gerichtlich geltend gemacht, gehen sie unter.

Allerdings sind die Vorschriften des § 1497 ABGB über die Unterbrechung der Verjährung sinngemäß auch hier anzuwenden.[154]

Von diesem Verfall sind alle Ansprüche erfasst, die nach den §§ 1162a und 1162b ABGB bzw nach den §§ 28 und 29 AngG zustehen,[155] nicht aber Ansprüche auf andere Leistungen aus Anlass der Beendigung des Dienstverhältnisses, wie Abfertigung[156] oder Urlaubsersatzleistung.[157] Der Gesetzgeber will durch diese Regeln erreichen, dass die wichtigsten noch offenen Ansprüche aus dem Dienstverhältnis möglichst rasch bereinigt werden.

150 Vgl OGH 4 Ob 137/77, ZAS 1981, 14 (*Hoyer*); 4 Ob 17/83.
151 OGH 9 ObA 128/10d, DRdA 2012, 234/17 (*Felten*); 9 ObA 128/06y; 9 ObA 108/05f; 8 ObA 2058/96x, ZAS 1997, 55 (zust *Apathy*).
152 OGH 9 ObA 108/05f.
153 Siehe OGH 4 Ob 2/82.
154 OGH 4 Ob 122/79.
155 Vgl OGH 9 ObA 396/97v, DRdA 1998, 433 (*Kallab*).
156 OGH 4 Ob 2/82.
157 Vgl zur Urlaubsentschädigung OGH 4 Ob 137/81.

3.4.5. Die fehlerhafte Auflösung

Literatur: Vgl die Literaturangaben bei *Pfeil* in *Neumayr/Reissner* (Hg), Zeller Kommentar zum Arbeitsrecht^3, AngG §§ 26 und 27.

Rechtsquellen: §§ 1162a, 1162b ABGB, §§ 28, 29 AngG, §§ 84, 86 GewO 1859.

3.4.5.1. Allgemeines

Der Gesetzgeber räumt den Parteien des Arbeitsvertrags kein Recht zur beliebigen Auflösung des Arbeitsvertrags ein. Dieses Gestaltungsrecht ist vielmehr an bestimmte Voraussetzungen gebunden: die Kündigung an die Einhaltung bestimmter Fristen und Termine, die vorzeitige Auflösung an das Vorliegen wichtiger Gründe und die Rechtzeitigkeit des Ausspruches. In den Fällen des Kündigungs- und Entlassungsschutzes kommen weitere Voraussetzungen hinzu, zB die Einhaltung des betrieblichen Vorverfahrens oder die Zustimmung des Arbeitsgerichts.

In all diesen Fällen stellt sich die Frage, welche Rechtswirkungen eintreten, wenn eine dieser Voraussetzungen fehlt. Zunächst ist daran zu denken, dass dem Auflösenden ein **Irrtum** unterlaufen ist. Ein Teil der Lehre will in diesen Fällen eine Anfechtung nach § 871 ABGB gestatten.[158] Die Rsp sieht jedoch derartige Irrtümer (über die Kündigungsfrist oder den zulässigen Kündigungstermin) als **unbeachtliche Motivirrtümer** an.[159] Dem Irrenden wird nur zugebilligt, die mit einem Irrtum behaftete Auflösungserklärung sofort einseitig zu widerrufen.[160] Ansonsten können die Rechtsfolgen einer fehlerhaften Auflösung nur mit Zustimmung des Vertragspartners nachträglich beseitigt werden.[161]

Das Problem, **welche Rechtsfolgen** ein unzulässiger Auflösungsversuch des Arbeitsverhältnisses haben soll, kann grds auf verschiedene Arten gelöst werden. Man könnte eine fehlerhafte Auflösung schlicht nach § 879 ABGB als unwirksam erachten (sog **Unwirksamkeitstheorie**). Eine fehlerhafte Auflösung könnte aber auch in eine fehlerfreie Auflösung umgedeutet werden (sog **Konversionstheorie**) – zB eine fristwidrige Kündigung in eine fristgerechte. Oder man könnte davon ausgehen, dass die unzulässige Auflösung das Arbeitsverhältnis tatsächlich beendet, dies aber in der Folge Schadenersatzansprüche des Betroffenen auslöst (**Schadenersatztheorie**).

158 Vgl *Fitz* zu OGH 4 Ob 115/80, DRdA 1983, 108; *Holzer,* Irrtumsanfechtung bei zeitwidriger Kündigung im Arbeitsverhältnis, JBl 1985, 82; *Kerschner* zu OGH 4 Ob 1/82, DRdA 1983, 369; *Kuderna,* Die zeitwidrige Kündigung, DRdA 1969, 294; *Schrank,* Möglichkeiten und Grenzen der einseitigen Berichtigung zeitwidriger Kündigungen, FS Strasser 326; *W. Schwarz,* Zeitwidrige Kündigung und Wissenserklärung im Arbeitsrecht, ÖJZ 1984, 623.

159 Vgl OGH 4 Ob 63/69, ZAS 1971, 13 (*Mayer-Maly*).

160 Vgl OGH 4 Ob 137/79; 4 Ob 165/82.

161 Vgl *Kuderna,* Das Entlassungsrecht 32.

3.4.5.2 Fehlerhafte Entlassung und Austritt

Aufschluss über die Rechtsfolgen sollte in erster Linie der **Gesetzestext** geben. Ausdrückliche Regelungen finden sich nur für fehlerhafte fristlose Auflösungen, nicht dagegen für die fehlerhafte Kündigung.

Gem **§ 1162a ABGB** kann der Dienstgeber, wenn der Dienstnehmer ohne wichtigen Grund vorzeitig austritt, entweder dessen Wiedereintritt zur Dienstleistung nebst Schadenersatz oder Schadenersatz wegen Nichterfüllung des Vertrags verlangen. § 1162a gibt dem Dienstgeber also offenbar ein Wahlrecht.

§ 1162b ABGB[162] dagegen bestimmt: „Wenn der Dienstgeber den Dienstnehmer ohne wichtigen Grund vorzeitig entlässt (...), behält dieser, unbeschadet weitergehenden Schadenersatzes, seine vertragsgemäßen Ansprüche auf das Entgelt für den Zeitraum, der bis zur Beendigung des Dienstverhältnisses durch Ablauf der Vertragszeit oder durch ordnungsmäßige Kündigung hätte verstreichen müssen, unter Anrechnung dessen, was er infolge des Unterbleibens der Dienstleistung erspart oder durch anderweitige Verwendung erworben oder zu erwerben absichtlich versäumt hat."

Beide Regelungen scheinen von ihrem Wortlaut her die Schadenersatztheorie zu stützen. Dennoch wurde in der Lehre bestritten, dass der Gesetzgeber die Rechtsfolgen fehlerhafter Auflösungen iSd Schadenersatztheorie regeln wollte.

So haben *Tomandl*[163] und *Marhold*[164] anhand der Materialien zur III. Teilnovelle des ABGB nachgewiesen, dass der Gesetzgeber mit § 1162b ABGB nur finanzielle Abwicklungsvorschriften für den Fall treffen wollte, dass es dem Dienstnehmer unzumutbar ist, am Dienstvertrag weiter festzuhalten. Der Gesetzgeber habe keinen Beendigungstatbestand normieren wollen, der für den Dienstnehmer als den vertragstreuen Teil zwingend gewesen wäre.

Tomandl betont, dass auf fehlerhafte Auflösungen die allgemeinen vertragsrechtlichen Grundsätze zur Anwendung kommen müssen.[165] Das allgemeine Zivilrecht spricht gegen die grundsätzliche Geltung des Schadenersatzprinzips: Gesetz- und vertragswidriges Verhalten führt im Allgemeinen gerade nicht zur einseitigen Auflösung eines Vertragsverhältnisses durch den Vertragsbrüchigen.[166] Unberechtigte Auflösungserklärungen seien grds als generelle Erfüllungsverweigerung gem §§ 918 ff ABGB zu beurteilen.[167] Das ABGB räume dem von der Erfüllungsverweigerung Betroffenen jeweils ein **Wahlrecht** ein: Er könne seine eigene Leistung weiterhin erbringen und auch vom anderen Teil die weitere **Erfüllung** des Vertrags verlangen **oder vom Vertrag zurücktreten und Schadenersatz** verlangen. Die unberechtigte Auflösung entfalte also keine Wirksamkeit, der vertragstreue Teil könne nur seinerseits das Rechtsverhältnis zur Auflösung bringen.

162 Im Wesentlichen wortgleich mit § 29 AngG.

163 *Tomandl,* Die fehlerhafte Beendigung des Arbeitsvertrages, in *Tomandl,* Beendigung des Arbeitsvertrages (1986) 29.

164 *Marhold,* Die Wirkung ungerechtfertigter Entlassungen – Eine Kritik des sogenannten Schadenersatzprinzips, ZAS 1978, 5.

165 *Tomandl,* Die fehlerhafte Beendigung, in *Tomandl,* Beendigung des Arbeitsvertrages 25.

166 Vgl auch *Krejci* in *Rummel*³, ABGB § 1162b Rz 24.

167 *F. Bydlinski* zu OGH 5 Ob 157/73, JBl 1975, 39; OGH 1 Ob 176/52.

Der **OGH** wendet dagegen in **stRsp** auf fehlerhafte fristlose Lösungen des Arbeitsverhältnisses die **Schadenersatztheorie** an.[168] Wird der Arbeitnehmer **zu Unrecht entlassen**, so beendet diese Entlassungserklärung das Arbeitsverhältnis mit sofortiger Wirkung. Die fehlerhafte Auflösungserklärung ist **zwar rechtswidrig, aber rechtswirksam**. Der durch die fehlerhafte Beendigung benachteiligte Arbeitnehmer kann vom Arbeitgeber nur Schadenersatz verlangen. Dieselben Grundsätze werden auf den ungerechtfertigten Austritt angewendet.[169] Auch dieser beendet das Arbeitsverhältnis.

Die derzeitige **Judikatur nimmt dem Arbeitnehmer somit das Wahlrecht**, sich für den Fortbestand des Arbeitsverhältnisses zu entscheiden. Allerdings sind in einem frei kündbaren Arbeitsverhältnis die Auswirkungen nicht besonders dramatisch: Der Arbeitgeber könnte sofort eine ordnungsgemäße Kündigung zum nächsten Kündigungstermin aussprechen und das Arbeitsverhältnis so in jedem Fall beenden. Allerdings darf auch nicht übersehen werden, dass der Schadenersatz für die Verkürzung des Arbeitsverhältnisses nicht immer ein Äquivalent für den längeren Bestand des Arbeitsverhältnisses darstellt. So verliert der zu Unrecht entlassene Arbeitnehmer etwa anrechenbare Dienstzeiten für ein neues Dienstverhältnis, da die Dauer des Bezugs von Kündigungsentschädigung nicht als Dienstzeit gilt. Bei Anwartschaften auf Sozialleistungen wird eine Benachteiligung nur dann vermieden, wenn Zeiten des Bezuges einer Kündigungsentschädigung tatsächlichen Beschäftigungszeiten gleichgehalten werden.
Die **Kritik an der Schadenersatztheorie** betont daher, dass sie den rechtsbrechenden Teil bevorzugt und dem verletzten Teil sein Recht nimmt, auf dem Fortbestand des Arbeitsverhältnisses zu bestehen.

Der OGH wendet die **Schadenersatztheorie auch bei befristeten Arbeitsverträgen** an. Auch hier hat der Arbeitnehmer keine Möglichkeit mehr, bis zum vereinbarten Ende seines Arbeitsverhältnisses auf dessen Fortbestand zu bestehen. In jedem Fall erhält der Arbeitnehmer für die Dauer des möglichen Fortsetzungsanspruches eine finanzielle Absicherung in Form der Kündigungsentschädigung, ohne dass er Arbeitsleistungen erbringen muss.

Dagegen kommt die **Schadenersatztheorie nicht** in Fällen vertraglich zugesicherter **Unkündbarkeit** oder bei Vorliegen besonderen Kündigungs- oder Entlassungsschutzes zur Anwendung. In diesen Fällen ist eine fehlerhafte Auflösungserklärung grds **unwirksam,** womit der OGH für solche Konstellationen der **Unwirksamkeitstheorie** gefolgt ist. Der Arbeitnehmer hat aber das **Wahlrecht**, sich für die Fortsetzung des Arbeitsverhältnisses oder die Ansprüche aus unbegründeter Beendigung zu entscheiden.[170] Entscheidet sich der Arbeitnehmer für die Beendigungsansprüche, wird der fehlerhaften Auflösungserklärung Beendigungswirkung zuerkannt.

Auch eine **vom Arbeitnehmer** abgegebene **fehlerhafte Auflösungserklärung** führt nach der Rechtsprechung zur Beendigung des Arbeitsverhältnisses. Dem Arbeitgeber stehen

168 **Achtung:** Siehe dagegen sogleich unten zu fehlerhaften Auflösungen in Fällen **zugesicherter Unkündbarkeit** und bei **Vorliegen besonderen Bestandschutzes**, in denen der OGH grds die **Unwirksamkeits- statt** der **Schadenersatztheorie** zur Anwendung bringt.

169 OGH 8 ObA 27/10v; 8 ObA 113/01b.

170 OGH 4 Ob 79/82; 4 Ob 99/81, DRdA 1983, 109 (*Tögl*).

nur Schadenersatzansprüche zu. Ein vertraglicher Erfüllungsanspruch wird dem Arbeitgeber nicht zugestanden, obwohl § 1162a ABGB für den Geltungsbereich des ABGB dem Arbeitgeber ausdrücklich das Recht einräumt, bei unbegründetem Austritt des Arbeitnehmers den Wiederantritt zur Dienstleistung zu verlangen.

Die Durchsetzung des Rechts auf Wiederantritt zur Dienstleistung würde auf beträchtliche Schwierigkeiten stoßen. Ein exekutiver Zwang gegen die Person des Dienstnehmers müsste so umfassend sein, dass dies mit der Freiheit der Persönlichkeit in schweren Konflikt geriete. Auch ist es wenig erfolgversprechend, den Dienstnehmer etwa mit Haftandrohung zur Rückkehr zur Arbeit verhalten zu wollen.[171]

3.4.5.3. Fehlerhafte Kündigungen

Auch eine **zeitwidrige Kündigung** (mit verkürzter Kündigungsfrist oder zum falschen Termin) beendet nach der Rsp das Arbeitsverhältnis grundsätzlich mit Ablauf der verkürzten Frist bzw zum falschen Termin.[172]

Bei Kündigungen kommt es nicht selten vor, dass der Kündigende ausdrücklich erklärt, die vorgesehenen Kündigungsfristen und -termine einhalten zu wollen, gleichzeitig aber einen verfehlten Endtermin des Arbeitsvertrags angibt. Es ist zunächst durch Auslegung zu ermitteln, wann das Arbeitsverhältnis gemessen am Empfängerhorizont enden soll.[173] Zunächst hatte der OGH in solchen Fällen die Umdeutung des verfehlten Endtermins in den ordnungsgemäßen erwogen.[174] Später entschied er sich dafür, eine der beiden Erklärungen als Willenserklärung und die andere, mit ihr in Widerspruch stehende, als unbeachtliche Wissenserklärung anzusehen.[175] Nur dann, wenn der Gekündigte zweifelsfrei erkennen konnte, dass sein Vertragspartner tatsächlich unter Einhaltung der gesetzlichen Bestimmungen kündigen wollte und die Nennung eines verfehlten Kündigungstermins oder einer verkürzten Kündigungsfrist somit Folge einer unrichtigen Wissenserklärung ist, kann eine Wirkung erst zum nächstzulässigen Kündigungstermin angenommen werden. Ob nun hinsichtlich Frist oder Termin eine Wissens- oder Willenserklärung vorliegt, kann nur im Einzelfall anhand des Wortlauts der Erklärung und allfälliger näherer Umstände, wie im Zusammenhang stehender Erklärungen und/oder Verhaltensweisen der Beteiligten, beurteilt werden.[176]

Die **Rechtsfolgen** einer frist- bzw terminwidrigen Kündigung sind **gesetzlich nirgends ausdrücklich geregelt**. Der OGH wendet jedoch **§ 1162b ABGB und § 29 AngG analog** an.[177] Auch bei frist- oder terminwidriger Kündigung sollen die Vertragspartner gegen den Willen eines Teiles nicht mehr an den Vertrag gebunden sein.[178] Der Arbeitnehmer hat Anspruch auf Kündigungsentschädigung, dh auf das Entgelt, das er erhalten hätte, wäre er ordnungsgemäß gekündigt worden.

---

171 Anschaulich *Krejci* in *Rummel*[3], ABGB § 1162a Rz 19.
172 OGH 4 Ob 68/76.
173 OGH 4 Ob 68/73, ZAS 1975, 19 (*Spielbüchler*).
174 Vgl OGH 4 Ob 115/80, ZAS 1982, 91 (*Jabornegg*).
175 Vgl OGH 4 Ob 165/82; 4 Ob 142/83.
176 OGH 9 ObA 1/10b; 9 ObA 122/04p; 4 Ob 142/83.
177 OGH 4 Ob 47/64; 4 Ob 68/76.
178 OGH 4 Ob 63/69; dieses Argument versagt freilich gerade dort, wo es stechen sollte: wenn nämlich der vertragstreue und vom anderen durch seine unbegründete Auflösung verletzte Teil auf der Erfüllung besteht.

Dabei ist wiederum zu **differenzieren**: Der OGH wendet die **Schadenersatztheorie** jedenfalls bei Arbeitsverhältnissen an, die vom Arbeitgeber **durch Kündigung frei aufgelöst** werden können.[179] Das scheint wie oben auf den ersten Blick keine größeren Probleme aufzuwerfen. Eine Anwendung der Unwirksamkeitstheorie hätte wenig Sinn, da der fehlerhaft Kündigende ein Fortsetzungsbegehren des vertragstreuen Teiles sofort mit einer fehlerfreien Kündigung erwidern könnte. Die Anwendung der Konversionstheorie wäre zwar möglich – wälzt das Risiko einer fehlerhaften Kündigung durch den Arbeitgeber jedoch zum Teil auf den Arbeitnehmer ab, der den zulässigen Kündigungstermin eruieren und sich dann arbeitsbereit halten müsste (täte er das nicht, setzte er einen Entlassungsgrund) und Entgeltfortzahlung gem § 1155 ABGB nur unter Anrechnung dessen, was er erworben oder zu erwerben absichtlich versäumt hat, erhielte.[180]

Ist die **freie Kündbarkeit** hingegen **ausgeschlossen** – bei vertraglicher Vereinbarung oder im Fall der Anwendbarkeit des besonderen Kündigungsschutzes – vertritt die Judikatur das **Unwirksamkeitsprinzip** (mit Wahlmöglichkeit des Arbeitnehmers).

3.5. Der Rücktritt vom Vertrag

Literatur: *Binder,* Auflösungsmöglichkeiten der arbeitsvertraglichen Beziehung im „Vor-Arbeitsstadium", FS Floretta (1983) 329; *Pfeil* in *Neumayr/Reissner* (Hg), Zeller Kommentar zum Arbeitsrecht³, AngG § 30 samt weiterführender Literatur.

Da eine rückwirkende Vernichtung des bereits in Vollzug gesetzten Arbeitsvertrags wenig sinnvoll erscheint, lässt der Gesetzgeber den Rücktritt vom Arbeitsvertrag **nur vor dem tatsächlichen Arbeitsantritt** des Arbeitnehmers zu.[181] Er hat dies zwar nur in einigen Gesetzen (insb § 30 AngG)[182] getan, doch werden diese Bestimmungen analog auf alle Arbeitsverträge anzuwenden sein.[183]

So kann der Arbeitgeber etwa zurücktreten, wenn der Arbeitnehmer einen Entlassungsgrund gesetzt oder seinen Dienst ohne unabwendbares Hindernis nicht rechtzeitig oder bei Vorliegen solcher Gründe nicht innerhalb von 14 Tagen angetreten hat.[184] Analog kann der Arbeitnehmer zurücktreten, wenn der Arbeitgeber einen Austrittsgrund gesetzt hat oder sich der Dienstantritt wegen eines vom Arbeitgeber zu vertretenden Grundes entsprechend verzögert. Beide Seiten können zurücktreten, wenn über den Arbeitgeber der Konkurs eröffnet wurde.

Die Rechtsfolgen des Rücktritts haben nur im AngG und einigen anderen Sondergesetzen[185] eine ausdrückliche Regelung gefunden. Sie entsprechen den dargestellten Regeln über die vorzeitige Auflösung mit geringen Abweichungen.[186]

179 OGH 9 ObA 1/03t; 4 Ob 68/76.
180 Vgl *Marhold/Friedrich,* Österreichisches Arbeitsrecht³ (2016) 298.
181 Zur Problematik des Rücktritts bei schon in Vollzug gesetzten Arbeitsverhältnissen vgl oben 30.
182 § 30 AngG, § 30 GAngG, § 35 TAG.
183 *Beck-Mannagetta/Mayer-Maly* zu OGH 14 Ob 81, 82/86, ZAS 1987, 54.
184 Vgl dazu OGH 9 ObA 96/87.
185 §§ 31 ff GAngG, § 15 HausgG, §§ 35 ff TAG.
186 Vgl näher *Beck-Mannagetta/Mayer-Maly* zu OGH 14 Ob 81, 82/86, ZAS 1987, 53; *Kerschner* zu OGH 4 Ob 43/82, DRdA 1984, 343.

3.6. Die Beendigung des Probedienstverhältnisses

Literatur: *Reissner* in *Neumayr/Reissner* (Hg), Zeller Kommentar zum Arbeitsrecht^3, AngG § 19 Rz 54 ff samt weiterführender Literatur.

Während der Dauer eines zulässigerweise vereinbarten Probedienstverhältnisses können beide Seiten den Arbeitsvertrag **mit sofortiger Wirkung** einseitig auflösen.[187] Dabei handelt es sich weder um eine Kündigung noch um eine Entlassung oder einen Austritt, sondern um einen eigenständigen Lösungstatbestand.[188] Nicht nur deshalb, sondern auch zur Wahrung der Zwecksetzung des Probearbeitsverhältnisses (Feststellung der Eignung des Arbeitnehmers bzw Kennenlernen des Betriebes) sind auf die Lösung des Probearbeitsverhältnisses die gesetzlichen Bestimmungen über den Kündigungs- und Entlassungsschutz nicht anwendbar.[189]

Dasselbe gilt im Geltungsbereich des ABGB gem § 1158 Abs 2 für Arbeitsverträge für die Zeit eines vorübergehenden Bedarfs innerhalb des ersten Monats ihrer Laufzeit.

Probedienstverhältnisse können auch **konkludent** aufgelöst werden. Eine konkludente Willenserklärung darf nur angenommen werden, wenn sie nach den üblichen Gewohnheiten und Gebräuchen in einer bestimmten Richtung zu verstehen ist.

Gibt ein Arbeitnehmer während der Probezeit im Zuge einer Krankmeldung bekannt, er werde an einem bestimmten Tag sicher zur Arbeit erscheinen, dann ist das Nichterscheinen – ohne Information des Arbeitgebers – als Beendigungserklärung zu verstehen.[190]

Bereits oben wurde gezeigt, dass eine **Ausnahme** von der freien Lösbarkeit von Probearbeitsverhältnissen besteht, wenn der Arbeitgeber das Probearbeitsverhältnis wegen eines im GlBG geregelten Grundes löst (zB Schwangerschaft, Tragen des islamischen Kopftuchs). In diesem Fall ist die Auflösung des Probearbeitsverhältnisses gem §§ 12 Abs 7 und 26 Abs 7 GlBG anfechtbar. Das rechtsgestaltende Urteil würde die Auflösung des Probearbeitsverhältnisses für unwirksam erklären. Lässt der Arbeitnehmer die Beendigung aber gegen sich gelten, hat er Anspruch auf Ersatz eines eventuellen Vermögensschadens sowie auf eine Entschädigung für die erlittene persönliche Beeinträchtigung.

---

187 § 1158 Abs 2 ABGB, § 19 Abs 2 AngG.

188 OGH 9 ObA 141/90; *Reissner* in ZellKomm^3, AngG § 19 Rz 62.

189 OGH 4 Ob 18/83, ZAS 1984, 140 (*Müller*); ebenso *Schrank*, Der Fortbestand des Arbeitsverhältnisses als Schutzobjekt unserer Rechtsordnung 252.

190 OGH 8 ObA 51/03p.

4. Kündigungs- und Entlassungsschutz

4.1. Der Kündigungsschutz

Dem Gesetzgeber stehen – wie vor allem *Schrank*[191] gezeigt hat – verschiedene Methoden zur Verfügung, um das Interesse der Arbeitnehmer am Fortbestand des Arbeitsvertrags gegen den Kündigungswunsch des Arbeitgebers zu schützen. Von ihnen hat er in Österreich in der Weise Gebrauch gemacht, dass er dem Arbeitgeber häufig **längere Kündigungsfristen** als dem Arbeitnehmer auferlegt (Zeitschutz, zu dem auch das oben dargestellte Frühwarnsystem nach § 45a AMFG zu rechnen ist), die Wirksamkeit der Kündigung des Arbeitgebers bei einzelnen Arbeitnehmergruppen an das Vorliegen bestimmter **Gründe** gebunden (zB im VBG) und die Arbeitgeberkündigung durch den Anspruch des Arbeitnehmers auf Abfertigung (alt) verteuert hat.

Bei jenen Verträgen, für die bereits das neue Abfertigungssystem gilt (vgl unten 337 ff), fällt diese prohibitive Wirkung weg.

Von besonderer Bedeutung ist aber der Kündigungsschutz im engeren Sinn, worunter jene Fallgruppen zusammengefasst werden, in denen eine nach allgemeinem Zivilrecht gültige Arbeitgeberkündigung anfechtbar oder von einer Genehmigung durch ein Gericht oder eine Verwaltungsbehörde abhängig ist. Dabei ist zwischen dem

- **allgemeinen Kündigungsschutz**, der für alle in betriebsratspflichtigen Betrieben beschäftigten Arbeitnehmer gilt, und dem
- **besonderen Kündigungsschutz** für ausgewählte Arbeitnehmergruppen zu unterscheiden.

4.2. Der allgemeine Kündigungsschutz

Literatur: Vgl die angeführte Literatur bei *Wolligger* in *Neumayr/Reissner* (Hg), Zeller Kommentar zum Arbeitsrecht³, ArbVG § 105; *Gahleitner* in *Gahleitner/Mosler*, Arbeitsverfassungsrecht, ArbVG § 105; *Schrank* in *Tomandl*, Arbeitsverfassungsgesetz, § 105.

Rechtsquellen: §§ 105, 107, 130 Abs 4 ArbVG.

Der Gesetzgeber will verhindern, dass der Arbeitgeber ein Arbeitsvertragsverhältnis aus bestimmten verpönten Motiven bzw ohne ausreichende Abwägung der beiderseitigen Interessen auflösen kann. Abweichend von ausländischen Lösungsansätzen hat er die Verteidigung des Arbeitsplatzes nicht primär in die Hände des von der Kündigung betroffenen Arbeitnehmers gelegt. Er hat sich stattdessen für ein dem Grunde nach **kollektivrechtliches Modell** entschieden: Ob der Gekündigte seinen Arbeitsplatz verteidigen kann, hängt vom Verhalten des Betriebsrats ab.

191 *Schrank,* Der Fortbestand des Arbeitsverhältnisses als Schutzobjekt der Rechtsordnung 24.

Der allgemeine Kündigungsschutz wurde daher in den betriebsverfassungsrechtlichen Teil des ArbVG eingebaut. Daraus ergeben sich zwei schwerwiegende Begrenzungen des allgemeinen Kündigungsschutzes:

1. Er kann **nur in betriebsratspflichtigen Betrieben** wirksam werden (in Kleinstbetrieben gibt es keinen allgemeinen Kündigungsschutz) und
2. er erfasst **nur Arbeitnehmer iSd § 36 ArbVG** (daher zB nicht die leitenden Angestellten iSd ArbVG).

Das kollektivrechtliche Modell ist allerdings nicht voll verwirklicht, denn eine Kündigungsanfechtung durch den Betriebsrat ohne den Willen des gekündigten Arbeitnehmers ist nicht möglich.[192] Umgekehrt hat der Arbeitnehmer in betriebsratslosen Betrieben oder bei Untätigkeit des Betriebsrats das Recht, die Kündigung selbst anzufechten.

4.2.1. Das Vorverfahren

Bevor der Arbeitgeber eine Kündigung ausspricht, hat er gem § 105 Abs 1 ArbVG den zuständigen **Betriebsrat von der Absicht zu unterrichten**, welchen Arbeitnehmer er kündigen will. Der Betriebsrat kann daraufhin eine Beratung verlangen und innerhalb einer Woche zu der Kündigungsabsicht Stellung nehmen. Der Gesetzgeber will auf diese Weise erreichen, dass der Arbeitgeber keine Kündigung ausspricht, ohne vorher der Belegschaftsvertretung die Möglichkeit zu geben, ihre Bedenken vorzubringen. Der Entschluss des Arbeitgebers soll auf einer umfassenden Kenntnis der für und gegen die Kündigung sprechenden Gründe beruhen. Ob der betroffene Arbeitnehmer in diesem Stadium von der Kündigungsabsicht erfährt, liegt beim Betriebsrat.

Der Arbeitgeber soll aber nicht zu lange am Kündigungsausspruch gehindert werden. Er darf die Kündigung daher aussprechen (entscheidend ist nicht der Zugang der Kündigung, sondern deren Absendung),[193] sobald er eine Stellungnahme des Betriebsrats erhalten hat oder eine Woche verstrichen ist. Spricht der Arbeitgeber die **Kündigung verfrüht** aus, ist sie **rechtsunwirksam** (§ 105 Abs 2 ArbVG). Der Arbeitnehmer kann auf **Feststellung** klagen, dass das Arbeitsverhältnis über den Kündigungstermin hinaus aufrecht besteht.

Die **Stellungnahme des Betriebsrats** kann in der **Zustimmung** (Zwei-Drittel-Mehrheit erforderlich) zur oder im **Widerspruch** gegen die Kündigungsabsicht bestehen. Der Betriebsrat kann aber auch **schweigen**. Die Rechtswirkungen sind in jedem der drei Fälle unterschiedlich.

192 Hauptsächlich aus diesem Grund nimmt *Schrank*, Der Fortbestand des Arbeitsverhältnisses als Schutzobjekt der Rechtsordnung 94, an, der Kündigungsschutz sei doch überwiegend individualrechtlich konzipiert. Die Frage, ob der Kündigungsschutz kollektiv- oder individualrechtlich konzipiert ist, ist va für die Frage des anwendbaren Rechts bei grenzüberschreitenden Sachverhalten von wesentlicher Bedeutung (siehe unten 390 ff).

193 Vgl OGH 4 Ob 59/81, ZAS 1982, 95 (*Runggaldier*).

4.2.2. Die Reaktion des Betriebsrats

Die massivsten Rechtsfolgen löst die **Zustimmung** des Betriebsrats zur Kündigung aus. Stimmt der Betriebsrat der Kündigungsabsicht rechtzeitig zu, kann die in der Folge vom Arbeitgeber ausgesprochene Kündigung **nur wegen verpönter Motive, nicht aber wegen Sozialwidrigkeit** angefochten werden. Da der Betriebsrat auf diese Weise den Gekündigten von der Anfechtung seiner Kündigung ausschließen kann, spricht man auch von einem **Sperrrecht des Betriebsrats.** Der Betriebsrat kennt die tatsächlichen Verhältnisse im Betrieb und die soziale Lage des zu Kündigenden besser als jedes Gericht. Der Arbeitgeber hat die betriebswirtschaftliche Seite der Kündigung zu vertreten. Daher erwartet der Gesetzgeber für den Fall einer Einigung zwischen Arbeitgeber und Betriebsrat, dass die Kündigung nicht nur betrieblich unumgänglich, sondern auch sozial verträglich ist.

Den möglichen Missbrauch eines Zusammenspiels von Betriebsrat und Arbeitgeber aus unsachlichen Gründen[194] (zB um den Angehörigen einer unbeliebten Minderheit aus dem Betrieb zu entfernen) nimmt der Gesetzgeber hin. Auch die beiderseitigen Interessenverbände haben ein gewisses Interesse am Sperrrecht: Auf der einen Seite stärkt es die Macht des Betriebsrats, auf der anderen Seite verhindert es für die Arbeitgeberseite unangenehme Prozesse. Der VfGH[195] hat sich den erhobenen verfassungsrechtlichen Bedenken gegen das Sperrrecht[196] nicht angeschlossen. Der OGH hält aber zu Recht fest, dass die Rechtswirksamkeit eines Zustimmungsbeschlusses des Betriebsrats an einer „Kollusion" zwischen Betriebsrat und Dienstgeber scheitern kann.[197]
Dass es durchaus Missbrauch durch das Zusammenspiel von Betriebsrat und Arbeitgeber geben kann, zeigt anschaulich die historische Entwicklung der Anfechtung wegen verpönter Motive gem § 105 Abs 3 Z 1 ArbVG. Auch hier war ursprünglich das Sperrrecht des Betriebsrats vorgesehen. Es kam dann zu einer Konstellation, in der ein Arbeitgeber einen politisch unliebsamen Arbeitnehmer mit Zustimmung des Betriebsrats gekündigt hat. Der Arbeitnehmer konnte sich damit genau auf die Anfechtungstatbestände des § 105 Abs 3 Z 1 (Zugehörigkeit zu einer Gewerkschaft etc), die ihn in solchen Fällen schützen sollten, nicht mehr stützen. Der Gesetzgeber hat in der Folge das Sperrrecht für die Motivkündigung aufgehoben.

Hat der Betriebsrat der Kündigung fristgerecht **widersprochen**, hat dies einerseits Auswirkungen auf

- die **Ausübung des Anfechtungsrechts** und auf
- die Zulässigkeit eines **Sozialvergleichs** (siehe dazu 304 f).

194 Vgl dazu mit rechtspolitischen Vorschlägen *Tomandl,* Einige Vorschläge zu einer qualitativen Änderung des Arbeitsrechts, FS Rehor (1980) 293.

195 Siehe VfGH B 370/83-7; B 517/84-11 (mit Zustimmung von *Floretta,* der auch eine Darstellung der geschichtlichen Entwicklung und des Meinungsstandes gibt) und die berechtigte Kritik von *Mayer-Maly,* Arbeitsrecht 174, an der vom VfGH vorgenommenen eigenartigen dogmatischen Deutung des Kündigungsschutzes.

196 Einen Verstoß gegen Art 6 EMRK erblicken im Sperrrecht *Steininger,* Die Auflösung des Arbeitsverhältnisses 83; *Migsch,* Die absolut geschützte Rechtsstellung des Arbeitnehmers (1972) 109; *Schrank,* Der Fortbestand des Arbeitsverhältnisses als Schutzobjekt der Rechtsordnung 92.

197 OGH 9 ObA 38/13y, ZAS 2014, 224 (*Aichberger-Beig*) = DRdA 2014, 319 (*Jabornegg*); 8 ObA 58/07y; davor schon *Firlei,* Motivkündigung von Arbeitnehmern und kollektivrechtliche Konstruktion des allgemeinen Kündigungsschutzes im Arbeitsrecht, FS Rabofsky 156.

Hat der Betriebsrat **fristgerecht widersprochen**, kann der Arbeitgeber dennoch die Kündigung aussprechen, muss den Betriebsrat aber davon informieren. Will der gekündigte Arbeitnehmer seinen Arbeitsplatz verteidigen, muss er den Betriebsrat ersuchen, die Kündigung bei Gericht anzufechten. Kommt der Betriebsrat diesem Ersuchen nicht binnen einer Woche[198] (ab seiner Verständigung vom Kündigungsausspruch) nach, kann der Arbeitnehmer innerhalb von zwei Wochen nach Ablauf der für den Betriebsrat geltenden Frist die Anfechtung selbst vornehmen (§ 105 Abs 4 ArbVG).

Der Arbeitnehmer kann somit im Falle eines Widerspruchs eine Anfechtungsklage nur dann erheben, wenn er die Anfechtung vom Betriebsrat verlangt hat und der Betriebsrat diesem Verlangen nicht nachgekommen ist.[199] Eine verfrühte Klage des Arbeitnehmers schadet nicht, wenn der Betriebsrat keine Anfechtungsklage erhoben hat.[200] Zieht der Betriebsrat die Anfechtung später zurück, kann der gekündigte Arbeitnehmer in den Rechtsstreit binnen 14 Tagen eintreten.

Hat der Betriebsrat **keine Stellungnahme** abgegeben, so kann der Arbeitnehmer gem § 105 Abs 4 ArbVG innerhalb von zwei Wochen nach Zugang der Kündigung diese beim Gericht selbst anfechten. Es stehen ihm dazu alle Anfechtungsgründe offen; einzig die Durchführung eines Sozialvergleichs ist ausgeschlossen.

Besteht im Betrieb **kein Betriebsrat**, obwohl er zu wählen wäre, kommt das Anfechtungsrecht dem gekündigten Arbeitnehmer zu (§ 107 ArbVG). Das Vorverfahren entfällt. Die Klage muss innerhalb von zwei Wochen nach Zugang der Kündigung erhoben werden. Die Anfechtung kann wegen Sittenwidrigkeit des Motivs oder wegen Sozialwidrigkeit erfolgen. Ein Sozialvergleich kommt jedoch nicht in Betracht, da ein solcher den Widerspruch des Betriebsrats voraussetzt.[201]

198 Vgl OGH 9 ObA 289/89 (prozessuale Frist – Wiedereinsetzung).
199 OGH 8 ObA 177/01i.
200 OGH 8 ObA 216/00y.
201 Vgl VwGH 2392/77, ZAS 1981, 226 (zust *Marhold*); ZAS 1982, 148 (krit *Beck-Mannagetta*); *Kuderna*, Die sozial ungerechtfertigte Kündigung nach § 105 Abs 3 Z 2 ArbVG, DRdA 1975, 17; *Schrank*, Der Fortbestand des Arbeitsverhältnisses als Schutzobjekt der Rechtsordnung 88; *Tomandl*, Bemerkungen zu Rechtsprechung des VwGH zum allgemeinen Kündigungsschutz, ZAS 1984, 215; aA *Floretta*, Der Sozialvergleich beim allgemeinen Kündigungs- und Entlassungsschutz, DRdA 1976, 1; *Jabornegg*, Sozialvergleich und Betriebe ohne Betriebsrat, DRdA 1980, 190; *Runggaldier*, Der Sozialvergleich, in *Tomandl*, Beendigung des Arbeitsvertrages 95.

4.2.3. Die Kündigungsanfechtung

Die Anfechtung kann sich aus zwei Gründen erfolgen:

- wegen eines verpönten Kündigungsmotivs oder
- wegen der Sozialwidrigkeit der Kündigung.

4.2.3.1. Anfechtung wegen verpönten Motivs

Gem § 105 Abs 3 Z 1 ArbVG kann die Kündigung wegen des Vorliegens bestimmter sog verpönter Motive angefochten werden. Einmal geht es um die Absicht des Arbeitgebers, einen Arbeitnehmer deshalb zu kündigen, weil er von seiner Koalitionsfreiheit[202] (§ 105 Abs 3 Z 1 lit a und b ArbVG: **Gewerkschaftertätigkeit**) oder von bestimmten Mitwirkungsmöglichkeiten des Arbeitsverfassungsgesetzes (Z 1 lit c – f, j leg cit: **Engagement bei Betriebsratswahl**) Gebrauch gemacht hat. Verpönt sind ferner Auflösungserklärungen, die das Ziel haben, den besonderen Kündigungsschutz des Arbeitnehmers **wegen bevorstehender Einberufung zum Präsenz- oder Zivildienst** nicht entstehen zu lassen (Z 1 lit h leg cit) oder sich von Arbeitnehmern zu befreien, die **besondere Arbeitnehmerschutzaufgaben im Betrieb** wahrgenommen (Z 1 lit g leg cit) haben. Darüber hinaus ist eine Kündigung anfechtbar, wenn der Arbeitgeber einen Arbeitnehmer wegen der **offenbar nicht unberechtigten Geltendmachung** vom Arbeitgeber in Frage gestellter Ansprüche aus dem Arbeitsverhältnis kündigt (Z 1 lit i leg cit).

Die Beschränkung, die sich der Gesetzgeber bei der Auswahl solcher Motive auferlegt hat, ist allerdings wenig überzeugend. Umso weniger darf die Interpretation dieser sehr eng gefassten Tatbestände dazu führen, dass im Ergebnis Kündigungen zugelassen werden, die ohne diese Spezialbestimmung als sittenwidrig anzusehen wären. Zu ihrer Auslegung sind vielmehr jene Wertungen aus der gesamten Rechtsordnung mit heranzuziehen, die ein Urteil über die Sittenwidrigkeit zulassen. Das wird häufig zu einer eher extensiven Interpretation führen.[203]

Wegen der praktischen Aussichtslosigkeit, beweisen zu können, dass dieses Motiv den Arbeitgeber zu der Kündigung veranlasst hat, muss der Anfechtende das **Motiv des Arbeitgebers nur glaubhaft machen.**[204] Der Arbeitgeber kann dagegen einwenden, dass er die Kündigung aus anderen, nicht verpönten Gründen (zB schlechte Arbeitsleistung) ausgesprochen hat. Die Anfechtungsklage ist abzuweisen, wenn bei Abwägung aller Umstände eine höhere Wahrscheinlichkeit dafür spricht, dass ein anderes (dh ein vom Arbeitgeber glaubhaft gemachtes) Motiv für die Kündigung ausschlaggebend war (§ 105 Abs 5 ArbVG).[205]

202 Dazu siehe VwGH 82/01/0153, 0154; 82/01/0190.
203 Vgl *Trost,* Die rechts- oder sittenwidrige Kündigung (Teil II), DRdA 1987, 106 mit reichlichen Nachweisen aus Literatur und Judikatur.
204 Zur Glaubhaftmachung vgl *Rechberger* in *Fasching/Konecny*³, ZPO § 274 Rz 2.
205 OGH 9 ObA 27/10a.

Dabei genügt es, dass das verpönte Motiv für die Kündigung wesentlich war; es ist nicht notwendig, dass das Motiv ausschließlicher Beweggrund war. Die rechtfertigenden Motive dürfen allerdings nicht gesetzwidrig oder sittenwidrig sein.[206]

4.2.3.2. Anfechtung wegen Sozialwidrigkeit

Der gegen die Kündigung erhobene Vorwurf kann aber auch darin bestehen, dass sie bei objektiver – betriebsbezogener – Betrachtung nicht notwendig war, oder dass der Arbeitgeber bei der Auswahl des zu Kündigenden soziale Aspekte zu wenig berücksichtigt hat. In diesen Fällen steht im Mittelpunkt eine **Interessenabwägung**. Der Gesetzgeber will erreichen, dass der Kündigungsschutz nur Arbeitnehmern zugutekommt, die Schutz verdienen, und dass diese nur aus hinreichenden sachlichen Gründen gekündigt werden können. Der Gesetzgeber führt den Interessenausgleich in einer ersten Etappe selbst generell durch, indem er einem Arbeitnehmer, der kürzer als **sechs Monate** im Unternehmen beschäftigt ist oder dessen Interessen durch die Kündigung nicht wesentlich verletzt werden, den allgemeinen Kündigungsschutz versagt. Verdient der Arbeitnehmer hingegen nach diesen Kriterien Schutz, liegt es am Arbeitgeber, die Kündigung im Einzelfall zu rechtfertigen.

Gemäß § 105 Abs 3 Z 2 ArbVG kann eine Kündigung angefochten werden, wenn sie **sozial ungerechtfertigt** ist. Eine Kündigung ist sozial ungerechtfertigt, wenn sie wesentliche Interessen des Arbeitnehmers beeinträchtigt, es sei denn, der Betriebsinhaber erbringt den Nachweis, dass die Kündigung

- lit a) durch Umstände, die in der **Person** des Arbeitnehmers gelegen sind und die betrieblichen Interessen nachteilig berühren, oder
- lit b) durch **betriebliche Erfordernisse**, die einer Weiterbeschäftigung des Arbeitnehmers entgegenstehen, begründet ist.

Dem Aufbau dieser Regelung entsprechend geht der OGH in einem mehrstufigen Verfahren vor: Zunächst ist zu prüfen, ob durch die Kündigung **wesentliche Interessen** des Arbeitnehmers beeinträchtigt werden.[207] Liegt eine wesentliche Interessenbeeinträchtigung vor – der OGH bezeichnet dies als „Grundtatbestand" der Kündigungsanfechtung –, hat das Gericht zu prüfen, ob **Kündigungsrechtfertigungsgründe** vorliegen. Dabei kann es sich entweder um subjektive oder um objektive Rechtfertigungsgründe handeln. Nach der Judikatur des OGH sind die beeinträchtigten Interessen des Dienstnehmers mit den Interessen des Betriebs in Beziehung zu setzen. Die Kündigungsrechtfertigung schließt somit eine **Interessenabwägung** ein.[208]

Behauptet der Arbeitgeber, die Kündigung sei durch betrieblich nachteilige Umstände in der Person des Arbeitnehmers sachlich begründet (**subjektiv betriebsbedingte Kündi-**

206 OGH 9 ObA 294/98w.
207 OGH 9 ObA 206/88; 9 ObA 146/93.
208 OGH 9 ObA 279, 280/88, DRdA 1989, 389 (*Floretta*).

gung), ist zu prüfen, ob trotz des Vorliegens dieser sachlichen Gründe die Interessen des Gekündigten an der Aufrechterhaltung des Arbeitsvertrags überwiegen. Überwiegen die Interessen des Gekündigten, so ist die Kündigung sozial ungerechtfertigt. Überwiegen hingegen die betrieblichen Interessen an der Beendigung des Arbeitsverhältnisses, ist die Kündigungsanfechtungsklage abzuweisen.[209]

Bei Vorliegen objektiver Rechtfertigungsgründe (**objektiv betriebsbedingte Kündigung**) ist zu fragen, ob der Arbeitgeber seiner sozialen Gestaltungspflicht nachgekommen ist. Die objektiv betriebsbedingte Kündigung ist nur dann gerechtfertigt, wenn sie gleichsam als letztes Mittel eingesetzt wird. Kann der Arbeitnehmer auf einem anderen – freien – Arbeitsplatz weiterbeschäftigt werden, so ist ihm dieser Arbeitsplatz vor Ausspruch der Kündigung anzubieten. Unterlässt der Arbeitgeber dieses Anbot, so ist die Kündigung sozial ungerechtfertigt.[210]

Ein weiterer Prüfungsschritt erfolgt, wenn der **Betriebsrat** der Kündigung **ausdrücklich widersprochen** hat, und der Arbeitgeber die Kündigung als **objektiv betriebsbedingt** rechtfertigt. In diesem Fall ist die Kündigung dann sozial ungerechtfertigt, wenn ein Vergleich sozialer Gesichtspunkte für den Gekündigten eine größere soziale Härte als für andere Arbeitnehmer des gleichen Betriebes und der gleiche Tätigkeitssparte, deren Arbeit der Gekündigte zu leisten fähig und willens ist, ergibt. Beim sogenannten „**Sozialvergleich**" ist damit die wirtschaftliche Situation des Gekündigten der wirtschaftlichen Situation vergleichbarer anderer Arbeitnehmer gegenüberzustellen. Wird der gekündigte Arbeitnehmer durch die Kündigung härter getroffen als nicht gekündigte Arbeitnehmer getroffen wären, so ist die Kündigung für unwirksam zu erklären; dem Arbeitgeber steht es dann frei, die geringer betroffenen Arbeitnehmer zu kündigen.

4.2.3.2.1. Wesentliche Interessenbeeinträchtigung

Wann Interessen des Arbeitnehmers durch eine Kündigung **wesentlich** beeinträchtigt sind, ist im Gesetz nicht abschließend geregelt. § 105 Abs 3b ArbVG bestimmt, dass bei der Prüfung, ob die Kündigung eines älteren Arbeitnehmers sozial ungerechtfertigt ist, die vieljährige ununterbrochene Beschäftigungszeit im Betrieb sowie die wegen des höheren Lebensalters zu erwartenden Schwierigkeiten bei der Wiedereingliederung in den Arbeitsprozess unter gewissen Voraussetzungen besonders zu berücksichtigen sind.[211] Der Gesetzgeber gibt damit zu erkennen, dass das **höhere Le-**

209 OGH 8 ObA 96/97v; 9 ObA 91/13i.

210 Vgl dazu *Tomandl,* Neue Judikatur zur sozialwidrigen Kündigung, ZAS 1999, 106.

211 Seit der ArbVG-Nov BGBl I 2017/37 gilt dieser verstärkte Schutz der „besonderen" Berücksichtigung des Alters nicht mehr für Arbeitnehmer, die nach Vollendung des 50. Lebensjahres eingestellt wurden; der ursprünglich mit BGBl 1976/387 eingeführte und mit BGBl I 2003/71 sowie BGBl I 2010/101 wieder abgeschwächte Schutz war dieser Personengruppe zuvor immerhin noch nach Vollendung zweier Beschäftigungsjahre zugute gekommen. Vgl mwN zur Kontroverse um die Bedeutung dieser Änderungen etwa *Dullinger,* Kündigungsschutz älterer Arbeitnehmer, ecolex 2017, 442 bzw *Wolligger* in ZellKomm³, § 105 ArbVG Rz 183 (184).

bensalter des gekündigten Arbeitnehmers zunächst ein gewichtiges Indiz für das Vorliegen einer wesentlichen Interessenbeeinträchtigung ist. Das höhere Lebensalter indiziert bei der gegebenen Wirtschaftslage vor allem, dass ein neuer, einigermaßen **gleichwertiger Arbeitsplatz kaum zu erlangen** sein wird. Es wäre aber verfehlt, eine wesentliche Interessenbeeinträchtigung allein schon deshalb anzunehmen, weil der Gekündigte den bisherigen Arbeitsplatz und die mit diesem Arbeitsplatz verbundenen dienstzeitabhängigen Ansprüche verliert. Der Verlust des bisherigen Arbeitsplatzes ist die notwendige Konsequenz jeder Kündigung. Wäre allein der Verlust des Arbeitsplatzes eine wesentliche Interessenbeeinträchtigung, hätte der „Grundtatbestand" der Kündigungsanfechtung keine normative Bedeutung, weil er dann eben bei jeder Kündigung notwendigerweise verwirklicht wäre.

Die Judikatur verlangt daher völlig zu Recht, dass die Beeinträchtigung der Interessen über die mit der Beendigung des Arbeitsverhältnisses notwendigerweise verbundenen Konsequenzen hinausgeht.[212] Der Arbeitnehmer muss härter getroffen sein als es üblicherweise mit einer Kündigung einhergeht. Wesentliche Interessen des Arbeitnehmers sind erst dann beeinträchtigt, wenn die durch die Kündigung bewirkte finanzielle Schlechterstellung ein solches Ausmaß erreicht, dass sie eine fühlbare, **ins Gewicht fallende Beeinträchtigung der wirtschaftlichen Lage** zur Folge hat, ohne dass es dabei schon zu einer sozialen Notlage oder Existenzgefährdung kommen müsste.[213] Bei der Prüfung der finanziellen Schlechterstellung ist nicht nur auf die Vorteile aus dem gekündigten Arbeitsverhältnis Bedacht zu nehmen; vielmehr sind die **gesamten wirtschaftlichen Verhältnisse** des Arbeitnehmers einzubeziehen.[214] Der OGH berücksichtigt auch Lebensumstände, die mit dem gekündigten Arbeitsverhältnis an sich nichts zu tun haben. Der Kündigungsschutz wirkt sich also nicht zu Gunsten jener Arbeitnehmer aus, die zwar durch den Verlust einer bestimmten Arbeitsgelegenheit einen nicht unerheblichen Nachteil erleiden, der sich aber als unbedeutend erweist, wenn man die gesamte Lebenslage betrachtet.[215]

Die finanzielle Beeinträchtigung ist daher in einem zweistufigen Verfahren zu prüfen. Zunächst ist zu fragen, ob die Kündigung überhaupt eine finanzielle Schlechterstellung mit sich bringt. Ein Arbeitnehmer, der beste Möglichkeiten hat, einen anderen gleichwertigen Arbeitsplatz zu finden, ist von vornherein in seinen Interessen nicht beeinträchtigt.[216] Eine Beeinträchtigung liegt aber vor, wenn der gekündigte Arbeitnehmer mit **langer Arbeitslosigkeit** rechnen muss und daher längere Zeit auf Geldleistungen aus der Arbeitslosenversicherung angewiesen ist. Derartige Leistungen bilden nach Meinung des OGH schon zufolge ihrer zeitlichen Beschränkung kein Äquivalent für Bezüge aus einer Erwerbstätigkeit.[217] Als wesentliche Schlechterstellung wurde weiters der **Verlust**

212 OGH 9 ObA 67/90.
213 OGH 9 ObA 206/88; 9 ObA 67/90; 9 ObA 120/91; 9 ObA 142/97s.
214 OGH 9 ObA 146/93.
215 Vgl *Tomandl,* Die sozialwidrige Kündigung 34.
216 So ausdrücklich OGH 9 ObA 67/90.
217 OGH 9 ObA 248/89.

einer Dienstwohnung[218] oder die **Vergrößerung des Zeitaufwandes** für den täglichen Arbeitsweg[219] (von 32 km auf 138 km) gewertet.
Gewisse Einkommensminderungen muss sich der Arbeitnehmer im Zuge einer Kündigung allerdings gefallen lassen. Als noch zulässig hat der OGH eine Reduktion von 12 bis 15 % des früheren Entgelts angesehen.[220] Mag auch der Verlust des Arbeitsplatzes eine finanzielle Schlechterstellung mit sich bringen, so ist in einem zweiten Schritt zu fragen, wie sich diese Schlechterstellung auf die gesamte Lebensführung des Gekündigten auswirkt. Der OGH hat eine wesentliche Interessenbeeinträchtigung bei einer 50-jährigen teilzeitbeschäftigten Arbeitnehmerin mit acht Dienstjahren (Einkommen etwa € 642,–) und drohender längerer Arbeitslosigkeit verneint, weil der Ehegatte der Gekündigten im Monat über € 3.570,– brutto ins Verdienen brachte.[221] Bei einem angestellten Arzt, der durch die Kündigung etwa € 1.428,– einbüßte, wurde die Interessenbeeinträchtigung verneint, weil er aus freiberuflicher Tätigkeit ein Einkommen von ca € 4.285,– erzielte, das sich durch den Wegfall der Angestelltentätigkeit noch erhöhen konnte.[222] Wer Anspruch auf Pension in Höhe von 80 % seines letzten Bruttomonatsbezuges (unter Einrechnung der Sozialversicherungspension) hat, ist nach Meinung des OGH finanziell abgesichert und auf seinen Arbeitsplatz zur Sicherung des Lebensunterhalts nicht angewiesen.[223]
Problematisch ist das Abstellen auf das Ehegatteneinkommen, da es idR zu einem geringeren Kündigungsschutz für Frauen führt. Es ist daher zu begrüßen, dass der OGH in der Entscheidung 9 ObA 174/01f zu erkennen gegeben hat, dass eine differenziertere Prüfung stattzufinden hat. Es müsse die gesamte familiäre Situation einbezogen werden. Dabei könne auch eine Rolle spielen, ob und inwieweit Unterhaltsansprüche in aufrechter Ehe vom Ehegatten der gekündigten Arbeitnehmerin tatsächlich erfüllt werden oder nur bei gleichzeitiger Betreibung der Auflösung der Ehegemeinschaft durchsetzbar sind.[224] Zu berücksichtigen ist insb, dass mit dem Verlust des Kündigungsschutzes für verheiratete Frauen die Abhängigkeit vom Ehepartner zunimmt und die freie Entscheidung, sich uU ohne Unterhaltsanspruch scheiden zu lassen, erschwert wird.

Für die Beeinträchtigung der wesentlichen Interessen des gekündigten Arbeitnehmers ist der die Kündigung anfechtende Arbeitnehmer bzw Betriebsrat behauptungs- und beweispflichtig.[225] Bei der Beurteilung der Frage, ob durch eine Kündigung wesentliche Interessen des Arbeitnehmers beeinträchtigt werden, ist auf den Zeitpunkt der durch die angefochtene Kündigung herbeigeführten Beendigung des Arbeitsverhältnisses abzustellen.[226] Der Arbeitgeber muss **beim Ausspruch der Kündigung** eine **Prognoseentscheidung** über die aller Voraussicht nach ab dem **Ende des Arbeitsverhältnisses** wirksam werdenden Folgen der Kündigung treffen. Ausgehend vom **Wissensstand im**

218 OGH 9 ObA 82/93.
219 OGH 8 ObA 153/97a.
220 OGH 8 ObA 96/97v (12-15 % noch zulässig); 8 ObA 342/99y (23 % nicht zulässig); 9 ObA 179/00i (10 % noch zulässig); im Ergebnis ist somit eine umfassende Einzelfallbetrachtung vorzunehmen, wie etwa auch OGH 9 ObA 8/05z (selbst 40 % bei entsprechender Höhe des verbleibenden Einkommens zulässig) verdeutlicht.
221 OGH 9 ObA 206/88.
222 OGH 9 ObA 142/90.
223 OGH 9 ObA 223/02p.
224 OGH 9 ObA 174/01f, ZAS 2004/12 (krit *Posch*); vgl schon *Karl*, Zur Beeinträchtigung wesentlicher Interessen des Arbeitnehmers iSd § 105 Abs 3 Z 2 ArbVG, JBl 1997, 702.
225 OGH 8 ObA 199/95.
226 OGH 9 ObA 279, 280/88; 9 ObA 170/90; 8 ObA 199/95.

Zeitpunkt des Kündigungsausspruchs ist zu prüfen, ob durch die Kündigung Interessen des Arbeitnehmers über den Endtermin des Arbeitsverhältnisses hinaus beeinträchtigt werden. Künftige Entwicklungen nach der Kündigung bzw nach Beendigung des Arbeitsverhältnisses sind nur insoweit in die erwähnte Prognoseentscheidung einzubeziehen, als sie mit der angefochtenen Kündigung (noch) in einem sachlichen und zeitlichen Zusammenhang stehen[227] bzw, wenn sie die Richtigkeit der im Zeitpunkt der Kündigung des Arbeitsverhältnisses abgegebenen Prognose betreffen. Der Umstand, dass der Arbeitnehmer tatsächlich einen gleichwertigen neuen Arbeitsplatz erlangt, ist somit bei der Beurteilung zu berücksichtigen.

Der OGH hat es etwa abgelehnt, eine nach der Kündigung eingetretene krankheitsbedingte Arbeitsunfähigkeit zu berücksichtigen, weil diese Interessenbeeinträchtigung zum Zeitpunkt der Kündigungserklärung im Rahmen einer rational nachvollziehbaren Prognose nicht vorhersehbar war. Der gekündigte Arbeitnehmer war während des aufrechten Arbeitsverhältnisses praktisch nie im Krankenstand. Daher konnte die Prognose nach Meinung des OGH die nach der Kündigung auftretende Arbeitsunfähigkeit objektiv nicht zum Gegenstand haben.[228]

4.2.3.2.2. Subjektive Betriebsbedingtheit

Ist dem Arbeitnehmer bzw dem Betriebsrat im Prozess der Beweis gelungen, dass die Kündigung wesentliche Interessen des Arbeitnehmers beeinträchtigt, kann der Arbeitgeber behaupten und unter Beweis stellen, dass die Kündigung aus **in der Person des Arbeitnehmers** gelegenen Gründen erfolgte.[229] Zu den relevanten subjektiv betriebsbedingten Gründen gehören einerseits **verhaltensbezogene** und andererseits **personenbezogene** Umstände.[230] Es handelt sich dabei bereits um Gründe, die noch nicht die Schwere eines Entlassungsgrunds erreichen. Entscheidend ist dabei nur, ob in der Person des Arbeitnehmers gelegene Gründe der Weiterbeschäftigung entgegenstehen. Ob der Arbeitsplatz nach der Kündigung wiederbesetzt werden soll oder nicht, spielt für die subjektive Betriebsbedingtheit keine Rolle.

Wesentlich ist allerdings, dass die verhaltens- oder personenbezogenen Umstände die **betrieblichen Interessen nachteilig berühren**. Die betrieblichen Interessen werden dann nachteilig berührt, wenn das bis zur Kündigung gesetzte Verhalten (zB mangelhafte Arbeitsleistung, mangelnde Teamfähigkeit) oder die in der Person des Arbeitnehmers gelegenen Umstände (zB Krankenstände) Auswirkungen für die Zukunft haben. Auch bezüglich der subjektiv betriebsbedingten Rechtfertigungsgründe ist eine Prognoseentscheidung zu treffen. Gründe, die lediglich in der Vergangenheit vorlagen und nicht in die Zukunft projiziert werden können, sind nicht geeignet, eine die Interessen des Arbeitnehmers beeinträchtigende Kündigung zu rechtfertigen. War zB ein Arbeitnehmer in der

227 OGH 8 ObA 25/03i.
228 OGH 8 ObA 199/95.
229 Zur Beweispflicht vgl OGH 9 ObA 258/97z.
230 *Tomandl,* Die sozialwidrige Kündigung 44.

Vergangenheit längere Zeit krank und ist diese Krankheit abgeschlossen, so kann dieser Krankenstand nicht zur Rechtfertigung einer Kündigung herangezogen werden, wenn ein neuerlicher Ausbruch der Krankheit nicht zu erwarten ist.

Fraglich ist, **wie intensiv die betrieblichen Interessen beeinträchtigt sein müssen**, damit personen- oder verhaltensbezogene Gründe zur Rechtfertigung einer Kündigung herangezogen werden können. Auf den ersten Blick scheint es naheliegend, eine Parallele zu den Entlassungsgründen zu ziehen. Eine Entlassung ist immer dann gerechtfertigt, wenn dem Arbeitgeber die Weiterbeschäftigung des Arbeitnehmers **bis zum Ende der Kündigungsfrist** nicht zugemutet werden kann. Davon ausgehend könnte argumentiert werden, eine Kündigung sei dann betrieblich gerechtfertigt, wenn dem Arbeitgeber die Weiterbeschäftigung **über die Kündigungsfrist hinaus** nicht zugemutet werden kann. Der OGH ist hier im Interesse des Arbeitgebers großzügiger. Die in der Person des Arbeitnehmers gelegenen Umstände müssen nach Auffassung der Judikatur nicht so gravierend sein, dass sie eine Weiterbeschäftigung über den Kündigungstermin hinaus unzumutbar machen. Es reicht vielmehr aus, dass die in der Person des Arbeitnehmers gelegenen Umstände die betrieblichen Interessen so weit nachteilig berühren, dass sie **bei objektiver Betrachtung einen verständigen Betriebsinhaber** zur Kündigung veranlassen würden und die Kündigung als eine gerechte, dem Sachverhalt adäquate Maßnahme erscheinen lassen.[231]

Die betrieblichen Interessen werden durch in der Person des Arbeitnehmers gelegene Gründe jedenfalls dann nachteilig berührt, wenn der Arbeitnehmer einen Entlassungsgrund gesetzt hat. In diesem Fall hätte der Arbeitgeber sogar das Recht, das Arbeitsverhältnis mit sofortiger Wirkung zu beenden. Eine Anfechtung nach § 106 ArbVG müsste ohne Erfolg bleiben, weil die Anfechtung nach dieser Bestimmung voraussetzt, dass kein Entlassungsgrund vorliegt. Greift der Arbeitgeber zum milderen Mittel der Kündigung, dann muss auch die Anfechtung der Kündigung erfolglos bleiben.

Bei **krankheitsbedingter Arbeitsunfähigkeit** kann die Kündigung bei längerer Abwesenheit vom Dienst (Krankenstände im Ausmaß von 27% der möglichen Arbeitszeit) wegen der mangelnden Einsetzbarkeit der Arbeitskraft, aber auch wegen des vertretungsweise nicht mehr bewältigbaren Leistungsausfalls als gerechtfertigt angesehen werden.[232] Ganz allgemein vertritt die Judikatur die Auffassung, dass alle Pflichtverletzungen im Arbeitsverhältnis, wie Arbeitsversäumnis, oftmalige Unpünktlichkeit[233] oder ungenügender Fleiß, als betriebliche Rechtfertigungsgründe in Betracht kommen. Als in der Person gelegener Umstand, der die betrieblichen Interessen nachteilig berührt, wurde insbesondere die Unverträglichkeit gegenüber Mitarbeitern gewertet, wenn dadurch die Leistungsfähigkeit oder die Ordnung des Betriebes gefährdet wird.[234] Auch Minderleistungen des Arbeitnehmers wurden von der Judikatur als betriebsbedingte Rechtfertigungsgründe anerkannt.[235]

Nach § 105 Abs 3a ArbVG dürfen Umstände, die ihre Ursache in einer langjährigen Beschäftigung als **Nacht-Schwerarbeiter** (Art. VII NSchG) haben, zur Rechtfertigung der

231 OGH 9 ObA 146/93; 9 ObA 272/97h.
232 OGH 9 ObA 120/91, DRdA (*Runggaldier*); 8 ObA 48/08d.
233 OGH 2 Ob 554/86.
234 OGH 9 ObA 262/90; 9 ObA 146/93.
235 OGH 2 Ob 554/86.

Kündigung nicht herangezogen werden, wenn der Arbeitnehmer ohne **erheblichen Schaden** für den Betrieb weiter beschäftigt werden kann.

§ 105 Abs 3b ArbVG besagt, dass Umstände, die ihre Ursache in einem **höheren Lebensalter** eines langjährig beschäftigten Arbeitnehmers haben, zur Rechtfertigung der Kündigung des älteren Arbeitnehmers nur dann herangezogen werden dürfen, wenn durch die Weiterbeschäftigung betriebliche Interessen **erheblich nachteilig** berührt werden. Bei den genannten Personengruppen nimmt der Gesetzgeber also eine erhöhte Beeinträchtigung der betrieblichen Interessen in Kauf.

Diese (gegenüber der allgemeinen Prüfung) erhöhten Anforderungen an die Kündigungsrechtfertigung eines älteren Arbeitnehmers gelten seit der ArbVG-Nov BGBl I 2017/37 nicht mehr für Arbeitnehmer, die im Zeitpunkt ihrer Einstellung das 50. Lebensjahr vollendet haben. Arbeitgeber sollen nämlich nicht abgehalten werden, auch Arbeitnehmer nach ihrem 50 Geburtstag einzustellen;[236] diese Kritik hatte den Gesetzgeber bereits zur zuvor geschehenen Abschwächung des besonderen Schutzes bewogen.[237] Ausweislich des Ausschussberichts „soll deshalb bei einem Sozialvergleich oder der Prüfung der Sozialwidrigkeit einer Kündigung das Alter nicht mehr gesondert, sondern nach demselben Maßstab wie bei jüngeren Arbeitnehmer/inne/n herangezogen werden."[238]

4.2.3.2.3. Objektive Betriebsbedingtheit

Der Arbeitgeber kann die Kündigung auch mit „**betrieblichen Erfordernissen**, die einer Weiterbeschäftigung des Arbeitnehmers entgegenstehen" rechtfertigen. Solche Gründe können technischer, organisatorischer oder wirtschaftlicher Art sein, wie Auftragsrückgänge, Wettbewerbsrücksichten, geringe Ertragslage, veraltete Betriebsanlagen, Mängel in der Rohstoff- und Materialbelieferung, Finanzierungsschwierigkeiten, Ausfall von Maschinen oder der Energiezufuhr, sofern solche Störungen nicht nur kurzfristig auftreten. Besonderen Schutz genießen ältere Arbeitnehmer mit langer Betriebszugehörigkeit. Der Arbeitgeber darf Kündigungen nicht einfach mit der Absicht rechtfertigen, ältere Arbeitskräfte durch jüngere (und billigere) zu ersetzen.

Die Judikatur anerkennt dabei das freie betriebswirtschaftliche Entscheidungsrecht des Arbeitgebers. Das Gericht hat weder die Zweckmäßigkeit noch die objektive Richtigkeit der vom Betriebsinhaber getroffenen Maßnahmen zu überprüfen oder gar dem Betriebsinhaber wirtschaftliche Maßnahmen vorzuschreiben.[239] Das schließt jedoch nicht aus, dass es überprüft, ob die Kündigung ein geeignetes Mittel ist, um die vom Arbeitgeber angestrebten Ziele überhaupt zu erreichen. Einer Rechtfertigung bedarf daher nur die Kündigung

236 In diesem Sinne die Begründung des entsprechenden IA 1140/A, 25. GP 1.

237 Zuvor besagte § 105 Abs 3b ArbVG, das Alter habe bei bereits ab- oder über-50-jährig Eingestellten (erst) nach Vollendung zweier Beschäftigungsjahre „besonders" berücksichtigt zu werden, was der OGH in seiner Entscheidung 9 ObA 125/13t nicht für verfassungsrechtlich bedenklich zu halten schien.

238 AB 1497 BlgNR 25. GP 2; vgl oben FN 209 mwN hinsichtlich der Kontroverse darüber, ob in solchen Fällen das Alter nunmehr überhaupt nicht oder immerhin noch im Rahmen der ohnehin gebotenen umfassenden Einzelfallabwägung zu berücksichtigen sei (wofür sich neben dem Ausschussbericht etwa *Dullinger*, ecolex 2017, 442 ausgesprochen hat; vgl dagegen zur selben Frage im Gewand der alten Rechtslage OGH 9 ObA 125/13t).

239 OGH 8 ObA 96/97v; 8 ObA 153/97a; vgl schon 9 ObA 279, 280/88; 9 ObA 338/89.

des betreffenden Arbeitnehmers, nicht aber die ihr zu Grunde liegende wirtschaftliche Disposition.

Der Arbeitgeber ist aber frei, Arbeitsplätze auch aus anderen Gründen als zB Kostengründen wegfallen zu lassen.[240] Das Gericht hat die Entscheidung des Arbeitgebers, seinen Betrieb zu reduzieren, auch dann zu respektieren, wenn er sie aus rein persönlichen Gründen getroffen hat, bspw weil ihm die Fortführung bestimmter betrieblicher Tätigkeiten zu mühsam geworden oder weil ihm der Betrieb zu groß geworden ist. Eine Kündigung ist daher immer dann gerechtfertigt, wenn sie die normale und für jedermann nachvollziehbare (betriebswirtschaftliche) Konsequenz einer unternehmerischen Disposition ist.[241] Der Arbeitgeber hat im Prozess darzutun, dass für den zu kündigenden Arbeitnehmer keine Beschäftigungsmöglichkeit mehr besteht. Die Judikatur prüft weiters, ob mit dem Wegfall des Arbeitsplatzes das angestrebte Ziel auch tatsächlich erreicht werden kann. Hat der Arbeitgeber hohe Schulden, ist die Kündigung eines einzelnen Arbeitnehmers nicht gerechtfertigt, weil dadurch praktisch keine Kostensenkung bewirkt wird.[242]

Daraus, dass es bei der objektiv betriebsbedingten Kündigung darum geht, den konkreten Arbeitsplatz zu reduzieren und nicht wie bei der subjektiv betriebsbedingten, den konkreten Arbeitnehmer zu kündigen, ergeben sich wesentliche Konsequenzen: Solange für den gekündigten Arbeitnehmer noch eine Weiterbeschäftigungsmöglichkeit im Betrieb[243] besteht, ist die Kündigung nicht durch betriebliche Umstände bedingt. Die Rechtsprechung hat aus diesen Überlegungen die **„soziale Gestaltungspflicht" des Arbeitgebers** abgeleitet. Der Arbeitgeber hat alle Möglichkeiten auszuschöpfen, seine bisherigen Arbeitnehmer weiter zu beschäftigen.[244] Er muss daher dem für die Kündigung in Aussicht genommenen Arbeitnehmer geeignete freie Arbeitsplätze im Betrieb anbieten[245] und ihm Gelegenheit zur Umschulung und Einarbeit geben;[246] er hat unzulässige oder vermeidbare Überstunden abzubauen[247] und er darf Arbeitnehmer nicht in der Absicht kündigen, sie durch andere zu ersetzen. Die objektiv betriebsbedingte Kündigung kommt nur als „ultima ratio" in Betracht.[248] Die soziale Gestaltungspflicht verlangt vom Arbeitgeber jedoch nicht, an Stelle des für die Kündigung in Aussicht genommenen Arbeitnehmers einen anderen (weniger schutzwürdigen) Arbeitnehmer zu kündigen. Diese Möglichkeit ist nur im Rahmen eines Sozialvergleichs zu überprüfen. Die soziale Gestaltungspflicht verlangt vom Arbeitgeber nur, dem zu kündigenden Arbeitnehmer einen **freien Arbeitsplatz** anzubieten.

240 In diesem Sinne bereits *Kuderna,* Die sozial ungerechtfertigte Kündigung nach § 105 Abs 3 Z 2 ArbVG, DRdA 1975, 15.
241 OGH 9 ObA 151/90; 9 ObA 310/93.
242 OGH 8 ObA 1/02h.
243 *Windisch-Graetz,* Soziale Gestaltungspflicht über die Betriebsgrenzen hinaus? ZAS 1996, 109.
244 OGH 9 ObA 110/88, ZAS 1989, 172 (*Hainz*) = DRdA 1989, 387 (*Floretta*).
245 OGH 9 ObA 338/89.
246 OGH 9 ObA 110/88.
247 OGH 9 ObA 279, 280/88.
248 OGH 8 ObA 96/97v.

Die objektive Betriebsbedingtheit bringt zwei Umstände zum Ausdruck: **(1)** Es gibt einen **ausreichenden Grund** dafür, einen oder mehrere Arbeitsplätze im Betrieb aufzulassen, und **(2)** die an diesen Arbeitsplätzen beschäftigten Arbeitnehmer können **nicht anderweitig im Betrieb verwendet** werden, ohne dass andere Arbeitnehmer ihren Arbeitsplatz verlieren. Daraus ergeben sich zwei Konsequenzen: Stehen mehrere Arbeitnehmer im Betrieb zur Verfügung, deren Arbeitsplatz aufgelassen werden kann, damit der angestrebte wirtschaftliche Erfolg erreicht wird, so ist die Kündigung jedes einzelnen Arbeitnehmers – isoliert betrachtet – objektiv betriebsbedingt, weil der angestrebte Erfolg unabhängig davon eintritt, welcher Arbeitnehmer gekündigt wird. Andererseits könnten jene Arbeitnehmer, die als Folge des Wegfalls des Arbeitsplatzes ihre bisherige Beschäftigung verloren haben, dann weiterbeschäftigt werden, wenn an ihrer Stelle jeweils ein anderer Arbeitnehmer gekündigt worden wäre. Der wirtschaftliche „Erfolg" der Kündigung wäre – aus der Sicht des jeweils gekündigten Arbeitnehmers – nicht beeinträchtigt. Während daher im Falle subjektiver Betriebsbedingtheit nicht nur eindeutig geklärt ist, dass ein Arbeitnehmer gekündigt werden kann, sondern gleichzeitig auch die Person des zu Kündigenden bestimmt ist, ergibt sich aus objektiven betrieblichen Kündigungsgründen noch nicht zwangsläufig die Person, die gekündigt werden soll. Die objektive Betriebsbedingtheit ist daher nur ein **genereller Kündigungsrechtfertigungsgrund**. Sie beantwortet nur die Frage, wie viele Arbeitnehmer zu kündigen sind, nicht aber, wer dies sein muss.

Der Gesetzgeber sieht daher in **§ 105 Abs 3c ArbVG** die Durchführung eines sog **Sozialvergleichs** vor.[249] Die Kündigung eines Arbeitnehmers ist dann sozial ungerechtfertigt, wenn ein Vergleich sozialer Gesichtspunkte für den Gekündigten eine größere soziale Härte als für andere Arbeitnehmer des gleichen Betriebes und derselben Tätigkeitssparte, deren Arbeit der Gekündigte zu leisten fähig und willens ist, ergibt. Ein solcher **Sozialvergleich** ist allerdings nur durchzuführen, wenn der **Betriebsrat** gegen die objektiv betriebsbedingte Kündigung **ausdrücklich Widerspruch** erhoben hat.

Der Gesetzgeber geht also offenbar davon aus, dass die vergleichende Auswahl der zu kündigenden Personen zwischen Betriebsrat und Arbeitgeber zu klären ist. Das Schweigen des Betriebsrats bringe somit zum Ausdruck, dass er keine Bedenken gegen die getroffene Auswahl besitzt.[250] Allerdings ist es nicht zwingend, dass der Betriebsrat nach einem Widerspruch selbst anficht. In diesem Fall muss der Arbeitnehmer selbst den Sozialvergleich vorbereiten.

Außerdem ist ein Sozialvergleich nur **auf Antrag** durchzuführen. Dabei ist vom Antragsteller (BR oder AN) konkret anzugeben, welchen anderen Arbeitnehmer der Arbeitgeber an seiner Stelle hätte kündigen sollen.[251] Um das Ausmaß der sozialen Härte für die gekündigte Person mit jenem für die Vergleichsperson vergleichen zu können, bedarf es der Substantiierung und genauen Beleuchtung der persönlichen, familiären und wirt-

249 Siehe dazu ausführlich *Runggaldier,* Der Sozialvergleich, in *Tomandl,* Die Beendigung des Arbeitsvertrages 93.
250 So *Runggaldier,* Der Sozialvergleich, in *Tomandl,* Die Beendigung des Arbeitsvertrages 95.
251 Dies führt aber nicht automatisch zu einer Kündigung der genannten Arbeitnehmer!

schaftlichen Verhältnisse der in den Sozialvergleich einzubeziehenden Personen einschließlich der jeweiligen Beschäftigungszeit im Betrieb und der jeweiligen individuellen Schwierigkeiten bei der Wiedereingliederung in den Arbeitsprozess.[252]

Der Sozialvergleich ist **aus verschiedenen Gründen problematisch:** Für den Betriebsrat mag es unklug sein, eine „schwarze Liste" von Arbeitnehmern zu erstellen, auf deren Wählerstimmen er bei der nächsten Betriebsratswahl angewiesen ist. Der gekündigte Arbeitnehmer selbst wird oft die entsprechenden Informationen über seine Arbeitskollegen nicht haben. Sollte der gekündigte Arbeitnehmer die Anfechtung gewinnen, kann es bei der Wiedereingliederung in den Arbeitsprozess zu sozialen Problemen mit jenen Arbeitnehmern kommen, die in den Sozialvergleich einbezogen waren.
Der Sozialvergleich hat zwischen Arbeitnehmern derselben Tätigkeitssparte stattzufinden. Zunächst hat der OGH einen Sozialvergleich auch mit Arbeitnehmern anderer Tätigkeitssparten zugelassen, wenn der Gekündigte willens und fähig war, eine minder qualifizierte Arbeit auszuüben und das dafür zustehende (niedrigere) Entgelt zu akzeptieren.[253] Die vom OGH vorgenommene Ausdehnung des Sozialvergleichs auf Arbeitnehmer auch anderer Tätigkeitssparten widerspricht dem eindeutigen Wortlaut des ArbVG.[254] In einer späteren Entscheidung sprach der OGH dagegen am Rande aus, es reiche für einen erfolgreichen Sozialvergleich nicht, dass der vergleichbare Arbeitnehmer im selben Betrieb beschäftigt ist; er oder sie müssen auch in derselben Tätigkeitssparte wie die gekündigte Person beschäftigt sein.[255]

Beim Sozialvergleich sind alle Umstände zu beachten, die eine größere soziale Härte begründen können, also nicht nur höheres Lebensalter und lange Betriebszugehörigkeit, sondern auch bestehende Unterhaltspflichten, hohe Schulden udgl. **Unklar** erscheint, ob sich der Arbeitgeber im Rahmen des Sozialvergleiches auch darauf berufen kann, dass er die Auswahl wegen Umständen in der **Person oder im Verhalten** des Gekündigten getroffen hat. Sind die Gründe so schwerwiegend, dass sie bereits eine Kündigung wegen subjektiver Betriebsbedingtheit rechtfertigen, müssen sie auch hier durchdringen. Sind die Gründe minder schwer, können sie bei Beantwortung der Frage mitberücksichtigt werden, ob es sich beim Gekündigten um einen mit den übrigen Arbeitskollegen, gegen die nichts vorliegt, vergleichbaren Arbeitnehmer handelt.[256]

252 OGH 9 ObA 69/09a – Bloße Pauschalbehauptungen, die Vergleichspersonen seien „wesentlich jünger" und hätten es „wesentlich leichter", reichen für einen Sozialvergleich nicht aus.

253 OGH 9 ObA 39/89 folgend *Runggaldier*, Der Sozialvergleich, in *Tomandl*, Die Beendigung des Arbeitsvertrages 106. Detailkritik bei *Tomandl*, Die sozialwidrige Kündigung 83.

254 So schon *Köck*, Der „neue" allgemeine Kündigungsschutz, ecolex 1990, 43.

255 OGH 9 ObA 69/09a, DRdA 2012, 41 (*Trost*).

256 Eher ablehnend *Runggaldier*, Der Sozialvergleich, in *Tomandl*, Die Beendigung des Arbeitsvertrages 109.

4.2.4. Das Anfechtungsverfahren

Das Klagebegehren hat auf **Unwirksamerklärung der ausgesprochenen Kündigung** zu lauten; die Klage ist somit eine **Rechtsgestaltungsklage.**[257]

Das Gericht kann in der Sache selbst entweder die Anfechtung abweisen, wodurch die Kündigung wirksam bleibt, oder der Anfechtung stattgeben und die Kündigung (rückwirkend) für unwirksam erklären. Bis zum Verstreichen der Anfechtungsfrist bzw bis zur Rechtskraft der Entscheidung des Gerichts tritt ein rechtlicher **Schwebezustand** ein, in dem das endgültige Schicksal der Kündigung ungeklärt ist.

Da erstinstanzliche arbeitsgerichtliche Urteile über die Kündigungsanfechtung gem § 61 Abs 1 Z 1 ASGG eine verbindliche Rechtsgestaltungswirkung bis zur endgültigen rechtskräftigen Entscheidung durch die Instanzgerichte besitzen, treten praktische Probleme auf. Weist das Erstgericht die Anfechtung ab, wird der Klage aber im Rechtsmittelverfahren rechtskräftig stattgegeben, besitzt der klagende Arbeitnehmer, da er durch die Einbringung der Klage seine weitere Leistungsbereitschaft unter Beweis gestellt hat und die Sozialwidrigkeit bzw das verpönte Motiv ein Umstand ist, den der Arbeitgeber zu vertreten hat, für die Prozessdauer einen Anspruch auf Entgeltfortzahlung gem § 1155 ABGB (vgl oben 215 ff).[258] Gibt andererseits das Erstgericht der Anfechtung statt, wird die Anfechtung aber im Rechtsmittelverfahren rechtskräftig abgewiesen, hat der Arbeitnehmer das ihm zunächst auf Grund des erstinstanzlichen Urteil bezahlte Entgelt zurückzuzahlen (§ 61 Abs 2 letzter Satz ASGG).

Zur Vermeidung dieser Unsicherheiten hat *Rebhahn*[259] vorgeschlagen, die beiden Streitteile sollten auf Prozessdauer ein auflösend bedingtes Arbeitsverhältnis (ein sog **Eventualarbeitsverhältnis**) abschließen: Bedingung wäre die Rechtskraft der Ab- oder Zurückweisung der Anfechtung.

Rebhahn geht aber noch einen Schritt weiter und meint, den Arbeitnehmer treffe grundsätzlich die Obliegenheit, auf Begehren des Arbeitgebers ein solches Eventualarbeitsverhältnis abzuschließen; seine Weigerung führe zum Entfall des Entgeltanspruches nach § 1155 ABGB.[260] Dieser Vorschlag berücksichtigt die beiderseitigen Interessen angemessen und vermeidet die sonst unausweichlichen nachteiligen Folgen des Schwebezustandes.

257 OGH 9 ObA 320/92; 8 ObA 310/94.

258 Vgl OGH 4 Ob 40/83.

259 *Rebhahn,* Die Rechtslage während eines arbeitsrechtlichen Kündigungsschutzprozesses, DRdA 1988, 16.

260 Vgl auch *Gstirner*, Anm zu OGH 4 Ob 122/78, ZAS 1983, 22, der zeigt, dass der Arbeitnehmer uU sogar ohne neuen Arbeitsvertrag eine andere Verwendung bei seinem Arbeitgeber akzeptieren müsste.

4.3. Kündigungsschutz außerhalb des ArbVG

4.3.1. Nichtigkeit sittenwidriger Kündigungen

Sittenwidrige Kündigungen sind **nach hL und Rsp gem § 879 ABGB unwirksam.**[261] Eine sittenwidrige Kündigung ist immer dann anzunehmen, wenn der Arbeitgeber von seinem Kündigungsrecht aus gänzlich unsachlichen und insbesondere aus Gründen des Persönlichkeitsschutzes zu missbilligenden Motiven (etwa wegen des Religionsbekenntnisses oder der politischen Einstellung des Arbeitnehmers oder aus reiner Schikane) Gebrauch gemacht hat.[262] Unwirksam sind auch Kündigungen, die gegen ein **gesetzliches Verbot** verstoßen (§ 879 ABGB). Dazu gehören Kündigungen, die bezwecken, die in § 3 AVRAG angeordnete Eintrittspflicht des Betriebserwerbers in die zum Veräußerer bestehenden Arbeitsverhältnisse zu umgehen.[263] In beiden Fällen kann der Gekündigte eine **Klage auf Feststellung** des aufrechten Bestandes des Arbeitsverhältnisses erheben.

Sieht ein Kollektivvertrag vor, dass der Arbeitgeber eine Kündigung nur bei Vorliegen eines auf Ausspruch der Kündigung lautenden Erkenntnisses einer Disziplinarkommission aussprechen darf, ist eine Kündigung ohne Durchführung eines Disziplinarverfahrens unwirksam.[264] Die Kündigung wird zwar nicht als Disziplinarmaßnahme im Sinne des § 102 ArbVG aufgefasst,[265] doch lassen sich die Vorschriften des Kollektivvertrags zur Durchführung eines der Kündigung vorangehenden Verfahrens als Verpflichtung aus dem Arbeitsvertrag, und damit als zulässige Inhaltsnorm, deuten.[266]

Zu klären ist das **Verhältnis** zwischen der Sittenwidrigkeit der Kündigung gem **§ 879 ABGB und** der **Motivkündigung** gem § 105 Abs 3 Z 1 ArbVG, bei der ebenfalls von „Sittenwidrigkeit der Motive“ gesprochen wird.[267] Strittig war, ob Kündigungen aus den in § 105 Abs 3 Z 1 ArbVG genannten verpönten Motiven sittenwidrige Kündigungen sind, die in anderem Rahmen als der Betriebsverfassung gem § 879 ABGB nichtig sind. Der Schutz, den das Betriebsverfassungsrecht mit der Anfechtung innerhalb einer sehr kurzen Frist gewährt, scheint schlechter als der nach der allgemeinen Regelung des § 879 ABGB zu sein. Man könnte also der Ansicht sein, dass die in § 105 Abs 3 Z 1 ArbVG genannten verpönten Motive offenbar eine geringere Intensität an Rechtswidrigkeit in sich tragen als dies bei sittenwidrigen Motiven gem § 879 ABGB der Fall ist.

Nach Judikatur und hL ist jedoch davon auszugehen, dass der Motivkündigungsschutz der Betriebsverfassung die allgemeinen Bestimmungen des § 879 ABGB grds nicht verdrängt. Lediglich den Arbeitnehmern, die in den Geltungsbereich der Betriebsverfas-

261 Vgl *Floretta,* Die sittenwidrige Kündigung im Arbeitsrecht, JBl 1954, 525; OGH 9 ObA 200/93, DRdA 1994, 134 (*Floretta*).
262 OGH 8 ObA 37/12t; 9 Ob A 262/02y.
263 OGH 8 Ob 15/95, DRdA 1997, 115 (*Kirschbaum*); *Holzer/Reissner,* AVRAG² § 3 Rz 6.
264 Vgl OGH 4 Ob 121/83, ZAS 1985, 139 (*Mayer-Maly*) = DRdA 1986, 33 (*W. Schwarz*); 9 ObA 73/93.
265 Vgl OGH 9 ObA 201/94, ZAS 1996, 27 (*Kürner*).
266 Vgl auch OGH 9 ObA 1/99h.
267 Vgl die Nachweise bei *Wolligger* in ZellKomm³, ArbVG § 105 Rz 80.

sung fallen, ist die Berufung auf § 879 ABGB in allen unter § 105 Abs 3 Z 1 und 2 ArbVG fallenden (materiellen) Anfechtungssachverhalten verwehrt (*lex specialis*). Der OGH betont, dass § 879 ABGB für Arbeitnehmer, die nicht in den Geltungsbereich des ArbVG fallen, voll anwendbar bleibt, ob es sich nun um in § 105 Abs 3 Z 1 ArbVG angeführte oder um andere Motive handelt. Aber auch im Geltungsbereich des allgemeinen Kündigungsschutzes greife bei nicht von § 105 Abs 3 Z 1 und 2 ArbVG umfassten sittenwidrigen Kündigungen der Schutz des § 879 ABGB ein.[268]

Das bedeutet, dass Arbeitnehmer in Kleinstbetrieben oder leitende Angestellte iSv § 36 ArbVG die Nichtigkeit von Kündigungen, die insb wegen der Geltendmachung von Arbeitnehmeransprüchen ausgesprochen werden (sog Vergeltungskündigungen), feststellen lassen können.

4.3.2. Anfechtbare Kündigungen

In den letzten Jahren hat der Gesetzgeber nicht nur den Katalog der verpönten Motive in § 105 Abs 3 Z 1 ArbVG erweitert (zB Ausdehnung des Schutzes auf Arbeitnehmervertreter im Rahmen der europäischen Betriebsverfassung), sondern **auch außerhalb des ArbVG** besondere Anfechtungsmöglichkeiten von Kündigungen geschaffen, die im Ergebnis auf einem verpönten Motiv beruhen.

So bestimmt etwa § 15 AVRAG, dass Arbeitnehmer die Kündigung bei Gericht anfechten können, wenn diese ua wegen einer beabsichtigten oder tatsächlich in Anspruch genommenen **Bildungskarenz, Bildungsteilzeit, Pflegekarenz, Pflegeteilzeit oder Wiedereingliederungsteilzeit** ausgesprochen wurde. Gem § 8 AVRAG kann ein Arbeitnehmer, der seinen Arbeitsplatz wegen einer **drohenden Gefahr** für sein Leben oder seine Gesundheit verlassen hat und deshalb gekündigt wurde, die Kündigung bei Gericht anfechten.

Gem § 15 Abs 3 AVRAG können **ältere Arbeitnehmer**, die in einem nicht betriebsratspflichtigen Betrieb beschäftigt sind, sozial ungerechtfertigte Kündigungen innerhalb einer Woche bei Gericht anfechten. Als ältere Arbeitnehmer gelten Männer der Geburtsjahrgänge 1935 bis 1942 und Frauen der Geburtsjahrgänge 1940 bis 1947. Das Anfechtungsverfahren entspricht im Wesentlichen dem Verfahren nach § 105 Abs 3 Z 2 ArbVG.[269] (Zu beachten ist, dass diese Jahrgänge jetzt kaum mehr im Arbeitsleben stehen!)

Weitreichende Anfechtungsmöglichkeiten sieht auch das **GlBG** vor, wenn die Kündigung **wegen des Geschlechts** (§ 12 Abs 7 GlBG) oder wegen der **ethnischen Zugehörigkeit**, der **Religion** oder **Weltanschauung**, des **Alters** oder der **sexuellen Orientierung** (§ 26 Abs 7 GlBG) erfolgt. Eine entsprechende Anfechtungsmöglichkeit gewährt § 7f BEinstG, wenn der Arbeitnehmer wegen einer **Behinderung** gekündigt worden ist (sofern der betreffende Arbeitnehmer nicht ohnehin als begünstigter Behinderter über einen besonderen Kündigungsschutz verfügt). Der Arbeitnehmer **muss glaubhaft** machen, dass er wegen eines der verpönten Gründe gekündigt worden ist.

268 OGH 9 ObA 200/93, DRdA 1994/9, 134 (*Floretta*) = ZAS 1995/7, 58 (*Reissner*).
269 Vgl dazu *Risak*, Ältere Arbeitnehmer: Kündigungsschutz ja, Entlassungsschutz nein? ecolex 2000, 809.

Die Sonderregelungen ergänzen zum Teil die Bestimmungen des ArbVG über die Anfechtung sittenwidriger Kündigungen.[270] Für das Gleichbehandlungsrecht verlangt das europäische Unionsrecht, dass die Kündigungsanfechtung nicht auf Betriebe und Arbeitnehmer beschränkt bleibt, die dem ArbVG unterliegen.

Das System des Bestandschutzes ist durch die Ergänzungen höchst unübersichtlich und inhomogen geworden. Je mehr Arbeitnehmergruppen in Sondergesetzen das Recht auf Anfechtung ihrer Kündigungen gegeben wird, umso mehr drängt die verfassungsrechtliche Frage nach einer sachlichen Rechtfertigung des Ausschlusses von Arbeitnehmern in Kleinstbetrieben und leitenden Angestellten gem § 36 ArbVG von der Anfechtungsmöglichkeit mit der Beweiserleichterung der Glaubhaftmachung.

4.4. Der besondere Kündigungsschutz

4.4.1. Zum Problem

Der Gesetzgeber schützt bestimmte Arbeitnehmergruppen (insb Mütter und Väter, Präsenz- und Zivildiener, Belegschaftsfunktionäre und Behinderte), die einer erhöhten Kündigungsgefahr ausgesetzt sind, auf besondere Weise vor einer Kündigung: Er gestattet den Ausspruch der Kündigung erst dann, wenn der Arbeitgeber die **Zustimmung des Gerichts** (bzw für Behinderte des Behindertenausschusses) besitzt; außerdem beschränkt er die Kündigungsmöglichkeit (mit Ausnahme der Behinderten) auf bestimmte **Kündigungsgründe**. Der Betriebsrat hat in diesen Fällen kein Sperrrecht. Eine ohne Zustimmung des Gerichts ausgesprochene Kündigung ist **rechtsunwirksam**. Der Arbeitnehmer hat jedoch ein **Wahlrecht**, auf Feststellung des aufrechten Bestands des Arbeitsverhältnisses zu klagen oder sich der „unwirksamen" Kündigung zu fügen und Kündigungsentschädigung zu verlangen (siehe auch 289).

Der wesentliche Unterschied gegenüber dem allgemeinen Kündigungsschutz liegt in der **Prozessinitiative**: Während beim allgemeinen Kündigungsschutz der Gekündigte den Prozess anstrengen muss, ist es beim besonderen Kündigungsschutz der Arbeitgeber, dem die Initiative aufgebürdet wird.

Der Gesetzgeber vertraut auf das Trägheitsgesetz: Er erwartet, dass in vielen Fällen dem, der einen Prozess zu führen hat, dieser Aufwand zu mühsam erscheinen wird. Wirkt dieses Trägheitsgesetz beim allgemeinen Kündigungsschutz zu Gunsten des Arbeitgebers, so wirkt es beim besonderen Kündigungsschutz zu Gunsten des Arbeitnehmers. Die Wahrscheinlichkeit spricht dafür, dass die Arbeitgeber häufig auf die Kündigung besonders geschützter Arbeitnehmer verzichten werden, um sich die Unannehmlichkeiten des Verfahrens zu ersparen.

Die **Kündigungsgründe** sind in verschiedenen Gesetzen, die die Angelegenheiten der jeweiligen geschützten Arbeitnehmergruppen (insb MSchG, VKG, BEinstG, ArbVG, APSG) regeln, normiert. Sie sind **nicht einheitlich** geregelt und sollen hier nicht im Detail dargestellt werden. Die unterschiedliche Gestaltung der Kündigungsgründe ist oft

270 Dies gilt etwa für § 9 Abs 2 AVRAG.

auch nicht einsichtig. Näher eingegangen wird nur auf Gründe, die häufig wiederkehren oder besondere Probleme aufwerfen. Für alle besonders geschützten Arbeitnehmer soll aber sichergestellt werden, dass sie nur dann gekündigt werden können, wenn eine Beendigung des Arbeitsvertrags unumgänglich erscheint. Bezüglich der näheren Ausgestaltung dieses Schutzes ist zu unterscheiden.

Allgemein gilt, dass eine Kündigung auch auf einen Entlassungsgrund gestützt werden kann, da die Kündigung die für den geschützten Arbeitnehmer günstigere Endigungsform ist.

4.4.2. Funktionäre der Belegschaft

Literatur: Vgl die Literatur bei *Trost* in *Strasser/Jabornegg/Resch* (Hg), ArbVG, § 120.

Rechtsquellen: §§ 120 f ArbVG.

4.4.2.1. Der geschützte Personenkreis

Gem § 120 ArbVG darf ein **Mitglied des Betriebsrats** bei sonstiger Rechtsunwirksamkeit nur nach vorheriger Zustimmung des Gerichts gekündigt oder entlassen werden.[271] Der besondere Kündigungsschutz beginnt mit der Annahme der Wahl und endet drei Monate nach dem Ausscheiden aus dem Betriebsrat. Nur im Fall einer dauernden Betriebseinstellung endet der Schutz schon mit dieser.

Ersatzmitglieder sind lediglich während ihrer Vertretungstätigkeit besonders geschützt. Dauert die Vertretungstätigkeit mindestens zwei Wochen ununterbrochen an, kommt es auch hier zur Verlängerung um drei Monate (Voraussetzung: der Arbeitgeber wurde rechtzeitig von der Vertretung informiert).

Geschützt sind weiters **Mitglieder des Wahlvorstandes** und **Wahlwerber**. Der Schutz beginnt bei den Mitgliedern des Wahlvorstandes mit ihrer Bestellung. Der Schutz des Wahlwerbers beginnt mit dem Zeitpunkt, in dem nach der Bestellung des Wahlvorstandes seine Absicht, auf einem Wahlvorschlag zu kandidieren, offenkundig wird. Scheint der Wahlwerber auf keinem Wahlvorschlag auf, so endet sein Kündigungs- und Entlassungsschutz bereits mit Ende der Einreichungsfrist für Wahlvorschläge.[272] Ansonsten endet der Schutz wie beim Wahlvorstand mit dem Ablauf der Anfechtungsfrist für die Betriebsratswahl.

Denselben besonderen Kündigungsschutz haben die vergleichbaren **Funktionäre der Jugendlichen-**[273] und **Behindertenbelegschaft**[274] sowie die im Rahmen der **Europäischen Betriebsverfassung** bestellten Arbeitnehmervertreter.[275]

---

271 Und zwar auch des früheren, der nach der Aufhebung der neuen Betriebsratswahl die Geschäfte weiterführt. Beachte auch § 133 Abs 3 ArbVG (künstlerisches Personal).

272 OGH 9 ObA 222/91; ab Bestellung des Wahlvorstandes bis zum Wahlvorschlag kann sich der Bewerber nur auf den Motivschutz des § 105 Abs 3 Z 1 lit e ArbVG stützen. Vor der Bestellung eines Wahlvorstandes gibt es auch keinen Motivschutz. Näheres siehe bei *Marhold,* Aberkennung der Mitgliedschaft zum Betriebsrat und Kündigung, RdW 1988, 293.

273 Vgl § 130 Abs 1 ArbVG (beachte Detailabweichungen).

274 Vgl § 22a Abs 10 BEinstG.

275 § 205 ArbVG.

4.4.2.2. Der besondere Schutz

Will der Arbeitgeber eine dieser geschützten Personen kündigen, muss er vor dem Ausspruch der Kündigung die Zustimmung des Gerichts einholen. Die Erteilung einer nachträglichen Zustimmung ist nicht möglich. Sofern es sich nicht um Dauerzustände handelt, bei denen der Kündigungsgrund sozusagen ständig neuerlich entsteht, muss die Klage rechtzeitig eingebracht werden. Der Gesetzgeber sieht nur drei Kündigungsgründe vor, von denen der dritte bei allen übrigen Arbeitnehmern bereits einen Grund für eine Entlassung darstellt. Insoweit liegt eine Privilegierung dieser Belegschaftsfunktionäre vor.

Der erste Kündigungsgrund lässt sich als „**Betriebsreduktion**" bezeichnen. Er setzt voraus, dass der Arbeitsplatz des geschützten Funktionärs durch a) eine dauernde Betriebseinstellung,[276] b) eine dauernde Betriebseinschränkung oder c) die Stilllegung einer Betriebsabteilung wegfällt und der Arbeitgeber beweisen kann, dass er diesen Funktionär an keinem anderen Arbeitsplatz (den der Funktionär ausüben kann und auszuüben bereit ist) im gesamten Unternehmen ohne erheblichen Schaden weiterbeschäftigen kann.

Der zweite Kündigungsgrund ist die **Unfähigkeit** zur Erbringung der arbeitsvertraglich geschuldeten Arbeit. Die Ursache dieser Unfähigkeit ist unbeachtlich, ihre Behebung darf jedoch nicht oder nicht in absehbarer Zeit erwartet werden (zB chronische Krankheit, dauernder Führerscheinentzug). Die Zustimmung zur Kündigung ist aber zu versagen, wenn dem Arbeitgeber zugemutet werden kann, den Funktionär weiterzubeschäftigen oder diesem eine andere Arbeit zuzuweisen, die dieser auszuführen fähig und bereit ist.

Der dritte Kündigungsgrund ist die **beharrliche Pflichtverletzung**. Es muss sich um eine schuldhafte Verletzung arbeitsvertraglicher (nicht betriebsverfassungsrechtlicher) Pflichten handeln. Die Beharrlichkeit kommt vor allem darin zum Ausdruck, dass der Funktionär trotz Abmahnung entweder in seiner Pflichtverletzung verharrt oder eine neuerliche begeht.[277] Sie kann ausnahmsweise auch ohne Abmahnung vorliegen, wenn im Verhalten des Arbeitnehmers seine Hartnäckigkeit und Unnachgiebigkeit so klar zum Ausdruck kommt, dass eine Abmahnung offenbar zwecklos erscheint.[278] Die Zustimmung zur Kündigung setzt weiters voraus, dass dem Arbeitgeber die Weiterbeschäftigung aus Gründen der Arbeitsdisziplin nicht zugemutet werden kann.

Bei diesem Kündigungsrechtfertigungsgrund hat der Gesetzgeber überdies Ansätze zu einer beruflichen Immunität der Betriebsratsmitglieder eingebaut: Hat der Belegschafts-

276 Das liegt bei einem bloßen Betriebsübergang unter Wahrung der Betriebsidentität nicht vor, vgl OGH 4 Ob 152, 155/80, ZAS 1982, 144 (*Thaller*).

277 Dieser Tatbestand deckt sich mit dem gleichnamigen allgemeinen Entlassungsgrund, weshalb er mit diesem gemeinsam dargestellt werden kann; vgl VwGH 0292/69 (Zusehen beim Kartenspiel während der Arbeitszeit); OGH 8 ObA 204/94, DRdA 1995, 130 (*Schwarz*) = ZAS 1995, 127 (*Drs*): inkriminierende Kommentare gegen den Arbeitgeber in Betriebszeitung.

278 OGH 4 Ob 61/76; VwGH 1270/78, DRdA 1982, 43 (*Csebrenyak*); siehe auch OGH 4 Ob 121/79, ZAS 1981, 217 (krit *Steinbauer*), wo zudem in problematischer Weise Endgültigkeit des Entschlusses verlangt wird; OGH 9 ObA 69/14h.

funktionär sein **Fehlverhalten in Ausübung seiner Funktion** – und nicht in seiner Rolle als Arbeitnehmer – gesetzt, so hat das Gericht ergänzend zu prüfen, ob dieses Verhalten unter Abwägung aller Umstände entschuldbar war.

Der **Grund** des besonderen Kündigungsschutzes von Belegschaftsvertretern liegt in der Absicht, den Arbeitnehmern die Ausübung von betriebsverfassungsrechtlichen Mitwirkungsmöglichkeiten zu ermöglichen, ohne befürchten zu müssen, im Falle von Meinungsverschiedenheiten mit dem Arbeitgeber den Arbeitsplatz zu verlieren. Es handelt sich somit um einen wichtigen Bestandteil des Schutzes der Belegschaftsfunktionäre vor einer funktionsbedingten Diskriminierung. Der besondere Bestandschutz soll diesen Funktionären aber keine privilegierte Rechtstellung gegenüber anderen Arbeitnehmern verschaffen.

4.4.3. Eltern

Literatur: *Burger-Ehrnhofer/Schrittwieser/Bauer*, Mutterschutzgesetz und Väter-Karengesetz³ (2020); *Wolfsgruber* in *Neumayr/Reissner* (Hg), Zeller Kommentar zum Arbeitsrecht³, MSchG § 10.

Rechtsquellen: § 10 bzw §§ 11, 15 Abs 5, 18 ff, 27, 31 MSchG, § 7 VKG.

4.4.3.1. Der geschützte Personenkreis

Der Gesetzgeber hat den ursprünglich nur auf Mütter ausgerichteten Schutz in einer sehr komplizierten Weise unter bestimmten Umständen auf Väter ausgedehnt. Während sich die Schutzbestimmungen für Mütter im MSchG befinden, hat er die korrespondierenden Bestimmungen für Väter in das VKG aufgenommen.

Unter **Müttern** werden in diesem Zusammenhang die nach dem MSchG besonders geschützten Arbeitnehmerinnen verstanden. Ihr besonderer Schutz beginnt gem § 10 MSchG mit dem **Eintritt der Schwangerschaft** und endet frühestens vier Monate nach der Entbindung.[279]

Die wesentliche Frage für den Beginn des besonderen Kündigungsschutzes ist somit, wann der Beginn der Schwangerschaft anzunehmen ist. Nach stRsp beginnt die Schwangerschaft mit der **Befruchtung der Eizelle**.[280] Nun hatte der OGH aber über den Kündigungsschutz einer Frau zu entscheiden, deren Eizelle im Rahmen einer **künstlichen Befruchtung** schon befruchtet, aber noch nicht in ihren Körper eingesetzt war. Sowohl der OGH[281] als auch der EuGH[282] verneinten das Vorliegen einer Schwangerschaft. Diese sei ein körperlicher Zustand einer Frau. Überdies könne durch die Möglichkeit, befruchtete Eizellen bis zu 10 Jahren einzufrieren, der Kündigungsschutz beliebig ausgedehnt werden. Der EuGH betonte jedoch, dass die Kündigung einer Frau, die gerade versucht, schwanger zu werden, eine diskriminierende Beendigung aufgrund des Geschlechts sein kann. Eine solche Kündigung kann daher gem § 12 Abs 7 GlBG angefochten werden.

279 Im Falle einer Fehlgeburt endet er sofort, OGH 4 Ob 76/80.
280 OGH 9 ObA 23/95.
281 OGH 8 ObA 27/08s, ZAS 2009, 329 (*Mayer*) = DRdA 2010, 53 (*Mayrhofer*)
282 EuGH C-506/06, *Mayr*.

Wusste der Arbeitgeber bei Ausspruch der Kündigung nichts von der Schwangerschaft, ist die Kündigung gem § 10 Abs 2 MSchG auch dann rechtsunwirksam, wenn die Arbeitnehmerin ihre Schwangerschaft beziehungsweise Entbindung dem Dienstgeber binnen fünf Arbeitstagen nach Ausspruch der Kündigung, bei schriftlicher Kündigung binnen fünf Arbeitstagen nach deren Zustellung, bekanntgibt.

Die Arbeitnehmerin hat also fünf Tage nach der Kündigung Zeit, eine mögliche Schwangerschaft feststellen zu lassen. Informiert sie in der Zeit den Arbeitgeber von der Schwangerschaft und legt sie gleichzeitig eine **ärztliche Bestätigung** ihrer Schwangerschaft vor, ist die Kündigung rechtsunwirksam. Die bloße Vermutung einer Schwangerschaft ist nicht mitzuteilen. Die mangelnde Kenntnis der Schwangerschaft ist von der Schwangeren aber dann zu vertreten, wenn sie deutlichen Anzeichen einer Schwangerschaft nicht nachgeht.[283]

Hat die Mutter einen **Karenz**urlaub (Karenzurlaubsteil) oder eine **Teilzeitbeschäftigung** (Elternteilzeit) nach dem MSchG in Anspruch genommen, so kann es zu einer Verlängerung des Schutzes kommen: Er endet dann vier Wochen nach dem Ende des Karenzurlaubs (bei Inanspruchnahme von zwei Karenzurlaubsteilen vier Wochen nach dem Ende des zweiten Teiles) oder der Teilzeitbeschäftigung.

Wird jedoch im Anschluss an eine Karenz nach MSchG oder VKG eine außerhalb des MSchG vereinbarte Karenz angetreten, dann gibt es in dieser Zeit ohne entsprechende Vereinbarung keinen Kündigungs- und Entlassungsschutz.[284]

Ein besonderer Kündigungsschutz für den **Vater** besteht dann, wenn er Karenzurlaub oder eine Teilzeitbeschäftigung gem VKG in Anspruch nimmt. Er beginnt mit der Erklärung des Vaters, Karenzurlaub oder Teilzeitbeschäftigung in Anspruch nehmen zu wollen (frühestens jedoch mit der Geburt des Kindes) und endet grundsätzlich vier Wochen nach dem Ende des Karenzurlaubs oder der Teilzeitbeschäftigung. Schutz besteht auch im Falle der Inanspruchnahme des sog „Papamonats“ (§ 1a VKG; vgl bereits 158).

Modifizierte Bestimmungen gelten für Arbeitnehmerinnen in privaten Haushalten (vgl §§ 24 ff MSchG) und für Vertragsbedienstete (vgl §§ 18 ff MSchG).

4.4.3.2. Der besondere Schutz

Die Kündigung eines geschützten Elternteils kann rechtswirksam nur nach vorheriger Zustimmung des Gerichts erfolgen. Der Arbeitgeber hat gleichzeitig mit der Klagseinbringung den Betriebsrat von dieser zu informieren. Als einziger Kündigungsgrund gilt die bereits beim Kündigungsschutz der Belegschaftsvertreter erörterte **Betriebsreduktion**. Dabei sind aber gegenüber § 121 Z 1 ArbVG zwei Unterschiede zu beachten: Vom Arbeitgeber wird nicht verlangt, dass er die Mutter in einem anderen Betrieb seines Unternehmens beschäftigt. Außerdem braucht der ihm durch die Fortsetzung des Arbeitsvertrags drohende Schaden nicht „erheblich“ zu sein.

Das Gericht hat die Zustimmung zur Kündigung auch dann zu erteilen, wenn sich die Mutter nach Rechtsbelehrung in der mündlichen Streitverhandlung mit der Kündigung

283 OGH 9 ObA 82/98v.
284 OGH 8 ObA 2/09s, DRdA 2010, 349 (*Schrittwieser*) = ZAS 2011, 90 (*Fördermayr*).

einverstanden erklärt. Der Gesetzgeber fasst diesen Fall also nicht als einvernehmliche Lösung auf.

Die Zustimmung des Gerichts wegen einer Betriebsreduktion schafft zunächst nur einen **Schwebezustand.** Nimmt der Betrieb bis zum Ablauf von vier Monaten nach der Entbindung seine Tätigkeit wieder auf, gilt die Kündigung als rechtsunwirksam, wenn der Elternteil dies (fristgerecht) beim Dienstgeber beantragt.

Nimmt der geschützte Elternteil Karenzurlaub oder Elternteilzeit nach MSchG oder VKG in Anspruch, besteht **nach Ablauf des ersten Lebensjahres des Kindes** nur mehr ein **abgeschwächter Schutz**. Das Gericht kann einer Kündigung auch aus anderen Gründen zustimmen, die dem allgemeinen Kündigungsschutz nachgebildet sind. Die Zustimmung ist zu erteilen, wenn (1) der Arbeitgeber Umstände in der Person, welche die betrieblichen Interessen nachteilig berühren, oder betriebliche Erfordernisse, die einer Weiterbeschäftigung entgegenstehen, nachweisen kann und (2) die Aufrechterhaltung des Arbeitsvertrags dem Arbeitgeber nicht zumutbar ist. Dieser Schutz gilt gem § 10 Abs 4 MSchG im zweiten, dritten und vierten Lebensjahr des Kindes, längstens bis vier Wochen nach dem Ablauf des **vierten Lebensjahrs** des Kindes. Danach besteht kein besonderer Kündigungsschutz mehr, selbst wenn ein Anspruch auf Elternteilzeit bis zum 7. Lebensjahr des Kindes oder einem späteren Schuleintritt besteht.

Der Kündigungsschutz von Müttern und Vätern ist **familienpolitisch** motiviert: Eltern sollen nicht befürchten müssen, ihren Arbeitsplatz wegen einer Schwangerschaft und der daran anschließenden Phase der Betreuung des Kindes zu verlieren.

4.4.4. Präsenz- und Zivildiener

Literatur: *Spitzl/Gruber* in *Neumayr/Reissner* (Hg), Zeller Kommentar zum Arbeitsrecht[3], APSG § 12.

Rechtsquelle: § 12 APSG.

4.4.4.1. Der geschützte Personenkreis

Besonders kündigungsgeschützt sind Arbeitnehmer, die zu einem ordentlichen oder außerordentlichen Präsenzdienst (vgl §§ 19 ff WG 2001) einberufen bzw zum Zivildienst zugewiesen wurden. Der Schutz beginnt[285] mit der Zustellung des Einberufungsbefehls bzw Zuweisungsbescheids oder mit der Bekanntmachung des allgemeinen Einberufungsbefehls. Hat der Arbeitgeber eine Kündigung in Unkenntnis der Einberufung (Zuweisung) innerhalb von 14 Tagen ausgesprochen, ist diese Kündigung rechtsunwirksam, wenn der Arbeitnehmer binnen drei Arbeitstagen nach dem Zugang der Beendigungserklärung bzw unverzüglich nach Wegfall eines Hinderungsgrundes über die Einberufung (Zuweisung) Mitteilung macht. Der Schutz endet grds einen Monat nach Beendigung des Präsenz- bzw Zivildienstes.

285 Siehe auch den Motivschutz des § 105 Abs 3 Z 1 lit h ArbVG vor diesem Zeitpunkt.

4.4.4.2. Der besondere Schutz

Während der Dauer dieses Schutzes kann eine Kündigung wirksam nur nach vorheriger Zustimmung des Gerichts ausgesprochen werden. Der Arbeitgeber hat den Betriebsrat wiederum gleichzeitig mit der Klagseinbringung von dieser zu informieren.

Als Kündigungsgrund kommt neben der **Betriebsreduktion** (wie bei Eltern, jedoch nur bei drohendem „erheblichen" Schaden) auch die **dauernde Dienstunfähigkeit** aus gesundheitlichen Gründen (wie bei Belegschaftsfunktionären) in Betracht.

Wie bei Eltern hat das Gericht auch dann der Klage stattzugeben, wenn sich der Präsenzdiener in einer Streitverhandlung mit der Kündigung einverstanden erklärt.

Nimmt der Betrieb während der Dauer des Kündigungsschutzes seine Tätigkeit wieder auf, ist die Kündigung trotz der dem Arbeitgeber erteilten gerichtlichen Zustimmung unwirksam, wenn der Präsenz- bzw Zivildiener fristgerecht erklärt, das Arbeitsverhältnis fortsetzen zu wollen. Es kommt also auch hier zu einem Schwebezustand.

Der Gesetzgeber will mit dem besonderen Kündigungsschutz dieser Gruppe verhindern, dass Arbeitnehmer wegen der Ausübung ihrer Wehrpflicht ihren Arbeitsplatz verlieren.

4.4.5. Begünstigte Behinderte

Literatur: *Ernst/Haller,* Behinderteneinstellungsgesetz[6] (2005); *K. Mayr* in *Neumayr/Reissner,* Zeller Kommentar zum Arbeitsrecht[3], BEinstG; *Schindler,* Die BEinstG Novelle 2011 – Überblick und Zweifelsfragen, DRdA 2012, 181.

Rechtsquellen: § 8 BEinstG; § 6 Z 4 Opferfürsorgegesetz.

4.4.5.1. Der geschützte Personenkreis

Den besonderen Kündigungsschutz besitzen **begünstigte Behinderte** iSd §§ 2, 14 BEinstG. **Begünstigte Behinderte** sind Personen, deren **Erwerbsfähigkeit** aus gesundheitlichen Gründen um **mindestens 50 % gemindert** ist und bei denen dies mit Bescheid des Bundesamtes für Soziales und Behindertenwesen oder eines Trägers der Unfallversicherung festgestellt ist (im Detail siehe 20 ff).

Wird ein Arbeitnehmer wegen einer Behinderung gekündigt, die weniger als 50% beträgt, fällt er nicht in den besonderen Kündigungsschutz. Seine Kündigung ist jedoch gem § 7k Abs 2 Z 3 BEinstG anfechtbar.

Der Kündigungsschutz besteht unabhängig davon, ob den Arbeitgeber eine Beschäftigungspflicht gem § 5 BEinstG trifft. Beschäftigt der Arbeitgeber daher mehr begünstigte Behinderte als er müsste, gilt für alle der besondere Kündigungsschutz.

Der besondere Kündigungsschutz endet mit Ablauf des Monats, der auf die Zustellung des Bescheids folgt, mit dem der Person die Begünstigteneigenschaft entzogen wird.[286]

286 *Jabornegg/Resch/Födermayr,* Arbeitsrecht[6] (2017) Rz 727.

Mit dem Budget-Begleitgesetz 2011[287] wurden für Arbeitsverträge, die ab dem 1. 1. 2011 neu begründet werden, Einschränkungen in Bezug auf den besonderen Schutz nach § 8 BEinstG festgesetzt: Gem Abs 6 leg cit findet der besondere Kündigungsschutz keine Anwendung, „wenn das Dienstverhältnis zum Zeitpunkt des Ausspruchs der Kündigung noch nicht länger als vier Jahre bestanden hat, es sei denn die Feststellung der Begünstigteneigenschaft erfolgt innerhalb dieses Zeitraumes, wobei während der ersten sechs Monate nur die Feststellung der Begünstigteneigenschaft infolge eines Arbeitsunfalls diese Rechtsfolge auslöst, oder es erfolgt ein Arbeitsplatzwechsel innerhalb eines Konzerns.“ Mit dieser Regelung sollten Arbeitgeber motiviert werden, begünstigt Behinderte einzustellen. Die Regelung gilt für begünstigte Behinderte, die nach dem 31. 12. 2013 neu eingestellt werden.[288]

Für Arbeitnehmer, die zu Beginn des Arbeitsverhältnisses noch nicht als begünstigt behinderte Arbeitnehmer festgestellt waren, bleibt es bei der davor bestehenden Rechtslage: Grundsätzlich gilt für den Erwerb des besonderen Kündigungsschutzes eine Wartefrist von **sechs Monaten**. Keinerlei Wartefrist gibt es dann, wenn die Begünstigteneigenschaft Folge eines Arbeitsunfalls ist. Die Lockerung des besonderen Kündigungsschutzes wurde sowohl von Dienstgeberseite als auch von Seiten der Interessenvertretungen von Menschen mit Behinderung befürwortet. Gerade auch von Behindertenseite wurde argumentiert, dass der besondere Kündigungsschutz nicht als effektiver Schutz, sondern vielmehr als Einstellungshindernis empfunden werde, das begünstigten Behinderten die Erlangung eines Arbeitsplatzes erheblich erschwerte.[289]

4.4.5.2. Der besondere Schutz

Rechtsgrundlage des besonderen Kündigungsschutzes ist **§ 8 BEinstG**. Das Dienstverhältnis eines begünstigten Behinderten darf vom Dienstgeber, sofern keine längere Kündigungsfrist einzuhalten ist, nur unter Einhaltung einer Frist von vier Wochen gekündigt werden. Nicht anwendbar ist der Kündigungsschutz während der Probezeit oder bei Anwendbarkeit des besonderen Kündigungsschutzes für Belegschaftsvertreter.

Der begünstigte Behinderte kann nur mit **Zustimmung des Behindertenausschusses** (eingerichtet beim Bundesamt für Soziales und Behindertenwesen) nach erfolgter Anhörung des Betriebsrats gekündigt werden. Die wirksame Kündigung setzt das Vorliegen eines rechtskräftigen Zustimmungsbescheids voraus.[290] Die Zustimmung kann nur in besonderen Ausnahmefällen im Nachhinein erteilt werden.[291] Ein Ausnahmefall, der die Zustimmung zu einer bereits ausgesprochenen Kündigung rechtfertigt, ist dann gegeben, wenn dem Dienstgeber zum Zeitpunkt des Ausspruchs der Kündigung nicht be-

287 BGBl I 2010/111.
288 Vgl dazu OGH 9 ObA 96/13b.
289 RV 981 BlgNr 24. GP.
290 OGH 14 Ob 196/86.
291 OGH 14 Ob 196/86.

kannt war und auch nicht bekannt sein musste, dass der Dienstnehmer dem Personenkreis der begünstigten Behinderten angehört. Die Zustimmung darf nicht erteilt werden, wenn die Zugehörigkeit zum Personenkreis der begünstigten Behinderten die Folge eines Arbeitsunfalls ist. Eine ohne Zustimmung des Behindertenausschusses ausgesprochene Kündigung ist **rechtsunwirksam**.

Der Behindertenausschuss hat bei seiner Entscheidung die besondere Schutzbedürftigkeit des Arbeitnehmers zu berücksichtigen, aber auch zu prüfen, ob dem Arbeitgeber die Fortsetzung des Arbeitsverhältnisses zugemutet werden kann. Das Gesetz enthält **keine taxative Aufzählung der Zustimmungsgründe**. Dem Arbeitgeber ist die Fortsetzung des Arbeitsverhältnisses gem § 8 Abs 4 BEinstG insbesondere dann nicht zumutbar, wenn (1) der Arbeitsplatz des Behinderten wegfällt und der Behinderte an keinem anderen Arbeitsplatz weiterbeschäftigt werden kann, (2) der Behinderte dauernd dienstunfähig wird oder (3) der Behinderte beharrlich seine Pflichten verletzt.

Problematisch ist, dass der Gesetzgeber - anders als bei anderen Gruppen mit besonderem Kündigungsschutz - keinen besonderen Entlassungsschutz normiert hat. Da nach allg Lehre auch eine ungerechtfertigt ausgesprochene Entlassung wirksam ist, dh das Arbeitsverhältnis beendet, könnte der besondere Kündigungsschutz von begünstigten Behinderten durch eine ungerechtfertigte Entlassung leicht umgangen werden. Der OGH und die hL gehen daher davon aus, dass eine ungerechtfertigte Entlassung eines begünstigten Behinderten unwirksam ist und sein Arbeitsverhältnis weiter aufrecht bleibt. Eine gerechtfertigte Entlassung beendet dagegen das Arbeitsverhältnis nach den allgemeinen Regelungen; einer Zustimmung des Behindertenausschusses bedarf es in diesem Fall nicht.

4.4.6. Betreuungspersonen

4.4.6.1. Der geschützte Personenkreis

§ 14a AVRAG gewährt Arbeitnehmern einen Anspruch auf Freistellung von der Arbeitsleistung (gegen Entfall der Bezüge) zum Zweck der **Sterbebegleitung** naher Angehöriger. Die Gesamtdauer der Freistellung darf sechs Monate nicht übersteigen. Ein gleichartiger Freistellungsanspruch besteht auch bei der **Begleitung schwersterkrankter Kinder**, die mit dem Arbeitnehmer im gemeinsamen Haushalt leben (§ 14b AVRAG). Ab Bekanntgabe der Sterbebegleitung und bis zum Ablauf von vier Wochen nach deren Ende genießen Arbeitnehmer einen besonderen Kündigungsschutz.

4.4.6.2. Der besondere Schutz

Gem § 15a AVRAG ist die Kündigung einer geschützten Betreuungsperson nur nach vorheriger Zustimmung des Gerichts zulässig. Besondere Kündigungsgründe nennt das Gesetz nicht; das Gericht hat eine Interessenabwägung zwischen den betrieblichen Erfordernissen und den Interessen des Arbeitnehmers vorzunehmen.

4.4.7. Mehrfacher Kündigungsschutz

Es kommt vor, dass bei einem Arbeitnehmer gleichzeitig mehrere verschiedene Tatbestände verwirklicht sind, die einen besonderen Kündigungsschutz bewirken. So kann etwa eine behinderte Frau in den Betriebsrat gewählt werden und während ihrer Funktionsdauer schwanger werden. Sie fiele damit gleichzeitig unter den besonderen Kündigungsschutz für Behinderte, Schwangere und Belegschaftsfunktionäre. Wie ist hier vorzugehen? Der Gesetzgeber hat lediglich zwei dieser Fälle gelöst.

Aus § **8 Abs 6 BEinstG** ergibt sich: Ist ein begünstigt Behinderter Mitglied des Betriebsrats oder Jugendvertrauensrates oder Personalvertreter einer Gebietskörperschaft dann gilt für ihn nur der besondere Kündigungsschutz nach dem Arbeitsverfassungsgesetz oder nach den Personalvertretungsgesetzen des Bundes und der Länder.

Selbst diese Bestimmung ist mehrdeutig, da sie keine Aussage über die sonstigen geschützten Belegschaftsfunktionäre enthält; nach wohl hM ist sie auf alle Fälle analog anzuwenden.[292]

Gem § **12 APSG** findet auf einen Präsenz- bzw Zivildiener, der auch Belegschaftsfunktionär ist, der besondere Kündigungsschutz des ArbVG Anwendung. Findet auch der besondere Schutz für Eltern Anwendung, so geht dieser dem Kündigungsschutz des APSG vor.

Daraus wird häufig der Schluss gezogen, in den vom Gesetz nicht ausdrücklich geregelten Fällen mehrfachen Kündigungsschutzes seien alle Bestimmungen nebeneinander anzuwenden.[293] Diese Auffassung ist zu undifferenziert. *Schrank*[294] hat gezeigt, dass der Gesetzgeber regelmäßig Doppelgleisigkeit vermeiden und nur den **jeweils stärkeren Kündigungsschutz** wirksam werden lassen wollte. Er schlägt daher nach einer eingehenden Analyse überzeugend vor, die ungeregelten Fälle folgendermaßen zu lösen: Die jeweils stärkere Kündigungsschutzbestimmung (zB der enger formulierte Kündigungsgrund) verdrängt die funktionsgleiche schwächere. Sind die verschiedenen Kündigungsschutzbestimmungen jedoch nicht funktionsgleich (zB die eine sieht die behördliche Zustimmung, die andere Schriftlichkeit der Kündigungserklärung vor), sind sie kumulativ anzuwenden. Aus diesen Überlegungen ergibt sich auch, warum auf besonders kündigungsgeschützte Personen der allgemeine Kündigungsschutz nicht anzuwenden ist (also zB kein betriebliches Vorverfahren).

292 So auch *Spielbüchler/Grillberger,* Arbeitsrecht I^4, § 22 F V.
293 Vgl *Spielbüchler/Grillberger,* Arbeitsrecht I^4, § 22 F V.
294 *Schrank,* Der Fortbestand des Arbeitsverhältnisses als Schutzobjekt der Rechtsordnung 208 (218).

4.5. Der Entlassungsschutz

4.5.1. Der allgemeine Entlassungsschutz

Rechtsquellen: §§ 106, 107 ArbVG.

Der allgemeine Entlassungsschutz ist die notwendige Ergänzung des allgemeinen Kündigungsschutzes. Da nach der stRsp unbegründete Entlassungen zwar rechtswidrig, aber rechtswirksam sind und die Beendigung des Arbeitsverhältnisses bewirken, muss verhindert werden, dass ein Arbeitgeber zur Umgehung des Kündigungsschutzes eine unbegründete Entlassung ausspricht, um den unerwünschten Arbeitnehmer loszuwerden.

Der allgemeine Entlassungsschutz kommt nur zum Tragen, wenn die Entlassung vom Arbeitgeber ohne wichtigen Grund oder verspätet ausgesprochen wurde. Sie muss überdies zu einer **Beendigung** des Arbeitsverhältnisses geführt haben (dh er ist nicht anwendbar, wenn der besondere Entlassungsschutz greift).

Die ungerechtfertigte Entlassung kann **gem § 106 ArbVG** – wie die Kündigung – bei Gericht angefochten werden, wenn der Auflösung des Arbeitsverhältnisses ein **verpöntes Motiv** zu Grunde lag oder wenn die Auflösung des Arbeitsverhältnisses als **sozialwidrig** anzusehen ist. Der allgemeine Entlassungsschutz ist daher kein Schutz gegen unberechtigte Entlassungen an sich. Er ist vielmehr – wie der Kündigungsschutz – vor allem ein Schutz gegen die Folgen der Auflösung des Arbeitsverhältnisses. Schutz wird nur gewährt, wenn die unberechtigte Entlassung zusätzlich auf einem verpönten Motiv beruht oder wirtschaftlich nachteilige Folgen für den Arbeitnehmer zeitigt. Die „einfache" Rechtswidrigkeit der Entlassung löst nur Schadenersatzansprüche (Kündigungsentschädigung) aus.

In seiner **Konstruktion folgt** der allgemeine Entlassungsschutz mit geringen Abweichungen dem **allgemeinen Kündigungsschutz**.

Der Arbeitgeber hat den Betriebsrat unverzüglich vom Ausspruch der Entlassung zu verständigen. Ein **Vorverfahren** wie bei der Kündigung ist **nicht vorgesehen**. Der Betriebsrat kann innerhalb von drei Arbeitstagen **a)** der Entlassung **ausdrücklich zustimmen**, **b)** der Entlassung **ausdrücklich widersprechen** oder **c) keine Stellungnahme** abgeben. Hat der Betriebsrat der Entlassung ausdrücklich zugestimmt, kann die Entlassung nur wegen verpönter Motive angefochten werden. Hat der Betriebsrat widersprochen oder keine Stellungnahme abgegeben, besteht auch die Möglichkeit, die Entlassung wegen Sozialwidrigkeit anzufechten. Bei ausdrücklichem Widerspruch liegt die Anfechtungsberechtigung – wie bei der Kündigung – primär beim Betriebsrat. In Betrieben ohne Betriebsrat kann der entlassene Arbeitnehmer gem § 107 ArbVG die Entlassung binnen zwei Wochen selbst anfechten.

Mit der Anfechtung wird begehrt, die ausgesprochene Entlassung für rechtsunwirksam zu erklären (**Rechtsgestaltungsklage**).

Der anfechtende Betriebsrat bzw der Arbeitnehmer hat darzutun, dass die Entlassung **a)** ohne wichtigen Grund erfolgte und **b)** auf einem verpönten Motiv beruht bzw wesentliche Interessen beeinträchtigt. Zunächst ist daher vom Gericht zu prüfen, ob die Entlassung begründet war und rechtzeitig ausgesprochen wurde. Ist dies der Fall, ist die Anfechtungsklage abzuweisen. Erweist sich hingegen die Entlassung als grundlos oder verspätet, sind die verpönten Motive bzw die Interessenbeeinträchtigung zu prüfen. Dem Arbeitgeber stehen die gleichen Rechtfertigungsgründe wie bei der Kündigung offen. Er kann insbesondere behaupten, die Auflösung des Arbeitsverhältnisses sei in der Person des Arbeitnehmers begründet. Auch wenn das Gericht zur Auffassung gelangt, die Entlassung sei ohne wichtigen Grund ausgesprochen worden, hat es dennoch zu prüfen, ob für die Auflösung subjektiv betriebsbedingte Gründe vorgelegen haben. Das Verhalten des Arbeitnehmers mag zwar für eine sofortige Beendigung des Arbeitsverhältnisses nicht ausreichen, aber doch so schwerwiegend sein, dass dem Arbeitgeber eine Fortsetzung über das Ende der Kündigungsfrist hinaus nicht zugemutet werden kann. In diesem Fall hat das Gericht die Anfechtungsklage abzuweisen. Ein stattgebendes Urteil des Gerichts bringt dagegen zum Ausdruck, dass die Entlassung unbegründet war und die ihr zu Grunde liegenden Gründe nicht einmal ausgereicht hätten, um eine Kündigung zu rechtfertigen.

4.5.2. Der besondere Entlassungsschutz

4.5.2.1. Allgemeines

Wer einen besonderen Kündigungsschutz besitzt oder wem vertraglich Unkündbarkeit zugesichert wurde, bedarf eigentlich keines besonderen Entlassungsschutzes in der Form, dass seine Entlassung nur nach vorheriger behördlicher Zustimmung zulässig wäre. Denn in seinem Fall kann eine unbegründete oder verspätete Entlassung nicht zur Beendigung des Arbeitsverhältnisses führen. Ist die Entlassung bei solchen Arbeitnehmern unbegründet oder verspätet, hat das Gericht daher auf Verlangen des Klägers deren **Unwirksamkeit** und damit den Fortbestand des Arbeitsvertrags festzustellen. Allerdings wird dabei die Prozessinitiative dem geschützten Arbeitnehmer aufgebürdet. In jenen Fällen, in denen der Gesetzgeber die gerichtliche Zustimmung als Wirksamkeitsvoraussetzung der Entlassung verlangt, wird daher ein verfahrensrechtlicher **Gleichklang mit dem besonderen Kündigungsschutz** hergestellt. Der Gesetzgeber kann überdies die üblichen **Entlassungsgründe** für besonders geschützte Personengruppen **einschränken**.

Entlassungen, die ohne Zustimmung des Gerichts ausgesprochen wurden, sind unwirksam. Nach der Rsp haben **Arbeitnehmer** aber ein **Wahlrecht**, entweder auf Feststellung des **aufrechten Bestands** des Arbeitsverhältnisses zu klagen oder die nach dem Gesetzeswortlaut „unwirksame" Auflösungserklärung gegen sich **wirken zu las-**

sen und Kündigungsentschädigung zu begehren.[295] Gegen eine absolute Unwirksamkeit der fehlerhaften Auflösung spricht der Umstand, dass der besondere Schutz keinesfalls bezweckt, die geschützten Personen gegen ihren Willen zur Fortführung des Arbeitsvertrags zu zwingen. Der Gesetzgeber will nur ausschließen, dass das Arbeitsvertragsverhältnis gegen ihren Willen einseitig durch den Arbeitgeber gelöst wird. Die vom Gesetzgeber angeordnete Unwirksamkeit der Auflösungserklärung ist somit als relative Nichtigkeit zu verstehen, auf die sich nur der Arbeitnehmer selbst berufen kann.[296] Tut er das nicht innerhalb angemessener Frist, gilt das Arbeitsverhältnis als vom Arbeitgeber gelöst.

4.5.2.2. Funktionäre der Belegschaft

Rechtsquellen: §§ 120, 122, 130, 133 ArbVG.

Besonders kündigungsgeschützte Belegschaftsfunktionäre sind auch in besonderer Weise gegen eine Entlassung geschützt. Sie können vom Arbeitgeber nur dann wirksam entlassen werden, wenn dieser **vorher** die **Zustimmung des Gerichts** erlangt hat.

Nur ausnahmsweise – bei bestimmten Straftaten, Ehrverletzungen und Tätlichkeiten – genügt die **nachträglich** erteilte Zustimmung. Die gegen nachträgliche Zustimmung ausgesprochene Entlassung ist nach Meinung der Judikatur bis zur Entscheidung des Gerichts schwebend unwirksam. Die Zustimmung des Gerichts wirkt aber auf den Zugang der Entlassungserklärung zurück. Bis zur Erteilung der Zustimmung ist das Betriebsratsmitglied zur Arbeitsleistung verpflichtet, auch bleibt der Entgeltanspruch des Betriebsratsmitglieds aufrecht. Bei nachträglicher Zustimmung zur Entlassung ist eine Rückzahlung des während des Schwebezustandes bezahlten Entgelts nur zulässig, wenn der Arbeitgeber das Betriebsratsmitglied von der Arbeit freigestellt (suspendiert) und sich die Rückzahlung des Entgelts vorbehalten hat.[297]

Die einzelnen Entlassungstatbestände sind **taxativ** aufgelistet, in ihrem Wortlaut allerdings im Vergleich zu den üblichen Entlassungsgründen eingeschränkt. Diese Einschränkungen besitzen eher deklarative Bedeutung: Da es nach stRsp ohnedies der Konkretisierung jedes gesetzlichen Entlassungstatbestands bedarf, wobei stets darauf abzustellen ist, ob dem Arbeitgeber die Weiterbeschäftigung noch zugemutet werden kann, enthält § 122 Abs 2 ArbVG lediglich eine Wiederholung dieses Grundsatzes. Auch die schon vom besonderen Kündigungsschutz bekannten Ansätze zu einer beruflichen Immunität (in den Fällen der Untreue im Dienst, des Verrats von Geschäfts- und Betriebsgeheimnissen, sowie von Ehrverletzungen und Tätlichkeiten) gehen in der Sache nicht weiter.

295 Vgl OGH 4 Ob 134/80, DRdA 1984, 449 (ablehnend *Firlei*); 4 Ob 99/81, DRdA 1983, 109 (*Tögl*); 4 Ob 129/79, ZAS 1982, 57 (*Marhold*) = DRdA 1982, 105 (*Jabornegg*); 4 Ob 6/76 ua; ablehnend *Mayer-Maly*, Probleme aus der neueren Rechtsprechung zum besonderen Kündigungsschutz, DRdA 1989, 353.

296 In diesem Sinne auch *Krejci* in *Rummel*[3], ABGB §§ 1158-1159c Rz 96.

297 OGH 9 ObA 148/97y.

4.5.2.3. Eltern

Rechtsquellen: §§ 12 f, 22 MSchG, § 7 VKG.

Auch geschützte Eltern dürfen nur mit **vorheriger Zustimmung des Gerichts** entlassen werden. Für Mütter enthält das MSchG einen taxativen Katalog von Entlassungsgründen. Bei einigen von ihnen (schuldhafte und gröbliche Verletzung der Arbeitnehmerpflichten, insb unbegründete Unterlassung der Arbeitsleistung, sowie Tätlichkeiten und erhebliche Ehrverletzungen) ist der durch die Schwangerschaft oder Entbindung bedingte außerordentliche Gemütszustand zu berücksichtigen. In diesen Fällen ist daher zu prüfen, ob die betreffende Arbeitnehmerin ihr Fehlverhalten auch an den Tag gelegt hätte, wäre sie nicht in diesem außerordentlichen Gemütszustand gewesen.[298] Eine **nachträgliche** Zustimmung des Gerichts ist nur bei Tatbeständen des § 12 Abs 2 Z 4 und 5 MSchG möglich (Tätlichkeiten und Ehrverletzungen bzw strafbare Handlungen).

Auch besonders kündigungs- bzw entlassungsgeschützte Väter können nur mit Zustimmung des Gerichts entlassen werden. Das VKG verweist bezüglich der Entlassungsgründe auf § 12 Abs 2 und 4 MSchG.

4.5.2.4. Präsenz- und Zivildiener

Wie bei Belegschaftsfunktionären braucht der Arbeitgeber zum Ausspruch einer wirksamen Entlassung die **vorherige Zustimmung** des Gerichts, die nur bei Vorliegen taxativ aufgelisteter Entlassungsgründe erteilt werden darf (§§ 12, 15 APSG).

4.5.2.5. Lehrlinge

Ein Lehrling kann gem § 15 Abs 3 BAG zwar ohne Zustimmung des Arbeitsgerichts, aber nur bei **Vorliegen taxativ aufgezählter Gründe**, entlassen werden.

4.5.2.6. Betreuungspersonen

Personen, die eine Arbeitsfreistellung zur Sterbebegleitung oder zur Begleitung schwersterkrankter Kinder gem §§ 14a und 14b AVRAG in Anspruch nehmen, können ab Bekanntgabe der Freistellung und bis zum Ablauf von vier Wochen nach deren Ende **nur mit Zustimmung des Gerichts** entlassen werden. Das Gesetz zählt – ähnlich wie bei der Kündigung – keine Entlassungsgründe auf. Das Gericht hat vielmehr eine umfassende Interessenabwägung vorzunehmen. Es kann daher die Zustimmung verweigern, obwohl ein Entlassungsgrund vorliegt.

298 Das ist etwa nicht der Fall, wenn sie schon vorher streitsüchtig war, OGH, SozM III B 135/1964; erforderlichenfalls wird ein Sachverständigengutachten einzuholen sein, LG Wien 44 Cg 235/63, Arb 7818/1963.

Rechtsprobleme anlässlich der Beendigung des Dienstverhältnisses

1. Dienstzeugnis

Literatur: *Eichinger*, Ausgewähltes zum Arbeitszeugnis, FS Binder (2010) 255; *Eypeltauer*, Rechtsprobleme des Arbeitszeugnisses, DRdA 1992, 19; *Gahleitner* in *Löschnigg* (Hg), Angestelltengesetz[10] § 39; *Holzer* in *Marhold/Burgstaller/Preyer* (Hg), AngG § 39; *Neumayr* in *Kletečka/Schauer*, ABGB-ON[1.02] § 1163; *Reissner* in *Neumayr/Reissner* (Hg), Zeller Kommentar zum Arbeitsrecht[3], AngG § 39; *Runggaldier/Eichinger*, Arbeitszeugnis (1989).

Rechtsquellen: § 1163 ABGB, § 39 AngG.

Der Gesetzgeber[1] räumt dem Arbeitnehmer mit § 39 AngG bzw § 1163 ABGB einen **unabdingbaren Anspruch** ein, **auf sein Verlangen**[2] und auf Kosten des Arbeitgebers ein **schriftliches Zeugnis über Art und Dauer** seiner Dienstleistungen ausgestellt zu erhalten (**einfaches Dienstzeugnis**). Die Hauptfunktion des Dienstzeugnisses besteht in seiner Verwendung als Bewerbungsunterlage im vorvertraglichen Arbeitsverhältnis. Es dient dem Stellenbewerber als Nachweis über zurückliegende Arbeitsverhältnisse und dem präsumtiven Arbeitgeber als Informationsquelle über die Qualifikation des Bewerbers. Deshalb hat es, wobei die Formulierung dem Dienstgeber vorbehalten ist, **vollständig** und **objektiv richtig** zu sein.[3] Der Arbeitgeber hat darin **lediglich Tatsachen** (eine vollständige Darstellung der tatsächlichen Verwendung des Arbeitnehmers) aufzuführen, nicht aber eine Bewertung seiner Arbeitsleistung vorzunehmen. Das Zeugnis darf keine für den Arbeitnehmer nachteiligen Aussagen (auch keine Codes wie zB „hat sich stets bemüht“[4]) enthalten, die ihm die Erlangung eines neuen Arbeitsplatzes objektiv erschweren könnten (**Erschwernisverbot**).[5] Daraus werden die drei Grundprinzipien der **Zeugniswahrheit**, der **wohlwollenden Formulierung** und des **Verbots nachteiliger Formulierungen** abgeleitet, wobei dem letzten iZw die durchschlagende Bedeutung zuzumessen sein wird.[6]

Nicht gestattet sind Bemerkungen über Krankenstände oder die Bemerkung, dass das Dienstverhältnis wegen Kränklichkeit des Dienstnehmers aufgelöst wurde, oder der Hinweis darauf, dass der Dienstnehmer seine gewerkschaftliche Zugehörigkeit und die daraus erfließenden Rechte und Pflichten äußerst ernst nimmt. Angaben über die Ursache der

1 Siehe auch § 16 BAG (Lehrzeugnis), § 39 GAngG, § 18 HausgG, § 31 VBG.
2 Unaufgefordert bei Lehrlingen (§ 16 BAG).
3 OGH 9 ObA 185/99t.
4 *Neumayr* in *Kletečka/Schauer*, ABGB-ON[1.02] § 1163 Rz 22.
5 OGH 8 ObA 217/00w; vgl mwN der Judikatur *Holzer* in *Marhold/Burgstaller/Preyer*, AngG § 39 Rz 19.
6 *Reissner* in ZellKomm[3], AngG § 39 Rz 25.

Lösung, über geringe Rentabilität der Arbeitsleistung oder über die Tätigkeit als Betriebsratsmitglied sind gleichfalls zu unterlassen. Auch Hinweise auf die Art der Lösung, insb auf eine gerechtfertigte **Entlassung**, haben zu unterbleiben.[7]
Auch die äußere Form des Zeugnisses darf nicht so beschaffen sein, dass daraus auf eine mangelnde Wertschätzung des Arbeitgebers gegenüber dem Arbeitnehmer geschlossen werden kann (pinkfarbenes Papier mit Fettflecken, Rechtschreibfehler und fehlende Stempelmarke).[8]

Nach österreichischem Arbeitsrecht hat der Arbeitnehmer, anders als nach deutscher Rechtslage, **keinen Anspruch auf ein qualifiziertes Dienstzeugnis.**[9] Soll ein solches geschuldet sein, muss dies im Arbeitsvertrag vereinbart werden. Ein qualifiziertes Dienstzeugnis enthält über die Angaben in einem einfachen Dienstzeugnis hinaus auch Wertungen über die Arbeitsleistung und das Verhalten des Arbeitnehmers.[10]

Eine detaillierte gesetzliche Regelung zur Frage von **informellen Auskunftserteilungen** durch einen früheren Arbeitgeber oder dessen Mitarbeiter über andere Mitarbeiter an potentielle neue Arbeitgeber besteht nicht. Die Bestimmungen über die Ausstellung von Arbeitszeugnissen der § 39 AngG und § 1163 ABGB können nicht unmittelbar herangezogen werden. Die **nachwirkende Fürsorgepflicht** des Arbeitgebers (siehe 122) beschränkt allerdings das Recht, Auskünfte zu erteilen.

Bei der konkreten Abwägung zwischen den Informationsinteressen des neuen Arbeitgebers, den Interessen des „alten" Arbeitgebers und jenen des Arbeitnehmers ist nicht nur auf die Grundsätze der Interessenabwägung, wie sie im § 1 Abs 1 DSG zugrunde gelegt werden, sondern auch auf die einschlägigen arbeitsrechtlichen Wertungen Bedacht zu nehmen. Während etwa sachliche Auskünfte hinsichtlich konkreter für den neuen Arbeitgeber erforderlichen Fähigkeiten – zB Englischkenntnisse – innerhalb eines gewissen Rahmens als unbedenklich einzustufen sind, sind Auskünfte über die „Klagsfreudigkeit" des Arbeitnehmers wohl meist als unzulässig anzusehen.[11]

Ist dem Arbeitnehmer aus der Nichtausstellung oder der verspäteten Ausstellung eines gehörigen Zeugnisses ein Schaden erwachsen, kann er nach allgemeinen Bestimmungen **Schadenersatz** begehren.[12]

Der Arbeitgeber hat darüber hinaus auch eine weitere zur Vorlage an die Arbeitsmarktverwaltung bestimmte Bescheinigung auszustellen (§ 46 Abs 4 AlVG).

Gem § 39 Abs 2 AngG bzw § 1163 Abs 1 S 2 ABGB kann der Arbeitnehmer während des Dienstverhältnisses jederzeit die Ausstellung eines **Zwischenzeugnisses** auf eigene Kosten verlangen.

---

7 OGH 8 ObA 217/00w.
8 OGH 8 ObA 7/12f.
9 OGH 9 ObA 185/99t.
10 Vgl zB OGH 8 ObA 9/13a.
11 OGH 9 ObA 104/07w, ecolex 2008, 942 (*Thomas*) = DRdA 2009, 523 (*Mayer*).
12 OGH 8 ObA 20/10i; OGH JBl 1936, 365.

2. Freizeit während der Kündigungsfrist („Postensuchtage“)

Literatur: Weiterführende Literatur bei *Drs* in *Neumayr/Reissner* (Hg), Zeller Kommentar zum Arbeitsrecht³, AngG § 22, ABGB § 1160; *Karl* in *Marhold/Burgstaller/Preyer* (Hg), AngG § 22; *Nocker,* Entschädigung für die „Postensuchtage“ bei vorzeitiger Beendigung des Arbeitsverhältnisses, ecolex 1997, 864; *Wachter,* Der Anspruch auf Postensuchtage, in *Tomandl* (Hg), Beendigung des Arbeitsvertrages (1986) 117.

Rechtsquellen: § 1160 ABGB, § 22 AngG.

Gem § 22 AngG und § 1160 ABGB ist dem Arbeitnehmer bei Kündigungen durch den Dienstgeber **auf sein Verlangen**[13] während der gesetzlichen,[14] kollektivvertraglichen bzw einzelvertraglichen[15] Kündigungsfrist **bezahlte Freizeit** zu gewähren.[16] Jahrzehntelang fand sich im Gesetz die klare Aussage, dass diese Freizeit dem Arbeitnehmer das **Suchen eines neuen Arbeitsplatzes** erleichtern soll. Schon seit 1993 schweigt das Gesetz nun aber über den Zweck der Freistellung, doch ist vernünftigerweise nach wie vor kein anderer Grund ersichtlich.[17] Anders ist vor allem nicht erklärlich, warum der Anspruch beim Überwechseln in den Ruhestand nicht zusteht. Nach wie vor handelt es sich daher um einen speziellen Fall der Dienstverhinderung aus wichtigem Grund (§ 8 Abs 3 AngG, § 1154b Abs 5 ABGB).[18] Die Freistellung ist allerdings **nicht mehr an den Nachweis** einer entsprechenden Verwendung gebunden.[19]

Die Neuregelung ist in diesem Punkt nicht geglückt. Der Anspruch ist zwar offenbar nach wie vor zweckgerichtet, der Arbeitgeber hat allerdings keinen Anspruch auf einen Nachweis, dass die gewährte Freizeit tatsächlich zur Postensuche verwendet worden ist. Unklar ist damit insb, ob der Freistellungsanspruch auch noch zusteht, wenn der Arbeitnehmer bereits einen neuen Posten gefunden hat[20] oder ob der Arbeitnehmer einen Entlassungsgrund setzt, wenn er die Freizeit anders nutzt.[21] Durch die Qualifikation als Sonderfall des Entgeltfortzahlungsanspruchs aus wichtigem persönlichen Grund läge das für den Fall zweckwidriger Nutzung (Einkaufen, Urlaub etc) zwar nahe. Angesichts der Tatsache, dass hM[22] und Judikatur[23] im Lichte der Beschäftigungssicherungsnovelle 1993 (BGBl 1993/502) nur mehr Zweckdienlichkeit,[24] nicht mehr aber die Zweckgebundenheit des Anspruches annehmen, wird diese Ansicht nicht mehr aufrechterhalten.

---

13 Der Anspruch entsteht erst durch das konkrete Verlangen, nicht bereits durch die Kündigung, vgl RIS-Justiz RS0128172 bzw OGH 8 ObA 28/12v.

14 OGH 9 ObA 258/90.

15 RIS-Justiz RS0128173 bzw OGH 8 ObA 28/12v.

16 Vgl auch § 20 GAngG, § 16 HausgG, § 26 TAG, § 33a VBG (Sonderurlaub).

17 So auch OGH 8 Ob 174/00x.

18 Vgl *Drs* in ZellKomm³ AngG § 22 Rz 1; *Karl* in *Marhold/Burgstaller/Preyer,* AngG § 22 Rz 1; *Wachter,* Der Anspruch auf Postensuchtage, in *Tomandl* (Hg), Beendigung des Arbeitsvertrages 118.

19 OGH 8 ObA 28/12v; *Karl* in *Marhold/Burgstaller/Preyer,* AngG § 22 Rz 3.

20 Dafür *Neumayr* in *Kletečka/Schauer,* ABGB-ON[1.02] § 1160 Rz 1; *Drs* in ZellKomm³, AngG § 22 Rz 10.

21 Dagegen zB *Pfeil* in *Schwimann/Kodek*⁴, ABGB § 1160 Rz 4; *Drs* in ZellKomm³, AngG § 22 Rz 10; *Neumayr* in *Kletečka/Schauer,* ABGB-ON[1.02] § 1160 Rz 1.

22 Vgl die Nachweise bei *Karl* in *Marhold/Burgstaller/Preyer,* AngG § 22 Rz 3.

23 OGH 8 ObA 28/12v.

24 OGH 8 Ob 174/00x.

Der Anspruch steht von Gesetzes wegen nur bei einer **Arbeitgeberkündigung** zu, jedoch nicht bei einer pensionsbedingten Kündigung.[25] Kollektivverträge können abweichende, auch den Arbeitnehmer schlechter stellende Regelungen enthalten (§ 22 Abs 3 AngG, § 1160 Abs 3 ABGB).

Ob der Anspruch auch im Fall der Beendigung des Arbeitsverhältnisses durch **Zeitablauf und einvernehmliche Lösung** zusteht, ist **strittig.**[26]

Die Judikatur hat nach der **alten Rechtslage** eine analoge Anwendung des § 22 AngG bei befristeten Arbeitsverhältnissen (sofern sie länger als 3 Monate gedauert haben) angenommen, da der Arbeitnehmer auch bei längeren befristeten Arbeitsverhältnissen ein Interesse daran habe, gegen Ende des Dienstverhältnisses einen neuen Arbeitsplatz zu suchen.[27] Die alte Rechtslage hat den Anspruch allgemein bei „Kündigung" gewährt – dh sowohl bei Arbeitgeberkündigung als auch bei Selbstkündigung des Arbeitnehmers. Der Gesetzgeber hatte offenbar nur auf den Regelfall der Beendigung des Arbeitsverhältnisses abgestellt, die analoge Anwendung auf andere Beendigungsarten war daher aufgrund der gleichen Interessenlage gerechtfertigt. Nach der **neuen Rechtslage** ist der Anspruch auf Postensuchtage auf die Arbeitgeberkündigung beschränkt. Für die Frage nach einer möglichen analogen Anwendung auf befristete Arbeitsverträge oder einvernehmliche Lösungen ist daher nach dem Zweck der neuen Regelung zu fragen. Stehen Postensuchtage nur mehr bei Arbeitgeberkündigung zu, liegt der Regelungszweck wohl einerseits darin, Arbeitgeberkündigungen teurer zu machen (der Anspruch hat daher bestandschützende Wirkung) und andererseits darin, dem Arbeitnehmer, der sich auf das Ende des Arbeitsverhältnisses nicht einstellen konnte, kurzfristig die notwendige Freizeit zur Postensuche zu geben. Bei befristeten Arbeitsverhältnissen ist dem Arbeitnehmer das Ende des Arbeitsverhältnisses jedoch bekannt. Ebenso hat er bei der einvernehmlichen Beendigung die Wahl des Beendigungszeitpunkts in der Hand. Eine **analoge Anwendung** des § 22 AngG auf andere Beendigungsarten **scheidet nach der neuen Rechtslage daher entgegen der hA**[28] **aus.**[29]

Freizeit ist **mindestens** im Ausmaß **von einem Fünftel der regelmäßigen wöchentlichen Arbeitszeit** (bei einer 40-Stunden-Woche somit acht Stunden) zu gewähren.

Strittig[30] ist, ob der Zeitpunkt ähnlich wie beim Urlaub **vereinbart** werden muss oder ob der Arbeitnehmer das Recht besitzt, den Zeitpunkt nach entsprechender Abwägung der beiderseitigen Interessen **einseitig** festzulegen. Da der Gesetzgeber keine Vereinbarung

25 Der Anspruch entfällt jedoch nur, wenn die Gewährung einer Pension wahrscheinlich ist; dies ist der Fall, wenn der zuständige Pensionsversicherungsträger eine Bescheinigung über die vorläufige Krankenversicherung ausgestellt hat.

26 Dazu im einzelnen *Drs* in ZellKomm³, AngG § 22 Rz 7.

27 OGH 9 ObA 604/92, ZAS 1994, 92 (Zeitablauf mit krit Anm von *Egger*) = DRdA 1993, 482 (mit krit Anm von *Eypeltauer*).

28 Die wohl hA vertritt in unterschiedlicher Deutlichkeit, dass es darauf ankomme, in wessen Interesse die Befristung bzw die einvernehmliche Auflösung gelegen ist: Liegt sie demnach nicht (überwiegend) im Arbeitnehmerinteresse, bestehe der Anspruch; vgl etwa *Karl* in *Marhold/Burgstaller/Preyer*, AngG § 22 Rz 14; weiter geht *Neumayr* in *Kletečka/Schauer*, ABGB-ON¹·⁰² § 1160 Rz 9, der nur bei alleinigem Arbeitnehmerinteresse den Anspruch verneint; *Drs* in ZellKomm³, AngG § 22 Rz 9, nimmt überhaupt generell bei Befristung und einvernehmlicher Auflösung einen Anspruch an, „da sich ein Arbeitnehmer idR auch bei diesen Beendigungsarten um einen neuen Arbeitsplatz umsehen muss". Dem scheint auch *Rabl* in *Reissner*, AngG³ § 22 Rz 14 zu folgen.

29 IdS etwa auch *Schrammel* in *Klang*³, ABGB § 1160 Rz 4 (6).

30 Nachweise bei *Drs* in ZellKomm³, AngG § 22 Rz 24.

verlangt und der Anspruch als Entgeltfortzahlungsanspruch aus wichtigem persönlichem Grund zu verstehen ist, ist wie bei letzterem davon auszugehen, dass der Arbeitnehmer den Zeitpunkt einseitig festsetzen kann. Der Arbeitnehmer hat allerdings den Arbeitgeber rechtzeitig zu informieren.[31] Außerdem hat hinsichtlich der zeitlichen Lage der Postensuchtage eine **Interessenabwägung** zwischen den Interessen des Arbeitnehmers und den betrieblichen Erfordernissen des Arbeitgebers stattzufinden.[32]

Der Arbeitnehmer handelt jedenfalls rechtswidrig, wenn er ohne Einwilligung des Arbeitgebers der Arbeit fernbleibt, obwohl dessen Interesse an der Arbeitsleistung überwiegt.[33]

Verwehrt der Arbeitgeber dem Arbeitnehmer rechtswidrigerweise den Anspruch auf Freizeit zur Postensuche, hat der Arbeitnehmer einen **Ersatzanspruch in Geld**.[34]

Nach der Judikatur kommt für jene Zeiten, in denen der gekündigte Arbeitnehmer bereits **aus anderen Gründen bezahlte Freizeit** konsumiert und eine zusätzliche „Freistellung“ begrifflich nicht möglich ist, **kein Anspruch nach § 22 AngG** in Betracht. Das gilt insb für die Dauer eines vereinbarten Erholungsurlaubs, nach der Rsp aber auch bei fristwidriger Kündigung oder ungerechtfertigter Entlassung für jenen Zeitraum, in dem Kündigungsentschädigung gebührt.[35]

3. Ausbildungskosten

Literatur: *Eypeltauer,* Offene Fragen des Ausbildungskostenrückersatzes – eine Trilogie, ecolex 2007, 196; *Oberhofer,* Ausbildungskostenrückersatz und Konkurrenzklausel neu, ZAS 2006, 152; *Reissner/Preiss,* Die Neuerungen im Recht der Konkurrenzklausel und der Ausbildungskostenklausel, DRdA 2006, 183; *Reissner* in *Neumayr/Reissner* (Hg), Zeller Kommentar zum Arbeitsrecht³, AVRAG § 2d; *Resch,* Zum Rückersatz der Ausbildungskosten, DRdA 1990, 222; *ders,* Grenzen für Vertragsklauseln über den Rückersatz von Ausbildungskosten, DRdA 1993, 8; *Risak,* Konkurrenzklausel und Ausbildungskostenrückersatz neu, ZAS 2006, 49.

Arbeitgeber wenden oft hohe Kosten auf, um Arbeitnehmer für bestimmte Verwendungen auszubilden. Deswegen wollen sie sich absichern, dass der Arbeitnehmer seine Kenntnisse nach vollendeter Ausbildung auch tatsächlich eine bestimmte Zeit in ihrem Unternehmen einsetzen wird. Zu diesem Zweck vereinbaren sie, dass der Arbeitnehmer die für ihn aufgewendeten **Ausbildungskosten** ganz oder teilweise zu **ersetzen** hat, wenn er vor dieser Zeit selbst kündigt, ohne wichtigen Grund austritt oder aus seinem Verschulden entlassen wird. Soweit solche Vereinbarungen für den Fall von Vertragsverletzungen des Arbeitnehmers vorsorgen, können sie als Konventionalstrafe aufgefasst werden. Rückzahlungsklauseln für den Fall der Selbstkündigung des Arbeitnehmers sind hingegen etwas Eigenständiges. Sie sind Geschöpfe der Privatautonomie und als solche

---

31 Vgl OGH, Arb 8329/1966; *Krejci* in *Rummel*³, ABGB § 1160 Rz 9; *Drs* in ZellKomm³, AngG § 22 Rz 24; *Neumayr* in in *Kletečka/Schauer,* ABGB-ON¹·⁰² § 1160 Rz 12.

32 OGH 9 ObA 131/05p.

33 Vgl OGH, ZAS 1977, 104 (*Schnorr*).

34 OGH 9 ObA 131/05p.

35 OGH 8 ObA 28/12v; 8 Ob A 174/00x.

zulässig, solange sie nicht gegen gesetzliche Bestimmungen oder gegen die guten Sitten verstoßen.[36]

Die Judikatur vertritt seit langem, dass Ausbildungskostenrückersatzklauseln gem § 879 ABGB unwirksam sind, wenn sie rechtlich geschützte Interessen des Arbeitnehmers grob verletzen, sowie dass sie grundsätzlich zulässig sind, wenn sie unter Berücksichtigung aller Umstände des Einzelfalls nach Treu und Glauben dem Arbeitnehmer zuzumuten sind und vom Standpunkt eines verständigen Betrachters aus einem begründeten und zu billigenden Interesse des Arbeitgebers entsprechen.[37]

Der Gesetzgeber hat nunmehr die Rechtswirksamkeit von Ausbildungskostenrückersatzklauseln in § **2d AVRAG** umfassend geregelt. Inhaltlich wurde zu einem großen Teil die bis dahin bestehende Judikatur kodifiziert.

Die Vereinbarung einer Rückerstattung von Ausbildungskosten bedarf jedenfalls einer **schriftlichen Vereinbarung**. Diese Vereinbarung hat die konkrete Höhe der Kosten zu beziffern.[38]

Ausbildungskosten sind die vom Arbeitgeber tatsächlich aufgewendeten Kosten für eine erfolgreich absolvierte Ausbildung, die dem Arbeitnehmer Spezialkenntnisse theoretischer und praktischer Art vermittelt, die dieser auch bei anderen Arbeitgebern verwerten kann. **Nicht rückersatzfähig** sind daher **Einschulungskosten**, dh Kosten für die Vermittlung von Spezialkenntnissen, die nur für das Unternehmen des Arbeitgebers Relevanz haben.[39]

> Zu diesen Ausbildungskosten gehören Kurs-, Reise- und Unterbringungskosten sowie Sachaufwand für Bücher, Skripten oder andere Lehr- und Lernunterlagen, aber auch Prüfungstaxen. Ebenso zählen dazu die Unterbringungskosten, die dem „dienstrechtlichen Standard" entsprechen.[40]

Rückersatzfähig sind nur die Kosten einer „**erfolgreichen**" Ausbildung. Nur in diesem Fall kann der Arbeitnehmer die vermittelten Spezialkenntnisse am Arbeitsmarkt verwerten. Bei nicht erfolgreich absolvierten Ausbildungen wird ein Rückersatz nur dann infrage kommen, wenn der Arbeitnehmer den Erfolg der Ausbildung schuldhaft vereitelt hat. Die erfolgreiche Ausbildung soll dem Arbeitnehmer bessere Verdienstmöglichkeiten „auch" bei anderen Arbeitgebern eröffnen. Der Arbeitgeber ist daher nicht berechtigt,

---

36 Innerhalb dieser Grenzen liegt kein Verstoß gegen die Unabdingbarkeit von Kündigungsfristen vor (OGH 4 Ob 57/72). Die Anregung *Tichys* (Anm zu OGH 4 Ob 52/72), die Rückzahlungsklausel mit der Höhe des Bereicherungsanspruches zu begrenzen, überzeugt nicht, da vertragliche Vereinbarungen gerade nicht an das Ausmaß gesetzlicher Ansprüche gebunden sind. Wie hier im Wesentlichen *Marhold,* Die Rückforderung von Ausbildungskosten von Berufsanwärtern freier Berufe, RdW 1984, 110.

37 OGH 9 ObA 160/07f; *Oberhofer,* Ausbildungskostenrückersatz und Konkurrenzklausel Neu, ZAS 2006, 153.

38 OGH 9 ObA 125/11i, ZAS 2013, 85 (*Oberhofer*).

39 Vgl OGH 9 ObA 211/94.

40 *Oberhofer,* Ausbildungskostenrückersatz und Konkurrenzklausel Neu, ZAS 2006, 154; *Neubauer/Rath,* Nochmals zu den Neuerungen bei der Konkurrenzklausel und beim Ausbildungskostenrückersatz, ASoK 2007, 51.

den Rückersatz von Ausbildungskosten zu verlangen, wenn die Ausbildung keine „Allgemeingültigkeit" besitzt.[41]

Nach § 2d AVRAG ist die **Rückzahlung** des während der Ausbildung **fortgezahlten Lohns** zulässig, wenn der Arbeitnehmer für die Dauer der Ausbildung von der **Dienstleistung freigestellt** ist. Der Gesetzgeber wollte an die frühere Judikatur anschließen, wonach im Falle einer entsprechenden Vereinbarung auch der während der Ausbildung fortgezahlte Lohn vom Arbeitgeber zurückgefordert werden konnte, wenn die Ausbildung mit keiner Verwendung verbunden und keine Erfüllung des Arbeitsvertrags war.[42] Daran schließt die Judikatur zu § 2d AVRAG an: Eine Rückzahlungsverpflichtung bezüglich des Entgelts ist zulässig, wenn der Arbeitnehmer während der Ausbildung unter Fortzahlung des Entgelts von seinen **üblichen betrieblichen Aufgaben** gänzlich freigestellt wird. Erfolgt hingegen die Ausbildung durch Verwendung im Betrieb, trifft dies nicht zu. Ob der Arbeitnehmer zur Absolvierung der Ausbildung vertraglich verpflichtet war oder nicht, ist für diese Rechtsfrage unerheblich.[43]

Nach § 2d Abs 3 AVRAG besteht **keine Rückersatzverpflichtung**,

- wenn der Arbeitnehmer im Zeitpunkt des Abschlusses der Vereinbarung **minderjährig** ist und nicht die Zustimmung des gesetzlichen Vertreters des Minderjährigen dazu vorliegt, oder
- wenn das Arbeitsverhältnis nach **mehr als vier Jahren** (in besonderen Fällen mehr als acht Jahren) nach dem Ende der Ausbildung geendet hat oder
- wenn die Höhe der Rückerstattung **nicht aliquot** zur Dauer der Dienstleistung nach dem Ende der Ausbildung vereinbart wurde.

Enthält eine Klausel über den Rückersatz von Ausbildungskosten **keine Aliquotierungsvereinbarung**, führt dies zur Unwirksamkeit der gesamten Klausel.[44] Die Aliquotierung ist für jeden zurückgelegten Monat vom Zeitpunkt der **Beendigung der Ausbildung** bis zum Ende der zulässigen Bindungsdauer zu berechnen.

Sehen Ausbildungskostenrückersatzklauseln eine längere Laufzeit als vier bzw acht Jahre vor, sind sie teilnichtig. Die Rückzahlungsverpflichtung endet mit Ablauf der gesetzlich zulässigen Zeit. Die Frist von 8 Jahren ist nur bei besonders teuren und aufwändigen Ausbildungen (zB Pilotenausbildung) anzuwenden. Die gesetzlichen Fristen sind Höchstfristen. Bei weniger nachhaltigen Ausbildungen (zB durch die Schnelllebigkeit im IT-Bereich) ist daher uU eine kürzere Bindungsdauer anzusetzen.[45]

41 *Neubauer/Rath,* Nochmals zu den Neuerungen bei der Konkurrenzklausel und beim Ausbildungskostenrückersatz, ASoK 2007, 52.

42 OGH 8 ObA 73/07d.

43 OGH 8 ObA 70/09s, ZAS 2011, 279 (*Födermayr*) = DRdA 2012, 208 (*Radner*).

44 OGH 9 ObA 126/08g.

45 *Reissner* in ZellKomm³, AVRAG § 2d Rz 25, der allerdings von absoluter Nichtigkeit bei Überschreitung der maximalen Laufzeit ausgeht.

Teilweise unwirksam und somit betragsmäßig zu reduzieren sind Rückzahlungsvereinbarung außerdem dann, wenn dem Arbeitnehmer durch sie übermäßig hohe Kosten (in Relation zu seinem Arbeitseinkommen) aufgebürdet werden.

Eine Rückersatzverpflichtung besteht gem § 2d Abs 4 AVRAG im Übrigen nur dann, wenn die **Beendigung** des Arbeitsverhältnisses **dem Arbeitnehmer zurechenbar** ist (insb Arbeitnehmerkündigung, verschuldete Entlassung, ungerechtfertigter Austritt; die Anwendbarkeit bei einvernehmlichen Auflösungen wird überwiegend bejaht).

4. Die Abfertigung

Literatur zur „Abfertigung alt": Vgl die Literaturangaben bei *Mayr* in *Neumayr/Reissner,* Zeller Kommentar[3], AngG § 23; *Migsch,* Abfertigung für Arbeiter und Angestellte (1982); *Runggaldier,* Abfertigungsrecht (1991).

Rechtsquellen: §§ 23 f AngG; Arbeiterabfertigungsgesetz.

Literatur zur „Abfertigung neu": *Binder/Schifko,* Abfertigung neu[2] (2003); *Grillberger,* Der Übergang zur Abfertigung Neu, DRdA 2003, 211; *Kristen/Pinggera/Schön,* Abfertigung neu – BMVG[2] (2004); *Leitner/Achitz/Farny/Wöss,* Abfertigung neu – Betriebliches Mitarbeitervorsorgegesetz (2003); *K. Mayr/Resch* in Zeller Kommentar zum Arbeitsrecht[3], BMSVG samt weiterführender Literatur; *Tomandl/Mazal/Achatz,* Abfertigung Neu (2003).

Rechtsquelle: Betriebliches Mitarbeiter- und Selbstständigenvorsorgegesetz (BMSVG).

4.1. Problemaufriss

Mit der Beendigung des Arbeitsverhältnisses endet der Anspruch des Arbeitnehmers auf das laufende Entgelt. Die Beendigung des Arbeitsverhältnisses kann daher für den Arbeitnehmer finanzielle Belastungen mit sich bringen, wenn es ihm nicht gelingt, ein neues Arbeitsverhältnis zu begründen oder in ein Pensionsverhältnis zu wechseln. Die finanzielle Absicherung des Arbeitnehmers nach Beendigung des Arbeitsverhältnisses wird heute in erster Linie durch Leistungen der Sozialversicherung bewirkt. Für den noch arbeitsfähigen Arbeitnehmer kommen Leistungen der Arbeitslosenversicherung in Betracht, leistungsgeminderte Arbeitnehmer können Invaliditäts- oder Berufsunfähigkeitspensionen beanspruchen. Mit Erreichen des Regelpensionsalters (65 Jahre für Männer, 60 Jahre für Frauen)[46] stehen Alterspensionen zur Verfügung.

Eine **finanzielle Absicherung** nach Beendigung des Arbeitsverhältnisses kann der Arbeitnehmer auch durch entsprechende Geldleistungen seines ehemaligen Arbeitgebers erhalten. Geldleistungen des Arbeitgebers aus Anlass der Beendigung des Arbeitsver-

46 Die unterschiedlichen Regelpensionsalter (§§ 253, 270 ASVG) werden zwischen 2024 und 2033 schrittweise durch Erhöhung des Frauen-Regelpensionsalters aneinander angeglichen (§ 617 Abs 11 ASVG; § 3 BVG über unterschiedliche Altersgrenzen von männlichen und weiblichen Sozialversicherten, BGBl 1992/832).

hältnisses überbrücken den Zeitraum bis zum Wiederantritt eines neuen Arbeitsverhältnisses. Sie haben überdies eine den **Bestand des Arbeitsverhältnisses sichernde Funktion**. Muss der Arbeitgeber bei einer von ihm ausgelösten Beendigung des Arbeitsverhältnisses eine „Abfertigung" bezahlen, wird er von einer leichtfertigen Auflösung des Arbeitsverhältnisses wohl Abstand nehmen.

Die Entstehung von Abfertigungszahlungen ist schillernd.[47] Abfertigungen erhielten bereits seit dem 18. Jahrhundert Beamte, zT aber auch höhere Angestellte, wahlweise anstelle von Pensionen. Entscheidend aber war dann, dass Abfertigungen vorübergehend zum Schutz der aus dem Ersten Weltkrieg heimkehrenden Angestellten gewährt wurden.[48] Der Gesetzgeber des **Angestelltengesetzes** knüpfte an diese versorgungsrechtlich konzipierten Vorläufer an und verband damit das neue Anliegen, ältere Angestellte vor Kündigungen zu schützen. Arbeiter hatten zunächst keinen allgemeinen Anspruch auf Abfertigung, eine Abfertigung gebührte nur im Falle einer Verlegung des Betriebes in das Ausland. Dadurch sollten die inländischen Arbeitsplätze erhalten bleiben. Erst durch das **Arbeiter-Abfertigungsgesetz** 1979 wurden Arbeiter und Angestellte hinsichtlich der Abfertigungszahlungen gleichgestellt.

Die ursprünglichen Motive für Abfertigungszahlungen haben im Laufe der Zeit, vor allem durch die Entwicklung des Sozialversicherungsrechts, ihre Bedeutung verloren. Mit der Eröffnung von Abfertigungsansprüchen auch bei Selbstkündigung (nach Geburt eines Kindes und nach Erreichen des Pensionsalters) traten neue familien- und sozialpolitische Ziele hinzu. Die Abfertigung wurde zuletzt als ein aus der Fürsorgepflicht des Arbeitgebers entwickeltes **Sonderentgelt für erwiesene Betriebstreue** verstanden.

Das in Österreich bis zum Jahr 2002 ausschließlich geltende Abfertigungssystem, das nunmehr als **„Abfertigung alt"** bekannt ist, **hat(te) seine Nachteile**. Es ist/war sowohl von der Dienstzeit als auch von der Beendigungsart abhängig. Arbeitnehmer, die weniger als drei Jahre bei ihrem Arbeitgeber beschäftigt waren, hatten keinen Anspruch, ebenso wenig jene Arbeitnehmer, die selbst kündig(t)en. Der Großteil der Arbeitnehmer kam daher nach dem alten System nicht in den Genuss einer Abfertigung (nach der BMVG-RV[49] hatten jährlich nur ca 15% der Arbeitnehmer, deren Arbeitsverhältnisse endeten, Anspruch auf Abfertigung), was zunehmend als ungerecht empfunden wurde. Der Anspruchsverlust bei Selbstkündigung hat(te) außerdem mobilitätshemmende Wirkung. Aber auch die Arbeitgeber können/konnten durch die anfallenden Abfertigungszahlen in Liquiditätsschwierigkeiten kommen, insb wenn langjährigen Mitarbeitern eine Abfertigung von einem Vielfachen des Monatsgehalts auszuzahlen ist/war (bis zu einem Jahresgehalt). Daher entschloss sich der Gesetzgeber **im Jahr 2002** zu einer grundlegenden **Neukonzeption des Abfertigungsrechts** durch das Bundesgesetz über die betrieb-

47 Siehe dazu *Lakenbacher*, Die Abfertigung der Angestellten – anders gesehen, DRdA 1962, 79; *Lenhoff*, Die Abfertigung² 3; *Weinzierl*, Die Schlechterbehandlung der Arbeiter in Bezug auf die Abfertigung – eine Verletzung des Gleichheitsgrundsatzes? DRdA 1961, 239.

48 Vgl die Verordnung StGBl 1919/301 und 462, 1920/126, BGBl 1921/33. Siehe aber auch das Hausgehilfengesetz 1920, StGBl 1920/101.

49 RV 1131 BlgNR 21. GP.

liche Mitarbeitervorsorge (BMVG, StF: BGBl I 2002/100; seit 2008:[50] BMSVG). Die Abfertigung ist zwar nach wie vor eine Geldleistung, die nur bei Beendigung des Arbeitsverhältnisses zusteht, allerdings haben weder die Dauer des Arbeitsverhältnisses noch die Art der Beendigung für das Entstehen des Anspruchs Bedeutung. Die Finanzierung erfolgt durch Beiträge aller Arbeitgeber an neu zu errichtende Betriebliche Mitarbeitervorsorgekassen (BV-Kassen). Diese haben die Beiträge am Kapitalmarkt anzulegen (Kapitaldeckungsverfahren), das BMSVG enthält allerdings Vorschriften gegen Risikoveranlagungen. Der Abfertigungsanspruch der Arbeitnehmer richtet sich gegen die BV-Kasse.

Das Abfertigungssystem wurde also von einem leistungsorientierten auf ein beitragsorientiertes System umgestellt. Das bedeutet, dass die Höhe des Abfertigungsanspruchs vom Anlageerfolg der BV-Kasse abhängt.

Das BMSVG („**Abfertigung neu**") gilt für Arbeitnehmer (und freie Mitarbeiter),[51] deren **Arbeitsvertrag nach dem 31. Dezember 2002** abgeschlossen wurde. Für Arbeitsverhältnisse, deren vertraglicher Beginn vor dem 1. Jänner 2003 liegt, gelten weiterhin die Bestimmungen der §§ 23 ff AngG bzw die Vorschriften des Arbeiter-Abfertigungsgesetzes.

Die „alten" Abfertigungsregelungen gelten in bestimmten Fällen auch für Arbeitsverhältnisse, die nach dem 31. Dezember 2002 abgeschlossen wurden, etwa wenn die Neubegründung des Arbeitsverhältnisses auf Grund einer Wiedereinstellungszusage erfolgt oder wenn der Arbeitnehmer innerhalb eines Konzerns in ein neues Arbeitsverhältnis wechselt (§ 46 Abs 3 BMSVG).

Die „**Abfertigung alt**" wird daher **noch für längere Zeit praktische Bedeutung** haben.

4.2. Abfertigung „alt"

4.2.1. Funktion

Die Abfertigung „alt" ist ein einmaliger Geldbetrag, den der Arbeitgeber dem Arbeitnehmer anlässlich der Beendigung des Arbeitsvertrags zu bezahlen hat.[52] Ihre Höhe steigt mit den Dienstjahren bis zu einem vollen Jahresentgelt. Der Abfertigungsanspruch entsteht allerdings **nur bei bestimmten Arten der Beendigung** des Arbeitsvertrags. Er entsteht vor allem dann nicht, wenn der Arbeitnehmer die vorzeitige Lösung verschuldet hat oder selbst kündigt. Der Anspruch auf Abfertigung setzt weiters eine **bestimmte Mindestdauer** des Arbeitsvertrags voraus. Beide Voraussetzungen in ihrem Zusammenwirken lassen erkennen, dass die Entstehung des Anspruchs von erwiesener **Betriebstreue**, nicht aber von bloßer Betriebszugehörigkeit abhängt.[53]

---

50 BGBl I 2007/102; seit der Novelle sind Selbstständige nunmehr miteinbezogen.

51 Auf die Selbstständigenvorsorge kann im vorliegenden Rahmen nicht eingegangen werden. Die entsprechenden Bestimmungen finden sich in den §§ 49 ff BMSVG.

52 Sondergesetzliche Regelungen: §§ 22, 22a GAngG, § 33 GehKG, § 17 HausgG, §§ 8 Abs 2, 11 Abs 2 JournG, Art IV NSchG, §§ 35, 84 VBG.

53 Siehe *Löschnigg/Karl*, Teilzeitarbeit und Abfertigung bei Gleitpension, ZAS 1994, 88.

Die soziale Lage des Arbeitnehmers ist für die Entstehung des Anspruchs ohne Relevanz, nicht dagegen jene des Arbeitgebers: Löst dieser das Unternehmen auf, dann reduziert sich der Anspruch auf Abfertigung uU bis auf null, wenn sich seine persönliche Wirtschaftslage so verschlechtert hat, dass ihm die Zahlung einer Abfertigung billigerweise nicht mehr (zur Gänze) zugemutet werden kann. Dadurch soll vermieden werden, dass der Arbeitgeber durch die Abfertigungsverpflichtung in die Insolvenz getrieben wird.[54]

Die Abfertigung stellt sich daher als ein aus der Fürsorgepflicht des Arbeitgebers entwickeltes Sonderentgelt für erwiesene Betriebstreue dar.

4.2.2. Anspruchsvoraussetzungen

Der Anspruch auf Abfertigung hängt dem Grund und der Höhe nach von der **Dauer** des Bestands **des Dienstverhältnisses** ab. Ob der Arbeitnehmer seine Dienste tatsächlich verrichtet hat, ist nicht entscheidend.[55] Vordienstzeiten bei anderen Arbeitgebern sind nicht zu berücksichtigen (es sei denn, die Anrechnung wurde vertraglich vereinbart), wohl jedoch Vordienstzeiten aller Art[56] beim selben Arbeitgeber, sofern sie dem letzten Dienstverhältnis „unmittelbar vorausgingen".[57]

Wurde das Arbeitsverhältnis aus **Verschulden des Arbeitgebers vorzeitig beendet**, fingiert der OGH bei der Berechnung der Abfertigung, dass das Dienstverhältnis erst zu jenem Zeitpunkt geendet habe, zu dem der Arbeitgeber ordnungsgemäß hätte auflösen können oder zu dem die bestimmte Vertragszeit abgelaufen wäre.[58]

Ein daraus resultierender höherer Abfertigungsanspruch ist nach Meinung der Judikatur aber nicht Teil der Kündigungsentschädigung. Für die Geltendmachung der höheren Abfertigung gilt daher auch nicht die sechsmonatige Ausschlussfrist. In dieser Frage durchbricht der OGH das Schadenersatzprinzip.[59]

Abfertigung steht erst bei Beendigung des Dienstverhältnisses zu, allerdings nicht bei jeder Art der Beendigung. **Kein Anspruch** besteht, wenn der Arbeitnehmer das Dienstverhältnis durch **Selbstkündigung** beendet hat, **ohne wichtigen Grund vorzeitig ausgetreten** ist oder wenn den Arbeitnehmer ein **Verschulden an der Entlassung** trifft.[60]

---

54 OGH 4 Ob 24/67 und 14 ObA 2-4/87.

55 **Zeiten der gesetzlichen Elternkarenz** sind für Geburten ab dem 1. 8. 2019 entgegen der alten Rechtslage als Dienstzeiten anzurechnen (§ 15f MSchG idF BGBl I 2019/68; § 7c VKG); andere Karenzurlaube oder Zeiten der Dienstfreistellung waren dagegen schon vorher zu berücksichtigen (zB Präsenzdienstzeiten gem § 8 APSG).

56 Grundlegend OGH 4 Ob 123/83; vgl mwN der Judikatur RIS-Justiz RS0028390; siehe aber die Sonderregelung für Lehrverhältnisse des § 23 Abs 1 AngG.

57 Und zwar auch dann, wenn das frühere Dienstverhältnis durch Entlassung beendet wurde; idS grundlegend OGH 9 ObA 98/87 (vgl RIS-Justiz RS0028299 mwN); zum Grad der geforderten Unmittelbarkeit vgl RIS-Justiz RS0028387, RS0028410.

58 OGH 4 Ob 13-18/85.

59 OGH 4 Ob 13/85 mit Abl der Auffassung von *Migsch,* Abfertigung für Arbeiter und Angestellte Rz 351 hierbei handle es sich um einen Schadenersatzanspruch.

60 Siehe dazu OGH 4 Ob 15/84; diese Regelung kann wohl nicht als Beschränkung der Arbeitnehmerfreizügigkeit nach EU-Recht verstanden werden; vgl dazu überzeugend *Birk,* Zur Vereinbarkeit des § 23 Abs 7 AngG mit der Regelung der Freizügigkeit im Primär- und Sekundärrecht der EU, ZAS 1999, 1.

Kein Anspruch auf Abfertigung besteht daher, wenn der Arbeitnehmer im bereits gekündigten Arbeitsverhältnis, aber noch vor dessen Ablauf, aus seinem Verschulden entlassen wird.[61] Ist das Arbeitsverhältnis aber bereits beendet, geht der Anspruch auf die Abfertigung durch das spätere Bekanntwerden eines Entlassungsgrundes nicht mehr verloren.[62] Bei einer unverschuldeten, aber rechtmäßigen Entlassung (wie etwa bei Dienstunfähigkeit des Arbeitnehmers) geht der Abfertigungsanspruch mangels Verschuldens nicht verloren. **Fraglich** war, ob das österreichische Abfertigungsrecht, bei dem der Arbeitnehmer die Abfertigung bei Selbstkündigung verliert, nicht als Beschränkung der Freizügigkeit der Arbeitnehmer **unionsrechtswidrig** ist. Der EuGH hat in der Rs *Graf* die Unionsrechtskonformität des § 23 AngG bestätigt. Zwar stellen auch unterschiedslos anwendbare Bestimmungen, die einen Staatsangehörigen eines Mitgliedstaats daran hindern oder davon abhalten, sein Herkunftsland zu verlassen, um von seinem Recht auf Freizügigkeit Gebrauch zu machen, Beeinträchtigungen dieser Freiheit dar, wenn sie den Zugang der Arbeitnehmer zum Arbeitsmarkt beeinflussen. Die österreichische Abfertigungsregelung ist jedoch nicht geeignet, den Arbeitnehmer daran zu hindern oder davon abzuhalten, sein Arbeitsverhältnis zu beenden, um eine unselbständige Tätigkeit bei einem anderen Arbeitgeber auszuüben, denn der Abfertigungsanspruch hängt nicht von der Entscheidung des Arbeitnehmers ab, ob er bei seinem derzeitigen Arbeitgeber bleibt oder nicht, sondern von einem zukünftigen hypothetischen Ereignis, nämlich einer späteren Beendigung des Arbeitsverhältnisses, die der Arbeitnehmer selbst weder herbeigeführt noch zu vertreten hat. Ein derartiges Ereignis ist zu ungewiss und wirkt zu indirekt, als dass diese Regelung die Freizügigkeit der Arbeitnehmer beeinträchtigen könnte.[63]

In allen übrigen Fällen der Beendigung, also auch bei **Zeitablauf**[64] oder **einvernehmlicher Lösung**[65], besteht bei entsprechend langer Dauer des Arbeitsvertrags ein Abfertigungsanspruch.

Ausnahmsweise kann der Arbeitnehmer **auch bei Selbstkündigung** Abfertigung verlangen (§ 23a AngG):

a) Nach mindestens zehnjähriger Dienstzeit entweder eine sogenannte **Altersabfertigung** ab Erreichung des Regelpensionsalters (Vollendung des 65. bzw bei Frauen des 60. Lebensjahres) oder eine sogenannte **Pensionsabfertigung.** Pensionsabfertigung gebührt wegen Inanspruchnahme einer Frühpension oder einer Pension wegen geminderter Arbeitsfähigkeit (§ 23a Abs 1 AngG).

b) Elternabfertigung: Diese steht in erster Linie einer Arbeitnehmerin zu, die nach der Geburt eines lebenden Kindes nach mindestens fünf Dienstjahren ihren vorzeitigen Austritt aus dem Arbeitsvertrag innerhalb der Schutzfrist (bzw bei Mutterschaftskarenzurlaub spätestens drei Monate vor dem Ende des Karenzurlaubs) erklärt (§ 23 Abs 3 AngG).[66] Väter haben Anspruch auf Abfertigung, wenn sie einen Karenzurlaub in Anspruch nehmen und vor dem Ende des Karenzurlaubs ihren vorzeitigen Austritt erklären

61 Vgl OGH 4 Ob 97/71; 4 Ob 102/73.
62 OGH 4 Ob 15/84.
63 EuGH C-190/98, *Graf*.
64 OGH 4 Ob 65/74.
65 OGH 4 Ob 65/74; 4 Ob 63/81.
66 Siehe aber *Eypeltauer*, Mutterschaftsaustritt trotz Entlassungsgrund? ecolex 1994, 554.

(§ 9a VKG iVm § 23a Abs 4 AngG). Die Abfertigung gebührt in der halben Höhe der Abfertigung gem § 23 AngG.

Bei diesem so genannten **Mutter- bzw Vaterschaftsaustritt** handelt es sich um einen nicht auf Verschulden beruhenden Austrittsgrund eigener Art, der den auf Unzumutbarkeit der Vertragsfortsetzung beruhenden Austrittsgründen nicht gleichzuhalten ist und daher auch nicht jene Ansprüche auslöst, die ansonsten bei berechtigtem Austritt geltend gemacht werden können.[67] Der einzige auf diesen Mutterschaftsaustritt gestützte Anspruch ist jener auf Abfertigung.

4.2.3. Höhe der Abfertigung

Die Höhe der Abfertigung bemisst sich in einem **Vielfachen des „für den letzten Monat des Dienstverhältnisses gebührenden Entgelts"**. Diese gesetzgeberische Fixierung der Berechnungsgrundlage wirft schwierige Auslegungsfragen auf. Unbestritten ist, dass unter Entgelt der oben dargestellte weite Entgeltbegriff (siehe Kapitel 4) zu verstehen ist.[68]

Zu dem im letzten Monat des Dienstverhältnisses gebührenden Entgelt gehört zunächst der **laufende Bezug** für diesen Monat. Zu Grunde zu legen ist dabei das Bruttoentgelt, vor Abzug der Steuer und des Dienstnehmerbeitrages zur Sozialversicherung. Der Entgeltbegriff umfasst nicht nur das eigentliche Gehalt, sondern auch alle übrigen, ordentlichen und außerordentlichen **Leistungen zusätzlicher Art**, auch wenn sie – wie etwa eine Provision – im Einzelfall auf eine tatsächliche Mehrleistung des Dienstnehmers abstellen und daher in ihrem Ausmaß variabel sind. In das Entgelt einzubeziehen sind also sowohl regelmäßig ausbezahlte Leistungen als auch solche, die in größeren Zeitabständen erbracht werden.

Die Probleme werden durch die Einschränkung auf jenes Entgelt hervorgerufen, das für den **letzten Monat** des Dienstverhältnisses gebührt. Daraus ergibt sich zunächst einmal der Unterschied zur Entgeltfortzahlung nach dem Entgeltausfallsprinzip (siehe oben 192): Wird dort in die Zukunft geblickt und eine Prognose angestellt, was der Arbeitnehmer verdient hätte, wäre er seiner Arbeit nachgegangen, richtet sich der Blick bei der Abfertigung ausschließlich auf die Vergangenheit. Gefragt ist nur, wie die Entgeltsituation des Arbeitnehmers knapp vor dem Ende des Arbeitsverhältnisses war. Mit der Einschränkung auf den Entgeltanspruch für den letzten Monat des Dienstverhältnisses wollte der Gesetzgeber sicherstellen, dass auch die letzten Entgelterhöhungen voll auf die Berechnung der Abfertigung durchschlagen.

Zu berücksichtigen sind nur solche Entgeltteile, auf die ein Anspruch besteht (arg „gebührendes Entgelt"). Dieser Anspruch muss **dem Grunde nach** im letzten Monat bestanden haben.[69] Es kommt also nicht auf den tatsächlichen Auszahlungszeitpunkt an.[70]

Das **Aktualitätsprinzip**, wonach nur solche Entgelte in die Abfertigungsberechnung einzubeziehen sind, die noch für den letzten Monat des Dienstverhältnisses aktuell sind, ist

67 Vgl OGH 4 Ob 10/85, ZAS 1985, 183 (*Andexlinger*).
68 Vgl auch OGH 8 ObA 2349/96s.
69 OGH 9 ObA 17/04x; 8 ObA 277/94.
70 Vgl OGH 4 Ob 110/58; 4 Ob 46/64 bezüglich Provisionszahlungen.

nach der Judikatur dahingehend einzuschränken, dass aktuelle Veränderungen des Entgelts, die ihre Ursache in der durch die Arbeitgeber- oder Arbeitnehmerkündigung ausgelösten bevorstehenden Beendigung haben, außer Ansatz zu lassen sind, soweit in ihnen eine Beeinträchtigung des unmittelbar bevorstehenden (gesetzlich relativ zwingend ausgestalteten) Abfertigungsanspruchs zu sehen ist (zB wenn der Arbeitnehmer aus dem Ausland zurückgerufen wird und damit Entsendungszulagen wegfallen).[71] Ebenso soll ein geringerer Verdienst im letzten Bezugsmonat dann nicht ausschließlich maßgebend sein, wenn der Arbeitnehmer gehindert war, das zuvor regelmäßig bezogene Geld in voller Höhe zu verdienen, etwa weil er dienstfrei gestellt war oder infolge einer Krankheit nur einen Teil des Entgelts bezog.[72]

Bei Leistungen, die nicht in jeder Lohnzahlungsperiode erbracht werden (zB Sonderzahlungen) oder auf eine tatsächliche Arbeitsleistung abstellen, nimmt die Judikatur an, dass sie dann im letzten Monat des Dienstverhältnisses dem Grunde nach gebühren, wenn die betreffenden Leistungen mit einer gewissen **Regelmäßigkeit** anfallen.[73] Dabei genügt es, wenn die Leistung **zumindest einmal pro Jahr** gewährt wird.[74]

Daraus folgt, dass nicht wiederkehrende Leistungen, wie zB Sonderprämien aus **einmaligem Anlass**, oder Zuwendungen, die in Mehrjahresabständen gezahlt werden, wie zB Jubiläumsgelder, **nicht zu berücksichtigen** sind. Der OGH hat in diesem Zusammenhang die Meinung vertreten, dass einmalige Beträge (Rationalisierungsprämie), die als Belohnung für einen besonderen Erfolg gegeben werden, nicht in die Bemessungsgrundlage für die Abfertigung einzubeziehen sind.[75]
Sonderzahlungen, wie Weihnachtsremuneration und Urlaubszuschuss, sind hingegen mit ihrem aliquoten Teil in die Bemessungsgrundlage der Abfertigung **einzubeziehen**, weil sie zwar nicht in monatlichen Abständen, aber doch einmal jährlich gewährt werden. Auch Überstundenentlohnungen sind zu berücksichtigen, wenn diese Überstunden regelmäßig geleistet wurden.

Sind Entgeltteile dem Grunde nach einzubeziehen, fallen sie aber in **wechselnder Höhe** an, so sind sie mit dem **Durchschnittswert** anzusetzen.[76] Dadurch soll vermieden werden, dass sich Zufälligkeiten auswirken.

Bei stark schwankenden Überstundenleistungen kann als Beobachtungszeitraum ein Jahr genommen werden.[77]

Die Abfertigung beträgt **mindestens zwei Monatsentgelte** (bei drei Dienstjahren) und erhöht sich in Etappen **bis auf ein volles Jahresentgelt** (12 Monatsentgelte bei 25 Dienstjahren).

Die Abfertigung ist bis zur Höhe von **drei Monatsentgelten sofort** beim Ende des Arbeitsvertrags **fällig**. Der Rest ist in Raten von einem Monatsentgelt (und zwar ab dem vierten Monat nach diesem Zeitpunkt) jeweils mit Monatsbeginn fällig. Nur die Alters-

71 OGH 9 ObA 101/03y.
72 OGH 9 ObA 101/03y; 9 ObA 79/04i; 9 ObA 27/98f; 9 ObA 324/89.
73 OGH 4 Ob 79/74; 4 Ob 116/80; 9 ObA 324/89.
74 OGH 9 ObA 97/87.
75 Vgl OGH 4 Ob 13/81.
76 RIS-Justiz RS0043295; zuletzt etwa OGH 9 ObA 151/17x (Zwölftel des letztjährigen Entgelts).
77 OGH 9 ObA 97/87; 9 ObA 324/89.

und Pensionsabfertigung kann vom Arbeitgeber auch in monatlichen Ratenzahlungen bezahlt werden (§ 23a Abs 2 AngG).

4.3. Abfertigung „neu"

Für Arbeitnehmer, deren Arbeitsvertrag nach dem 31. Dezember 2002 abgeschlossen wurde, hat der Arbeitgeber nach den Bestimmungen des BMSVG **Beiträge an eine Betriebliche Vorsorgekasse (BV-Kasse)** zu entrichten. Die BV-Kasse veranlagt die eingezahlten Beiträge. Die Beiträge werden samt den Veranlagungserträgen auf einem für den Arbeitnehmer geführten Konto gutgeschrieben.

Die **Auswahl der BV-Kasse** hat durch eine **(erzwingbare) Betriebsvereinbarung** (vgl Bd I 286) zu erfolgen. Für Arbeitnehmer, die von keinem Betriebsrat vertreten sind, hat der Arbeitgeber die Kasse auszuwählen. Über die beabsichtigte Auswahl sind die Arbeitnehmer schriftlich zu informieren. Widerspricht ein Drittel der Arbeitnehmer dem Vorschlag, muss der Arbeitgeber eine andere Kasse vorschlagen (§ 9 Abs 2 BMSVG). Kommt es letztlich zu keiner Einigung, hat die Schlichtungsstelle über die Auswahl der BV-Kasse zu entscheiden.

Zwischen dem Arbeitgeber und der ausgewählten BV-Kasse ist ein **Beitrittsvertrag** abzuschließen. Die Kasse ist grundsätzlich zum Abschluss des Vertrags verpflichtet (Kontrahierungszwang). Im Beitrittsvertrag sind insbesondere die Grundsätze der Veranlagungspolitik, die Voraussetzungen für eine Kündigung des Vertrags, die Höhe der Verwaltungskosten und Meldepflichten des Arbeitgebers zu regeln. Eine Zinsgarantie kann vereinbart werden.

Die **Beitragspflicht** beginnt **ab dem zweiten Monat** des Arbeitsverhältnisses, die Einhebung der Beiträge erfolgt durch den Krankenversicherungsträger. Die eingehobenen Beiträge werden in der Folge an die BV-Kasse abgeführt. Der Beitragssatz ist gesetzlich mit **1,53 % des monatlichen Entgelts** sowie allfälliger Sonderzahlungen festgelegt.

Die BV-Kasse hat für jeden Anwartschaftsberechtigten ein Konto zu führen, das der Berechnung der Abfertigung dient. Die Kasse hat die Anwartschaftsberechtigten jährlich zum Bilanzstichtag über die zum letzten Bilanzstichtag erworbene Abfertigungsanwartschaft zu informieren.

Die wesentliche Neuerung des BMSVG besteht darin, dass die **Abfertigungsanwartschaften** auch bei Selbstkündigung des Arbeitnehmers **nicht mehr verloren gehen**. Die **Art der Beendigung** hat allerdings Auswirkungen auf die dem Arbeitnehmer eingeräumten **Verfügungsmöglichkeiten** über das Veranlagungskapital. Die Verfügungsmöglichkeiten hängen auch von der Dauer des Beitragszeitraums ab.

a) Die **Abfertigung bleibt vorerst bei der BV-Kasse „stehen"**, wenn der Arbeitnehmer weniger als drei Beitragsjahre erworben hat, oder wenn das Arbeitsverhältnis nach drei Beitragsjahren vom Arbeitnehmer gekündigt oder durch verschuldete Entlassung bzw unberechtigten Austritt aufgelöst wird. Der Arbeitnehmer kann in diesen Fällen weder die Auszahlung der Abfertigung verlangen noch auf eine andere Art über seine Abfertigung verfügen. Die Auszahlung kann erst bei Beendigung eines weiteren Arbeitsverhältnisses mit Anspruch auf Auszahlung einer Abfertigung verlangt werden. Der Arbeitnehmer verliert also seine Anwartschaften nicht, sondern nimmt sie in das nächste Arbeitsverhältnis mit (**Rucksackprinzip**). Der Arbeitnehmer hat ausnahmsweise dann Anspruch auf Auszahlung seiner Abfertigung, wenn er das Arbeitsverhältnis nach Vollendung des Pensionsalters für die (vorzeitige) Alterspension beendet oder wenn er fünf Jahre ohne Arbeitsverhältnis war.

b) In den übrigen Beendigungsfällen kann der Arbeitnehmer bei ausreichender **Beitragsdauer** von drei Jahren entweder die **Auszahlung** des veranlagten Kapitalbetrags fordern, den Abfertigungsbetrag bei der bisherigen BV-Kasse weiter veranlagen oder auf die BV-Kasse des neuen Arbeitgebers übertragen. Weiters besteht die Möglichkeit, die Überweisung der Abfertigung an ein Versicherungsunternehmen oder an eine Pensionskasse zu verlangen.

Arbeitnehmer, für die das alte Abfertigungsrecht gilt, können entweder bis zum Ende ihres Arbeitsverhältnisses im bisherigen System verbleiben oder aber schriftlich den **Übertritt in das neue System** vereinbaren. Der Übertritt kann pro futuro erfolgen, dh für Zeiträume nach der Vereinbarung. Es ist aber auch möglich, alte Abfertigungsanwartschaften in die BV-Kasse zu übertragen. Der Übertragungsbetrag ist zwischen Arbeitnehmer und Arbeitgeber zu vereinbaren.

4.4. Bauarbeiter

Literatur: *Wiesinger*, Bauarbeiter-Urlaubs- und Abfertigungsgesetz sowie Bauarbeiter-Schlechtwetterentschädigungsgesetz[2] (2021).

Rechtsquelle: Bauarbeiter-Urlaubs- und Abfertigungsgesetz (BUAG).

4.4.1. Abfertigung „alt"

Die Kurzfristigkeit vieler Arbeitsverträge im Bau- und Baunebengewerbe und die witterungsbedingten Unterbrechungen im Beschäftigungsablauf machten neben urlaubsrechtlichen Sonderregelungen auch eine eigenständige Lösung der Abfertigungsfrage erforderlich. Nach unbefriedigenden Versuchen einer kollektivvertraglichen Ausgestaltung setzten die Sozialpartner schließlich eine von ihnen gemeinsam konzipierte gesetzliche Regelung durch (BGBl 1987/618). Im Ergebnis war sie ein Kompromiss zwischen den Vorstellungen der Arbeitnehmer (Zusammenfassung sämtlicher Branchenzeiten) und jenen der Arbeitgeber (weitestgehende Anwendung der Grundsätze des allgemeinen Abfertigungsrechts). In ihrer Konstruktion folgt sie dem Modell des Bauarbeiterurlaubsrechts (siehe oben 240 ff), obwohl der Kreis der einbezogenen Betriebe nicht identisch ist.

Die **Grundvoraussetzung** für den Erwerb eines Anspruchs auf Abfertigung besteht auch hier in drei ununterbrochenen Dienstjahren bei ein und demselben Arbeitgeber, doch genügen uU auch schon 92 Beschäftigungswochen trotz Unterbrechungen. Ist diese Grundvoraussetzung erfüllt, werden alle späteren Dienstzeiten bei beliebigen Arbeitgebern in der Baubranche voll angerechnet. Nicht berücksichtigt werden allerdings solche Dienstverhältnisse, die durch Selbstkündigung (ausgenommen wegen Pensionierung), einvernehmliche Lösung oder vorzeitige Lösung aus Verschulden des Arbeitnehmers beendet wurden.

Der **Anfall der Abfertigung** tritt nicht bei jeder Beendigung des Arbeitsverhältnisses ein, sondern erst beim tatsächlichen oder vermuteten Abschluss des Berufslebens in der Bauwirtschaft. Das ist der Fall, wenn der Arbeitnehmer das normale Pensionsalter erreicht oder eine Frühpension (Sonderruhegeld, Sonderunterstützung) in Anspruch genommen bzw eine Invaliditätspension zuerkannt bekommen hat. Ein Ausscheiden aus der Bauwirtschaft wird aber auch dann angenommen, wenn seit dem Ende des letzten Arbeitsverhältnisses in der Baubranche mehr als ein Jahr vergangen ist. Die Abfertigung bei Elternschaft und Tod entspricht dem allgemeinen Recht. Auch **Höhe** und Berechnungsweise der Abfertigung entsprechen dem allgemeinen System.

Der Anspruch richtet sich, wie im Bauarbeiterurlaubsrecht, gegen die **Urlaubs- und Abfertigungskasse**. Nach entsprechender Antragstellung wird er von dieser unmittelbar (also nicht durch Überweisung an den Arbeitgeber) liquidiert. Er wird durch Beiträge (Lohnzuschläge) der Arbeitgeber der Branche finanziert. Wie das Urlaubsentgelt der Bauarbeiter wird auch die von der Kasse zu entrichtende Abfertigung als eine öffentlichrechtliche Leistung anzusehen sein.

4.4.2. Abfertigung „neu"

Für Bauarbeiter, die am 1. Jänner 2003 dem BUAG unterliegen, gelten die Abfertigungsregelungen des BMSVG. Da nach dem BMSVG Beschäftigungszeiten bei verschiedenen Arbeitgebern zusammengerechnet werden, entspricht es insoweit dem Konzept des BUAG. Eine Sonderregelung für Bauarbeiter ist daher entbehrlich. Gem § 33b BUAG ist die Urlaubs- und Abfertigungskasse berechtigt und auch verpflichtet, eine Mitarbeitervorsorgekasse nach den Bestimmungen des BMSVG zu errichten. Die „Bau"-Arbeitgeber sind verpflichtet, dieser Mitarbeitervorsorgekasse beizutreten. Eine Auswahlmöglichkeit, wie sie anderen Arbeitgebern – allenfalls im Zusammenwirken mit dem Betriebsrat – zugebilligt wird, besteht also nicht.

5. Die Konkurrenzklausel

Literatur: Vgl die Literaturangaben bei *Reissner* in *Neumayr/Reissner* (Hg), Zeller Kommentar zum Arbeitsrecht³, AngG § 36.

Rechtsquelle: §§ 36, 37 AngG; § 2c AVRAG.

Wie bereits oben erwähnt (siehe oben Kapitel 11), enden mit den Hauptpflichten aus dem Arbeitsvertrag nicht auch alle Nebenpflichten. Vor allem Schutzpflichten (zB Aufbewahrungs- und Geheimhaltungspflichten) können das Arbeitsverhältnis überdauern. Sie bleiben grundsätzlich solange bestehen, bis das Schutzinteresse erloschen ist. Die meisten Nebenpflichten **enden** jedoch mit dem Arbeitsverhältnis. Dazu gehört nach herrschender Auffassung auch das aus der Treuepflicht erwachsende **Konkurrenzverbot**.[78] In vielen Fällen würde das Überwechseln des Arbeitnehmers zu einem Konkurrenten des bisherigen Arbeitgebers aber dessen Wettbewerbssituation verschlechtern. Betriebs- und Geschäftsgeheimnisse oder besondere Arbeitsmethoden könnten der Konkurrenz bekannt werden; der Arbeitnehmer könnte versuchen, die Kunden oder Lieferanten seines bisherigen Arbeitgebers dem neuen Arbeitgeber zuzuführen. Der Arbeitgeber wird daher versuchen, mit dem Arbeitnehmer ein **Wettbewerbsverbot** für die Zeit nach der Beendigung des Arbeitsvertrags **zu vereinbaren (Konkurrenz- oder Wettbewerbsklausel)**.

Die rechtliche Beurteilung solcher Klauseln muss aber auch die Situation des Arbeitnehmers berücksichtigen. Dieser besitzt normalerweise ein eminentes Interesse, auch in Zukunft einem Beruf nachgehen zu können, in dem er seine erworbenen Fähigkeiten und Kenntnisse bestmöglich ausnützen kann. Die Judikatur war stets bestrebt, einen **Ausgleich dieser divergierenden Interessen** zustande zu bringen.[79] Sie hielt die Konkurrenzklausel soweit für zulässig und verbindlich, als sie nicht zu einer sittenwidrigen Knebelung des Arbeitnehmers führte.[80] Der Gesetzgeber hat die Grundgedanken dieser Rechtsprechung in das Recht der Angestellten (§§ 36 und 37 AngG) übernommen.[81] Für Arbeitnehmer, die nicht dem AngG unterliegen, hat der Gesetzgeber im Jahr 2006 die Zulässigkeit von Konkurrenzklauseln in § 2c AVRAG wortgleich wie im AngG geregelt.

Die Regelung des § 2c AVRAG dient der Rechtssicherheit. Schon davor hat der OGH die analoge Anwendung der §§ 36 f AngG auf andere Arbeitnehmer angenommen.[82] Für Arbeitnehmer, die Konkurrenzklauseln vor dem 18. März 2006 (zeitlicher Geltungsbereich des § 2c AVRAG) vereinbart haben und für die § 2c AVRAG daher nicht anwendbar ist, ist diese Judikatur weiterhin maßgeblich.

Die §§ 36 f AngG bzw § 2c AVRAG stellen daher im Sinne des bereits angesprochenen Interessenausgleichs zum Schutz des Arbeitnehmers die Voraussetzungen und Schranken für die in aller Regel im Arbeitgeberinteresse gelegenen Konkurrenzklauseln auf.

78 OGH 4 Ob 102/73.

79 Vgl etwa OGH 4 Ob 111/76, ZAS 1978, 100 (*Böhm*) oder 4 Ob 128, 129/83, DRdA 1987, 129 (*Petrovic*).

80 Vgl etwa bereits OGH, GlUNF 206/1898, 2357/1903, 3050/1905, 4338/1908.

81 Vgl zur Geschichte *Tomandl/Schrammel,* Die Rechtsstellung von Vertrags- und Lizenzfußballern, JBl 1972, 291; *Schwarz,* Gedanken zur Wettbewerbsabrede, FS Hämmerle 351.

82 OGH 9 ObA 2259/96p, DRdA 1997, 499 (*Th. Radner*).

Absolut nichtig ist die mit einem **minderjährigen** Arbeitnehmer vereinbarte Konkurrenzklausel (§ 36 Abs 1 Z 1 AngG bzw § 2c Abs 1 Z 1 AVRAG e contrario).

Unwirksam ist aber auch eine Vereinbarung, wenn sie im Rahmen eines Arbeitsverhältnisses getroffen wird, bei dem das für den letzten Monat des Arbeitsverhältnisses gebührende Entgelt das **Zwanzigfache der täglichen Höchstbeitragsgrundlage** nach § 45 ASVG nicht übersteigt – das sind im Jahr 2023 € 3.900,–. Sonderzahlungen sind bei der Ermittlung dieses Betrags außer Acht zu lassen. Eine Konkurrenzklausel darf daher nur mit Arbeitnehmern vereinbart werden, die ein höheres Einkommen erzielen (§ 36 Abs 2 AngG, § 2c Abs 2 AVRAG).

Entscheidend ist allerdings nicht der Zeitpunkt des Abschlusses der Konkurrenzklausel, sondern die wirtschaftliche Situation des Arbeitnehmers bei Beendigung des Arbeitsverhältnisses. Wird die Konkurrenzklausel bereits bei Abschluss des Arbeitsvertrags vereinbart, kann daher nicht mit Sicherheit gesagt werden, ob sie bei Beendigung des Arbeitsverhältnisses wirksam sein wird.

Andere Konkurrenzklauseln sind **relativ (teil-)nichtig,**[83] soweit sie dem Arbeitnehmer übermäßige Bindungen auferlegen: Der Arbeitgeber kann sie nicht durchsetzen, der Arbeitnehmer kann sie aber gegen sich gelten lassen.

Das wird mitunter sinnvoll sein, wenn der Arbeitgeber gekündigt und dem Arbeitnehmer Entgeltfortzahlung für die Zeit der Nichtarbeit bei einem Konkurrenzunternehmen zugesagt hat.

Ein solches Übermaß liegt vor, wenn die Bindung bestimmte fachliche und zeitliche Grenzen überschreitet (§ 36 Abs 1 Z 2 AngG, § 2c Abs 1 Z 2 AVRAG) oder dem Arbeitnehmer das Fortkommen unbillig erschwert (§ 36 Abs 1 Z 3 AngG, § 2c Abs 1 Z 3 AVRAG).

Zeitlich darf die Einschränkung des (ehemaligen) Arbeitnehmers **maximal ein Jahr** betragen; **fachlich** darf die Bindung nicht über den **Geschäftszweig des Arbeitgebers** hinausgehen (vgl zu beidem Z 2 leg cit). Damit wird lediglich auf die geschäftlichen Tätigkeiten des Arbeitgebers abgestellt. Die konkrete Tätigkeit des Arbeitnehmers wird erst bei der Interessenabwägung nach Z 3 leg cit beachtet.

Damit sind aber nur die äußersten Grenzen der Konkurrenzklausel abgesteckt (siehe bereits oben). Sie kann unwirksam sein, obgleich sie diese Grenzen einhält. Über die **Wirksamkeit im Einzelfall** entscheidet die nach § 36 Abs 1 Z 3 AngG bzw § 2c Abs 1 Z 3 AVRAG vorzunehmende **konkrete Interessenabwägung**. Dabei sind einander zwei Umstände gegenüberzustellen, die sich in Form folgender Fragen verbalisieren lassen: Wie stark ist das geschäftliche Interesse des Arbeitgebers an der Klausel? Und: In welchem Ausmaß beeinträchtigt sie das Fortkommen des Arbeitnehmers? Schon die Z 2 leg cit stellt klar, dass die Konkurrenzklausel nicht dazu dienen kann, den Arbeitgeber vor dem Verlust einer für ihn wertvollen Arbeitskraft zu schützen, sondern nur vor jenem

83 *Schwarz,* Gedanken zur Wettbewerbsabrede, FS Hämmerle 362.

Schaden, den diese durch eine Tätigkeit in einem Konkurrenzbetrieb verursachen kann.[84] Trotz größten geschäftlichen Interesses des Arbeitgebers ist die Klausel unwirksam, soweit sie den Arbeitnehmer dazu zwingen würde, „seine Kenntnisse und Berufserfahrungen brachliegen zu lassen, seinen erlernten Spezialberuf aufzugeben und damit zwangsläufig in eine berufsfremde Sparte mit geringerem Einkommen überzuwechseln."[85] In den sonstigen Fällen[86] bemüht sich die Judikatur, unter Abwägung aller Umstände zu einer Billigkeitsentscheidung zu kommen.

Der Richter hat dabei einen weiten Spielraum: Er kann die Klausel zur Gänze aufrechterhalten, er kann sie fachlich, zeitlich und örtlich einschränken, er kann sie aber auch auf null reduzieren. Je stärker der Arbeitgeber durch eine Erwerbstätigkeit des ausgeschiedenen Arbeitnehmers beeinträchtigt wird, desto weiter darf die Bindung gehen.[87] Besteht jedoch nur die abstrakte Möglichkeit einer Wettbewerbsschädigung, schränkt die Judikatur die Klausel umso stärker ein, je mehr sie den Arbeitnehmer belastet.[88]

Bleibt der Arbeitnehmer zwar innerhalb des Geschäftszweigs seines früheren Arbeitgebers, geht er aber nunmehr anderen Tätigkeiten nach, die keine Konkurrenzierung befürchten lassen, wird er durch die Klausel nicht gebunden. Besteht dagegen angesichts einer besonders scharfen Konkurrenzsituation die besondere Gefahr von Wettbewerbsnachteilen, ist auch eine Klausel wirksam, die einen gelernten Feinmechaniker, der zuletzt als Servicetechniker gearbeitet hat, praktisch dazu zwingt, drei bis vier Monate zuzuwarten, bis er eine Stellung in einem artverwandten Beruf (Büro-, Nähmaschinenmechaniker) finden wird, und zwar auch dann, wenn er in diesem einige erworbene Spezialkenntnisse nicht verwenden kann.[89]

Die Abwägung wird eher zu Gunsten des Arbeitgebers ausfallen, wenn die Klausel den Arbeitnehmer an der Verwertung solcher Kenntnisse hindert, die er bei seinem letzten Arbeitgeber erworben hat, als wenn es um Kenntnisse geht, die der Arbeitnehmer schon mitgebracht hatte.

Die **Geltendmachung der Konkurrenzklausel** ist **beendigungsabhängig**. Der Arbeitgeber kann die Konkurrenzklausel nicht geltend machen, wenn er selbst schuldhaft einen wichtigen Grund[90] zum Austritt oder zur Kündigung des Arbeitnehmers gesetzt oder wenn er den Arbeitnehmer ohne wichtigen, von diesem verschuldeten Grund[91] gekündigt oder entlassen hat. Erklärt der Arbeitgeber jedoch anlässlich der Kündigung, dass er bereit ist, dem Arbeitnehmer für die volle Dauer der vereinbarten Konkurrenzklausel das diesem zuletzt zugekommene **Entgelt weiterzuzahlen**, bleibt der Arbeitnehmer an die Konkurrenzklausel gebunden. Der Arbeitgeber kann diese Zusage später nicht mehr einseitig unter Freistellung des Arbeitnehmers von der Klausel zurücknehmen.[92]

84 Vgl *Tomandl/Schrammel*, JBl 1972, 292.
85 So grundlegend 4 Ob 111/76; 4 Ob 142/84; vgl RIS-Justiz RS0029952 bzw insb RS0029956 mwN der ständigen Judikatur zur gegenständlichen Interessenabwägung.
86 Zur Abgrenzung gegen andere vertragliche Beschränkungen des ausgeschiedenen Arbeitnehmers siehe OGH 14 ObA 82/87, ZAS 1988, 132 (*Weilinger*) und 4 Ob 127/84, DRdA 1988, 36 (*Geppert*).
87 *Kerschner*, Anm zu OGH 4 Ob 124/82, ZAS 1985, 30 und *Huber*, Anm zu OGH 4 Ob 142/84, ZAS 1986, 98, erblicken darin ein gesetzliches bewegliches System.
88 Vgl OGH 4 Ob 23/69, ZAS 1970, 62 (*Dittrich*); 4 Ob 142/84, ZAS 1986, 96 (*Huber*).
89 Vgl OGH 4 Ob 111/76.
90 Vgl dazu OGH 4 Ob 111/76.
91 Vgl dazu OGH 4 Ob 134/85, DRdA 1988, 39 (*Harrer*).
92 OGH 4 Ob 162/82.

Wurde für den Fall der Verletzung der Konkurrenzklausel eine **Konventionalstrafe** vereinbart, treten gem § 37 Abs 3 AngG besondere Rechtsfolgen ein. In diesem Falle kann der Arbeitgeber weder Vertragserfüllung noch den Ersatz weitergehenden Schadens begehren.[93] Er kann nur die Konventionalstrafe verlangen. Diese Bestimmung räumt dem **Arbeitnehmer ein Wahlrecht** ein: Er kann entweder die Konkurrenzklausel beachten oder sich durch Zahlung der Konventionalstrafe von ihr „loskaufen".[94] Seit der Novelle BGBl I 2015/152 ist die Vereinbarung von Konventionalstrafen nichtig, soweit sie einen Betrag von 6 Nettomonatsgehältern übersteigen.

Die Frage, ob eine Zusage des neuen Arbeitgebers, die Konventionalstrafe zu übernehmen, einen Verstoß gegen das **Wettbewerbsrecht** darstellt, wurde in der Rechtssache OGH 4 Ob 125/14g dahingehend entschieden, dass ein solches Verhalten lediglich bei Hinzutreten besonderer unlauterkeitsbegründender Umstände (wie etwa Irreführung oder Abwerbung mittels aggressiver Geschäftspraktiken) als derartiger Verstoß zu kategorisieren ist.[95] Konkurrenzklauseln, die europaweite Geltung beanspruchen, könnten als Behinderung der Freizügigkeit der Arbeitnehmer aus **unionsrechtlicher Hinsicht** unzulässig sein. Der OGH hat in einem diesbezüglichen Verfahren allerdings kein Vorabentscheidungsverfahren eingeleitet, sondern selbst entschieden, dass die §§ 36 und 37 AngG dem Richter ausreichend Spielraum lassen, eine am Unionsrecht orientierte Interessenabwägung vorzunehmen und unionswidrige Konkurrenzklauseln entsprechend einzuschränken oder für ungültig zu erklären.[96]

6. Betriebspensionen

Literatur: *Farny/Wöss,* Betriebspensionsgesetz-Pensionskassengesetz (1992); *Resch* in *Neumayr/Reissner* (Hg), Zeller Kommentar zum Arbeitsrecht³, BPG samt weiterführender Literatur; *Schima* in *Gruber-Risak/Mazal,* Arbeitsrecht: System und Praxiskommentar, Kap. VII. Die betriebliche Altersvorsorge; *Schrammel,* Betriebspensionsgesetz (1992); *ders,* Pensionskassenaufsichtsrecht, in *Holoubek/Potacs* (Hg), Öffentliches Wirtschaftsrecht⁴, Band 2 (2019) 177; *Schrammel/Kietaibl,* BPG und PKG - Betriebspensionsgesetz und Pensionskassengesetz-Kommentar² (2018).

Rechtsquellen: Betriebspensionsgesetz (BPG); Pensionskassengesetz (PKG).

6.1. Allgemeines

Betriebspensionen dienen der Ergänzung der ASVG-Pension. Sie sind Teil des sogenannten **Dreisäulenmodells**, nach dem die Alterssicherung der Bevölkerung auf den drei Säulen **Sozialversicherung, Betriebspension** und **Eigenvorsorge** ruhen soll.

93 Zur Abgrenzung gegenüber den Sanktionen nach dem UWG siehe *Kuderna,* Wettbewerbsrechtliche Unterlassungsansprüche gegen durch eine Konkurrenzklausel gebundene Arbeitnehmer, FS Weißenberg 287.

94 *Reissner,* Die arbeitsrechtliche Konkurrenzklausel 248.

95 Vgl dazu *Staber/Winter,* Übernahme der Konventionalstrafe nicht mehr wettbewerbswidrig? ecolex 2014, 55.

96 OGH 8 ObA 196/99b, DRdA 2000/46 (*Egger*); *Schrammel,* Freizügigkeit der Arbeitnehmer in der EU, ecolex 1996, 467.

Die Gründe, die zur Einräumung eines Anspruches auf Betriebspension führen, sind vielfältig. In der Zeit der Hochkonjunktur dienten solche Zusagen häufig zur Anwerbung von Arbeitskräften und sollten dem Arbeitnehmer Anreize dafür bieten, langfristig im Unternehmen zu bleiben. Es ist daran zu erinnern, dass ein Arbeitnehmer rechtlich höchstens für fünfeinhalb Jahre gebunden werden kann (siehe oben 46). Bei leitenden Angestellten iSd § 36 ArbVG dient die Betriebspension (und ein allenfalls erhöhter Abfertigungsanspruch) meist als Ersatz für den fehlenden Kündigungsschutz. Die Betriebspension soll aber auch Lücken im Sozialversicherungsschutz schließen (vor allem für höhere und damit nicht der Sozialversicherungspflicht unterliegende Arbeitseinkommen). Sie soll den privaten Arbeitnehmern eine Alterssicherung bieten, die häufig mit jener der (älteren) Beamten vergleichbar ist (zB 80 % des Letztbezugs).

Seit dem **Jahre 1990** regeln **Spezialgesetze (BPG und PKG)** ausgewählte Probleme des Betriebspensionsrechts. Diese Bestimmungen gelten jedoch nicht für Anwartschaften und Leistungen, die vor dem Inkrafttreten dieser Gesetze erworben wurden.[97] Daher sind auf solche Anwartschaften und Leistungen – ebenso wie zur Lösung jener Probleme, die von den Spezialgesetzen nicht aufgegriffen wurden – nach wie vor die **allgemeinen Regeln** anzuwenden. Diese allgemeinen Regeln werden zunächst erörtert. Anschließend wird auf die beiden Spezialgesetze eingegangen.

6.2. Anspruchsgrundlagen

Auf Betriebspensionen besteht in Österreich **kein gesetzlicher Anspruch**. Das Arbeitsverhältnis ist zwar ein Rechtsverhältnis, das typischerweise auf den wirtschaftlichen Austausch von Arbeitsleistung und Vergütung ausgerichtet ist, die grundsätzliche Entgeltpflicht des Arbeitgebers erfasst allerdings nicht auch die Bezahlung von sogenannten „Sozialleistungen“. Der Arbeitgeber ist ohne einen besonderen Rechtsgrund nicht verpflichtet, seinen Arbeitnehmern zB eine Betriebspension, Jubiläumsgelder udgl zu bezahlen. Zur Begründung eines Ruhegeldanspruchs ist regelmäßig ein besonderer Verpflichtungstatbestand – neben dem Grundarbeitsvertrag – erforderlich.[98] Als Grundlage einer betrieblichen Pensionszusage kommen **Kollektivvertrag**, **Betriebsvereinbarung** und **Einzelvereinbarung** in Betracht.

Der Arbeitgeber hat die Möglichkeit, bereits bei Abschluss des Arbeitsvertrags, während des aufrechten Arbeitsverhältnisses oder auch erst bei Auflösung des Arbeitsvertrags ein entsprechendes Vertragsanbot an den Arbeitnehmer zu machen. Durch die Annahme dieses Angebots wird die Zusage rechtsverbindlich. Die Wirksamkeit derartiger Zusagen richtet sich nach den Vorschriften des ABGB über den Abschluss von Verträgen.[99] Das

97 OGH 9 ObA 197/94; 8 Ob 1029/94, ZAS 1995, 159 (mit kritischer Anm von *Löschnigg/Reissner*); 8 ObA 147/97v; vgl auch *Schrammel/Kietaibl*, BPG² Art V Rz 1; *Runggaldier*, Die neue Rechtsprechung zum Betriebspensionsrecht in *Tomandl* (Hg), Neuere Tendenzen im Arbeitsrecht auf dem Prüfstand 2.

98 Vgl *Resch* in ZellKomm³, BPG § 2 Rz 1; *Schrammel/Kietaibl*, BPG² § 1-2 Rz 24 ff.

99 §§ 861 ff ABGB; vgl OGH 9 ObA 503/88.

Anbot kann an einzelne Arbeitnehmer, an Arbeitnehmergruppen, aber auch an die gesamte Belegschaft gerichtet werden. Je nach dem Adressatenkreis kann man daher zwischen **Individualzusagen** (an einzelne Arbeitnehmer) und **Gesamtzusagen** (an Arbeitnehmergruppen bzw an die gesamte Belegschaft) unterscheiden. Individualzusagen und auch Gesamtzusagen können mündlich oder schriftlich, ausdrücklich oder konkludent erfolgen. In der Praxis werden die näheren Bedingungen der individuellen Pensionszusage entweder im (schriftlichen) Arbeitsvertrag selbst oder in einem besonderen Pensionsvertrag festgelegt. Diese Form der Zusage ist bei leitenden Angestellten typisch. Denkbar ist auch, dass dem Arbeitnehmer ein Exemplar einer „im Betrieb geltenden" Pensionsordnung ausgehändigt wird.

Auf vertraglicher Grundlage beruhen auch Zusagen auf Grund **betrieblicher Übung.**[100] Für das Zustandekommen einer Individualvereinbarung ist erforderlich, dass ein den **Bestimmtheitserfordernissen** eines Vertrags (§ 869 ABGB) entsprechendes Anbot des Arbeitgebers vorliegt. Ist die vom Arbeitgeber zu erbringende Leistung völlig unbestimmt, so kommt ein Vertrag nicht zustande.[101] Damit eine Pensionsvereinbarung den für Verträge geltenden Bestimmtheitserfordernissen entspricht, muss sie jedenfalls die „Versorgungsfälle" bezeichnen, also diejenigen **Risiken** umschreiben (insb Alter, Invalidität, Tod), die die Pensionszahlung auslösen sollen. Auch die **Höhe** der Leistung muss im Vorhinein festgelegt werden.

Dem Arbeitgeber steht es frei, ob er den Arbeitnehmern – allenfalls nach Ablauf einer bestimmten Dienstzeit – einen **unbedingten Rechtsanspruch** auf eine Betriebspension einräumt oder die betriebliche Pensionszusage im Ergebnis als **„freiwillige" Leistung** konzipiert. Auch durch Kollektivvertrag oder Betriebsvereinbarung können „freiwillige" Betriebspensionen geschaffen werden.

Will sich der Arbeitgeber gegenüber den Arbeitnehmern nicht binden, stehen ihm mehrere Möglichkeiten offen, um einen Vorbehalt der Ungebundenheit klar und unzweideutig zum Ausdruck zu bringen. Der Arbeitgeber hat die Möglichkeit, eine Leistung zu gewähren und dabei zu erklären, dass diese Leistung jederzeit widerrufbar sein soll (**Widerrufsvorbehalt**). Der Arbeitgeber hat aber auch die Möglichkeit, bei Gewährung der Leistung zu betonen, dass sie freiwillig und unpräjudiziell und ohne Rechtsanspruch für die Zukunft gewährt werde (**unverbindliche Pensionszusage**) (vgl dazu grds 40).

Die gewählte Art des Vorbehaltes zieht unterschiedliche Rechtsfolgen nach sich. Hat der Arbeitgeber erklärt, die Leistung gegen jederzeitigen Widerruf zu erbringen, so hat er damit eine zeitlich unbefristete Verpflichtung übernommen, die freilich durch Erklärung des Widerrufs beendet werden kann. Den Arbeitnehmern steht ein Rechtsanspruch auf die Leistung zu, der lediglich durch die Geltendmachung des Widerrufs vernichtet werden kann.[102] Der Arbeitgeber hat sich mit der **Widerrufsmöglichkeit** ein **einseitiges Gestaltungsrecht** vorbehalten. Hat sich der Arbeitgeber jede Form des Widerrufs vorbehal-

100 Vgl OGH 9 ObA 504/88; 9 ObA 509/88; 9 ObA 206/91.

101 OGH 9 ObA 101/89.

102 *Tomandl,* Anm zu OGH 9 ObA 512/88, ZAS 1989, 100; *Strasser,* Zum Geltungsbereich und zur Rückwirkung des Betriebspensionsgesetzes, DRdA1990, 314; *Schrammel/Kietaibl,* BPG² § 1-2 Rz 19.

ten, darf er ihn dennoch **nur nach billigem Ermessen** unter möglichster Schonung der Pensionsansprüche ausüben: Bei entsprechend schlechter Lage des Unternehmens ist auch der gänzliche Widerruf zulässig. Wird das Unternehmen aber fortgeführt, darf der Widerruf nicht für alle Zukunft ausgesprochen werden, da die Möglichkeit der Erholung des Unternehmens nicht von vornherein ausgeschlossen werden kann.[103]

Erklärt hingegen der Arbeitgeber, das Entstehen eines **Rechtsanspruchs ausschließen** zu wollen, so verpflichtet er sich von vornherein zu keiner wiederholten Erbringung. Er braucht daher ohne Abgabe irgendeiner Erklärung die **Leistung nicht zu wiederholen**. Eine Ermessensprüfung gibt es nach der Judikatur in diesem Fall nicht.[104]

Ob sich der Arbeitgeber zu einer wiederholten Erbringung von Leistungen – allenfalls gegen Widerruf – verpflichtet oder einen Anspruch auf künftige Leistungen von vornherein ausgeschlossen hat, muss durch **Vertragsauslegung** ermittelt werden.[105] Ein den Rechtsanspruch ausschließender Vorbehalt wird meist mit der Wortfolge umschrieben, die Leistung werde „freiwillig und unpräjudiziell" gewährt; es bestehe „kein Rechtsanspruch auf Leistung". Der Vorbehalt der „Freiwilligkeit und Unpräjudizialität" bedeutet nach Meinung des OGH nicht, dass ein Recht der Arbeitnehmer widerrufen werden und damit ein Rechtsverlust eintreten soll; er bedeutet vielmehr, dass der Arbeitnehmer infolge des freiwilligen Charakters der Leistung gar keinen Rechtsanspruch auf sie hat.[106] Allerdings muss der Vorbehalt, keinen Rechtsanspruch einzuräumen, nicht unbedingt mit bestimmten sprachlichen Formeln zum Ausdruck gebracht werden. Entscheidend ist immer der wahre Wille der Parteien. Nach der Rechtsprechung des OGH kann nur bei eindeutigem Fehlen eines Verpflichtungswillens angenommen werden, dass kein Rechtsanspruch besteht.[107] Enthält eine vertragliche Leistungszusage eine detailliert formulierte Widerrufsklausel, geht der OGH regelmäßig davon aus, dass die Parteien einen Anspruch auf die Pension einräumen wollten, der jedoch widerruflich ist. Insbesondere seit dem Inkrafttreten des BPG ist eine Formulierung, wonach Leistungen „freiwillig und gegen jederzeitigen Widerruf" gewährt werden, grundsätzlich als Einräumung eines – widerrufbaren – Rechtsanspruchs zu verstehen.[108]

Die **Rechtsnatur des Anspruchs** auf Betriebspension ist umstritten. Nach heute herrschender Auffassung handelt es sich – ähnlich wie bei der Abfertigung (alt) – um einen Anspruch auf **Entgelt**, der jeweils mehr oder weniger stark durch Fürsorgeaspekte (Versorgungsabsicht) geprägt ist.[109] Der Fürsorgeaspekt tritt umso stärker in den Vordergrund, je später die Pensionszusage erfolgt.[110] Hat der Arbeitnehmer vereinbarungsgemäß selbst Beiträge zu leisten, ist nur der vom Arbeitgeber finanzierte Teil der Betriebspension als Entgelt aufzufassen. Worin jene Leistung des Arbeitnehmers besteht, die durch die Be-

103 IdS auch OGH 9 ObA 512/88.
104 OGH 9 ObA 141/93.
105 §§ 914 f ABGB; wurde die Betriebspensionsvereinbarung dagegen in Form einer BV oder eines KollV abgeschlossen, sind für ihre Auslegung die §§ 6 f ABGB heranzuziehen (vgl *Resch* in ZellKomm[3], BPG § 2 Rz 2/2).
106 So ausdrücklich OGH 4 Ob 114/77; 9 ObA 503/88; 9 ObA 141/93.
107 OGH 9 ObA 15/97i; vgl auch *Runggaldier,* Die neue Rechtsprechung zum Betriebspensionsrecht in *Tomandl,* Neuere Tendenzen im Arbeitsrecht auf dem Prüfstand 12.
108 Ausführlich *Schrammel/Kietaibl,* BPG[2] § 1-2 Rz 19.
109 Vgl OGH 9 ObA 4/88 im Anschluss an *Petrovic* in *Runggaldier/Steindl* 318; *Petrovic,* Anm zu OGH 4 Ob 31/85, ZAS 1987, 19 mwN; ebenso *Resch* in ZellKomm[3], BPG § 2 Rz 1.
110 *Binder,* Das Zusammenspiel arbeits- und sozialrechtlicher Leistungsansprüche 359.

triebspension entgolten werden soll, lässt sich entgegen häufigen Behauptungen nicht allgemein aussagen, sondern ist im Einzelfall durch Auslegung zu ermitteln.

6.3. Ausgestaltung der Zusage

In der Gestaltung der Pensionsvoraussetzungen sind die Parteien grundsätzlich frei. In der Praxis kommen zwei Formen vor. Wird eine **Gesamtversorgung** übernommen, so verpflichtet sich der Arbeitgeber, dem Arbeitnehmer eine bestimmte Pensionshöhe (meist in einem Prozentsatz zum letzten Aktiveinkommen festgelegt) zu garantieren, auf welche die Sozialversicherungspension in Anrechnung gebracht wird.

Der Arbeitgeber kann sich aber auch nur dazu verpflichten, eine von der ASVG-Pension unabhängig errechnete Betriebspension zu gewähren. In diesem Falle spricht man von einer **Zuschusspension** oder von einer **betrieblichen Fixpension.**

Die betrieblichen Versorgungsfälle entsprechen meist den Versicherungsfällen des Sozialversicherungsrechts. „Klassische“ Versorgungsfälle sind demnach **Alter, Erwerbsminderung** und **Tod.** Die Parteien können die Versorgungsfälle genau umschreiben (zB Hinterbliebenenversorgung nur an namentlich genannte Angehörige) und die Gewährung der Leistung von der Erfüllung weiterer Bedingungen (zB Wartezeit) abhängig machen.

In der Zusage der Gewährung einer **Hinterbliebenenpension** für den Fall des Todes des Arbeitnehmers erblickt die Judikatur einen **Vertrag zu Gunsten Dritter**. Ist der begünstigte Hinterbliebene ausdrücklich benannt und die Zusage unwiderruflich, liegt ein echter Vertrag zugunsten Dritter vor. Nur mehr der Angehörige und nicht der Arbeitnehmer kann über diesen Anspruch verfügen.[111]

Zulässig ist auch die Vereinbarung, dass keine Betriebspension zustehen soll, wenn der Arbeitnehmer vor Erreichen der Altersgrenze selbst kündigt oder dem Arbeitgeber Grund für eine Kündigung gibt.[112] Vereinbarungen, die es dem Arbeitgeber ermöglichen, eine bereits erworbene Pensionsanwartschaft des Arbeitnehmers einseitig (zB durch Arbeitgeberkündigung) zunichte zu machen, sind **sittenwidrig**, wenn eine grobe Verletzung rechtlich geschützter Interessen des Arbeitnehmers vorliegt. Dies ist in der Regel zu bejahen, wenn der Arbeitnehmer besonders lange Dienstzeiten im Vertrauen auf die erworbenen Anwartschaften zurückgelegt hat. Auch der Zeitpunkt der Beendigung des Arbeitsverhältnisses – kurz vor Erreichen der relevanten Anspruchsgrenzen – ist zu berücksichtigen.

Zeitbezogene Wirksamkeitsgrenzen von etwa 10 Jahren stellen nach Meinung der Judikatur keine grobe Benachteiligung dar, insb etwa dann nicht, wenn der Arbeitnehmer im Zeitpunkt der Beendigung des Arbeitsverhältnisses erst 43 Jahre alt ist.[113]

111 Vgl OGH 3 Ob 14/74 und *Grillberger,* Drittbegünstigte bei Pensionsvereinbarungen, DRdA 1977, 12; vgl auch *Holzer,* Scheidung, Zweitehe und Leistungszusagen gem § 2 Z 2 und 3 BPG, FS Tomandl 161; *Resch* in ZellKomm³, BPG § 2 Rz 19/1.

112 OGH 4 Ob 44/68.

113 OGH 9 ObA 95/03s.

Bei der Gestaltung der Pensionsvoraussetzungen haben die Parteien insbesondere auf die **Gleichbehandlungspflichten** zu achten, die sich aus dem Primär- und Sekundärrecht der EU ergeben. Der Arbeitgeber hat allen Arbeitnehmern einen gleichberechtigten Zugang zu einem betrieblichen Versorgungssystem zu eröffnen,[114] in den Anspruchsvoraussetzungen (Pensionsalter) dürfen Männer und Frauen nicht unterschiedlich behandelt werden.[115] Dies gilt auch dann, wenn das nationale Sozialversicherungsrecht unterschiedliche Altersgrenzen für die Gewährung von Pensionen zulässt.[116] Die Betriebspension muss insoweit vom Sozialversicherungsrecht abgekoppelt werden.[117]

Nicht zum Entgelt iS des Art 157 AEUV gehören allerdings der Wert von Transferleistungen und Kapitalbetragszahlungen. Nur die Versorgungsleistung selbst ist Entgelt, nicht jedoch die dafür vom Arbeitgeber aufgebrachte Finanzierungsleistung, etwa bei versicherungsförmigen Versorgungszusagen. Daher fällt die Festsetzung von nach dem Geschlecht unterschiedlichen versicherungsmathematischen Faktoren für die Berechnung der Arbeitgeberbeiträge zu einem betrieblichen Pensionssystem nicht in den Anwendungsbereich des Art 157 AEUV.

Der Anspruch auf Betriebspension ist entstanden, sobald alle vorgesehenen Bedingungen erfüllt sind (zB Mindestdienstdauer, Erreichung der Altersgrenze oder Vorliegen von Invalidität bzw Berufsunfähigkeit bei ungelöstem Arbeitsvertrag). Bis zu diesem Zeitpunkt liegt ein bedingter Anspruch vor.[118]

Ein bedingter Anspruch wird auch als entziehbare bzw **verfallbare Anwartschaft** bezeichnet. Mit der Erfüllung aller Voraussetzungen für den Erwerb des Anspruchs wird die Anwartschaft unentziehbar (dh zu einem unbedingten Anspruch), mag auch die Fälligkeit noch nicht eingetreten sein, weil beispielsweise der Arbeitnehmer das Dienstverhältnis noch nicht aufgelöst hat. Nicht anders ist die Rechtslage, wenn für die Entstehung des Anspruchs eine bestimmte Mindestdienstzeit genügt (dh späteres Ausscheiden aus dem Unternehmen vernichtet den Anspruch nicht), die Zahlung aber erst nach Vollendung des Pensionsalters einsetzen soll.[119]

Eine **Aufwertung** der Betriebspension kann nur verlangt werden, wenn dies vereinbart wurde oder die Betriebspension auf einen sittenwidrig niedrigen Stand abgesunken ist.[120] Unzulässig wäre eine Vereinbarung, nach der auf eine nicht aufgewertete Betriebspension Erhöhungen der Sozialversicherungspension angerechnet werden, da dies zu einer Auszehrung der Betriebspension führen würde.[121]

114 EuGH C-57/93, *Vroege.*
115 EuGH C-262/88, *Barber*; C 110/91, *Moroni.*
116 Zur europarechtlichen Zulässigkeit unterschiedlicher Altersgrenzen in der Sozialversicherung vgl *Schrammel,* Gleichbehandlung und Sozialversicherung, ZAS 1999, 33.
117 Vgl EuGH C-152/91, *Neath*; dies gilt auch für die Umwandlung der Rente in Kapitalbetragszahlungen, deren Wert vom Finanzierungssystem abhängig ist (vgl *Weinmeier,* EuGH zur geschlechtsspezifischen Berechnung von Betriebspensionen, ZAS 1994, 143).
118 Vgl OGH 4 Ob 10/74.
119 Vgl OGH 4 Ob 39/80, ZAS 1981, 138 (*Fischer*).
120 Vgl OGH 4 Ob 17/59; 4 Ob 38/60; zur Wertsicherung der Betriebspension siehe OGH, 9 ObA 111/87 und *Binder,* Pensionsvereinbarung und Wertsicherung, RdW 1989, 26.
121 So OGH 4 Ob 38/60 und 4 Ob 63/68, ZAS 1971, 225 (mit Kritik von *Migsch*); kritisch auch *Binder,* Das Zusammenspiel arbeits- und sozialrechtlicher Leistungsansprüche 366.

6.4. Das Ruhestandsverhältnis

Das Ruhestandsverhältnis ist eine **Nachwirkung des Arbeitsvertrags.**[122] Die im Beamtenrecht vertretene Fiktion, dass sich der Pensionist noch im Dienstverhältnis befinde,[123] konnte sich im Arbeitsrecht nicht durchsetzen. Das Ruhestandsverhältnis zeichnet sich dadurch aus, dass der eine Vertragspartner, der Pensionist, seine Hauptpflicht (zB die Aufrechterhaltung der Betriebstreue) schon erfüllt hat, wogegen der andere noch voll zur Leistung verpflichtet ist.

Strittig sind Art und Umfang der den Pensionisten treffenden Nebenpflichten. Die Antwort kann nur im Pensionsvertrag gefunden werden. Je stärker dieser die Versorgungsfunktion und damit den Fürsorgeaspekt betont, desto intensiver werden diese Nebenpflichten sein, ohne dass es einer ausdrücklichen Vereinbarung bedürfte. Das wird von jenen übersehen, die eine für alle Pensionsverhältnisse einheitliche Antwort geben wollen. Nur dann, wenn die Betriebspension tatsächlich nichts anderes als die erwiesene Betriebstreue belohnen soll, hat der Betriebspensionist seine Schuldigkeit voll getan und kann daher die Betriebspension selbst dann verlangen, wenn er im Ruhestandsverhältnis gegen die Interessen seines früheren Arbeitgebers handelt. Der OGH nimmt dies für alle Betriebspensionisten an.[124]

Die den Betriebspensionisten treffenden **Nebenpflichten** sind in diesem Fall nicht stärker als die nachwirkenden Treuepflichten eines ohne Anspruch auf Betriebspension ausgeschiedenen Arbeitnehmers. Ihre Verletzung kann einen Unterlassungsanspruch und allenfalls einen auf die Betriebspension anrechenbaren Schadenersatzanspruch begründen, nicht aber den Entfall der Betriebspension zur Folge haben.[125] Wurde die Betriebspension aber zumindest auch deshalb gewährt, um einen Beitrag zur Altersversorgung des ehemaligen Mitarbeiters zu leisten, treffen den Betriebspensionisten spezielle Treuepflichten aus dem Pensionsvertrag. Es würde gegen alle Vorstellungen von Treu und Glauben verstoßen, könnte der Pensionist weiterhin Pensionsleistungen verlangen, obgleich er massiv gegen die Interessen seines Vertragspartners verstößt, diesen beispielsweise tätlich angreift und schwer verletzt. In solchen Fällen wird daher, wie dies der OGH[126] früher auch anerkannt hat, ein schwerer Verstoß gegen die Treuepflicht zum Entfall des Anspruches auf Betriebspension führen können.

In vielen (alten) Pensionsvereinbarungen finden sich aber auch sogenannte **Treuepflichtvereinbarungen,**[127] die vorsehen, dass die Betriebspension gekürzt oder einge-

122 Die allerdings nur dann einsetzt, wenn eine Betriebspension zugesagt wurde.

123 Siehe dazu *Tomandl,* Der VfGH zum Ruhen von Beamtenpensionen, ZAS 1988, 1.

124 OGH 9 ObA 4/88 (differenzierend hierzu *Petrovic,* ZAS 1989, 202); vgl weiters RIS-Justiz RS0021568.

125 Insoweit überzeugend *Petrovic* in *Runggaldier/Steindl* 317 und ihr folgend OGH 9 ObA 4/88; vgl auch *Schwarz/Holzer,* Die Treuepflicht des Arbeitnehmers und ihre künftige Gestaltung, (1975) 111 und *Binder,* Das Zusammenspiel arbeits- und sozialrechtlicher Leistungsansprüche 371.

126 Vgl OGH 4 Ob 32/59.

127 Seit Inkrafttreten des BPG sind Treuepflichtklauseln in seinem Anwendungsbereich prinzipiell unzulässig; das gilt auch für rechtliche Umgehungskonstruktionen wie auflösende Bedingungen mit demselben Ziel (vgl *Schima* in *Gruber-Risak/Mazal,* Kap VII Rz 37 ff).

stellt werden kann, wenn der Pensionist (Hinterbliebene) bestimmte Verhaltensweisen setzt, die die Interessen des früheren Arbeitgebers verletzen. Angesichts der besonders schutzwürdigen Position des Betriebspensionisten will die Rechtsprechung die Zulässigkeit solcher Vereinbarungen auf **grobe Treueverstöße** einschränken, die vorsätzlich oder grob fahrlässig ohne berechtigtes Eigeninteresse vorgenommen werden und so schwerwiegend sind, dass dem früheren Arbeitgeber nicht zugemutet werden kann, länger an diesem Vertrag festzuhalten.[128]

Besondere Fragen wirft eine **Wettbewerbsklausel** auf, die vorsieht, dass die Betriebspension entfallen soll, wenn der Betriebspensionist (sein Hinterbliebener) dem früheren Arbeitgeber Konkurrenz macht. Durch sie wird ebenso wenig wie durch andere Treuepflichtvereinbarungen – und darin liegt der Unterschied zur Konkurrenzklausel mit einem aktiven Arbeitnehmer – eine Rechtspflicht des Betriebspensionisten geschaffen. Ihre Verletzung begründet daher weder einen Unterlassungs- noch einen Schadenersatzanspruch. Die Treuepflichtvereinbarung stellt lediglich eine Obliegenheit dar, deren Nichteinhaltung zum Verlust eines Anspruches führt. Nach herrschender österreichischer Auffassung[129] sind die Bestimmungen der §§ 36 f AngG über Konkurrenzklauseln auf Ruhestandsvereinbarungen wegen der bestehenden Unterschiede zwischen diesen beiden Arten von Vereinbarungen nicht anzuwenden.

Lediglich für den Fall, dass der Arbeitnehmer die Wartezeit erfüllt und noch vor Erreichung der Altersgrenze aus dem Unternehmen ohne Verfall der erworbenen Anwartschaft ausgeschieden ist, gilt Abweichendes. Für die Zeit bis zur Erreichung der Altersgrenze und der dann erfolgenden Bezahlung der Betriebspension ist dieser Arbeitnehmer auf Erwerbseinkommen angewiesen. Der OGH[130] hat daher die Wettbewerbsklausel des Pensionsvertrags für diesen Zeitraum mit einer arbeitsvertraglichen Konkurrenzklausel (abgesichert durch eine Konventionalstrafe) gleichgestellt und die Anwendbarkeit der §§ 36 f AngG bejaht. Da diese Bestimmungen aber nur bezwecken, eine „unbillige Erschwerung des Fortkommens“ zu verhindern, können sie keine Anwendung mehr finden, sobald der Arbeitnehmer in den Ruhestand tritt und sein Einkommen durch die ASVG-Pension und die Betriebspension gesichert wird.

Zulässig ist die Vereinbarung von **Ruhensbestimmungen**, die für den Fall des gleichzeitigen Bezugs bestimmter anderer Leistungen mit Versorgungscharakter oder von Erwerbseinkommen eine Anrechnung solcher Bezüge auf die Betriebspension vorsehen.[131]

128 So OGH 9 ObA 4/88 im Anschluss an *Petrovic* in *Runggaldier/Steindl* 326, die sich ihrerseits vor allem auf die herrschenden deutschen Auffassungen stützt.

129 Vgl *Schrammel,* Anm zu OGH 4 Ob 26/70, ZAS 1971, 135; *Schwarz/Holzer,* Die Treuepflicht des Arbeitnehmers und ihre künftige Gestaltung 111; *Binder,* Das Zusammenspiel arbeits- und sozialrechtlicher Leistungsansprüche 368; aber auch der OGH geht in seiner Entscheidung 4 Ob 26/70 offenkundig von dieser Meinung aus, die aus der herrschenden deutschen Auffassung abgeleitet wurde.

130 OGH 9 ObA 88/84.

131 Vgl OGH 4 Ob 66/72 (Anrechnung der ASVG-Pension).

6.5. Das Betriebspensionsgesetz

6.5.1. Anwendungsbereich

Das Betriebspensionsgesetz (BPG) ist am 1. Juli 1990 in Kraft getreten und gilt grundsätzlich für alle Arbeitnehmer des privaten Sektors. Es bezweckt die Sicherung von betrieblichen Leistungszusagen, die als Ergänzung[132] der gesetzlichen Pensionsversicherung konzipiert sind. Zusagen ohne diesen Ergänzungscharakter, die also für einen Zweck bestimmt sind, für den in der Pensionsversicherung keine Leistungen vorgesehen sind, fallen daher nicht unter das BPG (zB Renten für Zeiten vor dem Erreichen des gesetzlichen Pensionsanfallsalters – sog Administrativpensionen).[133]

Eine „**Leistungszusage**" iSd BPG liegt vor, wenn vom Dienstgeber

a) Beiträge an eine Pensionskasse bezahlt werden („**Pensionskassenzusage**"), oder

b) Leistungen an die Arbeitnehmer direkt erbracht werden („**direkte Leistungszusage**"), oder

c) Prämien für eine Lebensversicherung zu Gunsten der Dienstnehmer entrichtet werden („**Versicherungszusage**").

Der Arbeitgeber muss zur Gewährung dieser Zusage **verpflichtet** sein. **Zusagen ohne Rechtsanspruch** unterliegen **nicht dem BPG.**[134] Verpflichtungsgrund kann eine einseitige Erklärung, eine Einzelvereinbarung, eine Betriebsvereinbarung oder ein Kollektivvertrag sein.

6.5.2. Pensionskassenzusage

6.5.2.1. Rechtsgrundlagen der Zusage

Bei einer Pensionskassenzusage verpflichtet sich der Arbeitgeber zum Abschluss eines Pensionskassenvertrags und zur Zahlung von Beiträgen an eine Pensionskasse zu Gunsten seiner Arbeitnehmer und deren Hinterbliebenen. Pensionskassen sind in der Rechtsform von Aktiengesellschaften (§ 6 PKG) betriebene Unternehmen, die nach den Bestimmungen des PKG Pensionskassengeschäfte durchführen dürfen. Pensionskassen-

132 Gesichert sind daher nur Zusatzleistungen zu den gesetzlichen Sozialversicherungspensionen. Dabei kommt es allerdings nicht darauf an, ob bei Eintritt des „betrieblichen" Versorgungsfalles gleichzeitig auch ein Anspruch auf eine Sozialversicherungsleistung besteht; vgl *Schrammel/Kietaibl*, BPG² § 1-2 Rz 16; vgl auch *Resch* in ZellKomm³, BPG § 2 Rz 18, der zur Anwendbarkeit des BPG meint, dass „Leistungszusagen, die an die Stelle der gesetzlichen PV treten (etwa weil klar ist, dass der AN altersbedingt die Wartezeit bzw Mindestversicherungszeit nicht mehr erfüllen kann), erst recht dem Schutzniveau des BPG unterliegen [müssen], da gerade diese AN in der Zeit des Leistungsbezugs besonders schutzwürdig sind."

133 OGH 9 ObA 602/92.

134 Näheres siehe bei *Schrammel*, Zum Anwendungsbereich des Betriebspensionsgesetzes, ZAS 1991, 77 und *Schrammel/Kietaibl*, BPG² § 1-2 Rz 18.

geschäfte bestehen in der rechtsverbindlichen Zusage von Pensionen an Anwartschaftsberechtigte.

Das PKG unterscheidet zwischen **betrieblichen und überbetrieblichen Pensionskassen**. Betriebliche Pensionskassen (§ 3 PKG) führen Pensionskassengeschäfte nur für einen Arbeitgeber durch, überbetriebliche für Anwartschaftsberechtigte mehrerer Arbeitgeber (§ 4 PKG).

Die Errichtung einer betrieblichen Pensionskasse oder der Beitritt des Arbeitgebers zu einer überbetrieblichen Pensionskasse sind grundsätzlich an den Abschluss einer **Betriebsvereinbarung** gebunden. In bestimmten Fällen können Pensionskassenregelungen auch in einem **Kollektivvertrag** vorgesehen werden (§ 3 Abs 1a BPG). Für Arbeitnehmer, die von keinem Betriebsrat vertreten werden oder für die kein Kollektivvertrag gilt, ist eine Pensionskassenversorgung nur dann zulässig, wenn zwischen Arbeitgeber und Arbeitnehmer eine Vereinbarung abgeschlossen wurde, die einem **verbindlichen Vertragsmuster** zu entsprechen hat. Betriebsvereinbarung, Kollektivvertrag oder Einzelvereinbarung nach Vertragsmuster haben in erster Linie das Leistungsrecht zu regeln (Versorgungsansprüche und Beiträge), aber auch Aussagen zur Mitwirkung der Anwartschafts- und Leistungsberechtigten an der Verwaltung der Pensionskasse zu treffen.

Unmittelbare Verpflichtungen der Pensionskasse werden dadurch allerdings nicht begründet. Betriebsvereinbarung, Kollektivvertrag oder Einzelvereinbarung nach Vertragsmuster verpflichten den Arbeitgeber lediglich, mit der Pensionskasse einen **Pensionskassenvertrag** abzuschließen, der den Bedingungen der Betriebsvereinbarung (Kollektivvertrag, Einzelvereinbarung) entspricht.[135] Nach Abschluss des Pensionskassenvertrags ist der Arbeitgeber auf Grund der erwähnten Gestaltungsmittel den Arbeitnehmern gegenüber zur Zahlung der Beiträge verpflichtet.[136] Der normative Inhalt der Betriebsvereinbarung bzw des Kollektivvertrags und der Inhalt des Einzelvertrags beziehen sich also darauf, die notwendige Rechtsbeziehung zur Pensionskasse herzustellen und korrekt aufrecht zu erhalten.

Der Gesetzgeber hat Vorkehrungen getroffen, damit der Arbeitgeber auch nach einem Erlöschen der Betriebsvereinbarung bzw des Kollektivvertrags zur Aufrechterhaltung der Pensionskassenzusage verpflichtet bleibt. Pensionskassenbetriebsvereinbarungen zählen zu den **notwendigen fakultativen Betriebsvereinbarungen**, ihre Aufkündigung ist allerdings „nur hinsichtlich jener Arbeitsverhältnisse wirksam, die nach dem Kündigungstermin begründet werden" (§ 97 Abs 4 ArbVG). Fällt eine kollektivvertragliche Pensionskassenzusage durch Wechsel der Kollektivvertragsangehörigkeit oder durch Kündigung weg, werden die Regelungen des Kollektivvertrags Inhalt der Arbeitsverträge der Anwartschaftsberechtigten. Bei einem sonstigen Erlöschen des Kollektivvertrags bleibt dem Anwartschaftsberechtigten die bis zur Beendigung seiner Nachwirkung (zB Inkrafttreten eines neuen Kollektivvertrags ohne Pensionskassenzusage) erworbene Anwartschaft erhalten (§ 3 Abs 1b und 1c BPG).

---

135 *Schrammel/Kietaibl,* BPG² § 3 Rz 23; *Krejci,* Die Überleitung bestehender Betriebspensionsregelungen in das neue Pensionskassensystem, VersRdsch 1991, 49.

136 Vgl *Binder,* Rechtsprobleme des Dreiecksverhältnisses zwischen Unternehmer, Pensionsbegünstigtem und Pensionskasse, ZAS 1991, 106.

Die Pensionskasse wird erst mit Abschluss des Pensionskassenvertrags zur Leistung verpflichtet. Der Pensionskassenvertrag ist ein Vertrag zu Gunsten Dritter, aus dem die Begünstigten Rechte erwerben.[137]

6.5.2.2 Inhalt der Zusage

Die Zusage kann auf zwei Arten erfolgen: Bei **beitragsorientierten** Zusagen ist die Beitragshöhe festgelegt; ab Pensionseintritt gebührt eine Leistung, die nach versicherungsmathematischen Grundsätzen errechnet wird und vom Veranlagungsertrag abhängig ist. Bei **leistungsorientierten** Zusagen wird die Höhe der Betriebspension schon im Vorhinein festgelegt; die Beiträge sind so zu gestalten, dass die zugesagte Leistung von der Pensionskasse aus dem angesammelten Kapital erbracht werden kann. Da bei leistungsorientierten Zusagen Deckungslücken entstehen können, müssen sowohl in der Betriebsvereinbarung (im Kollektivvertrag, in der Einzelvereinbarung) als auch im Pensionskassenvertrag Regelungen über eine allfällige Nachschusspflicht des Arbeitgebers gegenüber der Pensionskasse getroffen werden.

Strittig ist, in welchem Rahmen ein Arbeitgeber verpflichtet ist, **Nachschussleistungen** an die Pensionskasse zu erbringen. Da das PKG auch bei leistungsorientierten Zusagen die Existenz von Pensionskassen ohne Nachschusspflicht unterstellt, steht dem Arbeitgeber auch die Möglichkeit offen, eine Nachschusspflicht abzulehnen. Die Wortfolge „allfällige Verpflichtung“ in § 3 Abs 1 Z 2 BPG beinhaltet daher ein Wahlrecht, ob im Falle einer Unterdeckung höhere Beiträge geleistet oder die Pensionen gekürzt werden sollen.[138]

Der **Arbeitnehmer** kann sich auch selbst zur Leistung von **Beiträgen** an die Pensionskasse verpflichten. Dies ist nur durch Einzelvereinbarung mit dem Arbeitgeber möglich.[139] Die Arbeitnehmerbeiträge dürfen höchstens gleich hoch wie die Arbeitgeberbeiträge sein.

Der Arbeitnehmer hat aber die Möglichkeit, für bestimmte Zeiten mit reduziertem Entgeltanspruch nicht nur seine eigenen Beiträge zur Pensionskasse unvermindert fortzuzahlen, sondern auch die Arbeitgeber-Beiträge zu übernehmen. Dies gilt insb neben der Bildungskarenz und Altersteilzeit seit 1.1.2013 auch für Zeiten der Elternkarenz und der Elternteilzeit sowie für die Familienhospizkarenz.

Das **Einstellen** der laufenden Beitragsleistungen durch den Arbeitgeber (Widerruf) ist nur zulässig, wenn dies vereinbart wurde und sich die wirtschaftliche Lage des Unternehmens so wesentlich verschlechtert hat, dass die Aufrechterhaltung der zugesagten Leistung eine Gefährdung des Weiterbestands des Unternehmens zur Folge hätte. Ein vorübergehendes **Aussetzen** oder eine **Einschränkung** der Beitragszahlungen bedarf ebenfalls einer ausdrücklichen Vereinbarung. Sie ist nur zulässig, wenn „zwingende wirtschaftliche Gründe“ vorliegen.

137 *Resch* in ZellKomm³, BPG § 3 Rz 7.

138 Ausführlich *Schrammel,* Aktuelle Fragen des Betriebspensions- und Pensionskassenrechts, DRdA 2004, 211; vgl auch OGH 8 Ob 52/03k.

139 OGH 9 ObA 115/91; 8 ObA 98/02y.

6.5.2.3 Unverfallbarkeit

Die Leistungen der Pensionskasse sollen dem Arbeitnehmer auch dann zustehen, wenn er vor Anfall einer Leistung aus dem Arbeitsverhältnis ausscheidet. Das BPG enthält eine differenzierende Regelung: Auf **eigenen Beiträgen des Arbeitnehmers** beruhende Anwartschaften sind **jedenfalls unverfallbar**. Soweit die Anwartschaften auf **Arbeitgeberbeiträgen** beruhen, kann in der arbeitsrechtlichen Grundlagenvereinbarung eine **Wartezeit von höchstens drei Jahren** vereinbart werden. Ist dies geschehen, werden Anwartschaften erst nach Ablauf dieser Wartezeit unverfallbar.

Für Arbeitsverhältnisse, die vor dem 31. Dezember 2012 begonnen haben, beträgt die Unverfallbarkeitsfrist (Wartezeit) noch fünf Jahre; dieser Zeitraum wurde durch die BPG-Novelle 2012 (BGBl I 2012/54) verkürzt.

Aus der unverfallbaren Anwartschaft ist ein **Unverfallbarkeitsbetrag** zu errechnen. Dieser entspricht der auf Grund des Risikos des Alters und des Todes geschäftsplanmäßig zu bildenden Deckungsrückstellung.

Über diesen Unverfallbarkeitsbetrag kann der Arbeitnehmer bei Beendigung des Arbeitsverhältnisses vor Eintritt des Leistungsfalls bestimmte **Verfügungen** treffen. Er kann ua die Übertragung des Betrages in die Pensionskasse eines neuen Arbeitgebers verlangen; der Unverfallbarkeitsbetrag kann in eine beitragsfrei gestellte Anwartschaft umgewandelt werden; der Arbeitnehmer kann auch die Fortsetzung des Anwartschaftserwerbs mit eigenen Beiträgen begehren (Näheres siehe § 5 BPG). Geringe Unverfallbarkeitsbeträge können in bar abgefunden werden.

6.5.2.4 Gleichbehandlungspflichten

§ 18 Abs 2 BPG legt für Pensionskassenzusagen spezielle Gleichbehandlungspflichten fest. Den Arbeitnehmern oder Arbeitnehmergruppen des Betriebes muss eine „ausgewogene, willkürliche und sachfremde Differenzierungen ausschließende Beteiligung am Pensionskassensystem ermöglicht werden“. Die Bedeutung dieser Bestimmung ist unklar. Sicher ist, dass der arbeitsrechtliche Gleichbehandlungsgrundsatz (dazu Bd I 354 ff) nur den Arbeitgeber verpflichtet und daher nicht auf eine Pensionskassenbetriebsvereinbarung oder einen Pensionskassenkollektivvertrag, wohl aber auf eine Einzelvereinbarung anwendbar ist. Dagegen unterliegen Pensionskassenbetriebsvereinbarungen und -kollektivverträge (wie alle Betriebsvereinbarungen und Kollektivverträge) nach hA dem verfassungsrechtlichen Gleichheitssatz. Strittig ist, ob das Wort **ausgewogen** auf erweiterte Pflichten hinweisen soll.

Vereinzelt wird behauptet, der Arbeitgeber werde dadurch in der Auswahl der in das Pensionskassensystem aufzunehmenden Arbeitnehmer eingeschränkt: er müsse grundsätzlich allen Arbeitnehmern die Einbeziehung anbieten.[140] Diese Auffassung stützt sich vor allem auf die im Ausschussbericht zu § 3 Abs 2 BPG[141] vertretene Meinung, „das ausschließliche

140 Vgl *Wöss* in *Farny/Wöss*, Betriebspensionsgesetz-Pensionskassengesetz 79.

141 AB 1318 BlgNR 17. GP.

Anbieten von Leistungszusagen nur an einen bestimmten Personenkreis (zB leitende Angestellte) ohne Berücksichtigung der übrigen Arbeitnehmer (ist) nicht zulässig". Das kann schon deshalb nicht richtig sein, weil eine historische Auslegung enthüllt, dass das Gesetz „Ausgewogenheit" nur unter den in das Pensionskassensystem einbezogenen Arbeitnehmern verlangt.[142]
Nach hA[143] bezieht sich daher das Kriterium der Ausgewogenheit nicht auf die Auswahl der in die Pensionskassenversorgung einzubeziehenden Personen. Auch der VfGH hält es für zulässig, nur bestimmte Arbeitnehmergruppen (zB Arbeitnehmer mit höherem Entgeltanspruch) in die Pensionskassenversorgung einzubeziehen.[144] Willkürlichen Begrenzungen bei der Einbeziehung steht jedoch bei Einzelverträgen der arbeitsrechtliche Gleichbehandlungsgrundsatz und bei Pensionskassenbetriebsvereinbarungen und -kollektivverträgen der verfassungsrechtliche Gleichheitssatz entgegen.[145]

§ 18 Abs 2 BPG stellt allerdings gegenüber dem arbeitsrechtlichen Gleichbehandlungsgrundsatz klar, dass es auf Zahlenverhältnisse nicht ankommt: **Unzulässig** ist daher gem § 18 BPG auch die unsachliche **Bevorzugung** einzelner Arbeitnehmer. Verletzungen der Gleichbehandlungspflichten begründen Angleichungsansprüche der diskriminierten Arbeitnehmer (§ 18 Abs 3 BPG).

6.5.2.5. Variable Durchführungsarten

Mit der Pensionskassenreform 2012 hat der Gesetzgeber langjährig geforderte Maßnahmen der Sicherung und Flexibilisierung umgesetzt. So hat gem § 12a PKG die Pensionskasse eine auf Veranlagungssicherheit und Pensionsstabilität ausgerichtete **Sicherheits-Veranlagungs- und Risikogemeinschaft (VRG)** zu führen. Der Arbeitnehmer kann ab dem Jahr, in dem er das 55. Lebensjahr erfüllt, in die VRG wechseln. Die Veranlagung erfolgt konservativ, die Pension darf nicht unter die Höhe der erstmals ausbezahlten Pension fallen.

Während bisher alle Anwartschaftsberechtigten eines Unternehmens in einer einzigen Risikogemeinschaft zusammengefasst waren, besteht nunmehr die Möglichkeit, parallele Risikogemeinschaften zu errichten, zwischen denen der Arbeitnehmer auch wechseln kann (§ 12 Abs 7 PKG – **Lebensphasenmodell**).
§§ 5a bis 6e BPG ermöglichen Anwartschaftsberechtigten ab Vollendung des 55. Lebensjahres bis zum Pensionsantritt den **Wechsel von** einer **Pensionskasse** in eine **betriebliche Kollektivversicherung** (dazu gleich unten) und umgekehrt, wenn vom Unternehmen ein individuelles Wahlrecht im Pensionsklassen- oder im Versicherungsvertrag vorgesehen wurde.

---

142 Nachweise siehe bei *Tomandl,* Ungereimtheiten und Unzulänglichkeiten im neuen Betriebspensionsrecht, ZAS 1991, 84.

143 *Schrammel,* Betriebspensionsgesetz 204; *Schima* in *Gruber-Risak/Mazal,* Kap VII Rz 71 mwN.

144 VfGH B 204/94; vgl auch *Weinmeier,* VfGH: Sachliche Differenzierung bei der Einbeziehung in ein Pensionskassensystem zulässig, RdW 1995, 223.

145 In diesem Sinne vor allem *Eichinger,* Zum Gleichbehandlungsgebot gem § 18 BPG, ZAS 1991, 124; *Hainz,* Pensionszusagen nur an Führungskräfte gleichheitswidrig? ecolex 1991, 332; *Schrammel/Kietaibl,* BPG^2 § 18 Rz 32 ff; Strasser, Betriebspension und Gleichbehandlung 41; *Tomandl,* Ungereimtheiten und Unzulänglichkeiten im neuen Betriebspensionsrecht, ZAS 1991, 84.

6.5.3. Betriebliche Kollektivversicherung

Eine der Pensionskassenzusage ähnliche Sicherungsform ist die Zahlung von Beiträgen durch den Arbeitgeber für eine betriebliche Kollektivversicherung seiner Arbeitnehmer (vgl dazu die §§ 6a ff BPG). Betriebliche Kollektivversicherungen können von Versicherungsunternehmen angeboten werden, die zum Betrieb der Lebensversicherung berechtigt sind.

Eine betriebliche Kollektivversicherung kann rechtswirksam nur abgeschlossen werden, wenn zuvor eine **Betriebsvereinbarung** abgeschlossen wurde, in der vor allem das Leistungsrecht geregelt sein muss.

6.5.4. Direkte Leistungszusage

Bei einer direkten Leistungszusage ist der **Arbeitgeber selbst zur Gewährung** der betrieblichen Versorgungsleistung verpflichtet (vgl dazu die §§ 7 ff BPG).

Als Rechtsgrundlage der Zusage kommen **Kollektivvertrag**, **Betriebsvereinbarung** und **Einzelvertrag** (einschließlich betrieblicher Übung) in Betracht.

6.5.4.1. Unverfallbarkeit

Die zentrale Regelung betreffend die Sicherung von direkten Leistungszusagen findet sich in § 7 BPG. Auch diese Bestimmung will sicherstellen, dass eine **Beendigung des Dienstverhältnisses** nicht automatisch auch zu einem Verlust der Anwartschaften führt. Sie unterscheidet sich allerdings in einigen Punkten von der Unverfallbarkeit bei Pensionskassenzusagen.

Der Arbeitnehmer behält seine Anwartschaft zunächst nur dann, wenn das Arbeitsverhältnis nicht durch Arbeitnehmerkündigung, Entlassung aus Verschulden des Arbeitnehmers oder unbegründeten Austritt endet; die Unverfallbarkeit ist also **beendigungsabhängig**. Die Betriebspension soll daher die Betriebstreue des Arbeitnehmers entgelten. Die Unverfallbarkeit ist überdies von der Erfüllung einer **Wartezeit** abhängig, die jedenfalls fünf Jahre beträgt. Die Wartezeit kann bis auf zehn Jahre ausgedehnt werden. Die Wartezeit beginnt mit Erteilung der Leistungszusage zu laufen. Scheidet der Arbeitnehmer vor Erfüllung der Wartezeit – auch bei Arbeitgeberkündigung – aus dem Arbeitsverhältnis, gehen die bis dahin erworbenen Anwartschaften verloren. Für den Arbeitnehmer günstigere Vereinbarungen sind zulässig.

Wie bei Pensionskassenzusagen ist auch bei direkten Leistungszusagen aus der unverfallbaren Anwartschaft ein **Unverfallbarkeitsbetrag** zu errechnen.
Gem § 7 Abs 2a BPG errechnet sich der Unverfallbarkeitsbetrag nach dem **Teilwertverfahren** und den bei der Bildung der Rückstellung anzuwendenden versicherungsmathematischen Grundsätzen (Pensionsversicherungstafeln von *Ettl/Pagler*). Für die Berechnung ist einerseits das Alter zum Zeitpunkt der Erteilung der Zusage, andererseits das Anfallsalter heranzuziehen. Der Rechnungszinsfuß beträgt 7 %. Veränderungen des Entgelts sind nur bis zum Zeitpunkt der Beendigung des Arbeitsverhältnisses zu berücksichtigen. Eine

in der Leistungszusage enthaltene Berufsunfähigkeitspension bleibt unberücksichtigt. Zu beachten ist ferner, dass das BPG gemäß Art V Abs 3 BPG auf Leistungszusagen, die vor seinem Inkrafttreten gemacht wurden, nur hinsichtlich der nach seinem Inkrafttreten erworbenen Anwartschaften anzuwenden ist. Nach Art V Abs 5 BPG ist der Unverfallbarkeitsbetrag nach den Vorschriften des § 7 Abs 2a BPG für den Zeitraum ab 1. Juli 1990 bis zur Beendigung des Arbeitsverhältnisses zu errechnen. Der Unverfallbarkeitsbetrag für eine Pensionsverpflichtung resultiert daher als Differenz zwischen den nach der erwähnten Berechnungsmethode mit einem Rechnungszinsfuß von 7 % zu berechnenden Rückstellungswerten am Berechnungsstichtag (Ausscheiden aus dem Dienstverhältnis) und am Tag des Inkrafttretens des BPG am 1. Juli 1990.

Das BPG räumt dem Arbeitnehmer nach Beendigung des Dienstverhältnisses verschiedene Möglichkeiten ein, über diese gesicherte Anwartschaft zu **verfügen**. Trifft der Arbeitnehmer innerhalb von sechs Monaten nach dem Ausscheiden keine ausdrückliche Verfügung, so ist die Leistungszusage bei Eintritt des Leistungsfalls zu erfüllen (§ 7 Abs 5 BPG). In diesem Fall wird der nach den Bestimmungen des § 7 Abs 2a bzw 2b BPG errechnete Unverfallbarkeitsbetrag in eine **beitragsfrei gestellte Anwartschaft** (Errechnung der Höhe der Alterspension zum Pensionsanfallsalter) mit einem Rechnungszinsfuß von **6 %** umgewandelt. Bei Eintritt des Leistungsfalles hat der Leistungsberechtigte einen laufenden Anspruch aus dieser beitragsfrei gestellten Anwartschaft. Die Deckungsrückstellung ist versicherungsmathematisch nach den Vorschriften des Einkommensteuergesetzes 1988 mit einem Rechnungszinsfuß von 6 % weiterzuführen.

6.5.4.2. Leistungsreduktion

Gemäß § 8 BPG ist das völlige **Einstellen des Erwerbs künftiger Anwartschaften** nur zulässig, wenn dies schriftlich **vereinbart** wurde. Überdies muss sich die wirtschaftliche Lage des Unternehmens nachhaltig so wesentlich verschlechtert haben, dass die Aufrechterhaltung der zugesagten Leistung eine **Gefährdung des Weiterbestands des Unternehmens** zur Folge hätte. Eine vorübergehende Aussetzung oder Einschränkung des Erwerbs künftiger Anwartschaften ist bei schriftlicher Vereinbarung zulässig, wenn zwingende wirtschaftliche Gründe vorliegen.

Gemäß § 9 BPG dürfen **angefallene Pensionsleistungen ausgesetzt oder eingeschränkt** werden, wenn dies schriftlich **vereinbart** wurde und **zwingende wirtschaftliche Gründe** vorliegen. Der Arbeitgeber muss dabei auch von der Möglichkeit Gebrauch machen, Anwartschaften einzuschränken. Ein völliger Entfall der Pensionsleistungen ist nicht zulässig. Dadurch soll sichergestellt werden, dass Leistungsreduktionen nicht einseitig zu Lasten der Pensionisten ausfallen.

Fraglich ist, ob sich die in den §§ 8 und 9 BPG enthaltenen **Beschränkungen der Leistungsreduktion** nur auf einseitige Gestaltungen durch den Arbeitgeber beziehen oder sich auch auf die kollektivrechtliche Rechtssetzung bzw einzelvertragliche Gestaltung erstrecken. Bezüglich des Einstellens von Anwartschaften ergibt sich aus dem Gesetzeswortlaut wohl eindeutig, dass **nur einseitige Gestaltungen** des Arbeitgebers den in § 8 BPG normierten Beschränkungen unterliegen. Einvernehmliche Verschlechterungen der Pensionszusage für die Aktivbelegschaft sind davon nicht betroffen.[146] Aus der Verschränkung der beiden Bestimmungen (Pensionskürzung ist nur zulässig bei gleichzeitiger Anwartschaftskürzung) ist abzuleiten, dass auch § 9 BPG nur einseitige Gestaltungen des Arbeitgebers im Auge hat.[147]

6.5.4.3 Treuepflichtklauseln

Umstritten ist die Frage, ob auch weiterhin rechtswirksam Treuepflichtvereinbarungen (vgl oben 349 f) getroffen werden können. Art V Abs 4 Z 3 BPG bestimmt, dass **vor dem 1. Jänner 1990** bestehende Regelungen in direkten Leistungszusagen, die den Widerruf von Leistungen wegen eines Verhaltens des Leistungsberechtigten, das ihn des Vertrauens seines früheren Arbeitgebers unwürdig erscheinen lässt (insb wegen des Verstoßes gegen bestehende Konkurrenzklauseln), vorsehen, **unberührt bleiben.** Da der Gesetzgeber bezüglich der Weitergeltung von Treuepflichtklauseln ausdrücklich auf den 1. Jänner 1990 abstellt, obwohl das BPG erst mit 1. Juli 1990 in Kraft getreten ist, muss angenommen werden, dass **ab diesem Zeitpunkt (1. 1. 1990) abgeschlossene Treuepflichtklauseln keine Wirksamkeit** haben. Dabei spielt es keine Rolle, ob diese Vereinbarungen noch vor dem Inkrafttreten des BPG (also zwischen Jänner und Juni 1990) oder nach dem Inkrafttreten (ab Juli 1990) getroffen wurden.[148]

Der **OGH** will aber auch ohne Vereinbarung einer Treuepflichtklausel die Betriebspension entfallen lassen, wenn die Treuepflichtverletzung schon **während des aufrechten Bestands** des Arbeitsverhältnisses begangen, aber erst während des Ruhestandsverhältnisses entdeckt wurde und dem Arbeitgeber die Aufrechterhaltung nicht zugemutet werden kann.[149] **Unzulässig** wären danach **nur jene Treuepflichtklauseln**, die den Entfall der Betriebspension wegen eines im **Ruhestandsverhältnis** begangenen Verstoßes vorsehen.

146 So auch OGH 9 ObA 602/92, RdW 1993, 81 (zust *Runggaldier*) = ZAS 1995, 12 (zust *Schrammel*).

147 *Schrammel,* Anm zu OGH 9 ObA 602/92, ZAS 1995, 18; zustimmend *Runggaldier,* Die neue Rechtsprechung zum Betriebspensionsrecht, in *Tomandl,* Neuere Tendenzen im Arbeitsrecht auf dem Prüfstand 6; vgl auch OGH 9 ObA 2068/96.

148 So die hA; vgl *Schrammel/Kietaibl,* BPG² § 19 Rz 18; *Resch,* Treuepflichtklauseln in Betriebspensionsvereinbarungen (Teil II), ecolex 1991, 631; *Schima,* Zulässigkeit von Treuepflichtklauseln in Pensionsverträgen innerhalb und außerhalb der Geltung des Betriebspensionsgesetzes, JBl 1993, 497; *Runggaldier,* Die neue Rechtsprechung zum Betriebspensionsrecht, in *Tomandl,* Neuere Tendenzen im Arbeitsrecht auf dem Prüfstand 14; OGH 9 ObA 64/94; aA *Tomandl,* Ungereimtheiten und Unzulänglichkeiten im neuen Betriebspensionsrecht, ZAS 1991, 86.

149 Vgl OGH 9 ObA 64/94; zust *Runggaldier,* Die neue Rechtsprechung zum Betriebspensionsrecht, in *Tomandl,* Neuere Tendenzen im Arbeitsrecht auf dem Prüfstand 15.

6.5.5. Versicherungszusage

Hat der Arbeitgeber einen **Lebensversicherungsvertrag** zu Gunsten seiner Arbeitnehmer und deren Hinterbliebenen abgeschlossen, kann er den Bezugsberechtigten nur mit Zustimmung des jeweils betroffenen Arbeitnehmers ändern. Auf diese Weise wird vor allem ausgeschlossen, dass Angehörige eine unwiderrufliche Bezugsberechtigung auf eine Hinterbliebenenpension erwerben. Mit Zustimmung des Arbeitnehmers kann daher im Scheidungsfall mit nachfolgender Wiederverheiratung die zweite Ehefrau als Bezugsberechtigte bezeichnet werden.

Die erworbenen Anwartschaften werden **sofort unverfallbar**. Eine Wartezeit kann nicht vereinbart werden. Endet der Arbeitsvertrag vor Eintritt des Leistungsfalls, kann der Arbeitnehmer zwischen mehreren Möglichkeiten der Verfügung über seine Anwartschaften wählen (§ 13 BPG).

Der Arbeitgeber kann die Prämienzahlung nur unter denselben Voraussetzungen wie bei Direktzusagen einstellen oder einschränken (§ 14 BPG).

6.5.6. Unterstützungskassen

Unterstützungskassen sind typologisch rechtlich selbstständige Einrichtungen mit der Zwecksetzung, die Finanzierung, Verwaltung und Auszahlung betrieblicher Pensionsleistungen durchzuführen, wobei den Arbeitnehmern allerdings **kein Rechtsanspruch** auf Leistung zusteht.[150] Der fehlende Rechtsanspruch auf Leistung ist im System des BPG auch das wesentliche rechtliche Unterscheidungsmerkmal zwischen Unterstützungskassen und anderen Einrichtungen betrieblicher Alterssicherung. Leistungen zur Ergänzung der gesetzlichen Alters- und Hinterbliebenensicherung, die von **Unterstützungs- und sonstigen Hilfskassen** gewährt werden, sind in der taxativen Aufzählung des § 2 BPG nicht enthalten. Sie sind daher keine „Leistungszusagen" iSd BPG. Der Gesetzgeber hat allerdings diese Form der betrieblichen Alterssicherung nicht völlig aus dem Anwendungsbereich des BPG ausgeklammert. Auf „Ansprüche" aus Unterstützungskassen finden die Abschnitte 5 (§ 15 BPG) und 6 (§§ 16 ff BPG) des BPG Anwendung.

§ 15 BPG bestimmt, dass Arbeitnehmer, die bei Beendigung des Arbeitsverhältnisses bereits fünf Jahre zum Kreis der Begünstigten einer Unterstützungskasse gehören, bei Eintritt des Leistungsfalles den im Unternehmen verbliebenen Arbeitnehmern gleichzustellen sind, wobei sich der Anspruch des ausscheidenden Arbeitnehmers aus dem Verhältnis der im Unternehmen zugebrachten Dienstzeit zum Zeitraum zwischen Eintritt in das Unternehmen und Eintritt des Leistungsfalls ergibt. Durch diese Bestimmung wird eine der Unverfallbarkeit ähnliche Wirkung herbeigeführt. Begünstigte aus einer Unterstützungskasse haben kein Recht, beim Ausscheiden aus dem Arbeitsverhältnis eine Leistung zu fordern oder über einen „Unverfallbarkeitsbetrag" zu verfügen, der nach dem

150 Vgl *Schrammel/Kietaibl*, BPG² § 1-2 Rz 33.

Stand der Versorgungszusage im Zeitpunkt des Ausscheidens zu errechnen wäre, weil ja beim Ausscheiden aus dem Arbeitsverhältnis wegen des fehlenden Rechtsanspruchs noch unsicher ist, ob die Begünstigten im Leistungsfall überhaupt in den Genuss einer Leistung kommen werden. Wird allerdings eine Leistung gewährt, dann soll auch der vorzeitig ausgeschiedene Arbeitnehmer zumindest einen Teil dieser Leistung erhalten.

§ 15 BPG bedeutet allerdings nicht, dass die vorzeitig ausgeschiedenen Arbeitnehmer nunmehr einen Rechtsanspruch auf die Leistungen der Unterstützungskasse erhalten. Die Rechtsstellung des ausgeschiedenen Arbeitnehmers ist keine stärkere als die des im Betrieb verbliebenen Arbeitnehmers. Da auf die Leistungen der Unterstützungskasse kein Rechtsanspruch besteht, kann die Unterstützungskasse ihre Leistungen jederzeit, dh ohne besondere sachliche Rechtfertigung, einstellen. Stellt die Unterstützungskasse ihre Zahlungen ein, so sind davon in gleicher Weise die im Betrieb verbliebenen und die ausgeschiedenen Arbeitnehmer betroffen. Die Einstellung der Leistung muss auch der vorzeitig ausgeschiedene Arbeitnehmer gegen sich gelten lassen.

Die Höhe berechnet sich nach dem ***Pro-rata-temporis*-Prinzip**. Dem durch die Gleichbehandlung Begünstigten steht im Leistungsfall Versorgung in einer Höhe zu, die dem Verhältnis der effektiven Dauer der Betriebszugehörigkeit zur Zeit der möglichen Dauer der Betriebszugehörigkeit bis zum Leistungsfall entspricht.

6.6. Übertragung von direkten Pensionszusagen auf Pensionskassen

Betriebspensionen dienen der langfristigen Bindung von Mitarbeitern an das Unternehmen, bedeuten aber im Falle direkter Leistungszusagen auch hohe finanzielle Verpflichtungen. Viele Unternehmen haben die durch das BPG und das PKG geschaffene Möglichkeit genutzt, bestehende Direktzusagen des Arbeitgebers auf Pensionskassen und damit das eigene Risiko zu übertragen.[151]

Da hier ein Schuldnerwechsel vom Arbeitgeber zur Pensionskasse vorliegt, bedarf es einer entsprechenden Rechtsgrundlage, die den dadurch erfolgenden Beitritt zur Pensionskasse ermöglicht und den Arbeitgeber von seiner Leistungsverpflichtung gegenüber dem Arbeitnehmer befreit.

Betrifft der Übertritt **ehemalige Arbeitnehmer,** bedarf er einer **Einzelvereinbarung** mit dem Arbeitnehmer. Nach stRsp darf durch Betriebsvereinbarung nicht in die Rechtsstellung ausgeschiedener Arbeitnehmer eingegriffen werden.[152]

Bei **aktiven Arbeitnehmern** bedarf es einer Einzelvereinbarung, wenn die Direktzusage selbst auf einer Einzelvereinbarung – auch im Weg von Vertragsschablonen oder betrieblicher Übung – beruht. Beruht die alte Leistungszusage auf einer Betriebsvereinbarung, bedarf es jedenfalls auch für die Übertragung einer Betriebsvereinbarung. Beruht die alte Leistungszusage auf einem Kollektivvertrag, bedarf es gem § 3 BPG einer Übertragungs-

151 Ausführlich dazu *Schima* in *Gruber-Risak/Mazal*, Kap VII Rz 69.
152 OGH 9 ObA 121/04s; 8 ObA 100/04w; vgl mwN RIS-Justiz RS0050955.

betriebsvereinbarung. Diese muss günstiger sein als der Kollektivvertrag, um diesen verdrängen zu können.

Die rechtliche Gestaltung des Übertritts ist fehleranfällig und war häufig Gegenstand der Judikatur. **Betriebsvereinbarungen oder Kollektivverträge**, die einen Übertritt verfügen, können insb wegen der Verletzung des **Vertrauensschutzes** nichtig sein, insb für Arbeitnehmer, die bereits nahe am Pensionsantritt stehen und sich auf eine geänderte Rechtslage nicht mehr einstellen können.[153] Bei einzelvertraglich vereinbarten Direktzusagen ist es wesentlich, dass die Anwartschaftsberechtigten bei Vereinbarung des Übertritts in eine Pensionskasse ausreichend **aufgeklärt** worden sind. Andernfalls liegt eine Verletzung der nebenvertraglichen Schutz- und Sorgfaltspflichten vor, die bei Vorliegen der Voraussetzungen der §§ 1293 ff ABGB schadenersatzpflichtig macht.

Es ist im Einzelfall zu prüfen, ob der Arbeitgeber über die Vor- und Nachteile eines solchen Schritts informiert hat. Grundsätzlich ist dabei davon auszugehen, dass der Arbeitgeber zu einer ausgewogenen Information verpflichtet ist, durch die nicht nur die zu erwartenden Vorteile, sondern insb auch die den Pensionisten allenfalls drohenden Risiken – im Rahmen des Zumutbaren und im Sinne einer *Ex-ante*-Betrachtung – aufzuzeigen sind. Es muss insb klar darüber informiert werden, dass die Wertanpassung der laufenden Pensionskassen-Pensionen im Wesentlichen von der Veranlagungsrendite der Pensionskasse und dem versicherungstechnischen Risiko abhängt.[154]

153 OGH 9 ObA 106/00d; 8 ObA 236/01s; die Rsp stellt auf eine zumindest fünf- bis siebenjährige Übergangsfrist ab; vgl dazu *Resch*, Änderungen von Betriebspensionszusagen 37.

154 OGH 9 ObA 243/02d.

Der Betriebs(teil)übergang

Literatur: *Binder/Burger/Mair*, AVRAG[3] (2017); *Gahleitner* in *Neumayr/Reissner* (Hg), Zeller Kommentar zum Arbeitsrecht[3], AVRAG §§ 3 bis 6 mit weiterführender Literatur; *Holzer/Reissner*, AVRAG[2] (2006); *Jöst* in *Gruber-Risak/Mazal*, (Hg), Arbeitsrecht: System- und Praxiskommentar, Kap. XV.; *ders*, Der Betriebsübergang (2004); *Krejci*, Betriebsübergang – Grundfragen des § 3 AVRAG (1996); *Schrammel*, Rechtsfragen des Betriebsüberganges, ZAS 1996, 6; *Tomandl* (Hg), Betriebs(teil)übergang im Arbeitsrecht (1995).

Rechtsquellen: §§ 3 bis 6 Arbeitsvertragsrechtsanpassungsgesetz (AVRAG); RL 2001/23/EG (Betriebsübergangsrichtlinie).

1. Problemaufriss

Wird ein Betrieb oder Unternehmen veräußert, stellt sich die Frage, welches Schicksal die Arbeitsverhältnisse, die zwischen dem Veräußerer und seinen Arbeitnehmern bestehen, nehmen sollen. In Österreich war die Rechtslage ursprünglich so, dass die Arbeitsverhältnisse zum Veräußerer aufrecht blieben, sofern nicht alle Beteiligten (Veräußerer, Erwerber, Arbeitnehmer) im Wege einer Dreiparteieneinigung die Übernahme der Vertragsverhältnisse durch den Erwerber vereinbarten. Lediglich im Fall einer Gesamtrechtsnachfolge gingen die Arbeitsverhältnisse auf den Rechtsnachfolger über.

Eine solche Rechtslage ermöglichte es Unternehmen, durch Änderungen in den Unternehmensstrukturen (zB Gründung von Tochterunternehmen), bestehende Arbeitsverhältnisse zu beenden und neue Arbeitsverträge zu schlechteren Bedingungen abzuschließen. Auf europäischer Ebene wurde daher bereits 1977 eine Richtlinie erlassen, um in Fällen von Betriebsübergängen die Arbeitnehmer vor einem Inhaberwechsel zu schützen und die Wahrung ihrer Ansprüche sicherzustellen.[1] Gem Art 3 RL 2001/23/EG (**Betriebsübergangsrichtlinie, BÜ-RL**) gehen im Fall eines Betriebs(teil)übergangs die Rechte und Pflichten des Veräußerers aus einem zum Zeitpunkt des Übergangs bestehenden Arbeitsvertrag oder Arbeitsverhältnis auf den Erwerber über. Die RL sieht somit einen Ex-lege-Eintritt des Erwerbers in die Arbeitsverträge, die zum Veräußerer bestanden haben, vor („**Eintrittsautomatik**").

Österreich hat im Vorfeld des EWR- und EU-Beitritts seine Rechtslage geändert und an das EU-Recht angepasst. Die Umsetzung der Betriebsübergangsrichtlinie findet sich in **§§ 3 ff AVRAG.**

1 Ein wesentlicher Grund für die Rechtsangleichung waren bei der Entstehung der RL Ängste von einigen Mitgliedstaaten vor Wettbewerbsverzerrungen. Die Rechtsfolgen bei Betriebsübergängen waren in den Mitgliedstaaten unterschiedlich geregelt, sodass insb die Befürchtung Frankreichs, das eine Eintrittsautomatik im nationalen Recht geregelt hatte, vor Nachteilen im Wettbewerb bestand.

2. Sachlicher Anwendungsbereich

2.1. Begriff des Betriebs(teil)übergangs

Geht ein Unternehmen, Betrieb oder Betriebsteil auf einen anderen Inhaber über (Betriebsübergang), so tritt dieser gem § 3 AVRAG als Arbeitgeber mit allen Rechten und Pflichten in die im Zeitpunkt des Übergangs bestehenden Arbeitsverhältnisse ein.

§ 3 AVRAG definiert allerdings nicht näher, was unter einem Betriebsübergang zu verstehen ist. Da § 3 AVRAG die Umsetzung einer europäischen Richtlinie ist, ist der Tatbestand des „Betriebsübergangs" in **richtlinienkonformer Auslegung** zu ermitteln. Da der EuGH allein zur Auslegung des Unionsrechts berufen ist, ist seine Judikatur für die Auslegung des Begriffs „Betriebsübergang" maßgeblich.[2] Keinesfalls darf der Betriebsbegriff der österreichischen Betriebsverfassung (§ 34 ArbVG) zur Abgrenzung herangezogen werden.

Der EuGH hat in einer Vielzahl von Urteilen zur **Betriebsübergangsrichtlinie** 77/187/EWG Kriterien für das Vorliegen eines Betriebsübergangs entwickelt. Die Richtlinie wurde 2001 neu formuliert (RL 2001/23/EG) und ein Teil der Judikatur eingearbeitet: Ein Übergang iSd Richtlinie ist der **Übergang einer „ihre Identität bewahrenden wirtschaftlichen Einheit"** im Sinne einer organisierten Zusammenfassung von Ressourcen zur Verfolgung einer wirtschaftlichen Haupt- oder Nebentätigkeit.

Bei der Prüfung, ob die Voraussetzungen für den Übergang einer auf Dauer angelegten wirtschaftlichen Einheit erfüllt sind, müssen sämtliche den betreffenden Vorgang kennzeichnenden Tatsachen berücksichtigt werden. Es ist eine **Gesamtbetrachtung** sämtlicher Kriterien im Einzelfall vorzunehmen und im Sinn eines beweglichen Systems zu entscheiden, ob ein Betriebsübergang vorliegt oder nicht.

Zu den vom EuGH herangezogenen Kriterien gehören namentlich:

- die **Art des Unternehmens** oder Betriebs,
- der etwaige Übergang der **materiellen Betriebsmittel** wie Gebäude, bewegliche Güter, Liegenschaften,
- die **immateriellen Aktiva** (Goodwill, Know-how, Patente, Vertriebsrechte, Kundendaten) im Zeitpunkt des Übergangs,
- die etwaige **Übernahme der Hauptbelegschaft** durch den neuen Inhaber,
- der etwaige **Übergang der Kundschaft** sowie
- der **Grad der Ähnlichkeit** zwischen den vor und nach dem Übergang verrichteten **Tätigkeiten** und
- die Dauer einer eventuellen **Unterbrechung** dieser Tätigkeiten.[3]

2 Zur Anwendung der EuGH-Judikatur iRd Auslegung des Betriebsübergangsbegriffes des § 3 AVRAG vgl insb RIS-Justiz RS0082749, RS0108458 (beide zum beweglichen System) sowie RS0102121 (zur weiterhin gegebenen Maßgeblichkeit der EuGH-Rsp zur Vorgänger-RL 77/187/EWG).

3 EuGH 24/85, *Spijkers*; C-13/95, *Süzen*.

Beispiel: Ein unstrittiger Fall eines Betriebsübergangs wäre etwa gegeben, wenn der Inhaber eines Spielzeuggeschäftes anlässlich seiner Pensionierung das Geschäft verkauft und der Erwerber dieses unter Beibehaltung des Firmennamens, der Einrichtung, der Lieferverträge und des Kundenkreises weiter betreibt.

In der Praxis finden sich jedoch zahlreiche Übertragungskonstellationen, in denen das Vorliegen eines Betriebsübergangs strittig ist und in Judikatur und Literatur heftig diskutiert wird. Zunächst stellt sich die Frage, wie klein die Einheit „Betriebsteil" sein darf: Kann womöglich sogar die Tätigkeit eines einzelnen Arbeitnehmers als kleinstmöglicher Betriebsteil Gegenstand eines Betriebsübergangs sein? Stellt demnach die **Auslagerung einzelner Aufgaben** oder Funktionen eines Unternehmens auf ein Fremdunternehmen einen Betriebsübergang dar? Dies würde bedeuten, dass in Fällen von Outsourcing die die entsprechenden Dienstleistungen übernehmenden Unternehmen auch das bisher mit diesen Aufgaben betraute Personal übernehmen müssten.

Damit eng verbunden ist die Frage, ob die **Auftragsneuvergabe** einen Betriebsübergang darstellt. Hat ein Unternehmen A (zB die Universität Wien) bisher das Unternehmen B mit der Erfüllung bestimmter Leistungen beauftragt (zB die Reinigung des Juridicums), kündigt es diesen Vertrag und beauftragt es in der Folge das Unternehmen C mit der Leistungserbringung, stellt sich die Frage nach einem Betriebsübergang vom Unternehmen B auf das Unternehmen C. Würde in solchen Fällen ein Betriebsübergang bejaht, müsste das Unternehmen C die bisher mit dieser Tätigkeit betrauten Arbeitnehmer des Unternehmens B übernehmen. In beiden Konstellationen wären der Dienstleistungsverkehr und der Wettbewerb zwischen den Unternehmen belastet, weil die übernehmenden Unternehmen möglicherweise bereits ausreichend eigenes Personal haben bzw besseres oder billigeres.

Darüber hinaus ist zu hinterfragen, weshalb der EuGH das Kriterium der Übernahme der (Haupt-)Belegschaft auf der Tatbestandsebene – als Kriterium für einen Betriebsübergang – prüft, wo der Personalübergang doch eigentlich als Rechtsfolge eines Betriebsüberganges normiert ist.

a) Zur ersten Problematik hat der EuGH in der **Rs *Christel Schmidt***[4] Stellung genommen. Ein Bankunternehmen, das die Reinigungsarbeiten in der Filiale zunächst durch eine eigene Arbeitnehmerin durchführen hat lassen, vergab in der Folge den Reinigungsauftrag an ein externes Reinigungsunternehmen. Der EuGH war der Ansicht, dass die **Gleichartigkeit** der vor und nach der Übertragung ausgeführten **Reinigungsaufgaben**, die im Übrigen durch das der betreffenden Arbeitnehmerin unterbreitete Angebot der Weiterbeschäftigung durch das Reinigungsunternehmen zum Ausdruck kommt, ein typisches Merkmal eines Vorgangs darstellt, der in den Anwendungsbereich der Richtlinie fällt. Der EuGH hob hervor, dass weder die Tatsache, dass die Aufgabe nur von einer einzigen AN ausgeführt worden ist, noch das Faktum, dass keine Vermögensgegenstände übertragen worden sind, einen Betriebsübergang ausschließen.

4 EuGH C-392/92, *Schmidt*.

b) Nach heftiger Kritik an diesem Urteil korrigierte der EuGH in der **Rs *Süzen***[5] – ein Unternehmen hatte den Reinigungsauftrag des Unternehmens A gekündigt und danach das Unternehmen B mit diesen Arbeiten beauftragt – seine Judikatur und betonte, dass allein aus dem Umstand, dass die vom alten und vom neuen Auftragnehmer erbrachten Dienstleistungen ähnlich sind, noch nicht der Schluss auf das Vorliegen einer wirtschaftlichen Einheit gezogen werden könne. Eine Einheit dürfe **nicht als bloße Tätigkeit** verstanden werden. Ihre Identität ergebe sich vielmehr auch aus anderen Merkmalen, wie ihrem Personal, ihren Führungskräften, ihrer Arbeitsorganisation, ihren Betriebsmethoden und aus den zur Verfügung stehenden Betriebsmitteln. Der **bloße Verlust eines Auftrags** stelle daher für sich allein keinen Übergang im Sinne der Richtlinie dar. Das zuvor beauftragte Unternehmen verliere zwar einen Kunden, bestehe aber in vollem Umfang weiter, ohne dass einer seiner Betriebe auf den neuen Auftragnehmer übertragen worden wäre. Es liegt bei einer Auftragsneuvergabe daher **kein Betriebsübergang** vor, wenn der Übertragungsvorgang **weder mit einer Übertragung relevanter materieller oder immaterieller Betriebsmittel**[6] von dem einen auf den anderen Unternehmer **noch** mit der Übernahme eines nach Zahl und Sachkunde wesentlichen Teils des zur Durchführung des Vertrags eingesetzten **Personals** verbunden ist.

c) Der EuGH zieht, wie ua in der Rs *Süzen* deutlich wird, auch die **Übernahme der Hauptbelegschaft als Kriterium** für einen Betriebsübergang heran. Dies könnte verwundern, da doch nach klassisch rechtsdogmatischem Verständnis Tatbestands- und Rechtsfolgeebene strikt zu trennen sind. Der EuGH führt in der Rs *Süzen* seine diesbezüglichen Überlegung aus: Bei der Bewertung der maßgeblichen Kriterien für oder gegen einen Betriebsübergang ist die **Art des betroffenen Unternehmens** oder Betriebes zu berücksichtigen. Den für das Vorliegen eines Betriebsübergangs maßgeblichen Kriterien kommt je nach der ausgeübten Tätigkeit und selbst nach den Produktions- oder Betriebsmethoden, die in dem betreffenden Unternehmen, Betrieb oder Betriebsteil angewendet werden, unterschiedliches Gewicht zu. Da eine wirtschaftliche Einheit in bestimmten Branchen ohne relevante materielle Betriebsmittel tätig sein kann, kann die Wahrung der Identität einer solchen Einheit nicht von der Übertragung von Betriebsmitteln abhängen.[7] In Branchen, in denen es im Wesentlichen auf die menschliche Arbeitskraft ankommt, kann die Gesamtheit von Arbeitnehmern, die durch eine gemeinsame Tätigkeit dauerhaft verbunden sind, eine wirtschaftliche Einheit darstellen. In solchen Fäl-

5 EuGH C-13/95, *Süzen*.

6 In EuGH C-200/16, *Securitas*, hat der Gerichtshof diese in der Rs *Süzen* begründete Judikaturlinie bekräftigt, im gegenständlichen Fall (Auftragsneuvergabe an ein anderes Sicherheitsunternehmen) einen Betriebsübergang aber bejaht, weil „die für die Ausführung dieser Dienstleistung unabdingbare Ausrüstung vom zweiten Unternehmen übernommen wurde."

7 Vgl etwa EuGH C-298/18, *Grafe und Pohle*, wonach unter bestimmten Umständen (hier: umweltrelevante/technische Vorgaben im Rahmen einer öffentlichen Auftragsvergabe) nicht einmal die Übernahme gar keiner Betriebsmittel der Qualifikation als Betriebsübergang entgegenstehen muss, wenn zB wesentliche Teile der Belegschaft übernommen werden.

len bewahrt die Einheit ihre Identität, wenn der neue Auftragnehmer einen wesentlichen Teil des Personals übernimmt, das sein Vorgänger gezielt bei dieser Tätigkeit eingesetzt hatte.[8]

Im Ergebnis ist zwischen **Produktionsbetrieben** und **Dienstleistungsbetrieben** zu unterscheiden. Bei Produktionsbetrieben müssen sachliche und allenfalls auch immaterielle Betriebsmittel übertragen werden. Bei Dienstleistungsbetrieben kommt es in erster Linie auf die Übertragung von Kundenbeziehungen, Vertriebsrechten und der Übernahme eines wesentlichen Teils der Belegschaft, vor allem jener AN, die Know-how-Träger sind, an.[9] Die Tatsache, dass bestimmte Arbeitnehmer vom Erwerber weiterbeschäftigt werden sollen, lässt den Schluss zu, dass die Tätigkeit einer wirtschaftlichen Einheit wie bisher fortgesetzt werden soll. In Dienstleistungsbetrieben stellen nicht Maschinen oder andere Produktionsmittel, sondern die AN das wesentliche Substrat dar, das die Identität des Betriebs ausmacht. Dieses Substrat kann auch aus freien Mitarbeitern bestehen, die der Erwerber de facto übernimmt.[10] In letzterem Fall ist jedoch auf der Rechtsfolgenebene zu beachten, dass freie Dienstnehmer nicht in den persönlichen Geltungsbereich des AVRAG fallen und es für sie daher zu keinem Ex-lege-Übergang ihrer Dienstverhältnisse kommt.

Beispiel: Der EuGH hat in der **Rs *Abler***[11] einen Kantinenbetrieb als Produktionsbetrieb qualifiziert. Die Verpflegung könne nicht als eine Tätigkeit angesehen werden, bei der es im Wesentlichen auf die menschliche Arbeitskraft ankommt, da dafür Inventar in beträchtlichem Umfang erforderlich ist. Werden daher für einen Restaurantbetrieb unverzichtbaren Betriebsmittel wie Räumlichkeiten, Wasser, Energie und das Groß- und Kleininventar (insbesondere das zur Zubereitung der Speisen erforderliche unbewegliche Inventar und die Spülmaschinen) übernommen, liegt ungeachtet der Tatsache, ob auch ein Teil des Personals übernommen wird, ein Betriebsübergang vor.
Ein Betriebsübergang kann auch bei der Übernahme der Beschäftigten eines **Arbeitskräfteüberlassungsunternehmens** durch einen anderen Arbeitskräfteüberlasser vorliegen: Die wirtschaftliche Einheit, die übergeht, ist in den Fachkenntnissen, einer geeigneten Verwaltungsstruktur zur Organisation des Verleihens der Arbeitnehmer und der Gesamtheit von Leiharbeitnehmern, die sich in die entleihenden Unternehmen integrieren und für diese die geforderten Aufgaben wahrnehmen können, zu sehen. Weitere bedeutende Betriebsmittel sind für die Dienstleistung der Arbeitskräfteüberlassung idR nicht notwendig. Übernimmt ein Leiharbeitsunternehmen einen Teil des Verwaltungspersonals und einen Teil der Leiharbeitnehmer von einem anderen Leiharbeitsunternehmen, um die gleichen Tätigkeiten im Dienst derselben Kunden auszuüben, ist eine wirtschaftliche Einheit übergegangen und die Regelungen über den Betriebsübergang sind anzuwenden.[12, 13]

---

8 EuGH C-340/01, *Abler*.

9 EuGH C-509/14, *Aira Pascual ua*, unter Bekräftigung der Notwendigkeit, ua „die Art des betroffenen Unternehmens oder Betriebs zu berücksichtigen“ (Rz 33), sodass auch die Nichtübernahme der Belegschaft „nicht ausreicht, um in einem Bereich (...), bei dem es [iW] auf die Ausrüstung ankommt, den [BÜ iSd BÜ-RL] auszuschließen.“

10 OGH 8 ObA 143/98g, DRdA 2000, 506 (*Reissner*).

11 EuGH C-340/01, *Abler*.

12 Vgl EuGH C-458/05, *Jouini* sowie korrespondierend OGH 8 ObA 64/07f.

13 Vgl eingehend zu Fragen des Betriebsübergangs iZm Leiharbeitsunternehmen *Pfalz*, Überlassene Arbeitskräfte beim Betriebsübergang, JAS 2019, 221.

2.2. Rechtsform der Übertragung

Gem **Art 1 BÜ-RL** ist die Richtlinie auf Übertragungen auf einen anderen Inhaber „durch vertragliche Übertragung oder durch Verschmelzung“ anwendbar. Der EuGH legt den Übertragungsbegriff der RL weit aus, um dem Schutzzweck der RL, die AN-Rechte bei einem Wechsel des Unternehmensinhabers weitestmöglich zu schützen, gerecht zu werden.

Die reichhaltige Judikatur des EuGH ist dahin zusammenzufassen, dass die Richtlinie auf **sämtliche Formen von Inhaberwechseln** anwendbar ist. Erfasst sind Kauf, Verpachtung, Verschmelzung, Umwandlung, Einbringung, Zusammenschluss, Realteilung und Spaltung. Inhaberwechsel ist als Vorgang zu verstehen, bei dem eine wirtschaftliche Einheit von einem neuen Inhaber **tatsächlich weitergeführt oder wiederaufgenommen** wird.

In der **Rs *Ny Mølle Kro*** betonte der EuGH, die Richtlinie sei anwendbar, wenn die natürliche oder juristische Person wechselt, die für den Betrieb des Unternehmens verantwortlich ist, und insoweit gegenüber den im Unternehmen beschäftigten Arbeitnehmern die Arbeitgeberverpflichtungen eingeht.[14] Entscheidend ist, dass die **Verfügungsgewalt**, dh die technische Leitungsmacht über den Betrieb bzw Betriebsteil, übertragen wird.

Die rechtliche Grundlage dieser Übertragung ist demgegenüber irrelevant. Nicht entscheidend ist, dass zwischen Erwerber und Veräußerer eine direkte Rechtsbeziehung besteht. Die Übertragung der wirtschaftlichen Einheit kann vielmehr auch in zwei Schritten unter **Einschaltung eines Dritten** erfolgen. In den Anwendungsbereich der Richtlinie fällt daher die Übertragung einer wirtschaftlichen Einheit dadurch, dass ein Pachtvertrag zwischen dem Verpächter und Erstpächter aufgelöst wird und der Verpächter den Betrieb an einen Zweitpächter verpachtet. Auch wenn zwischen dem Erstpächter und dem Zweitpächter keine direkte vertragliche Rechtsbeziehung besteht, liegt ein Betriebsübergang vor, wenn der Zweitpächter de facto den Betrieb des Erstpächters als eine ihre Identität bewahrende wirtschaftliche Einheit fortführt.[15] Ein Inhaberwechsel setzt insbesondere nicht voraus, dass der Betriebsinhaberwechsel zur Übertragung des Eigentums führt.[16] Es genügt, dass dem Erwerber eine Nutzungsberechtigung auf Zeit zusteht; diese kann auch durch treuhändische Übernahme der Betriebsmittel oder durch Gebrauchsüberlassung[17] erworben werden.[18]

> Ein Inhaberwechsel liegt sogar dann vor, wenn eine Behörde beschließt, die Gewährung von Subventionen an eine juristische Person einzustellen, wodurch die vollständige und endgültige Beendigung der Tätigkeit dieser juristischen Person bewirkt wird, um die Subventionen auf eine andere juristische Person zu übertragen, die einen ähnlichen Zweck verfolgt.[19]

14 EuGH 287/86, *Ny Moelle Kro.*
15 EuGH 324/86, *Daddy's Dance Hall.*
16 So auch die Judikatur des EuGH Slg 1987, 5483.
17 EuGH C-209/91, *Rask u Christensen.*
18 Siehe zur dazu (auf Basis der EuGH-Judikatur) ergangenen OGH-Rsp ua RIS-Justiz RS0110832.
19 EuGH C-29/91, *Redmond Stichting.*

Ein Betriebsübergang kann auch auf **gesetzlicher Grundlage** beruhen. Werden ehemals vom Staat betriebene Wirtschaftseinheiten durch Ausgliederungsgesetze auf andere Rechtsträger übertragen, ist die BÜ-RL ebenfalls anwendbar.[20]

Der *Ex-lege*-Übergang der Arbeitsverhältnisse findet gem § 3 Abs 2 AVRAG nicht in den Fällen eines Sanierungsverfahrens ohne Eigenverwaltung oder eines Konkursverfahrens des Veräußerers statt. Diese **Ausnahmebestimmung** gilt nach der Rsp des OGH allerdings nur im Fall eines **gerichtlich eröffneten Konkurses.**[21] Zu dieser Ausnahme ermächtigt die BÜ-RL die Mitgliedstaaten für den Fall, dass das Konkursverfahren dem Ziel der Auflösung des Vermögens des Veräußerers dient.

Eine richtlinienkonforme Auslegung des § 3 Abs 2 AVRAG ergibt, dass nur solche Betriebsübergänge von der Ausnahmebestimmung erfasst sein sollen, die nach Eröffnung eines derartigen Insolvenzverfahrens stattfinden.[22] § 3 Abs 2 AVRAG ist nicht erweiternd dahin auszulegen, dass auch jene Fälle von der Ausnahmeregelung erfasst sein sollen, in denen ein Betriebsübergang zwar vor, aber im Hinblick auf einen bevorstehenden Konkurs stattfindet.[23]

3. Persönlicher Geltungsbereich

Der persönliche Geltungsbereich des AVRAG erfasst gem § 1 Abs 1 nur Arbeitsverhältnisse, die auf einem **privatrechtlichen Vertrag** beruhen. Der persönliche Geltungsbereich des AVRAG erfasst somit Arbeitnehmer iSd § 1151 ABGB, nicht aber freie Dienstnehmer. Ausgenommen vom Geltungsbereich sind Dienstverhältnisse zu Bund, Ländern und Gemeinden, sowie zu Stiftungen, Anstalten und Fonds, auf die das VBG 1948 anzuwenden ist. Ebenfalls ausgenommen sind Arbeitsverhältnisse der land- und forstwirtschaftlichen Arbeiter, der Heimarbeiter und Arbeitsverhältnisse, auf die das HausgG anwendbar ist.

Bezüglich des anzuwendenden **Arbeitnehmerbegriffs** verweist Art 2 Abs 1 lit d BÜ-RL auf das jeweilige **nationale Recht**: Arbeitnehmer ist jede Person, die in dem betreffenden Mitgliedstaat auf Grund des einzelstaatlichen Arbeitsrechts geschützt ist. Das einzelstaatliche Recht wird in Bezug auf die Begriffsbestimmung des Arbeitsvertrags oder des Arbeitsverhältnisses durch die Richtlinie nicht verändert.

Die BÜ-RL verpflichtet die Mitgliedstaaten allerdings, die Eintrittsautomatik bei Betriebsübergängen für einen weiteren Geltungsbereich als er vom AVRAG erfasst ist, vorzusehen: Der Anwendungsbereich der RL erstreckt sich gem Art 1 Abs 1 lit c BÜ-RL auf **öffentliche und private Unternehmen**, die eine wirtschaftliche Tätigkeit ausüben, unabhängig davon, ob sie Erwerbszwecke verfolgen oder nicht.

20 EuGH C-343/98, *Collino e Chiappero*.

21 Die Ausnahmebestimmung ist dagegen auf die Fälle der Abweisung eines Insolvenzantrags mangels kostendeckenden Vermögens (§ 71b IO) nicht anzuwenden.

22 OGH 8 ObA 63/04d.

23 OGH 9 ObA 41/03z.

Auch die Aus- oder Eingliederung öffentlich-rechtlicher Einheiten kann ein Betriebsübergang iSd RL sein. Die Rechtsfolgen des Ex-lege-Überganges der Arbeitsverhältnisse betreffen aber nur Personen, die durch das nationale Arbeitsrecht geschützt sind. Auf **Beamte**, deren Dienstverhältnis sich auf einen öffentlich-rechtlichen Bestellungsakt gründet, ist die **BÜ-RL nicht anzuwenden.**[24] Für Vertragsbedienstete, deren vertragsrechtlich begründete Arbeitsverhältnisse auf den VBG der Gebietskörperschaften beruhen, schaffen diese VBG einen sonderarbeitsrechtlichen Schutz. Vertragsbedienstete fallen daher in den persönlichen Anwendungsbereich der RL, weshalb insb die Ausgliederungsgesetze die Vorgaben der BÜ-RL zu beachten haben.

Aus der BÜ-RL sind außerdem Umstrukturierungen innerhalb der **Hoheitsverwaltung ausgenommen**: Kein Betriebsübergang liegt gem Art 1 Abs 1 lit c BÜ-RL vor, wenn Aufgaben im Zuge einer Umstrukturierung von Verwaltungsbehörden oder bei der Übertragung von Verwaltungsaufgaben von einer Behörde auf eine andere übertragen werden. Der EuGH hat zur Abgrenzung von Verwaltungseinheiten und wirtschaftlichen Einheiten in seiner Judikatur einen funktionalen Ansatz gewählt, der auf die konkret ausgeübte Tätigkeit – hoheitlich oder nicht – abstellt, statt auf die Organisationsform der übertragenen Einheit abzustellen. Die Übertragung von hoheitlichen Tätigkeiten einer Gemeinde auf eine andere Körperschaft stellt somit keinen Betriebsübergang im Sinne der Richtlinie dar, wohl aber die Übertragung wirtschaftlicher Einheiten einer Gemeinde.[25]

Die Ausnahme von Arbeitsverhältnissen zu den Gebietskörperschaften aus dem AVRAG führt zu der Frage, inwiefern die Regelungen der BÜ-RL in Fällen angewendet werden können, in denen ein Übergang zwischen einer Gebietskörperschaft und einem privaten Rechtsträger stattfindet. Der OGH hat im Fall des Übergangs eines Gemeindekindergartens auf einen privaten Verein entschieden, dass auch hier die Regelungen über den Betriebsübergang Anwendung finden: Nach stRsp des EuGH[26] können nicht fristgerecht umgesetzte Richtlinien unter bestimmten Umständen als Anspruchsgrundlage für individuelle Rechtsansprüche gegen den Staat herangezogen werden. Da der Landesgesetzgeber keine Regelungen über den Betriebsübergang getroffen hat, kann sich ein von der Gemeinde angestellter AN gegenüber der Gemeinde unmittelbar auf die BÜ-RL berufen. Der private Erwerber ist seinerseits aufgrund des AVRAG an die Regelungen über die Eintrittsautomatik gebunden, weil das übergegangene Arbeitsverhältnis zu ihm auf einem privatrechtlichen Vertrag beruht.[27] Desgleichen können sich Arbeitnehmer, die von einer Gemeinde übernommen wurden, dieser gegenüber unmittelbar auf die BÜ-RL stützen:
Beispiel: Tiroler Musikschullehrer, die vordem bei Gemeindemusikschulen oder Vereinsmusikschulen beschäftigt waren, die auf Grund des Tiroler Musikschulgesetzes vom Land beziehungsweise einer Gemeinde übernommen worden sind, können sich mangels Umsetzung der Betriebsübergangsrichtlinie durch das Land auf die RL unmittelbar berufen und aus ihr Rechte ableiten. Das Land beziehungsweise die Gemeinde ist bei Übernahme

24 EuGH C-343/98, *Collino e Chiappero.*

25 EuGH C-298/94, *Henke*; C-173/96, *Hidalgo*; OGH 8 ObA 41/03t; 9 ObA 17/03w – Übergang eines Gemeindekindergartens auf einen privaten Rechtsträger.

26 EuGH C-6/90, *Francovich.*

27 Dazu ausf *Resch*, Betriebsübergang bei Ausgliederung von Gemeinde- und Landesbetrieben, FS Cerny B19.

einer bestehenden Musikschule verpflichtet, sämtliche an dieser Musikschule beschäftigt gewesenen Musiklehrer mit allen Rechten und Pflichten zu übernehmen. Die Musiklehrer dürfen durch die Übernahme in keinem Punkt schlechter gestellt werden als bisher (keine erhöhte Lehrverpflichtung).[28]

Die Abgrenzung, **welche Arbeitnehmer** von einem Übergang betroffen sind, bereitet mitunter Schwierigkeiten. Der EuGH sieht das Arbeitsverhältnis durch eine „Verbindung zwischen dem Arbeitnehmer und dem Unternehmens- oder Betriebsteil gekennzeichnet, dem er zur Erfüllung seiner Aufgaben angehört".[29] Aus dieser „verdinglichten" Sicht ergibt sich, dass es auf die organisatorische Eingliederung der Arbeitnehmer ankommt. Von der Vertragsübernahme werden daher jene Arbeitnehmer nicht erfasst, die organisatorisch in andere Betriebsteile (zB in die allgemeinen Verwaltungsabteilungen) eingegliedert waren, mögen sie auch Tätigkeiten für den übertragenen Betriebsteil verrichtet haben.[30]

Problematisch ist der Fall, wenn der bisherige Arbeitsplatz des Arbeitnehmers auf mehrere Erwerberbetriebe aufgespalten wird. Der EuGH hat dazu jüngst entschieden, dass jeder der Erwerber den Arbeitnehmer entsprechend der auf ihn entfallenden Arbeitszeit zu übernehmen hat. Der Arbeitnehmer hat dann ab dem Betriebsübergang mehrere Teilzeitarbeitsverträge zu mehreren Arbeitgebern.[31]

4. Rechtsfolgen eines Betriebsübergangs

4.1. Aufrechterhaltung des Arbeitsvertrags

Gem **§ 3 Abs 1 AVRAG** tritt der neue Inhaber ex lege als Arbeitgeber mit allen Rechten und Pflichten in die im Zeitpunkt des Übergangs bestehenden Arbeitsverhältnisse ein. Arbeitsverhältnisse, die zum Zeitpunkt des Betriebs(teil)übergangs bereits beendet waren, gehen somit nicht über.

Die Arbeitsvertragsübernahme ändert nichts am **Inhalt des Einzelarbeitsvertrags**. Sie führt lediglich zu einem Austausch des Arbeitgebers: An die Stelle des Veräußerers tritt der Erwerber. Daher bleiben grds alle **einzelvertraglichen Ansprüche und Pflichten** des Arbeitnehmers **unverändert**.[32] Dies gilt auch für **Betriebsübungen**, die bereits Inhalt des Einzelvertrags geworden sind.

28 OGH 8 ObA 221/98b.

29 EuGH 186/83, *Botzen*.

30 Vgl auch *Krejci*, Betriebsübergang 74. Differenzierend *Wagnest*, Anm zu OGH 8 ObA 91/97h, DRdA 1998, 289.

31 EuGH C-344/18, ISS *Facility Services*.

32 Unklar ist allerdings, was mit solchen einzelvertraglichen Bestimmungen geschieht, die inhaltlich ausschließlich auf das Unternehmen des Veräußerers zugeschnitten sind, wie beispielsweise Ansprüche auf Beteiligung am Unternehmensgewinn.

Dies gilt ausnahmsweise nicht, wenn der Arbeitsvertrag vor dem Betriebsübergang in Schädigungsabsicht gegenüber dem Erwerber geändert worden ist: Im der Rs 9 ObA 197/99g zugrundeliegenden Sachverhalt erhöhte die Vorpächterin 2 Monate vor Betriebsübergang die Löhne aller im Betrieb Beschäftigten um ca 20-25 %. Diese Lohnerhöhung war eine rechtsmissbräuchliche Zusage der Vorpächterin, die im Wissen und im Hinblick auf den Betriebsübergang zu Lasten des Übernehmers abgegeben wurde. Der Neupächter war daher nach Ansicht des OGH nicht an diese Lohnerhöhung gebunden.

Eine Ausnahme von der unveränderten Übernahme der individualrechtlich vereinbarten Arbeitsbedingungen sieht § 5 AVRAG für betriebliche Pensionszusagen vor. Eine auf **Einzelvereinbarung beruhende betriebliche Pensionszusage** wird nur dann Inhalt des Arbeitsvertrags zwischen Arbeitnehmer und Erwerber, wenn der Erwerber Gesamtrechtsnachfolger (zB Erbschaft, Verschmelzung) ist. Liegt keine Gesamtrechtsnachfolge vor, kann der Erwerber durch rechtzeitigen Vorbehalt die Übernahme einer solchen betrieblichen Pensionszusage **ablehnen**. Der Arbeitnehmer erwirbt in der Folge mit dem Zeitpunkt des Betriebsübergangs keine neuen Pensionsanwartschaften mehr, er hat aber gegen den Veräußerer Anspruch auf eine Abfindung der bisher erworbenen Anwartschaften. Der Arbeitnehmer hat im Fall der Nichtübernahme der Pensionszusage aber auch die Möglichkeit, dem Übergang seines Arbeitsverhältnisses auf den Erwerber gem § 3 Abs 4 AVRAG zu **widersprechen**. Seit Arbeitsverhältnis bleibt dann zum Veräußerer aufrecht.

Für betriebsvereinbarungsrechtlich geregelte Pensionszusagen trifft § 31 Abs 4 bis 7 ArbVG Sonderregelungen (dazu unten 374), für kollektivvertragliche Zusagen gilt die allgemeine Regel des § 4 AVRAG.

4.2. Auswirkungen auf Kollektivverträge

Ein Betriebsübergang kann zu Verschlechterungen der Arbeitnehmeransprüche führen, wenn diese auf einem Kollektivvertrag oder auf einer Betriebsvereinbarung beruhen.

Gem § 4 Abs 1 AVRAG muss der Erwerber die in einem Kollektivvertrag vereinbarten Arbeitsbedingungen bis zur Kündigung oder bis zum Ablauf bzw bis zum Inkrafttreten oder **bis zur Anwendung eines neuen Kollektivvertrags** aufrechterhalten. Aufgrund der hohen Kollektivvertragsdeckung in Österreich wird im Regelfall auch der Erwerber einem KollV angehören. Ist dies **derselbe KollV**, ergeben sich keine Änderungen für die übernommenen AN. Unterliegt der Erwerber einem **anderen Kollektivvertrag** als der Veräußerer, gilt für die übernommenen Arbeitnehmer der neue Kollektivvertrag.

Beispiel: Übernimmt eine Großbäckerei eine kleinere Bäckerei, ändert sich die Kollektivvertragsangehörigkeit möglicherweise insofern, als der Erwerber dem KollV für Großbäckereien (industrielle Fertigung) angehört, der Veräußerer dagegen dem KollV für das Bäckereigewerbe (manuelle Fertigung) angehört hat.

Sind die Arbeitsbedingungen des neuen Kollektivvertrags ungünstiger als jene des alten, führt der Betriebsübergang für die Arbeitnehmer zu **Verschlechterungen** ihrer Arbeitsbedingungen (zB kann eine kollektivvertragliche Pensionszusage wegfallen). Der OGH hat klargestellt, dass im Fall eines KollV-Wechsels eine **vollständige Ablösung des Veräußerer-KollV durch den Erwerber-KollV** anzunehmen ist.[33] Die von einigen vertretene Gegenmeinung,[34] dass zumindest jene Regelungsbereiche des alten KollV, die im neuen KollV gar nicht geregelt werden (zB eine Betriebspension), weiter anwendbar sein sollen, um die Arbeitnehmer zu schützen, lehnt der OGH ab.[35]

Soweit Verschlechterungen das **kollektivvertragliche Entgelt** betreffen, gewährt § 4 Abs 2 AVRAG den Arbeitnehmern jedoch einen **besonderen Schutz**: Das dem Arbeitnehmer vor Betriebsübergang für die regelmäßige Arbeitsleistung in der Normalarbeitszeit[36] gebührende kollektivvertragliche Entgelt darf **nicht geschmälert** werden.

Strittig war in der Lehre, ob die in § 4 Abs 2 AVRAG verankerte Entgeltgarantie auf einer besonderen Nachwirkung des alten Kollektivvertrags beruht oder ob sich der Entgeltanspruch in einen einzelvertraglichen Anspruch wandelt. Die Nachwirkungstheorie[37] hätte zur Konsequenz, dass das Entgelt weder durch Gehaltserhöhungen des alten KollV noch des neuen KollV steigen würde. Das Entgelt würde so lange unverändert bleiben, bis es die Höhe des Mindestlohnes des neuen KollV erreicht und sich somit sukzessive auf dessen Niveau eingeschliffen hat. Die Gesetzesmaterialien gehen dagegen von einer einzelvertraglichen Weitergeltung aus.[38] Der OGH lässt die dogmatische Begründung offen, hält jedoch fest, dass die weitergeltenden Löhne in Bezug auf den neuen KollV als Überzahlungen anzusehen sind und daher mit den Ist-Lohn-Erhöhungen des neuen KollV anzuheben sind.[39]

Neben dem Entgelt hat der Gesetzgeber auch auf einen eventuellen **Bestandschutz** des Arbeitsverhältnisses Bedacht genommen. Hat der alte Kollektivvertrag einen Bestandschutz vorgesehen, nicht aber der neue Kollektivvertrag, so gilt Folgendes: Besteht das Unternehmen des Veräußerers nach dem Betriebsübergang nicht mehr weiter, werden die kollektivvertraglichen Regelungen über den Bestandschutz gem § 4 Abs 2 AVRAG Inhalt des Einzelvertrags zwischen dem Arbeitnehmer und dem Erwerber. Besteht das Unternehmen des Veräußerers dagegen weiter, kann der Arbeitnehmer gem § 3 Abs 4 AVRAG dem Betriebsübergang innerhalb eines Monats[40] widersprechen. Damit bleibt sein Dienstverhältnis zum Veräußerer aufrecht.

Unter kollektivvertraglichen Bestandschutzregelungen sind **nur erhebliche Erschwerungen** von Kündigungen und Entlassungen seitens des Arbeitgebers, zB durch Bindung an

33 Vgl dazu bspw EuGH C-108/10, *Scattolon*.

34 ZB *Grillberger*, Betriebsübergang und Arbeitsverhältnis – Neuregelung durch das AVRAG, wbl 1993, 310; *Holzer/Reissner*, AVRAG² § 4 Rz 6.

35 OGH 9 ObA 127/04y; 9 ObA 128/04w; 9 ObA 123/04t.

36 Das bedeutet, dass sich Überstundenzuschläge oder Regelungen über die Überstundenteiler sehr wohl verschlechtern können.

37 Insb *Schrank*, Eintrittsautomatik bei Betriebsübergang, ecolex 1993, 541 (545); *Schrammel*, Rechtsfragen des Betriebsüberganges, ZAS 1996, 9; *Wachter*, Anm zu OGH 9 ObA 97/95, DRdA 1996, 401; aA *Grillberger*, Betriebsübergang und Arbeitsverhältnis – Neuregelung durch das AVRAG, wbl 1993, 311; *Holzer/Reissner*, AVRAG² § 3 Rz 76.

38 Zur dogmatischen Kritik daran siehe *Schrammel*, Rechtsfragen des Betriebsüberganges, ZAS 1996, 6.

39 OGH 9 ObA 97/95.

40 Siehe zur Ausübung des Widerspruchsrechts im Detail unten 376.

bestimmte Kündigungsgründe oder an ein Disziplinarerkenntnis, zu verstehen, nicht dagegen bereits eine Verlängerung der Kündigungsfrist.

Schwierigkeiten treten auf, wenn der **Erwerber keinem Kollektivvertrag** unterliegt. Einigkeit besteht darüber, dass dann die Bestimmungen des Veräußerer-KollV weiterhin anzuwenden sind. Aufgrund der komplizierten Gesetzeslage ist jedoch die Art und Weise der KollV-Geltung für den Erwerber unklar. Es gibt nämlich zwei verschiedene, nicht klar aufeinander abgestimmte Gesetzesbestimmungen, die für diese Frage zu berücksichtigen sind:

§ **4 Abs 1 AVRAG** sieht vor, dass der Erwerber die im Veräußerer-Kollektivvertrag vereinbarten **Arbeitsbedingungen unverändert aufrechtzuerhalten** hat. Die Arbeitsbedingungen dürfen zum Nachteil des Arbeitnehmers durch Einzelarbeitsvertrag innerhalb **eines Jahres** nach Betriebsübergang weder aufgehoben noch beschränkt werden. Aber auch § **8 Z 2 ArbVG** regelt das Schicksal von KollV im Fall eines Betriebsübergangs. § 8 Z 2 ArbVG sieht vor, dass der **Erwerber** eines Betriebs(teiles) die **Kollektivvertragsangehörigkeit** bezüglich des Kollektivvertrags des Veräußerers erwirbt.

Zur Lösung dieser Normenkollision ist zunächst von der allgemeineren Norm des § 8 Z 2 ArbVG auszugehen, die bereits vor der Umsetzung der BÜ-RL in das AVRAG bestanden hat, und die nicht nur auf Betriebsübergänge iSd § 3 AVRAG anzuwenden ist.[41] § **8 Z 2 normiert eine Kollektivvertragsangehörigkeit** des Erwerbers in Bezug auf den KollV des Veräußerers, sofern der Erwerber einen Betrieb oder Betriebsteil übernimmt. Regelungsziel ist die Aufrechterhaltung der kollektivvertraglichen Ansprüche für die übernommenen Arbeitnehmer. § 8 Z 2 ArbVG normiert allerdings keine personenbezogene Weitergeltung des alten KollV ausschließlich für die einzelnen übernommenen Arbeitnehmer, sondern fügt sich in das kollektive Konzept des Kollektivvertragsrechts. § 8 ArbVG muss in Zusammenhang mit § 9 ArbVG verstanden werden. § 8 Z 2 vermittelt lediglich die Kollektivvertragsangehörigkeit des neuen Arbeitgebers. Für die Frage, ob der Veräußerer-KollV auch tatsächlich zur Anwendung kommt, sind die **Kollisionsregeln des** § **9 ArbVG** heranzuziehen (vgl dazu Bd I 235 f).

Es ist insb zu prüfen, ob der übernommene Betrieb oder Betriebsteil im Unternehmen des Erwerbers zumindest als organisatorisch abgegrenzte Betriebsabteilung erhalten bleibt. Nur dann kann der Veräußerer-KollV nach dem Grundsatz der Tarifeinheit auf die Arbeitnehmer (allerdings auf alle, auch auf neu hinzugekommene!) dieser Einheit zur Anwendung kommen. Geht der übernommene Betrieb(steil) dagegen im Unternehmen des Erwerbers soweit unter, dass ein Mischbetrieb entsteht, ist nach § 9 Abs 3 ArbVG zu prüfen, welcher fachliche Wirtschaftsbereich die maßgebliche wirtschaftliche Bedeutung hat.[42] Auf Basis dieser Prüfung kann sodann die **Anwendbarkeit des Veräußerer-KollV oder des Erwerber-KollV für den Mischbetrieb** eruiert werden.

41 Sondern etwa auch auf Betriebsübergänge im Konkurs.

42 Vgl dazu *Schrammel*, Rechtsfragen des Betriebsüberganges, ZAS 1996, 6, der aufgrund ähnlicher Überlegungen zum gleichen Ergebnis kommt.

Achtung: Übernimmt zB der Betreiber eines Lerninstituts (kollektivvertragsfrei) einen Betriebsteil einer Sozialeinrichtung, deren Betreiber dem SWÖ-KollV angehört, ist § 9 Abs 3 ArbVG nicht (analog) anwendbar, weil im Falle der **Kollision eines kollektivvertragsfreien Raumes mit einem kollektivvertragsunterworfenen Wirtschaftsbereich** stets der anwendbare KollV für den gesamten Mischbetrieb Anwendbarkeit erlangt, selbst wenn der kollektivvertragsfreie Raum die maßgebliche wirtschaftliche Bedeutung besitzt.[43] Anderes gilt bei der **Kollision einer der KollV-Substitutionsformen (Satzung, Mindestlohntarif) mit einem kollektivvertragsunterworfenen Wirtschaftsbereich**: In diesem Fall ist § 9 Abs 3 ArbVG analogiefähig, sodass sich das kollektivrechtliche Modell des maßgeblichen Wirtschaftsbereiches innerhalb des Mischbetriebes durchsetzt.[44]

Für Fälle, in denen es trotz der Regelung des § 8 Z 2 ArbVG zu keiner kollektivrechtlichen Anwendbarkeit des Veräußerer-KollV auf die übergehenden Arbeitnehmer kommt, sowie für Fälle, in denen § 8 Z 2 ArbVG aufgrund seines Wortlauts gar nicht anwendbar ist, greift **die ergänzende Regelung des § 4 Abs 1 AVRAG** ein.

§ 8 Z 2 ArbVG kommt nur zur Anwendung, wenn der Erwerber einen Betriebsteil von einem Veräußerer übernimmt, der zur Zeit des Abschlusses des Kollektivvertrags Mitglied der am Kollektivvertrag beteiligten Parteien war oder später wurde. Daher kommt § 8 Z 2 ArbVG etwa nicht bei mehrmaligem Betriebsübergang auf AG-Außenseiter[45] oder bei Betriebsübergang von einem bloß kraft Satzungserklärung in einen KollV einbezogenen Veräußerer zur Anwendung.

Durch § 4 Abs 1 AVRAG wird eine **personenbezogene Weitergeltung** des alten Kollektivvertrags angeordnet. Nur für die übernommenen Arbeitnehmer wird dadurch ein Schutz der bisher kollektivvertraglich geregelten Arbeitsbedingungen für zumindest ein Jahr normiert.

4.3. Auswirkungen auf Betriebsvereinbarungen

Zu einer **Verschlechterung der Arbeitsbedingungen** kann es auch durch einen Wechsel der anzuwendenden **Betriebsvereinbarungen** kommen. In einigen Fällen des Betriebs(teil)übergangs bleibt die Anwendung der bisherigen Betriebsvereinbarungen nach § 31 Abs 4 bis 7 ArbVG gewahrt: Dies ist der Fall, wenn ein ganzer Betrieb auf einen anderen Inhaber übergeht, oder wenn Betriebsteile rechtlich verselbstständigt werden.

Wird der Betrieb(steil) jedoch von einem anderen Betrieb **aufgenommen**, sinkt er also zu einem bloßen Bestandteil eines bereits bestehenden Betriebs herab, dann erlöschen grundsätzlich die alten Betriebsvereinbarungen, und an ihre Stelle treten die Betriebsvereinbarungen des aufnehmenden Betriebs. Dies geschieht auch dann, wenn die neuen Betriebsvereinbarungen für die Arbeitnehmer ungünstiger sind als die alten. Lediglich **für Angelegenheiten**, die in den neuen Betriebsvereinbarungen

43 Vgl dazu Bd I 237; OGH 9 ObA 139/05i; 8 ObA 17/14d; dahingehend schon *Tomandl,* Zur Problematik des kollektivvertragsfreien Raumes, ZAS 1995, 152.

44 OGH 9 ObA 11/10y; 9 ObA 91/13t.

45 So *Grillberger,* Betriebsübergang und Arbeitsverhältnis – Neuregelung durch das AVRAG, wbl 1993, 309.

keine Regelung gefunden haben, gelten die **alten Betriebsvereinbarungen weiter** (§ 31 Abs 7 ArbVG).

Werden übernommene Betriebe oder Betriebsteile mit Betrieben und Betriebsteilen des Erwerbers zu einem neuen Betrieb **zusammengeschlossen**, ordnet § 31 Abs 6 ArbVG eine **personenbezogene Weitergeltung** der bisherigen Betriebsvereinbarungen für jene Arbeitnehmer an, die der jeweiligen Betriebsvereinbarung unterworfen waren.

Sonderregelungen gelten für Betriebsvereinbarungen, die **Betriebspensionszusagen** enthalten. Diese können vom Veräußerer mit Wirkung für die von einem Betriebs(teil)-übergang betroffenen Arbeitnehmer unter Einhaltung einer einmonatigen Frist gekündigt werden (§ 31 Abs 7 ArbVG).

Der Gesetzgeber verfolgte mit der Schaffung des Sonderkündigungsrechts gemäß § 31 Abs 7 ArbVG für den Fall der aufnehmenden Übernahme eines Betriebs oder Betriebsteils den Zweck, dem Erwerber die Möglichkeit zu geben, Pensionszusagen des Veräußerers nicht übernehmen zu müssen. Im Anwendungsbereich des § 31 Abs 7 ArbVG ist der Erwerber daher berechtigt, durch rechtzeitigen Vorbehalt iSd § 5 Abs 1 Satz 2 AVRAG (analog) auch eine solche betriebliche Pensionszusage abzulehnen.[46]

4.4. Beendigung des Arbeitsvertrags zum Betriebsübergang

4.4.1. Kündigungsverbot

Art 4 BÜ-RL bestimmt, dass der **Betriebsübergang als solcher kein Grund zur Kündigung** des Arbeitsverhältnisses sein darf. Das gilt sowohl für Kündigungen des Veräußerers als auch des Erwerbers. Regelungszweck ist es, zu verhindern, dass der Arbeitsvertragsübergang durch Beendigung desselben vereitelt wird. Dieses Kündigungsverbot steht allerdings etwaigen Kündigungen aus wirtschaftlichen, technischen oder organisatorischen Gründen, die Änderungen im Bereich der Beschäftigung mit sich bringen, nicht entgegen.

Besondere Regelungen enthält die RL auch bezüglich der Arbeitnehmervertreter. Behält der übergegangene Betrieb seine Selbstständigkeit, bleiben die Arbeitnehmervertreter in ihrer Funktion (Art 6 BÜ-RL).

Das AVRAG hat das **Kündigungsverbot des Art 4 BÜ-RL** nicht ausdrücklich umgesetzt, weil der Gesetzgeber davon ausgegangen ist, dass sich diese Rechtsfolge ohnedies aus dem geltenden inländischen Recht ergibt. Der OGH hält Kündigungen im Zusammenhang mit Betriebsübergängen **gem § 879 ABGB** wegen der Umgehung einer gesetzlichen Anordnung für **nichtig.**[47] Eine Kündigung „wegen" des Betriebsübergangs wird in erster

46 OGH 9 ObA 80/14a; *Schrank*, Apropos Spaltungsgesetz – Betriebsvereinbarungen bei Betriebsübergang, ecolex 1993, 617; *Schrammel*, Rechtsfragen des Betriebsüberganges, ZAS 1996, 11; *Binder/Mair* in *Binder/Mair/Burger*, AVRAG³ § 5 Rz 35; aA ua *Wolf*, Die Kündigung von Pensionsbetriebsvereinbarungen und Betriebs(teil)übergang, ecolex 1997, 519; *Grillberger*, Betriebsübergang und Arbeitsverhältnis - Neuregelung durch das AVRAG, wbl 1993, 305 (313).

47 OGH 9 ObA 240/98d; 9 ObA 274/97b, DRdA 1998, 347 (*Reissner*).

Linie durch den engen **zeitlichen Zusammenhang** zwischen Kündigung und Betriebsübergang indiziert. Dem Arbeitgeber steht es jedoch frei, das durch den zeitlichen Zusammenhang indizierte verpönte Motiv zu entkräften.

Der OGH billigt allerdings nur dem Erwerber das Recht zu, das Arbeitsverhältnis wegen Rationalisierung zu kündigen. Eine vorsorgliche Kündigung durch den Veräußerer wegen einer erst vom Erwerber geplanten Rationalisierungsmaßnahme ist unzulässig. Eine vom Veräußerer ausgesprochene Kündigung ist nach Meinung des OGH nur dann nicht übergangsbedingt, wenn sie auch ohne Übertragung des Betriebs ausgesprochen worden wäre, zB weil der Arbeitnehmer aus persönlichen Gründen gekündigt wird.[48]

Der Arbeitnehmer kann im Falle einer übergangsbedingten Kündigung **Klage auf Feststellung** des aufrechten Bestandes des Arbeitsverhältnisses erheben. Die Klage ist nach dem Zeitpunkt des Betriebsübergangs unmittelbar gegen den Erwerber zu richten, und zwar auch dann, wenn die verpönte Kündigung vom Veräußerer ausgesprochen wurde, da ja ein aufrechtes Arbeitsverhältnis nur dem Erwerber gegenüber festgestellt werden kann.[49]

4.4.2. Widerspruch und begünstigte Arbeitnehmer-Kündigung

Der Arbeitnehmer ist nicht in jedem Fall gebunden, beim Erwerber weiterzuarbeiten. Das AVRAG sieht zwei Fälle eines Widerspruchsrechts vor sowie eine begünstigte Möglichkeit, den Arbeitsvertrag zu kündigen.

4.4.2.1. Widerspruchsrecht (§ 3 Abs 4 AVRAG)

Gem § 3 Abs 4 AVRAG kann der Arbeitnehmer dem Übergang seines Arbeitsverhältnisses **widersprechen**,

- wenn der Erwerber den kollektivvertraglichen **Bestandschutz** (vgl schon oben 372) oder
- eine einzelvertragliche **Pensionszusage** nicht übernimmt.[50]

Der Widerspruch hat **innerhalb eines Monats** ab Ablehnung der Übernahme oder bei Nichtäußerung des Erwerbers zum Zeitpunkt des Betriebsübergangs innerhalb eines Monats nach Ablauf einer vom Arbeitnehmer gesetzten angemessenen Frist zur Äußerung zu erfolgen. Widerspricht der Arbeitnehmer, so bleibt sein Arbeitsverhältnis zum Veräußerer unverändert aufrecht.

Unterlässt der Arbeitnehmer den Widerspruch, verliert er den kollektivvertraglichen Bestandschutz, es sei denn, das Unternehmen des Veräußerers besteht nicht weiter. Dann würde der Bestandschutz Inhalt des Arbeitsvertrags mit dem Erwerber. Im Hinblick auf die Betriebspension bedeutet das Unterlassen des Widerspruchs das Ende des

48 OGH 8 ObA 91/97h, DRdA 1998, 284 (*Wagnest*).
49 Vgl dazu *Grießer*, Zur verfahrenstechnischen Umsetzung des § 3 AVRAG, RdW 1997, 669.
50 OGH 9 ObA 72/12x.

Erwerbs neuer Anwartschaften auf Betriebspension ab dem Zeitpunkt des Betriebs(teil)-übergangs. Der Veräußerer muss dem Arbeitnehmer jedoch die bereits erworbenen Anwartschaften abfinden, und zwar als „Unverfallbarkeitsbetrag" iSd BPG. Daraus ergibt sich, dass nur unverfallbar gewordene Anwartschaften – einschließlich solcher aus der Zeit vor dem Wirksamwerden des BPG – abzufinden sind.

4.4.2.2. Begünstigtes Kündigungsrecht (§ 3 Abs 5, 6 AVRAG)

Kommt es infolge eines Betriebs(teil)übergangs durch eintretenden Wechsel von Kollektivverträgen oder Betriebsvereinbarungen zu einer **wesentlichen Verschlechterung der Arbeitsbedingungen**, kann der Arbeitnehmer dem Übergang zwar nicht widersprechen, wohl aber den Arbeitsvertrag zum Erwerber oder auch zum Veräußerer[51] außerordentlich kündigen (§ **3 Abs 5 AVRAG**). Der Erwerber hat dem Arbeitnehmer jede aufgrund des Betriebsübergangs erfolgte Änderung der Arbeitsbedingungen unverzüglich anzuzeigen (§ 3 Abs 3 AVRAG).

Der Arbeitnehmer muss bei der Ausübung des begünstigten Kündigungsrechts die für sein Arbeitsverhältnis für ihn (nicht für den Arbeitgeber!) vorgesehenen Kündigungsfristen und -termine einhalten – hier ist insb auf Kündigungsfristen aus einem evtl neu anzuwendenden KollV zu achten –, wird aber bezüglich seiner **Ansprüche** so behandelt, **als wäre er vom Arbeitgeber gekündigt** worden (dies ist für beendigungsabhängige Ansprüche wie die Abfertigung „alt" von Bedeutung, aber auch für die Anwendbarkeit einer Konkurrenzklausel oder Ausbildungskostenrückersatzklausel).

> Diese außerordentliche Kündigung ist fristgebunden. Sie muss **innerhalb eines Monats** ab jenem Zeitpunkt erfolgen, ab dem der Arbeitnehmer die wesentliche Verschlechterung **kannte oder kennen musste**. Der Arbeitnehmer kann allerdings zunächst auch nur eine Klage auf Feststellung einbringen, dass eine solche wesentliche Verschlechterung vorliegt (vgl § **3 Abs 6 AVRAG** bzw § 54 ASGG). Ab Rechtskraft des Urteils kann er dann risikolos binnen eines weiteren Monats außerordentlich kündigen.

4.4.2.3. Allgemeines Widerspruchsrecht des Arbeitnehmers?

Fraglich ist, ob der Arbeitnehmer über die gesetzlich geregelten Fälle hinaus ein „allgemeines" Widerspruchsrecht gegen die Arbeitsvertragsübernahme geltend machen kann. Das AVRAG gewährt ein **Widerspruchsrecht** des Arbeitnehmers wie gezeigt **nur in zwei ausdrücklich geregelten Fällen** (§ 3 Abs 4 AVRAG: Nichtübernahme des kollv Bestandschutzes, Nichtübernahme betrieblicher Pensionszusagen). Daraus ist **e contrario** zu schließen, dass ein **allgemeines Widerspruchsrecht vom österreichischen Gesetzgeber nicht vorgesehen** ist.

Die Frage nach einem allgemeinen Widerspruchsrecht ist dennoch zu diskutieren, da einerseits der VfGH den gesetzlich angeordneten Verlust eines Vertragspartners durch Überbindung des Vertrags auf einen Dritten als Eingriff in die verfassungsgesetzlich ga-

51 OGH 8 ObA 41/10b.

rantierte Privatautonomie qualifiziert hat, die einer sachlichen Rechtfertigung bedarf und verhältnismäßig sein muss,[52] und andererseits auch der EuGH in der Rs *Katsikas* eine Verpflichtung des Arbeitnehmers, das Arbeitsverhältnis mit dem Erwerber gegen seinen Willen fortzusetzen, als Verstoß gegen das Grundrecht auf freie Wahl des Arbeitsplatzes wertet.[53] Die Vorlagefrage in der Rs *Katsikas* bezog sich auf das in Deutschland geltende allgemeine Widerspruchsrecht. Der EuGH antwortete, dass ein solches „allgemeines" Widerspruchsrecht nicht mit der BÜ-RL in Widerspruch stehe. Der Arbeitnehmer dürfe zwar freiwillig auf den Schutz der RL verzichten, es sei aber in der Folge Sache der Mitgliedstaaten zu entscheiden, welchen Einfluss ein solches Widerspruchsrecht auf das Arbeitsverhältnis hat. Die Mitgliedstaaten seien insb nicht verpflichtet, vorzusehen, dass das Arbeitsverhältnis zum Veräußerer aufrecht bleibt. Der EuGH hat jedoch nicht gesagt, dass die Mitgliedstaaten ein allgemeines Widerspruchsrecht vorsehen müssen.

Der OGH hat in einer E aus dem Jahr 2011[54] ein allgemeines Widerspruchsrecht des Arbeitnehmers gegen die Arbeitsvertragsübernahme unter Hinweis auf die Judikatur des EuGH ausdrücklich abgelehnt. Er erachtet die allgemeinen Beendigungsmöglichkeiten des Arbeitsvertrags (Kündigung) seitens des Arbeitnehmers als ausreichend.
Demgegenüber hat der OGH aus Gründen des Mandatsschutzes ein Widerspruchsrecht eines Betriebsratsmitglieds anerkannt, das durch die Veräußerung eines Betriebsteils von einem Mandatsverlust bedroht war.[55] Anders wieder für begünstigte Behinderte, für die sich per se keine Schlechterstellung ihres Arbeitsverhältnisses durch einen Betriebsübergang ergebe.[56]

4.5. Haftung

§ 3 Abs 1 AVRAG normiert, dass der Erwerber eines Betriebs(teils) in die Arbeitsverhältnisse mit allen Rechten und Pflichten eintritt. Der **Erwerber** tritt in die Arbeitgeber-Position vollständig ein und **haftet** dem Arbeitnehmer grds **für alle Ansprüche aus den auf ihn übergegangenen Arbeitsverhältnissen ohne jede Einschränkung.**[57] Daneben legt § 6 AVRAG weitere Haftungsregeln fest, die anzuwenden sind, wenn es keine für den Arbeitnehmer günstigeren gesetzlichen Haftungsregeln gibt. Nach § 6 Abs 1 AVRAG haften für alle Ansprüche aus übergegangenen Arbeitsverhältnissen, die **vor dem Zeitpunkt des Betriebs(teil)übergangs „begründet wurden"**, der Veräußerer und der Erwerber **zur ungeteilten Hand.**

Der Gesetzgeber schränkt die **Erwerberhaftung** allerdings in § 1409 ABGB ein: Der Erwerber soll betragsmäßig beschränkt nur für jene Schulden haften, die er kannte oder

52 VfGH G 28/93 (**Bundesbahn**); die sachliche Rechtfertigung fehlt, wenn die Auswechslung des Dienstgebers die Rechtsposition der betroffenen Arbeitnehmer verschlechtert; vgl auch VfGH G 1300/95 (*Austro Control*).
53 EuGH C-132/91, *Katsikas*; C-171/94, *Merckx*.
54 OGH 8 ObA 41/10b.
55 OGH 8 ObA 105/97t; zu 8 ObA 105/97t: zust *Holzer*, RdW 1997, 610; krit *Andexlinger*, RdW 1997, 611.
56 OGH 9 ObA 72/12x.
57 OGH 9 ObA 213/99k; 8 ObS 91/00s.

kennen musste. Da sich aus § 3 Abs 1 AVRAG jedoch eine volle Haftung des Erwerbers aus den auf ihn übergegangenen Arbeitsverhältnissen ableitet,[58] kann sich die gem § 1409 ABGB beschränkte Haftung nur auf Verpflichtungen beziehen, die der Erwerber selbst nicht erfüllen muss (**Ansprüche aus nicht übergegangenen Arbeitsverhältnissen** oder aus nicht übernommenen Betriebspensionen – **sog „Altschulden"**). Für die **Veräußererhaftung** bedeutet die Formulierung des § 6 Abs 1 AVRAG ohne Zweifel, dass dieser jedenfalls für jene Verbindlichkeiten haftet, die bereits **vor dem Übergang fällig** waren.

Hinsichtlich der erst **nach dem Übergang** fällig werdenden Verbindlichkeiten ist der Begriff „begründet" nach der Judikatur so zu verstehen, dass es nicht auf die Fälligkeit der Dienstnehmeransprüche ankommt, sondern darauf, ob der Anspruch bzw das **Anwartschaftsrecht** schon sukzessive mit der Dienstleistung **entstanden** ist. Der Veräußerer haftet also auch nach dem Betriebsübergang insb für erst dann fällig gewordene dienstzeitabhängige Leistungsansprüche wie zB auf Abfertigungen, Urlaubsersatzleistungen, Jubiläumsgelder etc mit dem im Übergangszeitpunkt fiktiven Anwartschaftswert (**sog „Neuschulden"**).[59]

In **zwei Sonderfällen** beschränkt der Gesetzgeber die Haftung des Veräußerers für bereits vor dem Betriebsübergang entstandene Anwartschaften (§ 6 Abs 2 AVRAG): Für erst vom Erwerber auszuzahlende **Betriebspensionsleistungen** haftet der Veräußerer noch für einen **Zeitraum von fünf Jahren** nach dem Betriebsübergang und nur mit jenem Betrag, der den im Zeitpunkt des Betriebs(teil)übergangs bestehenden Pensionsanwartschaften entspricht (***pro rata temporis***). Ebenso haftet der Veräußerer fünf Jahre nach Betriebsübergang für **Abfertigungsansprüche**[60], die nach dem Betriebsübergang entstehen. Auch hier kommt es zu einer Pro-rata-temporis-Haftung: Der Veräußerer haftet nur mit dem Betrag, den er selbst als fiktive Abfertigung zum Zeitpunkt des Betriebs(teil)übergangs hätte zahlen müssen. Der Haftungszeitraum kann bei Bildung von Rückstellungen auf ein Jahr beschränkt werden.

Aufgrund der Solidarhaftung von Veräußerer und Erwerber hat der **Arbeitnehmer die Wahl**, welchen von beiden er in Anspruch nimmt. Der Zahler kann sich bei dem Mithaftenden gem § 896 ABGB **regressieren**. Nach der Rsp gilt im Fall eines Betriebsübergangs ohne ausdrückliche Vereinbarung zwischen Erwerber und Veräußerer der Grundsatz, dass demjenigen die endgültige Tragung der Leistung von Arbeitnehmeransprüchen auferlegt werden soll, der auch den Nutzen von der korrespondierenden Dienstleistung hatte.[61]

58 Vgl dazu Art 3 Abs 1 BÜ-RL, der mittels § 3 Abs 1 AVRAG umgesetzt wurde und der im Rahmen der richtlinienkonformen Interpretation maßgeblich ist. Aus diesem Grund muss auch die Haftungsbeschränkung des Erwerbers gem § 6 Abs 1 AVRAG iVm § 1409 ABGB dahingehend richtlinienkonform ausgelegt werden, dass sie nur auf Verpflichtungen anwendbar ist, die nicht gem § 3 Abs 1 AVRAG übergegangen sind (vgl RIS-Justiz RS0112978 mwN der Judikatur; ebenso ua *Gahleitner* in ZellKomm³, AVRAG § 6 Rz 2).

59 OGH 9 ObA 17/04x; 8 ObA 214/02g.

60 OGH 8 ObA 214/02g.

61 OGH 9 ObA 17/04x.

Die Insolvenz des Arbeitgebers

Literatur: Vgl die weiterführende Literatur bei *Gahleitner* in *Neumayr/Reissner* (Hg), Zeller Kommentar zum Arbeitsrecht³, IESG; *Holzer/Reissner/Schwarz,* Die Rechte des Arbeitnehmers bei Insolvenz⁵ (2006); *Weber,* Arbeitsverhältnisse in Insolvenzverfahren (1998).

Rechtsgrundlagen: Insolvenzordnung (IO); Insolvenz-Entgeltsicherungsgesetz (IESG).

1. Allgemeines

Die Zahlungsunfähigkeit des Arbeitgebers beraubt den Arbeitnehmer seiner laufenden Einkünfte, die Gefahr des Unternehmenszusammenbruchs bedroht seinen Arbeitsplatz. Als Gläubiger sieht sich der Arbeitnehmer mit seinen Forderungen der Konkurrenz der übrigen andrängenden Gläubiger ausgesetzt. Er besitzt aber in zweifacher Weise eine Sonderstellung. Da das Arbeitseinkommen im Regelfall seine Existenzgrundlage ist, trifft ihn dessen Ausfall besonders hart. Andererseits lässt sich ohne Arbeitnehmer das insolvente Unternehmen nicht weiterführen. Die Weiterführung, sofern sie wirtschaftlich vertretbar erscheint, ist sowohl volkswirtschaftlich als auch im Interesse der Gläubiger die sinnvollste Lösung. Die Rechtsordnung bemüht sich daher, einen Ausgleich zwischen den Gläubigerinteressen und den Arbeitnehmerinteressen herbeizuführen.

Die Eröffnung eines Insolvenzverfahrens hat grundsätzlich keine unmittelbaren Auswirkungen auf den Bestand der Arbeitsverhältnisse mit dem insolvent gewordenen Arbeitgeber.[1] Die Arbeitsverhältnisse werden durch die Eröffnung eines Insolvenzverfahrens nicht automatisch beendet. Die Insolvenzeröffnung bewirkt, dass dem Schuldner die Verfügung über sein gesamtes Vermögen entzogen und dem Insolvenzverwalter übertragen wird. Der **Insolvenzverwalter** übt auch die **Funktion des Arbeitgebers** aus, ohne allerdings selbst Arbeitgeber zu werden.[2]

Der Insolvenzverwalter hat zu prüfen, ob eine Fortführung des Unternehmens möglich ist. Wenn dies nicht möglich ist, hat er das Unternehmen nach Bewilligung durch das Insolvenzgericht zu schließen. Andernfalls ist das Unternehmen bis zur Berichtstagsatzung fortzuführen.

Die Schließung des Unternehmens darf nur dann angeordnet oder bewilligt werden, wenn feststeht, dass anders eine Erhöhung des Ausfalls, den die Konkursgläubiger erleiden, nicht vermeidbar ist. Als vermeidbar ist die Erhöhung des Ausfalls dann anzusehen, wenn sich

1 Dies gilt im Übrigen auch dann, wenn über das Vermögen des Arbeitnehmers ein Insolvenzverfahren eröffnet wird.

2 § 25 Abs 1 IO; in der Kompetenz des Schuldners bleiben lediglich Rechtshandlungen, die die Masse überhaupt nicht betreffen.

ein Dritter verpflichtet, den Gläubigern für den Ausfall zu haften, den diese auf Grund der Fortführung erleiden können.

In der Berichtstagsatzung ist über das weitere Schicksal des Unternehmens zu befinden. Wenn die Voraussetzungen für eine weitere Fortführung gegeben sind und ein voraussichtlich erfüllbarer Sanierungsplan dem gemeinsamen Interesse der Insolvenzgläubiger entspricht, hat das Insolvenzgericht nach Anhörung der Insolvenzgläubiger mit Beschluss die Fortführung auszusprechen und dem Schuldner auf dessen Antrag eine Frist zum Sanierungsplanantrag einzuräumen. Wird innerhalb von 90 Tagen ein Sanierungsplan nicht angenommen, so hat das Insolvenzgericht die Schließung des Unternehmens anzuordnen oder zu bewilligen. Wird das Unternehmen fortgeführt, müssen auch die vom Schuldner begründeten Rechtsverhältnisse vom Insolvenzverwalter fortgesetzt werden.

2. Auflösung der Arbeitsverhältnisse

Einem Arbeitnehmer kann nur schwer zugemutet werden, sein Arbeitsverhältnis mit einem insolvent gewordenen Arbeitgeber fortzusetzen. Aber auch dem Insolvenzverwalter ist eine Fortsetzung der Arbeitsverhältnisse nicht zumutbar, wenn das Unternehmen aufgelöst wird oder das Überleben des Unternehmens von Rationalisierungsmaßnahmen und einer Verkleinerung der Arbeitnehmerzahl abhängt. Kann allerdings das Unternehmen am Leben erhalten werden, muss Vorsorge getroffen werden, dass auch genügend Arbeitnehmer zur Fortführung des Unternehmens vorhanden sind. Das geltende Insolvenzrecht versucht, den widerstreitenden Interessen durch differenzierte Beendigungsregeln gerecht zu werden.

Hat der Arbeitnehmer das **Arbeitsverhältnis noch nicht angetreten**, können sowohl der Insolvenzverwalter als auch der Arbeitnehmer vom Vertrag **zurücktreten.**[3]

Ist das Arbeitsverhältnis **bereits angetreten** worden, so kann es vom **Arbeitnehmer**

a) innerhalb eines Monats nach öffentlicher Bekanntmachung des Beschlusses mit dem die Schließung des Unternehmens oder eines Unternehmensbereichs angeordnet, bewilligt oder festgestellt wird,

b) innerhalb eines Monats nach der Berichtstagsatzung, sofern das Gericht nicht die Fortführung des Unternehmens beschlossen hat,

c) im vierten Monat nach Eröffnung des Insolvenzverfahrens, wenn bis dahin keine Berichtstagsatzung stattgefunden hat und die Fortführung nicht öffentlich bekannt gemacht wurde, oder

3 Vgl zum Rücktrittsrecht des Masseverwalters OGH 5 Ob 146/65; *Reissner* in ZellKomm[3], IO § 21 Rz 5. Dieser Grundsatz gilt für alle Arten von Arbeitsverträgen. Vgl *Holzer*, Insolvenz und Arbeitsverhältnis (Teil I), DRdA 1998, 328.

d) im Schuldenregulierungsverfahren innerhalb eines Monats nach Eröffnung des Schuldenregulierungsverfahrens,

durch **vorzeitigen Austritt** beendet werden. Wird das Unternehmen fortgeführt, steht dem Arbeitnehmer kein Austrittsrecht zu.[4]

Der **Insolvenzverwalter** kann das Arbeitsverhältnis innerhalb dieser Fristen unter Einhaltung der gesetzlichen, kollektivvertraglichen oder der zulässigerweise vereinbarten kürzeren Kündigungsfrist unter Bedachtnahme auf die gesetzlichen Kündigungsbeschränkungen zur Auflösung bringen.[5] Bei diesem Lösungsrecht des Insolvenzverwalters handelt es sich inhaltlich um eine **Kündigung eigener Art.**[6] Die Kündigungsmöglichkeit besteht auch bei solchen Arbeitsverhältnissen, die an sich durch Kündigung nicht aufgelöst werden dürfen (zB befristete Arbeitsverhältnisse, Arbeitsverhältnisse mit vertraglicher Unkündbarkeit). Bei Arbeitnehmern mit besonderem gesetzlichem Kündigungsschutz ist die Frist gewahrt, wenn die Klage des Insolvenzverwalters auf Zustimmung zur Kündigung fristgerecht eingebracht worden ist. Gleiches gilt für die Anzeigeverpflichtung nach § 45a AMFG. Werden die Arbeitsverhältnisse vom Insolvenzverwalter gekündigt, haben die Arbeitnehmer das Recht zum vorzeitigen Austritt während der Kündigungsfrist.
Die begünstigte Lösungsmöglichkeit soll grundsätzlich nur jenen Arbeitnehmern oder bezüglich jener Arbeitnehmer offenstehen, die von der Unternehmensschließung **unmittelbar betroffen** sind. Wurde nicht die Schließung des gesamten Unternehmens, sondern nur eines Unternehmensbereiches angeordnet, steht das Austrittsrecht nur den Arbeitnehmern zu, die in dem betreffenden Unternehmensbereich beschäftigt sind. Auch das Kündigungsrecht des Insolvenzverwalters bezieht sich nur auf solche Arbeitnehmer. Hat das Gericht in der Berichtstagsatzung die Fortführung des Unternehmens beschlossen, kann der Insolvenzverwalter nur Arbeitnehmer kündigen, die in einzuschränkenden Bereichen beschäftigt sind.[7]

Neben den insolvenzspezifischen Lösungsrechten stehen den Vertragsparteien **auch die allgemeinen arbeitsrechtlichen Auflösungsmöglichkeiten** zur Verfügung. Die Arbeitnehmer können – ebenso wie der Insolvenzverwalter – ein unbefristetes Arbeitsverhältnis durch Kündigung beenden. Bei Vorliegen eines wichtigen Grunds (§ 1162 ABGB) kann das Arbeitsverhältnis von beiden Teilen mit sofortiger Wirkung aufgelöst werden. Ein wichtiger Grund liegt insbesondere vor, wenn dem Arbeitnehmer Entgelt vorenthalten wird. Die Nichtzahlung von Lohnrückständen aus der Zeit vor Konkurseröffnung durch den Insolvenzverwalter stellt allerdings keinen Austrittsgrund dar. § 25 Abs 3 IO bestimmt ausdrücklich, dass ein Austritt nach Eröffnung des Insolvenzverfahrens unwirksam ist, wenn er nur darauf gestützt wird, dass dem Arbeitnehmer das vor Eröffnung des Insolvenzverfahrens zustehende Entgelt ungebührlich geschmälert oder vorenthalten wurde. Die Rechtsunwirksamkeit des Austritts bewahrt den Arbeitnehmer vor dem Verlust des Arbeitsplatzes, wenn er – aus Unkenntnis des geltenden Insolvenzrechts – einen rechtswidrigen Austritt erklärt, der aus seiner Sicht gerechtfertigt erschien.

4 Vgl *Holzer*, Insolvenz und Arbeitsverhältnis (Teil II), DRdA 1998, 393.
5 § 25 IO.
6 *Wachter*, Der Einfluss des Konkurses auf den Bestand des Arbeitsvertrages, ZAS 1972, 90; *Holzer*, Insolvenz und Arbeitsverhältnis (Teil I), DRdA 1998, 325 (328).
7 § 25 Abs 1b IO.

3. Forderungen der Arbeitnehmer

3.1. Ansprüche auf laufendes Entgelt

Gemäß § 46 IO sind Forderungen der Arbeitnehmer **auf** das **laufende Entgelt** (einschließlich der Sonderzahlungen) für die Zeit **nach der Insolvenzeröffnung** in jedem Fall **Masseforderungen**. Ansprüche auf laufendes Entgelt, die für Arbeitsleistungen vor der Insolvenzeröffnung gebühren, sind demgegenüber Insolvenzforderungen.

3.2. Ansprüche aus der Beendigung

Wird das Arbeitsverhältnis nach Insolvenzeröffnung gemäß § 25 Abs 1 IO gelöst, so kann der Arbeitnehmer den **Ersatz des verursachten Schadens** als Insolvenzforderung verlangen. Nicht entscheidend ist, ob das Arbeitsverhältnis vom Insolvenzverwalter oder vom Arbeitnehmer aufgelöst wird.

Hat der Insolvenzverwalter von seinem begünstigten Auflösungsrecht Gebrauch gemacht, kann der Arbeitnehmer die **vertragsmäßigen Ansprüche auf das Entgelt** für jenen Zeitraum geltend machen, der bis zur Beendigung des Arbeitsverhältnisses durch ordentliche Kündigung oder durch Zeitablauf hätte verstreichen müssen. Darüber hinaus steht dem Arbeitnehmer der höhere **Abfertigungsanspruch** (alt) zu, der sich bei Beendigung des Arbeitsverhältnisses durch ordentliche Kündigung ergeben hätte. Ebenso ist ein während der fiktiven Kündigungsfrist neu entstandener **Urlaubsanspruch** zu entschädigen.

Tritt der Arbeitnehmer gemäß § 25 IO vorzeitig aus, so steht ihm ebenfalls der Anspruch auf **Kündigungsentschädigung** zu. Der Arbeitnehmer soll bei einem in seinem Interesse gelegenen Austritt so gestellt werden, wie er bei einer ordentlichen Kündigung seitens des Arbeitgebers gestellt wäre.

Beendigungsansprüche sind auch dann Insolvenzforderungen, wenn die **Auflösungserklärung** schon **vor Insolvenzeröffnung rechtswirksam** abgegeben wurde oder wenn das Beschäftigungsverhältnis nach Insolvenzeröffnung vom Arbeitnehmer durch eine „normale" (dh nicht begünstigte) Auflösung beendet wird, es sei denn, die Auflösung ist auf eine Rechtshandlung des Insolvenzverwalters oder auf ein sonstiges Verhalten des Insolvenzverwalters zurückzuführen (§ 51 Abs 2 Z 2 lit c IO).

Beendigungsansprüche sind ferner dann Masseforderungen, wenn das Beschäftigungsverhältnis vor Eröffnung des Insolvenzverfahrens eingegangen wurde und danach vom Insolvenzverwalter durch eine insolvenzrechtlich nicht begünstigte Auflösung (ordentliche Kündigung, Entlassung) beendet wurde. Masseforderungen sind schließlich alle Beendigungsansprüche, wenn das Beschäftigungsverhältnis während des Insolvenzverfahrens vom Insolvenzverwalter neu eingegangen wurde (§ 46 Z 3a IO).

4. Die Entgeltsicherung

4.1. Grundzüge des Insolvenz-Entgeltsicherungsgesetzes (IESG)

Die den Arbeitnehmern durch das Insolvenzrecht eingeräumte Vorzugsstellung hat sich als unzureichend erwiesen, da die meisten Insolvenzanträge mangels Masse abgewiesen werden und somit auch bevorrechtete Forderungen unerfüllt bleiben. Aber selbst in eingeleiteten Insolvenzverfahren erhielten die Arbeitnehmer häufig ihre bevorrechteten Ansprüche nur teilweise befriedigt. Das IESG veränderte die Situation. Es führte zur Abdeckung dieses Arbeitnehmerrisikos einen neuen **Zweig der Sozialversicherung** ein, und zwar in Anlehnung an die Arbeitslosenversicherung. Der dadurch geschaffene **Insolvenz-Entgelt-Fonds** (IEF) liquidiert die **gesicherten Ansprüche** der Arbeitnehmer relativ rasch. Er wird in erster Linie durch einen von den Arbeitgebern aufzubringenden **Beitrag** finanziert.

Das IESG hat die Lage der Arbeitnehmer verbessert, ohne die Ansprüche der übrigen Insolvenzgläubiger zu beeinträchtigen. Da der Fonds jedoch nicht alle Ansprüche ersetzt, müssen die Arbeitnehmer ihre Restforderungen auch weiterhin im Insolvenzverfahren verfolgen.

Auf europäischer Ebene enthält die **Richtlinie über den Schutz der Arbeitnehmer bei Zahlungsunfähigkeit des Arbeitgebers** (RL 2008/94/EG) Regelungen, die ein Mindestniveau der Entgeltsicherung für den Fall der Zahlungsunfähigkeit des Arbeitgebers gewährleisten.

4.2. Der Anknüpfungstatbestand

Das IESG ist in allen Fällen der Eröffnung eines Insolvenzverfahrens nach der Insolvenzordnung, bei Anordnung der Geschäftsaufsicht, aber auch bei Nichteröffnung eines Insolvenzverfahrens mangels Vermögens oder wegen bereits erfolgter stiller Liquidation (§ 68 IO) anwendbar. Damit besitzt der Arbeitnehmer einen umfassenden Schutz in Situationen, in denen sein Entgeltanspruch gefährdet erscheint.

Offene Entgeltansprüche von Arbeitnehmern **nach Betriebsübergang** gegen den Veräußerer eines Unternehmens, für die auch der Erwerber nach § 6 AVRAG haftet, sind nur dann gesichert, wenn auch der solidarisch haftende Erwerber insolvent wird. Nach Meinung des OGH widerspricht es dem Sicherungszweck des IESG, Ansprüche zu sichern, wenn sich die Arbeitnehmer Zahlung auch bei einem Dritten verschaffen können.[8]

8 OGH 8 ObS 9/10x; 8 ObS 17/06t.

4.3. Die geschützten Personen

Den Schutz des IESG genießen nicht nur alle Arbeitnehmer[9] und ehemaligen Arbeitnehmer (iSd Arbeitsvertragsrechts), sondern auch deren Hinterbliebene[10] und alle sonstigen Rechtsnachfolger von Todes wegen, sowie Heimarbeiter. Außerdem wurden freie Dienstnehmer iSd § 4 Abs 4 ASVG (sog „dienstnehmerähnliche freie Dienstnehmer") in den Geltungsbereich einbezogen.

Ausgenommen sind Arbeitnehmer einer Gebietskörperschaft oder eines ausländischen exterritorialen Arbeitgebers, die **Mitglieder jenes Organs** einer juristischen Person[11], das zur gesetzlichen Vertretung dieser juristischen Person berufen ist (zB Vorstand der AG), alle **Gesellschafter mit beherrschendem Einfluss** (Mehrheitsbeteiligung oder Sperrminorität, auch wenn nur auf Treuhandschaft beruhend) auf die Gesellschaft[12] und Häftlinge.[13] Die Ausnahme von Organmitgliedern und Gesellschaftern mit beherrschendem Einfluss beruht auf der Überlegung, dass jene Personen, die für die Insolvenz des Unternehmens verantwortlich sind, die Folgen selbst tragen sollen.

4.4. Die gesicherten Ansprüche

Das Gesetz geht in seinem Schutz dem Grunde nach sehr weit. Gesichert sind alle Ansprüche auf **Entgelt** iwS (laufendes wie einmaliges, aus aufrechtem wie aus gelöstem Arbeitsverhältnis), auf **Schadenersatz** (insb Kündigungsentschädigung) und **sonstige Leistungen** des Arbeitgebers aus dem Arbeitsverhältnis (zB Aufwandsentschädigungen, Rückersatz von Kautionen) sowie auf Ersatz der Kosten einer zweckentsprechenden **Rechtsverfolgung.**

Hat der Richter den Abfertigungsanspruch gem § 23 Abs 2 AngG wegen wirtschaftlicher Unzumutbarkeit gegenüber dem Arbeitgeber herabgesetzt, bleibt dennoch der volle Anspruch auch ohne Vorliegen eines Insolvenztatbestands gesichert (§ 1a IESG).

> **Freiwillige Abfertigungen** gehören **nicht** zu den gesicherten Ansprüchen. Dies soll nach Meinung des OGH auch dann gelten, wenn die betreffende Leistung aus Anlass einer einvernehmlichen Lösung des Arbeitsverhältnisses eines bestandgeschützten Arbeitnehmers gewährt wird und den Betrag der fiktiven Kündigungsentschädigung nicht übersteigt.[14]

Die Ansprüche dürfen weder verfallen noch verjährt sein. Ausdrücklich **ausgeschlossen** sind alle Ansprüche, die durch eine nach der IO oder Exekutionsordnung **anfechtbare Rechtshandlung** erworben wurden.[15] Ausgeschlossen sind ferner auf einer **Einzelver-**

9 OGH 8 ObS 2049/96.
10 VwGH 86/11/0055.
11 Vgl *Schima*, Zur Insolvenzentgeltsicherung von Organmitgliederansprüchen, ZAS 1989, 37.
12 OGH 9 ObS 19/89, ZAS 1991, 165 (*Rechberger*); 9 ObS 21/91; 8 ObS 6/09d.
13 § 66a AlVG.
14 OGH 8 ObS 113/98w.
15 Auch ein durch Betriebsvereinbarung abgeschlossener Sozialplan kann anfechtbar sein, vgl OGH 9 ObS 6, 7/90, ZAS 1991, 169 (*Klicka*).

einbarung beruhende Ansprüche, die nach Eröffnung des Insolvenzverfahrens oder in den **letzten sechs Monaten vor dessen Eröffnung** abgeschlossen wurden, über die betriebsübliche Entlohnung hinausgehen und sachlich nicht gerechtfertigt sind. Nach der Rechtsprechung sind darüber hinaus Ansprüche der Arbeitnehmer immer dann ausgeschlossen, wenn sie nur im Hinblick auf die Zahlung des Insolvenz-Ausfallgeldes zugebilligt wurden.[16] In all diesen Fällen soll verhindert werden, dass missbräuchlich Dispositionen zu Lasten des IEF-Fonds getroffen werden.

Nach älterer Meinung des OGH sollen Ansprüche auch dann nicht gesichert sein, wenn der Arbeitnehmer trotz Nichtzahlung des Lohns in voller Kenntnis der prekären finanziellen Lage im Unternehmen verbleibt. Das Verbleiben im Betrieb über den Zeitpunkt hinaus, zu dem normale Arbeitnehmer vorzeitig ausgetreten wären, indiziert nach Meinung des OGH, dass die Weiterarbeit nur im Hinblick auf die Inanspruchnahme des Fonds erfolgt.[17] Diese Auffassung konnte nicht überzeugen. Sie vernachlässigt völlig, dass die Weiterarbeit ohne Entgeltzahlung sehr oft ein Beitrag zur – letztlich erfolglosen – Sanierung des Unternehmens sein kann. Überdies sind Entgeltforderungen vor der Eröffnung des Insolvenzverfahrens nunmehr gem § 3a IESG zeitlich begrenzt. Der generelle Ausschluss solcher Arbeitnehmerforderungen widerspricht auch dem Unionsrecht.[18] Somit wird im Einzelfall geprüft werden müssen, ob konkrete Missbrauchsabsicht des Arbeitnehmers im Sinne einer Überwälzung des Lohnrisikos auf den Fonds vorliegt, um die Sicherung der Ansprüche auszuschließen.
So entscheidet nunmehr auch der OGH[19]: Im Hinblick auf die ausdrückliche gesetzliche Regelung in § 3a IESG kann allein aus der zeitlichen Komponente des „Stehenlassens" von Entgeltansprüchen grundsätzlich nicht darauf geschlossen werden, dass der Arbeitnehmer missbräuchlich das Finanzierungsrisiko auf den Insolvenz-Entgeltfonds überwälzen wollte. Nur dann, wenn zu dem „Stehenlassen" der Entgeltansprüche weitere Umstände hinzutreten, die konkret den Vorsatz des Arbeitnehmers erschließen lassen, das Finanzierungsrisiko auf den Fonds zu überwälzen, kann die Geltendmachung des Anspruches auf Insolvenz-Entgelt missbräuchlich sein.
Wurde ein Arbeitsvertrag mit Anspruch auf Kündigungsentschädigung vorzeitig gelöst und wird dieser Arbeitnehmer wieder eingestellt, ist der Anspruch auf das laufende Entgelt für jene Zeit, für die noch Kündigungsentschädigung gebührt, grundsätzlich nicht gesichert.

Soweit es sich um Ansprüche handelt, die im Insolvenzverfahren angemeldet werden können, geht die Sicherung verloren, wenn die Anmeldung unterbleibt. Diese Regelung ist notwendig, um die Regressmöglichkeiten des Fonds zu wahren.

16 OGH 9 ObS 15/92, DRdA 1993, 490 (*Geist*).
17 OGH 8 ObS 192/98p.
18 EuGH C-201/01, *Walcher*.
19 OGH 8 ObS 3/05g; 8 ObS 22/04z.

4.5. Die Höhe des gesicherten Anspruchs

Das Insolvenz-Entgelt ist für alle gesicherten Ansprüche **höhenmäßig limitiert**. Über den Grenzbetrag hinausgehende Ansprüche sind nach § 1 Abs 3 Z 4 IESG von der Sicherung ausgeschlossen. Der Grenzbetrag entspricht grundsätzlich dem doppelten Betrag der jeweiligen Höchstbeitragsgrundlage in der Pensionsversicherung nach dem ASVG (diese beträgt 2023 € 5.850 monatlich). Der als Insolvenz-Entgelt beantragte **Bruttobetrag** darf diesen Grenzbetrag nicht überschreiten. Das Insolvenz-Entgelt ist als Nettobetrag zuzuerkennen (§ 3 Abs 1 IESG).[20]

Dieser Grenzbetrag gilt vor allem für laufendes Entgelt, aber auch für die Kündigungsentschädigung.[21]

Für Abfertigungen (alt) enthält § 1 Abs 4a IESG eine autonome Grenzbetragsregelung. Bis zum Ausmaß der einfachen Höchstbeitragsgrundlage gebührt Insolvenz-Entgelt in voller Höhe. Für den Teil zwischen der einfachen und doppelten Höchstbeitragsgrundlage steht nur mehr die Hälfte zu.

Abfertigungsansprüche sind daher insgesamt mit der 1,5-fachen Höchstbeitragsgrundlage brutto begrenzt.[22]

4.6. Der zeitliche Umfang der Sicherung

Soweit sie noch nicht verfallen oder verjährt sind, werden alle innerhalb von **sechs Monaten vor dem Stichtag** (Eröffnung des Insolvenzverfahrens) **entstandenen Ansprüche auf laufendes Entgelt voll gesichert**. Für darüber hinausgehende Forderungen gebührt Insolvenz-Entgelt nur dann, wenn diese bis zum Stichtag **gerichtlich geltend** gemacht wurden. Dadurch soll vermieden werden, dass Arbeitnehmer jahrelang ohne Entgeltzahlung arbeiten und dadurch dem Arbeitgeber Kredit gewähren, der letztlich vom Fonds zurückzuzahlen ist.[23]

Für laufendes Entgelt **nach der Insolvenzeröffnung** gebührt Insolvenz-Entgelt grundsätzlich bis zur Berichtstagsatzung bzw bis zum Ende des Arbeitsverhältnisses, wenn es vor der Berichtstagsatzung aufgelöst wird. Wird das Unternehmen geschlossen und entfällt daher die Berichtstagsatzung, so gebührt Insolvenz-Entgelt bis zum Ende des dritten Monats nach Insolvenzeröffnung. Wird in der Berichtstagsatzung kein Beschluss auf unbefristete Fortführung des Unternehmens gefasst, gebührt Insolvenz-Entgelt bis zum Ende des Arbeitsverhältnisses, wenn es innerhalb eines Monats nach der Berichtstagsatzung gem § 25 IO aufgelöst wird. Wird das Unternehmen unbefristet fortgeführt, gebührt das Entgelt bis zum Ende des Arbeitsverhältnisses, wenn der Arbeitnehmer infolge

20 Vgl dazu *Holzer/Reissner/Schwarz*, Die Rechte des Arbeitnehmers bei Insolvenz^5, Erl 6.5. zu § 1 IESG.
21 OGH 8 ObS 2001/96i, DRdA 1997, 313 (krit *Reissner*).
22 OGH 8 ObS 38/95; 8 ObS 46/95; krit *Eypeltauer*, Neue Auslegungsfragen im IESG, wbl 1994, 257; *Holzer/Reissner/Schwarz*, Die Rechte des Arbeitnehmers bei Insolvenz^5, Erl 6.6. zu § 1 IESG
23 *Liebeg*, Ein Überblick über die IESG-Novelle 1997, wbl 1997, 401 (402).

der ersten nicht vollständigen Zahlung des Entgelts seinen berechtigten vorzeitigen Austritt erklärt.

Sonderbestimmungen gelten für Ansprüche aus der Beendigung des Arbeitsverhältnisses während der Fortführung des Unternehmens (§ 3b Z 3 und 4 IESG) sowie für Betriebspensionsansprüche (§ 3d IESG).

4.7. Das Verfahren

Insolvenz-Entgelt aus den Mitteln des Fonds wird nur über **schriftlichen Antrag** des anspruchsberechtigten Arbeitnehmers an die Geschäftsstelle der Insolvenz-Entgelt-Fonds-Service GmbH geleistet. Der Antrag ist bei sonstigem Ausschluss **binnen sechs Monaten** ab dem Stichtag (Nachsicht bei berücksichtigungswürdigen Gründen) einzubringen. Der Antragsteller muss Beweismittel für seine Forderung angeben. Die Geschäftsstelle übermittelt das Forderungsverzeichnis an den Arbeitgeber (Sanierungsverwalter, Insolvenzverwalter) mit der Aufforderung zur Stellungnahme über die Richtigkeit und Höhe der angemeldeten Forderungen. Schließlich entscheidet sie durch **Bescheid**.

Die Geschäftsstelle ist in ihrer Beweiswürdigung an rechtskräftige gerichtliche Entscheidungen gebunden. Diese Bindung tritt allerdings nicht ein, wenn der Entscheidung kein streitiges Verfahren zu Grunde liegt oder ein Anerkenntnisurteil gefällt wurde und die Rechtskraft erst später als sechs Monate vor dem Stichtag eingetreten ist. Die Geschäftsstelle hat überdies dem Antrag ohne weitere Prüfung stattzugeben, wenn der gesicherte Anspruch insolvenzrechtlich festgestellt ist. Die Bindung der Geschäftsstelle bezieht sich allerdings nur auf die Frage, ob und welcher Anspruch gegenüber dem Arbeitgeber vorliegt. Ob dieser Anspruch nach dem IESG ausgeschlossen ist, hat die Geschäftsstelle selbstständig zu entscheiden.[24]

Bescheide der Geschäftsstelle können im Verwaltungsweg nicht bekämpft werden. Sie können aber durch Klageerhebung vor den **Arbeits- und Sozialgerichten** außer Kraft gesetzt werden (sukzessive Kompetenz). Das Arbeits- und Sozialgericht hat dann in einem kontradiktorischen Verfahren zu entscheiden. Das Gericht ist bei seiner Entscheidung an die insolvenzrechtliche Feststellung einer Forderung nicht gebunden, sofern diese nicht auf einem kontradiktorischen Urteil beruht.[25]

Da der Beweis der Forderung oft schwerfällt und zeitraubend ist, kann die Geschäftsstelle nach bloßer Glaubhaftmachung der Anspruchsberechtigung formlos einen Vorschuss auf das Ausfallsgeld gewähren. In der Praxis wird davon beim laufenden Entgelt regelmäßig Gebrauch gemacht. Dadurch erhält der Anspruchsberechtigte das Geld zumeist schon binnen eines Monats. Bei anderen Ansprüchen dauert die Abwicklung erheblich länger.

24 OGH 9 ObSb 15/88; 9 ObS 6/89, ZAS 1989, 205 (*Schima*); 9 ObS 11/91, wbl 1991, 328 (*Liebeg*).
25 OGH 8 ObS 315/97z; 8 ObS 200/98i.

4.8. Die Legalzession

Ansprüche des Antragstellers gegen den Arbeitgeber gehen kraft Gesetzes auf den Fonds bis zur Höhe des zuerkannten Ausfallsgelds über. Der Fonds tritt damit an die Stelle des ursprünglichen Gläubigers.

Wird die Zuerkennung des Insolvenz-Entgelts widerrufen oder die Bemessung rückwirkend herabgesetzt und der Überbezug rückgefordert, tritt die Legalzession in Höhe der Rückforderung rückwirkend außer Kraft.

4.9. Die Finanzierung

Der mit eigener Rechtspersönlichkeit ausgestattete Insolvenz-Entgelt-Fonds wird vor allem aus zwei Quellen gespeist. Im Vordergrund stehen die jährlich vom zuständigen Bundesminister festgesetzten **Beiträge**, die als **Zuschlag zum Arbeitslosenversicherungsbeitrag** (in der Höhe von 0,1 % im Jahr 2023) von all jenen Arbeitgebern eingehoben werden, die anspruchsberechtigte Arbeitnehmer beschäftigen. Weitere Einnahmen stammen aus der Realisierung der auf den Fonds übergegangenen Forderungen im Insolvenzverfahren.

Auslandsberührungen

Literatur: *Brodil* (Hg), Gestaltungsräume und neue Grenzen im Arbeitsrecht (2017); *Deinert*, Internationales Arbeitsrecht (2013); *Kühteubl/Kozak*, Arbeitnehmerentsendung (2010); *Pfeil*, Grenzüberschreitender Einsatz von Arbeitnehmern, DRdA 2008, 3, 124; *Rebhahn*, Österreichisches Arbeitsrecht bei Sachverhalten mit Auslandsberührung, FS Strasser (1983) 59; *ders*, Entsendung von Arbeitnehmern in der EU – arbeitsrechtliche Fragen zum Gemeinschaftsrecht, DRdA 1999, 173; *Krebber*, Entsenderichtlinie in *Franzen/Gallner/Oetker* (Hg), Kommentar zum Europäischen Arbeitsrecht[4] (2022); *Schrammel*, Dienstleistungsfreiheit und Sozialdumping, EuZA 2009, 36; *Schrattbauer/Pfeil/Mosler* (Hg), Migration, Arbeitsmarkt und Sozialpolitik (2018); *Schwimann*, Grenzüberschreitender Wechsel des Beschäftigungsortes und arbeitsrechtliche Eingriffsnormen, wbl 1994, 217; *Urnik/Pfeil* (Hg), Internationale Personalentsendungen (2015); *Windisch-Graetz*, Grenzüberschreitende Arbeitsverhältnisse im Spannungsfeld von Rom I und Entsenderichtlinie, ZfRV 2015/24.

1. Anwendbares Kollisionsrecht

Die internationale Wirtschaftsverflechtung führt immer häufiger dazu, dass Arbeitnehmer ihre Arbeitsleistungen in anderen Staaten als jenen erbringen, in denen sie den Arbeitsvertrag abgeschlossen haben oder in denen ihr Arbeitgeber seinen Sitz hat. Weist die Arbeitsleistung eine Verbindung zum Recht verschiedener Staaten auf, stellt sich die Frage, welches nationale Sachrecht auf den Arbeitsvertrag anzuwenden ist.

Für Arbeitsverträge, die nach dem 17. 12. 2009 geschlossen werden,[1] enthält die VO 593/2008/EG[2] (**Rom I-Verordnung**) das maßgebliche Kollisionsrecht. Die Verordnung hat universellen Anwendungswillen, dh das nach dieser Verordnung bezeichnete Recht ist auch dann anzuwenden, wenn es nicht das Recht eines Mitgliedstaats der Europäischen Union ist. Mit der Rom I-VO wurde das bis dahin auf völkerrechtlichem Vertrag beruhende Kollisionsrecht (EVÜ[3]) vergemeinschaftet. Die Rom I-VO genießt Anwendungsvorrang gegenüber nationalem Recht. Die in der Verordnung verwendeten Begriffe sind unionsrechtlich autonom auszulegen, das Auslegungsmonopol kommt dem EuGH zu. Da die Rom I-VO keinen grundlegenden Systemwechsel im europäischen internationalen Vertragsrecht bringen will, bleibt die Judikatur des EuGH zum EVÜ[4] grds auch für die Auslegung der Rom I-VO weiterhin maßgeblich.

1 Für Verträge, die vor diesem Zeitpunkt abgeschlossen worden sind, bleiben die Regelungen des EVÜ anwendbar. Auf vor dem 1. 12. 1998 abgeschlossene Arbeitsverträge ist das EVÜ nicht anzuwenden, diese unterliegen in kollisionsrechtlicher Hinsicht weiterhin dem IPRG (vgl OGH 9 ObA 65/11s).

2 ABl L 2008/177, 6.

3 Übereinkommen von Rom über das auf vertragliche Schulverhältnisse anzuwendende Recht, ABl C 1998/27, 34.

4 Und jene zur EuGVVO, auf die sich der EuGH in den Entscheidungen zum EVÜ bezieht.

Für Entsendungen von Arbeitnehmern zur Erbringung grenzüberschreitender Dienstleistungen enthält die **Entsende-RL 96/71/EG, geändert durch die RL EU 2018/957, Sonderkollisionsrecht**, das der Rom I-VO vorgeht. Art 23 der Rom I-VO besagt ausdrücklich, dass die Verordnung nicht die Anwendung von Vorschriften des Unionsrechts berührt, die in besonderen Bereichen Kollisionsregeln für vertragliche Schuldverhältnisse enthalten.

Ist es noch zu keinem Abschluss des Arbeitsvertrags gekommen, ist für Fragen der Haftung wegen culpa in contrahendo das Kollisionsrecht der **Rom II-Verordnung** (864/2007/EG) über das auf außervertragliche Schuldverhältnisse anzuwendende Recht maßgeblich. Dasselbe gilt für die außervertragliche Haftung bei Arbeitskampfmaßnahmen.

2. Das Arbeitsvertragsstatut

Art 8 Rom I-VO regelt, welches Recht auf den Arbeitsvertrag anzuwenden ist (sog **Arbeitsvertragsstatut**). Art 8 regelt das Kollisionsrecht für **Individualarbeitsverträge**. Der Begriff „Individualarbeitsvertrag" ist als Begriff europäischen Sekundärrechts unionsrechtlich autonom auszulegen. Maßgeblich dafür ist die Judikatur des EuGH zum Arbeitsvertrag. Nach der Rsp des EuGH besteht das wesentliche Merkmal eines Arbeitsvertrags in einer Vereinbarung, die eine abhängige, weisungsgebundene und entgeltliche Tätigkeit von einer bestimmten Dauer zum Gegenstand hat.[5] Die Rom I-VO enthält somit weder Kollisionsnormen für freie Dienstverträge, noch für Kollektivverträge oder Betriebsvereinbarungen (siehe unten 4.).

2.1. Bestimmung des Vertragsstatuts

Grundsätzlich gilt für Arbeitsverträge wie auch für andere Vertragstypen das Prinzip der **freien Rechtswahl** (Art 3 Rom I-VO). Die Rechtswahl muss ausdrücklich sein oder sich mit hinreichender Sicherheit aus den Bestimmungen des Vertrags oder aus den Umständen des Falls ergeben. Gem Art 8 Abs 1 Rom I-VO darf die Rechtswahl der Parteien allerdings nicht dazu führen, dass dem Arbeitnehmer jener Schutz entzogen wird, der ihm durch die zwingenden Bestimmungen jener Rechtsordnung gewahrt wird, die ohne Rechtswahl anzuwenden wäre.[6] Zwingende Bestimmungen iSd Art 8 Abs 1 Rom I-VO sind solche, die dem Schutz des Arbeitnehmers dienen und von denen nicht durch Vereinbarung abgewichen werden darf.

Eine solche zwingende Norm ist nach zutr Ansicht des OGH[7] § 7 AVRAG (jetzt § 3 Abs 2 LSD-BG). Daher haben Arbeitnehmer, die gewöhnlich in Österreich von einem Dienstge-

5 ZB EuGH 66/86, *Lawrie-Blum*; C-138/02, *Collins*.
6 OGH 8 ObA 40/02v.
7 OGH 9 ObA 103/05w.

ber mit Sitz im Ausland beschäftigt werden, trotz Rechtswahl einer ausländischen Rechtsordnung Anspruch auf das kollektivvertragliche Entgelt, das am Arbeitsort vergleichbaren Arbeitnehmern von vergleichbaren Arbeitgebern gebührt.

Haben die Parteien keine Rechtswahl getroffen, ist auf den Arbeitsvertrag gem Art 8 Abs 2 Rom I-VO das Recht jenes Staates anzuwenden, in dem oder von dem aus der Arbeitnehmer in Erfüllung des Vertrags gewöhnlich seine Arbeit verrichtet, selbst wenn er vorübergehend in einen anderen Staat entsandt ist (**Recht des gewöhnlichen Arbeitsorts**). Lässt sich der gewöhnliche Arbeitsort nicht feststellen (etwa weil der Arbeitnehmer seine Arbeit gewöhnlich in mehreren Staaten verrichtet), so ist das Recht jenes Staates maßgebend, in dem sich die **Niederlassung** befindet, die den Arbeitnehmer eingestellt hat (Art 8 Abs 3 Rom I-VO). Art 8 Rom I-VO enthält allerdings eine „**Ausweichklausel**": Ergibt sich aus der Gesamtheit der Umstände, dass der Arbeitsvertrag oder das Arbeitsverhältnis engere Verbindungen zu einem anderen Staat aufweist, so ist das Recht dieses Staates anzuwenden.

Nach der **Judikatur des EuGH** liegt der gewöhnliche Arbeitsort eines Arbeitnehmers in jenem Staat, den der Arbeitnehmer zum tatsächlichen Mittelpunkt seiner Berufstätigkeit gemacht hat. Für die konkrete Bestimmung dieses Ortes ist etwa zu berücksichtigen, wo der Arbeitnehmer den größten Teil seiner Arbeitszeit (zB zwei Drittel) zubringt, wo er ein Büro hat, von dem aus er seine Tätigkeit für den Arbeitgeber organisiert und wohin er nach jeder im Zusammenhang mit seiner Arbeit stehenden Auslandsreise zurückkehrt.[8] In der Rs *Koelzsch*[9] entschied der EuGH zu einem Fall in der grenzüberschreitenden Transportwirtschaft, dass der gewöhnliche Arbeitsort eines LKW-Fahrers dort liegt, wo er unter Berücksichtigung sämtlicher Gesichtspunkte, die diese Tätigkeit kennzeichnen, seine Verpflichtungen gegenüber seinem Arbeitgeber im Wesentlichen erfüllt. Dabei muss dem Wesen der Arbeit im internationalen Transportsektor Rechnung getragen werden. Es ist insb zu ermitteln, in welchem Staat sich der Ort befindet, von dem aus der Arbeitnehmer seine Transportfahrten durchführt, von dem er Anweisungen zu diesen Fahrten erhält, wo er seine Arbeit organisiert und wo sich die Arbeitsmittel befinden. Es ist auch zu prüfen, an welche Orte die Waren hauptsächlich transportiert werden, wo sie entladen werden und wohin der Arbeitnehmer nach seinen Fahrten zurückkehrt.

Das Recht des gewöhnlichen Arbeitsorts bleibt auch während einer vorübergehenden **Entsendung** des Arbeitnehmers in einen anderen Staat anwendbar. Die Entsendung setzt also einen gewöhnlichen Arbeitsort in einem anderen Staat als jenem, in den der Arbeitnehmer entsandt wird, voraus. Der Entsendebegriff wurde bisher vom EuGH nicht definiert. Die Rom I-VO hält in Erwägungsgrund 36 fest, dass die Erbringung der Arbeitsleistung in einem anderen Staat als vorübergehend gelten soll, wenn vom Arbeitnehmer erwartet wird, dass er nach seinem Arbeitseinsatz im Ausland seine Arbeit im Herkunftsstaat wieder aufnimmt. Grds wird somit von einer vorangehenden inländischen Beschäftigung im Herkunftsstaat und einer intendierten Weiterbeschäftigung nach der Entsendung ausgegangen. Keinesfalls darf man für das Vorliegen einer Entsendung jedoch verlangen, dass das Arbeitsverhältnis im Entsendestaat bereits für eine bestimmte

8 EuGH C-383/95, *Rutten*; so auch OGH 8 ObA 33/08y.
9 EuGH C-29/10, *Koelzsch*.

Zeit bestanden hat.[10] Bei einem auf Dauer angelegten Arbeitseinsatz im Ausland liegt keine Entsendung vor.

Für Leiharbeitskräfte, die bei einem deutschen Unternehmen ständig beschäftigt sind und nur für einen begrenzten Zeitraum an einen österreichischen Beschäftigerbetrieb überlassen werden, ist in der Regel von einem gewöhnlichen Arbeitsort in Deutschland und damit von der Anwendung deutschen Rechts auf das Arbeitsverhältnis auszugehen.[11] Dagegen haben Leiharbeitskräfte, die zwar formal bei einem deutschen Unternehmen beschäftigt sind, aber ausschließlich für die Tätigkeit in österreichischen Beschäftigerbetrieben aufgenommen wurden, ihren gewöhnlichen Arbeitsort im Inland, sodass auf ihre Dienstverhältnisse österreichisches Recht anzuwenden ist.[12]

2.2. Reichweite des Vertragsstatuts

Die Bestimmung des Arbeitsvertragsstatuts nach Art 8 Rom I-VO gibt keine Auskunft darüber, in welchem Umfang Rechtsnormen einer Rechtsordnung die Vertragsbeziehung zwischen Arbeitgeber und Arbeitnehmer regeln. Art 8 spricht lediglich vom „auf Arbeitsverträge anzuwendenden Recht“. Aus der Zielsetzung der Rom I-VO wird jedoch klar, dass es sich dabei ausschließlich um Normen handelt, die vor Gerichten durchsetzbare Ansprüche regeln. Die in den Mitgliedstaaten geltenden Kollisionsnormen müssen im Interesse eines reibungslos funktionierenden Binnenmarkts unabhängig von dem Staat, in dem sich das Gericht befindet, bei dem der Anspruch geltend gemacht wird, dasselbe Recht bestimmen.[13] Das gem Art 8 Rom I-VO maßgebliche Arbeitsvertragsstatut gilt somit für alle privatrechtlichen Fragen des Arbeitsverhältnisses.[14]

Das **öffentlich-rechtliche Arbeitsrecht** wird als solches durch diese Bestimmung **nicht erfasst.**[15] Im Arbeitsrecht gibt es jedoch viele öffentliche Normen, die auch privatrechtliche Wirkungen haben wie etwa das AZG oder das ASchG. Als privatrechtlich sind daher all jene arbeitsrechtlichen Normen zu qualifizieren, die den Parteien (gerichtlich) durchsetzbare Individualansprüche gewähren.

3. Eingriffsnormen

Da das Individualarbeitsrecht in erster Linie dem Schutz des typischerweise wirtschaftlich schwächeren Arbeitnehmers dient, kommt der Problematik des zwingenden Rechts auch bei grenzüberschreitenden Arbeitsverhältnissen große Bedeutung zu. Es stellt sich die Frage, ob ein Staat bestimmte Rechtsvorschriften unabhängig vom grds anzuwendenden Arbeitsvertragsstatut auf Arbeitsverhältnisse, die auf seinem Territorium erfüllt

10 EuGH C-445/03, *Komm-Lux*; C-168/04, *Komm-Ö.*
11 OGH 8 ObA 2/11v.
12 OGH 8 ObA 86/10w.
13 6. Erwägungsgrund zur Rom I-VO.
14 OGH 14 Ob 26/86; 9 ObA 18/88.
15 OGH 9 ObA 252/92.

werden, für anwendbar erklären kann. Die verschiedenen nationalen Arbeitsrechtsordnungen unterscheiden sich im Umfang, im Charakter und in der Dichte ihrer zwingenden Regelungen. Im Rahmen des Binnenmarktes könnte dies zu Hindernissen im grenzüberschreitenden Wirtschaftsverkehr führen.

Art 9 Rom I-VO sieht vor, dass die Anknüpfung nach den Regeln des Vertragsstatuts durch sog „**Eingriffsnormen**“ verdrängt werden kann. Die Verordnung bezeichnet als Eingriffsnorm eine zwingende Vorschrift, deren Einhaltung von einem Staat als so entscheidend für die Wahrung seines **öffentlichen Interesses**, insbesondere seiner politischen, sozialen oder wirtschaftlichen Organisation angesehen wird, dass sie ungeachtet des nach Maßgabe der Verordnung auf den Vertrag anzuwendenden Rechts auf alle Sachverhalte anzuwenden ist, die in ihren Anwendungsbereich fallen. Den zwingenden Bestimmungen des Rechts eines Staates, in dem der Arbeitsvertrag erfüllt wird, ist dann Vorrang einzuräumen, wenn diese Bestimmungen die Erfüllung des Vertrags auf der Basis des nach Art 8 Rom I-VO anzuwendenden Rechts unrechtmäßig werden lassen. Damit wird anerkannt, dass zwingende Regelungen einer bestimmten Rechtsordnung wegen ihrer beschäftigungs-, gesundheits- oder sozialpolitischen Zwecksetzung einen eigenen räumlichen Anwendungswillen entwickeln, der unabhängig vom Vertragsstatut zum Tragen kommt.[16]

Fraglich ist allerdings, welche Regelungen des Arbeitsrechts Eingriffsnormen sind und somit einen eigenen, vom Vertragsstatut unabhängigen Anwendungsbereich eröffnen. Der OGH hatte zunächst entschieden, dass der Staat, der eine Vorschrift erlässt, bestimmt, ob eine Norm internationalen Geltungswillen beansprucht.[17] Da es sich bei der Rom I-VO nunmehr um unionsrechtliches Sekundärrecht handelt, ist ausschließlich der EuGH zuständig, den Begriff der Eingriffsnorm unionsrechtlich autonom auszulegen. Ob eine Norm, die nach mitgliedstaatlicher Auffassung internationalen Geltungswillen hat, tatsächlich als Eingriffsnorm iSd Rom I-VO zu qualifizieren ist, hat der EuGH zu entscheiden. Es ist davon auszugehen, dass er im Sinn seiner stRsp, Ausnahmen eng auszulegen[18], eine restriktive Auslegungslinie verfolgen wird. Darüber hinaus ist zu berücksichtigen, dass durch die Anwendung arbeitsrechtlicher Normen als Eingriffsnormen Primärrecht, allen voran die Grundfreiheiten, nicht verletzt werden darf.

Der OGH hat in seinen älteren Entscheidungen zum IPRG die Regelungen des KautionsschutzG[19] als Eingriffsnormen gewertet, da das KautionsschutzG aus sozialpolitischen Gründen die Bestellung von Kautionen durch den Arbeitnehmer beschränkt. Eingriffsnormen sind weiters die Bestimmungen über die Höchstgrenzen der Arbeitszeit.[20] Ebenso qualifiziert der OGH die zwingenden Bestimmungen der §§ 33d ff BUAG über den Urlaub von entsandten Bauarbeitern als Eingriffsnormen.[21]

16 OGH 14 Ob 180/86.
17 OGH 3 Ob 230/05b.
18 ZB EuGH C-533/07, *Falco Privatstiftung*.
19 OGH 9 ObA 252/92.
20 OGH 9 ObA 345/89.
21 OGH 8 ObA 86/10w.

4. Kollektivvertrags- und Betriebsverfassungsrecht

Besondere kollisionsrechtliche Schwierigkeiten werfen das Kollektivvertrags- und das Betriebsverfassungsrecht auf, da sie dem klassischen Privatrecht unbekannt sind und auch nicht dem öffentlichen Recht angehören. Kollektivvertrag und Betriebsvereinbarung sind **keine „Individualarbeitsverträge“** im Sinne des Art 8 der Rom I-VO.

4.1. Territorialitätsprinzip

Die gesetzlichen Bestimmungen über den Abschluss, die Wirkungen und die Beendigung dieser kollektivrechtlichen Verträge unterliegen daher nicht dem Arbeitsvertragsstatut. Dasselbe gilt für das Organisationsrecht. Für die Frage nach dem internationalen Anwendungsbereich des kollektiven Arbeitsrechts wird auf das **Territorialitätsprinzip** zurückgegriffen. Das ArbVG ist somit auf sämtliche Inlandssachverhalte anwendbar. Die Fragen, wer Gewerkschaften gründen, ihnen beitreten, in welcher Form sich die Belegschaft organisieren kann, welche Personen von ihr erfasst sind, welche Rechte der Belegschaft zukommen etc bestimmen sich ausschließlich nach österreichischem Recht.

Die österreichische Betriebsverfassung enthält aber auch Regelungen, die ein starkes individualrechtliches Gepräge haben, so vor allem den Kündigungs- und Entlassungsschutz gem §§ 105, 106 ArbVG. Fraglich ist hier, ob das Vertragsstatut oder das Territorialitätsprinzip durchschlagen sollen. Der OGH hatte regelmäßig zum IPRG festgehalten, dass für die Normen des ArbVG über den Kündigungsschutz das Territorialitätsprinzip gelte.[22] Inzwischen ist der OGH jedoch von dieser Judikatur abgewichen und hat klargestellt, dass sich das anzuwendende Kündigungsschutzrecht nach dem Arbeitsvertragsstatut zu richten hat.[23] Weiterhin ist aber offen, wie in Fällen vorzugehen ist, in denen Arbeitnehmer, auf deren Dienstverträge österreichisches Recht anwendbar ist, ausländischen Betrieben angehören.[24]

4.2. Ausstrahlungsfälle

Es ist trotz des grds geltenden Territorialitätsprinzips möglich, dass die Regelungen über das kollektive Arbeitsrecht auch Sachverhalte erfassen, die grenzüberschreitende Aspekte haben. Die Regelungen des ArbVG sind beschränkt im Rahmen einer Sonderanknüpfung auf bestimmte Auslandssachverhalte anwendbar (**Ausstrahlungsfälle**).

22 OGH 9 ObA 12/95.
23 OGH 8 ObA 34/14d.
24 Vgl zuletzt OGH 9 ObA 89/19g sowie *Niksova*, Anwendung des österreichischen allgemeinen Kündigungsschutzes bei im Ausland gelegenem Betrieb? – Eine Auseinandersetzung mit kollisionsrechtlichen Fragen und Art 30 Grundrechtecharta, JAS 2020, 311.

Auslandsmitarbeiter eines inländischen Unternehmens gehören nach Meinung des OGH ebenfalls zur **Belegschaft** des inländischen Betriebes, auch wenn sie ständig im Ausland leben und persönlich nur selten in den Betrieb kommen. Nach Ansicht des OGH strahlt die österreichische Betriebsverfassung aus, wenn der Arbeitnehmer in einem unselbständigen ausländischen Betriebsteil eines in Österreich gelegenen Betriebes arbeitet, aber dennoch zum inländischen Betrieb gehört. Bei der Prüfung der Frage, ob Auslandsmitarbeiter noch als Glied der betrieblichen Organisation gesehen werden können, müssen die nunmehr zur Verfügung stehenden Kommunikationsmöglichkeiten berücksichtigt werden, die eine weitgehende Eingliederung dislozierter Mitarbeiter möglich machen.[25] Nach wie vor mit dem Betrieb verbundene Auslandsmitarbeiter unterliegen daher weiterhin dem inländischen Betriebsverfassungsrecht.

Österreichische **Kollektivverträge**, die ihren Geltungsbereich ausdrücklich auf das Inland beschränken, werden für im Ausland beschäftigte Mitarbeiter dennoch anzuwenden sein, solange der Schwerpunkt der Tätigkeit in Österreich verbleibt.[26] Der Kollektivvertrag wird aber auch dann anwendbar sein, wenn das österreichische Recht Arbeitsvertragsstatut ist, der Kollektivvertrag erkennen lässt, dass er auch im Ausland angewendet werden will, und das Arbeitsverhältnis in den Geltungsbereich (insbesondere kommt es auf die Kollektivvertragsangehörigkeit des Arbeitgebers an) des Kollektivvertrags fällt. In beiden Fällen kann es allerdings zur Kollision mit einem nach dem Recht des Aufenthaltsstaates anwendbaren Kollektivvertrag kommen.

5. Die Entsende-Richtlinie der EU

Die Verwirklichung des Binnenmarkts in der Europäischen Union bietet einen dynamischen Rahmen für die länderübergreifende Erbringung von Dienstleistungen. Die in Art 56 ff AEUV verankerte **Dienstleistungsfreiheit** berechtigt die in einem Mitgliedstaat niedergelassenen Unternehmer, auch in anderen Mitgliedstaaten vorübergehend Dienstleistungen zu erbringen (siehe oben 6 f). Nach stRsp des EuGH folgt aus der Dienstleistungsfreiheit auch das Recht der Unternehmer, die eigenen Arbeitnehmer im Empfangsstaat einzusetzen, egal ob diese Unionsbürger oder Drittstaatsangehörige sind (vgl zu den Ausnahmen vom AuslBG oben 8 ff).

Wird ein Arbeitnehmer von einem ausländischen Arbeitgeber zur Verrichtung bestimmter Tätigkeiten nach Österreich entsandt, so ist damit nicht notwendigerweise verbunden, dass auf diese Beschäftigung österreichisches Arbeitsrecht anzuwenden ist. Bei **Entsendungen** bleibt in der Regel weiterhin das Recht jenes Staats anwendbar, in dem der Arbeitnehmer seine Arbeit gewöhnlich verrichtet (vgl oben Art 8 Rom I-VO). Vom Aus-

25 OGH 9 ObA 88/97z.

26 So überzeugend *Birk,* Internationales Tarifvertragsrecht, FS Beitzke 852.

land nach Österreich entsandte Arbeitnehmer unterliegen daher in aller Regel weiterhin dem Recht ihres Heimatstaats.

Ist der arbeitsrechtliche Standard im Entsendestaat erheblich niedriger als im Empfangsstaat, können ausländische Dienstleister in dem betreffenden Empfangsstaat ihre Leistungen zu besseren Konditionen anbieten als vergleichbare inländische Unternehmer. Vor allem die Hochlohnstaaten befürchten, dass Unternehmen aus Niedriglohnstaaten durch einen Wettbewerb unter Ausnutzung der Lohndifferenzen (**Lohndumping**) die eigene Wirtschaft und den heimischen Arbeitsmarkt schädigen können.[27]

Um einen fairen Wettbewerb sowie die Rechte der entsandten Arbeitnehmer zu wahren, hat der Rat der EU die **Entsende-Richtlinie 96/71/EG**[28] über die Entsendung von Arbeitnehmern erlassen. Art 3 Abs 1 der Entsende-RL verpflichtet die Empfangsstaaten, entsandten Arbeitnehmern einen sog „harten Kern" an Arbeitsbedingungen zu garantieren. Dazu gehört die Anwendung von Höchstarbeitszeiten, Mindesturlaub und **Entlohnung,** Sicherheit und Gesundheitsschutz am Arbeitsplatz sowie Gleichbehandlung von Männern und Frauen. Dies allerdings nur dann, wenn die genannten Arbeitsbedingungen in Rechts- oder Verwaltungsvorschriften (**Gesetz, Verordnung** oder in **allgemein verbindlichen Kollektivverträgen**) geregelt sind. Der Sinn dieser Einschränkung liegt darin, dass nur solche Arbeitsbedingungen auf entsandte Arbeitnehmer angewendet werden können, die im Empfangsstaat generell für alle Arbeitnehmer in einem bestimmten Geltungsbereich anzuwenden sind. Andernfalls läge ein Verstoß gegen die Dienstleistungsfreiheit vor, wenn von ausländischen Arbeitgebern die Einhaltung von Normen im Empfangsstaat verlangt wird, die nicht auch sämtliche inländische Arbeitgeber beachten müssen. Dauert eine Entsendung länger als 12 Monate (Verlängerungsmöglichkeit auf 18 Monate), sind den entsandten Arbeitnehmern im Empfangsstaat sämtliche Arbeits- und Beschäftigungsbedingungen, die auf Gesetz, Verordnung oder KollV beruhen, zu garantieren. Ausgenommen sind Regelungen über den Abschluss und die Beendigung von Arbeitsverhältnissen sowie über Betriebspensionen.[29]

Gem Art 1 Abs 4 Entsende-RL darf Unternehmen mit Sitz in einem Nichtmitgliedstaat keine günstigere Behandlung zuteilwerden als Unternehmen mit Sitz in einem Mitgliedstaat der EU. Die Mitgliedstaaten sind daher verpflichtet, die in der Richtlinie vorgesehenen Mindestarbeitsbedingungen **auch** auf Arbeitnehmer von **Unternehmen aus Drittstaaten** auszudehnen.

Die Entsende-RL ist im österreichischen Recht vor allem durch das **Lohn- und Sozialdumping-Bekämpfungsgesetz**[30] **umgesetzt.** Das LSD-BG ist gem § 1 Abs 4 unbeschadet

27 Dazu *Windisch-Graetz*, Grenzüberschreitende Beschäftigung im Transportgewerbe, DRdA 2013, 13.
28 ABl L 1997/18, 1. Am 28.6.2018 wurde die Richtlinie (EU) 2018/957 zur Änderung der RL 96/71/EG erlassen, die in Österreich verspätet zum 1.9.2021 umgesetzt wurde.
29 Vgl dazu Art 3 Abs 1a RL 96/71/EG idF RL (EU) 2018/957.
30 Lohn- und Sozialdumping-Bekämpfungsgesetz, BGBl I 2016/44.

des auf das jeweilige Arbeitsverhältnis anzuwendenden Rechts zwingend auch auf aus dem Ausland nach Österreich entsandte oder überlassene Arbeitskräfte anzuwenden.

§ 1 Abs 5 LSD-BG enthält einen Ausnahmekatalog für kurzfristige Tätigkeiten oder Tätigkeiten, die nicht in den Anwendungsbereich der Entsende-RL fallen, wie zB geschäftliche Besprechungen, Teilnahme an Seminaren oder Kongressen, Tätigkeit an Messeständen oder der Verkehr im Transit. Das LSD-BG findet gem § 1 Abs 6 auch keine Anwendung auf Entsendungen im Konzern, wenn die Einsätze 2 Monate im Jahr nicht übersteigen und ua Zwecken der Forschung, Ausbildung, Erfahrungsaustausch, Betriebsberatung oder dem Controlling dienen.

Das LSD-BG normiert – neben seiner teilweisen Geltung auch für gewöhnlich in Österreich tätige Arbeitnehmer (vgl dazu oben 114) – in Umsetzung der Entsende-RL **arbeitsrechtliche Ansprüche** für nach Österreich entsandte und überlassene Arbeitnehmer sowie **Maßnahmen zum Schutz dieser Ansprüche**. Der Begriff der Entsendung im LSD-BG und in der Entsende-RL ist inzwischen vereinheitlicht.[31]

Gem § 3 Abs 3 LSD-BG hat ein Arbeitnehmer, der von einem Arbeitgeber mit Sitz in einem EU-Mitgliedstaat, EWR-Staat oder einem Drittstaat zur Arbeitsleistung nach Österreich entsandt wird, unbeschadet des auf das Arbeitsverhältnis anzuwendenden Rechts für die Dauer der Entsendung (ua) zwingend Anspruch auf zumindest jenes gesetzliche, durch Verordnung festgelegte oder kollektivvertragliche **Entgelt**, das am Arbeitsort vergleichbaren Arbeitnehmern von vergleichbaren Arbeitgebern gebührt. Die §§ 4 und 5 LSD-BG sichern Ansprüche auf **Mindesturlaub** und **Höchstarbeitszeiten**. § 2 Abs 3 LSD-BG sieht nun außerdem vor, dass, wenn die tatsächliche Entsendung oder Überlassung eines Arbeitnehmers aus dem EWR oder der Schweiz die Dauer von zwölf Monaten überschreitet, auf solche Arbeitsverhältnisse ab diesem Zeitpunkt die österreichischen gesetzlichen und durch Verordnung oder Kollektivvertrag festgelegten Arbeitsrechtsnormen zur Gänze Anwendung finden. Ausgenommen davon sind die Regelungen des BMSVG, des BPG sowie Verfahren, Formalitäten und Bedingungen für den Abschluss und die Beendigung des Arbeitsvertrages einschließlich von Wettbewerbsverboten.

Für aus dem Ausland nach Österreich **überlassene Leiharbeitnehmer** normiert § 6 LSD-BG **erweiterte Ansprüche**. So besteht für die Dauer der Überlassung nach Österreich Anspruch auf Entgeltfortzahlung im Krankheitsfall, bei Feiertagen und aus wichtigem persönlichem Grund. Weiters sind die für vergleichbare Arbeitnehmer anzuwendenden Kündigungsfristen und -termine, die Normen über den besonderen Kündigungs- und Entlassungsschutz sowie Ansprüche auf Kündigungsentschädigung für den Fall der Beendigung des Arbeitsverhältnisses zu beachten. Diese Ansprüche stehen unter dem Vorbehalt, dass die Rechtslage nach dem anzuwendenden Arbeitsvertragsstatut für den Arbeitnehmer nicht günstiger ist.

31 Vgl *Niksova*, Novelle des Lohn- und Sozialdumping-Bekämpfungsgesetzes 2021 (Teil I) , ZAS 2021, 272.

Die Praxis hat allerdings gezeigt, dass das wirkliche Problem im Zusammenhang mit dem Phänomen „Lohn- und Sozialdumping“ durch Entsendungen nicht in der Anwendbarkeit österreichischer Entgeltregelungen bzw anderer Ansprüche für die Zeit der Entsendung liegt, sondern in der Frage, ob diese auch tatsächlich ausbezahlt bzw gewährt werden. Österreich hat erstmals im Jahr 2011 mit dem **LSD-BG**[32] versucht, **effektivere Kontrollmechanismen** zu schaffen. Diese bestehen einerseits darin, die ausländischen Arbeitgeber, die Arbeitnehmer nach Österreich entsenden oder überlassen, zu verschiedenen Melde- und Informationspflichten zu verhalten, und andererseits in Österreich an den konkreten Einsatzorten dieser Arbeitnehmer die Einhaltung der Verpflichtungen aus dem LSD-BG zu kontrollieren und gegebenenfalls Verstöße zu sanktionieren.

Die §§ 19 ff LSD-BG regeln die **formalen Verpflichtungen** der ausländischen Unternehmer bei grenzüberschreitendem Arbeitnehmereinsatz. So haben sie insb jede Entsendung der zentralen Koordinationsstelle beim Amt für Betrugsbekämpfung (ABB)[33] des Bundesministeriums für Finanzen zu **melden**. Diese Meldung sowie die notwendigen Dokumente über die **sozialversicherungsrechtliche** Behandlung der Arbeitnehmer sind am Arbeits(Einsatz)ort im Inland während des Entsendezeitraums bereitzuhalten oder den Abgabebehörden oder der Bauarbeiter-Urlaubs- und Abfertigungskasse unmittelbar vor Ort und im Zeitpunkt der Erhebung in elektronischer Form zugänglich zu machen. Außerdem sind gem § 22 LSD-BG der Arbeitsvertrag bzw der Dienstzettel des entsandten Arbeitnehmers sowie **Lohnunterlagen** (Lohnzettel, Überweisungsbelege) in deutscher Sprache bereitzuhalten.

Österreich hat mit dem LSD-BG betreffend die Kontrolle privatrechtlicher arbeitsrechtlicher Ansprüche und insb der Entgeltansprüche einen **Paradigmenwechsel** vollzogen. Während Arbeitnehmer davor verwiesen waren, Entgeltansprüche **gerichtlich** durchzusetzen, ist die Einhaltung dieser Ansprüche nach dem LSD-BG **nunmehr öffentlichrechtlich** organisiert. Bei Verletzung der durch das LSD-BG normierten Verpflichtungen durch den Arbeitgeber, insb bei Unterentlohnung (§ 29 LSD-BG), sind die Bezirksverwaltungsbehörden (Magistrate) zur Verhängung von Verwaltungsstrafen zuständig. Dies gilt für in- wie ausländische Arbeitgeber gleichermaßen, da andernfalls ein Verstoß gegen das unionsrechtliche Diskriminierungsverbot gegeben wäre. Vor der LSD-BG-Novelle 2021[34] konnte über einen Arbeitgeber, der einen Arbeitnehmer beschäftigte, ohne ihm das zustehende Entgelt zu zahlen, eine Verwaltungsstrafe von € 1.000 bis 10.000, in bestimmten Fällen bis zu € 50.000 pro betroffenem Arbeitnehmer verhängt werden (Kumulationsprinzip). Hohe Strafen waren auch im Fall des Nichtbereithaltens der Lohnunterlagen vorgesehen (§ 28 LSD-BG).

Angesichts der beträchtlichen Strafhöhen stellte sich aus unionsrechtlicher Sicht die Frage, ob die im LSD-BG vorgesehenen Verpflichtungen für ausländische Unternehmen,

32 BGBl I 2011/24; BGBl I 2016/44.
33 BGBl I 2019/104.
34 BGBl I 2021/174.

die unter Einsatz ihrer Arbeitnehmer grenzüberschreitend Dienstleistungen nach Österreich erbringen, nicht unverhältnismäßige Beschränkungen der **Dienstleistungsfreiheit** darstellen. Der EuGH hat inzwischen mehrmals dazu Stellung nehmen können:

In dem der **Rs C-64/18, *Maksimovic*** zugrundeliegenden Sachverhalt wurden ua wegen des Nichtbereithaltens von Lohnunterlagen im Rahmen einer Entsendung von 217 kroatischen Arbeitnehmern nach Österreich Verwaltungsstrafen in der Höhe von mehreren Millionen Euro verhängt. Im Vorabentscheidungsverfahren war insb fraglich, ob das österreichische Recht, das für den Fall der Nichteinhaltung arbeitsrechtlicher Verpflichtungen in Bezug auf die Einholung verwaltungsbehördlicher Genehmigungen und auf die Bereithaltung von Lohnunterlagen die Verhängung von Geldstrafen vorsieht, gegen die Dienstleistungsfreiheit verstößt. Als problematisch wurde ua erachtet, dass durch die Vorschreibung einer Mindeststrafhöhe und das Kumulationsprinzip die Strafhöhe unverhältnismäßig hoch werden kann. Der EuGH entschied daher, dass die konkreten österreichischen Regelungen gegen die Dienstleistungsfreiheit gem Art 56 AEUV verstoßen. In den **Rs C-465/18** und **C-205/20**, beides ***Bezirkshauptmannschaft Hartberg/Fürstenfeld***, bestätigte der EuGH diese Ansicht.

Als Reaktion auf die EuGH-Rsp wurden durch die LSD-BG-Novelle 2021 weitreichende Änderungen am Sanktionensystem des LSD-BG vorgenommen. Die Kumulation pro betroffenem Arbeitnehmer sowie Mindeststrafsätze wurden abgeschafft. Beim Verstoß gegen Formalpflichten (zB Verstoß gegen Melde- und Bereithaltepflichten, Nichtbereithalten und Nichtübermitteln der Lohnunterlagen) liegt nun unabhängig von der Anzahl der betroffenen Arbeitnehmer eine einzige Verwaltungsübertretung vor, die mit Geldstrafe bis zu € 20.000 bzw in bestimmten Fällen bis zu € 40.000 bestraft wird (§ 26 ff LSD-BG). Auch bei der Unterentlohnung wurde das Kumulationsprinzip durch einen mehrstufigen Strafrahmen abhängig von Unternehmensgröße und vorenthaltenem Entgelt ersetzt,[35] wobei der höchstmögliche Strafrahmen von € 400.000 greift, wenn die Summe des vorenthaltenen Entgelts höher als € 100.000 ist und Entgelt in Lohnzahlungszeiträumen der Unterentlohnung vorsätzlich um durchschnittlich mehr als 40% des Entgelts vorenthalten wurde.

Zur **Kontrolle** der Einhaltung der Verpflichtungen nach dem LSD-BG sind verschiedene Behörden vorgesehen (vgl § 11 LSD-BG). Zentral für die Kontrolle der Einhaltung der Arbeitgeberverpflichtungen im Fall grenzüberschreitender Arbeitseinsätze nach Österreich ist das **Amt für Betrugsbekämpfung**. Dieses ist berechtigt, das Bereithalten der Unterlagen nach den §§ 21 und 22 LSD-BG zu überwachen sowie in Bezug auf Arbeitnehmer mit gewöhnlichem Arbeitsort außerhalb Österreichs, die nicht dem ASVG unterliegen, die zur Kontrolle des unter Beachtung der jeweiligen Einstufungskriterien zustehenden Entgelts (Lohnkontrolle) im Sinne des § 29 LSD-BG erforderlichen Erhebungen durchzuführen. Dazu ist es befugt, Betriebsstätten zu betreten, Auskünfte zu erheben und Einsicht in Unterlagen zu nehmen. Das Amt für Betrugsbekämpfung hat die Ergebnisse der Erhebungen in Bezug auf die Lohnkontrolle dem **Kompetenzzent-**

35 *Kühteubl/Diensthuber*, Novelle des Lohn- und Sozialdumping-Bekämpfungsgesetzes 2021 (Teil II), ZAS 2021, 282.

rum LSDB zu übermitteln. Dieses ist im Rahmen der Österreichischen Gesundheitskasse (ÖGK) eingerichtet. Stellt das Kompetenzzentrum LSDB fest, dass der Arbeitgeber dem Arbeitnehmer das zustehende Entgelt unter Beachtung der jeweiligen Einstufungskriterien nicht leistet, hat es Anzeige an die zuständige **Bezirksverwaltungsbehörde** zu erstatten. Für den Bereich des Baugewerbes ist auch die Bauarbeiter-Urlaubs- und Abfertigungskasse (**BUAK**) zu den entsprechenden Kontrollen berechtigt.

Da es sich in der Praxis oftmals als schwierig herausgestellt hat, die Vollstreckung von Verwaltungsstrafen gegen im Ausland ansässige Unternehmen zu erwirken, hat der österreichische Gesetzgeber in den §§ 8-10 LSD-BG **Haftungsbestimmungen** zulasten des inländischen Auftraggebers normiert. Der Gesetzgeber differenziert dabei nach der Person des Auftraggebers und dem Entsendestaat. Ist der Auftraggeber Unternehmer und werden im Zuge der für ihn erbrachten Dienst- oder Werkleistungen Arbeitnehmer aus **Drittstaaten** nach Österreich entsandt, haftet er für die Entgeltansprüche der entsandten Arbeitnehmern als Bürge und Zahler gem § 1357 ABGB. Dies gilt für sämtliche Branchen. Innerhalb des **EWR** gelten solche Haftungsbestimmungen nur für den Baubereich. Und auch hier wird differenziert: Ist der in Österreich ansässige Auftraggeber selbst Auftragnehmer der Bauarbeiten – schuldet er also die Bauleistungen einem Dritten und beauftragt daher letztlich einen Subauftragnehmer – haftet er für die Entgeltansprüche der entsandten Arbeitnehmer ebenfalls als Bürge und Zahler gem § 1357 ABGB. Eine Erleichterung gibt es dagegen für Auftraggeber in Österreich, die die Bauleistungen nicht selbst wiederum schulden, dh insb auch für den privaten „Häuslbauer“. Dieser haftet nur, wenn er vor der Beauftragung von der Nichtzahlung des Entgelts wusste oder diese auf Grund offensichtlicher Hinweise ernsthaft für möglich halten musste und sich damit abfand (vgl im Einzelnen § 9 LSD-BG).

§ 10 LSD-BG sieht Haftungsbestimmungen als Bürge und Zahler für Generalunternehmer innerhalb des EWR und der Schweiz vor, die öffentliche Aufträge oder Teile davon unter Verletzung der Bestimmungen des BundesvergabeG oder entgegen vertraglichen Vereinbarungen weitergeben.

Register

H

I

J

K

L

M

N

U

V

W

Z